“大学堂”开放给所有向往知识、崇尚科学，对宇宙和人生有所追问的人。

“大学堂”中展开一本本书，阐明各种传统和新兴的学科，导向真理和智慧。既有接引之台阶，又具深化之门径。无论何时，无论何地，请你把它翻开……

后浪出版公司
大学堂030
主编：李峰
副主编：张跃明 郭力　执行主编：吴兴元

Europe in the Twentieth Century, 4e

ROBERT O. PAXTON

西洋现代史

（美）罗伯特·帕克斯顿 著 陈美君 陈美如 译

（插图修订第4版）

世界图书出版公司
北京 · 广州 · 上海 · 西安

序　言

欧洲可能是美国人自认为最熟悉的地区。因为美国有70%以上的公民出身欧洲，而且美国旅客最常造访的国外地区也是欧洲。美国的社会、经济与文化，仿佛就是欧洲的分支，所以美国人对商业、艺术或政治的处理方式，就如欧洲人的翻版一般。

虽然与美国人有血统亲谊，但是欧洲人确实生活在与美国人截然不同的世界里。他们的历史比美国源远流长，他们的过去有着更多的兴衰沉浮。欧洲人对于帝国的短暂，对于人类完善自身以及世界的成果的两面性，比美国人有更深刻的认识。欧洲人继承了比美国人更复杂的社会阶层(social ranks)与阶级(classes)、更规范的知识传统，以及更加分明的意识形态。迟早人们会发现，一个有教养的欧洲人可以很轻易地洞悉那些天真坦率、与自己同种同文的美国人，而美国人却缺乏足够的历史感和文化修养，来理解深不可测、复杂的欧洲人。这当然只是一种夸张，但和大部分的悖论一样，它或多或少反映了某些真实现象。

我深信，提供一些对欧洲人过去经验的见解，可以让美国人准确地评价欧洲。这本2005年再版的《西洋现代史》，主要介绍的是1914年以后的欧洲历史。90年来，欧洲大陆不断地上演战争、革命、种族冲突与经济危机的戏码。在这段时期里，社会阶层、文化风气、流行观点以及欧洲人对自己的世界地位的认知，都以极快的速度在改变。

当今的历史学家比以前更关注一些知名的战争、外交事件与政治范畴之外的议题。相比于40年前，社会流动性(social mobility)、家庭关系、根深蒂固的普世价值，以及一般人的生活，成为现在更普遍的历史研究主题。本书的相当一部分也对此做出了探讨。不过，传统的战争、革命、经济以及自由和权力之间的斗争，依然是本书的核心议题。在极端的年代刚刚过去的现在，这些问题仍是了解欧洲历史的最佳途径。

对于1914年以后欧洲的公众与私人生活，我将只阐述其核心问题，而不就其来龙去脉展开过多的铺叙。如果这本入门教科书可以使读者更容易、而且更有兴趣地了解欧洲，那么我的努力就不算白费。

感谢许多帮助我走过撰写本书的艰辛路程的朋友。下列学者贡献了珍贵无比的意见，帮助并引导我确定本版创作的方向。我竭诚感谢 Jerry H. Brookshire （中田纳西州立大学〔Middle Tennessee State University〕)、Albert S. Lindemann (加州大学圣巴巴拉〔Santa Barbara〕分校)、Alexis E. Pogorelskin(明尼苏达大学德鲁斯〔Duluth〕分校)与 John D. Treadway

(里士满大学〔University of Richmond〕)。当然,最后定稿的教科书若出现任何错误或缺失,都属我的责任。

此外,我还要感谢汤森·魏兹渥斯(Thomson Wadsworth)的工作人员:出版者 Clark Baxter;助理编辑 Paul Massicotte;编辑助理 Richard Yoder;出版企划经理 Jennifer Klos。有他们的协助才能让本书顺利出版,谢谢你们大家。

罗伯特·帕克斯顿

译者序

本书之中文名虽沿用前版而为《西洋现代史》，但原书名实为 *Europe in the Twentieth Century*。作者帕克斯顿以丰富的历史学识，将 20 世纪欧洲所发生的重要事件，以生动的文笔、充实的例证娓娓道来，让复杂的历史宛如清晰的影片，呈现在读者面前。

书中除少部分译词改采台湾较为常用的译法之外，人名、地名以及其他名词等大多参照前版，以利读者阅读。此外，本书为求以最完美的姿态呈现在读者面前，虽已经过多次检校，但相信其中必定仍有未臻尽善尽美之处，尚请各位读者先进不吝指正。

感谢五南图书公司给予机会翻译此书，虽我二人并非学史出身，但凭着一股对历史的兴趣与翻译的热忱，终于能将这部百万余字的英文历史书转换为中文，与读者们共享，实为莫大的荣幸。

本书能够付梓，除了感谢五南图书公司董事长杨荣川先生的大力协助之外，我们也要感谢黄惠娟主编、吴如惠编辑、王兆仙编辑，以及其他许许多多隐身幕后的工作人员，因为他们的努力而使本书更臻完善。

陈美君

陈美如

2006 年 10 月

目 录

ARMY
RECRUITING
OFFICE

IIA - 6629
D

第 8 章 “常态”:20 世纪 20 年代的欧洲 209

第 9 章 两次大战之间的大众文化与高级文化 243

第 10 章 经济大萧条及其影响:1929 至 1936 年 273

第 22 章 西欧:后工业化社会与“滞胀”,1973 至 1989 年 575

第 23 章 1989 年的革命及以后 601

1914年的欧洲

北冰洋
冰岛（丹麦）
雷克雅未克
挪威海
瑞典
洋
西
大
挪威
克里斯蒂安尼亚
斯德哥尔摩
北海
格拉斯哥
贝尔法斯特
爱尔兰
爱尔兰海
都柏林
曼彻斯特
丹麦
哥本哈根
大不列颠
伯明翰
伦敦
荷兰
阿姆斯特丹
基尔运河
汉堡
德国
柏林
英吉利海峡
比利时
布鲁塞尔
科隆
莱茵河
易北河
莱比锡
法兰克福
阿勒弗尔
巴黎
塞纳河
卢瓦尔河
卢森堡
布拉格
多瑙河
慕尼黑
维也纳
法国
比斯开湾
瑞士
阿尔卑斯山
波尔多
加伦河
里昂
罗讷河
米兰
威尼斯
的里雅斯特
萨瓦河
维哥
葡萄牙
杜罗河
埃布罗河
比利牛斯山
热那亚
波河
弗洛伦萨
亚得里亚海
马德里
塔古斯河
安道尔
马赛
意大利
萨拉热窝
里斯本
西班牙
巴塞罗那
科西嘉岛（法）
罗马
蒙特尼罗
瓜迪亚纳河
那不勒斯
巴利阿里群岛（西班牙）
撒丁岛（意大利）
直布罗陀（英）
直布罗陀海峡
丹吉尔（国际）
阿尔及尔
地中海
卡萨布兰卡
摩洛哥
梅利利亚（西）
西西里岛
突尼斯
阿尔及利亚（法）
马耳他（不列颠）
摩洛哥（法）
突尼斯（法）

40°
0
500
1,000 英里
0
500
1,000 千里
白海
阿尔汉格尔
德维纳河
芬兰
鄂毕河
鄂木斯克
乌拉尔山
苏联
彼尔姆
拉多加湖
圣彼得堡
喀山
莫斯科
奥伦堡
斯摩棱斯克
乌拉尔河
伏尔加河
维尔纳
明斯克
奥廖尔
库尔斯克
顿河
卡尔科夫
咸海
基辅
第聂伯河
阿斯特拉罕
罗斯托夫
敖德萨
里
海
雅尔塔
第比利斯
黑
海
高加索山
大不里士
君士坦丁堡
马尔马拉海
安哥拉
德黑兰
达达尼尔海峡
奥斯曼帝国
波斯
爱琴海
罗德岛
（意）
塞浦路斯
（英）
克里特岛
（希腊）
幼发拉底河
底格里斯河
波斯湾

1–1　闲暇的上流社会:维勒维尔的海滩。法国摄影师雅克·亨利·拉蒂格摄于 1908 年。

第 1 章

极盛时期的欧洲:1914 年

生活在20世纪初的欧洲人，会觉察到他们所居住的欧洲大陆在世界上扮演着非常特殊的角色——一个与她的面积大小比例悬殊的角色。稠密且具备熟练技能的人口、发达的工业生产力、极富创造力的文化，以及近乎垄断的现代军事武力：这些特性使得欧洲能在1914的世界睥睨一切、傲视天下。欧洲人认为自己是"文明世界"；而在某种程度上，其他人也确实深受欧洲人做事方式的影响，未来世界终将欧洲化，似乎是一股必然的趋势。

1914年时，欧洲人占世界人口的比例空前绝后。[①]现今出现在亚洲、非洲与拉丁美洲的人口爆炸现象，早在1750年左右的欧洲就已经出现。从1650年到1750年之间，欧洲的人口只增长了3%，但随后就增长了两倍：从1800年的1.88亿人，到1900年的4.01亿人。大批的欧洲人迁徙至世界各地。在1900年以前，每年有100万人移居到新殖民地，主要以美国和俄国亚洲部分(Asiatic Russia)为主。此外还有很多"临时性移民"(temporary emigrants)：传教士、军人、教师，以及那些总部设在欧洲、但分支机构遍布世界各地的企业家。截至1914年，共有1亿欧洲人移民北美洲，有4000万欧洲人迁徙到拉丁美洲，而非洲、亚洲和太平洋地区的欧洲移民则比较少。

[①] 1914年时，欧洲的面积占地球表面积的7%，但人口却占全世界的25%。之后，欧洲人所占的人口比例开始减少。2000年，世界人口12%是欧洲人，61%是亚洲人、13%是非洲人、8%是北美人、6%是南美人。

1.1 欧洲与世界

无论如何,欧洲之所以能够掌控 1914 年的世界,并不是因为她的人口数量,而是因为她的活力。法国诗人兼散文家瓦雷里(Paul Valéry)写道:“当世界大部分地区依然恪守传统的时候,这个位于亚洲大陆一隅的小海角……明显地与众不同。”

> 在任何欧洲精神所及之处,触目可见的是最广泛的需求、最顶峰的成就、最雄厚的资本、最丰富的产量、最庞大的野心、最极致的权力、最根本的自然界改观,以及最繁荣的通讯与交易。[①]

19 世纪时,欧洲人已经成为地球上第一批将自己的自然环境改变得几乎让人认不出来的人群。他们以蒸汽驱动的工厂、巨大的城市以及狂热的火车旅行,取代了缓慢推移的农耕、一成不变的乡村和依赖双脚的出行方式。截至 1914 年,虽然日本和美国的工业发展迅速,但是欧洲在经济上依然保有决定性的领导地位。欧洲不但生产全球 56%的煤(虽然美国一国的产量就占 38%),而且钢铁的产量也占全世界的 60%(美国的产量为 32%)。此外,欧洲的出口占全球的 62%(而美国只占 14%)。作为一个欧洲人,意味着你生活在世界上首屈一指的工业体系之中:它不但形成最早,而且依然保持龙头老大的地位。

欧洲的商人、旅客与投资者

世界上的其他国家正逐渐陷入以欧洲为中心的单一世界经济。无论在什么情况下,只要不是用简单的以物易物来进行交易,欧洲人的商业习惯就会发挥作用。因为政府承诺货币与黄金以固定汇率自由兑换的国际金本位制,所以商品可以很容易地以某种货币出售,而以另一种货币付款。世界各国的公司通常会将国际账户设在伦敦。因为自 1821 年起,就可以自由地以英镑兑换黄金(大部分发达国家在 1870 年以后,也追随英国人采用金本位制),同时也因为英国拥有世界上规模最大、最便宜而且最有经验的票据交换所、保险经纪人,以及货运代理商,所以伦敦事实上已经逐渐成为一个稳定、统一的世界贸易体系中的核心城市。1914 年时,美国公司的国外账户票据兑换业务,有 70%是在伦敦处理。英国商号的船舶吨位,占世界船舶吨位的 70%。

---

① Paul Valéry, “Caractères de l’espirt européen”, *La Revue universelle*, Vol. 18, No. 8 (1924 年 7 月 1 日), pp.133, 142.

自由的国际贸易是这种“古典自由”(classical-liberal)体系的拱顶石。从1860年到1879年这段短暂的时期内,世界主要的贸易国家几乎都没有征收外国货物的关税,而且实际上几乎没有其他类型的贸易限制。政府规章很少对国际间人和货物的流动做出规范。

英国经济学家凯恩斯在20世纪20年代时,无限眷恋地回顾了第一次世界大战之前以伦敦为中心的世界经济。他回忆道:

> 伦敦的居民可以一面在床上啜饮早茶,一面打电话向全世界订购符合自己所需数量、质量要求的各种产品,而且理所当然地预期货物可以早早送上门来;他可以在同时,以相同的方式,将他的财富投入自然资源以及世界上任何地方的新事业,而且不费吹灰之力、毫不费事地分享他们预期的成果与利益;或者他可以根据自己的想象和认识,将自己的财富安全,系于任一大陆的任一富裕城市市民的优良信誉上。
>
> 只要他愿意,就可以立即使用便宜而且舒适的运输方法,到达任何国家或气候适宜的地方,不需要准备护照或办理其他的正式手续。他可以派遣仆人到附近的银行取用合用的贵金属;只要身怀铸币就可以远行外国,不必事先了解国外的宗教、语言或习俗;若略受干涉,他就会认为自己受到侵犯,而且大惊小怪。不过,最重要的是,他认为这种状态是正常、必然而且永恒的,任何偏离这种状况的事件,都是异常、令人愤慨而且可以避免的。①

活力十足的欧洲人不只以到世界各地贸易或旅行为满足,也在世界各地投资。1914年时,欧洲人在发达地区及发展中地区的投资,已占世界对外投资的83%,如加拿大的矿业、美国的铁路、南美的电力公司、塞内加尔的花生种植园、埃及的棉花农场、南非的金矿、上海的贸易公司等。1914年时,拉丁美洲的国家里,只有智利拥有自己的铁路。即使是新兴的美洲巨人美国,也欠欧洲投资人很多债务。在第一次世界大战前夕,欧洲人在美洲的投资总计将近70亿美元,但是美国人在欧洲的投资总额却只有上述数据的1/10。②

帝国主义

但是,除非欧洲人有办法强迫当地政府保护他们与他们的资产,否则他们不能安心地在国外贸易、旅行或投资。在现代化的国家里,外交压力可能就足以保护从事商业活动或旅行的欧洲人。19世纪中期,有很多英国的贸易商与投资人,满足于所谓的“非正式帝国”(informal empire)或者“自由贸易帝国主义”(free-trade imperialism)。但是,欧洲人在未开发地区的活动越频繁,所冒的风险就越高,例如强盗、怀有敌意的族群或当地统治者的突发奇

---

① John Maynard Keynes, *The Economic Consequences of the Peace* (New York, 1920), p.12. 当然,只有富人可以掌握这些机会。

② *The Cambridge Economic History of the United States*, Vol. II (Cambridge, Mass., 2000), pp. 749, 787.

1-2　帝国的荣耀。20 世纪之交,身处印度显要中的印度总督寇松勋爵(Lord Curzon)及其夫人。

想所带来的威胁。19 世纪末期,欧洲人越来越多地选择通过完全控制当地的政治和军事,来保卫他们的市场和原料渠道,并回收他们的投资。

在 19 世纪末期,欧洲帝国主义——即建立帝国——并不是一件新鲜事。早在 15 世纪,欧洲人就已经开始在世界各海洋沿岸建立前哨基地。① 16 与 17 世纪时,他们已经在拉丁美洲与亚洲建造了有利可图的矿场以及贸易站。在上海等城市,以及奥斯曼帝国等国,他们强迫当地统治者授予他们"治外法权"(capitulations),即欧洲公民只受其本国法律管辖的权利。但是,这些努力与 19 世纪末期的行动相比显得微不足道:他们直接占领了整个世界的土地。从 19 世纪 50 年代到 1911 年间,欧洲人在几乎所有的未开发地区都建立了殖民地。除了利比里亚和埃塞俄比亚之外,他们瓜分了所有的非洲土地。19 世纪 80 年代,法国人完成了征服印度支那的霸业。1897 年之后,欧洲人开始划分在中国的势力范围。1914 年时,英帝国的版图是本土面积的 140 倍;比利时是 80 倍;荷兰是 60 倍;而法国则是 20 倍。随着西伯利亚大铁路(1891—1903 建成)的完工,俄罗斯帝国崛起,成为太平洋地区的一大强国。至于晚期才参与角逐的德国,至 1885 年时也建立了相对来说比较狭小的帝国,其版图包括东非、西南非以及中国沿海地区,在欧洲比较不发达的地区投资,

① 现代第一个欧洲殖民地休达,是位于现今摩洛哥北海岸的前哨。它建立于 1402 年,部分是作为战利品,部分是为了与祭祀王约翰(Prester John)接触的宗教目的。约翰是一位传奇的基督教国王与教士,人们认为他的王国是在回教徒世界以外——即埃塞俄比亚。

而且在1900年以后迅速地组建了一支强大的舰队。只有日本设法阻挡了这股欧洲风潮，他们成功地采用了欧洲的工业技术，从而得以在1894年收回了1858年时被外国攫取的“治外法权”。

如何解释19世纪末期欧洲帝国主义突然的蓬勃发展，是历史争论的核心问题。有些历史学家相信，帝国主义基本上是一种文化现象：对传教士而言，是为了传教热诚；对工程师而言，是为了建桥；对士兵而言，则是为了荣誉。在印度支那，的确有些天主教传教士会请求法国海军的协助；但渐渐地这些海军军官却逾越本分，在19世纪50年代到80年代之间，在印度支那建立起法国的统治权。

其他一些帝国主义的信徒确信，经济驱力才是根本。他们指出，1881年当法国的债券持有人面临资产的损失时，法国占领了突尼斯；1882年，当欧洲投资人不能再向挥霍无度的埃及统治者伊斯梅尔(Khedive Ismail)收取贷款利息时，英国占领了埃及。有些殖民地的建立几乎纯粹是基于商业目的：1879年，格尔迪(George Goldie)爵士的联合非洲公司(United African Company)，将英国驻军延伸到现今的尼日利亚。意大利在1911年从奥斯曼帝国手中占领了利比亚，使其南部的过剩人口得以拥有一方乐土，并且挣得荣誉。

根据单纯的贸易或殖民要求，无法对帝国主义做出令人完全满意的解释。首先，从1885年到1914年之间，各国所掠夺的领土相当不适合欧洲殖民。此外，帝国主义国家之间的贸易，更胜于与本国殖民地的贸易。帝国主义的经济学解释，建立在一个更为基本的判断上——资本主义的内在缺陷。英国的自由主义经济学家霍布森(John A. Hobson)被发生于南非的布尔战争(1899—1902)所激怒，首度以系统性的方式，将帝国主义归咎于资本主义的矛盾。霍布森认为，低工资与财富分配不均，使欧洲工人的购买力偏低，资本家只能搜寻比较富裕以及投资回报率比较高的海外市场，才能幸免于周期性发生的萧条。①

在《帝国主义是资本主义的最高阶段》(1917)一书中，俄国马克思主义者列宁将霍布森的论点进一步阐发。列宁相信，在竞争与更加昂贵的技术导致利润下滑时，资本家必定转向垄断。当垄断者互相争夺海外的最后机会时，资本主义国家必然会走向战争，而且迟早会在冲突中彼此毁灭。列宁撰写该书时，正值第一次世界大战。不过，列宁严重低估了资本家在先进国家持续投资的程度，即使是在1885年到1914年、帝国主义发展得如火如荼的时候，资本家在先进国家也进行了大量的投资。然而，没有任何一种对帝国主义的解释，可以忽视经济目的。

不论是出于哪些动机的综合作用，一旦帝国主义开始扩张，当最后可获得的领土已经抢夺到手时，它会呈现一种自我维持的态势。分析了19世纪80年代到90年代之间帝国主义逐步扩张的情形后，罗纳德·罗宾逊(Ronald Robinson)与约翰·加拉格尔(John Gallagher)断言，在英国政府占领埃及的决策中，战略考虑是最主要的原因。根据这种说法，英国为了保护其

① John A. Hobson, *Imperialism, A study* (London, 1902).

在印度的利益，所以在 1882 年取得埃及的控制权。换句话说，殖民地的存在，开创了控制进出该地通道的战略性需要。[①]批判这个理论的人指出，英国控制印度的原因，即使不是全部，也大半是基于经济因素。无论如何，1914 年时，帝国主义的最终结果是创造了一个西方列强在各大洲角逐竞争的世界。在 1908 年美国的罗伯特·皮尔里（Robert Peary）到达北极、1911 年罗纳德·阿蒙森（Ronald Amundsen）在南极竖起挪威国旗之后，可以说世界上已经没有任何一个角落不受帝国主义的影响。

1914 年，由于欧洲人几乎垄断了现代的军事武装，所以他们能够保卫自己的世界帝国。由欧洲军官统率并且装备精良的殖民地军队，轻松地就能击败东方、回教王国与非洲部落——在当时他们要以本国的武力，取得长期凌驾于欧洲人的优势，几乎是不可能的事，1896 年埃塞俄比亚人在阿杜瓦（Adowa）大败意大利军队，是唯一的例外。英帝国的诗人吉卜林（Rudyard Kipling）之所以能够宽容大量地对待苦战的苏丹战士：

> 而，在酩酊大醉之前，苏丹士兵……
> 你冲破了一个英国方阵。[②]

是因为到那时为止，英国人最后总是可以得到想要的东西。

欧洲以外正在兴起的工业势力，从来没有打算依照欧洲的规模来建立军队。举例来说，在 19 世纪 80 年代，美国军队的主要功能只是镇压印第安人的反抗者。在当时除了彼此之外，世界上并没有可以与法国、德国、奥匈帝国（Austria Hungary）及俄罗斯庞大陆军一争高下的军队。因此，美国在 1898 年从西班牙手中强夺菲律宾，以及日本于 1905 年挫败俄罗斯，对很多欧洲人来说是非常令他们震惊的。

欧洲的艺术家与科学家

欧洲人对世界的影响绝不只有物质层面。欧洲的艺术家与科学家和欧洲人的贸易与技术一样，是世界其他地方仰望的明星。在亨利·詹姆斯（Henry James）的小说中，出国旅游的美国人并不是去观赏奇特有趣的景致，而是去学习欧洲人的优雅与学识。人们并不期待不曾去欧洲研究学习过的美国物理学家或化学家，可以在所属领域里出类拔萃。即使是 19 世纪 70 年代，美国的大学，如约翰·霍普金斯（Johns Hopkins）大学，虽然已经仿照德国大学开始引进博士学位以及研究生课程，但每年仍有数以百计的美国人在德国学医。所以，哈佛大学的哲学家威廉·詹姆斯（William James）在 1901 年于爱丁堡的一场名为“多极化的宗教经验”（The Varieties of Religious Experience）的演讲，以下文为开场白，就不单是出于礼貌而已：

> 对我们美国人来说，接受欧洲学者和欧洲书籍的教导，是非常熟悉的经验……听

---

① Ronald Robinson and John Gallagher, *Africa and the Victorians* (London, 1967).

② Rudyard Kipling, *Ballads and Barrack Room Ballads* (London, 1892), p.150.

欧洲人说话，对我们来说似乎是再自然不过的事。但是相对地，我们却没养成让欧洲人听我们说话的习惯；而且第一个冒险做出这种事的人，将会因为自己的放肆，而深感歉意。[①]

1.2 欧洲风光：城市与乡村

到 1914 年，欧洲是拥有最多城市的大陆。北欧与西欧是最先将大部分的劳动人口从农业转入工业的地区，也是最早大部分的人口集中居住在市镇与城市的地区。虽然人口总量暴增，但是乡村的人口数量依然稳定甚至衰退：因为过剩的人口都流入城市与市镇。

在 1800 年到 1900 年之间，人口数超过 10 万的欧洲城市，从 22 个增加到 120 个。人口增长速度最快的都是新兴的工业化城市（举例来说，德国的埃森[Essen]在 1800 年到 1900 年之间就扩展了 30 倍）。此外，即使是工业化之前的首都——巴黎、伦敦、维也纳——在 19 世纪时也扩展了 3 或 4 倍。1848 年时，只有伦敦和巴黎拥有 100 万以上的居民；到 1914 年，欧洲已有 6 个城市的人口超过 100 万，而美国有 3 个、亚洲有 3 个、拉丁美洲 2 个。20 世纪 90 年代时，虽然只有两个欧洲城市（伦敦与莫斯科）依然跻身于世界 25 大城市，但是欧洲依然是最城市化的大陆。有 74%的欧洲人口居住在城市里——而英国、德国与低地国家的城市人口比例甚至更高，这是只有在北美洲的某些地区才能达到的水平。[②]但是，这些冷冰冰的数据，远不及城市生活所带来的社会与知识上的冲击重要。

城市生活

城市是欧洲人最感光荣，但同时也是最恶劣的创作之一。自中世纪以来，欧洲的城市就已经聚集了大量的金钱、权力与艺术，以及令人厌恶的贫民窟。工业革命将更多的人送进了这些充满烟雾与尘垢的贫民窟，产生了匆匆建造、连绵数英里的廉价公寓。1857 年，狄更斯描述了伦敦一所“破旧不堪的老房子”，这栋房子：

外墙已被煤烟熏黑，沉重地斜倚在与它一样腐朽而且破旧的支架上，不曾体验过健康或片刻的欢愉……当雨水、冰雹、霜和冰雪已经在其他地方消失的时候，你仍然会在阴暗的围墙上发现它们的踪迹；至于雪，你应该可以持续数周在那里看到它，看着那些雪从黄色变成黑色，缓慢地结束它那肮脏的生命。[③]

19 世纪的建筑商对于使欧洲城市成为典雅及壮观的中心颇有贡献。和那些曾经审慎地设计帝国时期的巴黎、教会时期的罗马，以及威尼斯和佛罗伦萨的公共空间的前辈不同，19

---

① William James, *The Varieties of Religious Experience* (New York, 1958), p.21.

② Stanley D. Baum and Jack F. Williams, eds., *Cities in the World*, 2nd ed. (New York, 1993), pp. 13,19.

③ Charles Dickens, *Little Dorritt* (1857).

世纪的城市建筑商——以适合于这个中产阶级繁荣兴盛的世纪的方式——使得对不动产的投机最大程度地发展;而除了位于老城中心西部或逆风地带的新型豪宅区外,他们几乎不进行任何城市规划。在少数规划妥当的工程中,包括 19 世纪五六十年代在拿破仑三世时期、截断了贫民窟的巴黎新林荫大道。另外,维也纳的旧城墙在 1858 年初被拆除,取而代之的是辽阔的、有着歌剧院与雅致咖啡厅的环城大道(Ringstasse)。那些几乎没有规划的工程则包括柏林的新商业大道,如选帝侯大街(Kurfürstendamm),以及那些建在首都西部、原为松木林区及马铃薯田地的利润丰厚的别墅。难怪 20 世纪初期,欧洲人对他们的城市会充满矛盾的情绪。批评城市的人不仅指出城市贫民窟的肮脏污秽,而且也提出渐趋冷漠的风气以及目标和意义的丧失,扼杀了很多的城市人。在 19 世纪的小说里,移居城市的主题频繁出现,而虚构的城市移民的悲惨遭遇,令人印象深刻。一个典型或许是司汤达的《红与黑》(*The Red and the Black*, 1831)里的于连。越来越有预谋的风流韵事,使他最后到了巴黎,并且因为试图杀害他的情妇而被处死刑。事实上,在数以百万迁入城市的欧洲人中,有很多人得到的确实只是道德沦丧、孤单寂寞以及穷困潦倒的生活;尽管社会评论家痛惜城市的穷困,保守势力也抨击城市是拥挤且充斥了无根的世界文明的地方。巴莱斯(Maurice Barrès)的法国小说《离乡背井》(*The Uprooted*, 1897)中的男主角,在巴黎堕落,并犯下谋杀案。第一次世界大战时的德国社会评论家斯宾格勒悲叹:

> 取代那些真正在这块土地土生土长的人们的,还有一种新的流浪者,他们四处流动,极不稳定地聚集在一起。他们是寄生的城市居民,没有传统,平凡乏味,没有宗教信仰,聪明但不切实际,他们根本瞧不起乡下人,尤其是那些地位崇高的人——乡绅。[①]

在高贵辉煌的外表下,城市似乎也使很多人感到贫乏:

> 虚幻的城市啊,
> 在冬日拂晓的褐色晨雾中,
> 人群流过伦敦桥,有这么多人啊,
> 我不曾想过死神曾经放过这么多人呐,
> 轻轻发出微弱稀少的叹息,
> 人人都定睛于自己的脚前。[②]

另一方面,在 20 世纪初期,欧洲城市的魅力依然令人难以抵挡。1900 年,参观巴黎世界博览会的人潮就将近 5100 万,超过法国的总人口数。数以百万计的人不断涌入城市:那些胸怀大志的人来城市打大下,因为城市提供远比乡间更多的致富与出名的机会;农村的穷

---

① Oswald Spengler, The Decline of the West, Vol. 1 (New York, 1926), p.107.

② T.S. Eliot, "The Waste Land", in *Collected Poems*, 1909—1962 (New York, 1970), p.55.

人进城，因为即使是不好的工作也聊胜于无；那些惹麻烦上身的人，也为了隐匿身份而躲进了城市。艺术家们盛赞城市的多样性与刺激性，如同他们的前辈波德莱尔（Charles Baude-laire）在19世纪60年代所说的，城市是一个“热闹又孤单”的地方，是一个“生命力可以尽情奔放”的地方，是一个会让人陶醉于“纸醉金迷”的世界，在这里灵魂可以“带着所有的诗意与博爱完全解放”。[①]没有城市，我们无从想象欧洲人的创造力将从何而来。

东欧的乡村生活

渡过易北河进入东欧的旅人，将进入一个与高效的商业农场、大多已城市化的西欧和北欧迥然不同的世界。贵族拥有一望无际的辽阔土地，它们由那些没有土地的农民懒散地耕作。拉齐维尔家族（Radziwills）在波兰拥有50万英亩的土地；伊斯特海兹家族（Es-terhàzys）在匈牙利拥有75万英亩的土地。1895年时，4000个大地主拥有匈牙利约1/3的土地。[②]俄国的贵族与绅士，即使在19世纪末因为将土地卖给中产阶级的买主而大量流失土地，依然拥有约14%的土地；而沙皇家族单独拥有这个幅员广大的国家1%的土地。[③]南欧也有相同的情况。南意大利与南西班牙主要是大庄园或大农庄。占总人口2%的人，拥有南西班牙安达卢西亚省（Andalusia）66.5%的土地。[④]小士绅阶级与新兴的中产阶级富人，尽可能仿效大地主的生活方式。地主在他们的土地上所行使的社会与经济统治，远超过地方政府机关。

1914年时，东欧与南欧的农耕效率非常差。有1/3的俄国农民依然没有铁犁。古老的三圃制（three-crop rotation system）使大部分的土地处于休耕状态。在世纪之交，俄国的农民每英亩地约生产8.9蒲氏耳春麦，但是德国的农民可以生产27.5蒲氏耳，而英国的农场主则可收成35.4蒲氏耳。[⑤]在安达卢西亚，大片土地被划作养牛场或狩猎区。虽然不借助现代工具而依赖大量人力进行季节性的工作，但还是有非常多东欧与南欧的农民未充分就业。农民们极度渴望拥有自己的土地。在独立家庭农场占统治地位的西欧与北欧，拥有土地的农场主是可以平衡19世纪末期的城市动乱与工潮的保守势力。不过，在东欧与南欧，大批渴望拥有土地的农民，却成了第一次世界大战前夕引发动荡局势的火药桶。

最后，在地中海沿岸地区的欧洲与巴尔干半岛，偏远山区的村民过着原始的、自给自足的农业生活，几乎与现代市场与现代国家隔绝。这里的农民通常都拥有一小块土地，尽管实际上那一小块山坡梯田根本无法支持他们的生活。其他人要向贪婪的小地主缴纳税赋。医生和画家卡尔洛·莱维（Carlo Levi）原是住在城市里的北意大利人，被墨索里尼的法西斯政

---

① Charles Baudelaire, “Petitis Poèmes en prose,” in *Œuvres completes*, Vol. 2, edl Jacques Crépet (Paris, 1924), p.163.

② C. A. Macartney, *The Habsburg Empire, 1790—1918* (New York, 1969), p.713.

③ Geroid Tanquary Robinson, *Rural Russia under the Old Regime* (New York, 1932), p.268.

④ Edward E. Malefakis, *Agrarian Reform and Peasant Revolution in Spain* (New Haven, CT, 1970), p.29.

⑤ Robinson, p.130.

权流放到南意大利的山村。他后来曾经写到,在他看来,基督教文明,即自希腊时代以来所发生的每一件事,似乎都不曾渗入市镇以外的地区。[①]巴尔干半岛上还存在其他不合时宜的古老山村,如南斯拉夫作家吉拉斯(Milovan Djilas)对家乡黑山共和国的回忆——《没有正义的土地》(1958)——中所描述的场景。在 1945 年之后,这些残存的自给自足式经济才被卷入更大的社会里。

1.3 富人与穷人

阶级与社会阶层

1914 年的欧洲是高度分层化的社会, 即使经历了一世纪之久的中产阶级扩展以及蹒跚步向政治民主,社会差距依然非常大。从一个欧洲人的穿着、声望、肤色与姿势等细节,就可以看出他的社会地位。欧洲大陆的体力劳动者,通常戴着布帽或者贝雷帽,并在粗布工作裤外罩蓝色的罩衫;社会阶层较低的已婚妇女,特别是南欧与东欧的妇女,通常穿戴黑色的粗布连身裙与围巾。木屐是农村穷人常穿的鞋子。虽然在 19 世纪末,人们的身高已经因为营养状况改善而增高,但即使是在英国,穷人平均还是要比富人矮上三英寸。[②]辛苦的工作与危险的机械装置,在他们的身体上留下烙印。被太阳晒黑了的脸庞与脖子,依然是贫穷的社会阶层标记,而不是悠闲的象征。在第一次世界大战期间,有机会目睹军队在河里洗澡的英国军官,可能会很惊讶地向同行的军官说:"我没想到他们的身体这么白。"

通过味道与口音这些外在标记,能清楚地辨认出社会底层人士。萧伯纳的喜剧——《卖花女》(*Pygmalion*, 1990)——阐述了口音与阶级之间的关系。正如萧伯纳在剧中的序幕所谈到的,"要英国人张口却不说出一些让其他英国人鄙视他们的话,简直是不可能的事。"无所事事、生活富裕的语言学家希金斯和他的朋友皮克林在伦敦科芬园的公共市场,发现了一位粗俗的卖花女伊莉莎·杜立德。希金斯说:"你看看这个家伙和她那口粗鄙的英语,她的那口英语会让她一生都陷在贫民窟里。好啦,先生,三个月内我就可以让那个女孩脱胎换骨,摇身一变成为大使馆舞会里的公爵夫人。我甚至可以为她谋得需要比较漂亮的英语才能胜任的工作,例如贵夫人的侍女或店员。"

1900 年时,萧伯纳对英国社会阶级的嘲弄,其实相当真实。东欧与南欧的社会分层更加明显,在那里,一小撮生活在仅有的几个城镇中的中产阶级,夹在人数众多的土地贵族和贫苦农民之间。

[①] Carlo Levi, *Christ Stopped at Eboli* (New York, 1947).

[②] 勒华拉杜里(Emanuel Le Roy Ladurie)认为"人类学上的'旧制度'的终结"时间在 1860 年左右,当时欧洲体型瘦小的"无产阶级"开始消失,而且平均身高也开始从大约 5 英尺增高到目前将近 6 英尺。(*Annales: économies, sociétés, civilizations*[July-October 1972], p.1234.)

1–3 “一战”前在阿斯科特观看赛马的观众，帽子和社会阶层的地位区分十分清晰：上流社会的人戴着大礼帽，站在台上；中产阶级者戴圆帽或草帽；工人站在地上，戴无边的布帽。

穷　人

1914 年时，大部分的欧洲人都是穷人，但是生活水平比以前高。北欧与西欧（以及北美地区）是世界上最早出现的大部分人可以预期他们赚取的收入，除满足基本所需外尚有盈余的地区。世界上其他地区的人们只能努力不懈地工作，一生所赚仅能糊口，根本无法论及长寿及健康。

对于在 19 世纪初出现第一家工厂之后、工人的生活水平到底是提升还是下降这一点，历史学家依然各持己见，但是在 19 世纪晚期，工人的实际工资确实有了大幅的提升。1880 到 1914 年之间，英国、法国以及德国人的购买力几乎跃升两倍。在当时工人家庭的餐桌上，除了面包和马铃薯之外，也经常可以看见肉类食品。[①]很多工人可以买得起工厂制作的简单衣物，很多家庭甚至还能留有一些买啤酒的预算——在每周 55 到 60 小时的工作之外，喝咖啡是主要的休闲娱乐。

19 世纪大幅提升的农业与工业生产水平，使人们面对的问题从产品的生产转变为产品的分配。既然现在欧洲人已经有了一些盈余，那么公民有正当理由要求分享他们应得盈余的新时代也即将到来。

[①] John Burnett, *Plenty and Want: A Social History of Diet in Enland from 1815 to the Present* (London, 1966).

虽然在 1914 年以前,欧洲人的物质生活有了十足的进展,但是在这时,即使是在最富裕的地区,依然随处可见贫困的人们。最适当的资料来自于英国的约克市,朗特里(Seebohm Rowntree)以毕生精力搜集与他同城市民的生活方式有关的精确数据。不屈不挠的朗特里在 1899 年时通过挨家挨户的调查,发现有将近 28%的约克市居民生活在无可奈何的贫困之中,他们的"总收入不足以负担仅维持生理功能所需的最低限度"。[①]大约在同一时期,于伦敦所进行的类似研究则显示,约有 30.7%的伦敦市民过着贫困的生活。

简而言之,在 1900 年时,世界上最富有的国家中的最富裕的城市里,大约有 1/3 的人食不果腹;他们用衣服当被盖,只能期待死在慈善团体的医院里,甚至倒毙街头。在欧洲大陆上最繁荣富裕的地区——法国北部、低地国家、德国西部——贫穷并不比英国罕见。在比较落后的东欧与南欧地区,大多数人的所得仅能甚至不足以糊口。举例来说,在 1900 年时,巴尔干半岛和西班牙人的平均预期寿命不足 35 岁。[②]

即使是那些生活水平在仅能糊口的程度以上的工薪阶层,也必须忍受工人阶级生活最不可避免的特性,即持久的没有保障。此时的社会福利制度还在萌芽阶段。在 1883 年以后,德国率先提出强制性的国家健康与退休保险计划。19 世纪 90 年代时,法国接着跟进,采用了更具实验性的自愿性社会保险制度(voluntary social-insurance arrangements)。1911 年时,英国由劳合·乔治所领导的自由党,以强制性的国家健康与失业保险制度,取代了工会的自愿保险计划(voluntary insurance schemes)。即使如此,很多穷人依然未被涵盖在内,尤其是雇农与家仆。大部分的工人家庭一生都无法摆脱贫穷的阴影:疾病、意外、酗酒、赌博、家中主要经济支柱的死亡等因素,使大部分的工人家庭生活中充满了不确定性。

富　人

贫富之间的差距是全球性的。与虚构的希金斯教授邂逅在科芬园里卖花的伊莉莎·杜立德的同一年,真正的科芬园地主贝德福公爵,单只是该笔产业就可以让他收取 1.5 万英镑的租金。[③]每周末聚集在英国、安达卢西亚或匈牙利优美的乡村别墅或狩猎小屋的旅客,需要上百名仆人照料他们,帮他们打开行李,晚餐时站在他们身后服侍。在开征所得税的时代来临之前,任何最奢侈挥霍的社会炫耀都可能出现。普鲁斯特的《追忆似水年华》(1913—1927)中,以孟德斯鸠伯爵为原型的查鲁斯伯爵(Count de Charlus),20 世纪初期曾经在巴黎举行了一场音乐盛会。他让人在每间房里洒满了玫瑰花和羽毛,让瓦格纳风格的女高音歌

---

① 参阅 Rowntree, *Poverty* (London, 1901), pp.86, 117。朗特里在 1936 年与 1951 年经济萧条的时代,也曾经进行了一项针对福利国家生活的追踪研究,当时他已经 80 岁了。他发现在 1936 年时,约克市有 31%的人生活在穷困之中,尽管原因已经从低工资转变为失业。这种现象在第二次世界大战之后有了重大的转变。1951 年时,约克市只有 3%的人是穷人,且都是老人。参阅第 19 章,第 562 页。

② P.Guillaume and J.P. Poussou, *Démographie historique* (Paris, 1970), p.341.

③ 依照 1900 年时的汇率大约是 7.5 万美元。当然,贝德福公爵还拥有很多其他的产业,包括幅员广阔的农田在内。

手“站在一片灰色的鸢尾花之中，随处点缀着猩猩木，让我们忆起火之主题”。其中一位宾客格雷福赫女伯爵“穿着绣满了金色百合的礼服；一串珍珠盘绕在头发上，垂到腰际。她将与英国皇后同席用餐”。[①]

严格说来，非常富有的人分属于两个阶层：贵族或者上层中产阶级。在1914年的欧洲，世袭的贵族头衔依然十分重要，绝大部分垄断东欧与南欧社会、经济与政治权力的大地主，都拥有贵族头衔。伊斯特海兹亲王（Prince Esterházy）在他匈牙利的庄园中，几乎就等于皇室。在统治着德意志帝国的普鲁士，集中于易北河以东大庄园的普鲁士贵族，对军官团体与公共行政机关几乎享有完全的控制权。即使是已经城市化与工业化的英国，在1902年之前，除狄斯累利与格莱斯顿以外，每位首相都拥有贵族的身份。

只有在法国与意大利，以贵族头衔作为取得政治权势之钥才受到严重贬抑。发生于1789年、1830年以及1848年的法国革命，已经废除世袭身份的法定（虽然不是社会的）差异，所以贵族必须和其他公民一样遵守相同的法律，并且享有相同的政治权利。法国议会的贵族人数，在1871年时占议员总人数的近1/3，到1914年时仅剩下少数几个人。[②]从1859年到1871年，意大利完成统一，将割据一方的王国和统治家族扫荡殆尽，而与这些统治家族所联系的贵族所扮演的政治角色也因此日渐褪色。但是，即使是在法国与意大利，贵族依然享有广泛的社会尊敬；而且，虽然在选举政治中已经不再具有很大的影响力，但是他们在军队、教会与外交界中依然拥有庞大的权势。

除了世袭的头衔之外，最富有的工业与商业大亨在各方面都能与贵族平起平坐，甚至超越了贵族。按照传统，一旦拥有庞大财产，人们便会尽力取得不动产、学习贵族的举止态度，最后就算不是为了自己，他们也会为儿孙争得贵族的头衔。但是，在1900年时，很多非常富有的人对于花钱购买贵族的头衔已经不那么感兴趣了。因为在19世纪末，农业收入开始减少，所以有头衔的人对财富的需求，远甚于有财富的人对头衔的需要。为了取得更多财产，有些贵族会与美国的女继承人结婚，例如温斯顿·丘吉尔（Winston Churchill）的父亲——伦道夫·丘吉尔勋爵（Lord Randolph Churchill）与纽约的珍妮·杰罗姆（Jennie Jerome）结婚；法国的加斯特兰伯爵（Count Boni de Castellane）娶了美国铁路实业家古德（Jay Gould）的女儿。在1900年时，有头衔的富人和没有头衔的富人因为各种现实目的而结合在一起，或许只有在彼此受邀参加晚宴的时候，才能区分出他们的不同。

中产阶级

横跨在少数非常富有的人与众多数穷苦人之间的是广大的中产阶级。欧洲的中产阶级中上层是由成功的商人以及专业人员所组成的，英国小说家阿诺德·班奈特（Arnold Ben-

---

① Philippe Jullian, *Prince of Aesthetes: Count Robert de Montesquiou* (New York, 1965), pp.198–200.

② Mattei Dogan, Political Ascent in a Class Society, in Dwaine Marvick, ed., *Political Decisiion Makers* (New York, 1961), pp.71, 73.

nett)曾经描述他们那自以为是与狭隘的眼界：

> 他们那充满自信、简短而无礼的语调，他们的衣着、相似的举止态度，无不显示他们同属于某种社会等级，而这种社会等级已经在求生的斗争中获得成功。[①]

在 20 世纪初期的文学作品里，最极端的例子是殷实的吕贝克商人家族，在托马斯·曼的长篇小说《布登勃洛克一家》(*Buddenbrooks*，1902)中，描述了这个家族的历代兴衰史。布登勃洛克家族企业的创始人，朴素、努力工作，对金钱精打细算、相信金钱的价值，蔑视贵族那无聊且挥霍无度的作风，并藐视穷人那粗俗的生活方式。他们的最高目标是教导子孙热爱家族企业。老约翰·布登勃洛克写给儿子："我祈求上帝让你在接手我事业的时候，我们的企业还能保持如今的状况。要切记：工作、祷告与储蓄。"

欧洲中产阶级的生活方式是有意地炫耀他们的体面。但是得体的礼仪要高于华丽而俗气的炫耀；后者是暴发户或者轻佻贵族的特色。硬挺的衣着、进餐的礼节，以及精心招待与交换名片，这些昂贵又繁琐的仪式，是一种向外界展现他们知晓礼仪、而且负担得起这些花销的方式。20 世纪初期描述家庭生活的小说，充满了这种"体面的礼仪"，正如巴特勒(Samuel Butler)在他的《众生之路》(*The Way of All Flesh*，1903)中对维多利亚时代儿童教养赤裸裸的描述，文中年轻的男主角是"在他能够爬之前……就在学跪"。

在殷实的上层中产阶级之下，还有一大群在不稳定的边缘苦苦挣扎、以求尽可能维持表面体面的人。这些小店主、蒸蒸日上的技术工人以及勉强够格的专业人员，坚持着中产阶级的价值观与标准，尽管他们明白，只要一次厄运降临，就足以使他们坠入贫困深渊中，一如那些工人阶级的遭遇。

因为阶级的区分界线模糊，所以无法测知 1914 年时欧洲中产阶级的确切规模；顶层的中产阶级与贵族交织在一起，底层的中产阶级则与工人阶级混在一块。借助他们所营造的名望，19 世纪已经是中产阶级欢唱凯歌的世纪，人们很轻易就可以推断：1914 年时，在欧洲比较繁荣的国家中，大部分的居民都属于中产阶级。但是如果我们只考虑那些已经拥有稳固的中产阶级地位的人，并排除那些地位较低、只是模仿他们的生活方式的人，那么在 1914 年时，欧洲的中产阶级依然属于少数。

英国的情况可以阐明这种现象。英国衡量稳固中产阶级(soild middle class)的标准之一，是他们所缴纳的所得税。[②]在 1914 年以前，所得超过 150 英镑[③]的人应缴纳的税率是 5%；只有大约 30 万人(每 170 位英国人中有一位)缴纳所得税，而且他们对此深感不满。并

---

① 引自 Peter Laslett, *The World We Have Lost* (New York, 1984), p.258。

② 英国第一次征收所得税是为了支付拿破仑战争的费用。19 世纪 80 年代末及 90 年代初，欧洲普遍征收所得税。在 1910 年时，只有法国、美国、比利时与匈牙利还没有征收所得税。美国在 1913 年时开征全国性所得税。第一次世界大战与战后余波所带来的后果是，所有的现代国家都征收所得税。

③ 按照 1914 年时的汇率大约相当于 750 美元。

非所有的家庭都能轻松负担中产阶级生活的体面。据我们对 1914 年英国财富分配的了解，大约 12 万户家庭拥有国家约 2/3 的资本财产(capital wealth):房地产与投资,它们构成国家的主要资本。其中 4 万名地主共拥有 2700 万英亩土地,而全国土地则共有 3700 万英亩。而在天平的另一端,约 2/3 的英国人拥有的财产仅占国家财产的 5%。[①]

另一种衡量稳固中产阶级的标准是雇用仆人。在 1901 年时，那些受雇管理家务的仆人,是英国最大的职业团体。如果把男性和女性都计算在内,那么这些家仆的人数比从事矿业、工程或农业的人口还多。在职业妇女之中,家庭仆人显然是她们最主要的工作,在 400 万挣工资的英国妇女中,约有 150 万人充当家庭仆人。[②]20 世纪 50 年代晚期,英国保守党首相哈罗德·麦克米伦(Harold Macmillan)回忆自己儿时的家,虽然那是一个富裕但朴素的卫理公会信徒出版商的家庭,但依然雇用了 7 位仆人。[③]即使是最底层的中产阶级家庭,也努力挣扎着维持雇用一位仆人,因为没有煤气或电器设备的协助而必须亲自擦洗并为家人做饭的妇女,必然会被视为是社会最底层的人。流亡伦敦的马克思家族,勉强挤在苏活区只有两个房间的屋子里,依靠卡尔·马克思为《纽约论坛报》(*New York Tribune*)执笔的稿酬收入,以及他的朋友弗雷德里希·恩格斯的资助生活。但是即使身处贫穷的边缘,马克思家族依然拥有忠诚的仆人——丹姆丝女士(Frau Demuth)。

稳固中产阶级最基本的标记是一种无法测量的东西:个人对自己命运的掌控。法国小说家瓦扬(Roger Vailland)观察敏锐的作品《法律》(*The Law*,1957),虽然实际上是以第二次世界大战之后、意大利南方的一个原始村庄为背景,但却是一篇在论述阶级的意义方面可亘古长存的经典著作。瓦扬书中的人物了解,地位不单只是财富的问题,而且还包括日常的人际关系,谁能为别人“制定法律”,谁就能够发号施令。在瓦扬的村庄里,没有人为没落的贵族恺撒(Don Cesare)“制定法律”。充满干劲的企业家布雷甘特(Matteo Brigante)能让大部分的村民服从他的意志,尽管同时他也会遭到少数比他更独立、更强大的人的羞辱。总体说来,其他村民因为没有钱、没有才智,甚至也没有争取自由的意愿,所以他们的生活总是充满了永无休止的屈辱。

大部分的欧洲人太习惯于遵从某些基本的约束——家族义务、性别角色,以及顺从民俗与宗教的价值观——以致没有注意到这些约束如何控制了他们的生活。有越来越多的欧洲人屈从大公司或者官僚政治的决策。1900 年时，独立手工业者已经减少到不能再低的 10%左右,这些木匠、铅管工等行业工人强撑着走过 20 世纪。工厂工人是 19 世纪末期欧洲人口中增长最快速的一群,从 19 世纪末期直到 20 世纪末,他们的数量趋于稳定并达到最大数,约占人口总量的 1/3。在 20、21 世纪之交,工厂工人成长最快速的地位被白领工人取

[①] Laslett, p.261.

[②] 出处同上, p.273.

[③] Harold Macmillan, *The Winds of Change* (London, 1966), p.39.

代:办公室职员,配送、销售与通讯行业的人员,以及低级的公务员如教师与邮差。虽然很多白领工人努力想要维持中产阶级的形象,但是他们的生活也屈从于别人的决策,受市场或社会上那些难以捉摸的力量支配。

因此,认为经历一世纪的"中产阶级崛起"之后,大多数的欧洲人已确实成为独立的中产阶级,其实是个错误。拉斯莱特(Peter Laslett)估计,在拥有欧洲最高度开发的城市与工业区的英国,也只有约 20%到 30%的人口,可以称得上是稳固的中产阶级。一个殷实中产阶级出身或者凭借自己的努力成为其中一分子的英国人,就像温斯顿·丘吉尔所表述的,"生活在长久以来所积聚的财富里,惬意地欣赏落日余晖中的旧世界"。[①]在这个吸引人的小圈子之外,是许多努力想要效仿他们的人,再然后才是贫穷的大多数。如果我们将相同的分析扩展到整个欧洲大陆,那么我们将在最高度城市化与工业化的地区,观察到十分类似的社会分层:法国北部、低地国家、西德、瑞典,或许还包括意大利北部。更往东、往南,那里的中产阶级仅局限于稀疏市镇中的少数零售商与高利贷商人;贵族与为数众多的农民在更尖锐和更严重的社会阶层制度中彼此对立。

提升社会地位

在欧洲人的一生里,究竟如何才能从社会底层向上流动呢?显然欧洲人的阶级地位并不是世袭的。一个人一生的社会地位并非从一出生就永远不变。虽然世袭的头衔与上流阶层的家世依然具有庞大的社会威望,但是财富已经变得更加重要;只要有足够的运气与决心,人们就可以取得相当的财富。但是由底层往上爬是一条窄路。针对成功的法国企业家所进行的研究显示,在 1850 年工业化初期时,出身工匠的成功商人比 19 世纪末期多,因为在 19 世纪末时,必须投入更多的资本才能创办大型企业。对欧洲人来说,在一代之中完成社会地位提升,或者与地位比自己高的人结婚,是极为罕见的情形:提升社会层级通常需要花上好几代的时间。所以在 1914 年时, 大部分的欧洲人可以预料在死前自己所拥有的社会地位,大概与刚出生时相去不远。

此外,社会阶层的提升可能伴随着非常痛苦的被孤立与被拒绝的个人体验。在福斯特(E. M. Forster)所著、与英国的阶级差异有关的小说《霍华德庄园》(*Howard's End*,1910)里,他描述年轻的贝斯特(Leonard Bast)是:

> 他站在上流社会的边缘。虽然并不在地狱里,但是可以望见地狱,偶尔他认识的人会坠入其中……如果他是生在几个世纪以前,在过去那段闪亮的文明世界里,他可能会拥有固定的地位,而且也会有与地位相当的头衔与收入。但是在他生存的年代里,民主的天使已经出现,她用皮革般的翅膀掩蔽了社会阶级的分歧,并且声明:"所有的人

[①] Winston Churchill, *The World Crisis*, *1911—1914* (London, 1923), p.199.

皆平等——这里说的所有人，指的是那些拥有保护伞的人。"因此，他不得不去谋求贵族的身份。[①]

贝斯特为变得更"文明"所采取的拙劣做法，和利用两个年轻富家女来提升社会地位的企图，让他误入歧途，毁了自己的一生。而那些女孩只不过稍微吃了些苦头而已。这里所谓的道德似乎是"只要你有钱，就永远不会大难临头"。

1.4 妇女与家庭

控制生育

在进入 20 世纪之时，欧洲已经走过一个社会史上重要的转折点："人口转型"(demographic transition)或者"生育转型"(fertility transition)。用最简单的话来说，就是逐渐走向"小家庭"。

传统社会可能会经历几个人口阶段。在第一个阶段里，人口因为高出生率与高死亡率而达成平衡，所以大致维持在一个稳定的状态。在第二个阶段里，卫生条件的改善与更充足的食物供应，使死亡率下降，因而人口暴增。17 到 19 世纪初期的西欧就已经进入这个阶段(而第三世界则在第二次世界大战之后进入这个阶段)。

在第三个阶段时，人口因为生育率下降而再度趋向稳定。由于父母开始了解节育的优点，所以欧洲在 19 世纪时就已经开始进入第三阶段。[②]首先，生活环境的改善意味着个人所生育的孩子大部分都能存活，而这是先前不曾有过的经验，所以不再有充分的理由多生孩子。其次，生养子女的开销变大。虽然在农场中，孩子越多可能意味着收入越多，但是在强制限制使用童工之后，工厂工人发现，更多的孩子只是意味着更多的食物和衣物开销而已。而随着公共教育的日渐普及，教育支出使育儿的成本变得更加昂贵。下层中产阶级的人发现，少生孩子就比较容易维持"体面的"中产阶级生活方式。最后，因为政府承担了照顾老年人的责任，人们因而打消了养儿防老的念头。

1800 年以后，节育的行为首先在法国的中下层中产阶级里迅速普及：这是世界上第一群大规模实行节育的人。19 世纪 70 年代及以后，节育的风潮使小家庭在如英国、德国与斯堪的纳维亚半岛等地更加普遍。走向小家庭的趋势与宗教教义并不完全一致，因为名义上是由信奉天主教的法国引领这股风潮，而且它也没有产生方便的节育方法。一些控制生育的方法很早就已为人所知，例如晚婚与性交中断法。现代工业与医学知识使人们可以利用更有效率的节育方式：19 世纪末，人们就已经制造出子宫帽和橡胶避孕套。但在 20 世纪 30

---

① E. M. Forster, *Howard's End* (New York, 1954), pp.45–46, 60.

② 社会并不必然会进入第三阶段。在那些工商业不发达的地方、孩子是收入和名望来源的地方以及死亡率偏高的地方，父母有强烈的动机生养很多孩子。这些社会里的人口会持续超越生产力水平。

年代开发出廉价的乳胶避孕套以前，对大多数人来说，这些避孕措施都太过昂贵。[1]即便如此，重要的改变并不是技术性的改变，而是价值观的转变。现在只要节育，似乎就有很多家庭有把握过上中产阶级的生活。

由于社会态度的重大转变，在 1890 年后的四十多年间，北欧与西欧的出生率下降了一半。欧洲的人口数达到完全的稳定状态。举例来说，在 1840 年到 1844 年之间出生的丹麦妇女平均生育 4.4 个孩子，其中有 60%的孩子是在母亲 30 岁之后出生的；在 1905 年到 1909 年之间出生的丹麦妇女平均生养 2.25 个孩子，其中有 60%的孩子是在母亲 30 岁之前出生的。[2]欧洲所有的现代化国家都出现了类似的变化。

社会态度的转变被称为是"现代的重大事件之一"，[3]在本书所论及的年代里，态度转变贯穿于欧洲所有的社会制度领域中。

在欧洲，传统的节育方法就是晚婚。在 19 世纪的欧洲，有很多女性晚婚或甚至没有结婚；未婚女性的人数已达巅峰，不单只是反映在如简·奥斯汀的《傲慢与偏见》(*Pride and Prejudice*，1813)这类的小说里。相形之下，已婚女性会在大龄时继续生育，只要大家庭依然令人向往。在世纪交替之际所发生的变化是形形色色的。在 20 世纪的欧洲，人们开始早婚，而且妇女生育孩子的年龄也提前了；同时，人们的预期寿命也比较长。前文曾经提及在 1905 年到 1909 年间出生的丹麦妇女，她们的预期寿命是 68 岁，但是在 1840 年到 1844 年之间出生的人，平均只能活到 47 岁。由于在 30 岁左右就已经完成生育大事，所以许多现代女性渴望在其他方面享有有趣且有建设性的生活。

妇女的地位

不过，男性依然是家庭里的主宰。《拿破仑法典》(*Napoleonic Code*)强化了丈夫与父亲的传统权威，它不只是法国、也是很多其他欧洲国家的法律，使 19 世纪的法令典章现代化。妻子不能拥有自己的财产，不能决定孩子的住处或教育，也不能在法庭里作出对丈夫不利的证明。在德国上层中产阶级家庭里，如社会学家韦伯(Max Weber)的父亲，未必比其他家庭的父亲专横。然而，有时仍是无法令人忍受。1886 年，当最小的孩子入学之后，韦伯的母亲更加不满丈夫的权威，因为家里大部分的财产都来自于她的嫁妆，但是她却不能将它用于慈善事业，来表达自己加尔文教徒身份。

> 因此，依照这些圈子里的传统，海伦娜(韦伯)(Helene〔Weber〕)在 50 岁时依然无权处置固定的家用开支，也无权支配她个人特殊需要的开支。她反而必须用账簿……一

---

[1] 20 世纪 60 年代开发出来的避孕药，不但因为价格便宜，而且也因为女性可以主动服用，所以具有重大的社会影响力。

[2] I.C. Mattiessen，"Replacement for Generations of Danish Females，1840/44–1920/24"，in D. V. Glass and Roger Revelle，eds.，*Population and Social Change* (London，1972)，p.203.

[3] 出处同上，p.199.

1–4 1914 年 5 月 21 日，因在白金汉宫前参加主张妇女有参政权的示威活动而被逮捕的妇女。

项一项地报领家庭和个人所需的费用。因此她和其他生活在这种体制下的妇女一样，受到丈夫持续的控制和批评，还得忍受丈夫因为无法确切判定哪些款项必不可免、而对大笔开销所产生的大惊小怪。既然家里的收入有一半以上来自于她所拥有的财产，她对于这样的处境越来越反感，也越来越恼火。[①]

根据我们对这个时期工人阶级生活的了解，社会地位越低下的家庭，父亲的权威就越专横。有一位英国青年曾经回忆起祖父母在 19 世纪末期时的生活方式。和很多英国工人阶级的男性相比，从事制鞋工作的祖父似乎更加严厉且浪费，但是在 14 年内为他生下 7 个孩子的妻子却丝毫不减对他的敬意。

女人们总是用最卑屈的态度来侍候她们的男人。在家里，男人不用做任何事，人们不会期待他们去搬煤或者去砍柴，或者把家里的垃圾拿到人行道上收垃圾的地方……当爱德文下班回家时，家人必须立刻让出座位给他。他把背包和外套丢在地板上让妻

① Arthur Mitzman, *The Iron Cage* (New York, 1970), p.45.

子收拾，然后一言不发地坐下来，抬起脚，让妻子为他松开鞋带、脱下靴子；在脱鞋的时候，他的脚就搁在妻子身上那破旧褪色的围裙上……在他死之后，他所享受了一生的侍奉优遇，就会转移到当时家中唯一的男性身上。[①]

在 1914 年之前的几年里，妇女在政治方面的角色首次开始出现转变。因为在新西兰(1839)、澳大利亚(1902)、芬兰(1906)与挪威(1913)，以及美国的某些州——例如怀俄明州(1869)，女性已经拥有投票权，所以妇女的选举权也已经列入议程。英国对此进行严厉的打压，在 1910 到 1914 年之间，坚决的的埃米琳·潘克赫斯特(Emmeline Pankhurst)女士、她的女儿以及她的追随者，举行了几场争取投票权的示威活动，造成数百人被逮捕、至少一人死亡的结果。但是，直至第一次世界大战之后，英国和德国的选举藩篱才被打破，而法国(1944)、意大利(1946)、瑞士(1971)与葡萄牙(1976)还要更晚。

至于妇女在职场与在家庭内的权利这个问题，在第一次世界大战期间大幅增加的女性劳工，只是欧洲朝女性可以过上更加独立的生活的长远目标迈进的一个开端。举例来说，正是因为人们的价值观早已出现极为深刻的转变，在 20 世纪 60 年代修订《拿破仑法典》、赋予已婚妇女法律上的完全平等才成为可能。

1.5 政治体系与群众运动

1914 年之前，欧洲的基本政治单位是单一民族的主权独立国家。主权是 16 世纪的欧洲开始形成的政治概念，用来证明君主专制政体(absolute monarchy)的正当性，以对抗封建贵族与教会的势力。主权是一个国家的特性，它来源于内部的单一权力，而且不受外部法律干涉。主权的观念与中世纪时的观念相反。中世纪的人们认为，所有世俗的权力都应该对宇宙的神、自然或普遍法则负责任。即使君主的绝对权威已经被人民的主权取代，在 1914 年，国家依然是自身利益的最终审判者，并且依据这些利益与其他国家交往。虽然在 1914 年以前的欧洲，国家可能会为了自己的方便，而接受某些国际协议如国际邮政协议(international postal conventions)、红十字会(the Red Cross)、战争公约(the rules of war)与 1899 年在海牙会议(Hague Conference)所创立的自愿性国际仲裁机构(voluntary international arbitration machinery)，但是在与另一个国家往来时，它们依然独断独行。那些手握大权、可以制止任何外力介入自身事务的国家，不论在实际上或理论上都被视为列强(Great Powers)。1914 年时，列强包括英国、法国、德国、俄国以及奥匈帝国，或许还包括意大利，但是西班牙或奥斯曼帝国已经不在此列。

---

① Jeremy Seabrook, *The Unprivileged* (London, 1967), pp.17–18.

君主政体

1914年，大部分的欧洲国家都是君主政体。在列强之中，只有法国是共和政体。西班牙在1873年时，曾经历短暂的共和，但在1875年时又恢复为君主政体。纵观整个19世纪，新兴的独立国家倾向于请某些赋闲的德意志王侯来做国王，来表达超越任何派别的国家团结：1830年，萨克森—科堡(Saxe-Coburg)家族的利奥波德王子(Prince Leopold)成为比利时国王；1832年巴伐利亚家族的奥托（Otto of Bavaria，1862年奥托被废时由另一位丹麦王子接位）成为希腊国王；霍亨索伦—西格马林根家族的查尔斯(Charles of Hohenzollern-Sigmaringen)在1881年时成为罗马尼亚的卡罗尔(Carol)国王；巴腾堡的亚历山大(Alexander of Battenberg）在1879年成为保加利亚国王，1886年接替他的是萨克森—科堡的斐迪南(Ferdinand of Saxe-Coburg)，等等。

直到1914年为止，除了法国与瑞士以外，绝对的共和主义在欧洲都算是一种特别激进的政治立场。英国皇室在维多利亚女王与爱德华七世的统治之下，比19世纪初由乔治四世或威廉四世统治之时，更受人民的真诚爱戴。大部分的意大利自由党人都承认统一意大利的皮埃蒙特(Piedmontese)皇室，而且几乎所有的德国自由派都接受以普鲁士的霍亨索伦家族为荣耀的新德意志帝国(new German Reich)的统治者。而在1914年以前的奥匈帝国与俄国，共和主义就意味着革命。

虽然不论大国或小国，对大部分的欧洲国家而言，君主政体似乎是毫无争议的固有体制，但是在1914年时，应该存在宪法限制的观点也普遍为人们所接受。在这方面，从西欧到东欧还是有着程度上的差异。在英国、斯堪的纳维亚半岛与低地国家，君主统而不治；在意大利、德国与东欧，对皇家的权威有了更新且更严格的限制。然而直到1914年，德国的威廉二世皇帝、奥匈帝国的约瑟夫皇帝和俄国的沙皇尼古拉二世，依然掌握国家政策的最后决定权。

然而，即使是这些帝国也依然存在持续朝向某种程度的宪法限制的趋势。德意志帝国的议会虽然在1886年与1887年争取军备预算控制权的重要斗争中失败，但是在很多领域却拥有预算决定权。与德意志帝国一样，哈布斯堡王朝的首相在对内政策上必须取得奥地利与匈牙利议会的同意。即使是俄国的独裁沙皇，也都被迫在1905年的革命运动之后成立议会(杜马)。尽管权力有限，但是杜马确实拥有立法权；除了军备预算及沙皇个人的开销之外，其他的支出必须取得杜马的同意才能拨款。这些进展激励了俄国立宪自由派如米留可夫(Pavel Miliukov)，与改良社会主义学家克伦斯基(Aleksandr Kerensky)等人，使他们相信他们的国家最终将与西欧一样，实行君主立宪制。

对米留可夫、克伦斯基以及一般欧洲的立宪自由派而言，1914年的政治议题依然是1789年的法国大革命首度明确提出的问题：如何以任人唯贤来取代世袭权威。战前欧洲的立宪自由派认为，英国模式的国会是最适合用来约束世袭权力的工具。

议会的作用

第一次世界大战以前的议会,有两个发展趋势。首先,由于国家的活动已经扩展到新的社会与经济领域,所以议会有更多的事情要做。立法的范围与复杂性日益增加,因此议员变得更专业,而且每年的会期就占去了一年中绝大部分的时间。举例来说,在 19 世纪中叶,英国下议院每年的开会时间平均是 116 天,而在第一次世界大战前夕,议员开会的时间平均每年为 146 天。

其次,有更多欧洲人取得选举国会议员的权利。英国在 1884 年时将选举权扩大到几乎包含所有的成年男子。1848 年,法国就规定了普遍的男性选举权,并且在 1871 年之后实际行使这项权利。比利时(1893)、西班牙(1890)、挪威(1898)、瑞典与奥地利(1907)、意大利(1912)则随之相继实行普遍的男性选举权。①

中欧与东欧选举权的发展比较落后。虽然从 1871 年德国统一以来,帝国议会(Reichstag,下议院)就是在所有的成年男子中选举产生,但是掌握实权的上议院——"联邦参议院"(Bundesrat)的议员却是指定的。而且,德意志联邦体系中最大且最有权势的普鲁士邦,并未像比较小的邦一样授予全体成年男子选举邦政府的选举权。它仍然维持三级选举制,允许那些缴税占总税金 1/3 的少数最富有的公民选举 1/3 的下院议员。匈牙利与巴尔干半岛上的大部分国家,直到第一次世界大战时还在实施有限的选举权。在 1914 年前的十年里,俄罗斯帝国似乎有开倒车的倾向。1905 年与 1906 年的第一次与第二次杜马的选举时,允许几乎所有成年男性拥有选举权;而在 1907 年与 1912 年的第三次与第四次杜马选举时,人民的选举权却被大幅缩减。但是乐观的自由派认为,这些情况不过是立宪潮流里暂时的逆流。

在欧洲大多数国家,直接选举产生的下议院逐渐胜过了以比较不民主的方式选定的上议院。举例来说,在 1884 年废除终身参议员制度之后,所有的法国参议员都是经由选举产生。英国的下议院在与上议院的对抗中,取得了耀眼的胜利成果。1909 年,当上议院全体议员反对自由党领袖劳合·乔治的预算案中的福利条款时,他们对下议院通过法案的绝对否决权被剥夺殆尽。

在民众对立法机构的控制方面,还有些其他比较细微但重要的进展,例如秘密投票的普及,以及议员支薪席位。秘密投票法或称澳大利亚式投票法(Australian ballot)给投票者提供密封袋与个人投票站。法国在 1913 年引进秘密投票法后,就削弱了地方"显要"对弱小邻人在政治议题上的普遍影响。在 1911 年时,每年要发放给所有英国下议院议员 400 英镑薪水的规定,使得没有个人收入的男性有机会在下议院任职,而长久以来,英国的下议院是贵族统治最严重的欧洲议会之一。

---

① 参阅前文,女性的投票权。

1914 年,议会制度在欧洲的发展依然非常不平衡。它的持续发展显示未来的趋势将朝广泛的选举民主制度迈进,但是这却遭到来自专制旧君主与新民族主义者的强烈反击。扩大普鲁士三级选举制的努力,遭到皇帝和很多德国自由派的最坚决反对;后者由于俾斯麦的成功,转而相信强大的国家比公民的自由还重要。德国自由主义者瑙曼(Friedrich Naumann)曾说:"当哥萨克人来袭时,社会改革对我们能有什么益处?"[①]自 1899 年以来,奥地利的议会经常由于捷克族与日耳曼族的下议员所举行的示威运动,陷入半瘫痪状态,后者要求在这个多民族帝国的学校与法庭中,扩大使用少数民族语言的权利。俄国沙皇成功地颠覆 1905 年被迫批准的改革。回想起来,第一次世界大战前 10 年,似乎并不是议会政体的黎明,而是它的黄昏;这是战后复杂的经济形势使经济计划官僚得以取代议会之前的最后一刻,也是战后民族主义者对"国家效率"的渴望使独裁者得以取代议会之前的最后时光。

社会主义运动

第一次世界大战之前,社会正义与经济权利是紧迫的新议题,足以与立宪问题相提并论。早期工厂的严苛环境,以及因为工业化而遭淘汰的城市工匠的悲惨遭遇,促成了 1848 年的暴动与 1871 年巴黎公社。但是,在第一次世界大战之前,要求对资本主义经济制度进行基本改革的压力之所以持续不断,是因为它们来自新兴的常设组织:工会与社会主义政党。

19 世纪末期,行会——技术工人保护同行的联合——已经扩展为由全体工人组成的工会。虽然很多政府已经不再禁止工会的存在(英国是 1825 年;法国是 1884 年),但是在 19 世纪 90 年代之后,工会那快速成长的会员人数与常任干部,依然使中产阶级的自由主义者与保守派感到惊慌。在 1914 年时,英国与德国工会已经拥有两百多万名会员,约占男性劳动者的 30%。德国工会常任职员的财富与规模远胜其他国家,在 1900 年到 1914 年之间,他们的人数增加了 10 倍——从 290 人增加到 2867 人。由不到 6%的法国劳动者组成的法国工会,虽然只有极少的罢工基金,却以战斗力来弥补组织上的不足。从 1906 年到 1909 年间,法国政府不得不一再动用军队来控制大罢工。

新的社会主义政党利用不断扩大的投票权,促使大量的雇佣劳动者成为一个可以独立站上政治舞台的阶级。逝世于 1883 年的马克思的思想在 19 世纪 90 年代取代了自由主义改革派与天主教改革派,成为有组织的工厂工人的主流思想(英国除外),并在改变经济制度的策略上取代了早期的自发性暴动。在 19 世纪 90 年代后,马克思的追随者将他的理念解释为通过增加有投票权的无产阶级人数,来征服欧洲的民主政体。截至 1914 年之前,他们的计划似乎颇有成效。1912 年选举时,德国的社会民主党(Social Democratic Party)掌握了 1/3 的选票,取得了 110 个席位席位,成为议会的第一大政党,这仅仅是社会主义选举策略最出色的成就。1914 年,法国的社会主义党(Socialist Party)在 602 席国会议员中争得了

---

① James J. Sheehan, *The Career of Lujo Brentano* (Chicago, 1968), p.148.

1-5　1913 年,法国的一场群众集会,演讲者是法国社会主义运动领袖让·饶勒斯。

103 个席位,约有 150 万张选票;英国的工党(Labour Party)在 1906 年选举的 670 个席位中夺得了 29 个席位;奥地利的社会民主党(Social Democrates)在 1907 年选举的 516 个席位中赢得了 87 个席位席位;而俄国社会革命党(Social Revolutionaries,农民革命派〔agrarian revolutionaries〕)与社会民主党(Social Democrates,马克思主义者)的极盛时期是 1906 年的第二届杜马选举,他们在 520 个席位里,共赢得 103 个席位。

1914 年大战前夕,热衷选举的社会主义者对欧洲政治带来了重大的影响。在某些情况下, 当社会主义者与自由主义改革者联合起来之时, 就会立法制定重要的社会改革方案。1911 年时,英国的工党与自由党联合投票制定了劳工保险计划。但是对很多自由主义与保守主义者来说,马克思主义政党的迅速成长,是一道暴风雨前的闪电,照亮了政治天空。在德国议会里,势力庞大的社会民主党议员拒绝按照传统唱颂欢迎词“皇帝万岁!”,而皇帝则公开指称他们的领袖为民族大敌。1914 年爆发的战争中断了一场正在酝酿的战斗,即传统上崇尚建立议会制度的欧洲自由主义者,是否能够容忍马克思主义者把持这些机构。

民族主义

1914年的欧洲,民族主义比社会主义更能撼动人心,有很多工人参与其中。人民主权的观念很容易导向“人民不应该只拥有最高统治权，而且也应该是个热诚的公民”的概念。1789年以后的西欧,民族忠诚的思想促成了庞大的、具有同质性的民族国家的形成。法国大革命中热情的国民军,只是民族主义把枪口对准贵族与教士的传统国际主义的第一个引人注目的例子。民族主义自法国向外蔓延,鼓舞那些遍布欧洲各地的使用德文和意大利文的在以前不过是蕞尔小国的地方，在19世纪中叶建立起自己的民族国家。在司汤达的小说《帕尔玛修道院》(*The Charterhouse of Parma*,1839）中，年轻的意大利人法布里奇奥(Fabrizio)希望加入拿破仑的军队,因为他认为皇帝代表伟大的民族国家对落后地区如帕尔玛公国(Duchy of Parma)的胜利。1848年,德国的革命者也同样蔑视三十几个曾在拿破仑战役中幸存的日耳曼公国。

1871年,德国与意大利统一后,教育的普及与大众传播,为西欧的新旧国家提供了培养更具同质性而且更忠诚的公民的方法。西欧国家通常利用普及的教育来肃清地区方言,并且培养人民的爱国精神。布列塔尼人、巴斯克人、威尔士人与说普罗旺斯语和各种日耳曼方言的人,被融合进更大的群体里;欧洲地图所显示的国家划分,能确实反映这种日益增加的文化同质。新城市里那些与传统断绝关系的居民需要某种情感寄托,他们对游行与爱国演说反应热烈。因此,在1914年时,民族主义有助于强化西欧列强国家的同质性。

相形之下,在东欧,对那些使用数种语言的奥匈帝国、俄国与奥斯曼帝国等国家来说,民族主义是它们即将崩溃的征兆。长期被压迫的民族(如捷克人、波兰人与匈牙利人),以及其他不曾建国的民族(如斯洛伐克人、斯洛文尼亚人、阿尔巴尼亚人与南斯拉夫人),重新发现了自己的语言与文化的价值,因而扭转了朝单一国家语言发展的趋势。举例来说,捷克的历史学家巴拉茨基(František Palacký)在1836年时被迫以东欧普遍使用的德文，出版自己开创性的捷克人史书——《波西米亚史》，直到1848年才出版捷克文版。这种重新发现的民族忠诚激起了分离主义运动(separatist movements)。1913年时,奥斯曼帝国已经几乎将它所有的欧洲领土都输给了新兴的民族——希腊人、阿尔巴尼亚人、保加利亚人与罗马尼亚人——仅剩下几平方英里的土地。由多个民族组成的奥匈帝国在1867年时建立了“二元帝国”,同意赋予匈牙利人特殊地位,由约瑟夫皇帝身兼奥地利皇帝与匈牙利国王的身份,同时统治奥地利与匈牙利,不过两国各自打理自己的内部事务。但是,匈牙利人在取得了民族特权之后就不再妥协,拒绝让哈布斯堡王国治下的其他少数民族如捷克人、波兰人与南斯拉夫人拥有相同的权利。但是这种拒绝只是加剧了那些少数民族对民族自治的渴望,最后甚至驱使他们在第一次世界大战期间,越过自治而要求完全独立。

帝国中受到威胁的统治民族,也以加强自己的民族情感来响应。泛日耳曼主义者梦想让德意志帝国统一东欧所有说日耳曼语的民族。俄国的泛斯拉夫主义者重申他们反西方教义的古老传统,并且梦想将所有的斯拉夫人纳入神圣的俄罗斯母亲的保护之下;巴尔干半岛的泛斯拉夫主义者既想要统一,也想要独立。努力使 1908 年开始没落的奥斯曼帝国现代化的泛土耳其主义者,想要重新恢复曾在中亚取得的土地,并且统一由重新复苏的奥斯曼帝国统治。

因此,东欧的民族主义不但没有增强现有国家的力量,反而腐蚀甚至取代了民族对统一多民族的帝国王朝的忠诚。席卷而来的民族分离主义(ethnic separatism)浪潮淹没了 19 世纪的东欧:19 世纪 20 年代,希腊发动了脱离奥斯曼帝国的独立战争;1848 年与 1863 年,波兰展开对俄国的反抗;1875 年到 1887 年间,保加利亚人、罗马尼亚人与南斯拉夫人起兵反抗奥斯曼帝国;以及 1912 到 1913 年的巴尔干战争。其他的少数民族也叫嚷着独立。在这些情况下,当 1899 年奥地利议会因捷克族与日耳曼族的下议院议员要求学校的少数民族语言权而瘫痪之时,多民族帝国里的议会民主只是让这些喧嚷着想要独立的民族拥有了更多的表达自己意见的机会。

1.6 传承的信念

自由主义

在 20 世纪初,很多欧洲人——大部分是中产阶级或追求中产阶级地位的人——都承认 19 世纪自由主义的价值观。[①]18 世纪末期的法国哲学家与 19 世纪初期进步的理性主义者(rationalists),是首先系统地阐述自由主义思想的人。但是他们的英勇战斗早已在 1900 年以前结束,留给人们的只是一些欧洲中产阶级认为不言而喻的普遍性假设。

第一个假设是,世界是完全可知的。宇宙是一个有条理的物质系统,依据既定的规则运转;科学家们将一点一点地揭露这些规则的运作细节。牛顿爵士(1642—1727)的发现生动地表达了这个观点,用万有引力定律既可以说明苹果掉落的现象,也可以说明行星运行的轨道;18 世纪哲学家(如伏尔泰)的努力使这个观点更加普及,到了 19 世纪时则因为科学进步所发现的证据而盛行一时。

第二个假设是,人类生来就有能力完全了解井然有序的宇宙。人类拥有一种固有的内在特性,也就是“理性”。当教育将理性从迷信的黑暗束缚之中释放出来时,就可以认清客观真理;如果经过充分的说明,任何人都会同意这一客观真理。正如英国的自由主义哲学家穆勒在《论自由》(*On Liberty*, 1859)一书中所述:

---

① 目前美国人对自由主义这个词的使用并不严谨,留下很多足以产生混淆的空间。在本书中,自由主义这个字是指 20 世纪初期,充斥在欧洲中产阶级里的进步、个人主义以及自由放任的信念。

> 整体而言,拥有理性见解与理性行为的人占有优势……(这)属于人类心灵的特性,……也就是可以纠正自己的错误。人类有能力借助讨论与体验来改正自己的错误……错误的观点与行为会渐渐地屈服于事实与论证……只要辩论的竞技场始终开放,我们就可以指望,若有更正确的真理存在,那么当人类的心灵有能力接受的时候,我们就会发现它。[①]

穆勒于 1873 年去世,但是他那深思熟虑的愿望,亦即自由讨论可以使人更加接近真理的看法,则在 1900 年时广受认同。

从这两个自由主义思想的原理,衍生出自由主义实践的必然结果。自由主义的基本武器是教育。教育的基本职责,是让所有的人从阻碍个人能力完全发展的宗教迷信,以及与生俱来的社会差别之中获得自由,因此,19 世纪末欧洲的中产阶级,努力争取普遍、世俗以及免费的初等教育。19 世纪 80 年代,西欧就已经实施义务初等教育,甚至主张独裁政治的沙俄,在 1913 年时也以此作为努力的目标,尽管俄国大部分地区和西班牙、意大利和巴尔干半岛其他地方一样,依然充斥着文盲。

一旦个人的理性因为教育而获得解放,个人就能蜕变成一个公民——这个在法国大革命时发明的词,是用来表达在自由社会里、具有同样理性的人们所拥有的相同成员身份。公民应该要参与政治决策,而不是政治煽动或偏见的玩物,也因此,在 19 世纪时,由于读书识字比较普遍,欧洲的自由主义者逐渐转而赞同普遍的成年男子选举权。理想的自由主义国家里的公民,应该享有法律面前人人平等的待遇,而且也应该拥有相同的机会进入与其才能相称的职场工作;因此,和谐的公民社会将自然产生,国家只需要配置最低限度的机构来维持社会的秩序。必须注意的是,对很多自由主义者来说,公民权属于公共空间,因此属于男人的世界;女性拥有的只是家务与家庭的私人空间。[②]

在经济方面,自由主义假设,理性的人用来谋求开明的自我利益的方式与自然无比和谐,以至于整个社会都能得益。“经济人”是指从事商业活动的理性人类,只要摆脱愚笨的国家干预,他们就可以用前所未有的低价生产前所未有的优质产品,进而服务社会以及他们自己。他们会自行修正工作、薪资或价格上的暂时性失调,犹如有一只“看不见的手”在指导他们——这是借用了自由主义经济学者亚当·斯密(1723—1790)以及他 19 世纪的支持者喜欢使用的说法。当然,1914 年的欧洲并没有实施这种古典自由主义经济学,因为企业家希望国家能够保护他们,对抗外国的竞争以及有组织的工人。但是在 1914 年时,自由主义经济学家依然反对关税及商业卡特尔,企图说服人们相信自动调节的全球自由贸易制度是通往廉价和富足的最有效路径。

[①] John Stuart Mill, *On Liberty*, ed. R. B. McCallum (Oxford, England, 1948), pp.17-18.

[②] 有些自由主义者,例如穆勒,并不认为女性的身份仅限于私人空间。请参阅他的著作《征服女性》(*The Subjugation of Women*, 1869)。

19 世纪出色的科学与技术成就、识字能力的迅速普及、政治自由的扩展与史无前例的经济增长,燃起了人类无限接近完美的希望。法国诗人雨果曾于 1859 年在观看气球升空的情景后,描述它代表"向天国迈进的伟大热忱"(the great élan of progress toward the heavens)。

> 迈向神,纯净的未来,迈向美德,
> 迈向呼唤我们的科学,
> 迈向罪恶的终点,迈向宽厚的饶恕,
> 迈向富饶、和平与欢笑和一个幸福的人类。[①]

雨果的诗暗示了人类对天空的主宰,将以新的人类和谐的 20 世纪世界,取代那个有着"语言差异、理性差异、法律差异、习俗差异"的旧世界。"如此广阔的天空将废除国家",直到 1895 年,法国科学家贝特洛(Marcellin Berthelot)依然宣称他信仰 19 世纪实证主义者的梦想,即科学的确定性将扩展到人类知识的每个层面,不只改善人类的物质世界,也会提升人类的伦理道德。"科学的普遍胜利,将保证人类能够拥有一切可能的幸福与美德。"[②]

但是在欧洲人开始掌控天空时——在第一架简易飞机在基蒂霍克(Kitty Hawk)首次成功飞行之后仅仅 6 年,法国人布莱里奥(Louis Blériot)就于 1909 年飞越英吉利海峡——人们开始对雨果那通过飞行达到人类和谐的梦想产生高度的怀疑。科学似乎有可能像支持和平制造者般偏爱战争制造者,或者像容忍"幸福与美德"般容忍人类的懒散与颓废,而威尔斯(H.G. Wells)在他最受欢迎的科幻小说《世界大战》(*The War of the World*,1898)与《时间机器》(*The Time Machine*,1895)中曾经带给人未来会有"幸福与美德"之类的憧憬。美国散文家亨利·亚当斯(Henry Adams)曾于 1900 年造访巴黎世界博览会的机械展示会,并写道:

> (我)会一连几个钟头坐在巨大的发电机旁,观看它们如同行星般寂静无声而且平顺流畅地运转,并满怀无限敬意地询问它们:你们究竟要往何处去? 它们真是令人感到不可思议。但它们中不存在着任何神意。尤其是德国人……我已经可以了解那些能活到 1930 年的人,为什么宁可折寿。[③]

不论如何,当新世纪开始之际,这种预感实属异议。法国哲学家萨特以童真的言词(1914 年时萨特年仅 9 岁)回忆他在第一次世界大战前夕,从祖父那里理解到的对人类命运充满希望的观点:

> 以前曾经有过国王和皇帝。他们非常非常坏。好在他们已经被赶走了;所有的事都

① Victor Hugo, "Le Vingtième Siècle: pleine mer; plein ciel," in *La Légende des siècles* (1859).

② Marcellin Berthelot, "Science et Morale," *Revue de Paris* (February 1. 1895), p.469.

③ Henry Adams, *The Education of Henry Adams* (Boston, 1918), p.379, and *Selected Letters*, ed. Newton Arvin (New York, 1951), p.220.

朝着更好的未来发展。[1]

在 1914 年时，不单是孩子们吸收了这种关于理性与进步的自由主义信念。1914 年时 42 岁、而且在英国以最富怀疑论思想而驰名的剑桥的数学家与哲学家罗素（Bertrand Russell），日后曾经回忆道："我们都很确信 19 世纪的进步将会继续延续，而且我们自己也可以贡献某些有价值的东西。"[2]套用剑桥毕业生——列奥纳德·伍尔夫(Leonard Woolf)的说法：

> 1914 年以前的世界与 1914 年以后的世界之间的差别在于，安全感与一种日渐茁壮的信念；也就是对人们来说，最美好的事情就是公众与个人的幸福……仿佛文明真的触手可及。[3]

保守主义

保守主义是国王、贵族、大部分的僧侣与很多他们的下层支持者所接受的价值体系。欧洲的保守主义者对于人类的本性持悲观的看法，他们相信最好由天生的领袖来领导"堕落"的人性。并不是所有的保守派都认为天生的领袖是由神所命定的；有越来越多世俗的保守派人士认为，他们是历史所创造的。在保守派的观点里，人类社会是一种长期演化的结果。根据他们所偏爱的类推法，人类社会的各个部件就如同活生生的生物体般，结合得天衣无缝。以一些抽象原则的名义砍削社会有机体的肢体，在保守派的眼里，其恶劣的程度更甚于犯罪：这是一种毫无意义的愚蠢行为。

人们不应将 20 世纪初期欧洲的保守主义，想象为仅仅是对中世纪的一股淡淡的怀旧之情。现代的保守主义在刚开始时，是一股对 1789 年法国大革命的强烈反击。1914 年时，在旧有的民主主义与废除所有世袭身份的威胁之上，又增添了社会主义与社会革命的威胁(如 1871 年的法国与 1905 年的俄国)。

在 1914 年之前不久，现代的保守主义曾经历过有力的复苏。新一代保守主义的传道者以及组织者，将保守主义带离城堡与布道坛，走上街头。他们在旧有的价值观——如社会等级制、社会有机论和宗教教义上——增加了一定程度的群众狂热，如民族主义、反资本主义(anticapitalism)与反犹主义，使保守主义能够适应群众政治的时代。虽然在以农民-贵族的社会形态为主的东欧与南欧，盛行更为传统的保守主义，但是在巴黎和维也纳涌现了新的保守主义领袖，那里的自由主义价值观因为国家的衰弱、对社会主义的恐惧，以及对文化堕落的忧虑而逐渐受到侵蚀。

在巴黎，夏尔·莫拉斯(Charles Maurras)的法兰西行动(Action française)是传统的保守派。他们号召恢复君主政体与教会，并认为这是唯一可以制止法兰西第三共和国日益衰落

---

[1] Jean-Paul Sartre, *The Words* (New York, 1966), p.15.

[2] Alan Wood, *Bertrand Russell, The Passionate Skeptic* (London, 1957), p.31.

[3] Leonard Woolf, *Beginning Again* (London, 1964), pp. 36,44.

的方法。但是莫拉斯也有一些新的主张。他极为珍视行动甚至是暴力在生活与政治上的效用。大学生与心生不满的中产阶层下层组成他的武装打手部队——保皇队（Camelots du roi),痛打自由主义的教授,并且袭击“左派”分子的聚会。莫拉斯融合了反犹主义与选择性的反资本主义,煽动那些被贷款与现代竞争威胁的店主把矛头对准银行和百货公司。他那好斗的民族主义故意用一种简单的群众狂热来掩盖阶级冲突。法兰西行动的创新在于,他们将传统的保守主义者和惊恐的前自由主义者联合起来,一起对抗民族分裂、社会冲突与文化堕落,这是他们的运动之所以备受瞩目的原因。

格奥尔格·冯·舒纳勒(Georg von Schönerer)在维也纳开展的德意志民族运动,来自于对东欧边境的敌意。在东欧边境说日耳曼语的人发现,他们旧有的优势地位,因为斯拉夫民族主义的崛起与社会主义的主张而备受挑战。身为自由主义贵族之子的舒纳勒,藐视他父亲温和的君主立宪主张。但是,和传统的保守主义者不同,他并不支持现有的社会等级制度,因为奥匈帝国在社会等级制度之下,已经逐渐步向败亡。在 19 世纪 80 年代,带着新右派分子激烈好战的特性,舒纳勒动员了学生、店主与热情的民族主义者,掀起了一场新民粹主义的反犹宣传活动。[①]在 20 世纪初的维也纳,舒纳勒的影响依然强烈,而当时仍是年轻的艺术学校学生的阿道夫·希特勒(Adolf Hitler),还只是个微不足道的无名小卒。

有组织的宗教

在 1914 年,大多数的欧洲人依然拥有宗教信仰。然而,有组织的宗教确实已经比之前式微。在农村,因为教育的普及以及向城市迁徙的结果,迷信已经比较少见。普遍流传的实证主义,亦即相信科学会持续对每一件事物作出唯物主义的解释,使得主张宗教信仰的文化风气趋于冷淡。

没有伟大的宗教思想家能够对抗 19 世纪的实证主义潮流。在那些受过教育的人之间,宗教还没能走出因为 19 世纪 60 年代杰出的达尔文学说倡导者托马斯·亨利·赫胥黎(Thomas Henry Huxley)与牛津的萨缪尔·维尔贝弗思主教(Bishop Samuel Wilberforce)公开辩论所招致的羞辱。牛津主教以为他所提“是否因为他(赫胥黎)的祖父或祖母,所以他才宣称自己的血脉源自于一只猿猴”的问题足以驳倒赫胥黎;但是,在当天的辩论中,显然赫胥黎是胜利的一方。

在 20 世纪初期,对有组织的宗教的主要支持仅存在于落后地区,以及人们对社会一致的追求。在那些尚未渗入现代思潮的农村,以及那些拒绝承认父辈的怀疑论、而涌向教堂以表现他们对社会秩序的尊重与支持的中产阶级里,宗教活动依然相当活跃。欧洲的教会以社会秩序的支柱之姿出现,但这对愤怒的穷人来说并没有带来什么好处。俄国的东正教会是由沙皇任命的圣教会议检察官(the Procurator of the Holy Synod)领导,而且大部分的资金

---

① 在第七章讨论法西斯党的后裔时,会针对这个新的权利进行比较彻底的讨论。

都是国家资助。天主教教会(在南欧与莱茵地区势力最庞大)是国际性的,但其社会教义却支持现有的统治当局。而新教的国家教会(如英国国教与德国和斯堪的纳维亚半岛的路德教会)的主要功能,是上层阶级每周用来展示社会权利的竞技场。

1.7 迈向新的觉醒

上文所讨论种种承袭而来的信条，是 1914 年时很多受过教育的欧洲人司空见惯的假设。但是早在 19 世纪中叶,知识分子就已经开始拒绝接受这些老生常谈。在早期阶段,挑战大多来自于某些孤立的个人——丹麦神学家克尔凯郭尔(Sören Kierkegaard)的宗教困扰,法国诗人波德莱尔敏锐的自省,以及德国哲学家尼采对当代软弱平庸的自由主义与基督教价值观的奚落。截至 19 世纪 90 年代时,人们依然不欣赏这些孤独的探索者。而 1900 年以后,知识分子对 19 世纪理解人类经验的方式的拒绝,才壮大成为广泛的社会运动。1914 年时,在科学、美学与人类事务中理性地位的基本信念方面,也一样有着革命性的剧变。

科学的革命

相比于 19 世纪可以轻易掌握的技术性成就,20 世纪最引人注目的科学成就不但令人难以理解,而且让人深感不安。

在 20 世纪初,物理学家对物质真正本质的假设备受挑战。如同公元前 490 年的德谟克利特一般,19 世纪的物理学家曾经认为物质是由不可分解的有形粒子或原子所组成的。1895 年德国物理学家伦琴意外发现 X 射线,引发一连串对其属性的探索;研究所发现的结果很少与早期的假设一致。英国物理学家汤姆逊于 1897 年发现,当 X 射线通过气体时,会释放出微小的带电粒子,并在照片底板上留下痕迹。在不同强度的辐射下,这些粒子所呈现的一致性,使汤姆逊联想到它们可能是气体原子的组成成分。后来的研究者称这些粒子为“电子”。人们开始清楚地认识到,原子并不是不可分解的,而且它们本身自成一个世界。这些发现开辟了原子物理学这门新学科。

大约与此同时,德国物理学家普朗克由于无法利用常规的机械计算来说明能量沿着辐射热谱发散的方式,于 1900 年提出能量并不是连续的能量流、而是能量包或量子周期性放射的假说。结果证明,普朗克的量子理论的应用范围远比他曾经预期的广泛。最重要的是,他的量子理论解决了很多原子物理学实验的难题。通过将量子理论应用于解释原子的内部结构,汤姆逊的同事卢瑟福(1911)与丹麦物理学家玻耳(1913)提出了“原子内部的电子绕着质子旋转,就像一个微型太阳系一般”的模型。

在描述亚原子粒子的运动时,牛顿学说的太阳系暂时依然是颇具说服力的模型。但是,玻耳却一再发现令人困惑的随机性。在 1928 年，德国的物理学家海森堡提出原子结构的“测不准”理论。既然物理学家必须利用与亚原子运动相对移动的仪器进行研究,海森堡便推论,人们不可能在不影响电子速度的情况下测量电子的位置,或者在不改变电子位置的情况下测量电子的速度。

海森堡的"测不准"理论所呈现的是与牛顿体系让人舒坦的规律性完全不同的世界。物理学家现在用统计学的概率而不是机械的必然性来解释宇宙万物。物理学家的直觉与某些近似于美学鉴赏天分的东西成为用精练的数学语言解释宇宙万物时不可或缺的一部分,这种语言与曾经风行一时的物质确定论科学迥然不同。

"测不准"理论深受爱因斯坦的相对论影响。爱因斯坦曾经对 19 世纪末不论以何种方向发射光线,光速始终保持不变的实验结果深感困惑。要么地球没有移动,要么宇宙不是全然一致。在他的狭义相对论(1905)与广义相对论(1916)里,爱因斯坦以数学的方式表明,不存在任何直接机械意义上的绝对空间和时间。人们只能依赖弯曲空间的假说,以及空间和时间彼此相对并形成一种单一连续体的假说,来解释所观察到的光的行为。1919 年,皇家天文协会(Royal Astronomical Society)在一次日蚀期间证实,光线在通过太阳的磁场时是弯曲的,这使得爱因斯坦声名大噪。这项广受宣传的实验使相对论得到公众注意,这是爱因斯坦从来没有料想过的。很多人因而推断,宇宙只能以主观的概念来了解,科学中并没有必然性。

艺术与思想的革命

影响之深远不下于物理学革命的,是在 1914 年前十年里所发生的美学革命。这两个领域的革命并非全然无关。住在慕尼黑的俄国人康定斯基(Wassily Kandinsky)写道,当他在慕尼黑知悉世上有比原子还小的粒子时,他开始重新思考整个艺术现实的本质。他在 1910 年宣布完成第一幅纯粹的抽象画:由线条交织而成的彩色区域所构成的水彩画。虽然从凡·高(1853—1890)、高更(1848—1903)及塞尚(1839—1906)的时代开始,实验艺术家为了凸显效果,曾经任意地扭曲自然,但是康定斯基想要创作一种不参考外在自然、而是纯粹源自内在世界的艺术。康定斯基的著作《艺术的精神》(*Concerning the Spiritual in Art*,1912),是第一本为纯抽象艺术的正当性辩护的著作,它完全舍弃任何具象派的要素。

对康定斯基来说,绘画是通过颜色和形状所唤起的感受,与画家的灵魂沟通。他相信油画布上的颜色与表现形式可以传达画家的情感,而"唤起赏画者的共鸣"。康定斯基认为,在所有的艺术中,绘画与音乐最相似,属于最不想试图重现任何其他东西的艺术形式,在这样的艺术形式里,作曲家可以自由地利用节奏与旋律的语言来表达自我。对康定斯基来说,色彩就如同声音一般,具有情绪性的价值;举例来说,黄色是"突然响起的刺耳号声",绘画是一种"有颜色的音乐"。[①]

康定斯基与他那些慕尼黑的艺术团体"桥"(Brüke)与"蓝骑士"(Blaue Reiter)派的朋友,创造了战前主要的现代艺术运动之一——表现主义(expressionism)。他们企图利用强烈

---

① Wassily Kandinsky, *Concerning the Spiritual in Art*, trans. Michael Sadleir et al. (New York, 1947), pp.23,46.

的色彩与题材、任性多变的扭曲与抽象形式,来传达内心强烈的宣泄感受。

巴黎是第一次世界大战前的另一个艺术实验中心。1905 年,野兽派画家(在谈到他们狂野的用色方式时对他们的昵称)开始利用鲜明强烈的色彩与扭曲形式的画风,击垮“过于精雕细琢、华而不实的艺术”。比较著名的野兽派画家、如马蒂斯(Henri Matisse, 1869—1954)的画作里,依然保留一些具象派要素,但是他们随心所欲地使用无景深、缺乏立体感的绚亮色块,比印象派前辈更偏离现实的自然界,后者曾经试图利用斑点的油画布来科学地表达光线。

1914 年以前,巴黎的另一项重要艺术创新,是由法国人布拉克(1882—1963)与西班牙人毕加索(1881—1973)为首的立体主义。立体派依然是一种表达自然的方式,不过,通过画家的内在视觉,自然被完全改造。既然所有的画作都是通过扭曲以便在平面上表达深度,立体派艺术家选择通过同时从多重角度来观察,以及由艺术家任意重新安排的方式,来呈现物体或人体,以凸显这些扭曲。

虽然未来主义运动所创作的艺术作品带动的风潮为时短暂,但是它对于战前巴黎百家争鸣的艺术风气依然有所贡献。1909 年的未来主义宣言(Futurist Manifesto)是两位意大利人马里内蒂(Filippo Marinetti)与波丘尼(Umberto Boccioni)的大作,要求用讲求暴力与速度的新美学,来取代陈腐的学院派文化:“飞驰的汽车比萨莫色雷斯岛(Samothrace)上的胜利女神更美丽。”未来派艺术家要求焚烧图书馆和美术馆;他们颂扬战争与“妇女的从属地位”。

尽管存在相当大的个别差异,但是 1914 年前十年,这些叛逆的艺术家依然拥有一些共同的价值观。他们与西方世界那始于文艺复兴时期、并在某种程度上依然为 19 世纪晚期的印象派艺术家所维护的艺术传统彻底决裂。这些传统观念认为,艺术创作必须呈现一种对外在自然界的普遍理解。在与传统决裂之时,这些持异议的画家,也摒弃师承的精湛艺术技巧和各种观念。艺术表现演变成全然的主观,不再存有普遍适用的标准。

既然每位艺术家个人的创作动力优先于习得的艺术技巧,所以创造力的源泉变成人们关注的主题。欧洲的艺术家们倾向于在儿时的自发行为或原始感受里、在理性与学识之外寻找灵感。高更曾经鼓励画家们放弃帕特农神庙的马雕像、选择儿童玩的木马来寻找灵感。1905 年在巴黎举办的非洲面具展,对野兽派画家和立体派艺术家具有深远的影响,而慕尼黑的表现主义艺术家也曾经在人类学博物馆研究过原始艺术。既然艺术不再是一种习得的技能,艺术在理论上首次对资产阶级以外的欧洲人敞开大门。很难说海关官员卢梭(Henri Rousseau, 1844—1910)是个无产阶级,而且他也并不是天真烂漫的人,但是他画作里那如孩童般天真单纯的幻影,使寻找新美学灵感的人见猎心喜。

20 世纪之初,不只是欧洲艺术家正在重新发掘主观的现实。举例来说,法国哲学家柏格森(Henri Bergson, 1859—1941)已经丧失他年轻时对数学与机械的兴趣,而对时间的本质感到迷惑。物理学家的标准时间和每个人对时间长短的主观经验之间那完全不协调的差距,让年轻的柏格森印象深刻。身为哲学教授,他将余生投入研究人类思考中直觉的重要性。柏格森主张只能利用直接、具有共鸣性的理解或直觉，来了解整个现实世界，而时间持续的长短只是其中的一个例子。这是无法利用数学或物理学的符号语言来直接了解的现象。

柏格森于 1897 年开始在巴黎授课，并且在 1907 年出版《创造力的演变》(*Creative Evolution*)之后，赢得众多学生的热情支持。他后来的讲座颂扬人类那“从广大无际的生命仓库中，持续不断喷出……”的“生命冲动”，他的这些讲座，以及他神秘的暗喻，为他赢得不少听众。在 1914 年前某些法国知识分子回归宗教信仰的浪潮中，以及普鲁斯特于 1913 年出版的《追忆逝水年华》中对时间与记忆的探索，也可以找到柏格森的身影。

1-6　康定斯基(1866—1944)第 30 号即兴作品(与战争有关的主题，1913)是第一幅完全抽象的画作。康定斯基认为形状与颜色和音乐一样，可以直接有效地表达人类的感受——在这幅画里，他要表达的是可能发生战争的不祥预感。

弗洛伊德无疑是 20 世纪初期在“潜意识恢复”(recovery of the unconscious)[①]方面，最具发展性的思想家。19 世纪 80 年代，弗洛伊德在维也纳以神经学家的身份开始行医，他所受的训练使他可以用生理学甚至机械论的术语来探讨神经系统。当时一些看似缺乏生理学依据的精神病患案例，吸引了弗洛伊德同僚的注意力，其中一人成功地利用催眠治愈了几个病例。1892 年，弗洛伊德开始伊丽莎白小姐(Fräulein Elizabeth von R.)的案例，因为催眠法对其无效。在治疗过程中，弗洛伊德进行了一项他称之为“精神分析”的实验：先让病患闭上眼睛躺在长沙发上，然后要求病患集中注意力并自由联想，回忆自己烦恼背后所隐藏的那些年代久远的事件。19 世纪 90 年代，弗洛伊德根据自己的临床经验，确信很多精神疾病都可以回溯至儿童时期受到压抑的、与性有关的创伤。他认为利用当时他称之为“精神分析”的密集治疗，可以治愈这类疾病。在进行精神分析时，病人通过自由联想来回忆过去的经历，而医生则记录患者在拒绝谈论一些敏感问题时的表现，并将病人的情绪“转移”到其他比较不会引起激烈反应的事件上。

由于相信影响深远的潜意识精神生活能够用科学的方法加以研究并治疗，弗洛伊德对自己也进行了精神分析，从而发现了自己内心深处对父亲的怨恨。弗洛伊德也研究梦和

[①] 这个措词是在 20 世纪交替之际，休斯(H. Stuart Hughes)对欧洲文化的经典研究——《意识与社会》(*Consciousness and Society*, New York, 1958)中第四章的标题。

语言上我们称之为“弗洛伊德口误”(Freudian slips)现象的重要性,将它们视为了解心灵的无意识生活的线索。在《梦的解析》(*The Interpretation of Dreams*,1899)中,弗洛伊德使用戏剧的类比,例如俄狄浦斯情结(Oedipus legend),来说明他所感受到的、父子之间那潜意识的性嫉妒以及对抗,并且揭露有意识的理智思考对潜意识精神的依赖。

弗洛伊德的两个重要发现——潜意识精神生活的力量及儿童期性欲对人格发展的重要性——仅仅是因为企图理解并治疗精神疾病而激发出来的结果。直到第一次世界大战暴露了人类的无理性,弗洛伊德的思想才造成更广泛的影响。不过在当时,弗洛伊德显然已经抛弃了这些看法,即认为理性至少可以控制一部分受过教育的人的行为,以及人类完全可以意识到自己的行为和意图。

“文化革命”的反应

上面讨论的人群与运动,在 1914 年时依然只是持异议的少数。当时他们引起人们的强烈敌意,现有的各种智识机构,都有排挤他们的势力。和现代主义大获全胜的时期相比,1914 年时的大众舆论对艺术和思想上的创新缺乏宽容。此外,1914 年之前欧洲的文化生活也比之后受到更为严厉的制度性约束。

举例来说,巴黎美术学院(École des Beaux Arts)事实上完全垄断了绘画、雕塑与建筑学的正规教育,且美术学院的教师全由教育部任命。直至 1881 年为止,法国艺术家协会(Society of French Artists)始终为国家所操控,每年在它的年度沙龙中,展示的是那些经过筛选和审核的新画作。但是即使是在法国政府授予社团更大的自由之后,官方的沙龙依然拒绝接受任何与学校里教授的派生古典主义风格不符的作品。实验艺术家只能在独立沙龙(Salon des indépendants,1884 年以后)或者秋季沙龙(1903 年以后)个别展示他们的作品,依靠朋友与少数勇于冒险的买家支持为生。

在英国,艺术更是牢牢地被保守派所把持。坚持艺术“对画家来说,就是再现看得见摸得着的物体”的古典主义派雷顿(Lord Leighton)掌管皇家艺术学院(Royal Academy of Arts)近半个世纪,直至 1893 年才卸任。由 40 位可自己选择接班人的“院士”所组成的皇家学院,在 19 世纪末伦敦大学斯莱德艺术学院(Slade School of Fine Arts)成立之前,垄断了所有的艺术教育。柏林和维也纳的实验艺术家也面临相同的窘境,他们无法顺利让自己的作品被人观赏与欣赏;在现有的艺术展览会向他们关上大门之时,他们成立了“分离派”(secession)展览。难怪艺术领域里的现代主义,要拒绝学院派技巧与永存不朽的历史风格。

19 世纪时博物馆的创办原则,就是尊崇古典名作,所以他们也向实验艺术家关上大门,不愿意成为他们道义或物质上的支柱。很多有权势的人,不论是自由主义者或者是保守主义者,都震惊于现代主义中似乎会危及道德与优美情趣的“文化堕落”。德皇威廉二世(Kaiser Wilhelm II)在 1908 年时开除了柏林艺术博物馆(Berlin Fine Arts Museum)馆长,因为后者胆敢购买一些现代画家的作品。而德国皇后曾经阻挠理查德·斯特劳斯(Richard Strauss)的自然主义歌剧《莎乐美》(*Salome*)的演出。她也禁止歌剧《玫瑰骑士》(*Der Rosenkavalier*,1911)在柏林开演,尽管此剧关于中年人渴望调情的剧情及手法在当时并不算大胆。

科学家们在自己的大学实验室里享有更多的自主权，尽管爱因斯坦在瑞士伯尔尼担任专利申请的审查员时,必须在大学机构以外的地方进行他的早期研究。即使爱因斯坦已经受到柏林某所大学研究机构的认可,但是其研究成果所带来的通俗化观念,在 20 世纪 20 年代依然被抨击为一种堕落的犹太文化。而弗洛伊德在维也纳的同事们,也从来不曾认可过他的观点。

然而,1914 年前一代的"文化革命",已经成功地提出了在第一次世界大战后被人们普遍接受了的新意识的主要元素。如今我们是如此熟悉这些先驱的成就,而且他们的实验也是如此有个性与多彩多姿,以至于人们很容易便认为 1914 年前夕的文化生活,似乎是各种精彩璀璨的思想流派的汇聚,无法对其进行统一的定义。不过,我们还是可以理出主要的线索——重视个人鉴赏力的新审美观取代了比较客观、重视外在性质表现的审美观。人们已经发现,人类意识深不可测,理性的地位也颇值得怀疑。似乎只有透过最主观的假设,才能阐释自然本身。这正是历史学家休斯克(Carl Schorske)所说的"伟大的重新评价":

> 人类理性的重要性、自然的合理结构与历史的意义,都将被带到个人的心理体验之前接受判断。[①]

重新评价必须付出相当代价。接受新意识的人放弃了传统与任何整体感的支持。他们飘浮在无意义的宇宙里,深感孤单与焦虑,只留下个人艺术体验的强烈刺激,或者零星的科学发现可以紧抓不放。正如法国诗人波德莱尔早期曾经说过的,"对艺术的陶醉,是遮掩地狱恐怖的种种手段中最美妙的事……天才可以带着看不见墓碑的喜悦,走向墓碑边缘。"[②]

新意识的探险家并未预想过，通过暴力或残酷的行为也可以获得他们在艺术体验里找到的相同兴奋感,不过他们即将于当时正在策划中的世界大战发现这一点。1914 年时,生活安逸的欧洲中产阶级,有一半左右的人期待出现某种上天启示的暴力浪潮,以扫除资产阶级中所有愚钝的平凡人。在 1913 年的夏天,年轻的英国小说家劳伦斯(D.H. Lawrence)写了下面一段话给他的朋友:

> 我的宗教信仰是沉浸在血与肉里的信念，因此比那些知识分子更明智。我们的心灵可能会出错,但是血的感觉与信念和意见却永远不会有错。[③]

[①] Carl E. Schorske, "The Idea of the City in European Thought," in Oscar Handlin, ed., *The Historian and the City* (Cambridge, MA, 1963), p.109.

[②] *Baudelaire*, pp. 94–95.

[③] *The Portable D. H. Lawrence*, ed. Diana Trilling (New York, 1947), p.563. 它只是公允地补充说明与德国女子结婚的劳伦斯,在大战期间依然是个和平主义者。

2–1　哈布斯堡王朝的王位继承人——斐迪南大公(Archduke Franz Ferdinand)与他的妻子出发,走上了 1914 年 6 月 28 日发生在萨拉热窝的死亡之旅。

第2章

战争来临

“人类似乎真的要文明开化了。”英国的社会评论家伍尔夫在回忆第一次世界大战之前[1]的感受时如此说。大战(The Great War)——即使是在第二次世界大战之后,依然有很多欧洲人如此称呼第一次世界大战——为这种人们轻易产生的错觉画下了句点。欧洲——世界上最繁荣富裕、最高度文明的地方——并未避开1914年的战争。接下来四年的争斗是欧洲继三十年战争(1618—1648)以来,所经历的最激烈、最血腥而且代价也最高的战争。同时,在经过20年脆弱的休战协议之后,同一批参战者在1939年时再度厮杀,可以说20世纪的欧洲正在打着属于自己的三十年战争。[2]

第一次世界大战不但扼杀了整一代年轻人,而且破坏了很多欧洲的财富。大战扭曲了世界,使原本繁荣的世界经济后退至19世纪60年代的水平。战争也毁掉了欧洲那世界第一的头衔。因为无法单靠自己克敌致胜,欧洲列强请来外面的强权——美国——相助,并且失去了对自己命运的最高掌控权——或许是永远地失去。

在1914年的欧洲,没有人料想到如此黑暗的时代即将来临。当然,很多欧洲人在处于时而发生的国际危机之时,曾经恐惧战争的到来,新世纪似乎出现越来越多的不祥预兆。在这些危机中,最令人惊恐的是法国与德国在1905年争夺摩洛哥的战争,而类似的战事在1911年时又发生了一次。然而,在例行的战争叫嚣之后,列强看来决心利用外交谈判来解决这种对抗,似乎使人安心不少。当欧洲的小国家彼此争战时,一如1912年与1913年发生的两次巴尔干战争一样,列强显示出它们决心按照19世纪“欧洲协调”(Concert of Europe)的外交传统,一起努力将这类战争局限在局部地区。

深受自由主义和乐观主义影响的欧洲人相信,如果真的爆发战争,那么现代化的武器将可以让战争速战速决。长期的战争,就如长期围困一般,应该已经随着中世纪的武器装备一起消失。紧接14世纪的百年战争出现的是17世纪的三十年战争。在23年的拿破仑战争之后,紧接出现的是最大限度利用铁路快速运输的短暂的、决定性的战役。普鲁士与丹麦(1864)、奥地利(1866)及法国(1870—1871)的战争,似乎强化了这一希望:科学与复杂的技术,可以快速击垮敌军,长期战争的情况应不复出现。很多欧洲人在1905年与1911年所经历的战争对他们的干扰与惊恐,远不如他们最终将在1914—1918年的战争中所遭遇的经历。

这场大祸使人对现代欧洲人所达到的成就产生怀疑。该种怀疑对欧洲人自信的冲击,可以解释欧洲人的愤怒,从那以后他们就一直在寻找引发第一次世界大战的导火线。战争的情绪首先使人们将战争的原因过度归咎于个人,如同1918年的英国普遍弥漫着“吊死德国皇帝”的情绪。后来,因为有机会取得政府的秘密报告,历史学家得出更加精细的解释,我们将于本章章末进行讨论。当我们反思第一次世界大战的爆发时,整个欧洲的成就也受到审视。

---

[1] Leonard Woolf, *Beginning Again* (London, 1964), p.44.

[2] Mark Mazower, *Dark Continent: Europe's Twentieth Century* (New York, 1999).

2.1 1914年的7月危机

首先必须要区分在1914年7月引发这场战事的奥匈帝国–塞尔维亚战争,以及随后使诸列强卷入的升级战争。此前不久,欧洲的政治家们已数次成功地控制这一类的局部冲突。

这次的危机始于一起政治暗杀,这种行为通常并不会导致战争。19岁的学生普林西普(Gavrilo Princip),于1914年6月28日在萨拉热窝暗杀了斐迪南大公以及他的妻子,当时大公正在巡察波斯尼亚省。身为哈布斯堡皇帝约瑟夫的侄儿,斐迪南是皇位的继承人。乍看之下,这好像是一件单纯的内政事件:一位奥匈帝国的国民在本国境内杀了哈布斯堡王朝的王储。但是,普林西普是波斯尼亚的塞尔维亚人,热诚且坚定地拥护将哈布斯堡王朝治下的南斯拉夫人与唯一独立的南斯拉夫国家——塞尔维亚王国——统一的观念。波斯尼亚和黑塞哥维那的南斯拉夫人曾经在1876年到1878年间,脱离瓦解中的土耳其统治,却只是落入奥匈帝国统治。普林西普曾经接受过黑手党(Black Hand)的武装与训练;黑手党是一个致力于南斯拉夫人独立的地下恐怖组织,基地设在塞尔维亚。

然而,事件的核心是,塞尔维亚王国在普林西普暗杀事件中的涉入深度。从6月28日的暗杀行动到7月29日俄国展开动员的一个月里,危机始终围绕着塞尔维亚的共谋问题以及奥匈帝国为此惩治塞尔维亚人的行动打转。但是要了解这次的冲突事件,必须先回顾造成这场冲突的根源——巴尔干半岛。

巴尔干半岛:没落的帝国与兴盛的民族主义

1914年,由于拼凑而成的国家认同以及不安定的疆界,巴尔干半岛成为欧洲极特别的地区。在19世纪初,三个幅员广阔的帝国——奥匈帝国、沙俄帝国与奥斯曼帝国——瓜分了整个东南欧。高高在上的政府统治着被动的臣民,各地方可以自由地说着自己的语言,拥有自己的风俗习惯和宗教信仰。这种模式与正在西欧兴起的方式迥然不同。西欧是利用统一的文字与国家教育,主动地让公民变得更具同质性。自1815年以来,巴尔干半岛的历史,就是以这三个帝国的兴衰,以及长久以来人们争取建立适当的新政府形态(迄今尚未完成)为核心。一般来说,独立的新巴尔干民族的知识分子与政治领袖,实行的也是西欧同质性国家的模式,但这一模式极不适用于这块因帝国时代的容忍政策而混杂了各种语言、风俗习惯与宗教信仰的土地。

奥斯曼帝国在19世纪80年代曾经占据维也纳唯一的出入门户,但在19世纪时已变

2-2 波斯尼亚的塞族学生，加夫里若·普林西普在射杀斐迪南大公夫妇后被警察逮捕。1914 年 6 月 28 日，萨拉热窝。

成“欧洲病夫”，成为第一个失去掌控力的帝国。巴尔干半岛各省一个接一个地宣称民族自治，或者脱离土耳其独立：1817 年塞尔维亚取得自治权，1829 年瓦拉几亚与摩尔达维亚也争取到地方自治的权力；1832 年希腊独立；1878 年塞尔维亚完全独立，而瓦拉几亚和摩尔达维亚（联合建立罗马尼亚）也在同一年独立；保加利亚则于 1878 年取得地方自治权，并于 1908 年独立。

就西方自由主义的价值观而言，这是一件好事，但是奥斯曼帝国臣民的独立，使巴尔干半岛极不稳定。一则两个邻近的帝国——奥匈帝国和沙俄帝国——无法置身事外，这两个国家都希望能在瓦解的奥斯曼帝国取得新附属国、新贸易伙伴甚至新领土，这使得它们经常爆发冲突，互不相让。有俄罗斯帝国为后援的保加利亚独立战争（1875—1878 年），使俄国和奥匈帝国在巴尔干半岛展开 40 年的暗中较劲。以俾斯麦的德国为首的其他列强，则利用“利益均沾”的方式化解这场冲突。1878 年的柏林会议削减了俄罗斯的新附庸国保加利亚的领土，奥匈帝国所得到的补偿是对塞尔维亚王国拥有强大的间接影响力，以及管理半自治的波斯尼亚与黑塞哥维那的权力。看起来，利用所有列强联合起来拒绝任何一国称霸巴尔干半岛的容忍式外交政策，似乎可以压制帝国主义野心。

因为威胁到其他两个多民族的帝国，奥斯曼帝国臣民的独立变得更加暗潮汹涌。奥匈帝国和俄罗斯帝国都很担忧“民族复兴”。俄罗斯统治北方动荡不安的波兰语地区、广大的乌克兰语及土耳其语地区，以及比萨拉比亚。比萨拉比亚地区恰好位于多瑙河口东方，是俄罗斯在 1812 年从土耳其手中掠夺的地区，现在罗马尼亚人以民族特性为由，宣称拥有该地区的主权。但是，和民族主义对奥匈帝国的存在所造成的威胁相比，其对俄罗斯的挑战实在微不足道。匈牙利的东南半壁——特兰西瓦尼亚——有很多罗马尼亚人，西南端则由克罗地亚人盘踞，北方居住的是斯洛伐克人。在奥地利，忧心忡忡的日耳曼人对北方的捷克人与波兰人，以及南方的克罗地亚人、塞尔维亚人和其他的斯拉夫人，依然保有不稳定的统治地位。19 世纪末，奥匈帝国的国内政治处于一种微妙的平衡，匈牙利的马扎尔人残暴地统治他们的少数民族，而奥地利的日耳曼人则寻求与某个民族结盟，以对抗其他民族。对于奥匈帝国来说，阻止俄罗斯人渗入巴尔干半岛上与他们同源的斯拉夫人居住地区是不够的。奥匈帝国是通过扑灭所有的民族独立运动才得以幸存，所以阻止塞尔维亚人向奥匈帝国的南方扩展，变成维也纳的第一要务。

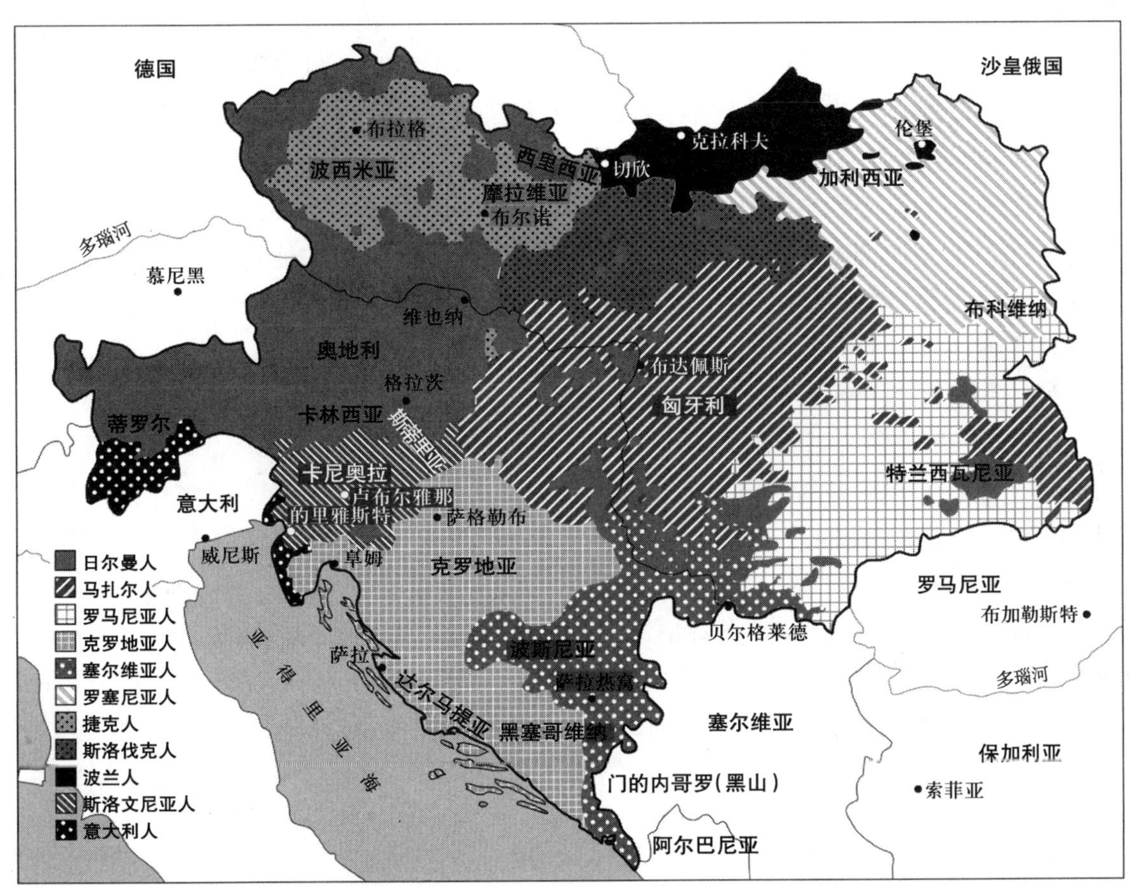

地图 2–1　1914 年奥匈帝国的民族/语言组成

塞尔维亚是巴尔干半岛上唯一对列强具有威胁性的国家。继1903年改朝换代之后，具侵略性的塞尔维亚领袖尼古拉·帕西奇(Nicholas Pašic)采取公然反抗奥地利的政策。奥匈帝国政府则以限制塞尔维亚的主要输出品：猪与白兰地出口的关税壁垒政策，来回敬塞尔维亚。这就是所谓的"猪战争"(Pig War)。更严重的是，塞尔维亚不能或不做任何事来阻止反奥地利的秘密组织——黑手党——的活动。1903年以后的塞尔维亚，已经变成"猛咬奥匈帝国致命弱点的豺狼"。

奥地利的外交大臣阿洛伊斯·冯·埃伦塔尔(Baron Alois von Aehrenthal)男爵坚信，除非奥地利决心"迎向艰险，彻底打破泛斯拉夫主义的梦想"，否则奥匈帝国将继续"一步一步地陷入悲惨的境地"。[①]埃伦塔尔第一个阻挠塞尔维亚壮大的行动，是修筑一条南抵爱琴海的铁路，以便分隔塞尔维亚与其他斯拉夫地区及亚得里亚海。当这个"非正式帝国"似乎成效不大时，埃伦塔尔在1908年决定彻底吞并波斯尼亚和黑塞哥维那，如此一来，它们就永远不可能变成大南斯拉夫国的一部分。因为俄国刚在1905年的日俄战争中蒙羞，而土耳其在青年土耳其运动的领导下专注于国内的改革行动，根本无暇阻止保加利亚在1908年完全独立，所以这似乎是个适当的时机。

埃伦塔尔先与俄国的外交大臣亚历山大·伊兹伏尔斯基(Alexander Izvolsky)协商吞并波黑的计划。在最严格的保密措施之下，两人同意以支持俄国军舰取得通过君士坦丁堡海峡的权利，作为俄国默许奥匈帝国吞并波黑的交换条件。然而，在伊兹伏尔斯基尚未就新的海峡权利与其他列强完成协商之前，埃伦塔尔就已经宣布吞并波黑。因为未能实现己方的权利，伊兹沃尔斯基感到自己遭到背叛。"卑鄙的犹太人欺骗我，"当伊兹伏尔斯基在柏林听到这项消息时，他向德国首相比洛(Bernhard von Bülow)亲王哭诉，"他骗我，他骗我，那个丑恶的犹太人。"[②]主要是因为德国私下威胁要放出伊兹伏尔斯基之前曾经秘密同意这项交易的消息，而阻止了他想要让俄国就波黑问题向奥地利开战的想法。在1908年的波斯尼亚战役失利之后，俄国人再也不可能对奥匈帝国让步。

但是使巴尔干半岛动荡不安的原因，不只是帝国主义的野心与恐惧。巴尔干半岛上刚刚独立的国家，并未形成统一的民族国家。因为巴尔干半岛上的民族太过多样化，难以成形。巴尔干人的民族认同并不是基于身体上的差异——每个人看起来或多或少都有相似之处——而是基于所使用的语言、文化与宗教信仰。套用人类学家安德森(Benedict Anderson)闻名于世的说法，他们是"想象的社群"(imagined communities)，但是他们对民族的热情却丝毫不减。这个地区包含了多种语言，而语言是认同感的主要支柱。就宗教信仰来看，可以从北到南大略画一条线，将巴尔干半岛划分为西部的天主教(以及他们所使用的拉丁文字

[①] Wayne S. Vucinich, *Serbian between East and West*(Standford, Calif., 1954), p.229; Sidney B. Fay, *The Origins of the World War*, Vol. 1 (New York, 1929), p.395.

[②] Bernhard von Bülow, *Memoirs*, Vol. 2 (Boston, 1931—1932), p.440. 埃伦塔尔不是犹太人。

母系统)，与东部的东正教（西里尔字母系统〔Cyrillic alphabet〕）。在波斯尼亚和阿尔巴尼亚，有些族群还信仰奥斯曼帝国统治者所信奉的回教。

受过较好的教育、有较好组织的社群，建立了西方式的同质性国家，却发现这些国家中也包含了棘手的少数民族，而自己的一些同胞依然在新国家之外。由此，居统治地位的民族往往吸纳或驱逐少数民族，并进行扩张，以便将流散的同胞也囊括进来。

1912 年，塞尔维亚人乘马其顿境内阿尔巴尼亚人的暴动之机，联合毗邻的希腊、门的内哥罗（黑山）与保加利亚，发动闪击，从奥斯曼帝国手中夺取马其顿地区。在这场马其顿争夺战的第一次巴尔干战争里，侵略者所得甚丰，但是奥匈帝国竭力主张阿尔巴尼亚独立，以再

地图 2–2 1878 年到 1914 年的巴尔干冲突

次封锁塞尔维亚进入亚得里亚海的通道。在这几个月内,第一次巴尔干战争的胜利者们因为战果的瓜分问题而争吵不休。在第二次巴尔干战争时,利用一个保加利亚将军擅自攻击塞尔维亚和希腊阵地的事件,罗马尼亚和奥斯曼帝国联合塞尔维亚、希腊和黑山,强迫保加利亚放弃某些领土。这些争斗都伴随着类似20世纪90年代的"种族清洗"。

1912年与1913年不光彩的巴尔干战争,使欧洲人放松了警戒。他们认为既然列强可以为了"欧洲协调",共同努力使这两次的冲突局部化,那么他们同样也可以让巴尔干冲突永远局部化。但是,在维也纳,巴尔干战争使惊恐的奥匈帝国统治者下定决心,不可以再让塞尔维亚那个"毒蛇窝"赢得进一步的成功。

一方面,奥匈帝国和塞尔维亚之间只有些微的忍让;另一方面,俄国和奥匈帝国之间的忍让也有限。在这样的态势下,1914年6月,年轻的普林西普在萨拉热窝暗杀了哈布斯堡的王储。

奥匈帝国政府并没有确切的证据,证明塞尔维亚政府事先知悉普林西普及其同伙的计划。即使到了今天,我们最多也只能说,有些塞尔维亚的内阁成员与军官,知道一些恐怖分子的秘密计划,而塞尔维亚政府既没有意愿也没有能力阻止他们的行动。不论如何,维也纳政府视这次的暗杀行动为"展现力量一劳永逸地处理塞尔维亚……的时机"。[①]对于像奥匈帝国军队参谋长弗兰茨·康拉德·冯·赫岑多夫将军(Franz Conrad von Hötzendorf)般,从1908年起就极力主张对塞尔维亚进行预防性战争的人来说,现在正是放弃那些如"猪战争"、爱琴海铁路,以及阿尔巴尼亚独立等不彻底手段的时机。哈布斯堡王朝决定直接对塞尔维亚进行惩罚性战争。奥匈帝国领袖对于1914年7月第一次作出的开战决定,负有重大责任。

德国的"空白支票"

对奥匈帝国而言,估计这次战争的限度是很重要的。俄国可能会介入支持塞尔维亚,这是一个很严重的危险。只有德国的支持可以让俄国保持中立,因此,在7月5日,接替埃伦塔尔成为奥匈帝国外交大臣的列奥波特·贝希托尔德(Count Leopold Berchtold)伯爵派遣高级职业外交官到柏林,向威廉二世呈递约瑟夫皇帝的私人信函,力劝德国支持奥地利"摧毁塞尔维亚,使其不复为一个势力"的计划。干涉的大网,已经开始将其他列强拖入其中。

德国政府之前曾经协助遏制奥地利人。但是这一次,威廉皇帝向哈布斯堡帝国开了一张通常所称的"空白支票"。他向贝希托尔德的使节保证,即使"奥匈帝国与俄国之间的战争必不可免",奥匈帝国依然可以得到德国的"完全支持"。[②]此外,德国的总理特奥巴登·冯·贝

[①] 奥地利的外交部长贝希托尔德在Fay,Vol.2,p.228中引用。在哈布斯堡的领袖之中,只有匈牙利首相提萨(Count Tisza)暂时反对以哈布斯堡帝国已经拥有太多斯拉夫人为由,向塞尔维亚宣战的意见。

[②] Imanuel Geiss,*July* 1914 (New York,1967),p.77.

特曼·霍尔威格(Theobald von Bethmann Hollweg)与其他官员，表示奥地利应该用行动来证明自己依然是个大国，而且不愧是德国的盟友，积极地唆使奥地利人采取行动。第二次世界大战之后取得的德国政府文件显示，毫无疑问，德国皇帝和他的大臣们希望，一场局部化的奥塞战争将扭转德国唯一盟友的颓势。他们在多大程度上觉察到并接受，可能会出现更大规模战争的风险，在探讨 1914 年 7 月 5 日德国开出的“空白支票”时，是很关键的问题。

根据存留的 1914 年 7 月的德国政府文件，德国知道，如果奥地利对塞尔维亚开战，俄国可能会出手干预。显然，政府和军方都认为这是德国可以承受的风险。俄国可能只是虚张声势，而且德国也可以反过来讹诈俄国。沙皇对 1905 年革命之后国内动荡不安的征兆印象深刻，因此德国认为俄国政府可能无力参战。德国还必须考虑到在 1891 年形成并且自此得到强化的法俄协约，因为不论是 1905 年的日俄战争，还是 1908 年的波斯尼亚危机，法国都不曾主动出兵帮助俄国，所以德国不能肯定法国是否会出面干预。

德国似乎已经相信，不论要面对什么样的风险，可能取得的战略利益不但可以抵消这些，而且还会有余。德国皇帝深信德国已经“被包围”，在他的文件里一再出现这个词。1914 年 7 月的机会，让他可以证明德国和奥地利将能突破重围，并且正如德皇在他的一份文件边缘写下的：“让奥地利在巴尔干半岛上取得压倒性优势，削弱俄国在那里的势力。”[①]他的军事总参谋长小毛奇(Helmut von Moltke)将军，是曾于 1870 年挫败法国的老毛奇的侄儿。毛奇向皇帝保证，即使出现最坏的情况，德国在 1914 年与俄国和法国交战，仍然要比日后交战更为有利。到 1917 年，俄国将完成 1908 年的重整军备计划，而法国则已经适应 1913 年更新的三年兵役法。毛奇的某些陈述佐证了，他希望在尚来得及的时候对俄国与法国进行预防性战争。至少，他的建议使人觉得，考虑到可能的获益，这场战争的风险似乎是可以接受的。1914 年 7 月，德国认为，他们必须展开有力的行动，以维护他们日益扩展的世界势力，否则终将面临自行衰退的命运。

奥地利对塞尔维亚的最后通牒

因为德国人在 7 月中旬的激励，终于挺直腰杆的奥匈帝国，开始着手制造一桩塞尔维亚罪行的公案。他们研拟了一份最后通牒，故意提出塞尔维亚不可能接受的要求；一旦塞尔维亚拒绝，奥匈帝国就有了采取军事行动的正当借口。正当欧洲已经恢复仲夏时的宁静，而德国皇帝也在挪威附近的游艇上度假的时候，维也纳却正在慢慢地制造这枚定时炸弹。事情并不仓促，因为奥地利已经决定在 7 月 23 日才送出最后通牒，以避开法国总统雷蒙·彭加勒(Raymond Poincaré)与总理雷尼·维维亚尼(René Viviani)在圣彼得堡的国事访问。奥地利对于时间的选择表示，他们知道自己正走向战争。

这份被慎重地称为“时限照会”的最后通牒，谴责塞尔维亚“容许”奥匈帝国国土内的破

---

① Fritz Fischer, *Germany's Aims in the First World War* (New York, 1967), p.67.

坏活动及分离主义运动的“罪行”，迫使奥地利承担“责任……结束这种不断威胁君主政体和平的举动”。[①]接着列出十项要求，其中有些是要求塞尔维亚镇压反奥地利运动，以及惩治犯罪集团，但是有些要求则侵犯了塞尔维亚的主权。奥地利坚决要求塞尔维亚依照奥地利所列出的名单，解除官员及军官的职务，而且奥地利官员应该参与调查塞尔维亚境内策划暗杀行动的主谋。奥地利要求塞尔维亚必须在 48 小时之内，无条件接受所有的要求。这份最后通牒是在 7 月 23 日下午 6 时，由奥地利大使送到贝尔格莱德，而他因为预期塞尔维亚会拒绝这份最后通牒，已经打包好了回程的行李。

塞尔维亚的答复还好在 7 月 25 日的最后期限之前送达，文笔精练高妙，希望能激起欧洲的同情。塞尔维亚仅仅拒绝了奥地利参与塞尔维亚国内调查这项要求。塞尔维亚对其他要求的答复相当委婉，但是已经开始动员军队。

尽管 7 月底维也纳指示放慢脚步，但是驻在贝尔格莱德的奥匈帝国大使依然遵照原订计划，在接到答复之后立即中断与塞尔维亚之间的联系。德国的首相和外交大臣虽然渴望奥地利的惩罚行动能够维持局部化，但还是极力宣扬“萨拉热窝的幽灵”。

7 月的最后一个星期，是列强传统外交手段的试验期。在 1908 年，列强曾经设法防止奥地利与俄国因为波斯尼亚问题开战，而且也曾经成功地让 1912 年和 1913 年的巴尔干战争局部化。不过，这次的危机与 1908 年时列强之间的对抗不同，也不同于 1912 年和 1913 年小国之间的战争，这次是一个强国在另一个强国的支持下，企图决定性地削减邻近小国的势力。其他强国很难中止这种冲突。

英国政府提议调停，来防止奥地利和塞尔维亚开战。但是德国阻挡了所有的调解努力：他们希望能发动一场地区战争，而不是不计代价的和平。正如英国外交官阿瑟·尼科尔森(Arthur Nicolson)所指出的，这次的局部化意味着，在俄国没有站在塞尔维亚一边干预的情况下，“摆好阵势，看着奥地利静静地扼杀塞尔维亚。”[②]

7 月 28 日，奥匈帝国皇帝对塞尔维亚宣战，奥军在 7 月 29 日炮轰贝尔格莱德。这是自 1878 年以来，首次有强国在欧洲大陆挑起战争，而这场战争是否会毫不留情地将列强卷入战场呢？

2.2 战争升级：从局部战争到大陆战争

奥地利和德国曾经希望奥塞战争可以维持局部化，就如同另一次巴尔干战争。但是，军事同盟与列强竞争从一开始就具有将冲突扩大的威胁。[③]德国敦促盟国奥匈帝国，把握机会

[①] Geiss, Document No. 37, pp.143-144.

[②] Fay, Vol. 2, p.355.

[③] 1914 年欧洲列强的同盟——同盟国：德国与奥匈帝国，从 1879 年开始结盟，1882 年与意大利结成关系松散的联盟，形成三国同盟；协约国：法国与俄国，自 1891 年起开始结盟；法国因为 1904 年签订的友好协议(Entente cordiale)而与英国联盟。

在巴尔干半岛上掠夺大量利益；而决心防止奥地利进一步壮大的俄国，因为与法国签订的互相防御条约而深具信心；法国与英国也签订了非正式的防御协议。但是同盟未必总会讲信用，当时也还不清楚是否有其他列强会卷入。战争升级的程度，视竭力防止战争的政治家们的外交手腕、对情报的利用、对自己复杂的军事机器的控制，以及他们对所做的选择——是战争还是蒙羞——的感觉而定。

俄国的动员

俄国无法承受另一次如 1908 年在波斯尼亚所蒙受的耻辱，所以是最直接受到奥地利向塞尔维亚发出最后通牒所影响的国家。在危机之后，俄国开始实施增兵到 220 万人的大规模军备重整计划。首当其冲背负使国家蒙羞之责的伊兹沃尔斯基，已被免去外交大臣的职务，出任驻盟国法国的大使，他的继任者萨宗诺夫(Sergei Sazonov)对于俄国的泛斯拉夫爱国者指责他遇事懦弱这一点特别敏感。1914 年 7 月，法国总统彭加勒(Poincaré)对俄国进行国事访问，因为其宴会与演说而兴奋不已但又疲惫不堪的萨宗诺夫，没有办法冷静处理奥地利与塞尔维亚之间的局势。在知悉 7 月 24 日奥地利给塞尔维亚的最后通牒各项条件时，俄国政府差点命令部分军队对抗奥地利。奥地利在 7 月 28 日向塞尔维亚宣战，俄国仓促下令武装动员。奥地利向俄国保证，他们无意永久吞并塞尔维亚，只是想要展示奥地利征讨塞尔维亚的决心有多坚决。7 月 29 日上午 11 点，俄国开始动员与奥匈帝国接壤的四个军区。

随着俄国军队的部分动员，军事技术首次对显露的危机施加决定性的压力。现代大规模军队战争的准备，已经变成一种非常复杂的事情，必须运用周密的计划征召数百万后备军人，要将他们编入适当的部队，并配发补给品和装备，还要利用铁路将众多的武装军人和军备运往前线。动员计划最微小的改变，都有使整个过程功亏一篑的危险。灵机一动的做法可能足以致命；但个人必须遵照计划而行，否则就会陷入绝望的混乱之中。

俄国的总参谋部已经根据纯技术方面的考虑，绞尽脑汁制定了动员计划，而并未考虑他们那些精心策划的时间表与战略安排所包含的外交含义。他们的动员计划是为了同时对抗德国和奥地利而设计。将军们向萨宗诺夫与沙皇断言，如果只部分动员对抗奥地利，将会使整个军队乱成一团。此外，众所周知，俄国军方必须抢先行动，才能赶上德国的军事准备工作。如果无法迅速下令总动员，俄国就永远没有机会应付德国可能发动的攻击。

面对这些技术上无法妥协的要求，沙皇勉强在 7 月 29 日稍晚下令总动员。不过在接到柏林的堂兄"威利"(Willy)发给"尼奇"(Nicky)的警告电报之后，沙皇又在午夜前撤销了他的命令。[①]在将军们与萨宗诺夫强烈的恳求之下，沙皇在 7 月 30 日早晨再度下达总动员令，

---

① 沙皇尼古拉二世的曾祖母是普鲁士公主。他与亚历山德拉(Tsarina Alexandra)皇后的关系甚至更亲近；他们都是英国维多利亚女王的外孙辈。

以免在与德国之间可能发生的战事上误失先机。第二个列强已经无法避免地选择了主战的立场。

法国的意向

在俄国决定动员的时候,法国的态度依然不明朗。关键的一点是,俄国唯一的大陆盟国[①]法国,是否会因为抱着这场欧洲战争可能会让他们收回 1871 年割让给德国的阿尔萨斯与洛林省的希望,而鼓励俄国参战。正如我们已经了解的,法国总统彭加勒与总理维维亚尼(Viviani)在奥地利对塞尔维亚的要求为世人知悉之前,曾经到圣彼得堡进行国事访问。这次访问中例行的盛宴与阅兵,无疑会在这个关键时刻强化俄国人对法俄协约的信心。此外,从 7 月 23 日到 29 日,这两位法国主要领袖正值乘坐法国战舰的返航途中,因而对于事态发展并未起到任何直接的作用。由于他们不在国内,经验不足且无威望的司法部长皮恩凡纽–马丁(Jean–Baptiste Bienvenu–Martin)领导着政府。这些意外事件,使得驻圣彼得堡的法国大使莫利斯·帕雷奥洛格(Maurice Paléologue)肩负格外重大的责任。显然没有得到巴黎方面的明确指示,他让他对俄国宫廷生活的热忱与最近国事访问所带来的激情,扭曲了他的判断力。他热情地允诺萨宗诺夫,法国将无条件给予支持,却未将俄国在德国和奥地利边境动员的情况通知本国政府。他的失误,使法国政府无从了解"承诺支持俄国"所代表的完整含义。

人们怀疑,身为热诚的爱国者,以及家乡洛林被占领的情况下,彭加勒总统为了要收复失土而希望开战。不过,只有间接的证据支持这种看法。7 月 29 日彭加勒回到巴黎之后,法国政府一面呼吁慎重,一面向俄国大使伊兹沃尔斯基保证"法国已经准备履行所有的盟友义务"[②]。协议的义务只是在俄国遭受德国或由德国支持的奥地利攻击时,法国必须出兵协助俄国。直到此时为止,法国慎重地拒绝支持俄国在巴尔干的冒险行动,就如同 1908 年的波斯尼亚危机一般。不过法国担心如果再一次置身事外的话,那么当俄国再度经历一次巴尔干羞辱时,将会终结法俄协约的关系,而单独面对德国。

法国政府也面临法军技术性要求的压力。总司令霞飞(Joseph Joffre)将军警告政府,除非有充分时间让法军做好准备投入战场,否则他没有办法保卫法国抵御德国的攻击。因此,法国在 7 月 30 日动员了"掩护部队"——第一线的边境部队,不过为了避免激怒德国,驻守的地点距离边境还有 6 英里远。但是,少有法国领袖仔细考虑要发动预防性战争,他们决定不再重蹈 1870 年的覆辙——当时的法国既缺乏盟友又动员过迟。

德国宣战

俄国在 7 月 30 日稍晚总动员的消息,使得德国政府进入战争紧急状态,并使将军们在

① 虽然俄国和英国在 1907 年时已经解决所有的纷争,但是他们之间并未结成正式的同盟。

② Geiss, Document No. 148, pp.312–313.

之后的日子里取得决定性的发言权。俄国外交大臣萨宗诺夫保证,俄国的总动员并不意味着俄军会越过前线,但这未能安抚毛奇将军。毛奇敏锐地意识到,为了赶上俄国的动员速度,德国必须立即动员。他通知政府,7 月 31 日中午是军队可以等待的最后期限,在那时动员依然可以赶上俄国的速度。

现在军方开始根据决策制定自己的时间表,有些德国政治家开始在他们先前曾经傲慢地想放胆进行的全面战争面前退缩,不过这已经不再重要。7 月 28 日从挪威回国的威廉皇帝,终于看到塞尔维亚给奥地利的答复,并且判定“战争的基础现在已经消失”。在最后关头,柏林建议奥地利军队“停留在贝尔格莱德”,并且只将占领塞尔维亚的领土作为讨价还价的筹码。萨宗诺夫坚持,如果奥地利从塞尔维亚退兵,俄国会撤销动员令。奥地利虽然愿意接受调停,而且允诺不强占任何塞尔维亚的领土,但是不愿意完全放弃惩罚性行动。

所有这些最后关头的建议,就如同英国外交秘书始终极力主张的四大国调停般,都有个瑕疵:他们提出的只是以奥地利在巴尔干半岛的颓势为代价的和平,而没有考虑 7 月 5 日之后德国和奥地利渴盼取得的耀眼成就。7 月 31 日稍后,柏林所出示的决定性意见是毛奇将军的意见,结果是德国向俄国发出最后通牒,要求俄国在 12 个小时之内取消所有对奥地利及德国的军备活动。在隔天最后通牒期限到来之时,德国于 8 月 1 日下午 5 点宣布对俄国开战。

现在,最重要的问题是,如果德国和俄国在东线开战,那么法国是否会置身事外?有很多理由促以使我们认为,舆论支持彭加勒和维维亚尼参战,而不是抛弃俄国或者让德国取得进一步胜利的决定。法国并不觉得自己应该为战争负责,发行量很大的中立派日报《晨祷》(*Le Matin*)在 8 月 1 日早晨刊载:“如果战争来临,我们应该抱着极大的希望迎战。我们深信战争会让我们收复失地,这是我们的权利。”

施里芬计划

德国的军事家早就决定先打败巴黎再进军圣彼得堡,因而在 8 月 1 日时,法国是否袖手旁观纯粹只是个学术上的问题。德国的军事家认为法俄协约非常稳固,而他们先攻击法国的行动方针,则更强化了这种关系。在 1891 年到 1905 年间担任德国总参谋长的阿尔弗雷德·冯·施里芬(Alfred von Schlieffen)将军,针对法俄协约,处处围绕两线作战来制定计划。施里芬推断,只让少数掩护部队驻守东部边境,而在西线战场投入全部兵力,以钳形包围的方式,经由荷兰和比利时进入法国西部,那么便可以在 6 周内击败动员速度比俄国快的法国,然后就可以动员整个德国军队,从容不迫地打败人数比较多但是行动比较缓慢的俄国军队。

施里芬的继任者毛奇将军为了让荷兰保持中立,缩减了轮式调动的范围,但是他并没有放弃施里芬计划的基本模式。当德国的 12 小时最后通牒于 7 月 31 日晚间送达俄国时,

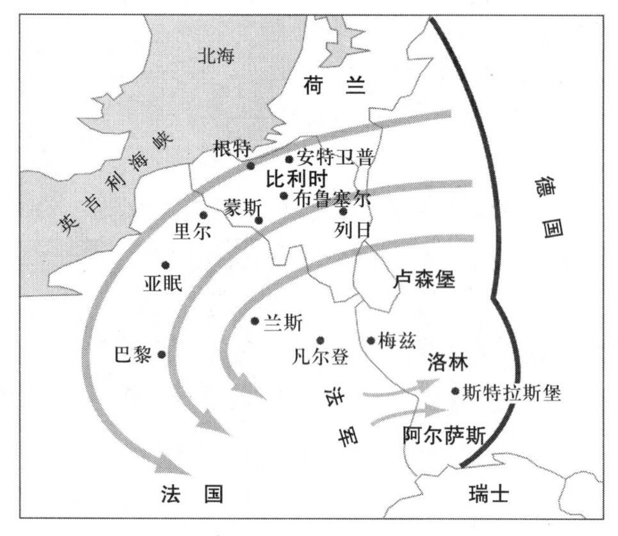

地图 2–3 原版的施里芬计划

德国的将军们就已经假定巴黎是第一个攻击目标。由于临时修改施里芬计划可能会让整个德国的战争机器陷入混乱，毛奇不能等到知悉法国的意向之后，才决定军队的行进路线。因此他在 7 月 31 日也同时向巴黎发出最后通牒：法国必须在 18 个小时之内宣布中立。

法国破解密码的机关得知德国意图占据图尔（Toul）与凡尔登的边境要塞，以此来确保法国中立。巴黎之前对俄国全面动员的种种疑虑，现在已经消失无踪。没有静候德国全面动员的消息，法国政府在 8 月 1 日下午宣布总动员，德国也在大约同一时间宣布总动员。为了混淆视听，德国宣称法国军队已侵犯多处边境领土，并于 8 月 3 日宣战。德国当局既然认定与法国之间的战争必不可免，也就顺水推舟与法国开战。

英国参战

1914 年时，让英国与德国为敌的原因有以下数点。德国自 1898 年以来实施的大规模军舰建设计划，迫使英国不得不建造吨位更大的新战舰——无畏战舰，以保有制海权。1896 年，德国皇帝支持南非的布尔人脱离英国独立，并且在近东、中国和拉丁美洲与英国进行商业竞争，这些举措让英国民众更加视德国为敌。最后，自 1905 年以来，英国就已经与法国共同制定联合军事计划，并在 1907 年时，解决了与法国的盟友——俄国——之间的所有纷争。

但是并没有确实且可靠的协议，能够迫使英国在法国或俄国与德国交战时予以协助。而且，事实上，1914 年时英国与德国的关系比近代史上任何时期都更加友好。就在 6 月底，英国和德国还同意合作修建柏林到巴格达的铁路，这是之前的帝国主义竞争与商业竞争的主要焦点。当奥地利向塞尔维亚发出最后通牒的消息曝光时，一支英国海军舰队正访问位于基尔（Kiel）的德国基地。威廉二世得到堂兄——也是同行的游艇伙伴、英王乔治五世——的保证，英国希望保持中立。其实英国的外交大臣及大使们早已否定这些冠冕堂皇的说辞，但是威廉二世却信以为真，以此为基础制定强硬政策，形成威廉二世独特的世界观。

英国的外交大臣爱德华·格雷（Edward Grey）爵士，曾经因为没有更果断地利用英国的力量来消弭这场冲突而备受谴责。有人提到，如果他迅速地警告德国，一旦法国受到攻击，英国将不会坐视不理，那么德皇在 7 月中旬的时候，就可以更冷静地评估战争的风险。不过

2–3 德皇威廉二世(左方)与英王乔治五世在第一次世界大战之前的最后一次会面。这两位君王都是英国维多利亚女王的孙子。在这一次家族聚会中,他们于 1913 年德皇威廉之女结婚前,检阅波茨坦市的皇宫卫队。德皇照例煞费苦心地隐藏他那萎缩的左手。

值得赞扬的是,格雷极清楚地意识到,任何声称要发动战争的威胁,都只会使战争更加有可能发生。但是直到 7 月 29 日,他既没有如法国催促的那样,明确地警告德国,如法国卷入战争英国将不再保持中立;而且也拒绝如德国所催促的那样,向俄国施压使其停止动员。相反,格雷把他所有的精力都放在安排列强调解奥塞之争这些徒劳无功的努力上。他在 7 月提出四项调停提案,但是所有的提案都因为德国坚持冲突必须“局部化”,也就是在没有俄国介入的情况下任由战事发生而宣告失败。因为担心圣彼得堡会怀疑法国盟友支持他们的可信度,法国并没有热烈地支持格雷的调停建议。

7月底,当事态迅速转变之时,英国政府突然发现自己已身处于原本希望能通过调停来避开的处境。英国必须决定,如果法国参战,自己应该如何反应。在1914年之前十年间,英国独立于大陆联盟之外的情势已经不复存在。德国海军的挑战,促使英国在1912年时作出重大的决定:将英国海军的军力集中在英吉利海峡,而让法国掌控地中海。从此之后,英国对海域的控制,就必须仰赖友好的法国控制进出印度与中东的海路——英国海军从1911年开始将燃料从煤转换为石油,因而依赖中东的石油。甚至英国本身,也由于20世纪初期的军备竞赛的花费巨大而更加依靠盟友。

克劳(Eyre Crowe)爵士是英国外交部的资深职业外交官,他在7月25日起草了一份外交备忘录,非常清楚地概述做为世界强权的英国所面临的选择。克劳爵士表示,如果俄国和法国决定应战,英国袖手旁观则下场可能会很惨。如果德国和奥地利获胜,就不再有法国舰队;德国将占领英吉利海峡沿岸;"孤单的英国将处于何种地位呢?"如果法国和俄国在没有英国支持的情况下得胜,"那么他们会用何种态度对待英国呢?印度和地中海沿岸的命运又将如何?"[①]因此,如果德法开战,英国根本没有保持中立的余地,而德皇和霍尔威格总理顽固地相信英国会保持中立,则是7月危机中最致命性的错误。

克劳的推论说明,为什么虽然德国在最后关头提出不动用海军舰队攻击法国海峡沿岸,却依然未能如预期般安抚伦敦。克劳也指出,英国并不是真的只为了一份形同"废纸"的条约——1839年保持比利时中立的条约——就决定参战,正如霍尔威格在获悉他所策划的局部战争竟蔓延成大陆战争时所发出的狂怒指责。德国在8月2日向比利时发出的最后通牒,确实比克劳的地缘政治学推论更有效地凝聚英国的公众舆论,团结一致地支持这场可怕的战争。但是在8月2日之前,英国的政治家就很清楚,真正的重点并不是比利时的中立,也不是条约的神圣性,而是大英帝国在世界上的地位。

在要求德国从比利时撤军的最后通牒到期之后,英国在8月4日上午11时,向吃惊的德国人宣战。

欧洲主要的强国中只有意大利在这场冲突中置身事外。虽然自1882年以来意大利与德国之间不但有正式的盟约,而且也因为大量的经济投资而有非正式的联系,但是在20世纪初期,意大利在经济上与法国的关系更密切。更重要的是,意大利的民族野心是集中在上亚得里亚海以及巴尔干半岛沿岸,这些曾经由独立的威尼斯共和国所统治的地区。如此的雄心壮志,自然让1914年之前几年里,意大利与奥地利之间的利益日渐冲突。意大利在与德国的盟约关系中所得到的利益,根本比不上奥地利战败可能带来的潜在利益,故在1914年的7月与8月,意大利依然保持中立。

[①] G. P. Gooch and Harold Tempersley, eds., *British Documents on the Origins of the World War*, Vol. 11 (London, 1926), p. 101.

除了意大利以外，自 1815 年以来第一次，所有的欧洲列强在 1914 年 8 月 4 日，投入一场仅在一个月以前根本没有人相信会发生的战争里。

2.3 战争起因的长期观点

在前文中，我们已经缩小范围，观察了从 7 月 24 日奥地利对塞尔维亚发出最后通牒开始，到 8 月 1 日至 4 日各国陆续宣战，那促使危机加速成形的纷乱一周。在那一周里，我们可以看见有缺点与容易犯错的人们，努力想要理解事态的发展，并且采取正确的应对步骤。从这个观点来看，把责任归咎于个人的品格或者个人在外交工作上的失误，是极动人的诱惑。在 1914 年的 7 月与 8 月，没有一个列强达成他们的领袖想要的成果。德国和奥地利没能使战争局部化，而在巴尔干半岛上获利；俄国没能只与奥地利进行有限战争；德国没能让英国在他们与法国和俄国的战争中保持中立；法国和英国无法维持可能是他们大部分人民期待的现状。1914 年 7 月与 8 月的外交策略，写下了一个几乎是失败连篇的故事。那么，第一次世界大战是一次偶然的悲剧吗？是人类所犯错误的后果，打断了本来前景颇具希望的文明进程吗？

从较长期的观点来看，如此巨大的灾难似乎不可能只归咎于几个浅显的缘由。人们通常认为，自由主义、资本主义社会的内在缺陷，迟早会引发一场全面的欧洲战争。主权国家体系并没有可以用来解决纷争的外部仲裁机制，而日渐高涨的种族民族主义，则使这些纷争的处理更加棘手。此外，资本主义国家之间的帝国主义竞争，以及资本主义社会中日益加深的阶级冲突，诱使欧洲的领袖们走上选择战争一途。根据决定论的观点，即使列强可以勉强渡过奥塞危机，一如他们之前曾经应付过的那些危机一样，但长远来说，现有体系最终还是无法避免一场大战。

主权与国家的荣誉

欧洲与世界上的主权国家体系都没有考虑到当任何两个国家出现冲突时，可以向更高的机构求助，请求仲裁或调停；因为人们已经接受主权独立的民族国家是人类最终极的权威，所以它的福利就变成一种至高无上的价值。德皇曾经在呈递给他的外交备忘录边页上写着："生命以及荣誉攸关的问题，是没有办法与他国商议的。"[①]欧洲的政治家们认为国家具有道德与法律上的主权；在 1914 年的欧洲，除了极少数的和平主义者之外，大部分的人接受利用战争来挽救国家免于衰退的做法。

所有的欧洲领袖都知道因为克制而使国家蒙羞的实例：1908 年波斯尼亚危机里的俄国、1911 年第二次摩洛哥危机里的德国，以及巴尔干战争里的奥地利。所有的国家也都知道

---

① Geiss，p.184.

近期发生的一些实例，在这些例子里，走向战争边缘却挽救了国家的声誉，例如法国在1911年第二次摩洛哥危机里的做法。欧洲大陆充斥着认定国家胜利是最高利益的主权国家，注定迟早会引爆一场大战。

帝国主义的动机

一些人认为，列强之间日渐加剧的商业与殖民竞争，终将引发大战。如列宁在《帝国主义是资本主义的最高阶段》(1917)一书中认为，当资本主义发展成熟而变成垄断时，利润就会减少。因此，为了利润，欧洲的垄断企业就要在本国之外的全球各地争夺，如此一来必然会引发战争。

没有人能够否认在1914年的7月与8月时，殖民竞争与商业竞争确实在政治家的盘算里占有重要地位。德国历史学家弗里茨·费舍尔(Fritz Fischer)曾经叙述德国在向东欧与南欧商业扩张时所遇到的挫折，如何强化了德国领袖在1914年时所感受到的包围感。就算他们没有建造柏林到巴格达的铁路，其他人也会这么做。伯恩哈蒂(Friedrich von Bernhardi)将军1912年在论述德国所做选择(世界强国或没落)的论文中，不但以文化和商业的条件，也以军事条件来衡量“世界强国”。[①]

殖民–商业竞争加剧而导致各国在1914年时终于相继陷入战争的最明显的两个例证，是1905年和1911年的摩洛哥危机，以及德英海军竞赛。在20世纪初期，法国和德国都曾经大举投资摩洛哥。德国在1905年精心策划挑战法国在摩洛哥日渐壮大的政治与军事力量，结果导致往后数年中，法国的民族主义高涨与军事费用的大幅增加。1911年发生的第二次摩洛哥冲突，英国与法国联合施压，迫使德国打了退堂鼓。毛奇将军在他的回忆录里留下“如果再次出现这种示弱的举动，将对德意志帝国的未来绝望”的记录。德英海军竞赛迫使英国承认，即使新建了无畏舰队，但是如果没有法国的协助，他们还是无法保护大英帝国的海上通道。在1914年之前的几年里，经济利益与军事计划的关系更加紧密。

但是，认为商业与殖民竞争是造成1914年那场无可避免的大战的唯一原因，是一个错误。德国和英国的商业界认定彼此是最佳的贸易伙伴，而且两国的贸易在和平时期最为繁荣，从他们在1914年6月时协议联手修筑柏林到巴格达的铁路而可见一斑。在7月危机时，伦敦的商人与银行家持反战的意见。殖民竞争并不是决定1914年各国结盟的必要因素。毕竟，英国和法国曾经因为激烈的殖民竞争而在非洲与近东地区处于对立，而且英国也因此在伊朗和阿富汗与俄国为敌。在1871年到1905年之间，法国和德国曾经极力避免殖民竞争，而英国和德国也曾经在中非、北非及远东地区有过合作关系。事实上，俄国在1905年的日俄战争失利之后，就放弃了远东的殖民利益，这个转变使巴尔干半岛和欧洲本身的竞争更加白热化。

[①] Friedrich von Bernhardi, *Deutschland und der nächste Krieg* (1912)，摘述于Fischer, pp.34–35.

国内纷争

国内的革命风气是否促使某些欧洲政治家对外采取比较好战的姿态？在 1914 年前夕，欧洲有些国家的国内冲突确实有大幅加剧的趋势。在法国，从 1906 年到 1909 年间，罢工非常严重，已经达到史无前例的高峰；而在 1913 年保守派成功地将服兵役的年限增加为三年之后，1914 年的选举结果导致“左派”分子占据多数，再次将整个问题公开化。德国的社会民主党（Social Democrats）曾经是 1912 年时国会的最大党，而普鲁士的三级投票制也正遭受严厉的抨击。1914 年 7 月，意大利的“红色星期”是意大利历史上最血腥的罢工潮。至于奥匈帝国，在维也纳文化的辉煌外表下，怀有异见的少数民族这个难解的问题更加恶化；诙谐一点的说法是奥匈帝国的处境只是令人绝望，但是并不严重。俄国沙皇、贵族与保守派人士，始终担心 1905 年失败的革命会再度卷土重来。即使是英国这个镇静的渐进主义（gradualism）堡垒，在 1913 年与 1914 年时，也因为三次愤怒的民众街头运动而受到撼动：争取妇女选举权的大规模抗议活动；以 1914 年 8 月全面罢工为巅峰的罢工潮；以及来自右翼的、厄尔斯特（北爱尔兰）的军官和英裔地主威胁要发起内战，而拒绝接受授予爱尔兰自治的法律。

重点并不是在 1914 年时这些国家是否确实濒临爆发革命的处境，而是国家领袖是否如此判断，以及他们要如何应对。一些政治家，包括自由主义派与保守主义派，担心战争的纷乱“意味着比 1848 年时更糟糕的局面”[①]。但是，也许是战争可能会增加革命危险的信念，促使德皇相信俄国不敢向奥地利动武。其他政治家（大部分属于保守主义派）相信，利用成功的对外战事或战争恫吓刺激沙文民族主义（jingoistic nationalism），这是解决内部歧见最有效的方法。有些奥地利领袖相信“利用积极的外交政策控制国内的动乱”。[②]俄国的外交大臣萨宗诺夫告诉沙皇：“除非顺应民意，与塞尔维亚同一阵线宣布参战，否则将陷入革命的危险之中，而且或许会失去皇位。”[③]

只有最坚定的决定论历史学家指出，资本主义的后期阶段必然会产生利用对外争战转移阶级冲突的作法。并没有任何明显的例子说明欧洲政治家单纯只是为了解决国内问题，而制造国际危机。不过，我们可以说，当国际危机到来时，有些欧洲的政治家宁可冒险，因为他们相信成功的对外战争可以强化他们在国内的统治地位。最低限度，他们知道在国际上蒙羞会导致革命，如同俄国在 1905 年败在日本手中之后就发生革命一般。即使是英国自由党首相赫伯特·阿斯奎斯（Herbert Asquith），在细察 7 月 26 日发生于巴尔干半岛上“近四十年来最危险的局势”时，也发现了一些足堪告慰的事：“可能附带有避免厄尔斯特

---

① 格雷爵士在 Arno J. Mayer, *Domestic Causes of the First World War*, in Leonard Krieger and Fritz Stern, eds., *The Responsibility of Power* (New York, 1967), p.321 中引述。

② 德国派至伦敦的大使——里希诺夫斯基(Karl von Lichnowsky)亲王反对这种救济法，引用出处同上，p.320。

③ 引述于 Hans Rogger, Russia in 1914, *Journal of Contemporary history*, Vol. 3 (1966), p.243.

地区爆发内战的影响。”[①]

联盟体系

在过去的时代，欧洲体系还出现了其他严重的瑕疵，限制了1914年各国领袖们的选择。在战争之前，法俄协约与奥德同盟已经更具约束力。然而，危险的并不是同盟协议更坚定的言辞，因为列强并不认为有义务在违背自己利益的情况下支持盟友。举例来说，在1908年的波斯尼亚危机中，法国并未协助俄国。危险的是，列强之间日渐膨胀的那种觉得自己的安全必须依赖继续维持同盟势力的感觉。与1890年前同俄国和奥地利都维持良好关系的俾斯麦不同；1890年以后，德国的统治者与奥地利和意大利结成三国同盟。由于和意大利的关系日渐疏远，在1914年时和奥匈帝国站在同一阵线的德国感到相当孤立无援，并且系附在奥匈帝国那不确定的命运上。如果没有俄国的支持，法国不可能独撑大局对抗为数众多的德国人；如果俄国处于对德国开战的边缘，法国不能冒着未来会被孤立的危险，而只给予含糊不清的支持。即使是不承担明确军事义务的英国，也无法想象如果没有强大而友善的法国，是否依然能够保有安全的未来。渐渐地，强大的武器使各国都变得比较容易受到攻击，所以即使盟友正在冒险，列强仍须予以支持。

战争机器

战争的工业化也窄化了1914年时政治家们的选择。在1890年到1914年间，不只是欧洲战争机器的规模倍增，军费支出达到前所未有的占国家收入近5%，[②]而且战争机器也变得极为复杂。对于战时铁路的使用，仍然重视其数量，但自19世纪60年代起，又开始强调其速度。首先必须将民用铁路转成军用，必须在数小时之内利用铁路运送数百万预备役军人与大量的大炮、弹药和补给品。虽然实际的动员行动会煽动他国也开始进行动员，然而，唯有及早动员，才能应付潜在的危险。此外，因为改变计划可能会造成混乱，所以不论是否适合目前所面临的危机，都必须遵从既定的计划。

7月30日俄国的总动员、德国实施施里芬计划，以及7月30日法国“掩护部队”的提早动员等种种行动，让我们得以知道技术性要求会如何迫使外交策略失控。即使在英国，时任海军大臣的温斯顿·丘吉尔，也在7月施行夏季例行演习后舰队不得解散的罕见措施。在依赖铁路运输的年代，一般国家唯恐突然遭受攻击，甚于落入不受控制的反应过度。

---

① 引述于 Cameron Hazlehurst, *Politicians at War* (New York, 1971), p.32.

② 虽然已是空前未有的大额支出，但是就目前的标准来看，1914年以前武器竞赛的军事支出，在比较上依然可以算是适当。1937年，霸权国家花在武器上的支出占国家收入将近10%。在20世纪50年代的冷战时，超级强国的军备支出高达国民生产毛额的13%到15%。(Quincy Wright, *A Study of War*, 2nd ed. [Chicago, 1964], pp. 667-672; Charles J. Hitch and Roland N. McKean, *The Economics of Defense in the Nuclear Age* [Cambridge, Mass., 1965], pp.37, 98.)

行使选择权

我们已经了解在 1914 年时，有哪些欧洲国家、经济与军事体系的特点，以及民族主义狂热如何限制了政治家的选择。在 1914 年 7 月与 8 月的失误，不单只是错误估计、疲劳或者仓促而已，还牵涉到更多的因素。然而，如果只强调这些注定 1914 年战争要发生的先决条件，而忽略欧洲领袖的自由选择权，那么大部分的历史学家都会不满。历史学家对于选择权的行使，与限制选择的条件一样感兴趣。在 1914 年的 7 月和 8 月，奥地利领袖决定惩治塞尔维亚的原因，不单只是皇室王储被杀。德国皇帝和总理为了重申德国的活力，而支持奥地利进行一场局部战争。俄国早在 1908 年就已经决心阻止奥地利取得进一步的成功。正如英国的外交大臣在 8 月 3 日告知下议院的那样，法国与英国领袖决定："如果参战，我们会遭受苦难；但是如果袖手旁观，我们所遭受的苦难丝毫不减。"[①]

应该认识到，那些选择并不限于在单纯的"和平"或"战争"状态之间作选择。国家领袖在可接受的、不断增加的战争风险，与不可接受的、不断增加的国家蒙羞、孤立或没落的风险之间，一步一步地作出决策。1914 年的欧洲人对于在 20 世纪时列强将兴起什么样的战争毫无概念，所以在每个阶段，战争风险似乎都是可以接受的。当第一支渴望作战的军队开赴前线时，随之而来的战争的持续时间、狂热与暴力的程度，都将远超过人类所既有的任何想象。

---

① Zara S. Steiner, *Britain and the Origins of the First World War* (New York, 1977), p.210.

3–1　1914 年 8 月，兴高采烈的柏林市民欢送他们的军人上火车。请注意最右边的那位市民，他用自己的草帽交换士兵的步枪和头盔。

第3章

马恩河战役及其以后:1914至1917年

1914年8月初，有五百多万欧洲青年几乎毫无疑虑地响应征兵令。他们之中有很多人满腔热忱登上军队列车。乐队、旗帜以及手拿鲜花的年轻女子，并不仅仅是冠冕堂皇的门面。群众已经蓄积了满心的愤怒，政府的宣传活动和民族主义知识分子迅速地煽动起他们的同仇敌忾之情。

3.1 战争热

各国政府都非常成功地将对手塑造成侵略国的形象。有位德裔中年人以及中间名字为德文的英国诗人罗伯特格雷夫斯(Robert Graves),回忆自己在1910年左右的高中时代遭受迫害的经历,当时“德意志”意指“卑鄙的德国人”,“它代表‘和我们优秀纯正的企业竞争的质次价廉商品’。它也意味着军事威胁、普鲁士主义(Prussianism)、无用的哲学、冗长乏味的学术成就、衷情音乐与炫耀武力。”[①]当战争爆发之时,伦敦的德国商店遭人破坏,管弦乐队的节目里抽掉了德国音乐,而德国酸白菜则被更名为“放肆的洋白菜”。在1915年10月德国处死英国护士艾迪丝·卡维尔(Edith Cavell)、开进比利时之时,这种敌意达到了最高潮。

在德国,很多人觉得自己是在保卫刚健的德意志文化,对抗狡诈、重商主义的英国人,以及颓废的斯拉夫人和法国人。前不久才声称自己是社会主义者的德国经济学家维尔纳·桑巴特(Werner Sombart),在1915年时向他的同胞解释说,这场战争是唯物主义与唯心主义之间的对决,是英国“商人”与德国“英雄”之间的竞赛:

> 对我们来说,这就是为什么我们要满怀尚武精神的原因;这场战争是神圣的,是世界上最神圣不可侵犯的事情。[②]

大部分投身战场的法国人相信,他们是站在保卫人道主义(humanitarian)的自由这一立场,对抗普鲁士人。只有一位重量级的法国公众人物——小说家罗曼·罗兰尝试要维护原有的和平主义、国际主义价值观——“超越混战”。他觉得只有移居瑞士,才能做到这一点。在动荡不安的奥匈帝国里,除了一些南斯拉夫人和捷克人以外,其他所有的种族群体,都带着对俄罗斯帝国开战的热忱重新整合。至于俄国,尽管1914年的夏天,他们正因濒临暴发革命的阵痛期而动荡不安,但是也从8月的罢工与国内纷争中转向迎战共同的敌人。那些开战初在皇宫前热情游行的俄国人中,可能有许多是不情愿地接受了战争,但是即使是俄国的统治者,对于民众的激烈热诚也深感惊讶。

除了民族敌对与保卫国家抵御侵略者的观点外,对一些士兵来说,战争让他们感到摆脱了资产阶级的控制,从而赋予战争一种积极的吸引力。在儒勒·罗曼(Jules Romains)的小

---

① Robert Graves, *Goodbye to All That* (London, 1960), p.38.

② Werner Sombart, *Händler und Helden* (Munich, 1915), p.88.

说《凡尔登》(*Verdun*,1940)里,应征入伍的人觉得,“他们正要开始度过一个喧闹、忙乱、艰苦的假期,一场真正的中学生式的探险远征。”平凡的旧世界已经充斥太多必须文雅应对的“清规戒律”。

> 有个机会可以暂时无忧无虑地生活,可以没有规矩地动手动脚,也不需要顾虑清规戒律。生活会因为经历过这种“原始”的治疗,因为重新回到简单的生活方式,因为不需要装模作样,而变得更好。[1]

罗曼·罗兰早在1912年时,就已经开始忧心“这个国家的孩子们除了在书本上以外,不曾亲眼见过战争,他们很容易美化战争。因为厌倦和平与思想,他们歌颂战争,认为血腥的拳头终将重新锻造法国的力量”[2]。

由于相信战争不会持续太久,在1914年8月,人们是以比较轻松的狂喜态度来看待这次战争。自1815年以来,欧洲所发生的几次冲突,都能在数周内分出胜负。日渐复杂的军事机器和国民经济,都显示现代社会无法承受长时间、大规模毁灭行动的代价。德国总参谋长施里芬将军在1909年时写道,“在国家的生存是立基于贸易及工业不间断的年代里”[3],长期战争已经变成一件“不可能”的事。法国经济学家布留(Paul Leroy-Beaulieu)用数学证明,在欧洲发生的战争不可能持续6个月以上。英国海军部只储备了6个月的军舰燃料。大部分在1914年8月登上军队列车的士兵,都有把握自己可以在圣诞节之前回家。

社会主义者的两难困境

1914年8月欧洲所面临的爱国浪潮,使“左派”分子的决策陷入困境。在1914年之前的十年,欧洲的社会主义政党已经筹划好,如果爆发了马克思主义者分析的、可能会发生的帝国主义战争,就要发动全面性的罢工活动。由欧洲社会主义者主导的世界性社会党联盟——工人国际(Workers' Internatinoal),[4]自1904年起,已将防止战争排入重要的议程。1905年与1911年的摩洛哥危机,1908年的波斯尼亚危机以及1912年和1913年的巴尔干战争,都让他们意识到要加紧筹划。1914年,当欧洲政府日趋冲向战争边缘时,工人国际的常务局在7月29日于布鲁塞尔召开特别会议,德国社会民主党的领袖赫尔曼·穆勒(Hermann Müller)也在7月30日赶到巴黎,与法国的社会主义伙伴们会商。欧洲的军队与警察已经布置好,准备一旦发生反战的全面性罢工,就逮捕社会主义者的领袖们。

不论如何,1914年8月即将爆发的战争,与工人国际筹划反对的假设情况并不相

[1] Jules Romains, *Verdun* (New York, 1940), pp.4-5.

[2] Romain Rolland, *Jean Christophe*, Book 3, trans. Gilbert Cannan (New York, 1913), p.458.

[3] Geerhard A. Ritter, *The Schlieffen Plan* (New York, 1958), p.47.

[4] 因为第一国际在1874年时,已经在一场马克思与巴枯宁(Bakunin)的拥护者之间争执时瓦解,所以严格说来是指成立于1889年的第二国际。

同。欧洲各个社会主义政党都相信自己的国家是受到侵略的牺牲者，而且敌军的胜利将会重挫本国的社会主义。德国的社会民主党——德国最大的、世界上组织最精巧的社会主义政党，坚称德国的社会主义受到"俄国专制主义的胜利"的威胁，后者"染着俄国人民最精英分子的鲜血。我们的任务是去避开这个危险，去维护我们自己国家的文化与独立性"。[①]

德国工会于 8 月 2 日决定取消预定的罢工行动，而社会民主党的领袖以 78 票对 14 票的表决结果，决定支持德国政府。在帝国议会里，社会民主党的议员于 8 月 4 日全体一致同意通过特别战争拨款。在法国，各工会早在 7 月 31 日就决定反对罢工。从巴黎的观点来看，专制德国的胜利对法国的社会主义所带来的威胁，似乎更甚于法国政府所造成的威胁。在欧洲议会的社会主义者中，只有塞尔维亚社会民主党两位议员投了反对票，以及俄国 14 位社会民主党议员（他们是改良派与革命派，即布尔什维克派）和 11 位克伦斯基的改良主义的劳动党（Labor Party）议员退席。意大利的社会主义者基本上同意政府不参战的决定，这种做法，使他们免于面对如那些被迫作出困难选择的欧洲伙伴们所面对的难题。在各个交战国中，都没有出现全面性罢工的具体行动。

战争与社会和平

有些评论家事后指责欧洲的社会主义领袖，在 1914 年 8 月的关键时刻里，背叛了他们的拥护者。事实上，大部分的欧洲工人和他们的社会主义领袖一样，坚信自己负有与反动侵略者作战的义务。法国的总参谋长曾经预料被征召入伍的人之中，有 13%会拒绝接受召集令，但是实际上的拒绝率只有 1.5%，所以政府决定不逮捕已列入黑名单"B 簿"（Carnet B）中的社会主义领袖。英国的情况更令人震惊。反对英国参战的工党领袖拉姆塞·麦克唐纳（Ramsay MacDonald）与菲利浦·斯诺登（Philip Snowden）在 8 月 5 日辞职。

1914 年时，在社会主义领袖中，革命热情与和平主义之间并无任何关联。英国的自由党与工党一样，持和平主义的人只是其中的少数。在欧洲大陆上，1914 年时，如德国的伯恩斯坦（Eduard Bernstein）般的改良主义者，是属于和平主义者，但是，大部分对战争的支持是来自于革命的工团主义者（revolutionary syndicalists），如法国的新闻记者赫维（Gustave Hervé）与意大利的墨索里尼（Benito Mussolini），这些人个性急躁，喜欢用暴力方式解决问题。

确信得到大部分工人阶级的支持，欧洲每个交战国都带着热烈的民族团结情绪参战。法国的政治家们宣布结成"神圣同盟"（union sacrée），那是法国人团结在国旗之下的神圣同盟。德皇威廉二世声称他不再察觉到国内有敌人存在；对外宣战已经创造了国内的和平（休兵〔Burgfrieden〕，被包围的堡垒的国内休战协议）。愤怒的俄国工人以及农民，是爱国联盟

[①] 德国社会民主党领袖哈斯（Hugo Haase）于 1914 年 8 月 4 日在国会所发表的演说。

3–2 1915年时，在征兵告示板前，自愿从军的人潮蜂拥至英国征兵办事处。

(patriotic union)的严峻考验。他们在8月初中止罢工，没有多惹事端地服从征兵召集令，并且在战争开始的第一个月里，也没有明确表达反对的意见。后来各国国内再也没有出现如1914年8月般的和睦景象。

3.2 第一次马恩河战役

1914年8月4日，德国军队迫不及待地越过比利时的边境，开始执行经毛奇修改过后的施里芬计划。一天之内就有500列火车抵达比利时的边境。德国派出8个军团中的7个，进行大范围的围攻行动，以期一举击溃法国。由于比利时顽强地保卫他们的要塞，德军作战速度不如预期般快速，但是在8月18日时，德军的大弧形攻势已经开始向巴黎挺进。

正如德国所希望的，法国将大部分的兵力投入东线，力图收复阿尔萨斯–洛林地区。就某种意义来说，这场第一次世界大战的前哨战，是骑兵部队的最后英姿对抗机械化战争的非人效率。法国军队身穿色彩鲜明的红裤与蓝色短上衣,由年轻的圣西尔军校(Sanit-Cyr military school)毕业生——他们曾在出发前穿戴阅兵服饰与白手套宣誓——领军,发动第一次突击,但大败于大炮与机关枪的火力之下。法国的进攻并未取得永久阵地,直到战争的最后,他们才收复失去的国土。比较重要的是,法国轻率向莱茵河突袭的行动,正中施里芬继任者小毛奇的下怀,他希望尽可能让法国军队落入德军机械化部队的包围里。

9 月初,德国已经逼近巴黎,兵临马恩河,法国政府也已经迁到波尔多(Bordeaux)。施里芬闪电结束西线战事的梦想显然即将实现。然而接踵而至的是从 9 月 6 日到 9 月 10 日法英的反攻,这场战役就是著名的第一次马恩河之役,是历史上最伟大的救援行动之一。

在德军步步进逼时,镇定的法国指挥官霞飞将军依然很冷静地等待反击的时机——他依然能吃照睡的传说,稳定了法国人的心情。德军的推进陷入了难题。为了形成巨大的包围圈,有些部队一天徒步行军二三十英里,炮兵部队和补给品接应不及。生病而且优柔寡断的毛奇,只能与军官保持远距离的联络;由于骑兵联络官一天之内所能行走的距离有限,联络更加困难。最终, 最外翼的第一军团指挥官亚历山大·冯·克鲁克 (Alexander von Kluck)将军,被警觉性很高的霞飞将军发现两个致命弱点。依照毛奇修改过的施里芬计划,由克鲁克的战车辗入巴黎东方,让侧翼暴露在当时依然在包围圈外的巴黎的法军面前。接着,当他转进部分军队以迎战来自巴黎的威胁时,他与下一批开入东方的德国军队之间会出现一道缺口。9 月 6 日,留在巴黎的法国后备军乘坐出租车队冲出巴黎,攻击克鲁克的侧翼军队;与此同时,英国远征军(British Expeditionary Force)的第一纵队也谨慎地挺进克鲁克和德国第二军团之间的缺口。到 9 月 10 日,德军被迫沿着马恩河向后退却,巴黎因而得救。

事实上,霞飞将军当时根本不可能把这个可以暂时喘息的机会扩展为迫使德军全面撤军的攻势。的确,两军都无法将对方逐出各自构筑用以掩护部队的战壕。双方都试图用一连串的"延伸端点"(end runs),从侧翼包围对方,他们不断地往西、往北延伸,一直到海岸为止,所以这种行动常被不恰当地称为"向海赛跑"。10 月中旬,战线已经从比利时的北海海岸,延伸到瑞士边境,依靠机动火力与地面的防御工事来防卫绵延 300 英里的战壕。双方都陷入僵化的战术,动弹不得,而且接下来的四年里,情况也没有改变。正如历史学家泰勒(A. J. P. Taylor)所提到的,"机关枪和锹铲已经改变了欧洲历史的进程。"[①]

第一次马恩河之役,决定了在剩余的战争岁月里这条主要战线的形势。首先,它粉碎了士兵可以在圣诞节前回家的期待。由于这将是一场持续很久的战争,它必然会将大后方卷入战争之中。此外,这场战役也意味着未来在西线的其他战役,会以寻找可以冲破坚固战壕的方法为主,并且恢复决定性的运动战(war of movement)。这种探索最终将会把全世界都拖入这场战争,而且也会造成血腥恐怖的壕沟战;在壕沟战里,厌战与大屠杀的场面不断交替

① A. J. P. Taylor, *The Struggle for Mastery in Europe*, 1848—1914 (Oxford, England, 1954), p.531.

3-3 1914年，法军圣西尔军校的学生军官，手戴白手套，头顶高高鼓起的军帽。

上演。

在马恩河，战败的不是法国也不是德国，而是战前的欧洲社会，它现在已经被迫变成巨大的战争制造机器。

3.3 东方战线

绵长的东方战线从来不曾陷入壕沟战的泥沼中。但是有结果的运动战，并不比西线战事更具有决定性，所牺牲的生命也不比西线少。德军曾经希望能利用1/8的兵力牵制动员缓慢的俄国军队，同时击溃法军，让法国退出战场；同样的，奥地利军队也希望能在俄国战线尚未构成任何严重威胁之前，就歼灭塞尔维亚的军队。但是他们的期待都落空了，在开战后数周内，俄军就已经挺进东普鲁士与奥属波兰（加利西亚省）。不过，这些成功只是暂时的。

坦能堡与马苏里亚恩湖：1914年

德军虽然未能在马恩河一役战胜，但却在东普鲁士赢得胜利。在那同样的几周里，人数占优的德军实行了大胆的战略，分割两个俄国军团并各个击破：先是在8月30日的坦能堡（Tannenberg）；第二次则是在9月15日的马苏里亚恩湖（Masurian Lakes）。兴登堡将军和他的参谋长鲁登道夫将军，因此赢得极高的威望。这两位将军使德军的军心大振，让他们比以往更拼命作战，俄国军队再也没有机会严重威胁德国北方的领土。

3–4 兴登堡将军通过野外望远镜视察坦能堡战役。旁立者为鲁登道夫将军(右二)和霍夫曼将军(右一)。

奥地利前线:1914 至 1915 年

同一时间的奥地利,正面临一次不那么成功的两线作战。为了迎击意料之外出现在加利西亚的强大俄国军队,赫岑多夫将军不得不抽调塞尔维亚最精锐的部队赶赴加利西亚,结果两条战线都失利。俄国在 1914 年占领整个加利西亚,并且越过喀尔巴阡山(Carpathian Mountains)直逼匈牙利平原。到 1914 年 12 月,在南方战线上,塞尔维亚的军队经过非常艰难的苦战之后,两度将奥地利军队赶出塞尔维亚。1915 年 5 月,意大利加入协约国参战[①],并且开辟了另一条对抗奥匈帝国的南方战线。奥地利以惩治塞尔维亚为由掀起战争,但现在惩罚却降临到自己头上,他们开始为自己的生死存亡努力奋战。

1915 年,德国出兵援助奥匈。由于西线陷入僵持状态,似乎没有机会展开决定性的攻击,所以兴登堡和鲁登道夫就利用他们的新威望,设法取得最高统帅的增援。新成军的德奥联军连续猛烈攻击,终于在 1915 年 5 月 2 日,于加利西亚的俄军防线打开了一道缺口,引发一场俄国史上最大的大撤退行动。士气低落、弹药短缺的沙皇军队,退离加利西亚 300 英里,进入俄国境内,直到冬季才终于停止溃退。1915 年撤退所付出的代价,虽然不及 1812 年与 1941 年的损失惊人,却使俄国失去 15%的欧洲领土、10%的铁路、30%的工业,以及将近

① 参阅下文。

20%的人口。据说俄国军队有高达 250 万的士兵被杀、受伤或者被俘。

1915 年 4 月,随着一支英法远征军登陆君士坦丁堡南方的一个半岛——加里波利半岛(Gallipoli),企图强行攻占海峡,奥地利来自南线的威胁更加紧迫。这次登陆是最具争议性的作战行动之一。支持这项行动的人如海军大臣丘吉尔认为,在通往海峡的南部登陆,既可以响应俄国要求减轻土耳其(德国的新盟友)攻击的呼吁,又可以绕过陷入僵持状态的西线,采用大胆的海军作战行动。它以机动性代替了蛮力。至于反对者如法国的霞飞将军则认为,这会消耗主要战线的珍贵兵力,而在主要战场上集结大量兵力,终将能够分出胜负。结果,英法联军并没能在岩石嶙峋的加里波利半岛开辟通路,当然也没能夺取海峡、强迫土耳其退出战场。

保加利亚对德国战胜俄国的战果印象深刻,同样也深切地渴望牺牲塞尔维亚,使领土比 1875 年或 1912 年时更大,而在 1915 年同意加入德国与奥匈帝国,对塞尔维亚进行最后一击。这时,同盟国取得了决定性的优势。协约国虽然回应以将大部分加里波利的派遣军调到希腊萨洛尼卡港(Salonika),但是依然未能恢复平衡,而且事实上,反而使一批协约军队误入陷阱,在后来大部分的战争期间中被困在这里动弹不得。

因为遭受正面与侧面攻击,塞尔维亚的军队被迫撤军,穿过阿尔巴尼亚山区的隘道,撤往亚得里亚海,约有 10 万名幸存的官兵在亚得里亚海为协约国的船只所救。据估计,在这场战役里,塞尔维亚大约有 1/6 的人口因为战争、传染病以及饥荒而丧生。塞尔维亚已经为暗杀斐迪南大公而得到充分的惩罚,但是南斯拉夫人依然好战如故。

1916 年初,新上任的德国总参谋长福金汉(Erich von Falkenhayn)将主要的注意力转回西方战线。赫岑多夫则执行自己的计划, 大举进攻意大利。他在 1916 年 7 月的特伦蒂诺(Trentino)之役所得到的最重要战果,却是削弱了对俄国的防线,让本次大战最有才干的俄国将军勃鲁西洛夫(Alexei Brusilov)得以击溃奥地利,并且收复大部分在 1915 年失去的加利西亚领土。不过,勃鲁西洛夫并没有得到其他北方俄军的支持,而又缺乏弹药,让他无法扩大战果,进军匈牙利。这是俄国的战争机器最后一次迸发出来的能量,也是这次战争在东线上最后一次的大规模战役。

3.4 寻求西方战线的突破

马恩河战役后在西方战线的僵局,是一种新奇的战术,政府与军事领袖只能慢慢适应。毛奇与福金汉,和法国指挥官霞飞与斐迪南·福煦(Ferdinand Foch)一样,接受的是运动战与机动作战的教育。英国的指挥官,如约翰·弗伦奇(John French)和道格拉斯·海格(Douglas Haig)曾经在布尔战争中担任骑兵将军。马恩河一战之后,西线的战争试图恢复熟悉的机动作战战术。所有受到不耐烦而且不谅解的舆论刺激的军事参谋人员,在接下来的三年里,都试图要“攻破硬壳”。

“攻破壕沟”

展开攻击的基本问题，是如何在枪林弹雨中，攻破敌方的防线，然后顺着敌军防线的缺口，投入充足的士兵与军备，转而攻击暴露在外的侧翼。利用大量的人力与炮弹来解决这个问题，是值得一试的方法。

最初，交战国把所有可利用的人力都送到前线。为了进行预计的决定性战争，法国甚至动用必要的兵工厂工人。由于欧洲的人口增长、全民服兵役的原则，以及尝试先发动决定性攻击的战术，参与战争的人数大幅增加。滑铁卢（1815）战役中曾经有 17 万士兵参战；色当（1870）一役则有 30 万人参战。第一次马恩河战争动员了一百多万人。但是，火炮、现代步枪，尤其是机关枪，使大批士兵只能蹲伏在土筑防御工事后面作战。

1914 年仓促构筑的战壕，现在已经发展成为精巧的防御系统，战壕的深度比以往深两三倍，并且以混凝土机关枪掩体阵地来强化。指挥所隐蔽在多少有些干燥的防空洞里，除非被直接击中，否则相当安全。但是，因为联络壕有大批老鼠出没，而且粗糙的木质地板泥泞不堪，所以不是一个太舒适的地方。最重要的是，在两次攻击之间，经常有被狙击兵或散射的迫击炮击中的危险。“前线如同囚笼，我们只能满心恐惧地埋伏，等待可能发生的任何事情。”德国的沙场老将雷马克（Erich Maria Remarque）在他的小说《西线无战事》（*All Quiet*

3–5　一张德国人所拍摄的照片，说明了第一次世界大战中各战役的伤亡人数为何远超过以往战争的三个理由：弹痕累累的战壕、毒气瓦斯以及机关枪。

on the Western Front, 1929)中如此写着,“我们躺在拱形工事里,过着前途未卜的生活。一切全凭运气。”[①]在堑壕阵地的前方,是带刺的铁丝网,通常有 30 码宽,3 到 5 英尺高,系在铁柱和支架上。而在铁丝网之前,则是介于两军封锁线之间的“无人区”,夜间巡逻兵会在这里静静地执行作战任务,也是双方静观敌军、向前猛攻的地方。

在这种情况下,要“攻破壕沟”就必须预先使用大规模的炮火,削弱敌方的兵力,所以炮弹的消耗量,远超过任何参谋人员在战前最荒谬的想象。法国的总参谋长曾经预期一天大约要消耗 1.3 万发炮弹,但是在开战后的前几天,他们实际上每天要用掉 12 万发炮弹。1916 年的索姆河战役(Somme Campaign),英国在长达 14 英里的战线上,每 20 码就配置一门火炮,并且准备了 150 万发炮弹。1917 年 4 月,法国准备在香槟省(Champagne)发动攻势,他们在绵延 20 英里的战线上发射了 600 万发炮弹。使用这种“弱化”法的问题是,每次制造的火炮弹幕,都等于是向敌军预告下一个进攻目标,让他们有机会及时增援被轰炸得昏头转向的防御者。结果通常是一场场代价昂贵但是了无成果的战斗,仅仅向前推进几码,却造成大量的人员伤亡。“我们始终静静地伏卧在一小块剧烈震动的土地上。我们不过是让出数百码地作为敌军的战利品,但是每一码地都躺着一具尸体。”[②]

1915 年在西线上所发动的攻击,并未得到决定性的战果。即使是在德军于 4 月 22 日首度使用氯气弹的比利时弗兰德斯区(Belgian Flanders)的依普雷(Ypres),由于后备军已经移师到主要的东线战区,德军无法继续以前的胜利。双方求胜心切的政治家或者将军们认为,只有不断增加火力和兵力,才能打破僵局。在 1916 年与 1917 年初,甚至发动了规模更大的壕沟战。其中最著名的几次战役表明了人类对第一次世界大战的忍耐力已达极限——1916 年德国在凡尔登所发动的攻击、1916 年英国发动的索姆河战役,以及 1917 年 4 月,法国的罗伯特·尼韦勒(Robert Nivelle)将军在香槟省展开的唐吉诃德式的攻击。在这些战役里,徒劳无功的壕沟战悲剧达到最高潮。

主要攻势:凡尔登、索姆与香槟

1915 年底于东线取得漂亮的战果之后,毛奇的继任者福金汉提出增加法军伤亡率的计划,重开西线战局。他在 1915 年呈递给德皇的备忘录中写着,如果德军选择攻击某个“涉及国家荣誉与骄傲”的法国阵地,那么法国一定会不惜代价保卫到底。“而如果他们誓死保卫那块阵地,那么他们就会流尽最后一滴血而死。”德国所选定的目标是凡尔登要塞:从战略上来看,凡尔登是战线沿着缪斯河(Meuse River)向南转的极其重要的枢纽;就精神上来看,凡尔登是历史上的防御据点,一旦失守将会使法国人士气低迷。

1916 年 2 月 21 日,德国开始展开大规模的炮火攻势,意图摧毁保护凡尔登的法国防御

---

① Erich Maria Remarque, *All Quiet on the Western Front* (New York, 1966), p.63.

② 出处同上, p.84.

工事。霞飞接受这项挑战，在接下来的十个月里，双方互相炮轰，不断上演占领、战败、再度占领的戏码，争夺几平方英里已经筑好严密防御工事的地区。本已列入提前退休名单的战区指挥官贝当（Philippe Pétain）老将军，在前几次战役里表现得有条不紊且冷静，以坚定的决心守住阵地，他认为这将是本世纪法国军事成就的巅峰。他向部队下达"挡住敌人！"的简洁命令。在这十个月里，接连不断的车队在枪林弹雨中，沿着唯一的狭窄道路，供应凡尔登的瓶状突出部位，一辆辆车子运进了弹药，再运走伤兵。一个星期接一个星期的过去，地上布满了由数百万枚炮弹炸穿又炸穿的炮孔。罗曼的小说《凡尔登》中描述一位军官刚离开掩蔽壕，就踉踉跄跄地跨过一具尸体，他细看之下，发现这具尸体所穿的制服，与数小时前他曾经踉跄跨过的尸体不同。

最后，德国未能通过封锁线，但是双方所付出的代价相当惊人。保存性命逃出生天的人通常都已残废，而且心灵上也带着法国人讽刺地称之为"彭加勒纹身"（Poincaré tattoos）的创伤。双方约有四十多万人丧生。福金汉虽然达到了目的，但是事件的结局与他原先的设想有很大的差距：德军所付出的血的代价与法军不相上下。这是第一次世界大战中规模最大的战役，十个月以来，每天早上和下午都要夺去数量相当于一个中型市镇的青年人的生命。

英国在 1916 年 7 月时转而发动索姆河战役。索姆河战役的用意是要缓解法国在凡尔登的压力，并且利用以量取胜的攻击方式，巧妙达成突围的任务。诗人格雷夫斯的上校告诉他，要他忘记战壕，并且准备在英国骑兵攻破德军壕沟后展开运动战。①海格爵士准备发动传统的突破作战计划。原本期待在 8 天的猛烈炮轰之下，可以为三个骑兵师打开一条通路，结果展开进攻之后，有一半的士兵和 3/4 的军官非死即伤。英国死伤 40 万人所换来的只是 120 平方英里的土地，而且骑兵部队根本不再有上场的机会。"从哥穆夸特（Gommecourt）到蒙托邦（Montauban）绵延 16 英里的战线上，平均每一码都有两个英国士兵伤亡。"②

1917 年初，对决定性战役的要求，导致法国内阁撤换霞飞总司令，改用作风较为浮夸的尼韦勒接替他的职务。尼韦勒是一位能言善道的骑兵将军，他曾经在凡尔登成功达成局部推进的任务。尼韦勒承诺在香槟展开大规模的攻击，希望能一劳永逸地"攻破硬壳"。这次的攻击行动事先燃起了巴黎的最大希望，事后却又让他们陷入最深的绝望里。尼韦勒的攻击行动采用与海格在去年夏天的索姆河战役相同的战术，但是战果却是空前的可怜，因为在 1917 年 4 月尼韦勒开始展开他的炮火准备之前，取代名声扫地的福金汉的兴登堡和鲁登道夫，已经静静地将德国防线撤退了几英里。付出极高的代价却只换来极少利益，法国军队的士气开始消沉。

正如去年一样，英国军队试图沿着弗兰德斯的北海海岸朝北攻击，迫使德军在这个关键时刻转向。一如往常以一周的炮击攻破了壕沟，士兵和军备就在帕斯尚尔（Passchendaele）

---

① Graves，p.146.

② Martin Middlebrook，*The First Day on the Somme: 1 July 1916*（New York，1972），p.245.

3–6 1916年炮轰凡尔登时，法国士兵蜷伏在战壕里。因为还来不及埋葬死者，所以右边那具已经僵硬的尸体，可能是稍早的战斗所留下来的。

和依普雷附近的泥沼里挣扎，进退不得长达三个月。英国战略家利德尔·哈特(Basi H. Liddell Hart)说，曾有一位参谋后来在视察那个地区时突然哭了起来，大声惊叫着："我的天啊，我们让士兵们在这种地方战斗？"[①]以24万名士兵的生命为代价，海格得到了50平方英里的土地，以及冷酷无情、草菅人命的名声。

新式武器

寻求突破必然会导致用比之前更猛烈的攻击来"攻破壕沟"的想法。各国开始运用现代的技术，来解决恢复攻守平衡的问题。英国在1916年9月15日动用了第一部坦克车，

[①] Basil H. Liddell Hart, *The Real War, 1914—1918* (Boston, 1930), p.337.

3-7　1918 年 4 月，在德军发动的最后攻势中，法国北部贝蒂纳（Bethune）附近的英国士兵被毒气毒瞎双眼，因此必须排队搭肩膀前进到前线包扎所。

那时已经是索姆河战役的尾声，动用坦克车是为了加强机动性，并保护进攻战壕防御工事的士兵。在最初的疑虑后，坦克车最终在 1918 年的战役里发挥了功效。德国在 1915 年 4 月[①]在伊普雷首度使用致命性的氯气，并且在 1916 年 2 月的凡尔登战役首次使用火焰喷射器。

最具戏剧性的新式武器是飞机。刚开始只是利用飞机来观察以及测量火炮的射程。当保护侦察机免受敌机攻击成为必要时，空战拉开了序幕。1915 年 10 月，荷兰设计师福克（A. H. G. Fokker）发明了可以在飞机螺旋桨运转时同步射击的机关枪。这项发明开启了单机空战的辉煌时期。年轻的王牌飞行员，如德国的"红爵士"里希特霍芬（Manfred von Richthofen）、法国的乔治·吉约梅（Georges Guynemer），以及英国的包尔（Albert Ball），因为个人英勇的极致表现而备受各国民众尊崇。

经过改良的飞机也提升了各国轰炸敌方城市的能力。1916 年使英国城市陷入恐慌的德国飞艇，因为很容易被击落，其实相当脆弱。1918 年时，敌军用更有效力的轰炸机攻击伦敦（在这次攻击战里，英国有 1414 个人被炸死），而法国和德国（746 个德国人被炸死）受到轰炸的范围则比较小。如此一来，扩大的战争网开始笼罩远离战线的人民，于是他们也变成战争的牺牲品。

---

① 虽然法国在 1914 年利用含催泪瓦斯炮弹的实验失败，但德国是第一个应用致命性气体的国家，他们让致命性的气体顺风飘入敌军的防线。请参阅瑞士学者 Olivier Lepick，*La Grande guerre chimique*，*1914–1918*（Paris，1998）的作品。

3-8 为摆脱"壕沟战",军事计划者发明了坦克、毒气和飞机等新武器。图中,一架德国双翼飞机正在手动投弹。这种新的轰炸方式将在下一次战争中夷平城市。

3.5 不断扩大的战争

战争双方都企图吸引新盟友参战以打破僵局。土耳其在战前就受到德国的军事和商业影响，不过在 1914 年 8 月 10 日，它完全是为了实际目的而成为交战国。当时德国的巡洋舰戈本号（Goeben）和布雷斯劳号（Breslau）为了逃避英国军舰在地中海的攻击,而在据称是中立的达达尼尔海峡避难。10 月 29 日，这些表面上由土耳其购买，但实际上是由德国军官指挥的船舰,轰击了黑海的俄国港口敖德萨（Odessa）和塞瓦斯托波尔（Sevastopol）。俄国于 11 月 2 日向土耳其宣战,英国和法国不久也跟着向土耳其宣战。

土耳其的苏丹宣布要对异教徒展开"圣战",并且发动了双重攻势:一支军队穿越高加索山脉攻击俄国的巴库(Baku)油田,并朝印度——至少在它所宣称的总目标——挺进;另一支军队则移师苏伊士运河。协约国不但发现他们与俄国的海上联系已被切断,而且发现自己的殖民地受到威胁。于是英国与法国于 1915 年 4 月登陆加里波利予以反击。在保加利亚加入同盟国参战,而塞尔维亚于 1915 年 10 月战败之后,协约国认为已经无法防守加里波利,在 1916 年 1 月撤出加里波利半岛。唯一留在已弃守的巴尔干战线上的,是被困于希腊海港萨洛尼卡一带的协约国军队。

更往南,英国积极进军,希望能摆脱在中东所遭受到的威胁。坚强的"澳新军团"——澳大利亚——新西兰军团——及时增援英国驻埃及的部队，阻挡了 1915 年 2 月德土联军对苏伊士运河的攻击。德国皇帝希望埃及人和印度人能起义反抗英国人的梦想破碎。英国敷衍麦加的阿拉伯酋长承诺要让他们独立,借以动员阿拉伯的民族主义者起来对抗奥斯曼帝国。一支英印部队开进波斯湾海角,阻止敌军穿越美索不达米亚(现在的伊拉克)进军阿巴丹(Abadan)的油田设施。战争正把全世界卷入它的战场。

协约国成功地击败同盟国,争取到意大利加入协约国参战。意大利曾在 1914 年 8 月 3 日宣布保持中立,并因此大幅缓和协约国在地中海的海军形势。然而,因为西方战线陷入僵持状态,协约国和同盟国都日益渴望意大利能够参战。虽然意大利曾在 1882 年与德国和奥匈帝国签下协议,但是协约国比较能够满足它对奥地利的阿尔卑斯山区和亚得里亚地区的野心。意大利的外交部长西德尼·桑尼诺(Sidney Sonnino)于 1915 年 4 月 26 日在伦敦与英法两国签署秘密协议。意大利加入协约国参战,作为交换,获得阿尔卑斯山区(说意大利语的特伦蒂诺〔Trentino〕,以及说德语的蒂罗尔〔Tirol〕部分地区,直到布伦纳隘口〔Brenner Pass〕)、亚得里亚海角、多德卡尼斯群岛(Dode Canese Islands)以及土耳其南海岸;如果英法

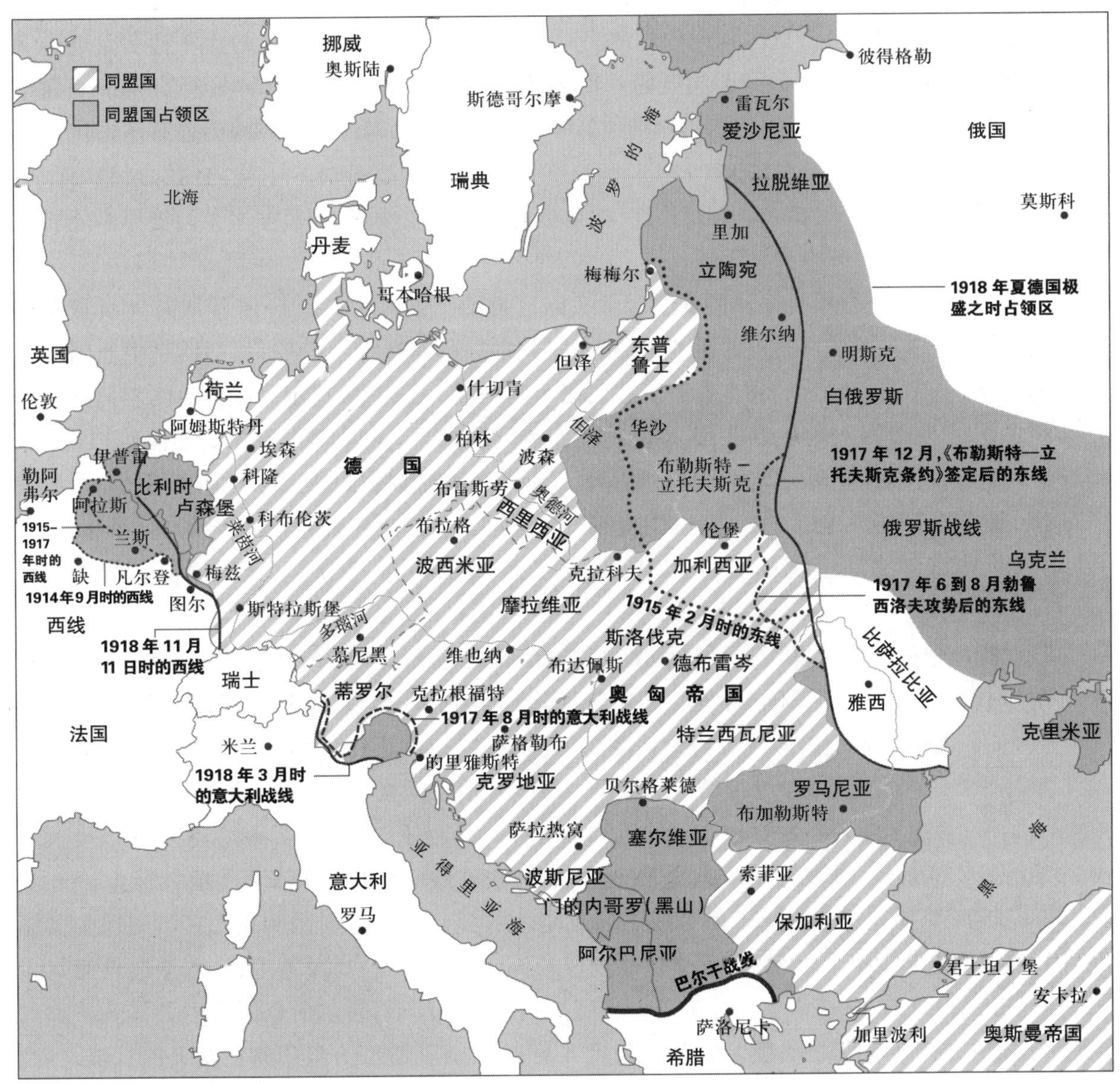

地图 3–1　第一次世界大战:战线

两国在非洲有所斩获，意大利也可以分一杯羹。罗马教廷（Holly See）被排除在最后的和平谈判之外。罗马尼亚因为得到允诺可以取得匈牙利人和罗马尼亚人居住的特兰西瓦尼亚，最终在 1916 年 8 月 18 日加入协约国参战。从短期来看，开辟一条对抗奥地利的战线对东方战线极为重要，正如我们看到的，它有助于 1916 年勃鲁西洛夫的攻势。但是，到了 1917 年，协约国被迫增援意大利，而西方战线则依然陷入僵局。

3.6 海　战

交战双方都企图在海战中取得陆战未能得到的决定性战果。开战的最初几个小时当中，英国和法国就已经试图利用他们的海军优势来摧毁德国的战舰。曾经在智利附近击沉一支英国海军舰队，并因而引起英国关切的德国重巡洋舰沙恩霍斯特号（Scharnhorst）和格奈森瑙号（Gneisenau），终于在 1914 年 12 月于福克兰群岛附近被优势的英国军队击沉。而德累斯顿号（Dresden）也在 1915 年 3 月于智利附近被击沉，能有效阻挠协约国封锁德国和奥匈帝国的障碍已然丧失。人们预期，如果没有海外输入物资，同盟国将无力支撑一场长期的现代化战争。

德国为了进行报复，利用潜艇舰队实施反封锁。德国政府在 1915 年 2 月 4 日宣布英国、爱尔兰和法国北部附近水域为交战区；任何航行于该区域内的船只，即使是中立国的船只，都将不先警告即予击沉。虽然只有几艘 U 艇（U–boats）对驶往不列颠群岛的船只造成严重的干扰，但是一些客轮的沉没，却已经促使美国国内倾向主战派的意见更加强烈。1915 年 5 月 7 日，肯纳德公司（Cunard）的定期客轮“路西塔尼亚号”（Lusitania）在爱尔兰北海岸被击沉，造成近 2000 人丧生的惨剧，其中也有一些美国人。自此之后，美国国内的参战倾向更加强烈。1915 年 9 月，为了避免与华盛顿的关系变得更加复杂，德国开始限制本国潜艇在大西洋上的活动。

在战争的前两年里，英国和德国的战舰始终避不碰面。英国维持远距离封锁，而德国则对于投入它们弱小的海军力量心存犹豫。1916 年初，德国公海舰队的指挥官舍尔元帅（Reinhard Scheer）提议诱使英国的无敌舰队（Grand Fleet）进行一场可能会改变海军势力的整体平衡、进而改变战争结局的全面战争。结果就是日德兰（Jutland）之役——大战中规模最大的海战，也是最后一次在没有飞机和潜艇介入的情形下，完全依靠配置 15 英寸口径大炮的战舰作战的战争。丘吉尔怀旧地称其为“世界史上最盛大的海军武力展示”。

实际上，这场战役并未使大战出现战略性的变化。为了引诱约翰·杰利科元帅（John Jellicoe）和英国无畏战舰离开苏格兰的斯卡帕湾（Scapa Flow）海军基地，舍尔派遣希佩尔元帅（Franz von Hipper）率领五艘巡洋舰驶离挪威海岸。然后，舍尔命令他的主力部队严阵以待，截击杰利科和无畏战舰。5 月 30 日到 6 月 2 日，在丹麦西方经历整整两天的对抗之后，双方舰队虽然互有损伤，但是仍然未能使对方陷于溃败。意识到自己正处于劣势的舍尔，主动驶离战场，而杰利科则因担心遭到水雷攻击，而错失阻碍舍尔返航的时机。结果，虽然英国的损失比较惨重，但两国海军的相对力量依然维持不变。直到 1918 年为止，双方都不再试图直接对决，而无畏战舰在后来的战争岁月中，所扮演的便只是威慑的角色，不再是进攻的武器。

对德国来说，再次诉诸潜艇战以打破英国对海面控制的做法颇具诱惑力。1916 年底，担任德国军事最高指挥的兴登堡和鲁登道夫说服德皇相信，无限制的潜艇战利大于弊。德国需要缓和国内持续加剧的紧张状态，也必须削弱美国对英国的援助，而且美国大力介入欧洲战争的可能性微乎其微。1917 年 2 月 1 日，德国的潜水艇受命击沉所有视野可及的商船。英国船舰的损失，从 1914 年的每月 5.1 万吨和 1916 年的每月 10.3 万吨，到 1917 年 2 月时已经攀升到每月 40 万吨以上，而在 1917 年 7 月时，每月损失甚至超过 40 万吨。只有采取护航制度（convey system），才能维持英国大西洋生命线（Atlantic lifeline）的运作。

3.7 美国参战

无限制潜艇战的宣布，致使美国于 1917 年 2 月 3 日与德国断交。至此，美国国内倾向保持中立的势力逐渐式微，这是基于种种不同的因素所致：德国击沉了协约国和中立国的船只，致使华盛顿不再反对英国的封锁措施；1917 年 2 月俄国以民主政体取代沙皇专制，美国于 3 月 20 日加以承认，因此对于协约国的战争目标的疑虑降低；1914 年时第一个向美国借款的国家——德国，由于封锁措施无法顺利取得美国的经济援助，而同时，美国的财政和工业与英法两国的战果利害关系渐渐密切。

残余的孤立主义情感最后因为英国海军部对所谓“齐默曼密令”（Zimmerman Note）的破解而消散无踪。齐默曼密令是德国外交大臣齐默曼（Arthur Zimmerman）致德国驻墨西哥公使的指示，表示德国支持墨西哥政府在德国和美国交战之际，收复得克萨斯、新墨西哥和亚利桑那州的领土。1917 年 3 月 1 日，美国新闻界披露了这份文件，除了少数热情的孤立主义者，以及一些德裔美国人之外，大多数的人都赞成美国站在协约国这一边参战。威尔逊总统于 4 月 2 日致国会的战争咨文使国会作出一项联合决议（Joint resolution），并于 4 月 6 日以 465 票对 56 票的投票结果通过该项决议，美国于是加入协约国。

战争至此已经演变成一场世界性的冲突。而且，想为僵局打通一条出路的努力，又让交战国无可避免地步向总体战，越陷越深。很快地，继前线战场上那残忍的苦难而来的，是大后方严重的贫困与混乱。如果仅就战争对欧洲社会所造成的重大变化而言，那么，称 1914 年到 1918 年的战争为“大战”其实并不为过。

4–1　数千名无名的法国与德国士兵，长眠于凡尔登法国军人公墓旁的高塔之中。凡尔登的“灵骨塔”（积骨堂）象征第一次世界大战惊人的牺牲人数。

第4章

总体战的影响

马恩河战役证明，任何一个强国都不能够凭借1914年的军事技术一举摧毁另一个强国。但是,除了少数欧洲的和平主义者以外,所有的人根本无法想象,直接用妥协性和平(compromise peace)来取代战争。法国人的领土上还有外国军队驻守;德国人已经尝到战争的甜头。马恩河战役之后,各国既不能迅速战胜对手,也无法马上结束战争。

1914年以前就考虑过战争这件事的欧洲人确信,先进的欧洲社会不可能承受长期的战争。在某种意义上他们是正确的。欧洲各国的社会不可能承受一场陷入胶着状态的长期战争,但无论如何他们都必须忍受这场战争。第一次世界大战已经演变成一场总体战,或者是德国将军鲁登道夫所称的“极权主义的战争”(totalitarian war)。[1]它所带来的影响遍及欧洲文明的各个层面,使欧洲的政治、经济和社会彻底改观。“世界各地都能听见有东西破碎的声音。”深感遗憾的自由主义者、英国作家与外交官约翰·巴肯(John Buchan)如此写道。托洛茨基称这场战争是“对人类文化的疯狂摧残”。[2]

总体战的影响显现在数个不同的层面上。在物资层面,总体战要求集结数量空前的年轻人、钢铁制品与爆炸物,以便用来攻击对手;此外,它还要求稳定的基本补给线,以支持双方的战斗。在政治层面,战争要求以不同于常例的方法来配置人力和资源,因此国家必须拥有庞大的新力量。这一切都将致使种种不均衡的负担强加于群众身上,为此,交战国政府必须找出新的方法来说服人民接受牺牲。他们也必须操纵舆论。这种能量与思想的集中,不啻于一场未经声张的革命。

[1] Erich Ludendorff, *The Nation at War*, trans. A. S. Rappaport (London, 1936), p.9.

[2] John Buchan, *The King's Grace* (London, 1935), p.161; Leon Trotsky, *Terrorism and Communism* (New York, 1921), p.17.

4.1 适应消耗战

马恩河战役之后，交战双方都只能将重点置于削弱对方力量之上。发生在先进工业社会里的消耗战，完全超乎人类的历史经验之外。在 1914 年时，人们仍然有待认识，在不造成城市饥荒和工厂停工的情形下，大量的人力和庞大的生产力如何充分地被用来毁灭对手。

事实证明，各交战国预先制定的战争计划完全不适用。英国军队原本预估一场欧洲战争约要动员 10 万人；但在这次战争期间，他们却动员了 300 万人。法国最后召集了 800 万名士兵，占所有 18 岁至 40 岁男性人口的 62.7%（大约占总人口的 20%）。国家预算也同样处于失序的状态。1913 年时，法国的预算大约是 50 亿法郎，而 1918 年的预算则提高到 1900 亿法郎。当时光是债务利息——支付购买战争债券的人的利息——总额就高达 70 亿法郎。此时，法郎的购买力仅值战前的 1/6。由于一些基本事项如人员雇用和货币价值等已经与先前截然不同，各国政府发现他们在战前所做的预估根本派不上用场。

因此，在战争开始两个月之后，交战国政府不得不放弃大部分事先规划的战争计划，随机应变。举例来说，法国原本预期当他们把每个能扛枪的人都送到前线，与人数更多的德军进行一场决定性战争时，国民经济或多或少能够苟延残喘。为了把工人送往前线，他们甚至关闭了兵工厂。但是在 1914 年底，出乎意料之外的战场消耗率和长期战争的可能性，迫使他们让工厂重新开工，并且重新分配前线与从那时开始被称为大后方地区的男人（和女人）。总体战的挑战不只是要集结数量空前的士兵、金钱和补给品，还必须让全体国民都有得吃、有得穿、有生产力，而且可以接受教育。必须像对待军队一样，严格地管理国民的生产和消费。人们必须构思并实施一种全新的人类组织体系（human organization）。

有些交战国可以应付这些挑战，有些则不行。无法应付挑战的是那些已经因为社会和种族冲突而四分五裂的国家，尤其是多民族的帝国：奥匈帝国、奥斯曼帝国和沙俄等。官僚政治的传统、专制的权力、众多的人口和领土面积，并未能让这些国家占有在传统战争里所具备的优势。要在第一次世界大战中赢得胜利，更需要依赖工业生产力（大量生产战争物资的能力）以及让人们有能力承受紧张状态，并接受总体战所造成的不公与贫困的内部凝聚力与整合力。这些帝国暴露出他们的独裁主义权力其实是华而不实的，而英国则最好地应付了这项挑战，其次则是共和政体的法国。不过，平心而论，这还必须考虑英国本土并未遭受战火摧残的因素。由于英国始终没能从第一次世界大战的冲击中完全复原，或许比较公允的说法是英国是失败最少,而非最成功的国家。

4.2 战时政府:比较观察

没有哪个交战国可以立即完全具备战时政府的所有职能。对各国政府而言,有太多的事务从未学习过,也有太多琐碎的权宜之计需要试行或否决。由于各国具有截然不同的特性与能力,因此也没有哪两个交战国会采用相同的方法来应付这些挑战。

英 国

战争开始之时,自由党已经在英国执政八年。自由党以自由贸易的政纲赢得1906年的选举,他们履行了国家对经济和社会事务只进行最低限度干预的承诺,只有在处理1909年的"人民预算案"(peoples' budget)中与所得税和遗产税有关的部分,以及1911年的《国民保险法》(National Insurance Act)时略微违背了这项承诺。1914年时,身为船舶大王和贸易局(Board of Trade)局长的朗西曼勋爵(Lord Runciman)表达了正统的自由主义观点,他说:"政府的行动无法战胜经济法则,对这些法则的任何干预,都将以悲剧收场。"[①]哈罗德(Harrods)百货在报纸广告栏上,刊登了一条大受欢迎、简短醒目的广告标语——"照常营业"。阿斯奎斯首相是个小心谨慎的人,他的热忱因为八年的官职生涯而褪色,听任各部自行其是,其结果导致英国在国内行政部门不协调的情况下,派遣现代史上规模最庞大的志愿军赴法参战。

迫于环境的压力,英国政府只能在缺乏明确的决策原则引导下,务实地恢复战时管制。有些资源必须立刻归政府控制。英国的私人铁路公司由政府委员会接管,并且保证利润将与1913年的比率相同;战前大部分进口自德国和奥地利的糖,如今改由政府专卖。在自由市场上交易的日用品价格上扬,于是,政府开始暗中影响小麦市场,继而直接控制了食品生产。1918年时,又实施食物定量配给。

1915年,政府在工人运动严重的格拉斯哥(Glasgow),强制执行租金控制,并逐渐扩展到全国各地。战争期间,政府在劳资冲突看似无法可解的南威尔士实行煤矿国有化,并保证矿主可以拥有与战前相同水平的利润。1915年担任财政大臣的自由贸易商麦肯纳(Reginald McKenna),悄悄地向汽车业、电影业、钟表业及其他进口的"奢侈品",实施《麦肯纳税法》(*McKenna Duties*);自1846年废除谷物法(谷物关税)以来,这是政府第一次违反了"自由贸易的天条",主要目的是节约船舶的舱位及外汇,并不是要让英国回归保护主义。

当时最迫切的需要是生产大量的军需品。由于弹药短缺,英国远征军战况受阻的谣言甚嚣尘上,动摇了人们对自由党内阁掌控战争能力的信心。为了建立比较广泛的无党派政

[①] A.J.P. Taylor, *English History, 1914—1945* (Oxford, England, 1965), p.15.

权,阿斯奎斯在 1915 年 5 月,安排了几位保守党人士和工党领袖阿瑟·亨德森(Arthur Henderson)——英国第一位担任内阁阁员的工党议员——入阁。新政府的重要革新是,在 1915 年 7 月成立了由劳合·乔治领导的军需部。

劳合·乔治,南威尔士激进的新教矿区人,那里曾经造就了一批英国现代史上光辉耀眼的政治人物,也是狄斯累利之后到丘吉尔之前最突出的英国领袖。劳合·乔治性情多变、精力无穷,且热衷政治上的勾心斗角,对事物完全不带先入为主的偏见。他身怀这些特质,进入一个最终会将其触角延伸到经济的各个角落的机构。正如乔治·丹杰菲尔德(George Dangerfield)所说,劳合·乔治所进行的是"单枪匹马的威尔士革命"。[①]

迅速投入上百万英镑、使私人工业迅速转入军需品生产的行动,必然会导致对利润、人力和资源配置的控制,并提高对整体经济的调节。不过,劳合·乔治并不退缩。单就规模而论,他的部门已经从 1914 年拥有 20 名职员的军事合约处(the Army Contracts Office),扩展为 1918 年拥有 6.5 万名职员、负责管理 300 万在兵工厂就职的男女工人的庞大官僚机构。不过,军需部还进行了比扩大规模更重要的改革。劳合·乔治在 1915 年促成通过《战争军需法》(Munitions of War Act)。该法案授权军需部在制造商拒绝接受政府的条件时,可以直接接管兵工厂,政府所开的条件包括限制利润、通过仲裁解决所有的劳资纠纷,以及禁止雇用任何未持有前任雇主开具"离职证明"的劳工,以便约束工人留在必要的工作岗位上。从实用(如果不是从原则)的角度来看,军需部促使英国政府在技术所及的条件下,建立近乎有完整规划与管理的经济体系。

征兵制度,是政府控制私人生活甚至死亡的重要措施。在 1914 年和 1915 年的爱国浪潮里,出现大量蜂拥而至自愿从军的人,事实上,100 万人的英国军队也确实是现代史上规模最庞大的志愿军。但是,当国家更迫切需要的是技术纯熟、能够留在工厂里工作的工人,而非赶赴前线作战的军人时,志愿兵役制就变成既不公正又不合宜的兵役制度了。1916 年 1 月,政府开始采用义务兵役制。这项政府权力的大跳跃,激起了强烈的反对,甚至在那些热情的战争支持者之中,也出现了反对的声浪。因此,政府为那些以道德良心为由而反对义务兵役制的人举行听证会。最后,总共大约 1.6 万名"基于良心的反对者"中,除了 1500 人以外,其余的人都接受某种形式的国家替代役。

义务兵役制为女性开放了更多的工作机会,已经有两百多万家境贫穷的女性加入劳动行列。经济独立的中产阶级妇女,打破了许多维多利亚时代的传统,并使女性工人上升到 300 万人。

1916 年 12 月,劳合·乔治继小心谨慎的阿斯奎斯担任首相。英国已经找到了领导进行战争的领袖。这个来自自由党激进派的离经叛道者,曾经激烈地反对布尔战争,并曾在 1909 年以人民预算案来对付有钱人的钱包,进行了一场英国和平时期最厉害的抢夺行动,他领

[①] George Dangerfield, *The Strange Death of Liberal England* (London, 1935), p.19.

导英国发展成为一个战时的全权国家。回顾起来,这是一次未经筹划但结果相当成功的规划实验。和其他的交战国相比,英国大多利用税收来支付额外的战争费用(所得税达到前所未有的 30%),而比较少依赖通货膨胀。因此英国人所承担的战争牺牲,可能并没有如其他交战国的人民所承受的那么不公平。

法 国

法国战时政府也是以类似的方式逐渐形成。如同前文所述,在战争开始时,因为预期这是一场短暂的冲突,法国曾经关闭兵工厂,并将工人送往前线。只有在马恩河战役之后,国家显然面临必须同时兼顾战争和生产的态势。法国长久以来就有义务兵役制的传统;将这个原则延伸到大后方,是认为必然会进行总体战的第一个认知。

接下来的日用品调节进行得比较缓慢。1915 年 10 月,政府获取权力,以固定价格征用谷物,这项权力在 1916 年时也扩及糖、鸡蛋和牛奶。1917 年时设立了食品供应部,最后,在 1918 年 6 月发行了面包和糖的定量配给卡。农业发达的法国,被迫采用与必须依赖粮食进口的英伦岛国相同的措施。

由于特别的不利状况,法国战时的生产力蒙受损害。早期德国的胜利,已经夺占了法国境内最富裕的工业区。法国被德国占领的北部与东部十省中,包括了生产法国 3/4 的煤和 4/5 的铁与钢的地区。德国吞并法国庞大的财富造成两个结果:它使人们几乎不能想象妥协性和平的可能性,而且也使战时的供应变得更加困难。法国无法停止战争,但如果缺乏外援,他们也不可能战胜。

在某些方面,法国所发展出来的战时政府,并不如英国那么成功。筹措战争资金是问题之一。英国自 1842 年起就开始征收所得税,但是法国却依然激烈地反对所得税的征收(1909—1911 年间,劳合·乔治成功地击败了反对利用累进所得税来资助社会服务的上议院)。从 19 世纪晚期开始,为农村小资产利益所支配的法国议会,就已经否决征收有利于营业税和政府借款的所得税。结果,1914—1918 年之间,法国政府只能利用税收支付 1/5 的战争费用。为了筹足其他的款项,政府发行战争债券并且印制钞票,这两项措施等于是为战后法国的经济负担自掘坟墓:偿还法国中产阶级债券持有人的沉重负担,与脱缰失控的通货膨胀。

法国的军政关系也比英国棘手。在英国,文官统治向来都是理所当然的传统,且当战时政府赋予劳合·乔治领袖之位时,这位领袖本身就是文官,也是激进的民主主义者。反观法国军队则以陆军为主,拥有更强烈的军队自治传统。在共和政体下,带有十分明显的保守主义甚至于君主主义色彩的军官团,与共和政府之间保有一种互不干涉的默契;除了如世纪交替之际时发生的德雷福斯事件(Dreyfus Affiars)般,军方试图掩盖臭名昭著的不公正审判的情况之外,他们之间的默契相当好。在 1914 年时,即使是绝对坚持共和政体信念的法国人,也认为当军队作战时,文官应该不要插手干预。由于人们认为,国防与国家的其他事务相互分离，且危机很快就会过去，因此在 1914 年的秋天，霞飞总司令在国防上取得了近乎封建领主的权力。第一次马恩河战役之后，必须动员整个国家才能进行战争的态势变得明显，于是，谁拥有最后的决定权就变成一个棘手的问题。

与法国的共和主义传统一致，这个问题最后以有利于文官权威的方式落幕。不过，这个问题在战争的前三年里，历经无数次颇具伤害性的争吵之后才获得解决。法国议会渐渐重申他们通过参议院和众议院的军事委员会来监督战争指挥状况的权利，1916 年底，由于对霞飞将军无力突破马恩河战役后的僵局感到厌烦，大多数的众议员强迫政府开除霞飞。当霞飞的继任者——热情奔放的尼韦勒将军在 1917 年 5 月，发动了他大肆宣传的大规模攻击，然而却一无所获之后，削弱军队独立性的声浪就更高涨了，接下来的兵变也似乎预示着崩溃的征兆。

法国的战时政府在 1917 年底，终于找到它的领袖——克里孟梭(Georges Clemenceau)。克里孟梭曾经说过："战争太重要了，不能任由将军们来做决定。"和劳合·乔治一样，克里孟梭不但是个文官，而且在政治上是"中左"派。他是个顽固的旧派无神论民主主义者，曾受过医学训练；他大部分的议会生涯，总是扮演一人反对派的角色。克里孟梭于 1906 年至 1909 年第一次出任总理时，就已经是以强硬的行政官员之姿出现，当时他曾动用军队镇压罢工。现在，1917 年，他将傲慢的强硬态度与"左派"的民族主义结合在一起，并将其融入法国的雅各宾传统之中，用于战时管理。当在议会被问及新政府的纲领时，他用四个字代替了一般长篇大论的政策演说："Je Fais La Guerre！"(我要作战！)虽然这么主张，但是克里孟梭的策略终究比较倾向政治性、而非技术性的策略。在德军依然驻扎在法国领土上时，他镇压失败主义者，监禁或者压制那些胆敢为妥协性和平辩护的人。在他的权力控制之下，法国与其他交战国一样，步向完全的战时政府。

德　国

相比于英国和法国，德国的战时政府在军事权威之下团结一致。德国的粮食和某些战略性原料无法自给自足，所以特别迫切需要组织工作。与德国军队仅听命于皇帝的传统自治一致，总参谋部变成战时政府的主导力量。

有两位颇受大众爱戴的军人英雄，以实际掌控德国战争的独裁者之姿出现：总参谋长兴登堡和军需总长(quartermaster-general，副总参谋长的传统普鲁士职衔)鲁登道夫将军。兴登堡是容克贵族，鲁登道夫则是少数晋升到普鲁士军官团最高层的平民之一，他们两人因为在战争第一年就赢得一场杰出的胜利，而成为大家的偶像：1914 年秋天，在坦能堡和马苏里湖战役中击溃俄军。1916 年，在使福金汉将军名誉扫地的、血腥的凡尔登僵持战之后，德皇于 1916 年 8 月 29 日把重责大任托付给兴登堡和鲁登道夫。1918 年时，他们的权力甚至比德皇本人所掌握的权力还大。

鲁登道夫所谓的"战时社会主义"(Kriegssozialismus)早在 1916 年就已经浮现。由于施里芬计划曾经断言可以迅速击败法国,然后打败俄国,所以德国战前并没有组织经济和社会以应付一场长期抗战的计划。1914 年时,德国军队拥有大约六个月的必需补给品。技术熟练的工人应召入伍,导致生产停顿。面对长期战争和资源不足的情况,德国比其他交战国更彻底地组织他们的大后方。

第一个主要的战争机构利用的是先进的商业管理方法。德国电力总公司(Allemeine Elektrizitäts Gesellschaft,AEG)的领袖瓦尔特·拉特瑙(Walther Rathenau)应召重组军队参谋部的原料处(Raw Materials Section)。拉特瑙是一个提倡技术官僚政治的人,也是一位成功的企业家,现在他有机会利用经济规划,在全国实施他的协调私人企业的观念。拉特瑙将各公司的生产部门聚集纳入战争原料公司(War Raw Materials Corporations)之中——与某些在战前即已独立形成卡特尔的产业(煤、钢铁)一样,然后由各公司购买原料,并将其分配给效率最高的生产商以生产最必需的产品。实际上,大公司可能比小公司容易受到青睐(但这并没有触怒如拉特瑙般倡导产业效率的人),而且在那个紧急时刻,也无法限制过高的战争利润。不过,若纯就技术的观点来看,1915 年,当拉特瑙把这个机构移交给他的继任者(一位军官)时,德国的战争机器已经能够非常有效率地供应补给品。

1916 年 5 月,在群众的压力下所设立的战时粮食局(War Food Administration)却没有这么成功。战前德国仅能生产所需粮食的 80%,在战争期间又因为农场工人、马匹和氮肥短缺,粮食的产量更加下降,故战时粮食局确实是在极为艰难的条件下运作。饥饿的城市居民要求制定强迫农民放弃他们所囤积的粮食,或取缔黑市的措施。在 1916 年到 1917 年的冬季,芜菁取代马铃薯成为穷人的主食。德国人的平均卡路里摄取量,降到每天 1000 卡左右。最终,有 75 万的德国人死于饥饿。战时的德国,粮食短缺和城乡对立加深了阶级分裂和负担不公平的感受。

兴登堡和鲁登道夫在 1916 年 8 月到职后,便开始实行全体总动员的制度。1916 年 12 月 2 日的《辅助役法》(Auxiliary Service Law)规定,所有 17 岁到 60 岁的男性都必须在战争经济中工作。把产量提升到最大限度当然是其中的一个动机,另一个动机则是要控制不断增加的不满怨言以及战争施加于劳工身上的强大影响。领导这个计划的灵魂人物是威廉·格勒纳(Wilhelm Groener)将军,他是一位军事技术专家官员,在铁路组织上曾经有过杰出的表现。格勒纳坚决主张要让工会进入负责管理就业的地区委员会。虽然这项创举让保守派实业家感到非常不快,但却使格勒纳得以利用工会帮助维持社会的安定。同时,他也让工会首次拥有合法参与政府管理的权利。

在"芜菁之冬"以后,德国政府试图安抚民众接受眼前难耐的苦难。他们投入诸多心力在爱国宣传策略上,例如建造兴登堡的大型木制雕像,并在雕像下面举行战时公债的发行会。但是,人们对于在陷入僵局的西方战线上的军事征服的满意度,却否定了德国宣传家的宣传。承诺会扩张在低地国家和东欧地区的领土,以及大部分德国企业家和军事领袖热切渴盼的德国统治中欧的春秋大梦,也仍然于事无补。越来越多的德国人想要得到保证,确定他们并不单只是为了少数人的特权和利益而经历这种种苦难。他们被拥有一个实施民主制度的德国的可能性,以及“不割地不赔款的和平”所吸引;所谓的“不割地不赔款的和平”,是1917 年 3 月以后新生的俄国苏维埃政权大肆宣传的概念。

霍尔威格总理曾经试着说服威廉皇帝在战后废除令人厌恶的普鲁士三级投票制,以重振衰颓的士气。但是,他的作为仅仅激怒了兴登堡和鲁登道夫,对于阻挡德国议会里不断增加、声明拒绝接受任何以代表德国人民的领土兼并为战争目的的运动,则成效不大。1917 年 7 月 14 日,兴登堡和鲁登道夫说服德皇,以一个不曾担任过高级职务而且毫无特色的官僚主义者米夏埃利斯(Georg Michaelis)取代霍尔威格。军事权力日渐扩大的事实,更加显现文官内阁的软弱无能。虽然温和的议会“左派”(社会民主党、进步党、天主教中央党)在 1917 年 7 月 19 日提出了“和平决议”(Peace Resolution),但是这项“各国人民谅解和好的和平”的恳求,对已经完全由主张兼并主义的总参谋部控制的政府,丝毫发挥不了任何作用。

1918 年时,德国不但已经进入完全军事化的战时政府,而且也已经步入由专业的文职公务员来分配资源和人力、操纵经济生活的高度官僚化战争经济结构。不过,这种经济结构未必能令企业家和工会感到满意。

俄　国

直到 1914 年为止依然是个货真价实的泱泱大国的俄罗斯帝国,很快就被 20 世纪总体战的需求压垮。这样的一场战争,迅速暴露出俄罗斯帝国的落后和专制的弊端。从一开始就面临物资严重短缺的俄国,唯一可行的战略就是以人海战术来击垮敌人。但是,他们的军队里甚至只有几个士兵配有步枪,其他的士兵则必须从战死的尸身上取枪。[①]俄国的弹药短缺是 1915 年的德军挺进,以及 1916 年夏天勃鲁西洛夫未能守住他所攻占的奥地利加利西亚的主因。在这种种痛苦的条件下动员民众,无异在驱使人民变得激进化。

当然,所有的交战国都面临短缺的问题。但是在俄国,勉强运转的官僚机构,却没有能力采取更有效的管理步骤。尼古拉二世对军队保有个人指挥权,但他既未接受过相关训练,也没有能力指挥军队。国内政策由皇后——无知又容易激动的德国公主——把持。皇后很信赖东正教的修道士拉斯普廷(Rasputin),他宣称能治愈皇后那罹患血友病的儿子,是一个毫无节制的农民“妖僧”。对王室不利的流言以及暴政,减弱了民众对沙皇的崇敬之心。

在这种状况下,战时机构并不隶属于政府内部,而是与政府平行或对立的机构。政府本身已经陷入瘫痪状态。军队自行其是,而善意的知名人士试图管理大后方。举例来说,由地方政府官员组成的地方自治组织与城镇联盟(Union of Zemstvos and Town),原本旨在照顾难民,但发挥了更大的作用。主要企业家不得不说服政府,允许他们组成军事—工业委员会。

---

① Orlando Figes, *A People's Tragedy* (New York, 1997), p.262.

4-2 沙皇尼古拉二世手持相片，为俄军祈祷。尼古拉二世是唯一感到应当亲自指挥军队的欧洲君主。

在国家领导人依然拒绝授予中产阶级选举权的国家里，根本不可能唤起人民的忠诚。自 1905 年那充满希望的开始之后，杜马（议会）在一个越来越小的范围中进行选举。1914 年时，150 万名莫斯科居民中，只有 9500 人能够参加市议会选举。年迈的总理，75 岁的官僚主义者伊万·戈列梅金（Ivan Goremykin），不能掌握在国内让步的重要性。1915 年 9 月 2 日，他在内阁会议时说："首先我们必须要结束战争，而不是急于改革。等到我们把德国人赶出去以后，就有充分的时间可以进行改革。"[①]如此愚昧的政府，导致在享有特权的与受过教育的俄国人之中流窜的不满声浪，也渗入工人、士兵和农民之中。一群贵族，其中还包括一名亲王在内，于 1916 年谋杀了拉斯普廷。控制杜马的保守派和君主立宪派发现，哪怕为了要有效管理战争，他们也不得不反对沙皇的统治。

奥匈帝国

哈布斯堡王朝民族的离心问题比其他任何交战国严重。奥匈帝国在 1914 年 8 月所动员的士兵里，每 100 人中就有 25 人是以德语为母语；有 23 人说马扎尔语（即匈牙利语）；有

---

① Michael Cherniavsky, ed., *Prologue to Revolution: Notes of A. N. Iakhontov on the Secret Meetings of the Council of Ministers, 1915* (New York, 1967), pp.6n, 226.

13 人说捷克语；有 9 人说塞尔维亚—克罗地亚语；有 8 人说波兰语；有 8 人使用乌克兰语；有 7 人讲罗马尼亚语；有 5 人说斯洛伐克语；有 3 人使用斯洛文尼亚语；有 1 人讲意大利语。战时的宣传，提高了民族的自我意识，也散布了民族自决的思想，致使国内的少数民族开始骚动不安。英国、法国，甚至是德国，都能够利用承诺扩大选举权，以及建立比较民主的社会，或者将工会纳入政府机关等方法，来安抚他们的民众，然而哈布斯堡王朝却无法在不让整个帝国瓦解的情形下，向民族分离主义者让步。

1914 年 7 月和 8 月所流露的皇朝忠诚，从未取得一致性的赞同，而且为期十分短暂。而一场长期总体战的厄运——与奥地利领袖希望的短期局部战完全不同——很快就唤醒了自 19 世纪晚期以来就已让奥匈帝国以全副精神应付的民族敌对的内部窘状。战争时的激情，只是加强了处于统治地位的日耳曼人和马扎尔人誓不妥协的想法，他们的不妥协阻碍了任何有利于波兰人、捷克人、罗马尼亚人或南斯拉夫人进一步的语言或政治上的地方分权。结果，总参谋部不再能够输送军队到前线，并无法确保斯拉夫战士愿意坚决地对抗俄国或塞尔维亚士兵。

这种民族复杂性，只不过为已经因二元制度而受阻的战时政府增添麻烦而已。奥匈帝国内部的两个王国彼此竞争，阻碍成立有效统一的战时机构。传统的哈布斯堡官僚机构，也不是战时政府的资产。英国、法国和德国讲求实效仓促组合的新部门所面临的坚决对抗比较少。哈布斯堡王朝过于分权，以致无法有效地进行战争，但是分权的程度却又不足以满足他的人民。

工业生产率低是哈布斯堡王朝领土上另一个不利的条件。每支部队只配备仅够前线战士穿的制服，而后备队的士兵就只能穿着单衣。[①]无耻的承包商竟提供部队纸鞋底的军靴。协约国的封锁切断了必需品的输入。维也纳的面粉分配额从每日 200 克减少为 160 克，激起了 1918 年 1 月的全面罢工。

哈布斯堡的例子显示，进行总体战时，专制政治有多么的无能。由于无法在不触及民族问题的情况下唤醒公众舆论的力量，奥地利的首相斯图克(Karl Stürgkh)伯爵，试图回避这点来统治。虽然在战争期间匈牙利的议会曾经召开过会议，但是因为害怕让政见不同的社会民主党、捷克人和波兰人有发言的舞台，奥地利的议会不曾召开会议，而国会大厦也转做军事医院之用。直到 1916 年 10 月，年轻的社会民主党知识分子阿德勒(Friedrich Adler)高呼“打倒专制主义！我们要和平！”刺杀了斯图克伯爵，奥地利议会才终于在 1917 年 5 月召开会议。然而，为时已晚。分离主义者积累的情绪，已经让奥匈帝国别无机会来解决寻求人民支持战争政府的窘境，除非是帝国瓦解本身。

在位 68 年的约瑟夫老皇帝，以 86 岁的高龄于 1916 年 11 月驾崩。于是，将这些不同的民族联系在一起的最后一根线也断了。他的侄孙，也就是继位者卡尔(Karl)了解，战争将会

[①] C. A. Macartney, *The Habsburg Empire, 1790—1918* (New York, 1969), p.830.

摧毁他的王朝。1916 年底,卡尔通过威尔逊总统、教皇和其他可能的调停人,秘密地进行了和平试探。哈布斯堡王朝新皇帝那众人皆知的妥协性和平的愿望,让他失去了最后一批对他忠诚的臣民——日耳曼民族——的忠诚。现在奥匈帝国境内的日耳曼人希望柏林能够继续战争,好让德意志王国取得整个中欧的霸业。在被外敌彻底打败之前,奥匈帝国的内部就已经衰败不堪。

意大利

与 1914 年 8 月便在激昂的爱国浪潮中参战的交战国不同，意大利政府是怀着讨价还价而不是参与圣战的心态,在大战较晚期时参战(1915 年 8 月)。国王埃曼纽尔二世(Victor Emmanuel II)、首相安东尼奥·萨兰德拉(Antonio Salandra)与外交部长桑尼诺相信,这场战争不但为期短暂,而且有利可图,因此决定加入协约国一方参战。少数喧闹的民族主义者,包括未来派艺术家马里内蒂(Filippo Marinetti)、年轻的工团主义革命家墨索里尼和诗人邓南遮(Cabriele D´Annunzio),曾在罗马街头举行支持战争的示威游行。他们确信暴力可以激励自 19 世纪统一战争以后就仿佛沉睡不醒的意大利。“朋友们,我们没有时间坐着空谈,我们要的是行动,”1915 年 5 月 12 日，邓南遮在罗马一家旅馆的露台上向 10 万名群众高喊:“如果激励公民诉诸武力是一种罪,那么我将为这项罪行而深感自豪。”[①]不过,大多数的意大利人并不热心于战争。社会党(Socialist Party)和天主教会这两个意大利最大的大众组织都反对战争。意大利战前著名的中间派领导人乔瓦尼·乔利蒂(Giovanni Giolitti)也是如此。在意大利,并没有出现以国家团结来掩饰战争冲击的蜜月期。

意大利为了应付总体战的需要而进行的组织工作,不如其他协约国家,如英法来得成功。首先,意大利的工业无法与北欧和西欧列强相匹敌;在一个南部地区从未完全整合进国家经济和社会的国家里,短缺问题尤难处理。1914 年时,意大利人还有不低于 38%的文盲,极难组织高效的战时政府。由于缺乏有效的政府控制,战时的生产和消费情况出现严重的扭曲,为意大利人民带来严酷而且极不公平的影响。1917 年时,通货膨胀使都灵和米兰兵工厂的工人实际薪资下降了 27%。当在崎岖的阿尔卑斯山东麓与奥地利对抗的意大利军队战争失利时,意大利原已存在的地区与社会对立才转变成熊熊的怒火。

4.3 社会冲击

若不彻底改革,没有任何欧洲国家可以将全部资源投入总体战争之中。乍看之下,热忱的共同努力似乎可以让欧洲社会更加统一与平等。死亡本身就是最好的天平。每个交战国都有某种形式的义务役制度,而在这场硬仗里,欧洲贵族失去担任下级军官的子弟的比例,

---

[①] Quoted in John Woodhouse, *Gabriele D'Annunzio: Defiant Archangel* (Oxford, England, 1998), p.291.

可能高于中产阶级。战时的物资缺乏，使铺张、闲散和奢侈变成人们不再认同的不良作风。在 1914 年的兴奋时刻里，人们可能会相信“战争可以释放人们的忠诚与无条件的社会牺牲”，[①]让每个国家都变成一个真正的大家庭。英国自由党的领袖劳合·乔治于 1914 年 9 月 19 日时很高兴地说：“所有的阶级，包括上层阶级和下层阶级，都正在摆脱他们的利己主义……正在为所有的阶级带来新的风貌……我们第一次可以看清与人生有关的基本要务，之前我们因为蓬勃发展的繁荣昌盛迷蒙了眼睛而没能看清。”[②]

衣着装扮也预示着人们将过着一种比较简单划一的生活方式。在战争期间，人们的服装变得更加实用而且不拘礼节。欧洲人再也不用大量的裙撑、紧身胸衣、裙裾和长羽来装扮自己。战前法国那由鲜明的蓝色与红色搭配而成的陆军军服，在 1914 年时竟成为机关枪扫射的绝佳目标。但是因为总参谋部深信，在全面更换制服之前战争就会结束，所以在开战后的前几个月里，法国并未更改陆军军服的设计。不过，很快地，每一支军队就都穿起卡其布的军服了。同时，为求方便，妇女也都改穿长度在脚踝以上的裙子。

妇女的地位

战争也使女性的生活改观，她们不再只限于扮演妻子、女儿和消费者的角色。战争导致男性工人的流失，因此女性必须投入战争生产。当然，贫穷的妇女一直在从事这些行业或是当仆人，但是，即使是在她们原先任职的工厂里（如纺织工厂），现在她们也取代男性从事更需要技能的工作。妇女们甚至在重工业里工作。在 1918 年时，德国的克虏伯军火公司（Krupp armament firm）里，女性员工从 2000 名跃升为 2.8 万名，而德国机械产业的女性员工，则从 1913 年的 7.5 万名增加为 1918 年的将近 50 万名。在 1918 年时，有 1/3 的法国军需品工人是女性。[③]战后，虽然幸存的士兵通常会从女性手中取回自己原本的工作，但是女性似乎已不再被广泛排拒于工作范围之外了。

战争改变最多的是中产阶级妇女的生活。战争让妇女们有机会接触各种原先大部分由男性把持的工作，如办公室工作和教学。人们已经可以接受年轻、有工作的单身中产阶级妇女拥有自己的公寓、没有年长女性相伴也能出门，甚至可以在公共场所抽烟。年轻妇女不只是剪短她们的裙子，而且也把头发剪短了，同时也开始穿着裤子打网球。1918 年玛丽·斯特普（Marie Stopes）的节育指南——《已婚的恋人与明智的双亲》（*Married Love and Wise Parenthood*），成为英国的畅销书，而且在 1921 年，玛丽·斯特普成立了英国第一家节育中心。玛格丽特（Victor Marguerittte）的小说《单身女孩》（*La Garconne*，1922）中的女主角，拥有一份有趣的工作、短发、喜欢运动，而且期待与未婚夫一样享有性自由。1929 年，这本小说在

---

① Max Weber 引自 Arthur B. Mitzman，*The Iron Cage*（New York，1970），p.211.

② David Lloyd George，*The Great war*（London，1914），p.14.

③ Gail Braybon，“Women，War and Work”，在 Hew Strahan，ed.，*World War I: A History*（Oxford，England，1998），p.152.但是尚未征召女性服兵役。

4-3 除了最无法取代的技术之外，在所有技术熟练男性都被送往前线之后，数千名妇女受雇投入战争生产行列。这些英国妇女正在测量弹药。

法国销售了100万本。这些“被解放的妇女”引起了强烈的反弹，这股势力后来为法西斯运动所利用。另一方面，正如我们将在第8章所进行讨论的内容般，大部分的国家已无法再抗拒赋予妇女选举权。1919年时，阿斯特(Astor)女士当选为英国下议院的议员，成为首位进入欧洲议会的女性。[①]

有组织劳工的地位

战争使工会的权力与法定地位发生决定性的改变。欧洲大陆的人民拥有组织劳工的权力，仅仅才半个世纪(德国是1869年；法国是1884年)；直到1914年以前，雇主们还努力想把工会组织者拒之工厂门外，且政府也常会以军队镇压罢工者。但是在1914年时，几乎全体劳工都集结在各自的国旗之下，这开辟了让人们更广泛接受工会的道路，如同将改良派社会主义政治家纳入战时政府一般：法国的社会学家马塞尔·桑巴(Marcel Sembat)和茹尔·

[①] 自1908年起，德国女性已经可以加入政党与协会。

盖得(Jules Guesde)在 1914 年 8 月进入维维亚尼(Viviani)内阁;亨得森(Arthur Hendson)于 1915 年 5 月加入阿斯奎斯内阁;霍奇(John Hodge)与巴恩斯(George barnes)在 1916 年 12 月进入劳合·乔治内阁。

不过,将有组织的劳工整合进最高度组织化的战时政府时,较少采取议会的途径,而多用官僚主义途径。没有工会的合作,只可能进行短期战争。但是若要诱骗工人在战争时延长工时与提高生产力,并且防止有技能的工人任意离开必要的工作岗位,那么与工会领袖的合作就变得非常重要了。

英国、法国及德国的工会与政府之间达成协议。一般来说,工会以接受暂时性停止罢工以及严酷的工作规定为条件,来交换实际介入公共管理。英国于 1915 年 3 月的财政部会议上达成这些协议。在这项《财政协议》(*Treasury Agreement*)[①]中,劳工同意战时放宽工会对工作规定的限制,而且放弃罢工权利并接受仲裁的提案;政府则回报以任命劳工代表加入全国劳工顾问委员会(National Labour Advisory Committee),而且保证控制企业家的利润。

在德国军事官僚主义的"战争社会主义"(war socialism)里,整合工会的程度最高。格勒纳将军不顾某些保守派企业家的反对,强制将工会代表纳入工厂层次的劳工委员会,以及地区的粮食与劳工委员会。这种"来自上面的改革"使德国工会的声望和成员大幅增加,工会会员从 1916 年的 96.7 万人,增加到 1917 年时的 110.7 万人。在战争末期,工业与劳工代表之间签订了《施廷内斯—李奇恩协定》(Stinnes-Legien Agreement),这是德国第一份正式的劳资协议。法国也遵循战时的经验,于 1920 年将劳资协议合法化。但是,工人领袖发现,将工会并入战时政府是一柄双刃剑。他们为工会赢得了参与公共事务的权利,但他们必须更经常地扮演工人管理者而非资方反对者的角色。1918 年时,很多一般会员都拒绝接受这项协议。

社会分裂

在某些方面,战争是一种使人平等的机制——举例来说,对妇女和工人而言就是如此。但在某些方面,长期的战争却会加深社会的分裂与冲突。造成这种分裂的原因之一是死亡风险的不均等分配。虽然总体战意味着人力的总动员,但是并非每个人都会被送往战壕。战争时技术熟练工人在工厂里的地位极其重要,有些有亲戚关系的人被设法安排在总部做些有安全保障的工作。在战后,显而易见地,有两群人付出最高的流血代价:没有技术的工人以及下级军官。法国农民死于战争的人数比例高于一般人。那些有才干也有动力的英国年轻下级军官的伤亡率,通常是全体伤亡率的三倍。法国的圣西尔军校(Saint-Cyr)1914 级的学生中,有 63%的人没能平安度过这场战争浩劫。在许多肢体伤残的浩劫幸存者心中混杂着骄傲和悲痛的心情,承受比一般人多的痛苦。这种"战壕魔法"在前线老兵之间创造了一

① 矿工工会拒绝接受这项财政协议;根据 1915 年制定的《战争军需法》,在战争期间矿山属于国有。

种因忿恨而引发的团结，他们觉得负有特殊使命，必须维护这个自己曾经出生入死拯救过的国家。

战争同时也扩大了代际冲突。老兵的觉醒，让他们对把自己送上前线的上一代满怀怒火。描绘第一次世界大战最杰出的小说《西线无战事》中的反派角色，并不是埋伏在战壕里的敌军，而是士兵们先前的精神导师，如曾经用爱国口号为他们送行的康德里克（Kantorek）老师。

> 第一次轰炸，我们就知道自己错了。在轰炸之下，他们曾教给我们的世界已经支离破碎。[①]

4.4 经济冲击

人们在经济问题上也感受到了战时苦难的不平等分配；一边是那些从战争中获利的人，而另一边则是因通货膨胀而蒙受极度不公平的人。

战争获利者

战时制造业的获利相当庞大，而战争投机商则是群众之耻。在罗曼的小说《凡尔登》中，虚构的新富豪如劣质军靴的制造商哈佛坎普（Frederic Haverkamp），就是以许多真实人物为原型。但是，除了德国军队为在战争生产合约中虚报成本而接管戴姆勒汽车公司这种特例以外，政府极少干预大公司。[②]

比较微妙的是，战时政府偏袒大型的集中化产业，而忽略小型公司。尤其是在欧洲大陆上，工业卡特尔大幅增加。举例来说，在德国，拉特瑙的战争原料公司会将稀有的原料分配给选定的公司。由于大企业可以支配这些公司，他们所得到的优惠，甚至超过战时自然刺激所产生的暴利。于是规模较小无足轻重的公司，当煤与其他资源太过缺乏时，就只有停业一途。战争也刺激多家公司朝合并成大型公司的趋势发展。1916 年，德国主要的化学品制造商集中他们的资源组成新的集团，后来变成战后化工业巨人——法本公司（I.G. Farben）。

通货膨胀的影响

通货膨胀是战争所带来的最普遍的经济和社会影响。当战争预算增加到天文数字时，战时经济也进入白热化的阶段。庞大的军备需求迫使人们夜以继日地生产战争物资，导致许多消费商品短缺。实际上，每个有劳动能力的人都被雇佣了。即使是管理比较完善的战时

---

① Erich maria Remarque, *All Quiet on the Western Front* (New York, 1966), p.12.

② Bernard Bellon, *Mercedes in Peace and War* (New York, 1990), pp.102-111.

经济中，由于这种高要求、匮乏以及充分就业种种因素的综合作用，而促使物价飙涨。所有的交战国都无法避免某种程度的通货膨胀。在英国，1919 年时 1 英镑所能买到的东西，只有 1914 年时的 1/3。战争期间法国的价格上涨大约两倍，而在 20 世纪 20 年代，甚至出现更加严重的通货膨胀。其他交战国的通货膨胀率甚至更高：正如我们将在第 6 章提及的，在 1923 年底，德国的马克已经快要变成一文不值的废纸了。

通货膨胀所造成的影响并不平均，有些人蒙受其害，有些人却反得其利。在西欧的战略性产业里，技术熟练的工人薪资调升的幅度恰好能抵消飞涨的物价，或者甚至高于物价的上涨。然而非技术性工人以及在非战略性产业工作的工人，他们的薪资增加速度却远远落后于物价的上涨速度。这种不同产业之间的不同薪资，激起了新的敌对情绪。只有英国，大部分工人的实际薪资能够保持与物价相抵。工人阶级的薪资收入暂时占了英国国民收入一个比较高的比例。[①]在欧洲大陆，薪资也上涨了，但是在战争结束之时，工薪阶级的实际购买力比开战之初低。1917 年时，法国人的生活费用指数为 180（1914 年时为 100），但是薪资指数则只有 170。德国劳工的实际购买力略微下滑，虽然在战争产业里工作的工人所得远远胜过在民用产业里工作的工人。即使是生活水平与通货膨胀同步的有薪家庭，当他们在购买总是不断涨价的食物时，也不时会发出一些简短的抱怨。

因为通货膨胀而受害最大的是依赖固定收入的中产阶级成员。依赖退休金的老年人，依赖微少的股息或利息的处于中产阶级边缘的人，以及很多专业人员，他们的收入不变，而物价已经涨了两三倍。这些人身陷损及他们身份地位的贫穷困境。这些"新穷人"努力维持着寒酸的高贵，穿着满是补丁的破旧衣物，在后花园栽种蔬菜，勉强维持衣食无缺的样子；他们放弃了一切，唯独依然保持外表的体面。英国诗人斯宾德（Stephen Spender）写道，这些中产阶级就像那些舞厅地板已被拆除，但却依然悬在半空中的舞蹈家一样，"神奇地佯装自己依然在跳舞。"[②]

通货膨胀不只是降低了那些人的生活水平，而且彻底改变了他们在社会上的相对地位。许多办事员、小公务员、教师、神职人员与小店主，现在的收入比很多技术工人低。有些下层中产阶级的人发现，这种屈辱比不舒适和不便利的生活还令人难以忍受。"我进到电影院的顶层楼座（价格低廉的座位），"有位英国乡村医师的太太这么抱怨，"我的女佣却坐在正厅前座的座位上（最好的座位）。"[③]

让这些"新穷人"感到更痛苦的事情是，有些人是靠着战时与战后的通货膨胀变成巨富。那些人可以借到款项，并且利用所借得的资金赚来的贬值货币来偿还债务。有些企业家就在战争合约和借用资本的双重刺激下，扩张他们的工厂；战后不久，德国的企业家施廷内

---

① Trevor O. Lloyd, Empire, *Welfare State*, *Europe: English History 1906—1992*, 4th ed. (Oxford, England, 1993), pp.63, 100.

② Stephen Spender, *World within World* (London, 1951), p.2.

② C. F. G. Masterman, *England after the War* (London, 1923), p.105.

斯就利用通货膨胀建立了一个庞大的企业王国。

第一次世界大战所引起的仇恨与社会分裂，起因大多是分配不平均，而不是战时的苦难。“不要再有战争”的呼喊，很快就转变成人们对经济、社会与知识体系进行基本改革的迫切呐喊。这种体系导致了这样的一场战争，而且战争的负担分配又是如此的不平均。

4.5 对国内秩序的冲击

1914 年时的爱国热情是如此广泛，降低了交战各国国家内部的冲突，至少在短期内是如此。但是，在没有胜利希望的情况下，人民对国家团结的热情无法在长年累月的不公平剥夺中持续。

罢工活动

衡量交战国中日渐不满的情绪，最适当的标准之一就是罢工次数。就在 1914 年之前的数年里，全欧洲的罢工活动已经达到有史以来的最高潮。1910 年，法国境内发生了 1500 多起各类罢工活动，是战前时代的罢工巅峰期；在 1912 年时，有一百多万的英国劳工曾经罢工；1910 年的德国，有超过三千起的罢工事件。1914 年的夏天，某些地区的劳资关系异常紧张，都柏林发生激烈的运输工人罢工；意大利在 1914 年 6 月初发生“红色星期”(Red Week)的事件；7 月时圣彼得堡则爆发普遍性的罢工行动。然而，在充满了战争狂热的第一年，几乎所有的罢工行动都销声匿迹了。在 1914 年时，圣彼得堡还曾发生了 10 起共涉及 4159 人的罢工行动。但是 1915 年一整年，法国只发生了 98 起罢工事件，而德国也只有 137 起罢工。

1916 年复苏的罢工显示，社会和平已经被磨损得更加薄弱了。1916 年时，法国发生的罢工次数与参与罢工的人数，是 1915 年时的四倍。战时德国第一次重大的国内骚乱，是发生于 1916 年 5 月的罢工事件。当时，5 万名柏林劳工展开了为期三天的联合罢工行动，抗议在一次非法的国际劳动节示威运动中拘捕和平主义者李卜内克西。英国有两个劳工战斗精神旺盛的地区变得更加活跃：南威尔士的矿区；以及苏格兰沿克莱德河(Clyde River)从格拉斯哥以下的造船工业区。该地区在宗教上不信奉英国国教，拥有一种有别于英国人的特殊种族认同感，而且劳工社团组织严密，使得他们对战时政府很冷漠。南威尔士和克莱德河沿岸的工人，拒绝接受工会领导阶层的妥协，并且在工厂层次的基层组织者——工厂代表——领导下，展开罢工行动。

在因战争而使地方自治的激烈争论受到压制的爱尔兰，爆发了公开的革命。爱尔兰独立运动的领袖——新芬党希望能够取得德国的协助，而在 1916 年 4 月 24 日复活节那天，占领了都柏林的政府大楼。英国历经一周的流血战斗，终于镇压了这次的复活节叛乱(Easter rebellion)，并且将领导人处死。

4-4　1916 年 4 月都柏林的“复活节叛乱”，有 15 名爱尔兰独立运动领袖被处死，数千人被捕。图中是一群被判入狱者被英军押着穿过都柏林的码头。

自由主义与社会主义者对战争的评论

1914 年 8 月时，反战的声浪已经降低，只剩下孤立的少数人依然持不同的意见。1916 年时，有组织的反对派开始为了妥协性和平而积极奔走。

大致说来，在交战国里会存在两种反对派：自由主义者与社会主义者。自由主义者是根据 19 世纪的民主国际主义者，如英国的布莱特（John Bright，曾经反对过 19 世纪 50 年代的克里米亚战争）的假设，来批评战争，他认为战争肇因于国王、贵族和国家领袖自私的野心，这些野心和大多数人的和平愿望背道而驰。自由主义者有双重的解决方法：将国内的民主控制扩张到外交政策，以及利用国际法体系来取代“国际无政府状态”。[①]战前这种方案的重要里程碑是 1899 年和 1907 年的海牙会议，会议起草了管理战争行为、处置战俘的规章，并且设立国际仲裁法庭（International Court of Arbitration）。

虽然 1914 年相当普遍的沙文主义重击了自由主义者的假设，自由主义运动依然活跃，尤其是在英国。1914 年 12 月，反对战争的工党和自由党政治家联合组成民主控制联盟（Union of Democratic Control）。民主控制联盟的成员主张直接进行协商式的和平、在群众监督下的“公开外交”，以及将国际法应用于主权国家关系的“国际联盟”（League of Na-

① 这个名词来自于 G. Lowes Dickinson，他是一位剑桥的政治科学家，也是重要的英国和平主义者。

tions)。[①]在德国,1917 年 7 月,社会民主党、进步党与天主教中央党的众议员,在国会里联手通过要求不割地的和平决议。他们根据与英国反对派类似的假设来行事,但是所产生的公众影响却远远不及英国。

社会主义者对战争的批评根据是马克思主义的理论,它将战争归因于资本家的竞争。对马克思主义者来说,如果没有企图推翻根据他们的判断可能引发其他类似战争的经济体系,只结束目前的战争根本毫无意义。

马克思主义反战团体在欧洲大陆的势力比在英国强。麦克唐纳和斯诺登(Philip Snow-den)的英国独立工党(Brithish Independent Labour Party, ILP),仍然与民主控制联盟里的自由党人维持结盟的关系。而在社会民主党(Social Democratic Party, SPD)已经于 1914 年 8 月全票通过战争信任案(war credits)的德国,18 位异见者在 1916 年脱党, 1917 年 3 月成立了独立社会主义党(Independent Socialist Party, USPD),决心致力于和平谈判及国内革命。对法国的社会主义者而言,由于领土上仍有德国军队驻扎,要打破 1914 年的“神圣同盟”(union sacrée)更加困难。然而,即便如此,当法国社会主义党(French Socialist Party, SFIO)在 1916 年 12 月召开全国代表大会时,党内和平主义派的势力已经增强至几乎可与主战派相抗衡的程度。至于俄国的社会主义者不曾参与战时政府,而大部分的意大利社会主义者则从一开始就反对战争。

这些属少数的国际主义者很自然地企图恢复战前他们与外国的联系。但是,旧的社会主义第二国际[②]组织,充斥着居大多数的法国和德国社会党主战派之间的对抗。中立国——瑞士、瑞典,以及直到 1915 年 4 月为止的意大利——的社会主义者,与俄国流亡者(如身处瑞士的列宁与暂居巴黎的托洛茨基)合作,组织非正式的国际社会主义者会议。第一次横跨战线的欧洲社会主义者会议,是 1915 年 9 月在瑞士召开的齐麦瓦尔得会议(Zimmerwald Conference)。这个团体很小,某位代表以挖苦的口吻评论说,只要用四节火车车厢,就能把欧洲所有的国际社会主义者送到开会地点。[③]此外,这些代表们意见相左地分为多数派(23 票)——只想反对兼并论者所主张的战争目的,和少数派(7 票)——想利用战时的紧张状态作为革命手段,或如列宁所指,把战争转化为内战。当 1916 年 4 月会议于瑞士昆塔尔(Kienthal)召开时,社会主义者的反战运动已经更加成长茁壮了。政府发现他们必须注意并且拒绝核发护照给那些计划前往参加会议的公民。

1917 年时所有交战国的战争士气都普遍低落。战争已迈入第三年,但却不见任何结束的征兆,民众骚动频频发生。就在这一年,法国军队发生兵变,德国议会通过了“和平决议”(Peace Resolution),奥匈帝国秘密进行和平试探,苏格兰克莱德河沿岸工厂代表运动

[①] G. Lowes Dickinson 所创造的另一个名词。

[②] 参阅第 3 章。

[②] Robert Wohl, *French Communism in the Making, 1914—1924* (Stanford, Calif., 1966), p.66.

达到最高潮。1917 年的俄国革命，只是对 1914 年旧政权的一连串冲击中最大的一次而已。[1]

警察的权力

战时政府对反对派的回应是扩张警察的权力。像沙俄这种独裁政权，一直以来都是依恃武力和恐惧。然而如今，即使是议会政体的政权，也感受到有必要扩张警察权力，并开始实施国家对舆论的控制。

1914 年 8 月，通过领土保卫法案（Defence of the Realm Act，DORA），英国可以在紧急时刻扩大警察权力。领土保卫法案授权政府在必要时可以根据《战争法》逮捕并惩治异见者。1916 年时，爱尔兰复活节起义的首脑便是根据这项法案被判死刑。后来的法案继续扩充领土保卫法案，赋予英国政府有权让报纸暂时停刊；介入英国人民的隐私，例如在家使用灯火、食物的消耗以及酒吧的营业时间。

随着战争的持续以及反战的声浪日益升高，警察的权力也日益扩大。这种趋势在政府一开始相当宽大温和的法国特别明显。急遽攀升的罢工次数、1917 年 5 月和 6 月的兵变，以及越来越多主张和平谈判的观点，加深了人们对于法国是否还能继续进行战争的怀疑。1917 年 11 月 16 日，战前强硬派的罢工终结者克里孟梭当选为总理，这表示即使要以缩小国内的自由为代价，大部分法国的政治领袖仍然希望战争能够持续下去。克里孟梭不负这项托付。他冷酷地严惩每个被怀疑赞成妥协性和平的人。1914 年起曾经宽厚对待嫌疑犯的内政部长马尔威（Eugene Malvy），被控叛国罪并被放逐五年。曾经公开拥护妥协性和平的前总理盖隆（Joseph Caillaux）则被监禁两年，等待叛国罪指控的审判。数名反战的报社编辑被监禁，一家反战报社的编辑柏洛（Paul Bolo）因被指控曾接受德国的津贴而判处死刑。战后，事实证明很多这类叛国罪的指控，只是战争歇斯底里症或者是精心策划的政治投机主义的结果。而这一切也显露出，即使在强调自由主义的法国，战时人们所能忍受自己的公民权遭受侵害的程度有多高。

舆论的控制

警察权力的扩张也延伸到信息和舆论的控制。事实上政府早已实施消极的舆论控制——检查报纸和私人信函。政府通常会以这个附加权力，得以在紧急时刻防止军事机密泄漏，并以此禁止舆论散布可能危及军事战果的消息。积极控制舆论的手段可说是第一次世界大战时的创举。所有交战国的政府都采用了后来法国历史学家哈雷维（Elie Halévy）所称的“热情的组织”。哈雷维认为，政府努力影响大众舆论，是第一次世界大战已经走入“暴政时代”[2]的一个征兆。

---

[1] 参阅第 5 章。

[2] Elie Halévy, *The Era of Tyrannies*, trans. R. K. Webb (Garden City, N. Y., 1965), p.266.

4–5 这张英国的征兵海报，试图激起那些没有自愿服兵役的健康男子的羞耻心。

刚开始时，政府几乎不需要去煽动群众的情绪。举例来说，在伦敦东区，妇女们组织了“白羽毛”巡逻队，在那些依然身穿平民服装的年轻男性身上标上胆小鬼的记号。但是后来，政府变得必须去刺激人民那已经衰退的热情。战时海报的效果达到新的水平。在英国强制征兵之前，两张杰出的英国海报，大有助于以群众的压力迫使年轻男性自愿从军。其中一幅是战争部长基奇纳(Horatio Kitchener)用手直指观看海报的人，海报下方写着“英国需要你”的标语；另一幅海报则是一个小女孩问她的父亲：“爸爸，在这场伟大的战争里，您做了什么？”

身为法国总理的克里孟梭，任意使用他的权力，以征召或者缓召新闻记者为条件来交换比较有利的新闻报导。德国的总参谋部利用劳工领袖在兵工厂实施“启蒙纲领”。在战争晚期时，德国正确地采用一种比较复杂的战术：他们成立新的群众政党祖国党(Fatherland Party)，拨给秘密军事基金，专门进行战争纪律和德国最终领土扩展的宣传活动。1918 年时，祖国党已经比社会民主党还强大。德国保守的民族主义者，熟练地挪用了由“左派”创造的大众政党技巧。

4.6 对知识分子的冲击

四年的大屠杀，彻底粉碎了 1914 年时一般欧洲人所持的乐观的自由理性主义的陈腔滥调。最“先进”的 1/4 个地球，已自愿再度沦为野蛮世界。进步在哪里？理性在哪里？战争所产生的影响，让一般群众更能接受 1914 年以前欧洲前卫派的评论与嘲讽。

从战时的诗作里，人们可以体会原有的幻觉已经消失，代之而起的是强烈的新怒火。诗人也和其他人一样，在 1914 年时满怀英雄气概走入战场。英国诗人布鲁克(Rupert Brooke)欢欣鼓舞地沉浸在战争这门属于男人的课程里：

> 现在，感谢上帝让我们在他预订的时间里，
> 留住我们的青春岁月，叫醒沉睡中的我们，

以实在的手、明亮的眼与强大的力量，
如同泳者跃入清澈的水中，我们在空中翻转，
兴奋地脱离老旧而且无聊的世界，
甩掉荣誉也无法驱动的病弱心灵，
那些不男不女的人，以及他们糜烂的歌声和沉闷，
和所有空虚的爱情。①

在法国，好奇的社会主义神秘论者佩吉（Charles Pęguy）在 1913 年时写道：

为死于伟大之战的人祈福
他们在上帝面前横陈于地面……
为死于正义之战的人祈福
为那些成熟的年轻人与团结的年轻人祈福。②

佩吉于 1914 年时被杀，而布鲁克则死于 1915 年，所以人们只能想象壕沟战所带来的冷酷与痛苦的冲击。死于 1918 年时的英国诗人欧文，从相当呆板的浪漫派诗人，转变成有力的批评者，他谴责那些把年轻人送进战场的人。在《为国捐躯》（*Dulce et Decorum Est*，1917）里，欧文详细地描绘了一名烂醉如泥的士兵几乎要咳出肺来的情况，讥嘲为国捐躯是个"老掉牙的美丽谎言"。另一篇诗作描绘了亚伯拉罕在上帝的要求下，准备用他的儿子艾萨克献祭的传说。不过，和圣经上的亚伯拉罕不同，欧文的亚伯拉罕不理会天使要他"杀死羔羊代替艾萨克"的指示。

但是老人没有这么做，他杀死了儿子
并且一个一个地杀害了半数的欧洲人后裔。③

这些战士诗人的怒火并不是直接针对敌军，而是针对他们的父辈。他们认为，真正的仇敌是让他们难免于战祸的旧社会以及以为战争能"磨炼"男人而不会贬损男人的老旧价值观。第一次世界大战创造了一套谴责文学（literature of repudiation）。正如前文曾经提及，雷马克的《西线无战事》创作了爱国的教师才是真正反派的情节。英国基于良心拒服兵役的斯特雷奇（Lytton Strachey）所著的《维多利亚女王时代四名人传》（*Eminent victorians*，1918），通

① Rupert Brooke，"1914. Peace，" in *The Poetical Works of Rupert Brooke*，ed. Geoffrey Keynes)London，1946)，p.19.

② Charles Peguy，"Blessed are…，" in Basic Verities: *Prose and Poetry*，trans. Ann Green and Julien Green (New York，1943)，pp.275–277.

③ Wilfred Owen，"Dulce et Decorum Est，" and "The Parable of The Old Man and The Young，" in *The Collected Poem of Wilfred Owen*，ed. C. Day Lewis (New York，1964)，pp.44，55.第一篇诗作的诗名参考了拉丁诗人霍雷斯的颂诗诗句，那是欧文在学校里学到的：为国捐躯是一种权利也是一件美事。

过蔑视某些领袖的自传,嘲笑前一代的所有人。

战争经验本身并未激发新的艺术形式或风格。比较适当的说法似乎是,战争所激起的大部分是最严酷的主题,以及对战前知识分子的生活最无情或者最嘲讽的表达,并且培养与当代欧洲的主流价值观意见相左的体验。

战前那些荒谬和下意识的陶醉,在几年的流血冲突之后,似乎更加合乎时代潮流。"达达运动"(Dada movement)将嘲讽提升为一种小调式的艺术形式,形成一系列专为揶揄那些沉闷乏味的中产阶级文化而设计的惊人花招。"达达"(一个故弄玄虚的无意义名称)是年轻的罗马尼亚诗人扎拉(Tzara)于1916年在苏黎世所创立,在世界大战结束时流传到巴黎、柏林与纽约。"达达"艺术家用让十位诗人同时伴随钟声朗读他们的作品,或者展示模仿逼真但多了两撇八字胡的蒙娜丽莎画像来激怒观众。杜尚曾将标有"泉"字样的抽水马桶,送到1917年的纽约雕塑展参展。"达达" 艺术家不仅仅是推动安逸的中产阶级知识分子的恶作剧,还宣布了一系列解放运动的目标,打破一致遵从的教条,并且摆脱以往对艺术心怀敬畏的虚假感情。"大屠杀之后,我们只拥有净化人性的希望。"[①]

战时的经验也为20世纪20年代更重要的超现实主义运动(surrealist movement)开辟了道路。在战争期间,被分派至法国精神病院工作的年轻医学生布雷顿(André Breton),获得了充分机会,在炮弹休克症(shell shock)的病例身上发现了潜意识的力量以及弗洛伊德理论的重要性。着迷于魔法与梦境的布雷顿放弃了医学,专心投注于可将无意识的天赋从禁锢中解放出来的文学创作,他要摆脱的不只是中产阶级的艺术风格,还有"任何由理智所行使的控制"。[②]"我们依然活在逻辑的统治之下。"布雷顿如此声称。他试图利用如"自动写作"(automatic writing)这种可以记下自由联想的内容的方法,让内在的天赋获得自由。布雷顿启蒙于达达艺术,但却超越了它,朝着超现实主义的方向前进,当时他利用《磁场》(*Les Champs Magnétiques*;*Magnetic Fields*,1920)一书实验了自动写作的概念。

正如意大利诗人马里内蒂的作品所显示的那样,战争的初期深深地满足了艺术家翁贝托·博乔内(Umberto Boccione)以及其他战前未来派艺术家对速度、暴力与机器的迷恋。1915年春,马里内蒂因为在罗马街头示威,赞成意大利参战而被逮捕。

虽然这些运动的领袖们彼此不和,但他们对于艺术领域里的所有学术风格,却一致地展现出坚决的对"现代主义"的蔑视,憎恨中产阶级文化(在言辞上比在行为上更激烈),并支持自由表达个人天赋。战时的恐怖经验为这所有的情感增添了一分暴力和愤怒色彩。

在战争结束时, 社会普遍弥漫着一种孤寂和空虚的情绪——付出如此庞大的牺牲,却只换来如此微小的回报。"我的感觉已经麻木,"在被杀前不久,欧文于1918年10月10日

---

① Dada Manifesto (1918) in Maurice Nadeau, *Histoire du surréalisme* (Paris, 1964), chapter 3.

② First Surrealist Manifesto (1924) in André Breton, *Manifestoes of Surrealism*, trans. Richard Seaver and Helen R. Lane (Ann Arbor, Mich., 1986), p.26.

写下如此的语句给他的同胞——英国诗人萨松(Siegfried Sassoon)。他身旁的一位士兵被子弹击中头部,流出的鲜血浸透了欧文的衣服。“只要我敢,我就可以立刻再次感受,但现在我不能。”[①]在达达艺术那游戏人生的表面之下,隐藏着一股空虚感。超现实主义者布雷顿的自动写作,并不是胡闹之作,而是表达一股强烈的孤寂感。战争结束时,有许多人感到精神空虚,其中最著名的代表作是艾略特的诗《空心人》。如今我们知道,诗中的绝望是个人遭遇难处时的产物,但是诗作的末尾几句,却成为战后那个世代的人视为足以表达他们心声的不朽名句:

这是世界终结的方式
这是世界终结的方式
这是世界终结的方式
没有兴奋只有啜泣。[②]

在第一次世界大战结束时,人们还不清楚这种战时的愤怒会集中在何处发泄。如果这些知识分子投身政治,必然会造就反中产阶级政治。最后,马里内蒂投入他的同胞——1915年提倡意大利参战的墨索里尼的怀抱。超现实主义者布雷顿和阿拉贡(Louis Aragon)认为,俄国的布尔什维克革命为创造性天赋的解放运动开启了一条大道,而加入了新的法国共产党。年轻知识分子对战时经验的反应显示,不论他们彼此之间意见有多不一致,他们都会加入任何看似能用最锋利的刀斩断一切的战后运动。

---

① Wilfred Owen, *Collected Letters* (Oxford, England, 1967), p.581.

② T. S. Eliot, "The Hollow Men", in *Collected Poems, 1909—1962* (New York, 1970), p.82.

5-1　1917 年 7 月，彼得格勒因反抗克伦斯基政府而被射杀的示威群众。

第5章

革命:1917至1920年

1917年,长期的战争加剧了各参战国爆发革命的紧张态势。各个战时政府在1917年时都很不稳定。有些政府,如法国的克里孟梭内阁与德国的兴登堡和鲁登道夫,可以哄骗或强迫国民再忍耐一年的战争。但是其他的国家,却再也不能够承受人民厌倦战争、社会冲突以及民族分离主义的压力,其中以奥匈帝国和俄国形势最为严峻。1917年俄国所发生的两次革命,不过是充斥全欧洲的不满情绪终成现实的最具爆炸性的实例而已。从1917年到1920年,从苏格兰西部的克莱德河沿岸到俄国的西伯利亚,红旗四处飘扬,不过只有俄国的红旗始终不落。这些几乎是普遍性的革命压力和俄国相对的局部成功,是本章论述的主题。

5.1 俄国革命:1917 年

沙俄特别容易遭受工人动乱的影响。身为工业化的后进国家,俄国的工人都是农民的后代,是第一代经历工厂纪律的人,因此,俄国正处于工业化进程中最不稳定的阶段。除此之外,因为新的俄国工厂高度集中在少数大城市,所以这种动乱的影响力更不寻常。1905 年革命失败的阴暗记忆,抑制了俄国组织爱国联盟的努力。

和其他的交战国一样,如果沙皇政权已经得到其他主要阶层民众的支持,那么俄国还可能在劳工的不满情绪下幸存。但是沙皇收回 1905 年怯懦的民主让步,令中产阶级和自由主义派的贵族感到恼怒。他们之中有很多人依然期待能发生俄国版的 1789 年法国大革命,以君主立宪取代君权神授的独裁政府。即使是保守派的贵族,也对沙皇和皇后听信装模作样与谗言谄媚者、而疏远干练的人深感愤怒。最后,战争惊醒了沙皇最后一批绝对忠诚的支持者——农民。俄国优于其他参战国的唯一资源是:大量的人力。沙皇让大批农民投身于战场,却由于装备不良和指挥拙劣,以致在开战后的第一年里,俄军经历了几场兵力消耗最大的战役。1917 年春天,已有多达 185 万俄国士兵战死沙场,而受伤或被俘的人数还要更多。[①]沙皇动员了大批平民穿上军装,却只能眼睁睁地看着他们日益激进。在这种状况下,需要解释的只剩下这样的政权何以能存在如此之久。

"二月革命"

有些历史学家认为,甚至早在 1914 年时,沙皇俄国就已经处于革命边缘。当时是因为战时的爱国热忱,沙俄才得以继续苟延残喘两年。有些人则正好相反,认为战争造成的混乱和紧张,才是压垮这个政权的最后一根稻草,如果没有战争,或许俄国早就已经进行改革。[②]但是,第一次革命的爆发,不是来自于有计划的行动,而是肇因于自然爆发的群众愤怒。这一点无人质疑。革命由妇女发动。她们因为缺乏面包和煤炭,而于 1917 年 3 月 8 日(俄国使用的旧儒略历是 2 月 23 日)在首都彼得格勒[③]举行示威活动。这些饥饿和愤慨的民众发起的示威活动所获得的支持之大,让每一位政治领袖、甚至是社会主义者都深感震惊。

---

① Allan K. Wildman, *The End of the Russian Imperial Army* (Princeton, NJ, 1980), p.96, 41n.

② Leopold Haimson 曾经敏锐地论证第一个观点;Richard Pipes 则可以作为第二种观点的实例。参阅本章章末与上述及其他观点有关的参考书目。

③ 在战争开始时,原称为圣彼得堡的德文名称,就被俄罗斯化为彼得格勒。

起初,对沙皇政权来说,示威活动似乎不比其他参战国国内的类似动乱严重。沙皇毫不犹豫地下令镇压。3月11日,当军队炮轰民众时,有40位示威者死亡,但这只是让人民因愤怒而更加团结。当奉命驱散示威者的军队转而支持示威群众时,沙皇政权遭受致命的打击。沙皇体制下的官员发现,他们已经无力号令士兵了。

由于拒绝按照沙皇的命令解散,杜马(议会)陷入真空状态,并在3月12日任命政党领袖组成临时政府。杜马是沙皇被迫在1905年成立的,其主要团体经由选举产生(不过议员的选举资格越来越受到限制),本应比较赞同君主立宪制。但即使如新任外交大臣帕维尔·米留可夫(Pavel Miliukov)教授这样的君主立宪主义者也已经发觉,只有全新的政权,才有机会恢复公共秩序。他们说服沙皇,退位已必不可免。于是尼古拉二世在3月12日正式退位,根据杜马的选择,任命李沃夫(Lvov)亲王担任总理。[①]李沃夫亲王是一位受人敬重却毫无影响力的立宪民主党领袖,曾经领导过城镇和地方自治联盟(Union of Zemstvos and Towns)。

临时政府与苏维埃

组成临时政府易,但是要人们接受它的权威、遵从它的命令难。临时政府由1905年的革命后设置、越来越不具代表性的杜马所产生。在一个有80%的人口是农民的国家里,杜马却是一个由上流社会人士、中产阶级的专业人士、企业家和知识分子所组成的议会。基本上,临时政府所面对的挑战是,俄国少数的自由主义精英,能否成功补救沙皇独裁政权的失败:新政府是否会选择让一个落后且疲惫不堪的国家继续参战?

因为俄国还存在着另一股势力——苏维埃(Soviets),使得临时政府面临十分复杂的形势。苏维埃是"代表会"或"委员会"的俄文简称。1917年时,人们对1905年的圣彼得堡苏维埃还记忆犹新。由武装工人的指导委员会所组成的圣彼得堡苏维埃,领导了1905年的全面性罢工。1917年3月,自动产生了一个新的彼得格勒苏维埃,由已经参加联合协调机构——战争工业委员会(War Industries Committee)的工人领袖领导。彼得格勒苏维埃的执行委员会夜以继日地在斯莫尔尼宫(Smolny Institute,原为贵族女子学校),举行让民众公开参与的常设城镇会议,激起了首都市民的情感共鸣。更重要的是,它发布自己的命令,并且在某种程度上支配着数百个在军队、其他工业城镇甚至是农村的苏维埃。4月11日在彼得格勒召开的全俄苏维埃代表大会(all-Russian congress of soviets),聚集了来自138个地区的苏维埃代表以及来自7个军团、13个后援部队及26个前线部队的士兵代表。[②]

临时政府由自由主义者掌权,但是大部分的苏维埃成员是隶属于不同派别的社会主义

[①] 随后沙皇和其他的皇室成员,在1916年7月16日夜里,于叶卡特琳堡被他们的卫兵处死,当时他们似乎可能会被反革命军救走。

[②] William Henry Chamberlin, *The Russian Revolution*, Vol. 1 (New York, 1935), p.112.

者。社会民主党(Social Democrats)的思想形成了一股重要的思潮,马克思主义者相信日益壮大的无产阶级工业领薪工人,最终将成功地以集体化的生产和分配,取代私人拥有的工厂、农庄和商店。大部分的俄国社会民主党员,深受西欧议会社会主义的影响,认为除非俄国工业能像英国和德国那样,在经济结构里占据优势地位,否则落后的俄国并不适合出现社会主义。其间,他们极力主张俄国遵循西欧曾经走过的道路前进,坚信如果能够帮助中产阶级达成俄国工业成长和宪法改革的目标,那么就能更加逼近最后的社会主义阶段。这些改良派的社会民主党员,即孟什维克(Mensheviks),想要依循西方模式,组成适合群众选举的社会主义政党。

虽然很小、但是活力充沛的俄国社会民主党小派别——布尔什维克(Bolsheviks),[①]赞同正统马克思主义者的目标,但是强烈反对议会选举是在俄国实现马克思主义的适当手段这个观点。他们流亡国外的领袖是乌里扬诺夫(Vladimir Ulianov,以 V. I. 列宁的化名闻名于世)。列宁是公立学校教师的儿子,他在 17 岁时因为他的哥哥涉嫌暗杀沙皇亚历山大三世而于 1887 年被处死而变得相当激进。列宁认为议会制度与革命组织和纪律不能兼容,所以并不考虑采用议会政体。他相信,即使在无产阶级准备就绪之前,它的"先锋队"也能够组成纪律严谨的党派,以职业革命家为毕生的追求,与残存的帝俄警察奋战,并且不放过任何可以表现自己的革命机会。

苏维埃里大多数的社会主义者并不是马克思主义者,而是平均地权论者。他们主张俄国农民应该遵循非西欧的道路向社会主义迈进:没收大地产,并以传统的乡村代表会为基础,建立农村民主政体。这些社会主义革命家(Socialist Revolutionaries,简称为 SRs)和布尔什维克一样没有耐心,急于直接进行革命性的社会和经济改革。但是,和列宁不同,他们把希望寄托在农民而不是居住在城市的工人身上。他们不相信有纪律的组织,而深信个人暴力的策略。

在"二月革命"与 1917 年 11 月(俄历为 10 月)爆发的第二次革命之间,相隔九个月。这段时间通常被概括为两个潜在政府(potential government)之间的竞争——一方是上流社会人士与专业人士所组成的临时政府;另一方则是激进的律师和新闻记者,以及劳工和农民所信奉的苏维埃。但是为了完整勾画出实际情势,我们必须指出,即使是苏维埃,也远远不及由城市民众与无地农民自发组织起来的运动。第一次夺取土地的行动开始于 3 月。在临时政府企图进行一场规模更大的军事行动——1917 年 7 月的勃鲁西洛夫攻势——之后,逃亡的士兵由涓涓细流汇成一股洪流。只要人们能够看清,在政治组织竞相争夺最高权力的

---

① 在俄国,布尔什维克这个字是指"大多数"的意思。在所有的俄国社会民主党员不是在地下活动,就是流亡国外的时期里,布尔什维克曾经在 1903 年于布鲁塞尔和伦敦举行的流亡者大会中赢得多数。后来,虽然 1903 年时属于少数(孟什维克)的改良派,在 1905 年俄国议会成立之后,逐渐壮大成为比布尔什维克规模庞大的党派,但这两个党派依然维持原来的名称。

表面之下,有数百万俄国农场劳工正在抢夺地产、成千上万的士兵正在逃离前线,就会感受到革命的脚步已经逼近。

临时政府并非完全缺乏资源。它立即得到协约国的承认及欢迎,因为协约国期待新的民主政权可以比腐朽的沙皇政权更有战斗力。临时政府也拥有受过教育而且技巧熟练的专业人士和企业家的支持,其领袖也不乏才干与理想。他们进行了全面性的改革,例如实施普选制度(universal suffrage)以及制定每日八小时工作制的规定。他们确立所有公民的平等权:犹太人不需要再生活在乌克兰和波兰那些所谓的"隔离区"里;承认波兰独立。临时政府承诺将皇室和修道院的土地充公、重新分配,并在 1917 年秋天召开了立宪大会。刚开始时,临时政府也得到了苏维埃的明确支持。即使是 1917 年 4 月,因为德国希望进一步分化俄国国内各派势力,而搭乘由德国秘密安排专列从瑞士返国的列宁,也称俄国是"世界上最自由的国家"。[①]

列宁抵达彼得格勒的芬兰站——后期苏维埃图像学(iconography)最喜爱的一个镜头——开始了真正的革命新阶段。列宁的"四月提纲"(April theses,1917 年 4 月 20 日)挑战了正统马克思主义者对革命的解释。他认为时机已经成熟,俄国应该立刻越过资产阶级革命这个阶段,直接进入社会主义。此外,列宁也主张以立即取得和平、土地与面包,来取代临时政府的民主、可能的土地改革与继续战争的大杂烩做法。他提议"把所有的权力转交给苏维埃",即使当时布尔什维克依然是苏维埃里的少数派。

从 1917 年 7 月 16 日到 7 月 18 日,粮食仍然短缺且反对再度发动军事攻击的彼得格勒群众,起义反对临时政府。虽然这是人民自发的示威行动,但为了让布尔什维克不落人后,列宁也公开表示支持。临时政府依然有充分的兵力可以镇压这起示威行动,有 200 名群众丧生,列宁则假扮成车头火夫逃到芬兰。七月流血事件(July Days)表明列宁希望推翻临时政府的时机还未成熟。

但是,仅仅四个月后的 1917 年 11 月,临时政府就被推翻了。几乎与先前于二月时推翻沙皇统治一样容易,而且伤亡人数也不及七月流血事件多。虽然它的组成分子已经逐渐向左,但是临时政府始终没能赶上大众舆论"左倾"的阔步。以米留可夫为首、希望俄国实现参战的领土目标(如夺取君士坦丁堡湾 Straits of Constantinople)的立宪自由主义者在 5 月份时出走。李沃夫亲王在七月流血事件之后辞职。1917 年秋天之时,只有十位社会主义派的部长和六位非社会主义派的部长留在临时政府里,而由在第一届临时政府中唯一属于温和"左派"的克伦斯基担任总理。临时政府的改革,总是落后于人民日渐高涨的期待。举例来说,在农民已经开始为自己夺取土地的时候,立宪会议所做的最后将重新分配皇室与修道院土地的承诺,似乎已经变得无关紧要了。

最重要的是,继续参战会让临时政府陷入两项彼此对立、互不兼容的要求之间。一方

[①] 引述自 Robert V. Daniels, *Red October: The Bolshevik Revolution of 1917* (Boston, 1984), p.4.

5-2　1917 年 11 月，就在布尔什维克革命前夕，临时政府的最后领导人亚历山大·克伦斯基正在研究地图。

面,只要德国和奥匈帝国的军队依然在俄国的领土上横行,那么大部分经验丰富的俄国政治家都绝不相信能够取得单方面的和平。即使是布尔什维克的党员也同意:

> 当军队与军队当面对峙时,建议其中一支军队放下武器回家,是最荒唐的策略。这并不是一种和平的策略,而是一种屈从的策略,是自由的人民会厌恶地拒绝的策略。①

另一方面,临时政府没有技巧、也没有能力动员足够的人员与物资有效进行战争。列宁比任何人都更快地认识到,仅为了养活人民,临时政府就不得不广泛地干预私人资产,范围之广远超过政府原本预定的程度。陷入窘境的克伦斯基,命令勃鲁西洛夫将军在 7 月时发动攻势,结果发现这竟是一次使军队终于瓦解的行动。临时政府不再能够缔造和平,也没有能力继续作战。

如果议会制的政府无法解决 1917 年时所面临的问题,那么或许军事独裁政府可以。俄国人也曾经尝试军事独裁的解决方案,结果证明这依然无效。9 月,科尔尼洛夫(Lavr Kornilov)将军试图将军队调入彼得格勒,以击垮与临时政府敌对的苏维埃势力。克伦斯基在"科尔尼洛夫事件"中的角色,可能永远成谜。科尔尼洛夫的支持者坚称是克伦斯基请求军

① Lev kamenev, in *Pravda*, march 17, 1917. 请参阅 Edward Hallett carr, *The Bolshevik Revolution, 1917—1923*, Vol. 1 (London, 1950), p.75.

队的协助；但是克伦斯基则宣称他的意图受到误解，而且他很快就知悉科尔尼洛夫的计划是要扫荡民主政权以及苏维埃。不论如何，当科尔尼洛夫的军队开赴首都之时，克伦斯基转而寻求“左派”——七月流血事件时他的敌人——的支持。他释放了一些被囚禁的布尔什维克党人，并且分配武器给由彼得格勒苏维埃组成的志愿军——“赤卫军”（Red Guards）。支持苏维埃的铁路工人拒绝运送科尔尼洛夫军队的装备以及军队对赤卫军相当友善的现实，甚至使科尔尼洛夫根本无法抵达彼得格勒。

克伦斯基就这样粉碎了一场军事接管行动，但代价是他的临时政府从此必须依赖苏维埃的鼻息。1917年秋天，当不计任何代价、只求取得和平的渴望在苏维埃内部迅速蔓延时，克伦斯基只能在得不到任何可靠盟友的支持下，继续进行这场令人生厌的战争。

“十月革命”

当10月20日从芬兰秘密潜回俄国时，列宁认为自7月以来的局势，已有两个重要的转变。在俄国国内，他的布尔什维克集团已经成为彼得格勒和莫斯科苏维埃里的多数派。在俄国境外，基尔的德国公海舰队（German High Seas Fleet）发生水兵暴动的消息，让列宁相信全世界的革命运动即将展开。列宁夜以继日地与人辩论，企图说服他的伙伴——布尔什维克的领袖——相信“我们已经置身于世界无产阶级革命的前夕。”[①]列宁坚称，错过这次良机，将是对欧洲饱受战火摧残的穷人最大的背叛。

列宁的滔滔雄辩遭到强烈的反对。他并不打算继续支持克伦斯基而反对他的孟什维克派。但是即使是列宁的“老布尔什维克”伙伴中，也依然有庞大的反对声浪。加米涅夫（Lev Kamenev）有鉴于七月流血事件的血腥镇压，认为布尔什维克的起义时机还不成熟，此时起义会有大批的布尔什维克党人死亡，而布尔什维克也会失去历史的契机。加米涅夫和其他的老布尔什维克党人如季诺维也夫（Grigori Zinoviev）认为，机会隐藏在即将召开的立宪大会里。布尔什维克党可以在更广泛的民主政体中，充分发挥具战斗性的反对角色。在民主政体里成长壮大，静待时机成熟，会比企图进行不成熟的政变并激起反革命的做法更加明智。加米涅夫坚信，如果事态继续发展，时机很快就会成熟。

“抛开那些‘立宪幻想’吧！”列宁反驳道。信念坚定且斗志昂扬的列宁，在布尔什维克中央委员会（Bolshevik central Committee）里建立了多数派，赞成立即推翻临时政府，而不要等到召开立宪大会时再起义。他争取年轻的托洛茨基（Leon Trotsky）加入他的阵营，托洛茨基是杰出的前孟什维克派，曾经反对布尔什维克党组织的“兵营体制”，但是因为反对战争而变得激进。其他的布尔什维克因为害怕克伦斯基会先发制人、采取反苏维埃的对策，所以默许列宁的行动。有些富有战斗性的平均地权革命家（agrarian revolutionaries，社会主义革命家），原本比较倾向于正统的马克思主义者，坚持等待成熟的历史时机，此时也站在

[①] 引自Daniels，p.60。列宁似乎不知道在1917年5月与6月法国曾经发生兵变的消息，否则他的论据会更有力。

5–3　1917 年 11 月 9 日在彼得格勒,布尔什维克向临时政府的总部冬宫(Winter Palace)进攻(由摄影师爱森斯坦〔Sergei Eisenstein〕重新修复)。

列宁这一边。

布尔什维克将彼得格勒的苏维埃转变为列宁夺取中央政权的基地。这并不是在 3 月与 7 月时，由饥饿的人民自发走上街头的示威活动。虽然需要有广大的群众支持才能成功,但是"起义是一种艺术"。[1]列宁与托洛茨基在 10 月 22 日、23 日组成彼得格勒苏维埃的军事革命委员会(Military Revolutionary Committee),计划占领彼得格勒的中央政府和通讯中心。

11 月 9 日夜里,布尔什维克发动武装起义(旧历 10 月 25 日,因此史称"十月革命")。他们得到彼得格勒卫戍部队中大部分士兵的支持,这些士兵对克伦斯基企图把他们送上前线而感到怒火中烧。得到卫戍部队的支持意味着布尔什维克可以轻易取得武器。一向激进的喀琅施塔得(Kronstadt)海军基地的士兵,将"阿芙乐尔号"(Aurora)巡洋舰驶入涅瓦河(Neva River),以控制临时政府所在地——冬宫。由于无法取得城外的军队支持,所以临时

---

[1] Lenin,引自 Robert Service, *Lenin: A Political Life* (Bloomington, Ind., 1991), Vol.2, p.253.

政府只好征调军事学校的学生，以及一支由 140 名中产阶级年轻妇女所组成的部队来保卫冬宫——这些女兵是之前为了羞辱俄国男性、促使他们服役，而由克伦斯基所组建的。在长夜将尽时，阿芙乐尔号射了几发炮弹(大部分是空包弹)，军队渐渐散去，临时政府几乎是在没有流血冲突的情况下垮台。克伦斯基无法召集足够的军队收复彼得格勒，因而逃出城外躲藏起来。1918 年夏，克伦斯基逃亡国外。

5.2 布尔什维克政权

列宁和他的支持者，还必须将他们在彼得格勒的控制权延伸到全国各地。这是一项艰巨的任务，而且因为外国的介入变得更加困难。历时三年多，并且经历了血腥的内战之后，任务才算完成。这是比推翻垂死的临时政府还要伟大的成就。从某种意义来说，俄国的权力斗争已经持续将近一年，政权从沙皇、君主立宪主义者、民主政体支持者以及温和的社会主义者的手中一一溜过。众所周知，列宁是一位推动革命的战略家，更是一位建立政权的人。他是第一位成功驾驭了 1917 年 3 月兴起、未曾平息的革命旋风的俄国人。

当然，不只是对他原本的纲领，而且对他的人民来说，他都是以极庞大的代价换取了这项成就。他承诺要带给俄国人“和平、土地与面包”。但是在他的领导下，人民所得到的是内战、饥荒与一党独大的专制政权。不过，不论如何，在历史上众多的革命领袖中，列宁几乎是那些被革命的浪潮推到峰顶的人之中，唯一成功地永久保有权力的人。

列宁的“和平、土地与面包”

重新分配土地是列宁手中的王牌之一。总体来看，社会主义革命家或者平均地权革命家的立场，最接近渴望拥有土地的俄国农民的要求。列宁所采取的第一个步骤，是一面避免内部对于如何实施土地分配而产生歧见，一面借用社会革命党的纲领。原则上，身为杰出的马克思主义者，他宣布土地国有化，将进一步的土地分配权转交给地方上的乡村苏维埃，并且认为这些乡村苏维埃应该可以联合大片地产组成“现代农庄”。但实际上，列宁只是任由已经夺取土地的农民自由控制所夺土地。从那以后，对试图恢复旧地主权力的复辟势力来说，列宁的政权简直无懈可击。

因为单独与德国媾和，意味着得接受那种甚至会让布尔什维克党人如托洛茨基和布哈林(Nikolai Bukharin)也想要进行一场“革命战争”的丧权辱国的条件，所以“和平”比“土地”更难兑现。“和平”也意味着默许很多非俄罗斯民族脱离之前的俄罗斯帝国，对这些民族来说，革命暗示着民族独立。

为了取得和平，布尔什维克的领袖在 1918 年 3 月 15 日，接受了德国的苛刻条件。《布勒斯特-立托夫斯克条约》(*Treaty of Brest-Litovsk*) 承认德国的占领地，俄国必须割让东波兰、乌克兰、芬兰与波罗的海各省，并且赔偿巨额赔款。直到 1940 年，斯大林才在希特勒的

5–4　1917 年，列宁在彼得格勒向群众发表演说。站在讲台右边的是托洛茨基。后来，在斯大林的宣传者所使用的版本里，审查员用喷枪涂去图中的托洛茨基，此后托洛茨基就消失在这张照片里了。

协助下，夺回 1914 年时失去的大部分领土。当时列宁以“扩及全世界的革命，很快就能废弃这项条约”[①]为承诺，压制了反对的声浪。但是，即使是这种“革命失败主义”（revolutionary defeatism），也没能为俄国带来和平。反布尔什维克派的俄国人，在协约国军队的协助下，于 1918 年秋天开始攻击苏维埃政权。

列宁的所有承诺中，以“面包”最难兑现。正如那些对列宁的批评较不切实际的马克思主义者，如罗莎·卢森堡（Rosa Luxemburg）所察觉到的一般，让渴望拥有土地的农民自由掌控土地，会产生为数众多的小地主。他们会谨慎地守护着自己的庄稼，不让作物流入城市。由于农民的囤积，再加上 1918 年底爆发的内战以及随之而来的作物歉收，导致连年粮食短缺，有时还出现大饥荒，一如 1921 年时的惨相。

建立新的独裁政府

布尔什维克的革命，既未如列宁所预期的那样引爆广泛的欧洲革命，也没有如很多他的追随者所料，为自由翻开崭新的一页。我们将在本章的后文里，讨论第一个意外的结果。

[①] 1918 年 11 月，德国爆发革命时，列宁确实单方面宣布废除《布勒斯特—立托夫斯克条约》，但在巴黎和会上，取得有争议土地的是奥匈帝国瓦解后所建立的新国家，而不是俄国。参阅第 6 章。

5-5 1921 年 10 月，处于俄国饥荒时期的儿童难民。

在此先针对第二个意外的结果，进行完整的讨论。

1917 年，俄国人民“让自己陷入名副其实的民主狂欢，他们远超过西方的良师益友，让民主实际进入生活的每个领域……权力如同决堤的洪水，流入每个愿意接受它的城镇与省份，流进每一个村庄和军团，流到每一群群众和每一个委员会”。[①]除了俄国城镇和乡村的政治委员会或者苏维埃以外，士兵团体在军队里组成委员会，选举军官；在工厂主企图把工人锁在外面时，工人团体也组成工厂委员会对抗资方。

这种由基层民众自动发起、没有计划，而且通常是草率的行动，在 1918 年和 1919 年间，当布尔什维克巩固他们的政权时，被一党专政的集权式国家行政管理所取代。士兵委员会让位给传统的军官；工厂委员会让位给集权机构和由上层控制的工会；与边境的非俄罗斯民族之间的松散联系，被在俄罗斯统治下的中央集权取代，勉强伪装成一个联邦国家(federal state)。这就是众所周知的、列宁在 1919 年时的俄国建立的战时共产主义(War Communism)制度。

为什么在布尔什维克革命之后，原先承诺要带给人民的自由，如此迅速地转变成独裁呢？一个标准答案就是，列宁主义(Leninist)的政治理论具有独裁主义的特质。从 1903 年俄国社会民主党(Social Democratic Party)分裂之时起，与其他喜欢通过议会政党公开运作的

① Daniels，p.4.

马克思主义者相比,列宁的追随者比较赞同纪律严明的党派组织。十月革命证明列宁主义政党(Leninist Party)是有效率的。之后,不得不以少数统治多数的情况,让列宁更加看重政党组织的重要性。

俄国欠缺任何已经建立的自治政府的传统,确实妨碍了1918年与1919年时民主制度的发展。当扫荡了旧有的独裁政府之时,就露出一个空隙。这个空隙,是那些众多只会空谈、欠缺准备的地区委员会无法填补的。但列宁的政党可以。

布尔什维克从未佯装要用民主的方式,来运作他们的政权。在1917年的环境下,俄国的普选只会使某些农村小地主变成多数派。布尔什维克想要建立无产阶级或者工人阶级专政的制度,即使俄国的无产阶级依然只是少数派。然而,当世界的无产阶级革命从俄国蔓延到城市化、工业化程度更高的西欧国家时,这种反常的现象很快就会变得无足轻重了。权衡俄国境外的劳工最终获得解放的可能性后,列宁及其追随者认为,在俄国必须以少数统治多数的情形,只不过是个小问题。

因此,在第一天的会议之后,布尔什维克就解散了"由临时政府召集,而且俄国民主主义者翘首等待,终于在1918年1月召开"的立宪议会。一如预期,俄国第一次行使的历史性普选,产生了农民多数派(agrarian majority)的结果。这次的立宪议会共有420位平均地权革命家(SRs,社会主义革命家),但是布尔什维克只占了225个席位。列宁一度与"左派"的社会主义革命家联合执政,但他们在1918年6月时分裂。本来就反对以丧权辱国的条件与德国和解的"左派"社会主义革命家,对于列宁重新恢复集权国家的行政管理方式深感不满。从那时起直到1990年为止,俄国都处于由一党专政之下。

1918年的俄国之所以实施新的独裁制度,有其实际的原因。原因之一纯粹只是为了生产的需要。工厂委员会并不具备恢复生产的知识,而且对这件事也没有多大的兴趣。他们抗拒所有帮助他们与别人协调工作的外部协助。举例来说,极具革命热情的铁路工人虽然接管并负责营运铁路线,但是却"长期反抗所有外来的权威"。[①]争议在于,新政权是应该只局限于工厂委员会的协调工作,还是应该从上而下地以中央集权的方式,来实际指挥俄国的工业发展。

列宁相信,必须以资本主义时期已经展开,而且经由战争强化了的工业"托拉斯化"(trustification)[②]过程,作为社会主义经济结构的基础。因此,各个工业部门不仅应该国有化,而且应该集中于单一的"国家托拉斯"(state trust)。到1919年底,已经组织了约90个这种国家托拉斯,它们都对最高层的国家经济最高委员会(Supreme Council of National Economy)负责。举个例子来看,因为在战前就已经高度集中化,所以很容易就能够利用这种方式组织冶金工业。1918年3月,在管理冶金工业的单一国家机关之下,已经有了750位职员,

---

① Carr, Vol. 2, p.71.

② 出处同上, p.176.

而机关的工作人员则必须通过官方的工会，遵守严格的工人纪律。这对支持新近的工人管理实验，反对“将群众切离国家经济结构内所有分部的活跃创造力”[①]的人而言，并不十分有利。列宁相信社会主义的生产，只能建立在集权式的组织之上。

内 战

独裁也是对内战的一个反应。苏维埃政权必须为了生存而战，对抗武装的反对派——反布尔什维克的“白”军（“白”相对于“红”）、宣布要脱离俄国独立的边境民族主义者、干涉俄国的协约国军队，以及消极抵抗的农民。农民坚持“绿色革命”（green revolution）以抗议征用他们的谷物来供应城市粮食的“红色革命”（red revolution）。从 1918 年到 1920 年末，有时，红军向各处主动出击、甚至打到边境地区；有时，布尔什维克的权力甚至会缩减到只能控制旧俄国心脏地区的程度。最后，苏维埃政权幸存下来。除了割让西部领土给波兰、捷克斯洛伐克、罗马尼亚和波罗的海诸国外，苏维埃在所有旧沙俄境内建立了统治权。但是在斗争过程之中，国家的政体已经转变为官僚政治、一党专政、中央集权。而且由于在内战中诞生，所以苏维埃俄国对在内战时曾积极支持其对手的协约国势力，有着极深的敌意。

协约国为了尝试维持对德作战的东线战场，开始插手干预俄国内政。早在 1917 年 7 月的在克伦斯基时代，西方的协约国就已经在找机会援助东线。1917 年 11 月以后，布尔什维克公开请求与德国单独媾和，这对始终怀疑列宁是德国间谍的英国和法国而言，不啻是一次严重的打击。他们预料德国会将所有的军队调往西方战线，然后给予自己致命的一击。起初有些西方的决策者依然与布尔什维克保持联络，希望俄国人最后可以拒绝德国所开出的苛刻条件，继续与德国作战。但是，1918 年 3 月，布尔什维克在布勒斯特—立托夫斯克接受了德国的条件，更强化了英国和法国干预俄国内战的决心。1918 年 7 月，当已从东线脱身的德国突破协约国的战壕，推进到距离巴黎不到 37 英里（这是自马恩河之役以来，德军最逼近巴黎的一次挺进）的地方时，英法两国决定干预俄国内战。

1918 年 6 月，英国和法国派遣大约 24000 名士兵到俄国北方的摩尔曼斯克港（Murmansk port）和阿尔汉格尔港（Archangel port），以保护协约国的补给线，防止德国和布尔什维克的军队（依然被视为是德军的秘密盟友）在那里组成联军，并且“让（反布尔什维克）俄国军队可以安全地在北方集结成有组织的团体”。[②]大约与此同时，在西伯利亚，约有 40000 名捷克军人（大部分是被俄国俘虏，现在渴望为捷克的独立而战的前奥匈帝国士兵）起义，对抗当地摇摆不定的布尔什维克当局。为了开赴西线战场，他们还占领了西伯利亚大铁路（Trans-Siberian Railroad）。

---

① 出处同上，p.97.

② 威尔逊总统的指示，引自 George F. Kennan, *The Decision to Intervene*, Vol. 2 (Princeton, N.J., 1958)。起先在 9 月份时，威尔逊勉强只派遣了 5500 名美国士兵参与联合行动。

5–6　1918 年,符拉迪沃斯托克的美军士兵列队行进,庆祝争夺西伯利亚石油的美国远征军抵达。

美国总统威尔逊突然一反早期勉强同意干预俄国问题的态度,提议联合日本,派遣美日两国军队在符拉迪沃斯托克(Vladivostok,海参崴)登陆,以支持捷克。早在 1917 年 12 月,便已在符拉迪沃斯托克驻军的日本,积极派出 72000 多名士兵,远超过与威尔逊议定的人数;而美国派出的分遣队只有大约 7000 人。此外,早在 1918 年冬,英国就有两个师的军队越过高加索山脉,驻扎在富含石油的俄土边境,守住从黑海巴统(Batum)到里海巴库(Baku)这段铁路线。有一个师的法国军队、一支法国海军分遣舰队,以及一支希腊的小分遣队登陆乌克兰黑海沿岸的敖德萨(Odessa)。总计有 14 个国家超过 10 万军队——大部分是日本、英国、美国和法国的军队——先后驻扎在苏维埃俄国边境四周。

起初,协约国的意图是不让德国填补因布尔什维克单独与他们媾和所留下来的空白。但是当 1918 年 11 月 11 日全面停战协议(general armistice)签订后,这个目的反而变得无关紧要,驻扎在俄国的协约国军队更加公开地反对布尔什维克。这些军队并不庞大,也没有精良的装备,而且不曾直接参与俄国的内战。此外在俄国境内,他们也不曾以任何共同的协约国策略为基础联合、一致行动。但是,他们向反布尔什维克的俄国“白”军,以及边境上采取分离主义的民族主义者,提供精神上与物质上的鼓励。苏维埃俄国人总是被教导——附带很多证明他们的看法正当的辩词——协约国想要全力破坏布尔什维克。

俄国的内战打了两年多。从1918年11月到1920年底,协约国所支持的反布尔什维克的白军所控制之地,曾经横跨西伯利亚、乌克兰和黑海沿岸地区。

1920年时,主要的威胁来自于波兰。春天,波兰的新政府开始攻打立陶宛地区、西白俄罗斯与乌克兰。这些地区的人在种族上不属于波兰人,但在中世纪时曾是处于巅峰期的波兰王国属地。在波兰人初战获胜之后,红军的年轻指挥官图哈切夫斯基(Mikhail Tukhachevsky),将波兰人赶回华沙城下。此刻,列宁相信挫败波兰可以点燃他等待已久的西欧革命,而俄国的生死存亡,又必须依赖西欧的革命烈火。但是,在法国的补给与顾问的协助下,波兰设法推回到他们的民族边境(ethnic frontier)略东之处。1921年3月的《里加和平协议》(*Peace of Riga*)确定了俄国与波兰的疆界,并且一直维持到1939年。

反布尔什维克一方的军队,虽然拥有经验丰富的军官以及训练有素的士兵,却没能击败未经过训练的红军。这部分是因为他们之间互不协调、各行其是,分别发动攻击所致。而红军则得益于布尔什维克战争部长托洛茨基的军事组织天才。布尔什维克也因为内线作战,以及反对势力对农村民众缺乏吸引力而受益。尽管俄国农民普遍消极地抵制布尔什维克,但是更不愿意帮助意在协助地主复辟的"白军"。

早期布尔什维克支持所有少数民族独立是内战的横祸。对列宁来说,只有在他相信全世界革命即将来临的前提之下,才能接受旧俄罗斯帝国瓦解成为新的革命国家。如果革命政权只存在于俄国,那么边境地区的民族主义反而可能变成一条反革命的大道。

乌克兰是一个重要的教训。1917年11月,乌克兰民族主义者视布尔什维克革命为取得地方自治的预兆,当时的临时政府与沙皇一样拒绝让他们拥有地方自治的权力。1918年3月的《布勒斯特—立托夫斯克条约》将乌克兰割让给德国,成为在德国监督下的独立国家。1918年11月德国战败,这时的乌克兰依然独立,由亲协约国的孟什维克社会主义政权统治,已经变成协约国反苏维埃运动的基地。当1920年苏维埃俄国重新收复乌克兰时——第一次是1919年从俄国"白军"的邓尼金(Anton Denikin)将军手中,此时是从波兰手中——再也无法容忍乌克兰的民族自决。

赢得内战之后,苏维埃政权也重新控制高加索山脉分离主义地区:格鲁吉亚(Georgia)、俄属亚美尼亚(Russian Armenia)与阿塞拜疆(Azerbaijan)。1922年12月成立的苏维埃社会主义共和国联盟(Union of Soviet Socialist Republics),是一个统一的联邦国家,其组成国家——俄罗斯、白俄罗斯、乌克兰、外高加索(Transcaucasia),以及1925年以后加入的小民族共和国,如乌兹别克斯坦(Uzbekistan)、土库曼斯坦(Turkestan)与哈萨克斯坦(Kazakstan)——理论上拥有实质的自治权,但实际听命于在新首都莫斯科的中央政权。

5.3 西欧的革命活动:1917年

1917年,来自俄国的消息如同火灾警铃般响彻其他交战国。有些旁观者,尤其是法国的观察家一度相信,民主的俄国会凭着高涨的爱国热情继续作战,就像 1792 年后的法兰西共和国(French Republic)一样。但是对那些灰心沮丧、担心要迎来第四个战争严冬的欧洲人来说,俄国革命的发展让他们第一次严肃地思考妥协性和平的可能。在如何轻易推翻独裁政权这件事上,俄国人也给他们上了生动的一课。事实上,俄国的经验显示,除非改变政体,否则永远不可能拥有和平。为了促使人们严肃地正视战争目标,1917 年 11 月,布尔什维克公布了沙皇在 1914 年和 1915 年所签订的秘密协议正文。这些文件明确约定了战胜之后俄国与法国对领土的瓜分方式。这些被揭露的真相暗示,欧洲人正为了王朝或少数人的商业利益,面临死亡以及饥饿或恐惧。

正如众所周知,1917 年时所有参战国已无力继续支持战争。1917 年夏天在意大利都灵发生的面包暴动,造成 41 人死亡。教皇本尼迪克特十五世(Pope Benedict XV)和意大利的社会主义者,都呼吁妥协性和平。1917 年 10 月,解除了俄国战线压力的奥匈帝国和德国,在卡波雷托(Caporetto)让意大利尝到开战以来最大的失败。德奥联军威胁要突入波河流域(Po Valley),直到最终在威尼斯北方的皮亚韦河(Piave River)阻挡了德奥的攻势,意大利军队的士气才免于完全崩溃。

法国的前线部队在 1917 年 5 月和 6 月就威胁要撤离前线。当年春天,在尼韦勒攻势[①]中,法军再度以数千条生命的代价换取数码的土地之后,后备军拒绝开赴前线参战。除了个别士兵擅离职守之外,还有集体的兵变。几群士兵控制了铁路并且驶往巴黎。在法国的 129 个师中,一半以上受到影响,其中有 49 个师约有数周的时间不再作战。虽然大部分的骚动都特别指向了采用大规模攻势的战术,然而法国的总参谋部却一厢情愿地认为,压制反战舆论,才是对付兵变的最佳良方。

在 1917 年五六月,德国并未觉察到法国的部分防线其实几乎不设防,不过即使知道也无暇顾及,因为德国正以全部精力来应付自己的问题。同年夏天,德国的水兵因为粮食与生活条件的问题而举行示威活动,波及被封锁在港口的德国舰队。1917 年夏天,德国国内的政治问题主要是努力维护议会对战时政府的影响,以及在 7 月的"和平决议"(Peace Resolution)中声明放弃领土目标。德国主要的盟友——奥匈帝国,在 1917 年时公开寻求妥协性和平。

为了度过 1917 年的消沉萎靡,各个战时政府不得不以武力和说服双管齐下的方式应付国内问题。群众对战争的厌倦与列宁所披露的秘密协议,迫使各协约国政府必须更清楚地解释他们进行战争的目的。各国的人民到底为什么必须为了统治者的荣耀或者秘密的领土交易而无限期地牺牲他们的财产和子孙?当时美国也已经参战,威尔逊总统先于其他协约国对此进行说明,表示只有战胜同盟国,才可能拥有民主、民族独立与永久和平的美好世界。至于法国,只要德国军队依然出现在法国领土上,政府就不需要对战争的目的多费口舌。因为确信只有少数人口头拥护妥协性和平,所以克里孟梭在 1917 年 11 月就任总理之

---

① 参阅第 3 章。

后，毅然决定监禁他的反对者，并且关闭反对派的报社。即使在 1918 年春，已经预期德国将重新发动攻击的情况下，克里孟梭依然留下四个武装骑兵师，以备国内不时之需。

德国以专制的手段与扩张主义的政策，来解决 1917 年时内部所发生的动乱。借助德皇与民族主义舆论的支持，陆军元帅兴登堡和鲁登道夫将军提议给予问题多多的俄国最后一击，以争取扩张主义的胜利。德国将用尽全力，努力扩张东方与西方的领土。在国内，由于议会早在 1917 年夏天便出现放弃以并吞土地为目标的战争的声音，此举意味着必须压制这些反对的声浪。德皇的支持是将领成功的要素之一。说服皇帝以没有经验又听话的米夏埃利斯（Michaelis）[①]取代霍尔威格出任总理，军方让议会多数派的地位变得无足轻重。促使军方成功的另一个要素是德国中立派议员对他们的支持；虽然中立派议员之中有些人曾经投票赞成"和平决议"，但是依旧欣然接受德国于 1918 年 3 月的《布勒斯特-立托夫斯克条约》中取得的东方领土。战胜俄国的提议，说服大部分的德国政治领袖们支持将军们于 1918 年在西线发动最后的大规模攻势的豪赌。

1918 年 3 月，鲁登道夫将军在西线的猛攻，是自第一次马恩河之役以来，最可能打破僵局并进入决定性战役的攻势。由于高度意识到现代战争的政治影响，并根据法国极不情愿派遣后备军支持英国战区的判断，鲁登道夫首先攻击英国。然后，如果可以在英法军队之间打开一道缺口，他计划直捣巴黎。1918 年 3 月至 7 月，德国发动了五次成功的攻击，把协约国的战线逼退近 40 英里。德军再度兵临马恩河，距离巴黎只有 37 英里。但是，鲁登道夫始终没能打开他一直努力寻找的决定性缺口。协约国军队由法国将军福煦统一指挥，并且因为美国军队的参战而备受鼓舞。7 月 18 日的第二次马恩河之役，协约国突破了过长的德国防线。当时由于预备军已经不敷使用，导致鲁登道夫无法阻止对方的进攻，只能任由战争主动权自此落入协约国的手中。1918 年 7 月之后，协约国的军队稳定地向德国的国境推进。

鲁登道夫犯了几个严重的错误。因为决定在东线保留足够的军队，以防守德国新占领的领土，所以他在西线并没有配置充分的兵力。他高估了已经筋疲力尽的德国人扩张领土的战争意愿，也低估了美国参战所带来的精神和物质上的影响（1918 年 8 月，有超过两百万的美军士兵加入战场）。最重要的是，由于孤注一掷地赌上一场决定性的扩张主义战役，他并未考虑其他较谨慎的替代方案，亦即在防御战线安排一条退路，以便在协商妥协性和平时可以保护德国边境。当鲁登道夫最后转而采取防御性的策略时大势已去，支持他的军队和士气已经荡然无存。

5.4 德国革命：1918 至 1919 年

1918 年 9 月 29 日，鲁登道夫将军亲自通知惊惶失措的德国政府，德军已无法遏止协约

---

① 参阅第 4 章。

国军队的进攻,保卫德国西方领土的唯一方法是立即进行和平协商。在接下来的几周里,他强迫满心怀疑的德国政府要求威尔逊总统根据“十四点计划”(Fourteen Points)[①]实行和平解决方案,不过后来当他拒绝接受协约国的条件时,就被德皇解职了。因为战后鲁登道夫协助散布德国军队已经被国内的革命家“捅伤了背”的说法,所以必须强调他针对停战主动采取的第一个步骤。

迈向革命

当威尔逊总统拒绝与 1918 年德国的“专制权力”接触时,鲁登道夫支持恢复 1917 年时被他撇在一旁的议会制政府。由平民政府承担战败责任,这一点正合他意。据说,鲁登道夫曾经说过:“他们(议会)做了这道汤。现在他们应该自己喝下去。”德国革命的第一步——立宪革命(constitutional revolution)就这样自上而下地展开,巴登(Baden)的马克斯(Max)亲王担任总理。马克斯亲王在尊贵的德国大公家族中属于稳健派成员。最终,他完成了两项德国革命家在战前的君主制下,力争无效的改革:总理应对议会的多数派、而不是向德皇负责;废止普鲁士的三级选举制。但是要利用迟迟未能兑现的改革来平息德国人民的怒火与挫折感,则为时已晚。

通向革命的下个步骤从下层展开。这次的改革力量来自于军队。10 月下旬,鲁登道夫改变主意,支持继续战争,以守住矿产最丰富的阿尔萨斯—洛林地区。虽然马克斯亲王逼迫鲁登道夫交出军队指挥权,但由于德皇在 10 月 29 日从柏林迁往军事总部,所以人们怀疑德皇反对停战。当基尔港的德国公海舰队领命出航,与英国进行最后一次大规模海战时,全体水兵拒绝执行命令。11 月 4 日,士兵叛变的烈火燃烧到基尔港沿岸的海军基地,水兵们组成士兵委员会。从此,革命运动向外扩展,军事补给站与兵工厂陆续成立了士兵与劳工委员会。1918 年 3 月,鲁登道夫让德国人相信,只要再做最后一次努力,就可以赢得这场战争。1918 年 10 月,当又一个战争严冬即将来临之际,维系德国士兵与国民、使他们忠诚地愿意继续做出牺牲的最后一条纽带终于断裂。

11 月初,在要求和平的群众运动中,人们已经嗅得出革命的味道。11 月 7 日,当巴伐利亚(Bavaria)王国试图单独媾和时,德意志帝国似乎已经濒临崩溃。反战的议会派社会主义学者库尔特·艾斯纳(Kurt Eisner)领导劳工和卫戍部队在慕尼黑起义,驱逐了末代维特尔斯巴赫国王(Wittelsbach king),然后与协约国进行和平谈判。11 月 9 日早晨,有数千名柏林工人走上街头,举行要求和平的示威活动。当高级军官们发现已经无法再找到可靠的军队来镇压劳工时,兴登堡将军和格勒纳将军(鲁登道夫的继任者)说服威廉二世,在权力瓦解,甚至军官还有率领军队撤回国内的能力之前,放弃普鲁士国王和德国皇帝之位。

[①] 参阅第 6 章。

社会主义者的争权

正如一年前的俄国那样,1918 年 11 月 9 日,德国面临的问题是,谁能重建这个已经四分五裂的国家。除了德皇和军官以外,很多德国的议会领导人在 1918 年时,也因为支持领土扩张而不是防御性战争而受到牵连。最重要的反对党是德国社会党(German Socialist Party),其领袖现在正有可能获得领导地位。

但是,哪一派的德国社会主义者将引领风潮?曾经高度组织化的德国社会民主党(German Social Democratic Party,SPD),在 1914 年 8 月之后已经分裂。大部分的社民党人坚持战前的改良主义倾向。他们相信社会民主可以在议会制的共和政体中萌芽,因此想要先建立议会制的共和政体。但是,因为 1914 年时曾经支持战争信任法案,所以“左派”分子相当不信任社会民主党的多数派。1914 年已经脱党的社民党少数派,虽然组成支持立即争取妥协性和平的独立社会民主党(Independent Social Democratic Party,USPD),但在 1918 年 11 月,独立社会民主党也分裂成两派。有些党员想趁和平时刻把握良机,恢复与多数派的统一;有些党员则倾向为数不多但激进的反议会制度“左派”分子,要求按照俄国的模式,立即通过士兵、水兵与劳工委员会进行社会革命。由卡尔·李卜克内西(Karl Liebknecht)与罗莎·卢森堡领导的这项运动,仿照公元前 1 世纪罗马的角斗士革命(gladiator-revolutionary),自称为“斯巴达克斯党”(Spartacus)。

这两种趋势在 1918 年底的德国催生了两个平行的政权。11 月 9 日下午两点,社会民主党多数派领袖菲利普·谢德曼(Philip Scheidemann)在国会大厦的窗口,宣布成立议会制的共和国。下午四点,李卜克内西在皇宫的窗口,宣布成立由士兵和劳工委员会代表团掌权的革命性社会主义共和国。在改良派这一边,出线的是由六个柏林的士兵和劳工委员会,于 11 月 10 日选举产生的“人民委员”所组成的临时执行委员会,但是该委员会是由社会民主党多数派和改良派的独立社会民主党领袖所组成,其中掌握决策权的是出身马鞍匠的社会民主党员弗里德里希·艾伯特(Friedrich Ebert)。20 世纪初,艾伯特为成立社会民主党第一个有薪常设幕僚机构而奔走的经历,让他倾向于实行有秩序的行政管理。站在革命派一方的是委员会里的斯巴达克斯党党员。他们想要越过立宪议会,利用德国国内与俄国苏维埃相似的组织,直接建立由劳工掌权的社会主义国家。

从 1918 年到 1919 年冬,德国以与俄国相反的方式,解决了这种平行政权的问题。在俄国,列宁的布尔什维克党于 1917 年的 8 月底,控制了彼得格勒苏维埃。但是德国的士兵与劳工委员会,多数依然掌握在社会民主党多数派的追随者手中。1918 年 12 月召开的德国士兵与劳工委员会全国代表大会,488 位会议代表中,只有 10 位是斯巴达克斯党党员。为了与社会民主党多数派的领导阶层竞争,委员会率先要求政治民主,支持临时执行委员会召开于 1919 年元月选举产生的立宪议会。

至于斯巴达克斯党党员罗莎·卢森堡,则拒绝实行列宁严格的政党控制策略,而赞同自发性的革命,并在革命之后实现劳工掌权。因此,斯巴达克斯党本身就失去了列宁的决定性优点之一——遵守纪律的政党结构。更重要的是,斯巴达克斯党并没有大规模的群众基础。1918 年 11 月 11 日,艾伯特在马克斯亲王已经准备好的停战协议上签字,在大规模的和平运动中取得先机。德国并没有出现渴望土地的人大规模烧毁庄园屋舍、夺取地产的情形,在列宁必须面对的三项主要问题——和平、土地和面包——中,1918 年到 1919 年冬天的德国只有严重欠缺面包一项,而艾伯特则将之归咎于协约国的封锁。

社会主义革命的失败

1918 年 12 月到 1919 年 1 月间,德国的社会主义革命因为两项同时发生的进程而消弭无踪:基层未能成功夺权;上层的压制。基层所面对的问题是,武装的士兵和劳工委员会的激进分子,未能夺取重要的政治与经济机构。在 1918 年 11 月 9 日之后的数周内,职业的国家行政机构与传统的统治家族,重新取得地方政府的控制权。古老的汉堡港[①]就是典型案例。委员会企图控制这个城市,但是在实际恢复行政机关的运作时,他们发现税收的必要。长期把持汉堡参议院的旧商人家族,以向委员会提供财政支持,来换取委员会施行温和作风的承诺。因为缺乏其他的领导阶层,所以汉堡的士兵委员会落入精明的职业官员之手。改良派的工会和社会民主党官员,重新赢回很多劳工的忠诚拥戴,汉堡因此恢复了正常的行政秩序。德国很多地区也同样默默地回归正常。德国的社会和政府结构并未如 1917 年的俄国般瓦解,权力真空状态只在基层一度出现,但极为短暂。

在上层,临时执行委员会利用残酷的党派斗争压制斯巴达克斯党党员。艾伯特对斯巴达克斯党党员,以及士兵和劳工委员会运动中少数激进派的恐惧,显然超过对德意志帝国传统的国家行政部门和军官团的畏惧。当时,德国的各机关的确非常顺从,艾伯特把他的注意力从完成基本的社会变革转向恢复秩序。在 11 月 9 日与格勒纳将军的庆贺电话中,他同意完整保留皇家军官团(Imperial Officer Corps,所有成员都曾宣誓效忠德皇)的权威,以换取最高指挥部对他控制士兵和劳工委员会的协助。

决定性的考验在 1919 年 1 月初来临。当艾伯特把委员会所任命的柏林警察总监免职之时,示威的群众开始占领公共机构。刚在 1918 年 12 月 30 日将斯巴达克斯党运动转换成新德国共产党的李卜克内西和罗莎·卢森堡认为,即使夺权时机尚未成熟,他们仍然必须承担领导责任。艾伯特决定击垮这些改良派社会主义的对手。但是,因为未能建立直接效忠新政权的武装,所以艾伯特不得不依赖格勒纳将军和皇家军官团,以及以“自由团”(Freikorps)闻名的反革命志愿组织。自由团是在遣散常规军时,由军官迅速组织以维持秩序的团体。虽然表面上是由社会民主党的国防部长——古斯塔夫·诺斯克(Gustav Noske)负责维持秩序,但是实际上镇压斯巴达克斯党党员示威活动的,是掺杂着前线士兵的残忍

---

① Richard A. Comfort, *Revolutionary Hamburg: Labor Politics in the Early Weimar Republic* (Stanford, Calif., 1966).

5–7 1919 年 1 月，斯巴达克斯党党员躲在代用的印刷机滚筒临时路障后方开火攻击。

性情并且对劳工充满怨恨的自由团。军官们在押送罗莎·卢森堡和李卜克内西移监的途中，将二人杀害。

在这次的斯巴达克斯党起义行动中，有数百人在柏林遇害，3 月的第二次起义则有 1000 人丧生。诺斯克说："有人必须扮演警犬的角色。"他因此得名"基尔警犬"。艾伯特安全无虞，但代价是让"左派"人士充满仇恨的怒火，以及旧皇家军官团依然保有独立性。

恢复行政管理也意味着逮捕地方的分离主义者。革命的烈火在不曾完全臣服于普鲁士（德意志帝国的主体）统治之下的前巴伐利亚王国燃烧得最广。1919 年 2 月，当新的巴伐利亚社会主义派领袖艾斯纳被暗杀以后，他那些改良派社会主义的同伴，就再也不能维系国家的统一。1919 年 4 月，一个革命劳工委员会的会员以及一群知识分子，包括剧作家恩斯特·托勒（Ernst Toller）在内，在慕尼黑组成一个共产主义共和国。历史再度重演，身在柏林的艾伯特除了军队和自由团以外，没有任何武器。自由团对慕尼黑共产主义共和国的镇压极为残暴。虽然名义上是由社会主义多数派重掌权力，但实权却掌握在军队与自由团手中。若不将巴伐利亚送给自己的敌人，艾伯特就无法使其依然留存在德意志共和国之内。

表面上德国已经完成民主改革。于 1919 年 1 月选出的立宪议会，在远离繁华的普鲁士小城魏玛(Weimar)召开,利用真正的人民主权,建立了取代德意志帝国那狭隘的寡头政治的议会制共和政体。魏玛共和国似乎体现了最严谨规划的民主制度,包括妇女的选举权在内。但是,1918 年与 1919 年时,在热切渴望政府能够恢复正常运作的情况下,艾伯特允许传统的官僚政治、帝国军队、大公司及普鲁士地主的寡头统治,原封不动地继续存在。在结构并无明显变化的古老帝国社会,强行套上魏玛宪法(Weimar Constitution)。在某些自然条件的支持下,共和政体已经形成,而必须接受协约国那苛刻的和平条件所受到的耻辱,也令德国人感到愤怒。因此仇恨魏玛共和国的民族主义者,就拥有足以与之抗衡的庞大影响力。魏玛共和很难抵御来自内部的敌人。

奥匈帝国的瓦解:1918 至 1919 年

挑起战端的哈布斯堡王朝最后在战争中灭亡。奥匈帝国曾经试图借助 1914 年 7 月在塞尔维亚发动的战争来扼杀的民族主义者,后者却因为战争而大幅增长,到 1918 年,奥匈帝国境内各民族简直是各行各路。君主政体的权威消散。在旧帝国里,战争最后数天的动力刺激,让各民族建立新国家的欲望更旺盛。

这些新兴国家建国后的情况让人们的理想破灭之后,众人便经常谴责第一次世界大战的胜利者——对美国威尔逊总统的抨击尤甚。人们指责他为了民族自决的原则,而牺牲了此前多瑙河盆地里颇具功效的联邦体制。实际上,1918 年时,旧有的君主政体已一蹶不振。即使没有"一战",人们还是会怀疑仅凭臣民对王朝的忠诚,到底还能让民族成分混杂的奥匈帝国维持多久。一位乐观的君主政体历史学家认为,"在 1914 年时,我们最多只能说君主政体的未来充满了变数。"①

那些依然相信可以挽救旧帝国的人,将很大的希望寄托于联邦自治梦想上。哈布斯堡王朝的联邦主义者提议,让不满情绪最大的少数民族——捷克人和南斯拉夫人拥有地方自治权,如同奥地利的日耳曼人、匈牙利的马扎尔人已经享有的那样。在比较有限的范围内,允许加里西亚的波兰人和克罗地亚人在匈牙利境内,成立自己的议会——萨巴(Sabor)。王位继承人——斐迪南大公也赞同这种方式。

但是,联邦解决方案的难以实施。倘若无法从二元王朝——奥地利与匈牙利②——的手中取得土地,就很难让捷克和南斯拉夫感到满意。匈牙利否决了任何类似的解决方案。由于必须牺牲马扎尔人的利益才能达成妥协,因此自 1867 年的第一次"妥协",将匈牙利王国提升到与奥地利帝国同等的地位,形成二元君主政体之后,便不可能再有进一步的妥协余地。然而,如果不损及某些既得利益者的权益,就无法满足任何新兴民族团体的要求。实施联邦解决方案,曾导致二元帝国的出现,因此人们致力防止奥匈帝国变成三元或四元帝国。即使

---

① C.A. Macartney, *The Habsburg Empire, 1790—1918* (New York), p.810.

② 请参阅地图 p.45,以及书名页后地图。

是同盟国赢得了第一次世界大战，但若将波兰人较多的地区，例如俄属波兰地区并入新的三元帝国——波兰哈布斯堡王国，仍会导致1914年以来奥匈帝国内那脆弱的民族均衡，出现致命性的失衡。[①]

在详细了解战时的哈布斯堡王朝臣民，从联邦主义的目标发展到完全独立的目标之间的过程时，很难避免一种宿命的感觉。人们公认，在1916年，臣民对王朝的忠诚，依然表现出惊人的活力。因为人们依然认为统治众多波兰少数民族的沙俄战败，是重组波兰民族国家——如波兰哈布斯堡王国——的最佳时机，所以很多波兰的民族主义者支持奥匈帝国的理想。天主教的克罗地亚人是忠诚的，即使是最先进的捷克民族主义者也仍然忠诚。克罗地亚人不是赞同联邦主义，就是审慎地保持沉默。1915年初，虽然来自布拉格的教授托马斯·马萨里克(Thomas G. Masaryk)在巴黎成立了“捷克—斯洛伐克全国委员会”(Czecho-Slovak National Council)，但是在奥匈国内依然没有什么直接影响。1915年于伦敦成立的南斯拉夫委员会(Yugoslav Committee)也是如此。

王朝忠诚的崩溃

随着其他与奥匈帝国境内少数民族相同的民族国家加入战争，哈布斯堡王朝少数民族的态度发生了第一个重大的变化。1915年5月23日，亚得里亚海沿岸的意大利在向奥匈帝国宣战；1916年8月，特兰西瓦尼亚的罗马尼亚也宣布与奥匈帝国开战。意、罗成为协约国的两个盟友，意味着一旦协约国胜利，必然会使奥匈帝国损失领土。然后，在1916年年底，86岁高龄的约瑟夫皇帝驾崩，扯断了维系帝国的个人感情。更具影响力的是1917年2月的俄国革命。如今，协约国所开出的比德、奥更优厚的条件，让波兰人对民族国家的复兴有了更高的期望。

布尔什维克在1917年发动的“十月革命”，对哈布斯堡王朝的团结有截然不同的影响。短期内，通过缓解东方战线的压力，布尔什维克让奥匈帝国有机会调集所有的力量，在卡波雷托(Caporetto)打败意大利。但是，长期来看，俄国革命终让因战争而精疲力竭的哈布斯堡王朝的臣民深深了解，古老的独裁政治有多么脆弱，也在客观上给他们上了一堂民族自决的课。

因此，在奥匈帝国里，人们对战争的厌倦是以民族分化(ethnic polarization)的形式表现出来的。不只少数民族对哈布斯堡王朝的联邦主义感到绝望，而且居统治地位的日耳曼人和匈牙利民族主义者更不愿意让步。奥地利议会在战时的第一次会议，于1917年5月20日召开，但只是提供了一个要求扩大民族自治权的公开论坛而已。捷克和南斯拉夫的会议代表，要求建立一个“享有平等权的自由民族各国所组成的联邦国家”。

1918年，当奥匈帝国政府试图以在1914年以前可能大受欢迎的文化自治权(cultural

[①] Lewis Namier, “The Downfall of the Habsburg Monarchy”, in *Vanished Supremacies* (New York, 1958), p.127.

autonomy)的承诺,来收买分离主义者的感情时已经太晚。除此之外,哈布斯堡王朝最后的努力,也暴露了他们的最后一道裂痕:统治民族精英——日耳曼人与马扎尔人——的不满。1918 年春天,当克里孟梭将年轻的卡尔(Karl)皇帝试探性的对协约国的秘密和平协议公诸于世时,很多日耳曼民族主义者断定,哈布斯堡王朝的利益(和平)与日耳曼民族的利益(为柏林争取胜利)背道而驰。马扎尔族的领袖对于王朝威胁要牺牲匈牙利人以收买少数民族的做法更加不满。

局势的发展显示,协约国并不是摧毁哈布斯堡帝国的主要元凶。但是,他们在 1918 年对奥匈臣属民族的独立宣传,却加速了哈布斯堡王朝的覆亡。在战争的前几年里,与多民族及专制独裁的俄国处在同一战线的英法两国,对于民族自决并未多加置喙。但俄国的革命与美国的参战,却将民主改革前向推进,使民主演变成为了协约国主要的战争目的。在 1918 年 1 月美国总统威尔逊所提出的"十四点原则"中,比较赞同以某种形式的联邦解决方案,来处理奥匈帝国的问题;稍后,协约国支持臣属民族的完全独立。1918 年 6 月,虽然与意大利宣称拥有亚得里亚海北部沿岸土地的主张分歧,但是美国仍然允诺南斯拉夫应享有"完全的自由"。1918 年夏,协约国承认位于巴黎的波兰和捷克民族委员会拥有完整的主权。

1918 年 10 月,战争终于结束。一支大部分由法国人组成的协约国军队,从希腊向北推进,在 1918 年 9 月底迫使保加利亚退出战场。保加利亚于 9 月 26 日要求停战,使奥军面临来自南线的威胁。10 月底,意大利也开始发动新的战役,并且在维托利·奥威尼托(Vittorio Veneto)大败奥匈军队。当哈布斯堡政权于 11 月 4 日提出停战的要求时,事实上,奥匈帝国大部分的领土都已经在波兰、捷克与南斯拉夫的控制之下了。

建立新国家

政权的更迭是否会造成社会革命?战后,苏俄边境的东欧陷入一片混乱。与俄国情况相同,许多东欧国家境内也有为数众多、渴望拥有土地的农民。夺取大片地产似乎会引燃革命烈火。挨饿受饥的城市工人和掠取土地的农民,可能会如 1917 年的俄国酿出一股革命风潮。

但是,除了一个国家之外,所有新兴国家都是由社会民主党和农民(或者平均地权主义)政党——而不是布尔什维克——来平息人民的不满。因为民族的骄傲以及建立或复兴国家的兴奋,足以抵消很多东欧民族之间潜在的阶级冲突。与马克思在 1848 年那"劳工无祖国"的断言相反,民族复兴在东欧的穷人与受过教育的中产阶级之间,激起了强烈的情绪。在 1914 年之前,社会主义的领袖就已清楚察觉,在奥匈帝国境内逐渐增强的民族认同风潮里,工人阶级的团结将面临超乎寻常的阻力。举例来说,波西米亚的日耳曼技术工人,拒绝接纳捷克工人进入工会,但是在德意志帝国的波兰语区里,波兰爱国劳工则退出社会主义政党(社会民主党),并于 1903 年组成自己的波兰社会民主党。奥地利的社会主义知

5–8 1919 年 10 月，在民主政权建立期间，布达佩斯街头的示威运动。

识分子奥托·包尔（Otto Bauer）[①]告诫人们，除非建立国际社会主义的世界经济结构，否则不论规模多么微小，每个民族的独立都是一种倒退。但是，他的观点对一般劳工毫无影响力，因为对这些劳工来说，忠诚于民族主义比效忠社会主义更为重要。1918 年，当民族自决的机会来临时，布拉格、华沙和贝尔格莱德的劳工在街头跳舞，身旁则站着民族主义的中产阶级。

在奥匈帝国的很多领土上，农民也把革命精力投入国家建设之中。举例来说，由于捷克斯洛伐克境内的日耳曼大地主多居住在捷克地区，而匈牙利大地主则多居住在斯洛伐克区，因此对他们来说，土地的征收与其说是一种阶级行动，倒不如说是民族行动。

东欧对变革与改革的热情，大多被导向建立新国家的兴奋之中，这比较像是改良主义与民主主义，而不像是社会主义革命。不论是新建国的国家（捷克斯洛伐克 、南斯拉夫）、19 世纪时已建国而在此时扩张的国家（罗马尼亚），还是长期没落后再度复兴的国家（波兰），大部分继承奥匈帝国的国家都是如此。

最大的例外是匈牙利。民族独立并未使匈牙利人民感到满足。1918 年时马扎尔人领袖的决策，比起卡尔皇帝在最后关头重组民族的提议，如匈牙利独立建国，更能妥善地防守历

---

① Otto Bauer 的 *Die Nationalitätenfrage und die Sozialdemokratie*（Vienna，1907）是“奥地利马克思主义者”（Austro–Marxist）为民族主义在世界经济体系与阶级忠诚的马克思主义价值观中找寻立足点的最著名的努力。

史边境。因此，匈牙利的独立是一种保守的反动，为的是保护马扎尔人的统治地位与旧匈牙利王国的有限选举权。10 月 16 日，马扎尔族的领袖于宣布匈牙利将完全独立，与哈布斯堡皇帝之间仅限于维持私人关系。但是，不进行内部改革，他们无法通过威尔逊总统单独订立停战协议。因此，在 10 月 31 日，他们把权力交给米哈伊·卡罗伊伯爵（Mihály Károlyi）。卡罗伊伯爵是改革派贵族，战时曾经领导过一个小型和平主义者的反对组织。11 月 16 日，卡罗伊宣布匈牙利成为独立的共和国。

卡罗伊的十月共和国（October Republic）出现是根据如下的推测：只要接受普选和少数民族的语言权，协约国就会以维持匈牙利的历史疆界为条件，来酬谢新的、民主的匈牙利。但这个推测却是一种误解。协约国东南欧战线的指挥官——法国将军弗朗歇·德斯佩雷（Franchet d'Esperey），并没有阻止匈牙利的新邻国掠夺匈牙利的土地。罗马尼亚的军队向前推进，进入富庶的特兰西瓦尼亚平原（特兰西瓦尼亚平原上的大部分农民都说罗马尼亚语）。斯洛伐克加入 10 月 21 日刚宣布成立的新捷克斯洛伐克。奥地利和匈牙利的南斯拉夫人于 10 月 29 日建立了塞尔维亚、克罗地亚和斯洛文尼亚（Slovenes，后来的南斯拉夫）王国。

既然协约国，尤其是拥有该地区唯一的协约国军队的法国，赞成以罗马尼亚与捷克斯洛伐克作为新的东欧屏障，因此，卡罗伊便无法借助协约国来维持匈牙利的领土完整。不但如此，协约国反而视卡罗伊的匈牙利为战败的敌人。当德斯佩雷将军在 1919 年 3 月 20 日下令要求匈牙利军队撤退至一条新防线后方时，匈牙利人不禁担心这条线将成为他们的新国界。卡罗伊宣布辞职，其遗缺由库恩·贝拉（Béla Kun）接任。库恩是一名新闻记者，1917 年时曾经暂居莫斯科，如今回国领导匈牙利的布尔什维克运动。1919 年春天，库恩取得布达佩斯日渐高涨的罢工和示威行动的指挥权。由于匈牙利的社会民主党曾经是十月共和国的主要成员，因此卡罗伊伯爵除了“左倾”之外，别无他途。

库恩政权

从 1919 年 3 月 20 日到 8 月 1 日，库恩的苏维埃政权掌握匈牙利政权达 133 天之久。库恩的政权是慕尼黑和莫斯科之间，东欧地区唯一的苏维埃政权，也是在俄国以外存在最长的苏维埃政府。他控制了布达佩斯以及那些没有被罗马尼亚军队入侵、在法国人或协约国的保护之下，迅速形成反革命运动的南匈牙利。[①]

库恩曾经尝试借助马克思主义哲学家和文化部长捷尔吉·卢卡奇（Georg Lukács），以及比较现实、因领导“红色恐怖”（Red Terror）造成大约五十人死亡的内政部长萨莫里埃（Tibor Szamuelly）的力量，短期内在匈牙利建立社会主义的基础。死伤人数远超过实际情况的谣传，让匈牙利的上层阶级深感害怕。但是，在以农业为主的匈牙利，库恩所面对的重要对手

---

① 参阅第 7 章。

并不是中产阶级,而是农民。和俄国的苏维埃政权不同,布达佩斯的苏维埃从一开始就与农民疏远。比起列宁的务实作法,库恩将土地国有化,而不是将之分配给小地主。除此之外,库恩的政权也遭遇了任何缺乏粮食的城市政权都会遇到的典型城乡冲突。他用已经贬值的纸币向农民购买需要的粮食,而乡村的农民则以囤积粮食和破坏庄稼的传统办法来回应。事实上,库恩完全没有能力为人民带来和平、土地或面包。

有些匈牙利的爱国者,曾经因为相信可以靠俄国的援助来对抗协约国、保住匈牙利的历史疆界,所以支持库恩的政权。库恩以俄国做赌注,并不比卡罗伊用协约国为赌注的做法高明——列宁正忙于处理内战和协约国干预等种种问题。由于布达佩斯苏维埃鼓舞了慕尼黑苏维埃的士气、使奥地利的革命战火升温,再加上意大利和法国同时出现的普遍性罢工,致使协约国将之视为无法容忍的布尔什维克的西扩之举。因此,法国鼓励罗马尼亚的军队挺进匈牙利。1919 年 8 月初,罗马尼亚攻陷布达佩斯,库恩落荒而逃。因为在十月共和国早期,社会民主党与立宪共和政体的名声已经败坏,所以将匈牙利政权交给前奥匈帝国海军总司令——海军上将霍尔蒂·米克洛什(Miklós Horthy)。他的“白色恐怖”(White Terror)所夺掉的生命,是 1918 年春天萨莫里埃的“红色恐怖”的两倍。[①]

5.5 英国、法国、意大利:1919 至 1920 年的动荡

战后的革命风潮并不只在战败国流行。长年的战争疲倦以及社会苦难,甚至也导致革命在战胜国里突然爆发。战后因为复员而致失业的情况,加剧了战时就已积累的怒火。在英国,传统的“红区”,尤其是苏格兰的克莱德河沿岸,工厂代表所领导的劳工委员会正在兴起。在厄内斯特·贝文(Ernest Bevin)领导的码头工人下,英国工人发动罢工,拒绝将补给品海运给俄国的反布尔什维克者。1919 年 5 月 1 日,法国发生大罢工, 1920 年 5 月又爆发了规模略小的罢工,这两次的罢工是工团主义者发起一场大规模暴动,已达历史高潮。即使是美国,也出现相当多准备战斗的劳工,以 1920 年西雅图的大罢工为最高潮。在战后的几个月里,意大利的社会濒临总崩溃,甚至比德国的情况还严重。在德国,大部分的革命压力比较容易地被疏导为单纯的立宪民主化。

首先,由于只有小部分的意大利人有胜利的感觉,因此战后的意大利人民对彻底改变的渴望,比其他战胜国更甚。比起控制整个亚得里亚海地区和南方的小亚细亚(Asia Minor)地区的参战梦想, 意大利战后分到的有限领土似乎不足以弥补他们花在战争上的人力、精力与物力。其次,无效率的战时政府加剧了意大利的社会冲突。在已经分裂为工业化的北方与实际上还处于封建制度的南方之间,因为社会的对立太过严重,以至于无法承担战时的压力。第三,意大利遭受了胜利国中最严重的通货膨胀。战时物价上涨了四倍,但人们的薪

---

① 参阅第 7 章。

资却追不上物价涨幅,战后头两年,物价又上涨了两倍之多。更严重的是,战时政府曾经描绘过战后可能拥有的美好前景来鼓舞人民。萨兰德拉总理在 1916 年时曾经承诺,归国的退役军人将可以分配到土地。战争结束后,三种充满敌意的抗议活动——工业罢工、掠夺农村土地,以及民族主义示威,使意大利处在革命边缘。

1919 年和 1920 年的罢工运动,在意大利史无前例。虽然在战前十年里,每年平均约有 20 万工人罢工,但在 1919 年时却有五倍的工人(约 100 万名)参加罢工,而 1920 年的罢工更聚集了六倍(约 120 万名)的工人。1919 年 4 月到 1920 年 9 月间,警方和示威者之间共计发生 140 起冲突,约有 320 人丧生。

罢工的动机之一是支持苏联对抗西方的干预。在意大利政府承认和苏维埃政权敌对的"白"俄罗斯之后,1919 年 7 月 19 日至 20 日,全面性罢工爆发了。罢工的另一导火线是生活费用的急剧上涨,很快就超过所有薪资和解方案的承担范围。由工人选出的工厂委员会,在战时政府的支持下,已经取得某种非正式的存在地位,现在则要求在工厂管理上扮演更重要的角色,并且进一步取得如同意大利苏维埃般的地位。

北方的工业城——米兰和都灵,是极富战斗精神的工人中心。在米兰,工厂主与主要的冶金工人工会(FION)之间长期的薪资谈判,因为工人的罢工而更加尖锐化。被激怒的雇主于 1920 年 8 月 30 日,将劳工挡在阿尔法·罗密欧(Alfa-Romeo)汽车工厂之外。冶金工人工会则以占领米兰地区所有的工厂来回应雇主,然后继续占领都灵地区的工厂,最后占据了 59 个城市的工厂。大约有 50 万名劳工参与这起罢工事件。在都灵的现代意大利共产主义的首席理论家安东尼奥·葛兰西(Antonio Gramsci)的明智领导下,工厂委员会维持工厂内的生产,实践着苏维埃的原则。

对战后意大利的劳工革命风潮来说,1920 年 8 月与 9 月发生的占领工厂行动是结束而不是开始。乔瓦尼·乔利蒂(Giovanni Giolti)总理比工厂主更加了解劳工并不知道下一步该怎么做。他坚持与劳工谈判,而不动用武力镇压。三周之后,锐气尽失的劳工以传统的加薪条件以及很快就被人抛诸脑后、不具实质意义的承认劳工委员会的原则为基础撤离工厂。

当时,1919 年间掠夺土地的风潮,也威胁着农村的农庄与地主。战时分配土地给退役军人的承诺,与长期被置之不理的农民的愤怒情绪结合,促使农民对抗拥有大量未开垦的土地和围猎场的地主。1919 年春,如同很多早先动乱时人们的做法一样,意大利很多地区有几伙按日计酬的农村散工和收益分成的佃农,轻易地占领休耕的土地。但是,1919 年的新特性是那些土地掠夺行动得到更多有组织的支持。退役军人的运动、南方与伦巴底(Lombardy)和托斯卡纳(Tuscany)的激进派天主教运动(Popolari),以及博洛尼亚(Bologna)四周传统的"红色"农业区里的社会主义农业劳工联合会(socialist agricultural labor unions),都为乡村富有战斗精神的人提供了组织性的支持。有些地区,因为立法提案授予新开垦地的定居者拥有开垦新土地的权利所激励,没有地产的人进入休耕的土地,绑上布条与旗帜,掘土犁田。

农庄的劳工为了薪资和解方案而组织起来，并且成立“地产委员会”——工厂委员会的翻版。虽然中部和南部确实有些土地因为武力被掠夺，但是北部很少有土地真的是在暴力的胁迫下易主。然而，北部很多地主发现，除非接受社会主义者、天主教乡村协会(Catholic rural unions)以及农民合作社(peasant cooperatives)的条件，否则他们雇不到劳工。

战后的第三种直接行动是民族主义者占领意大利宣称拥有、但被巴黎和会否决的领土。当奥匈帝国瓦解之时，意大利军队在亚得里亚海沿岸的驻扎之地，比战时所承诺给予的地区更往东；尤其值得注意的是，他们占领了南斯拉夫人称之为里吉卡(Rijeka)的阜姆港(Fiume)。和会要求意大利撤军的命令，激起意大利人愤怒的抗议。夸张的诗人与战争英雄邓南遮率领8000名志愿者(大部分是战争的退役军人)，于1919年9月占领了该地区。虽然意大利政府应付及时，邓南遮仍然成立了“卡尔内罗共和国”(Republic of Carnaro)，喜剧性地呈现了许多较晚期的法西斯主义的主题和状况。不过，当意大利政府与南斯拉夫达成协议，让阜姆变成国际自由港时，尽管邓南遮雄辩滔滔并向与列宁和新芬党求助，然而一切都已于事无补。1920年12月，意大利的军方取消邓南遮的退伍军人协会会员资格。但是，这次事件却让很多退伍军人愤恨难平，也为日后干扰意大利政治的民族主义运动开了先河。

到了1920年秋天，意大利战后的暴动压力有明显的削弱趋势。现在起来，即将发生革命的印象是一种误导。实情是绝大部分有组织的意大利社会主义者确实都表态要掀起革命，并支持所谓“最高纲领主义”(maximalism)的立场：他们拒绝与任何“资产阶级政党”结盟，摆出革命的姿态，在他们所控制之处飘扬的是红旗而不是三色旗，而且他们也鼓励劳工不妥协、不让步。[①]但是，身为成熟的社会民主党，他们其实期待能够通过在选举时赢得多数选票来取得政治权力。此外，社会主义运动分裂为三个派别：严格的马克思主义“最高纲领派”；在工会颇有权势的“改良主义”少数派(他们想要与自由主义派结盟，以对抗右派分子)和小规模的弃权主义少数派(他们希望切断与选举政治的关系)。控制政党机器的“最高纲领派”，背离要求改革的广泛的民众运动，谴责掠夺土地是朝小资产前进的小规模中产阶级运动。至于土地掠夺运动，则分裂为由社会主义者、激进派天主教以及退役军人领导的行为。

1920年9月占领工厂的行动失败之后，气馁的工人抛弃了工会，工会的会员数目急剧下滑。战后不久出现的失业潮，进一步削弱了硕果仅存的、有组织的劳工的意志及其进行谈判协商的地位。从选举方面来看，马克思主义政党从1919年11月的高峰(在国家立法机关共508个席位中占了156个席位)下跌，在1921年5月的选举中，他们减少了18席。革命的浪潮已经平息，但是它给意大利中产和上层阶级所带来的恐慌才刚开始，在下一章讨论法西斯主义兴起的内容里，我们对此将会有更多着墨。

---

① 在由萨拉蒂(Giacinto Serrati)领导的最高纲领派的指导下，意大利的社会党(Socialist Party)是1919年10月时唯一加入第三国际(Third International en bloc)的西欧主要社会主义政党。

5.6 事件的余波与结果

1920 年底,欧洲各地的革命浪潮逐渐平息。1923 年的德国,位于萨克森(Saxony)与图林根(Thuringia)的两个社会主义共产党联盟州政府,以及流产的汉堡暴动,是革命残存的最后遗迹。甚至在这之前,苏联并未如马克思主义者所预期的那样,触发先进国家中的革命,而只是保住了硕果仅存的社会主义政权。

成功与失败:比较性的观点

为何战争所产生的革命压力,最后只在俄国诞生了新政权,而其他国家却毫无成果呢?走过这整个世纪之后,针对该问题的研究与争论依旧未曾停歇。马克思主义者和反革命分子一样, 从 1923 年起就不约而同地以预测分析这始料未及的事件转折点作为他们的研究基础。

有些结论似乎很明显。在重要的战争中失利,总归是致命性的打击。事实上,即使是在比较次要的战争尝到败绩,只要民众感觉事关民族威望,便没有任何现代的欧洲政权可以幸存。[①]但是,反之则未必尽然。正如意大利在战后所呈现的社会剧变一样,赢得胜利未必能够确保社会安定。

显然, 如英国和法国这种具有民主制度传统的工业化先进国家和极具同质性的社会里,对大战所带来的社会压力的容忍度,远胜于同质性较低、工业化不发达、专制独裁的社会。而南欧与东欧的革命压力也确实比西欧大。上述观察的结果已经在革命理论家之间引起深切的共鸣。之前曾经认为若西欧未能同时发生革命运动,则社会主义革命不可能在如俄国般的落后国家取得成功的马克思主义思想家必须承认:在 1919 年,革命是首先在农业国家——俄国、匈牙利与巴伐利亚爆发。正如托洛茨基所言:“历史总是沿着阻力最小的路线前进。从路障最少的栅门开始进入革命的新纪元。”[②]

即使革命之火是从现存社会的“薄弱环节”开始燃烧,但是依然无法解释为什么在面对武装反击时,只有一国革命成功,而其他国家的革命却很快就宣告失败。

倘若各种不满情绪比较广泛,则革命的压力确实会进一步形成对专制独裁政权的反抗力量。依然拒绝给予人民基本政治自由权利的政府,将面临多层面——包括自由主义的贵族、中产阶级的自由主义者和社会主义者——的挑战。所有上述的反对势力联合起来,首先推翻了俄国的旧政权。德国的君主政体,也因为同时发生的民主革命和社会革命而崩溃。但是,德国很快就停留在宪法改革的阶段,所以还必须寻找其他的因素来解释社会革命能够

---

① 法兰西第四共和国,在失去印度支那且未能保住阿尔及利亚之后,于 1958 年被推翻。

② Leon Trotsky,“Reflections on the Course of the Proletarian Revolution”,in Isaac Deutscher,*The Prophet Armed: Trotsky, 1879—1921* (New York,1965),p.455.

成功的原因。

革命成功最重要的先决条件之一，是当地必须存在大量渴望拥有土地的农民。大部分已经工业化的先进欧洲国家，很少有人民依赖土地为生(如英国)，或存在许多小型的家庭农庄(如法国)。当这些社会的城市出现动乱时，农村不是对劳工的要求充满敌意，就是默默地袖手旁观。这也是我们从 19 世纪的西欧革命所得到的教训。然而，当城市的示威行动与农村对大地产的土地掠夺风潮相呼应之时，这两股息息相关的力量通常势不可挡。1789 年的法国、1917 年的俄国、1948 年的中国，以及 1958 年的古巴，都是支持这项观察结果的证据。虽然并非全然如此，但是在第一次世界大战之后，革命压力最大的地区，正是那些城市的不满情绪和乡村的土地掠夺同时出现的地方。

在社会主义者看来，土地曾经是相当棘手的问题。如果同意让农民拥有自己的土地，那么他们就会变成小农场主，成为维持现状的堡垒(像法国一样)。这是马克思在 1848 年严厉谴责农民保守主义的原因。之后，社会主义者在土地问题上依然持有不同意见。小型农业区的改良派社会主义者，如法国的让·饶勒斯(Jean Jaurès)和巴伐利亚的格奥尔格·冯·福尔马尔(Georg von Vollmar)，重视争取家庭小农场的必要性，认为这是取得农村选票的唯一方法；相反，罗莎·卢森堡认为，这种策略是与农村地主的保守主义妥协。她坚持土地国有化而不是分配土地给农民。

从 1917 年到 1921 年，上述争论引起人们的共鸣。对权力的关切总是胜于对纯正教条的遵守的列宁，虽然名义上将土地“国有化”，但是事实上却默许农民直接占有土地。之后，任何威胁要恢复旧地主制度的反革命运动，不论是装备精良还是资金充足，列宁的政权对之都具有抵抗力。相比之下，库恩的布达佩斯苏维埃政权，则企图将大地产的土地直接转变成国营农场。以城市为基础的库恩政权之所以垮台，部分是因为农民憎恶他那正统的社会主义土地政策。

民族主义也影响着革命政权的生存机会。冒犯民族自尊的革命政权，很快就会被扫地出门。这是普遍的定律。在匈牙利，卡罗伊伯爵与库恩因无力阻止罗马尼亚占领特兰西瓦尼亚，而付出垮台的沉重代价。巴伐利亚苏维埃则因威胁要把德国分裂为几个小国家而失败。另一方面，那些民族情感已经得到满足的东欧新国家——波兰、捷克斯洛伐克、罗马尼亚与南斯拉夫——即使没有大幅度的社会改革或者令人印象深刻的经济成就，依然能够平息人民的不满。俄国的情形比较复杂，丧权辱国的《布勒斯特—立托夫斯克条约》甚至促使某些布尔什维克加入反对党的阵营。但是在内战期间，因为托洛茨基宣称红军正有效地抵御外敌入侵，所以苏维埃政权取得了额外的力量。

第三国际与欧洲“左派”的分裂

1920 年，列宁依然深信俄国的革命会催生工业化国家的社会主义革命。他尽可能地鼓励社会主义革命。1919 年 3 月，匈牙利和德国的情势让列宁颇为乐观，他召集全世界的社会主义者在莫斯科成立了一个新的全球性组织。这就是共产国际（Communist International）或称第三国际（Third International），以便与战前由社会主义者领导的第二国际（于 1889 年成立）做区分。在列宁看来，第二国际对中产阶级的爱国主义和议会主义做了致命性的让步。

西欧社会主义者对列宁的呼吁首先是热情地响应。“左派”更强烈地渴望能够重新团结。由于未能阻止 1914 年所发生的战争，也由于有很多领导者加入战时政府，第二国际的声誉普遍不佳。历史上第一个社会主义政权在俄国出现，西欧的社会主义者也奋力阻止本国政府攻击苏维埃俄国。如果那伟大的时刻（普遍的社会主义革命时代）即将到来，那么退缩就等于背信。意大利、挪威与保加利亚的社会主义政党，在 1919 年时集体加入列宁的新国际；而德国、法国和英国的社会主义政党，则派遣观察员表示支持。

但是，列宁不需要一般大众的支持或同情。他希望追随者可以仿效布尔什维克，利用少数派的意志和纪律，迫使比较谨慎的议会派社会主义者起义革命。列宁在 1920 年 7 月的第二次大会中，制定了加入第三国际的严格条件。由于坚信俄国若能在对波兰的战争中获胜，将会很快地将革命烈火燃烧到德国，所以列宁要求所有申请准备加入第三国际的政党，都必须同意“二十一点纲领”（Twenty-One Points）。想要成为第三国际会员的政党，必须抛弃自己的改良主义思想，“以最集中的方式”重建政党；支持“苏维埃共和国”对抗外侮；准备以暴力的方式夺取政权，并且不择手段地与改良派社会民主党的势力斗争。

列宁挑拨式的要求以及西欧社会主义含糊不清的反应，造成 1920 年以后欧洲“左派”激烈且永久的分裂。革命的可能性造成他们的分裂。虽然列宁坚信世界性的革命即将到来，但是很多西欧的社会主义者，依然不愿为了一个不确定的结果，而冒险地以先前的成果作为赌注。列宁主义者为了夺权而必须牺牲自由与舒适物质生活的代价，也是促使他们分裂的原因。直到 1914 年，德国的社会民主党以其精巧繁复的合法组织、多次成功的选择经验，以及扩展人类自由的洞见，已经成为其他社会主义者心目中的典范。1917 年，列宁开始推行可与之匹敌的模式。俄国模式虽然与很多社会民主党员的价值观并不兼容，但是在夺权这方面的成就无疑比社会民主党更加成功。大部分的社会民主党依然倾向在不实施独裁统治的情况下，达到社会主义的目标。列宁主义者谴责他们错失了历史良机。虽已历经两代，但是两派之间的裂痕依然极深。

在 1920 年与 1921 年间，俄国境外所发生的大规模社会主义运动，每次都以分裂收场。列宁不接受部分遵守“二十一点纲领”的做法。他具体指出各政党必须予以清除的改良派领袖以及他们的追随者。英国工党和一些强大的社会民主政党，如奥地利与瑞典的社会民主政党，只有少数党员加入第三国际。在列宁表示除非肃清党内的改革派分子，否则拒绝接纳热切效忠的意大利“最高纲领派”之后，1921 年 1 月时，只有大约 1/3 的党员加入新的意大利共产党。1920 年的圣诞节，工人国际法国支部（French SFIO）投票接受“二十一点纲领”，并且控制了党的组织机器与党报《人道报》（*Humanité*）。旧的德国社会民主党自 1914 年以来，就已经因为战争而分裂，但是即使是忠诚的斯巴达克斯党党员罗莎·卢森堡，在她去世之前,也曾经质疑列宁的方法在西欧的适用性。1920 年 12 月,只有大约 1/3 的独立社会民主党(USPD)党员加入第三国际。其余的党员则回归社会民主党多数派,或者说是在理想破灭之后退出了这场运动。

1920 年后,由于西欧的革命前景暗淡,因此第三国际即使取得了这些稳健的成就,却依然无法遏止衰退的脚步。20 世纪 20 年代,正当俄国的领袖企图将西欧的共产党纳入比较严厉的莫斯科布尔什维克的控制时,他们发现列宁所号召的只是一群热衷于直接革命、却毫无纪律的追随者。西方最大的新共产党在法国成立,党内充斥着永远反对议会制社会主义的无政府工团组织主义者,而一旦弄清共产党的中央集权管理制度之后,那些人随即退出共产主义运动。1919 年积极加入第三国际的挪威工党,便在 1923 年时选择退出。所以西方的少数派共产党,以及比较多数的社会民主党,对于在 1919 年和 1920 年是否可能发生革命的议题,依然处于彼此对立的僵局之中。

稍后人们更清楚 1917 年的革命所造成的另一个比较重大的后果。正当革命的压力已经平息之际,对革命的惊恐反应却方兴未艾。很多受惊的欧洲中产阶级,开始放弃 19 世纪时祖先所流传下来的自由主义,转而相信较有能力对抗革命派社会主义的堡垒。在分析了 1919 年的和平解决方案之后,我们将在第七章里更细致地探讨这些法西斯主义的堡垒。

6–1　人们在巴黎庆祝《凡尔赛条约》的签订。

第6章

巴黎和平解决方案

1919年1月到6月，协约国的首脑在巴黎开会，起草和平条款。[①]但是，巴黎和会(Paris Peace Conference)并非只是将战胜国的意愿强加于战败国身上，还面临着更为复杂的议程。它必须建立新的国际秩序，以取代四个此前统治中欧、巴尔干半岛与近东地区的大帝国——德意志帝国、沙俄帝国、奥匈帝国与奥斯曼帝国。它必须满足人们“以战止战”[②]的期待，以全世界范围的解决方案做结束，如此才能维持永久的和平。但是，因为战时的宣传而高涨的情绪，使人们很难扮演好公平正义的角色。尽管协约国的民族主义者因为这场战争而指责德皇威廉二世，并且要求审判他，但是很多德国人却不相信德国已经战败。

此外，还有三方面的问题也需要深思熟虑：之前在战争时协约国彼此之间，以及他们与其他国家之间的协议；战胜国的战略性与经济性利益；以及1919年春天，他们想要遏制革命政权在中欧扩散的渴望。最后，由于利益和交易反映在实际条款中，致使这项原本基于理想主义的和平协议的表达方式，相当令人不快。

[①] 主要的权威凌驾于四巨头委员会(Council of Four)的会议依据之上，四巨头委员会的成员包括：美国总统威尔逊、英国首相劳合·乔治、法国总理克里孟梭，以及意大利总理奥兰多(Vitorio Emanuele Orlando)。针对亚洲议题，他们吸收了当时首度正式被承认跻身霸权之列的日本公爵西园寺公望(Kimmochi Saïonji)。很多其他的国家和民族也派代表参加。

[②] 韦尔斯(H. G. Wells)在1914年8月14日的《每日新闻》中，刊登这则颇具影响力的标语，以促使英国舆论将这次战争正当化。

6.1 背景:交易、利益与意识形态

战争目的

随着大战的发展,战争已经从国家之间的利益之争,转变成为争取自由和民族独立的圣战。起初因为沙俄也属于协约国阵营,所以协约国很难宣称自己比同盟国更适合作为自由和独立的代表。但是, 1917 年俄国的二月革命,让协约国的人民相信自己是为了民主而战。

所有交战国的政府, 都曾经利用大规模的宣传来哄骗人民忍耐长期战争所带来的苦难。协约国的人民曾被告知德国对比利时的侵略与残暴行为。德国国内的反对派,因为政府废除普鲁士[①]古老的三级投票制(three-class voting)的承诺,而转变了对政府的看法。劳合·乔治首相也允诺退役军人回国后,将能得到"与他们的英雄事迹相称的土地"。战时政府就是以这种含糊不清的交易,取得民众的配合:为求胜利不计一切,然后就可以拥有更加美好的世界。

1917 年俄国十月革命,让战争目的这个议题被摆上台面。列宁宣布俄国退出大战,他鼓动各国人民迫使其统治者们结束一场以 "只是为了决定由哪些比较强大且健全的民族,来统治比较弱小的民族"[②]为目标的战争。为了具体说明,新任的苏俄外交事务部长托洛茨基打开已无人看守的俄国外交部的保险箱,公布了战时各国的秘密协定。欧洲人方才得知利用秘密的外交手段,各国已经达成哪些协议:俄国为夺取奥地利的加里西亚和土耳其的海湾地区而战;法国已经得到俄国支持自己重夺阿尔萨斯-洛林区的承诺;意大利则期待把版图扩展到亚得里亚海沿岸地区,并且控制阿尔卑斯山区。由于缺乏其他武器,所以苏俄向各国已因为战争而筋疲力尽的人民揭发所有交战国的战争目标,希望能借此达成立刻停战的目的。

"十四点原则"

美国总统威尔逊试图把宣传的主动权从列宁手中夺回。他把对战争目的的争论,从列宁的立即实现和平,转移到协约国胜利之后可以带来的"真正和平"上面。1918 年 1 月 8 日,在按惯例提出的国情咨文中,威尔逊在国会发表演说,表示他在"十四点原则"里,概述了一

---

① 参阅第 1 章。

② V. I. Lenin, "Decree on Peace, October 26, 1917", in *Selected Works*, Vol. 6 (New York, 1936), p.401.

种坚持取得胜利的持久、正义的和平。稍后发表的数点原则声明，使威尔逊的最终和平内容更加完整。其中的基本原则是以“公开的和平协议、公开的签约过程”来取代秘密的外交手段、商业与贸易自由、裁减军备、“重新调整”殖民帝国、使土著居民拥有与宗主国利益“同等价值”的利益、民族自决、各民族可以自己选择统治者，而且尽可能完全依据民族疆界来划分国界；最后，成立“全体国家联盟”(general association of nations)，以维持和平并且保证“大小国家一样”安全。

虽然交战双方都有人与列宁有相同的想法，希望通过革命立即实现和平，但是在协约国中，多数人对于威尔逊在战争胜利结束之后正义与和平便可随之而来的观念，有着几近虔诚的渴望。在英国，如民主控制联盟(Union of Democratic Control)这类自由主义的战争评论家，借着威尔逊的优势进一步发挥了影响力。威尔逊与他们的假设一致：以民族原则为基础的民主制度比专制制度更利于和平；如果将外交置于人民的监督之下，就可以维持和平；如果能承认民族的抱负，则未来就不会有变成战场阵地的土地。威尔逊的观点也让他在欧洲各国的变成预言家；他似乎把人们那未成形、但强烈渴望脱离曾经造成第一次世界大战的旧秩序的希望具体化了。威尔逊在前往巴黎的途中，受到热情支持者夹道欢迎，意大利人的反应尤其热烈。最具体的改变是，因为威尔逊的关系，德国已经转变态度准备停战，德国人要求以“十四点原则”为基础，商谈停战协议。当时已经出现自由主义的战争评论文章，知识分子利用优势，发挥其推动和平的影响力。不过，这仍存有某些实际层面的考虑。

战时的条约与承诺

战时首度出现的“秘密协议”使调解者的任务更加复杂。1914 年秋天，由于战事陷入僵局，协约国政府便做出秘密承诺，试图巩固并壮大联盟。其中有部分原因是为了防止俄国单独媾和，因此英国和法国在 1915 年 3 月和 4 月，同意协约国战胜后，俄国可以占有君士坦丁堡和海湾地区，以此为条件，来换取俄国支持英国在埃及与法国在阿尔萨斯-洛林的军事目的。在 1915 年 4 月 26 日所签订的《伦敦条约》(*Treaty of London*)中，协约国又对意大利做出丰厚的承诺，以此换取意大利加入协约国。[①]虽然已经许诺罗马尼亚可以占有特兰西瓦尼亚，但是因罗马尼亚已经在 1918 年 5 月 7 日与德国单独媾和，这项承诺便被视为无效。

大战期间，协约国大都只是威胁要割占同盟国的领土，而不是要消灭他们。但是，战争结束时，协约国又对多民族大帝国里的少数民族做出承诺，助长了这些大帝国内的民族主义革命压力。

波兰人是第一个为了在战后能够民族独立，而公开支持协约国的无国家的民族。在战时，只要俄国始终站在协约国这一方，很多波兰人——如社会派民族主义领袖约瑟夫·毕苏斯基(Josef Pilsudski)——就认为德国的胜利会让他们建国的希望更大。德国在 1916 年 11

---

① 参阅第 3 章。

月宣称他们想让前俄属波兰地区成为独立国家。但是当1918年春天俄国退出大战之时，协约国建立了一个统一的波兰民族国家——由德属波兰、奥属波兰和俄属波兰等地区组成——这是他们开战的公开战争目的之一。建立具备通往海洋的通道的"独立波兰"，是威尔逊在1918年1月所提的"十四点原则"里的第十三点。

协约国在1918年的夏天，承认其他哈布斯堡王朝臣民的独立。在巴黎的捷克斯洛伐克民族委员会(Czecho-Slovak National Council)因为西伯利亚捷克军团的反布尔什维克行动而受益，人们已经承认它是实际的捷克政府。虽然协约国婉拒从贝尔格莱德的塞尔维亚政府、伦敦的南斯拉夫委员会(Yugoslav Committee)，以及萨格勒布的南斯拉夫全国会(Yugoslav Natinoal Council)三者之中，选择代表所有南斯拉夫人的官方发言人，但他们接受了建立单一南斯拉夫国家的目标。因为各地的属民已经掌握了行政管理权，所以在1918年10月底，除了日耳曼地区与匈牙利地区之外，奥匈帝国实际上已经灭亡。因此，1919年召开的和会，所面临的不只是协约国的承诺，还包括一连串的既成事实。很多民族已经根据这些既定事实，来维护新民族国家的存续。

另一个多民族大帝国——1914年11月，在德国的影响下参战的奥斯曼土耳其帝国——的人民，由于当初得到的承诺特别暧昧与矛盾，因此他们现在反过来干扰和会的进行。承诺之一是因为英国努力想要鼓动阿拉伯的分离主义者来对抗土耳其，并以之作为苏伊士运河地区的缓冲。首先，他们支持希札兹铁路(Hijaz Railway)沿线贝多因地区(现今的沙特阿拉伯)的游击队。[1]其次，英国军官诱使主要的阿拉伯家族之一——哈施米特(Hashemites)家族，让他们感到英国会支持他们在近东地区建立独立的阿拉伯王国——如果他们能够协助英国消灭奥斯曼帝国的话。同时，在1916年5月的《塞克斯-皮科尔协定》(*Sykes-Picot Agreement*)中，英国和法国进一步划分了各自在近东地区的殖民地势力范围。但是，这与建立独立的阿拉伯王国的承诺完全背道而驰。根据协议，法国将拥有支配东北方地中海沿岸与内陆(叙利亚，黎巴嫩)的地区；而英国则可以控制底格里斯河—幼发拉底河流域(Tigris-Euphrates Valley，现今的伊拉克)，以及约旦河流域(Jordan Valley，现今的以色列和约旦)。最后，英国政府在1917年11月的《贝尔福宣言》(*Balfour Declaration*)中，同意"表面上赞同"犹太人在巴勒斯坦建立"民族国家"，此举也鼓励犹太复国主义的拥护者，将希望寄托于与其他两项协议的潜在差异上。

所有得到战时承诺的人，都企图在和会上兑现那些承诺。已被承认为合法政府的捷克斯洛伐克和波兰的全国委员会，都是其中一员。哈施米特家族的费萨尔(Faisal)亲王和劳伦斯(T. E. Lawrence)上校亦是，他们出席和会的目的乃在于争取在中东建立阿拉伯王国。来自曼彻斯特的化学家魏茨曼(Weizmann)，游说与会者拥护犹太复国主义者建立犹太民族国

[1] 它的英国领袖劳伦斯(T. E. Lawence)对整个行动的描述非常浪漫，是战后伟大传奇的来源之一。请参阅T. E. Lawrence, *The Seven Pillars of Wisdom* (London, 1935).

家的理想。杜波依斯（W.E.B. DuBois）在会场附近召开了第一次泛非洲代表大会（Pan-African Congress）。但是，巴黎和会对秘密条约与战时民族希望的认定，显然相当不公平。举例来说，甚至在停战以前，捷克人就已经利用他们隶属于旧哈布斯堡王朝的武装部队与地方官僚，建立了实质上属于自己的国家；相反，阿拉伯人却只是拥有无法实现的梦想。

即使战胜的列强愿意，他们也无力兑现所有的承诺。其中有些东西根本不可能兑现。例如，根本没有办法如威尔逊总统所建议的那样，划出种族上以波兰人为主、而地理上又能控制进出大海通道的波兰国界。有些协议是互相矛盾的，例如中东的情形。此外，早先与战前各国所签订的“秘密条约”尚存，当时依然是以王朝和民族的利益作为开战的目的。那些协议是以漠视民族认同与民族自决的态度，来变更国家的疆界。但是战争目的的议题，是以向焦躁不安且厌战的人民进行宣传时的重要内容的姿态出现，而民众强烈渴望世界政治能够按照批评战争的自由主义者所拥护的路线改变。在这种情况下，人们无法接受这样的领土交易。1919 年比 1915 年时更难让各国政府能够不顾当地居民的情感，任意协商割让大片土地。

列强的国家利益

影响和会的第二点是，主要战胜国本身的国家和战略性利益。其中尤以代表法国的克里孟梭为甚。克里孟梭敏锐地觉察到，在协约国中，法国所付出的战争代价最大，因此坚持欧洲大陆上的和平条款，应该优先考虑法国的利益。他坚决主张最终的和平条款应该要能保障法国的安全。

法国充分了解，自己在 1918 年时的欧洲霸权身份，所能发挥的影响力只是一种为时短暂的假象：1917 年 5 月与 1918 年 7 月，他们为了战争所付出的努力，让他们的国力近乎崩溃。而且，最后还深陷于 6000 万德国人与 4000 万法国人之间，日趋严重的工业和人口失衡的困扰之中。1918 年时，法国主要是靠着德国和俄国的同时衰败才得以维持优势地位，事实上，这在现代欧洲列强的竞争史上史无前例。法军不仅在德国的西部边境驻扎庞大的军队，亦派遣大批部队前往东欧。法军是德国和俄国之间的主力部队，而法国的军事顾问也在很多东欧新兴国家的首都提供协助。如何将这种暂时性的军事优势，转换成永久的防护屏障体系，让德国与俄国永远没落下去，是个深具吸引力的想法。

贯穿和会的主要思路，是克里孟梭不屈不挠地为了确保法国安全而努力。更加不愿妥协的法国民族主义团体，甚至为了让莱茵河地区脱离德国而奋战，因为这样就可以将莱茵河变成一道军事屏障。但是克里孟梭比这个团体更有权力，而事实上他也因为反对这个团体而获益。通过宣布放弃要求分离莱茵河地区，克里孟梭可以拒绝做出其他让步。法国的安全利益，依然是决定诸国在战后体系里是否能够得到青睐的主要标准。

克里孟梭并不是列强之中唯一在和会上追求国家利益的发言人。法国指责英国想要扶植德国复兴，并且视其为贸易伙伴，以便“平衡”和对抗胜利的法国。事实上，确实有些证据

6-2　1919年6月，法国总理克里孟梭、美国总统威尔逊与英国首相劳合·乔治（由左至右）在签订对德条约之后走出凡尔赛宫。

支持法国对英国的指控。英国的国家利益倾向于支持自我约束的非惩罚性和平，以及迅速复苏经济。英国的经济学家凯恩斯，在他的畅销书《和平的经济后果》(*The Economic Consequences of the Peace*,1919)中，强调健全的德国对欧洲经济的重要性。劳合·乔治支持威尔逊反对法国分离莱茵河地区的提案。英国也尝试在战前德国于非洲的殖民地，以及从奥斯曼土耳其手中"解放"的中东地区取得主动。

威尔逊也毫不犹豫地争取美国的利益。美国的波兰裔选民让他有充分的国内政治理由，支持波兰人所提出的超越民族界限的要求。这种"有绝对的自由可以在海上航行……不论是和平时期或是战乱之际。"("十四点原则"的第二点)，以及移除国际贸易壁垒(第三点)的威尔逊原则，都有利于新兴的商业大国。由于参议院的反对声浪不断壮大，致使威尔逊总统不得不在国际联盟宪章(League of Nations Covenant)第二十一款中，加入明确声明该宪章不得取代"如门罗主义(Monroe Doctrine)般的地区性协议"的字样。

对布尔什维克主义的恐惧

影响和会的第三点是担忧逐渐蔓延的革命烈火。冷战(Cold War)期间，有些历史学家已经意识到《凡尔赛条约》是围堵共产党[①]的首个步骤。事实上，和会确实花费很多时间和精力，处理1919年春横扫欧洲的革命风潮，以及俄国新苏维埃政权的问题。

虽然在停战协议中曾经提过，但在刚开始时协约国并未要求德军撤出前沙皇俄国的领

---

① Arno J. Mayer, *The Politics and Diplomacy of Peacemaking, Containment and Counterrevolution at Versailles, 1918—1919* (New York, 1968).

土。直到1919年2月,德军依然驻扎在乌克兰和前俄属波兰等地。直到1919年夏,爱沙尼亚(Estonia)、拉脱维亚(Latvia)与立陶宛(Lithuania)的新政府,有能力确保国内的稳定为止,德国军队始终掌握着某些波罗的海地区的重要铁路线。因此,在停战之后八个月,约30000名由冯·德·戈尔茨(Rüdiger von der Goltz)将军所率领的德国志愿军所组成的自由团(Freikorps),在东欧与俄国不稳定的边境地带依然维持战时编制,成为西方国家对抗苏俄的实际盟友。

然而,德国并未因此而赢得足以与俄国抗衡的地位,协约国反而设置了由东欧国家组成的封锁线;这条封锁线,就是用来平衡德国和苏维埃俄国。尤其是在1920年和1921年的俄波战争(Russo-Polish War)中获得法国的协助之后,新的波兰更跨越了民族疆界向东方与西方扩展。新的捷克斯洛伐克版图朝东延伸,吸纳了乌克兰人的近亲——罗塞尼亚人(Ruthenian)。罗马尼亚取得两个种族上有关联但彼此混居的地区:属于前沙俄领土的比萨拉比亚(Bessarabia),以及原属匈牙利的特兰西瓦尼亚。这些新国家意味着要将苏俄和德国封锁在比较小的疆界以内。

和会首脑们反布尔什维克倾向极为强烈,足以使他们忘记在危急时刻自己所作的民主承诺。在匈牙利,当罗马尼亚于1919年8月挺进布达佩斯,不但驱逐了库恩,而且也赶走了在库恩之后试图接掌政权的温和派社会主义者时,协约国并未采取有效的约束措施。协约国愿意与在罗马尼亚撤军之后掌权的匈牙利军官,协商匈牙利的和平解决方案。但是,除了反布尔什维克主义这一点以外,右派人士对于威尔逊的任何原则均不赞同。

当然,反布尔什维克并不是各国领袖召开巴黎和会的主要动机。各国人民,尤其是法国人民,无法立即将长达四年的反德宣传抛诸脑后。刚开始时,很多保守主义者认为布尔什维克就是德国的代理人。1919年1月,法国《法兰西行动》(*Action française*)的新闻记者雅克·班维尔(Jacques Bainville)欢庆柏林的斯巴达克斯党党员起义行动,预言苏维埃德国将是软弱而且支离破碎的国家。克里孟梭完全不理会德国的警告——"苛刻的和平"(harsh peace)会散播布尔什维克主义。对布尔什维克主义的恐惧,既没有为德国赢得比较宽容的和平,也没能如1947年到1949年间一般,迅速解冻各国与德国的关系。

6.2 解决方案

巴黎和会最后所拟定出来的条款,即统称为《巴黎和约》的一系列条约。由于《巴黎和约》是分别与各战败国签订的,因此共包含五个独立条约。各条约皆以举行正式签约仪式的、位于巴黎附近的皇宫为名。第一个,也是最重要的一个条约《凡尔赛条约》(*Treaty of Versailles*),是1919年6月28日,在宏伟的凡尔赛宫里的镜厅所签订的对德条约;与奥地利的相关条款,是1919年9月10日签订的《圣日耳曼条约》(*Treaty of Saint Germain*);对匈牙利的条约,是在消灭库恩的苏维埃政权之后,于1920年6月4日所签订的《特里亚农条约》(*Treaty of Trianon*)；与保加利亚的《讷伊条约》(*Treaty of Neuilly*)则于 1919 年 11 月 27 日签订。由于受到凯末尔(Mustafa Kemal)领导的土耳其民族主义运动的耽误，与土耳其的《色佛尔条约》(*Treaty of Sèvres*)迟至 1920 年 8 月 10 日才签订，成为最后签订的一份和约。

6.3《国际联盟宪章》

威尔逊总统坚持巴黎和会的首要任务，是建立一个可以维持和平的常设组织——国际联盟(League of Nations)。民众要求根本改变以往带有强烈情绪的处理国际关系的方式，是这项提案的后盾。作为第一位任上造访欧洲的美国总统，威尔逊更是将他个人的威望都压在此提案上。

1919 年 1 月 25 日，国际联盟的原则全票正式通过。在这一年的前几个月里，人们都忙着制定联盟宪章的具体条款。最后于 4 月 28 日通过的条款——《国际联盟宪章》(*League of Nations Covernant*)，设立了由所有会员国组成[①]的会员国大会，以及由五大强国加上四个由会员大会选出的其他国家所组成的委员会。联盟的会员同意“尊重并维护”所有会员国的领土完整性——亦即维护第一次世界大战之后所形成的各国国界。在出现争议之时，联盟的会员国应约束自己服从联盟委员会的仲裁、司法裁定或者调查，而且同意在完成上述步骤之后三个月内不得开战。若有任何联盟的会员国漠视这些规章而开战，那么其他的会员国可以依据“国际制裁”的规定，采取封锁甚至军事行动来对抗该会员国(第 16 款)。不过，国际联盟并非拥有最高权力的机构。它本身不具备军事力量，而且，若未取得委员会的一致同意，联盟也不能采取任何行动。

《国际联盟宪章》还包含其他重要的一般规定。宪章并未依循往例，将战败国的殖民地和海外领土直接划归战胜国，而以“尚无能力在现代世界的艰苦条件下自立”的地区交由国际联盟“托管”(第 22 条)的方式，由国际联盟委任某个“先进”国家担负“托管”责任。接受委任负责托管的国家，必须每年向国际联盟提交报告。

《国际联盟宪章》依据欧洲人对各地区独立的“先进”程度的构想，将托管地划分为三级。A 级托管地是刚刚获得自由、期待自己最终独立的民族，如前奥斯曼帝国的非土耳其民族地区。与英国对阿拉伯人的承诺相比，在更接近《塞克斯-皮科尔协定》的解决方案中，将叙利亚和黎巴嫩交由法国托管，而底格里斯河-幼发拉底河流域和巴勒斯坦则交由英国托管。B 级托管地则包含了前德意志帝国在非洲的殖民地，虽然并不期待当地的人民在可预见的未来能够建立独立的国家，但是缔约者赞成不要只是简单地把这些人民划归现有非洲帝国的统治之下。除了由比利时负责管理的刚果邻近地区之外，坦噶尼喀(Tanganyika,

① 首先受邀参加的是 42 个战时的协约国和中立国。德国在 1926 年时获准加入，而苏联则于 1934 年加入国际联盟。

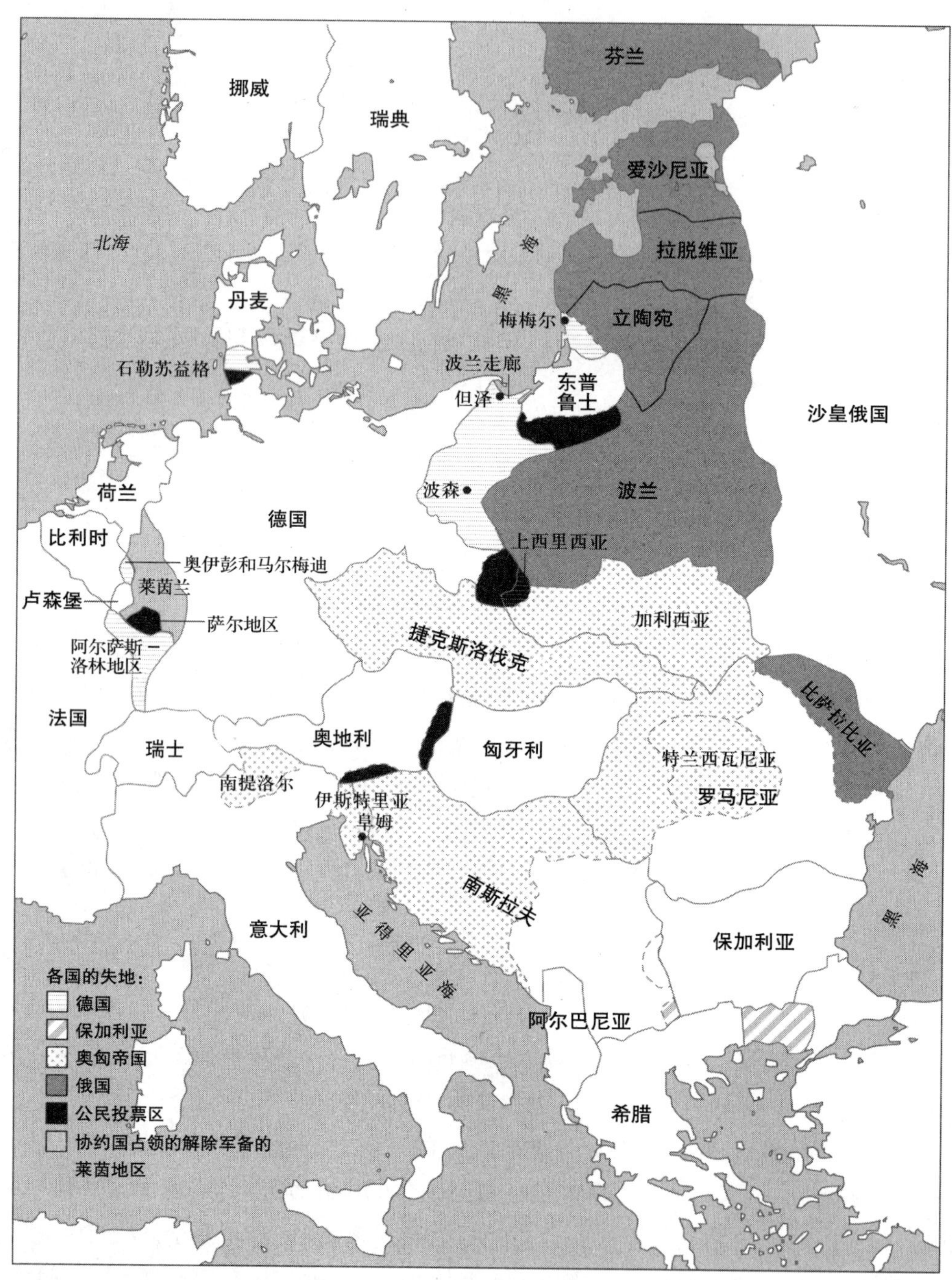

地图 6–1 欧洲的和平解决方案，1919 年—1920 年

今坦桑尼亚）的大部分地区成为英国托管地。德国在西非的殖民地——多哥（Togo）与喀麦隆（Cameroons）的托管权，分属英国与法国所有。C 级托管地由可直接置于托管国法律之下的前德国属地所组成。根据上述规定，由南非取得前德属西南非洲的领土，直到 1990 年以纳米比亚（Namibia）之名独立之前，这项约定始终有效。德国在赤道以北的太平洋属地，由日

本托管；赤道以南的属地，则归澳大利亚和新西兰管理。

虽然托管国的义务是在国际联盟的监督下管理这些领土，但是拥有托管权的强国，却有将 B 级和 C 级托管地同化为殖民地的倾向。只有一个 A 级的托管地在二十年后的第二次世界大战爆发之时，成为完全的主权独立国家——英国在 1932 年时接受伊拉克独立。

《国际联盟宪章》也呼吁各国全面裁减军备(第 8 条)。此外，和会的少数民族委员会(Minorities Commission)促成国际联盟与某些拥有众多民族或宗教少数派的国家，签订一系列的条约，保证他们不会受到歧视。和会还成立了国际劳工局(International Labor Office)，负责汇报工作与薪资条件。最后成立的是一些专门机构，用以处理医疗、人道与法律问题。由于作风谦和，这些专门机构在国际联盟中运作最久。

制定宪章耗去了和会相当多的时间，因此和会剩余的时间大多用来解决受既定事实不利影响的领土问题。由于威尔逊相信，只要国际联盟能够适当运作，则条约中的任何缺陷，都能留待日后补救。也因为如此，威尔逊愿意在领土解决方案上妥协，以确保各国接受国际联盟的建立与运作。

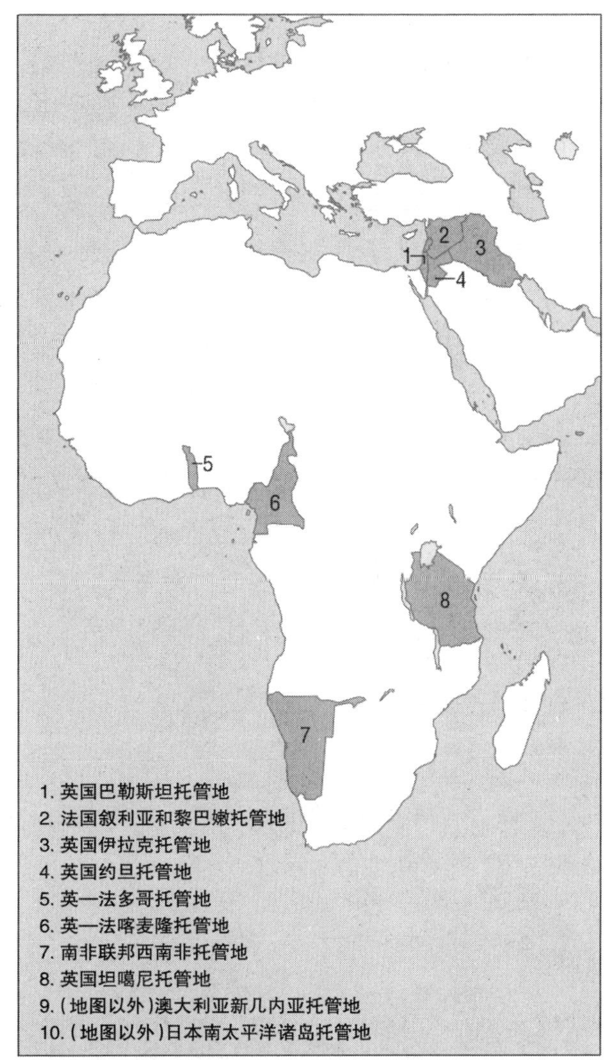

地图 6–2　国联委任托管地

6.4 西欧的解决方案

威尔逊的“十四点原则”对于法德解决方案具有直接影响，这是由于此乃 1918 年 10 月巴登的马克斯亲王用以请求停战的基础。不过，在“十四点原则”中，专门处理西欧问题的内容只有两点：第七点要求“撤离并恢复”战争的第一个牺牲品——比利时；第八点规定，应当不只是归还并“恢复”法国被侵略的土地，而且也应该将阿尔萨斯—洛林区归还法国，一雪“1871 年法国所蒙受的耻辱”。不过，由于更多实际层面的问题有待考虑，因此西欧的解决方案，实际上比上述二点更加复杂。

分离莱茵地区的企图

不论时间如何推迟，也不管人们如何诧异，德国毕竟战败了，让法国军队有机会通过直接行动来影响解决方案。1918 年 11 月 11 日，由协约国军队的总司令——法国的福煦元帅——所起草的停战协议条款，是着眼于日后更永久的安排，授权协约国军队（大部分是法国军队）进军莱茵河，以占领横跨莱茵河的三座桥头堡——美因茨（Mainz）、科布伦茨（Koblenz）与科隆（Cologne），并且在莱茵河的对岸建立中立区。

虽然不清楚是凭借何种权力这么做，但是已经在莱茵河站稳脚跟的法国军官，竟然直接让这个地区脱离德国。他们在莱茵河地区找到了一些愿意合作的德国人。汉斯·亚当·多顿（Hans Adam Dorten）——前杜尔塞多夫区（Dusseldorf）的律师与杜尔塞多夫工业家俱乐部（Dusseldorf Industrialists' Club）的发言人——在 1919 年 2 月筹备了一次莱茵河地区制宪大会（Rhineland Constituent Assembly）。他得到有些认为可以避免接受苛刻的和平条件的、想要与法国而不是与柏林的社会主义政权或者是与巴伐利亚短暂执政的苏维埃政权建立联系的企业家以及反对普鲁士新教的天主教徒（包括科隆年轻的天主教徒市长康拉德·阿登纳；三十年后，他成为西德第一任总理）的支持。

福煦元帅越过克里孟梭，在和会上游说分离莱茵河地区的提案。但是在德国的莱茵河地区，分离主义只得到少数人支持，而且劳合·乔治和威尔逊极力反对这项可能会制造未来另一个报仇雪耻的机会的领土解决方案。对于这个问题，法国总理克里孟梭可以压制他那些意志坚定的军人同胞。

领土变更

因此，实际上西欧的领土变更相当有限。虽然有些地区还说着德语方言，但是在 17 世纪被路易十四征服以后，直到 1870 年普法战争（Franco-Prussian War）割让给德国之前，始终是法国领土的阿尔萨斯—洛林地区，显然将完全归还法国。奥伊彭（Eupen）、马尔梅迪（Malmédy）和莫里斯尼特（Moresnet）的边境地区，将转让给西欧第一个战争牺牲国——比利时。至于 1864 年德国从丹麦手中夺取的边境地区，则将安排公民投票以决定归属。为了“补偿法国北方煤矿遭破坏的损失”，所以正好横跨洛林北方边境的萨尔煤矿将归法国拥有 15 年；15 年之后，萨尔的居民可以投票决定自己的国家归属（在 1935 年举行的公民投票，人们以压倒性的票数选择依然归属德国）。经过变更之后，人们仍然依稀可辨 1914 年时的西欧版图。

德国的“非军事化”

既然法国无法分离莱茵河地区，和会便试图建立一道自然屏障，防止日后德国向西采取军事行动。所有莱茵河以西的德国领土，以及莱茵河东岸约 50 公里宽（约 30 英里）的狭

6-3　一名英国士兵在莱茵河巡逻，背景是科隆大教堂的塔尖。在签订《凡尔赛条约》之后，协约国的军队应该还会驻扎在莱茵河左岸十五年。1923 年 1 月，美国将他们的防守区（科布伦茨）交给法国。英国在 1925 年 12 月撤离科隆防守区。法国依据杨格计划（Young Plan）协商中的议定事项，于 1930 年 6 月，提前五年撤离他们的防守区（美因茨）。

长地带，被划为永久非军事区。德国军队将永不能驻扎在这个地区的德国领土上。这片“非军事区”的设置，是为了阻挡德国突然向西袭击，同时使法国在需要援助东方盟友时，方便地向东移师。占领莱茵河西岸的协约国军队，将在该地驻守 15 年。此外，和会也同意美国和英国将法国纳入他们的保障条约，当德国攻击法国时，美英两国便可据此出兵援助法国。

除此之外，解决方案还企图解除德国的武装力量，解散德国的总参谋部，限制德国海军（最后规定德国海军只能拥有 6 艘 10000 吨级的战舰、6 艘轻巡洋舰，以及 12 艘驱逐舰），禁止德国制造或拥有潜水艇、军机、重型大炮、坦克车与毒气瓦斯。德国只能拥有 100000 名志愿军，规定每名士兵必须服役 12 年，如此一来，德国便无法重建一支大规模的短期后备军。

赔　款

协约国试图让德国赔偿战争的损失。战胜国总是榨取战败国的财产，先是战利品，接着便是惩罚性的赔款。1815 年当拿破仑最后战败之后，战胜者就曾经强索 7 亿法郎的赔款，约占法国和平时期的年度预算的一半；而且赔款必须在五年内偿清。在 1870 年到 1871 年的普法战争之后，法国必须支付 50 亿法郎给德国，分 4 年付清。第一次世界大战后，对德国的

“赔偿”要求，赔款的金额不只远超过任何之前的战败赔款，而且还披着道德谴责的外衣。《凡尔赛条约》中著名的第231条条文中称，由于“德国与其盟国的侵略行动”引发大战，因此德国应该“补偿协约国及其盟国人民之所有损失及资产”（第232条）。

沉浸在战争结束的情绪里的人们，对赔偿的胃口越来越大。威尔逊的“十四点原则”中，只是曾经含糊地提及“恢复”比利时和法国被占领的领土。但是当德国于1918年10月，试图以“十四点原则”为基础进行停战协议谈判时，英国和法国对威尔逊的所有抱负并不十分热心，并且表示只有在添加德国应赔偿“所有协约国人民的损失，及其因德国侵略所损失的资产”[1]的条件下，才能接受停战协议。1918年12月的“卡其布选举”时，劳合·乔治对英国群众作出煽动性的承诺：他告诉英国民众，德国将支付所有战争与重建的费用。与传说相反，法国官员反而不那么苛刻，不过，报纸却煽动法国人燃起“德国会付款”的希望。

在这项道德指控的背后，隐藏着冷静的政治盘算。没有一个交战国能够依靠税收来支付所有的战争费用。所有的国家都通过出售债券借贷了庞大款项，在战后他们必须偿还债券的本金和利息。他们也曾经滥发货币，以掩盖战时的预算赤字。结果导致的通货膨胀，意味着最后他们偿还给债券持有人的钱，将低于债权人当时购买的价格——如果还能偿还的话。虽然政府可以拖欠债券的偿还，但这会使得再次借款时更加困难。不论是通货膨胀还是拖欠债券，购买战时债券的人终将因为支持战争而投资失败。政府不愿意与债券持有人对立。此外，政府还需要庞大的资金，来修复战争时损坏的建筑物、桥梁、铁路和矿山，以及恢复满地弹坑的农田的生产力。没有任何政府认为提高税收来负担这些支出，是一件容易的事。

6–4 赔偿的问题，正如英国的漫画家在1923年时所观察到的一样。

另一个引发纠纷的问题是战争借款。英法都向美国借了庞大的款项，此外，法国还欠下英国一笔战争借款。虽然美国在要求赔款这件事主张温和（美国并未实际参与赔款委员会〔Reparations Commission〕的运作），但是在20世纪20年代时，美国从未考虑放弃任何战争借款。不过如果得不到德国的赔款，英国与法国很难偿还他们向美国的借款。

和会固然无法同意符合德国期待的低额赔款，但是也不能满足英法希望的高额赔款，因而将这个问题留给赔款委员会解决。期间，人们认为德

[1] 1918年11月5日，协约国政府的观察备忘录。

国应该开始支付初期的十亿马克赔款，并且交付煤炭给法国，以补偿在德国撤军时法国煤矿被水淹没所造成的损失。由英国、法国、比利时、意大利与塞尔维亚的代表们所组成的赔款委员会，在欧洲各个风景名胜中奔波开会，经过七次费力的协商，终于在 1921 年 4 月达成协议，大家同意德国的赔偿总额应为 320 亿金马克（合 33 亿美元，超过战前德国国家税收的两倍），德国每年应支付 20 亿金马克的分期付款，再加上 26%的德国出口货物价值。[1]

6–5 “不准碰鲁尔！”这张海报阐述法国于 1923 年占领鲁尔地区时，德国极“左派”分子的民族主义态度。

如何付款又是个大问题。即使德国愿意支付赔款，但每年只靠税收或借款也不能筹措到足够赔款金额。各笔款项都必须要转换为外国货币。换句话说，德国政府必须用马克兑换足够的法郎或英镑来支付赔款。不过，正如当时某些人所宣称的一样，这种规模的货币转换在技术上并非不可行。[2]对德国来说，解决方案之一是增加出口来赚取更多的外汇收入，但是协约国不想利用购买德国的输出品来资助德国的赔款。另一个可以解决部分问题的方案是，用实物偿付大部分的赔款——德国用货物和原料，来补偿战时战胜国被破坏的类似货物和原料。而事实上，杰出的德国犹太企业家和技术专家官员、时任外交部长的拉特瑙，在 1922 年时就顺利达成上述协议。然而法国的工业家不喜欢实物偿付赔款的方式，而拉特瑙也在不久之后，由于此种让步而被德国的反犹太民族主义者暗杀。不过，在马克贬值时，人们又开始讨论这种曾被采纳的解决方案。第一次支付赔款之前，德国的通货膨胀早已开始狂飙，这是战时的预算赤字、战后贷款容易以及富裕的德国人投机购买黄金和外汇所造成的结果。德国的银行家和政府的财政专家，并未在国内采用或许能稳定马克的“严格限制消费”的策略，而只是一味地将通货膨胀归咎于战争赔款。他们利用通货膨胀受害者的痛苦，进一步向协约国施压。

[1] 所提议的付款时间表实际上移交给协约国的金额比较少，或许是 1080 亿马克。请参阅 Marc Trachtenburg，*Reparations in World Politics*（New York，1980），pp.210–211.德国在 1919 年到 1922 年之间，曾经偿付了一些赔款，大约是 130 亿金马克，但是因为技术上与情感上的原因，所以人们在赔款的估算上可能会有所差异。

[2] 出处同上，pp.77–84，342.

6.5 东欧的解决方案

领土变更

虽然西方的旧法德边境只有微调，但东欧版图却几乎彻底重划。除了 1815 年的维也纳会议（Vienna Conference）之外，巴黎和会可说是现代欧洲史上对国界修改最广泛的会议，此外，不同于维也纳解决方案，欧陆国家的数量在巴黎和会上不但没有被削减，反而增加了。曾经统治东欧的辉煌帝国已经灭亡。德国边境向西后退数百英里，放弃了西里西亚和东普鲁士的大部分地区。俄国的国界依然维持在距离 1914 年时的疆界以东很远处，在《布勒斯特-立托夫斯克条约》里，已将那些地方割让给德意志帝国，[①]西方的协约国乐意接受德国在东方反布尔什维克的胜利成果。奥匈帝国完全在地图上消失。新的民族国家接管了这三个帝国在北欧和中欧的部分领土：芬兰、拉脱维亚、爱沙尼亚、立陶宛、波兰、捷克斯洛伐克、奥地利和匈牙利。在巴尔干半岛上，罗马尼亚取得匈牙利、俄国与保加利亚的领土，但是塞尔维亚——战争的起源地——则变成新兴的大南斯拉夫国的根基，亦即 1929 年之后称为“南斯拉夫”的塞尔维亚、克罗地亚与斯洛文尼亚王国。

战后东欧的缔造者宣称，他们的工作原则是如威尔逊总统的“十四点原则”及其后续声明所承诺那样，以各国民族自决为基础。但实际行动未必总能符合原则。战后东欧的解决方案，受战胜者的国家利益、先前的承诺、东欧民族主义运动所造成的既定事实，与非共产主义国家阻止苏维埃俄国逼近的渴望影响，甚至超过西欧的解决方案。

边境问题

由于缺乏整齐匀整的民族疆界，民族自决的原则在东欧的运用极为复杂，难以处理。西欧在出现群众性的民族主义运动之前，国家已经巩固。他们的中央政府都可以通过教育和共同经历，对境内各个民族施加单一语言和国家忠诚的观念。但是东欧在 19 世纪滋长的民族意识，是以民族语言和宗教信仰为中心，而与现存的国家疆界或经济关系相互矛盾。如果东欧的民族、语言或宗教版图具有匀整的边界，那么很容易就能沿着民族疆界建立新的国家。但是，上述情况即使是在边境相当稳定的西欧也少见，同样地，在东欧更是如此。威尔逊“十四点原则”中的第九点“清晰可辨的民族疆界”，通常被认为与第十一点“历史上已确立的忠诚和民族界线”矛盾。

以新波兰与新捷克斯洛伐克都宣称他们拥有主权的小矿区切欣（Teschen）为例，可以说明某些边境的问题是多么棘手。严格来说，切欣不属于波西米亚本土，但是它曾经受波西米

---

① 从 1919 年到 1921 年间，苏维埃政权曾经设法收回在《布勒斯特—立托夫斯克条约》所失去的领土，并且在第二次世界大战时收复了大部分沙俄时期的其他领土。

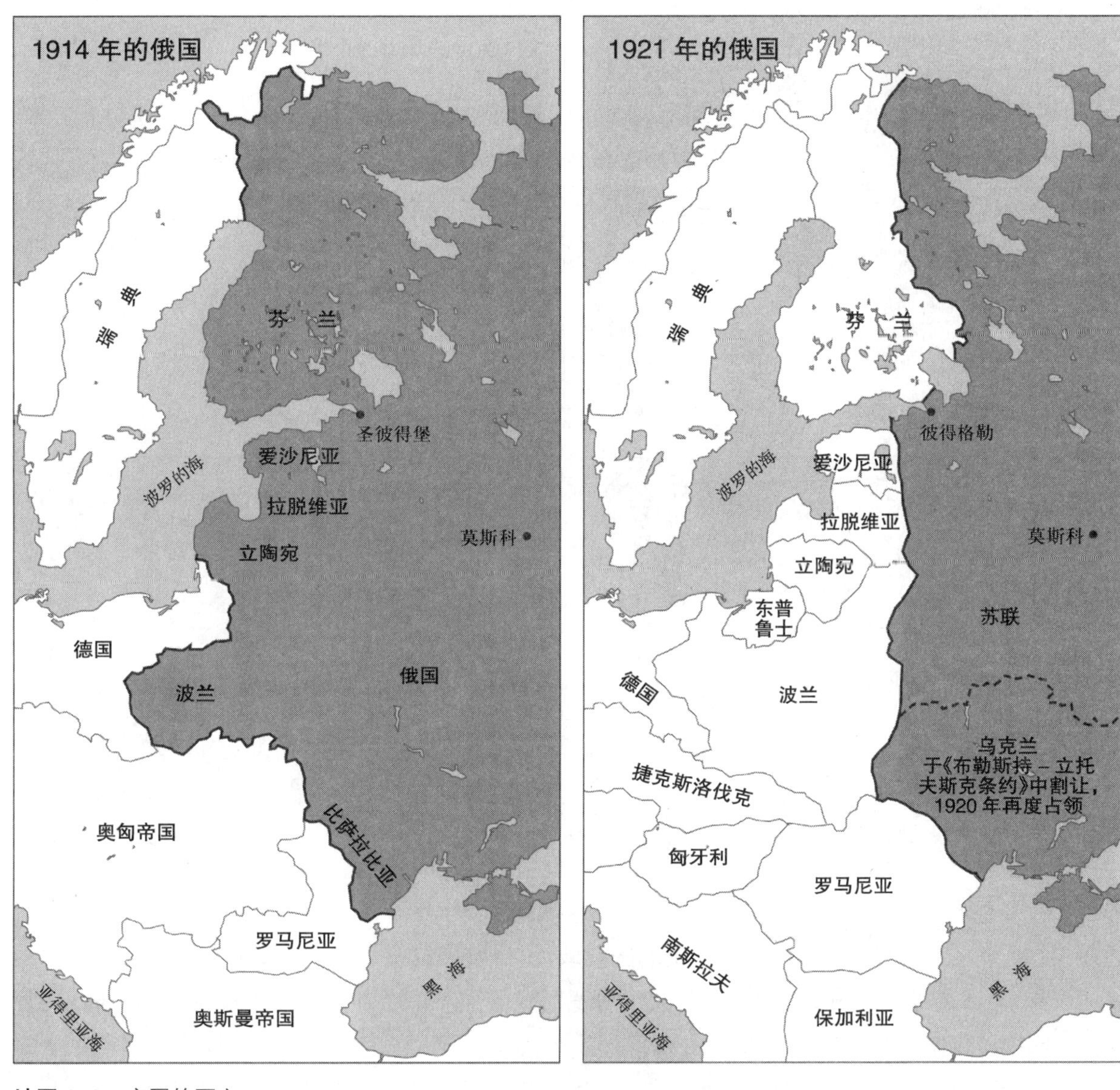

地图 6–3　帝国的灭亡

亚国王的统治 500 年之久。根据“历史上已经确立的忠诚界线”原则，切欣理应随波西米亚划归新的捷克斯洛伐克所有。但是，1910 年的人口普查结果显示，切欣有 56%的居民说波兰语、26%的居民说捷克语，而有 18%的居民说德语。因此，若根据国家民族自决的原则，即使民族和语言的人口普查不够精确，切欣似乎也应归波兰所有。他们将其间混杂说着捷克–波兰方言的人任意分派到某一方，并且忽略了他们习用两种语言的频率。此时，若再加入第三个标准，那便是切欣地区与维也纳的银行和市场存在经济联系。但是，不论如何，维也纳已经从帝国的首都与区域中心，降格为小国奥地利的首都。

既然在处理切欣的国家身份这个问题时，不论是从历史、语言还是从经济的关联性上

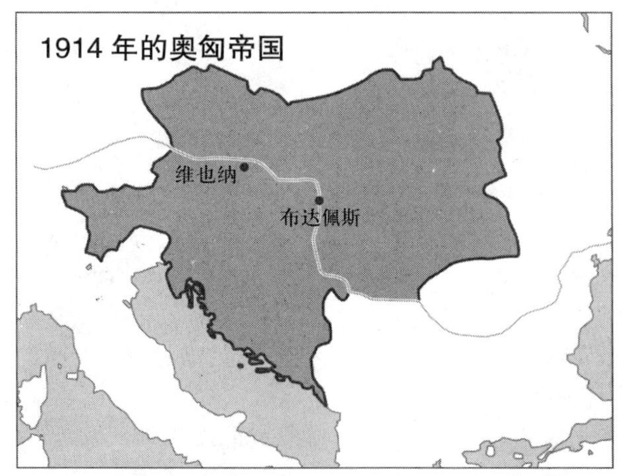

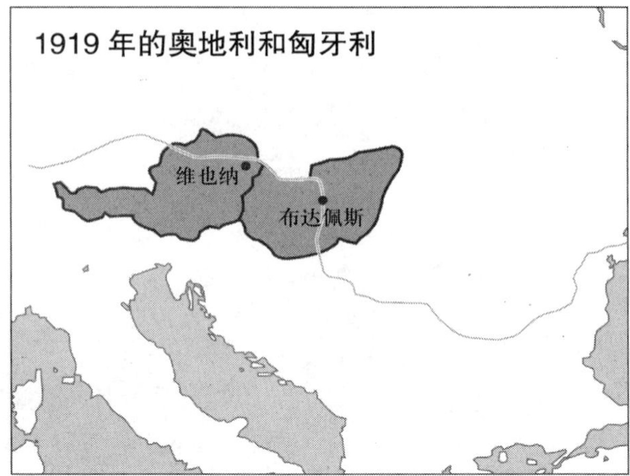

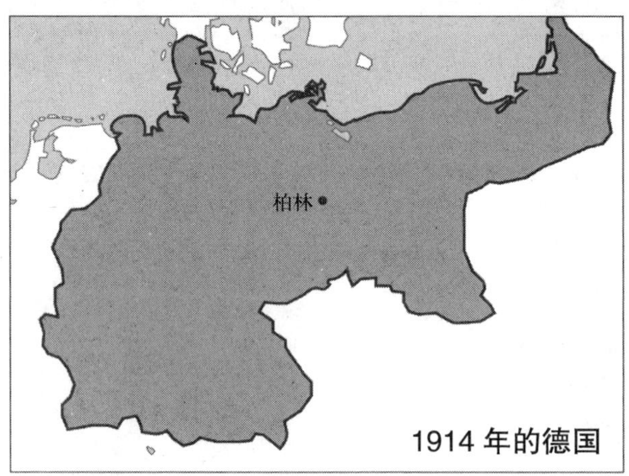

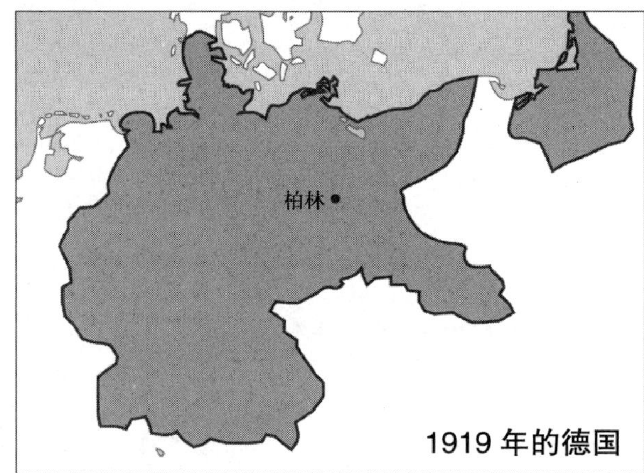

地图 6-3 续

着眼，都难有结果，所以只好用传统的国际政治方式来解决：诉诸武力或谈判。凡尔赛的解决方案几乎将切欣一分为二。双方对这项所罗门式的裁决都感到不满。波兰和捷克斯洛伐克曾于 1919 年和 1920 年时，为了争夺切欣而发生冲突。稍后在 1938 年时，当捷克斯洛伐克全神贯注于处理希特勒索取苏台德地区的要求时，波兰直接出兵占领另一半的切欣地区。

东欧因为民族自决而更加复杂的边境问题，似乎无穷无尽。虽然地区的民族团体在乡间相当具有影响力，但是东欧大部分的城市和工商业活动的发展，都受到德国的强烈影响。例如，普鲁士于 1742 年从奥地利手中夺取的波兰语区西里西亚，其工业发展在 19 世纪时开始萌芽，虽然企业家和零售商是日耳曼人，且许多在西里西亚充当矿工或者新工业的工人的波兰人，也被德国文化同化，然而农民依然是波兰人。因此，1919 年的西里西亚应该归哪方呢？如何在城市和乡村说着不同语言的地方，建立具同质性的单一国家呢？类似的问题也发生在波兰可以掌控海洋出入口的承诺上。德国的大港市但泽（Danzig），嵌在一个波兰的农民区里。

当参加巴黎和会的代表会商东欧的版图，并且倾听专家与民族发言人的意见时，在以

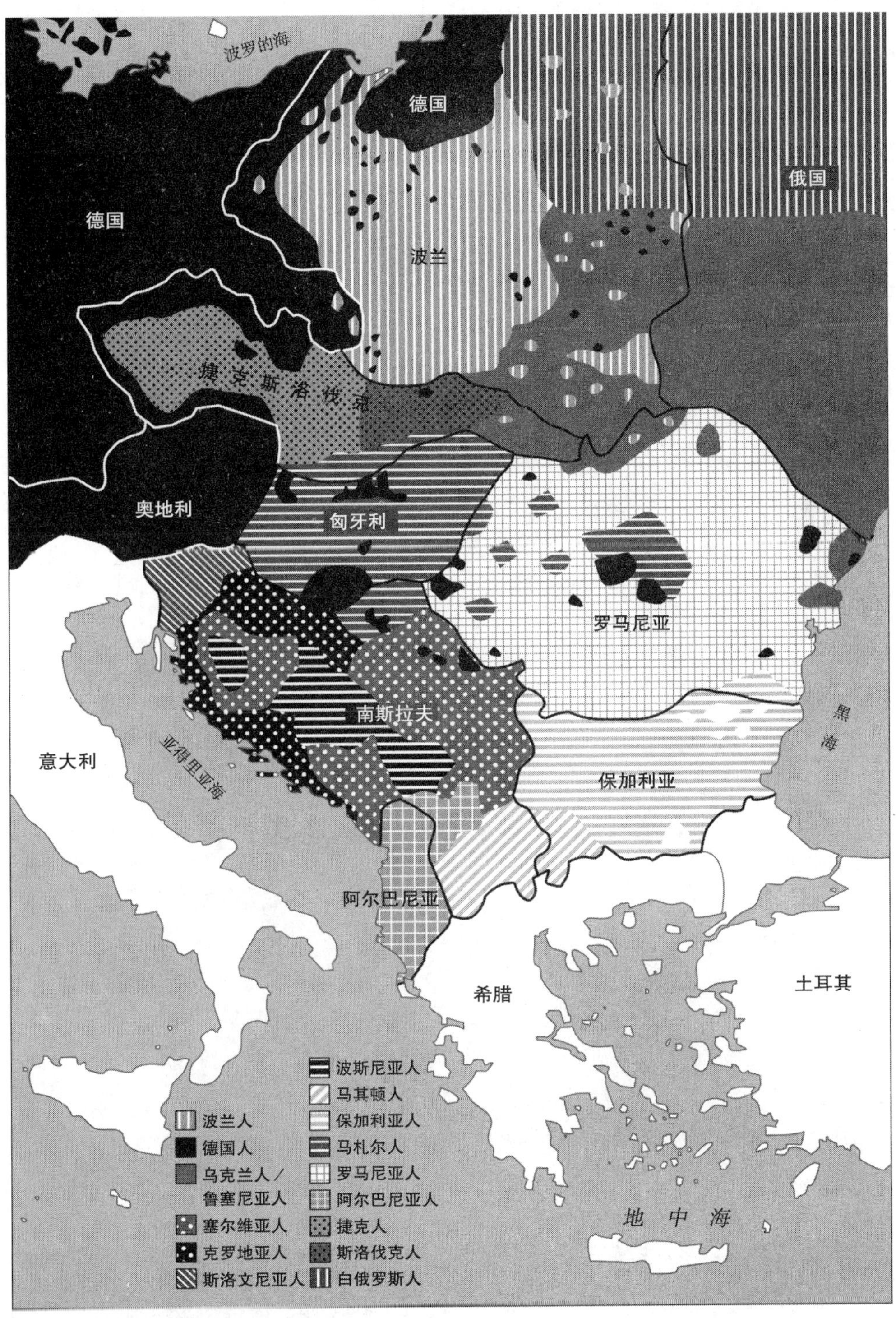

地图 6–4　欧洲的民族问题

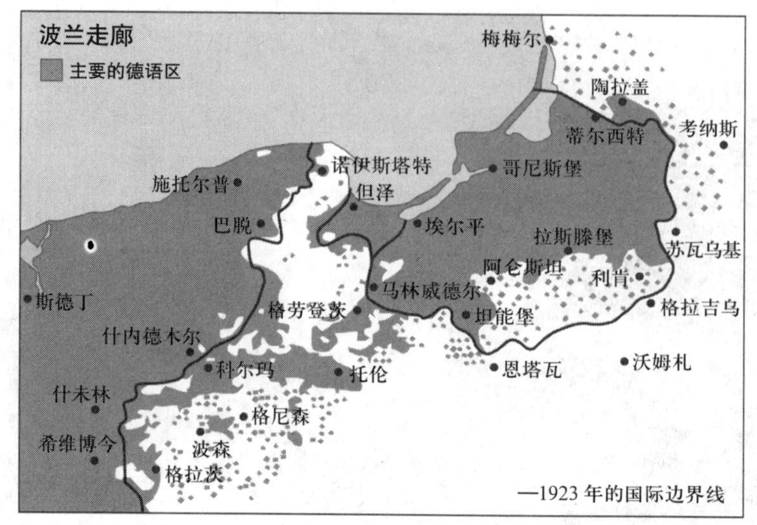

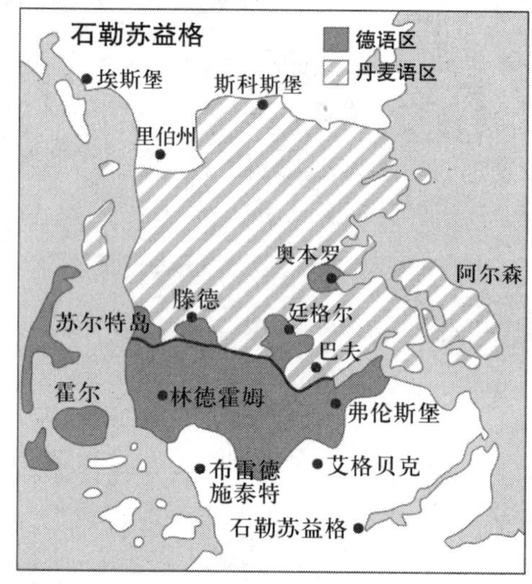

地图 6–4 续

各民族均建立自己的国家为基础的改变东欧的任务——有着诱人的前景——却暴露了各种丑陋的纠纷。在 1919 年，要建立一个能够满足各种需求，并由独立国家组成的东欧，可能是一项超出人类智慧的不可能的任务。即使是合约的和平缔造者们，也完全理不出任何头绪。不论如何，其他的考虑对于解决方案还是有重要的影响力。

各民族的不平等待遇

从一开始，各个东欧民族就并未受到平等的认可和待遇。那些民族意识在 19 世纪已经复苏的民族——波兰人与捷克人——从 19 世纪 40 年代肖邦（Frédéric Chopin）和诗人亚当·密茨凯维奇（Adam Mickiewicz）的时代起，便已在西欧赢得强烈的情感认同。其他的民族，如克罗地亚人或斯洛伐克人，刚开始萌发民族或语言的自我意识。还有一些民族，如斯洛文尼亚人,则很难宣称自己是一个独立的民族。不论如何,如果各地区说方言的人,都发展出狂热的分离主义意识,那应当如何结束这种"原子化进程"(process of atomization)呢?

在战争期间,东欧民族对协约国的贡献也不尽相同。虽然刚开始时波兰曾为双方卖力,但是沙俄的覆亡使最强盛的军队——毕苏斯基(Josef Pilsudski)元帅的波兰军团——终于转而对抗德国。在俄国战线被俘虏的捷克士兵,于1918年时在俄国组成一支亲协约国的军队。"英勇的塞尔维亚人"是同盟国的第一个受害者。虽然独立的罗马尼亚曾经在1916年时加入协约国作战,但却在1918年5月时战败,并且单独签订和约。协约国应该兑现1916年时对罗马尼亚的利益承诺吗?站在底线另一方的是首先与塞尔维亚开战的奥地利和匈牙利,以及被国王强行拖进同盟国阵营参战的保加利亚。1919年5月,由于在巴黎和会正绘制确定其国界时,匈牙利境内成立了苏维埃政权,因此在协约国眼中,其罪状加倍重大。

东欧各民族所受到的优劣不一的差别待遇,与法国有最大的利害关系。法国在东欧的外交势力与武装部队,比任何其余列强都活跃。法国拥有欧洲大陆最大的陆军力量,也是德国的主要受害者和头号敌人,非常渴望在德国的东部边境拥有强大的盟国。这种盟国,可以让法国继续执行利用两线作战来威胁企图复兴的德国的战略。因为法国自1892年以来主要的东方盟友俄国,国势已经大不如前,而且怀有政治上的敌意,所以法国的国防策划者转而希望能让波兰、捷克斯洛伐克、南斯拉夫和罗马尼亚得到最大的满意度。即使是必须以牺牲某些正当的民族要求为代价,但只要能够让这些国家尽可能地壮大,则对抗德国与苏维埃俄国时,法国的安全可以获得双重的保障。

由于协约国的默许,甚至是支持,所以受到优待的东欧民族在战争即将结束时,开始"强占领土"。在这场行动中,他们在具有争议性的地区造成军事占领的既成事实。1918年10月6日,南斯拉夫成立了塞尔维亚、克罗地亚与斯洛文尼亚全国委员会(National Committee of Serbs, Croats, and Slovenes),在前哈布斯堡王朝的南斯拉夫地区建立主权国家。捷克的全国委员会于1918年10月在布拉格自封为政府;1919年1月,捷克与波兰的军队争夺切欣地区。念念不忘中世纪宏伟的波兰王国的波兰人,在1919年到1921年间,企图征服立陶宛和乌克兰组成大邦联(Great Confederation)。1918年从苏俄手中取得比萨拉比亚的罗马尼亚人,在1919年7月继续掠夺匈牙利的特兰西瓦尼亚与其他领土。因此,在巴黎和会之前及开会期间,在与协约国尤其是法国串通的情况下,东欧的未来疆界已经通过直接行动而大致确定。

在和会上,法国支持壮大波兰、捷克斯洛伐克、罗马尼亚和南斯拉夫的国势。克里孟梭催促波兰扩张西里西亚的领土,并建立一条显然是德国人居住的走廊,直达波罗的海。因为担忧未来会变成制造民族纠纷的地点,所以劳合·乔治强迫和会让西里西亚举行公民投票,并且将德语区的但泽分离出去成为自由城。至于捷克斯洛伐克,虽然沿西方国境的居民大部分是日耳曼人,但是法国支持将与之有历史渊源的波西米亚完全纳入捷克,并且阻止任何分离斯洛伐克的考虑。斯洛伐克分离主义的代表,天主教神父安德烈·赫林卡(Andrej

Hlinka),被法国警察赶出巴黎。不赞成大南斯拉夫、主张克罗地亚独立的代表斯捷潘·拉迪奇(Stjepan Radić)也遭到相同的待遇。和会也支持了罗马尼亚的领土要求。

东欧解决方案的评价

如此,东欧的新版图是民族自决原则——充其量只是在民族拼凑上实现部分目标——与胜利者直接的国家利益妥协之后的产物。完全不是建立在令人满意的、永久的民族基础之上,巴黎和会的和平解决方案依赖的是暂时的情势:两股传统上始终争夺东欧主导权的势力——德国与俄国,史无前例地黯然失色。没有哪个曾经辉煌一时的民族愿意就此永远没落。只要有外界的扶持,这种国境争夺的情况就会持续存在。既然英国和美国没有意愿,就只剩下法国独自背负远超过其本身能力所及的潜在负担,来处理这些问题。

解决方案在很多地区,留下使复兴的德国与俄国可以利用的不满。1919 年之后,东欧的国家分裂为可以维持现状的国家与要求修正的国家。前者包括不只牺牲了德国和俄国的利益,也牺牲了立陶宛的利益而建立的大波兰;东半部的斯洛伐克人的地位似乎不及占统治地位的捷克人的大捷克斯洛伐克;占得了俄国、但更多的是匈牙利的土地的罗马尼亚;虽然民族区分极为明显,但是因为共同反抗哈布斯堡王朝的君主政体而暂时结合在一起的塞尔维亚、克罗地亚和斯文维尼亚王国——1929 年时更名为南斯拉夫。这些幸运的国家向法国靠拢,期待法国可以帮助他们维持现状。

相反的,其他的国家却渴望扭转对他们不利的解决方案:匈牙利被肢解,版图缩小了 2/3;奥地利残余的德语区;领土被削减的保加利亚,以及请求建立民族国家却遭否决的民族,如斯洛伐克人和克罗地亚人。修正主义者正寻求有力的盟友,以帮助他们改变和平解决方案。很多奥地利人梦想与德国合并,但和平条款却明确禁止他们这么做。两次大战之间的匈牙利强人、海军上将霍尔蒂,于 1927 年首次带领匈牙利摆脱孤立的态势,与墨索里尼携手合作,稍后又寻求希特勒的支持。保加利亚人认为他们的俄罗斯远亲,可以帮助他们修正《讷伊条约》(*Treaty of Neuilly*)。

因为各个新国家境内都有少数民族,尤其是希望维持现状的国家,而使东欧的局势更加不稳定。新波兰中有 750 万日耳曼人集中于但泽附近,以及 1921 年利用公民投票赢得的西里西亚地区。至于捷克斯洛伐克,虽然后来的爱德华·贝奈斯(Eduard Beneš)总统喜欢自称为“东欧瑞士”,但它其实却更像是哈布斯堡君主政体的缩影。捷克斯洛伐克境内约有 1/4 的人——1300 万人口中有 300 万人——是日耳曼人,大部分沿波西米亚的西部国境(苏台德地区)聚居。觉得自己是二等公民的斯洛伐克人,制造了另一个潜在的分裂问题。捷克斯洛伐克一度是最民主、最繁荣的新国家,后来因为经济萧条(Depression)和希特勒的煽动而造成民族分裂,在 1938 年时,苏台德日耳曼人的脱离行动,将欧洲推到战争边缘。[①]斯洛伐克人抓

① 参阅第 13 章。

6–6　捷克老兵在一战中组织了各种形式的护卫队参战。托马斯·马萨里克于1919年抵达布拉格，就任捷克斯洛伐克共和国总统。

住机会，在1939年时脱离捷克斯洛伐克。[①] 1941年当希特勒侵略南斯拉夫时，克罗地亚人也建立了自己的国家。[②]

还有一个问题是新的国家疆界对东欧经济结构的影响。曾经是一个单一贸易和金融单位的奥匈帝国，如今分为七个独立国家，各自拥有边境、海关官员与商业法规。人们必须开辟新的经济通道。举例来说，在旧政权掌权时，斯洛伐克的铁矿矿工工会把他们的矿砂船运到布达佩斯，但是现在则改在布拉格销售。在比较繁荣的时代，可能很快就可以克服那些混乱，但是现在新国家地位的紧张状态，很快就因为经济萧条的第一个前兆而加重：20世纪20年代晚期农产品价格下跌。新国家相继设置了前所未有的高关税壁垒，以对抗其他国家的产品。人们开始缅怀旧帝国的优点，不过，复兴多瑙河自由贸易区的梦想已经不可能实现。

支持威尔逊观点的人，不切实际地抱有一个理想，以为民族自决将会自动产生一个民主而且爱好和平的世界。东欧经验证实这是一个错误期待。新国家依据阶级和民族而有明显的区分。除了捷克斯洛伐克之外，其他各国的经济结构依然大部分是以农业为主，有着广大的地产以及渴望拥有土地的农民。除了捷克斯洛伐克以外，内部的冲突与衰退的经济所造成的紧张态势，使民主制度难以推行。30年代时，协约国对布尔什维克主义的恐惧，更甚于对社会改革的渴望。在这种心态的默许之下，新国家落入政治强人或独裁主义的最高统治者手中。问题不在1919年东欧的边境是否改变，以及这些改变是否是由武力造成，而是

① 参阅第13章。

② 参阅第14章。

人们何时必须承担另一次欧洲战争的风险。

6.6 和平解决方案的实施

在签订五个条约之后,巴黎和会的工作并未结束。与会者花了很多年的时间,努力划定新国界、在有争议的地区举行公民投票、监督各国裁减军备,并成立国际联盟。和平解决方案并不是自我约束。在协约国延长经济封锁,并且扬言要占领柏林之后,德国政府才在抗议声中接受了《凡尔赛条约》。德国总理——社会民主主义者菲利浦·谢德曼(Philip Scheidemann)在 1919 年 5 月表示,签订这种条款的那只"手应该要残废"[①]。即使是天主教国际主义者马蒂亚斯·埃尔茨贝格(Matthias Erzberger)所率领的德国代表团,虽然愿意签署,但也努力想修约。[②]

东欧人民继续为各自的国界争战不休。巴黎和会已经把维尔纳(Vilna)划归立陶宛,但是即使是在 1921 年解决了波俄战争(Polish-Russian War)的问题之后,[③]波兰依然非法占领维尔纳市。波兰与捷克的切欣争夺战一直持续到 1920 年 7 月,而且两国都质疑上西里西亚地区公民投票的结果。直到 1921 年底,奥地利都还在和匈牙利争夺维也纳的辽阔地区——布尔根兰州(Burgenland)。在把亚得里亚海的阜姆港划给了南斯拉夫之后,意大利民族主义的志愿军却在 1919 年和 1922 年两度以武力占领阜姆;最后意大利终于在 1924 年时强占了这个港口。由军官凯末尔(后来以阿塔图克〔Atatürk〕闻名于世)所领导的土耳其民族主义运动,拒绝接受苏丹已经同意的《色佛尔条约》,他们推翻苏丹,击败协约国支持的希腊军队,并且在 1923 年时,控制了整个安纳托利亚(Anatolia)。

因此,条约的字面意义通常与实际上的解释和实施无关。有人认为,和平条款意欲利用自由的文化和经济交流,而形成由心满意足的民主国家所组成的能自我调节的世界。另一些人的解释更合理,这些条约意欲向胜利者保证,他们用在战壕里牺牲的人命所赢得的一切将是永久的。

在协商之时,法国采用的是后者的观点,而且战后的发展也让法国得以有效负责强制执行解决方案。美国首先表态,不在欧洲安全议题采取任何主动的角色。在 1918 年 11 月的中期选举,威尔逊失去了参、众两院的控制力,共和党(Republicans)不愿卷入国外的同盟关系。1919 年 11 月,参议院拒绝无条件接受《凡尔赛条约》以及《国际联盟宪章》,这是当时已卧于病榻的威尔逊总统不愿见到的情况。1920 年 11 月,共和党的沃伦·哈定(Warren G. Harding)当选总统,美国转向政治孤立主义的态度终于尘埃落定。虽然英国首相劳合·乔治在 1918 年 11 月的"卡其布选举"中,扩大了他在战时的政党联盟,但这次选举所激发的要

[①] Klaus Epstein, *Matthias Erzberger and the Dilemma of German Democracy* (Princeton, N.J., 1959), p.304.

[②] 1921 年时,尔兹伯格被两位后来被视为英雄的前任军官暗杀。

[③] 参阅第 5 章。

求"绞死德皇"的民族主义,在英国的舆论里很快就形成了不愿卷入欧洲大陆那纠缠不清的混乱之中的论调。

法国也顺应潮流,向保守主义和民族主义的趋势前进。法国在1919年11月选出的新国会,是1871年以来最保守的议会。新的众议员中退役军人为数众多,以致人们甚至以法军军服的颜色将之封为"清一色蓝衣议会"(horizon-blue Chamber)。直到1924年举行的下届选举为止,法国议会一直都支持政府采取的警戒强制执行和平条款、高度的军事准备以及与东欧国家联盟以对抗复兴的德国的政策。雷蒙·彭加勒总理(Raymond Poincaré,1922-1924)可说是这种策略的象征。彭加勒来自具有民族主义传统的洛林区,是一位意志坚强的律师,人们对他的看法是"一个知道每件事但却不能理解任何事"的人。[①]他凭借极具个性的影响力,以及战时曾经任职法国总理(1913—1920)的威望,以严谨的法律术语来解释那些条约。

因此,召开巴黎和会之后五年,法国处于高压政治的环境之中。法国在战时盟友多少有些勉强的支持下,企图用武力维护1919年时的地位。1924年以后,疲惫的法国和德国接受了某种程度的调停,紧接着进入五年的和解期。

高压政治的年代:1919至1924年

法国挟着世界上最强大的陆军之威,在第一次世界大战大出风头。但法国的霸权显然是脆弱的。1918年,只有在其他协约国的协助下,并且付出了永远没有本钱再付出第二次的人力与物力的代价,法国才可能取得胜利。德国依然比法国强大,而且工业产值和出生率很快就超越法国。对东欧来说,俄国不再是天然的筹码。美国的参议院未能批准《凡尔赛条约》,意味着与之同时签订的、约定如果德国发起攻击时美国和英国将主动出兵援助法国的相关条约也将失效。英国政府并不愿意向法国单独提供类似的援助保证。法国首脑感到被英美两国出卖了,因为法国曾为了交换这项支持承诺,降低了他们对德国的赔偿要求。

1919年之后,法国政府试图通过两个策略来补偿他们形势上的不利:单枪匹马地严格执行和平解决方案的惩罚性条款,并与那些因为挑战和平条款而蒙受最大损失的东欧新国家联盟。

东欧联盟(Eastern alliance)取代了1892年到1914年间的法俄协约。法俄协约曾是保障法国的安全,并使其免受德国侵略的唯一支柱。在和平谈判中受到法国青睐的新国家中,有三个国家——捷克斯洛伐克、罗马尼亚与南斯拉夫——在1921年时组成小协约国(Little Entente)。法国与他们缔结军事联盟,并且加强相互的文化与经济交流。波兰是法国联盟体系中另一个重要的齿轮,因为一旦德国和俄国复兴,则波兰要遭受的损失将会大于其他任

[①] 这个流行的嘲讽,将他与他在1920年代主要的政治敌手相比——调解人白里安(Aristide Briand),白里安能"理解每一件事但却不知道任何事"。

6–7 法军占领鲁尔(1923 年)

何新国家。法国的军官曾经在 1920 年,协助波兰击退苏维埃的军队,而且在处理国界的纷争时,法国的外交官也帮助波兰取得丰厚的解决条件:从德国手中取得上西里西亚的矿区与工业区,并且从立陶宛手中拿走维尔纳市。1921 年,波兰和法国缔结签订了一个双边互助条约,根据该条约的规定,在其中一方遭受攻击时,另一方允诺给予协助。

法国的东欧联盟体系,不及战前的法俄协约。在诸多继承奥匈帝国的新兴国家中,只有捷克斯洛伐克拥有强大的工业基础。而且捷克和波兰在争夺切欣时互相敌对。实际上,小协约国真正要对抗的是匈牙利,而不是德国。虽然罗马尼亚因为使用罗曼语(romance language),而与法国关系较近,但是对罗马尼亚来说,俄国复兴所遭受的损失会大于德国复兴。事实上,东欧联盟只会使法国在两次大战之间的外交政策与国防问题更加复杂。

法国重振联盟的政策,促使魏玛德国和苏维埃俄国这两个重要的局外国家携手合作。当欧洲各国,包括德国和俄国在内,于 1922 年 4 月在热那亚(Genoa)开会讨论世界的经济问题,并且试图要求苏俄偿还沙俄的债款时,德国外交部长拉特瑙和苏俄外交部长齐契林(George Chicherin)悄悄离开,到拉巴洛(Rapallo)附近密会,签订条约确定了两国的外交关系,彼此允诺不向对方提出任何经济要求。虽然条约中并没有包含秘密的军事条款,但是不久之后汉斯·冯·塞克特(Hans von Seeckt)将军就开始秘密安排由苏维埃社会主义共和国联盟(USSR)为德国制造武器,并且暗中训练德国士兵。《拉巴洛条约》(*Treaty of Rapallo*)如同一颗炸弹。在巴黎和平解决方案之外,对立双方迈向结盟的第一步:一方是法国和小协约国,而另一方则是德国和苏联。

6–8 在 1923 年,当德国的通货膨胀失控时,钞票很快贬值。照片中卖报的小贩用洗衣篮放钱。

法国单方面强制执行战后赔偿的最高潮,是法军于 1923 年 1 月占领鲁尔(Ruhr)。因为确信德国在装运用来赔偿的煤时进度落后,所以彭加勒派遣由两师军队保护的技术使团,带着迅速交付应缴煤炭的命令,前往埃森的德国煤矿联合会总部(headquarters of the German Coal Syndicate)。德国当局只好退让妥协。但是德国人的消极反抗,使法国必须派出数千名工程师、管理人员与铁路人员,再加上五个师的军队才能应付。

就眼前来看,彭加勒虽然得到了煤矿,但却付出非常高的代价。代价之一是 1923 年爆发的使德国动荡不安的愤怒与骚乱。虽然大部分的鲁尔居民都遵从政府的命令消极抵抗,但是这依然导致了武装冲突。在最严重的一次冲突中,有 13 名德国人丧命。德国共产党在鲁尔复兴,并且在位于德国中部的图林根州和萨克森州的联合政府中掌权。11 月时,希特勒带着他那流产的慕尼黑"啤酒馆暴动",登上了德国的政治舞台。

另一个代价是德国的经济崩溃。已经因为多年的战争及战后通货膨胀而贬值的德国马克,现在因为政府不顾一切地印制货币,以支付实行消极抵抗的劳工和企业,所以贬值更加严重,甚至失去控制。1923 年夏,物价飞涨,通货膨胀不断飙升的情况史无前例。1923 年 4 月 25 日,一个四口之家,就已经需要 46 万 3000 马克,才能买到四个星期的生活必需品。到 6 月 6 日,需要 98 万 1000 马克;到 8 月 14 日,需要 14 亿 8400 万马克。[①] 最坏的情况在 1923 年秋,价格每周飙涨两倍或三倍。[②] 任何在德国有存款或投资的人,都失去了他们的存

① Gerald D. Feldman, *The Great Disorder: Politics, Economics, and Society in the German Inflation, 1914—1924* (New York, 1993), p.673.

② Barry Eichengreen, *Golden Fetters: The Gold Standard and the Great Depression, 1919—1939* (Oxford, England, 1992), p.125.

款或投资金。这种前所未有的财产蒸发,损害了往后数年德国的经济和财政景气。

法国也同样遭遇财政问题。因为战时大量的预算赤字,法郎已经失去一半的购买力与交换价值。1923 年,因为占领鲁尔的费用与焦虑,再加上认识到已经承诺支付的德国赔款永远不可能填补法国的预算缺口,导致法郎在国际市场上暴跌,并且使新一波的通货膨胀更趋恶化。当 1928 年法国终于恢复财政稳定时,法郎的价值大约仅有战前购买力的 1/5。虽然有些工薪阶层的薪水调升的幅度,得以与通货膨胀的速度并驾齐驱,但是所有领取固定收入的人都一贫如洗。战前拥有存款或退休金,或曾经购买战时债券的法国人,痛苦地认识到他们已经以存款的损失——而非曾受允诺支付的德国赔款——支付了战争费用。

彭加勒付出的更大代价是失去国际支持。忘却 1918 年"卡其布选举"的复仇心切,现在大部分的英国舆论与凯恩斯的畅销书《和平的经济后果》(*The Economic Consequences of the Peace*,1919)有相同的观点,指责法国的报仇心态阻滞了欧洲经济的恢复。英国政府回避占领鲁尔问题的态度明显;比利时只象征性地派遣一些军队;而墨索里尼的意大利则只在道义上给了彭加勒一丁点儿的支持。但是局势很清楚,如果法国试图用武力榨取德国的一滴血,就只能单打独斗。

和解的年代:1924 至 1929 年

法德双方精疲力竭的窘境,开启了走向和谐时刻的大道。法国发现他们不可能单独强迫德国顺从。德国认识到他们的消极抵抗是一种自我毁灭。因为这种消极的平衡,使 20 世纪 20 年代晚期的欧洲,出现了国际关系正常化的趋势。

正当德国蹒跚地站立在混乱的边缘之际,所有支持还处于婴儿期的魏玛共和国的主要政党,从"左派"的社会民主党,到中间偏右倾的人民党(Peoples' Party),在 1923 年 8 月团结一致组成"大联盟"(Great Coalition)以应对这个紧急时刻。人民党的领袖古斯塔夫·施特雷泽曼(Gustav Stresemann)成为新总理(首相)。施特雷泽曼成功地终结危机,直到 1929 年去世前,他始终是德国政治舞台与欧洲外交界中出类拔萃的人物。

虽然施特雷泽曼的政府只维持了三个月(1923 年 8 月到 11 月),但却是具决定性的"一百天"。他下令停止消极抵抗,发行稳定的德国新钞,阻止共产党的势力在汉堡坐大和在慕尼黑发动的"希特勒暴动"(Hitler Putsch),[①]开启了与法国谅解的大门。之后,一直到大约六年后去世时为止,施特雷泽曼始终担任德国外交部长,引导德国进入"负责任"的新外交政策程序中。

施特雷泽曼企图一面执行《凡尔赛条约》的规定,一面通过协商逐步改变凡尔赛体系。人们对他的新外交政策评价不一。当时,甚至在希特勒掌权的时期里,施特雷泽曼也似乎是国际和解的最佳典范。他是 1926 年诺贝尔和平奖的得主。但是,在第二次世界大战以后,由

---

① 参阅第 7 章。

于其私人文件被披露，以致人们重新考虑对他的评价。很显然，即使施特雷泽曼愿意维持德国西方国境的现状，他也从未接受过《凡尔赛条约》所划定的东方国界。在施特雷泽曼的私人信件中，有一份关键性的文件是1925年9月7日他写给流亡在外的普鲁士王储的秘密备忘录。在这份文件中，施特雷泽曼列出分解凡尔赛体系的时间表：首先是解决赔款问题；其次是保护国境之外的德国人民；最后则是修正东方国界——收回但泽、波兰走廊以及上西里西亚地区；修改与捷克斯洛伐克之间的边界；最终或许可以与奥地利合并。施特雷泽曼认为可以利用谨慎但更有力的步骤，来达成所有上述行动的目标。“首先我们必须低声下气”，然后德国就可以利用“种种谋略”达成更积极的目标。

施特雷泽曼不曾有时间执行他的伟大构想，但是他的私人文件却揭露他其实是一个坚定的修正主义者，希望能做到许多希特勒于30年代晚期做到的改变——包括扩张德国领土甚至超越1914年时的东部国境。当然，与希特勒相比，我们必须强调施特雷泽曼的领土目标完全不包含德语区外的地区。他没有公开的种族主义教条，也不像希特勒那样以武力来求胜。

洛迦诺时代：道威斯计划与《洛迦诺公约》

在1923年与1924年之交，英国和法国的选举反映出了一种新的风气。两国的选民，都拒绝选择那些在1918年至1919年间[②]掌权的强硬派人物。英国第一任工党首相麦克唐纳，以及中间偏左派的法国新领袖——爱德华·赫里欧（Edouard Herriot）总理与外交部长阿里斯蒂德·白里安（Aristide Briand），热情地回应施特雷泽曼“负责任”的努力。从1925年4月起，直至1932年1月逝世为止，始终负责法国外交政策的白里安，将“和解的年代”具体化，取代彭加勒的“高压政治的年代”。彭加勒是枯燥乏味的法制主义者，而白里安却是个温和热情的人，20年代晚期，于国际联盟上发表的感性演说，为他赢得举世赞赏的“和平使徒”称号。如果仔细地比较，其实白里安在私下的协商少有让步，而这确实是他要保住议会里民族主义多数派的信任所必须的做法。

当时，施特雷泽曼的首要任务是赔款问题。毕竟，那是使他有机会掌权的1923年鲁尔危机之后最迫切的问题。1923年11月时，彭加勒表示愿意接受国际委员会的邀约审查整个赔款问题，并且从实际经济能力而非道义角度来看待赔款问题。查尔斯·道威斯（Charles G. Dawes）是一位美国财政专家，后来曾担任卡尔文·柯立芝（Calvin Coolidge）的副总统。1924年7月至8月，他负责领导一个委员会，在伦敦提出新的赔款计划。

道威斯计划（Dawes Plan）是将赔款置于井然有序且高效的基础上。按照该计划，首先，德国的偿付不应以协约国的道德义愤或重建需要为基础，而应以德国的支付能力为基础。德国的资金会因为新税收与置于国际监督下的铁路所产生的收益而增加，而为了避免马克

---

① 参阅第8章。

在国际汇兑时的损失，必须谨慎调节马克与外国货币的兑换。最后，道威斯承认计划有必要暂缓执行。首先，在外国贷款（“道威斯贷款”）的协助下，从比较低的水平开始偿付赔款。在1928 年与 1929 年时，德国每年只偿付 30 亿马克。后来，因为道威斯委员会（Dawes Commission）拒绝设定赔款的总数，因此各国必须协商出另一个解决方案。实际上，道威斯计划运作顺利。新的德国货币的币值稳定了下来，而外国贷款也流入正在复苏的德国企业，其规模甚至超过德国应支付的赔款。[①]

当德国外交部长施特雷泽曼提议法德签订互不侵犯莱茵河边境地区的协议时，由法国占领鲁尔所引起的外交僵局，有了松动的现象。白里安和英国保守派的外交大臣奥斯丁·张伯伦（Austen Chamberlain），与他们大部分的同胞一样，表态承诺与德国维持更和谐的关系，欣然同意采纳施特雷泽曼的提议。1925 年 10 月，他们在瑞士的风景胜地洛迦诺的马焦雷湖（Lake Maggiore）畔举行会议，并且签订了《洛迦诺公约》（*Locarno Agreement*），为缓和欧洲的国际紧张局势，开创了新纪元。

《洛迦诺公约》的核心是法国与德国承诺遵守《凡尔赛条约》的规定，维持莱茵河两岸地区的现状。法国和德国承认目前的共同边境是合法正当的。英国和意大利承诺，如果法国或德国试图派遣军队越过边界，或者如果德国派兵进入莱茵非军事区时，他们将出兵干预。但是并不以相同的方式来保障德国的东边国境。为了让所造成的疏忽比较不具威胁性，德国随后又与波兰和捷克斯洛伐克签订仲裁条约。此外，为求自身的安全更有保障，法国与东欧各国签署更具约束力的双边互助协议，加强他们与小协约国之间的联系，防范德国的攻击。

每一位与会者都在《洛迦诺公约》里放弃也得到了一些利益。德国声明放弃任何以武力夺回阿尔萨斯-洛林地区，或者单方面再次武装莱茵河地区的企图。事实上，虽然德国秘密重整军备的行动正处于萌芽阶段，但是这远超过德国当时的军事能力所能负担的程度。而施特雷泽曼则在从西到东的边界划分问题上取得回报，他不但让法国保证支持德国加入国际联盟（1926 年），并且说服法国开始撤离驻扎在莱茵河地区的军队。撤军行动在 1930 年而非 1935 年完成，有效阻止了法国将莱茵河地区与德国分离的努力。

法国声明放弃在德国进行如 1920 年到 1923 年间，他们曾多次企图进行的直接武装干预的可能性。不论如何，事实证明那些企图会像法国助长莱茵河地区的分离主义情绪那样，产生不良后果。此外，法国以支持德国进入国际联盟，并且在 1930 年时撤离应可占领至1935 年的莱茵河地区，表明愿意接受与德国平等外交对话的态度。白里安也心照不宣地接受不如预期满意的东部国境状态。当然，只要莱茵河地区如《洛迦诺公约》明确规定的那样，永远没有德国军队驻扎，那么当德国威胁波兰或捷克斯洛伐克时，法国依然可以从西边有

① 在 1924 年到 1929 年间，德国支付了 20 亿美元的赔款（约为 1928 年国民生产毛额的 3%）。Barry Eichengreen，Golden Fetters，p.224. 1924 年到 1929 年间，外国提供德国企业与地区政府的贷款总数却高达 30 亿美元。William McNeil，*American Money and the Weimar Republic*（New York，1986），p.292.

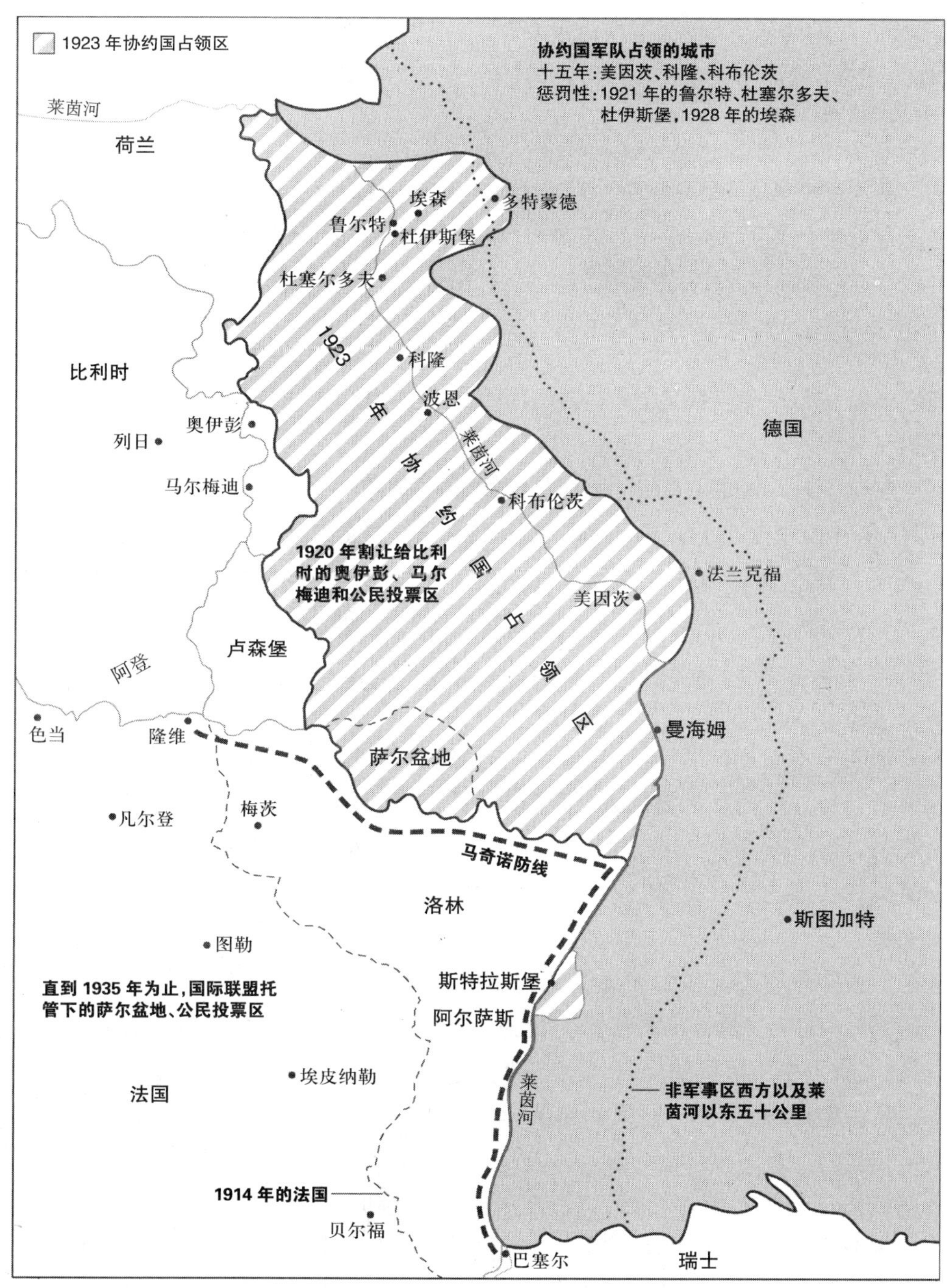

地图 6–5　法德安全问题，1920—1940 年

效地威胁德国。

自 1919 年以来，英国首度声明放弃孤立主义，加入欧洲大陆和平担保人的行列。但是他们的担保仅限于西欧，而且平等适用于德国和法国，因此被法国的不妥协态度所激怒的英国民众，便不再担心被法国拖累而卷入战争之中。因此，《洛迦诺公约》缓解了英国履行条

约、出兵援助法国的压力，而这正是白里安和彭加勒曾经追求但却劳而无功的目标。

《洛迦诺公约》最重要的意义，是希望能够点燃欧洲人的希望。当 1925 年 10 月 16 日《洛迦诺公约》终于缔结时：

> 英国外交大臣张伯伦因欣喜而颤抖流泪，法国的外交部长白里安也是如此。墨索里尼亲吻张伯伦夫人的手。乐队奏乐，聚集在广场上的人们快乐跳舞……。隔天《纽约时报》的头条新闻是“法国和德国将永远不再战争”，而《伦敦时报》的头版头条则宣称“和平终于降临”。[1]

施特雷泽曼与白里安因为这种精神，而不是因为协议中的具体条款，双双获得 1926 年的诺贝尔和平奖。

沉浸在这令人陶醉的心情里，大部分的欧洲国家、美国与日本，在 1928 年 8 月 27 日缔结了《凯洛格—白里安公约》(Kellogg-Briand Pact)。[2]虽然在该公约中并没有具体阐明任何强制各国兑现承诺的方法，但是签约国都承诺“声明放弃以战争作为贯彻国家政策的工具”。

仔细思考之后，我们会发现洛迦诺精神太过乐观。它依赖的是法德两国的军事力量因为突然遭受打击，而暂时处于平衡状态的局势。法国已经公开承认无法单独强压德国。英国也已经公开表示不愿意帮助法国压制德国。虽然有苏俄的些许协助，但德国要暗中重整军备还是很不容易。任何有远见的人，都可以预见 6000 万德国人与 4000 万法国人之间相差悬殊的潜在力量。一切都依赖白里安的赌博，他认为让步可以让德国“有道义”的解除武装，而且相信温和稳健的作法，可以成功调停法德之间以《凡尔赛条约》规定的军事压力所无法调解的关系。

这些希望并未实现。在中间派议员的多数派不断向白里安施加压力下，《洛迦诺公约》签订之后，各国所采取的行动缓慢且不情愿。此外，白里安是一位草率而不够谨慎的外交官，他在滔滔雄辩中所提供的允诺，远胜于实际上所能承担的范围。他的对手施特雷泽曼从未能说服德国的民族主义者，让他们相信，与《凡尔赛条约》强加的莫大耻辱相比，法国真的已经做了相当的让步。

当道威斯计划的暂时性赔款协议于 1929 年届满时，德国民族主义者对于接下来由美国企业家欧文·杨格(Owen D. Young)所制定的接替性计划，掀起一阵反对风暴。杨格计划（Young Plan）取消协约国对德国经济的保护，却要求德国必须继续偿付赔款直到 1988 年。对杨格计划的愤怒咆哮，促成了 1929 年夏天——在发生经济大萧条之前——纳粹党的复兴。

---

[1] John Jacobson, *Locarno Diplomacy: Germany and the West, 1925—1929* (Princeton, N.J., 1972), p.3.

[2] 凯洛格(Frank B. Kellogg)是美国的国务卿。

6–9　古斯塔夫·施特雷泽曼、奥斯丁·张伯伦爵士、阿里斯蒂德·白里安和德国外长卡尔·冯·舒伯特(图中从左至右)在 1926 年的国联热那亚会议上。

裁军失败

洛迦诺精神并不足以让各国裁军。借用威尔逊“十四点原则”(第四点)精确的表达方式,《国际联盟宪章》曾经要求“将国家军队裁减至保护国家安全所需之最低限度”(第 8 条)。《凡尔赛条约》以解除德国的武装,作为走向全面裁军的“第一步”;德国也承诺在知晓其他各国也将裁军的情况下,遵守和约的限制。在 1919 年就已商定要召开的世界裁军会议(World Disarmament Conference),一直到 1927 年以前都不曾认真筹备,而且实际上一直拖到 1932 年 2 月才正式召开,但是为时已晚。在此期间,没有任何政府对自己的国家安全有足够的信心,除了本国军队以外,他们不放心把国家的生死存亡随意托付于他人之手。

至于陆军方面,基本的问题是德国和法国的军事潜力之间的差异,以及确实查明德国陆军所能达到的最大数量的困难。德国在 20 年代暗中重整军备的经验已经显示,外来的视察团很难识破背后有民众支持而又顽强反抗的政府所制造的军备限制假象。协约国军备控制委员会(Allied Control Commission)曾经提出两份长篇报告(一份在 1925 年 1 月 5 日提出,另一份则于 1927 年 1 月 31 日提出),内文描述德国“不曾裁减军备,不曾有过裁军的意图,而且七年来用尽一切手段来欺哄蒙骗”外国的视察员。

即使人们接受英国战略家、陆军少校李德-哈特(Basil H. Liddell-Hart)后来的见解,即"过分高估"[1]德国暗中重整军备的实际影响,不过,在30年代时,德国的军事力量仍然无法与法国抗衡,而当时情势所蕴含的长期意义也很明确。巴黎的观点是,德国终将达到与法国不相上下甚至优于法国的地位,而且因为《凡尔赛条约》引起的愤怒,甚至只要有一点成功的机会,德国就会发动攻击。法国的担忧因为孤立无援而更甚,而美国或英国又都不愿意与法国缔结双边防御协议。法国相信普遍裁军的结果,只会使德国更可能而非更不可能发动侵略。其结果是,在20年代晚期,除了苏联[2]以外,法国的军费开支在国家税收上所占的比例,依然高于其他的欧洲国家。

从1927年到1932年,裁军筹备委员会(Disarmament Preparatory Commission)忙着拟定裁军协议草案。德国的要求重点是军备平等,实际上这意味着提升自己的军备水平。当苏联代表于1928年加入委员会时,也力劝立即清理所有的军事力量。所有的协约国提案都在法国那没有明证的假定(法国假定自己是靠着拥有比德国强大的陆军兵力而得以幸存)前崩垮。西班牙外交官萨尔瓦多·德·马达里亚加(Salvador de Madariaga),借动物裁武会议的寓言暗指各国:狮子提议废除爪子与利齿以外的武器;老鹰则建议废除尖嘴与利爪以外的武器等等。

当世界裁军会议终于在1932年于日内瓦召开时,协议的时机早已逝去。会议第一天因为日本轰炸上海的消息而延迟召开。1932年7月到9月间,德国代表团离开会议桌,一直到法国同意接受在集体安全体系下的平等原则才重返会场。1933年10月,希特勒的代表永久退出裁军会议。更确切地说,只要欧洲没有形成比民族国家更强大的主权,只要各国都依据自己对"保护国家安全所需之最低限度"的定义来遵守裁军方案,那么就很难想象可以靠签订条约来有效裁减欧洲各国的军备。

20年代裁减海军军备的进展,似乎比裁减陆军军备明显。这是因为海军实力的视察比较容易。裁减海军军备的会议在战争结束后不久即召开,而且相对没有直接涉及法德之间的冲突。1921年与1922年召开的华盛顿海军会议(Washington Naval Conference),在五个主要海军强国的主要舰种(主力舰、航空母舰)吨位分配比例上,达成一致:美国与英国5吨;日本3吨;法国与意大利1.75吨。但是会议并未涉及小型舰种(潜艇、驱逐舰与巡洋舰)的吨位分配问题。1927年,当人们在日内瓦致力于裁军问题的解决时,英美和法意之间却爆发激烈争执;英国与法国都不愿意接受华盛顿海军会议所规定的巡洋舰分配比例。1930年的伦敦海军会议(London Naval Conference),曾就海军限制的安排做最后的尝试。英国、美国和日本

---

[1] Basil H. Liddell-Hart, *The German Generals Talk* (New York, 1948), pp.13-14.

[2] 1929年的数据:俄国的军事费用占国家总收入的5.3%;法国为4.5%;意大利是4.4%;日本是4.3%;英国是2.5%;美国是1.1%;德国是1%。当所有国家的军事费用在1930年代暴涨时,法国的军事费用排名滑落到第五位。(Quincy Wright, *A Study of War* [Chicago, 1941], pp.670-671.)

（法国和意大利拒绝受任何此类协议的约束），确实就各类型的船舰吨位分配比例取得了共识，但是著名的“伸缩条款”（Escalator Clause）却清楚地表明，国家生存的重要性凌驾于一切：任何感到非签约国威胁的国家，都可以单方面扩充武力，即使超越议定的限额也在所不惜。在 1930 年之后，所有的国家都感觉受到威胁，而所有企图借会议达到裁军目标的一切努力，便在各国仅试图消除不安全的征兆，而非解决造成危险的根本原因的情况下，终告失败。

6.7 新外交？

1919 年的和平解决方案，是在希望以“坦然达成公开签订和平盟约”，取代古老的国际强权政治的气氛里制定出来的。“自此之后，不再会有任何私下的国际共议，而且应始终以坦率的方式，在公众的监督下展开外交活动。”（威尔逊“十四点原则”中的第一点）当然，实际上威尔逊或其他人，都没有按照这种方式来处理与其他国家的关系，然而“新外交”的梦想流传非常广泛。英国外交官哈罗德·尼科尔森（Harold Nicolson）回忆，巴黎和会是年轻人渴望抹去“反动派……贵族”在先前的和平会议所犯下的“错误”。

> 我们正前往巴黎，不单是清算战争，还要在欧洲建立一个新秩序。我们不只是为和平做准备，而是为永久的和平做准备。我们的头上顶着神圣任务的光环。①

但是现实总是比较残酷。政府继续以秘密的方式彼此交易，而国家的利益（当然，是各国自己的感知）依然是国际关系的动力。第一次世界大战并未彻底而且永久地改变各国的外交关系。

公众涉入

虽然政治家依然继续进行秘密协商，但是在两次大战之间，外交事务变得越来越公开化。在 1914 年以前，外交关系成为和平时期重大政治议题的情形并不常见。②偶尔，会因为在外交和殖民政策而形成政治上的反对派，如英国在布尔战争（Boer War，1899—1902 年），以及法国在 1911 年第二次摩洛哥危机时所做的秘密外交一般，但是行政当局依然可以完全掌控外交政策。即使是在议会制度里，众议员也没有充分的权力审查条约。举例来说，没有人相信议会可以宣布已签订的条约无效。行政当局往往为了巩固自己的地位，而将外交与殖民议题堂而皇之地加入党派的政见之中。德国总理伯恩哈特·冯·比洛（Bernhard von Bülow）在 1907 年所谓的“霍屯督选举”（Hottentot election）中，赢得了扩大的政府多数派。比

① Harold Nicolson, *Peacemaking, 1919* (London, 1935), p.25.

② 有个例外是 1876 年土耳其人屠杀造反的保加利亚人，以及紧接着发生的俄土战争；俄土战争影响了英国民众的情绪，新闻报纸首度每天都报导这场发生在远方的战争。沙文主义（jingoism）这个字眼从 1878 年时一首英国的爱国歌曲：“我们不要战争，但是，沙文主义者啊，如果我们要战斗，我们有士兵，我们有船舰，我们也有财物”进入了英语之中。

6–10 1918到1919年的冬天，战败国的人民饥寒交迫。奥地利人砍下维也纳森里的树木当燃料，而中产阶级和穷人都沦为背柴火的人。

洛要求让政府拥有不受限制的行政自由，可以在非洲的霍屯督（African Hottentots）或任何政府选定的其他地方，在没有议会"那令人难以忍受的干预"[①]的情况下，进行外交政策及殖民地扩张的行动。正如比洛所希望的，他的诉求让反对殖民政策的社会民主党代表从81席减少为43席。

第一次世界大战的热情激起了民众对外交政策的敏感与关切。在大战的最后一年里，威尔逊和列宁利用与战争目的以及世界重建方案有关的宣传战，提升了人们对未来的期盼。1919年各国首脑在巴黎召开的和会，使得接踵而至的世界体系似乎比以前更加人性化，减少了自然传承的特征。因此，后来人们对该体系的理想破灭，为那些政治领袖带来无数指责，而选举的焦点也越来越转向外交政策的议题。1922年，白里安由于似乎太顺从英国的要求，而且在洛迦诺对德国的让步，以及争取到的利益太过有限，而失去了总理与外交部长的

① 引自 Carl E. Schorske, *German Social Democracy, 1905—1917* (Cambridge, Mass., 1955), p.60.

职位。法国和英国在 1924 年举行的选举中，有部分的注意力转向外交事务。希特勒的前任努力希望通过成功的外交政策，来赢得选举的支持。十年后的 1935 年，英国和法国政府似乎因为默许意大利侵略埃塞俄比亚而垮台，而在 30 年代晚期，对希特勒领土扩张政策的反应是主要的政治问题。因为结果证实舆论比统治者更加沙文主义，而懦弱的政府则迎合民众的沙文主义，所以外交政策中始终掺杂了民众的情绪，而这并不是威尔逊所预期的和平保证。

民众关切外交关系的主要的原因之一是经济因素。因为国际事务的进行几乎与每个欧洲人的钱包息息相关，而人民既无法控制也难以理解国际事务。大多数的法国人都隐约知道，20 年代的物价上涨和法郎贬值、美法之间的战争借款以及德国未能偿付全额赔款有关。大多数的德国人隐约觉得毫不宽容的协约国胜利者，在 1923 年时毁了马克的价值。大多数的英国人隐约察觉大英帝国的基础——庞大的煤产量与纺织工业在战后价值不再，而英国现在成为其子孙国——美国的债务国的事实。因为现在金钱的购买力与资产的价值，受到国际波动与影响更甚从前，所以在 1918 年之后，民众心情与外交事务的关系愈发密切。

共产主义的威胁

因为现在共产主义运动已经控制了一个国家，所以外交关系也更具意识形态的色彩。世界上的共产党从两个层面插手干预国家之间的关系：一是通过传统的外交策略，一是通过革命性的政党。身为一个主权国家，在预期的世界革命未能出现之时，苏联转而寻求与其他国家建立正常的外交关系。1922 年，魏玛德国是第一个在拉巴洛与苏联互派大使的主要国家。英、法及其他大多数的国家，则在 1924 年时跟进，与苏联建交。[①]日本在 1925 年时撤离在西伯利亚的驻军，承认俄国的新政权。正如英国自由主义政治家劳合·乔治所说，人们甚至会和食人生番交易。双方的领袖都承认，即使在 20 年代布尔什维克革命扩展到俄国境外的机会比较小时，共产党对俄国稳固的控制力也不可小觑。苏联在沙俄时期的老外交官、曾经被定罪的孟什维克派或者改良派社会主义者齐契林的领导下，与各国开展正常的国际外交。

但是，苏联同时还是列宁因为预期世界革命即将到来，而于 1919 年成立并由老布尔什维克季诺维也夫（Grigori Zinoviev）领导、走过整个 20 年代的亲苏维埃马克思主义政党的全球性组织——共产国际[②]的主要力量。很多共产国际的代表都在国外工作，以巩固各国共产主义反对派的势力。20 年代，因为保住俄国的共产党政权以及保护共产主义起源地的任务

---

① 虽然在 1921 年与 1922 年的饥荒中，曾经派遣使节团给予援助，而且有些美国公司也已经与苏联政府协商订约事宜，但是直到 1932 年罗斯福（Franklin D. Roosevelt）总统执政之后，美国才与苏联建立正式的外交关系。

② 共产国际或称第三国际，参阅第 5 章。

更甚于推动世界革命,所以共产国际对苏联外交政策的影响力削弱。然而,非共产国家与苏联的关系,总是因为这种含糊不清的双重外交策略而变得更加复杂。共产国际在英国展开积极行动的传言,导致 1924 年时工党的挫败,并且暂时中断了英国与苏联之间的外交关系。1924 年举行的英国选举显示,人们对于共产党持续进行非官方外交活动的议题有多么敏感。

外交机器

乐观主义者希望国际联盟能有效解决国际争端。但是"国联"并不是一个拥有主权的世界政府。"国联"在采取行动对抗侵略国之前,必须先由委员会投票,而且全体一致确认该国确实进行的是侵略行动;然后会员国才能以国际联盟的名义出兵干预。"国联"最多只能做最有势力的会员国同意的事。

1914 年,法国和英国由国际主义者赢得选举,赫里欧、白里安和麦克唐纳试着让"国联"获得更多可强制实施的有效手段,成为维持和平的机器。但是《国际联盟宪章》并没有具体阐明侵略行为,或者商定反抗侵略的定义。麦克唐纳和赫里欧提出仲裁手段的建议,任何拒绝接受仲裁的一方,就可自动将之视为侵略国,必须接受"国联"其他会员国的国际制裁。这个以《日内瓦草约》(*Geneva Protocol*)之名闻名于世的提案,是两次世界大战之间,以某种合法程序取代传统的强权政治、解决国际争端的最重要尝试。不过,人们不曾采用过这项提案;1924 年 9 月,在英国选举中重夺政权的保守党,也拒绝接受这项提案。

20 年代时,在主要列强一致同意的情况下,"国联"协助解决了几起小规模国境纷争。当德国(1926 年)与苏联(1934 年)先后加入联盟之后,"国联"不再像战胜国联盟,而更像是一个聚集了各个国家的家庭。然而由于美国未曾加入,导致"国联"内掀起一阵几乎致命的风暴。"国联"最伟大的成就,是促进如公共卫生与通讯情报方面的国际合作。但是因为对 1931 年日本入侵中国东北束手无策,国际联盟颜面大失;而在 1934 年到 1935 年意大利入侵埃塞俄比亚,更证明"国联"无法阻止大国的侵略。

因此,在两次世界大战之间,国际关系依然掌握在主权国家的手中,情况甚至更胜从前。现在世界上有更多的主权国家。欧洲国家可能会受到欧洲之外的有力影响,例如日本和美国。结果就是列强对欧洲事务的控制力已经大不如前。东欧的新民族国家所发生的国际问题,至少与他们所推翻的王朝一样多。1920 年时战败的国家——德国和俄国重新站起来,寻机夺回他们暂时失去的权力。所以,1919 年的解决方案,完全不能带领人们走进和平时代,只是暂时搁置一些问题,人们将这段时期称为欧洲的第二次"三十年战争"(Thirty Years' War,1914 年至 1945 年)。

7-1　法西斯童子军运动(Fascist boys' movement)——罗马幼狼(Roman Wolf's Cubs; *Figi della Lupa*)的成员,1935 年 5 月在意大利纪念第一次世界大战的 20 周年时,扛着小型步枪通过罗马广场,接受墨索里尼的检阅。

第7章

革命对抗革命:法西斯主义

1917年以后,欧洲的革命风潮一度引发反革命。但是,战后的反革命并不意味着人们想要回归19世纪传统的的宗教及社会秩序,试图用保守派来对抗革命威胁。战后的反革命运动有个新名词——法西斯主义,在这个名词背后有个新的现实。法西斯主义以出乎大多数人意料之外的方式,将群众运动、民族主义、反社会主义和反自由主义的价值糅和在一起。

群众政治在19世纪时就已经从"左派"走进欧洲历史。19世纪欧洲中下层中产阶级的价值观倾向于自由主义:他们将巨大的希望寄托在投票箱、普遍且非宗教的公共教育以及民族自决上。19世纪90年代,新的社会主义政党吸引了许多欧洲的工人阶级与下层中产阶级。1895年,他们的选举成就让马克思的合作者和继承者恩格斯(Friedrich Engels)相信,"我们应该能够征服社会中大部分的中间阶级、小资产阶级以及小耕农,并且在这片土地上壮大成一股重要的势力。"[①]随着中下阶层人民数量的增长,公民对政治的参与度扩大,似乎使欧洲的群众政治毫无限制地"左倾"。除了个别例外,19世纪的保守派比较喜欢驯服的公民。熟悉1890年之前的政治局势的欧洲人,如果突然置身于20世纪二三十年代的群众大会中,面对激动的人群高喊赞同身著军装、在台上高谈阔论的反对社会主义、反知识分子、反外国人与反犹太人的领袖的场景时,他可能会以为自己到了另一个星球。

得利于事后之明,我们可以看到一些19世纪晚期的发展培育出法西斯主义的原因。在本章结尾,我们将回头了解这些前兆。但是,为了再现法西斯主义运动为战后动乱的欧洲所带来的新鲜感与急迫感,似乎最好先深入了解使意大利的法西斯主义一举成名的运动,以及1919年到1923年间,两场发生在德国和匈牙利的类似重要运动。

[①] 恩格斯(Friedrich Engels)于1895年时对马克思的介绍,*The Class Struggles in Frances,1848—1850*(New York,1964).

7.1 意大利的法西斯主义

由于在第一次世界大战这场“没有胜利的胜利”上的巨额花费，以及停战之后还必须痛苦地面对各种社会及民族问题，因此在一战结束之时，很多意大利人的幻想破灭。[①]1919年与1920年的罢工和占领工厂运动，以及1919年的土地掠夺运动，似乎正在引领意大利走向一场社会主义革命。同时邓南遮在1919年夺取阜姆，也让好战的民族主义者想到可以将犹豫退缩的国家抛在一旁，用直接行动取得他们想要的东西。墨索里尼的法西斯主义运动，就在这一团混乱中诞生了。

墨索里尼：从工团主义到法西斯主义

当被要求为“法西斯主义”下定义时，墨索里尼喜欢说：“我就是法西斯主义。”所以，从观察这位领袖本身开始研究法西斯主义是很恰当的选择。墨索里尼出生于罗马东北方的罗马涅(Romagna)，当地向来就有动乱的传统。墨索里尼的母亲是教师，父亲是无政府主义的铁匠，其父按照墨西哥革命家贝尼托·胡亚雷斯(Benito Juárez)的名字为他取名。和德国的仿效者希特勒不同，墨索里尼在战前就已经拥有一定的地位。不到三十岁的墨索里尼，已经是意大利“左派”分子的首领。1912年年底，他担任社会党党报《前进！》(*Avanti!*)的编辑，并在接下来的两年里让该报的读者数激增四倍，变成一份拥有十万读者的报纸。1913年，他当选意大利最大的工业城市——米兰的市议会议员。

从政治信念和性格的角度来看，墨索里尼是属于工团主义者而非社会主义者。工团主义是法国、意大利与西班牙特有的，涉及乡村工匠、农业劳工、铁路工人与矿工的一种个人主义和反权威的造反运动。工团主义者不只对于议会制度和改良派社会主义者深怀敌意，而且对马克思主义者企图接管国家也深感不满。他们想要解散国家，而不是夺取国家。他们的战略是在一个上帝启示的“伟大之日”，以一次广泛的全面性罢工，摧毁整个不道德的资产世界，然后他们就可以取代国家。但是他们并不是像先前的革命家（从雅各宾派〔Jacobins〕到列宁）那样，用另一种政权管理国家，而是创立一个自由小区来取代劳工联盟（工团），作为负责劳工之间交换商品与服务的唯一组织。工团主义的雏形，来自千年来深植于罗马涅的革命主义。当时还是年轻学生的墨索里尼，沉迷于法国工团主义者乔治·索雷尔(Georges Sorel)的行动崇拜、通俗的尼采意志至上论，以及柏格森(Bergsonian)的直觉信念。

---

① 参阅第5章。

虽然对于工团主义者来说，转化为极右派确实比保持中庸的立场容易，但是政治生涯数度沉浮的墨索里尼始终蔑视议会，也始终坚持不妥协的行动主义。

在工团主义者从议会制社会主义者手中夺得意大利社会党的控制权之后，墨索里尼于1912年12月被任命为《前进！》的编辑。那些议会制社会主义者中，有些人因为支持意大利占领利比亚而声名扫地。两年后，善于见风使舵的墨索里尼，转而怂恿意大利加入协约国参战，因而被开除党籍。此后，墨索里尼转变成“民族工团主义者”。对于他那没有耐心的脾气来说，战争似乎更像是一种革命状态，而不是消极的中立态度。虽然所取得的资助似乎是事后奖赏，而不是如有些人所言那样作为事前的贿赂之用，但是他那主战的新报纸《意大利人民报》(*Il Popolo d'Italia*)确实得到法国的资助。

1918年，墨索里尼是数百万因为复员遣散而必须自寻出路的退役军人中的一员。由于他曾经身临前线，且在壕沟迫击炮射击演习时，因炮弹爆炸而受重伤(他计算身上每一片弹片，并戏称这为“44处伤”)，所以他的《意大利人民报》不少主张是为退役军人说话。在和平解决即将到来的时刻，墨索里尼加入了兼并主义的大合唱，宣称意大利是一个必须没收富裕国家殖民地的“无产阶级国家”。他对社会的批评，反映了退役军人在面对战争投机商、和平主义者与生活安逸者时，心中五味杂陈。墨索里尼自信可以驾驭这群颠沛流离的退役军人，发动一场既“左倾”又带有民族主义色彩的运动。

> 1789年革命与战争二合一的中产阶级革命，为中产阶级打开通往世界的大门……目前的革命也是一场战争，似乎为那些在战壕中经历过流血与死亡的洗礼，接受过的艰苦磨炼的人们，打开了通往未来的大门。[①]

早期的法西斯主义

第一个法西斯团体[②]于1919年3月23日成立，当时墨索里尼纠集了145位同志，在米兰某阁楼聚会。其中有些是曾于1914年时主战的老工团主义信徒，再加上一些特别倾向盲目爱国及直接行动的退役军人(例如前突击队的队员)。米兰突击队的总部设在未来派知识分子马里内蒂的家中。马里内蒂对速度和暴力的吹捧，有助于确定这个组织的基调。[③]

由主战的工团主义分子阿姆布里斯(Alceste De Ambris)所草拟的组织纲领，结合了民族主义、社会激进主义及扫除软弱的战前制度的急切渴望。它要求的只是对意大利战胜的

---

① 1919年，*Il Popolo d'Italia*，引自Christopher Sento-Watson，*Italy from Liberalism to Fascism，1870—1925* (London，1967)，p.517.

② 战斗的意大利法西斯(*Fasci Italiani de Combattimento*)。拉丁文的法西斯只是代表“一捆”(bundle)的意思，延伸为政治名词时，则是指紧密结合的一群人，不同于政党。会使用这个字的大多是“左派”分子，如1894年西西里无政府主义者的“战斗的法西斯”(*Fasci dei lavoratori*)。

③ 参阅第1章与第4章。

回报——取得阿尔卑斯山脉以及达尔马提亚(Dalmatian)沿岸,那些意大利民族主义者称之为意大利沦陷区——"未赎回的意大利"的地区。法西斯也要求召开制宪大会、争取妇女的投票权、废除参议院、征收资本税、规定工业应执行八小时工作制、要求工人应当分享工厂管理的权力、没收教会的地产,以及重新分配土地给农民。法西斯分子怀着工团主义反叛者特有的憎恶心情,抨击 1914 年将墨索里尼开除的意大利社会党。现在墨索里尼加入民族主义退役军人的行列,一起谴责社会主义者对意大利参战所持的温和态度,无疑是"抛弃"或"背叛"士兵。

这些行动所引起的共鸣,远胜过《意大利人民报》上那些讥讽的文字。墨索里尼和马里内蒂破坏了一场社会主义者于 1919 年 1 月 11 日在米兰的斯卡拉剧院 (La Scala Opera House)召开的会议。4 月,马里内蒂率一群突击队队员,洗劫并烧毁《前进!》的编辑部。墨索里尼还响应基层工人的要求,公开支持数起由工人发起的静坐罢工活动。1919 年时,人们还不清楚法西斯主义到底是社会主义者的"左派"对手,还是右派敌人。

法西斯主义早期融合激进主义与民族主义的理念,并未使自己在 1919 年时争取到很多新成员。1919 年 11 月,墨索里尼成为来自米兰的独立议员候选人,他以兼有反自由主义、反社会主义并打击大企业的混合纲领加入选战。结果,在 27 万张选票中,他的得票数不足 5000。1919 年底,法西斯只剩下不到 1000 名成员。

法西斯主义的新路线

1919 年与 1920 年濒临内战的情势,挽救了意大利的法西斯主义,并使其飞黄腾达。墨索里尼发现,他的法西斯团体对社会主义者的人身攻击,比起激进的言语,更能激起人们的兴趣、获得更多的支持。1919 年的罢工和土地掠夺事件,已经使工厂主和地主陷入真正的恐慌。转折点是 1920 年 8 月与 9 月发生于都灵和米兰的工人强占工厂事件。[①]虽然乔利蒂(Giovanni Giolitti)总理按兵不动,成功地等到风暴平息,让"工厂委员会"运动迅速失去原先的热情。不过,这种从容不迫的冷静态度,却让惊恐的厂主和地主确信自由主义政府无法拯救他们。在财产威胁减弱之后,工厂主与大农庄主开始主动出击。为求自救,他们请求墨索里尼的直接行动团——行动队——提供协助。

墨索里尼在极端民族主义盛行的亚得里亚海沿岸领土上,组织他的行动队。于 1920 年在的里雅斯特港(Trieste)的第一次行动,洗劫了斯洛文尼亚民族主义协会(Slovene Nationalist Association)的总部。将攻击对象从斯拉夫人转为社会主义者,是一件容易的事。此外,行动队也为此目的接受地主和企业家的金钱,以及军队的卡车与军备援助。从 1920 年底到 1921 年,他们将在战场上学来的暴虐行为,施加于意大利的社会主义者身上。

行动队在意大利东北的小城镇和农村最为活跃,当地的地主利用行动队破坏农场劳工

---

① 参阅第 5 章。

的工会与合作社。他们用借来的卡车，满载民族主义的退役军人、失业者和受威胁地主的儿子，在夜间出发“征讨”。抵达目的地后，他们攻击社会主义者或“左派”的天主教组织者，常常强灌给受害者剂量几乎足以致命的蓖麻油，或者把他们的八字胡剃去一半。虽然有人员死亡，但是行动队大多是攻击办公室、印刷厂或敌人引以为傲的场所。在1921年上半年，墨索里尼的暴徒们就已破坏了25间合作公寓、59家地区劳工俱乐部、85家合作社、34家农业劳工工会总部、51家政党总部、10家印刷厂与6家报社办公室，且大部分发生于意大利中北部的农村。

虽然墨索里尼否认法西斯主义已经变成“资本主义的看门狗”，但是草创时期的一些经济激进派与革命派的工团主义者，都已经退出组织。他们的位置由一群右派新手所取代。法西斯的会员数在1920年时增加到3万人，而到1922年底则激增10倍，达到30万人。

政府的危机

乔利蒂总理试图安抚萌芽状态的法西斯运动，在长年的议会生涯中，这种策略对于改良主义的“左派”分子曾经奏效。乔利蒂相信，与1920年的工厂占领事件一样，随着时间与经历的增长，法西斯主义的怒火将会消退。他吸收墨索里尼与他的自由党和民族主义者组成选举联盟。1921年5月15日，在战后意大利的第二次选举中，乔利蒂的全国跨党派集团在535个席位中赢得105席，而墨索里尼和法西斯主义者则赢得35席。起初，乔利蒂有理由相信自己已经驯服了法西斯主义，并且将他们融入议会联盟。因为1920年，墨索里尼已经同意乔利蒂对阜姆问题的妥协方案，所以当意大利军队强迫邓南遮的志愿军放弃阜姆市时，法西斯主义者并没有采取任何行动。然而在1921年，墨索里尼虽然曾经试图约束行动队，但行动已经几乎失控。当地的激进分子不断展开更多攻击，墨索里尼不得不出手干预。

此时，君主立宪政体已无力管理战后的意大利。战后的内阁没有能力维护法律或秩序，以对抗革命的“左派”分子或警觉的右派分子。因为1921年的选举无法产生一致性多数派的议会，所以局势更加恶化。核心的自由主义与民主主义政党没能争取到多数席位。拥有123席的社会主义者，拒绝加入任何资产阶级政府部门。意大利政坛最重要的新人，是路易吉·斯图尔佐神甫（Don Luigi Sturzo）领导的“左派”——天主教人民党(Catholic Popollari Party)，他们拥有108个席位。但是基于对社会改革的要求(例如土地重新分配)，使他们不可能与乔利蒂的自由党结盟。而且，虽然有些斯图尔佐的追随者比社会主义者更激进，但是政教争端的议题使人民党和反对教会干预政治的“左派”分子无法结盟。战前中央联盟政治的代表——79岁高龄的乔利蒂，在1921年6月时发现，国内没有稳定的多数派，因此宣布永久引退。

接下来的14个月，意大利人经历了一连串的政府危机，而战后的国内问题也依然悬而未决。遣散军队以及停止生产战争物资，让意大利陷入了经济萧条。日益增加的失业人口与1919年和1920年的外交受挫，让意大利的工人感到痛苦与冷漠。在回国的退役军人和因为通货膨胀与对革命的恐惧而深感苦恼的中产阶级中,怨声更高。意大利人期待政府可以拯救他们,但看见的却是议会派系之间不光彩且毫无成效的“联盟–修补”循环。1922 年 2 月的前三个星期里,竟然完全无法组成一个政府,这是迄今为止意大利为期最久的一次内阁危机。1922 年 8 月以后,只有一个由毫无特点的乔利蒂副手路易吉·法克塔(Luigi Facta)所领导的看守内阁,在没有多数派为后盾的情况下,代行政府之职。

行动队对于 1922 年间意大利的失控颇有贡献。意大利东北部的法西斯主义者,现在已经形成了自己的“征讨”气势。仿效埃塞俄比亚封地酋长的称呼而被称为“瑞斯”(ras)的地区领袖,对墨索里尼企图利用在议会的地位控制自己的做法感到愤慨。在地方保守派与军官的鼓励之下,他们夺取了整个市镇,驱逐社会主义者或共产主义的市长与市议会。1922 年 5 月,最残暴的“瑞斯”之一巴尔博(Italo Balbo),在一次“法西斯罢工”中,动员了 5 万名失业人口,占领了费拉拉(Ferrara)的市政厅长达一周之久,直到当地官员承诺在公共工程计划中雇佣他们所有的人为止。5 月底时,他对博洛尼亚(Bologna)的共产主义政府故技重施。7 月,法西斯主义者夺取了里米尼(Rimini)、克雷莫纳(Cremona)与拉文纳(Ravenna),8 月占领米兰。1922 年初秋,法西斯主义者已经变成意大利北部地区实质上的地方政府了。

早期法西斯主义者的势力集中于意大利中北部与东北部地区(艾米利亚[Emilia]、托斯卡纳、罗马涅)的现象极有意义。他们的势力紧临 1919 年和 1920 年革命运动最严重及保守派反应最强烈、尤其是地主的权威受到威胁的地区,如波河流域(Po Valley)。工人的大本营——如都灵,依然排斥法西斯主义,而落后的南部则几乎完全不受法西斯影响。但是,在法西斯主义势力强大的地方,就暴露出意大利政府在贯彻行政命令上极为无能。

“进军罗马”

为了努力维持对追随者的控制,墨索里尼含糊但不断地谈论“进军罗马”的计划,加深了政府的危机。他建议应该像行动队进军费拉拉和其他城市扫荡“左派”分子一样进军首都、赶走无能之徒。1922 年 10 月,在那不勒斯召开的法西斯代表大会(Fascist Congress,标志了法西斯运动的向南突破)不再只是坐而论道,而是付诸实施。由四位法西斯主义首领组成的高层指挥部——以法西斯运动偏好的夸张拉丁语法称为“四人团”(quadrumvirs)——规划了三个法西斯纵队,计划于 10 月 27 日到 28 日晚上在罗马会师。“四人团”各自代表一群法西斯的追随者:前阿尔卑斯军队的军官以及费拉拉的“瑞斯”——巴尔博,代表的是满心愤怒的退役军人;曾经是革命派工团主义者的比安奇(Hichele Bianchi),代表的是法西斯主义反议会制的“左派”基层群众;波诺(Emilio De Bono)将军来自正规军;皮埃蒙特(Piedmont)法西斯的组织者、公然承认自己是君主主义者的德·费奇将军(Cesare De Vecchi),代表的是新近加入法西斯主义运动、对自由主义君主政体理想破灭的传统保守派人士。

但是,墨索里尼并非因为“进军罗马”的行动,才于 10 月 30 日成为意大利的总理。在国王艾曼纽尔三世要求他以正当的宪法程序组成政府之后,墨索里尼才乘坐卧车从米兰抵达

7–2 墨索里尼和他的四人团于 1922 年 10 月 31 日进军罗马。从左到右依序是比安奇、巴尔博、墨索里尼、德·费奇和波诺将军。

罗马。“进军罗马”只是一种威胁，而不是一场政变。这次行动暴露了法克塔总理的生存依赖于军队的支持，不过他对此半信半疑。国王并未评测军队的支持度，反而要求墨索里尼亲自接手维持秩序。法西斯纵队并未以武力征服罗马。警察阻止所有人进城，约有 9000 名穿着简陋且武装不良的人，在沉静的雨夜里垂头丧气地抵达城门。直到墨索里尼就职之后，才有约 20000 名法西斯主义者在城内游行。

这位 1919 年还名不见经传的小鼓动家，如何于 1922 年 10 月摇身一变，成为意大利政府的领袖呢？墨索里尼的成功，部分原因是由于意大利人缺乏其他可替代的选择。除非社会主义者和天主教人民党能够抛开彼此对宗教的成见，否则不可能组成坚决反对法西斯主义的政府。在最后一刻，改革派社会主义者确实表达了愿意加入反法西斯联盟的意愿，可惜为时已晚。而他们的决定反而导致自己的政党分裂。有能力组成有效的政府联盟的中间派领袖，宁愿选择而不是排斥与墨索里尼合作。在 1922 年 10 月，乔利蒂忙于在幕后运作更大的联合，他希望招揽法西斯主义者加入新内阁，但是只愿意给墨索里尼等人少数的几席职位，而且依照 1914 年以前的迟缓步调进行谈判。因为战时总理萨兰德拉（Antonio Salandra）同时也在与墨索里尼磋商，希望法西斯主义者能够加入一个更保守的联盟，促使墨索里尼坚持要求掌握更多职位。

如果法克塔总理和埃曼纽尔国王决心反对墨索里尼，那么墨索里尼那些被雨淋得湿透的行动队队员，可能依然被挡在罗马城外。我们完全有理由相信，不论军官们的私人感受如何，军队都必须服从国王的命令解散行动队。国王必须为拒绝检验军队忠诚度负很大的责任。因为得到堂兄奥斯塔（Aosta）公爵将在法西斯主义者的支持下谋夺王位的报告，而忐忑不安的埃曼纽尔三世，在 10 月 28 日早晨拒绝签署法克塔的戒严令。当墨索里尼再次拒绝加入萨兰德拉政府之后，国王直接约见在米兰的报社办公室里焦急等待的墨索里尼。墨索里尼遂于 10 月 30 日早晨抵达罗马，开始筹组内阁。

从技术上来说，墨索里尼是依据宪法程序成为意大利总理的。但是，从另一种意义来看，墨索里尼是靠武力取得政权。1921 年与 1922 年时，因为他的推波助澜使意大利无法组成正常的政府，直到政治领袖收买他为止。此外，他让意大利的企业家、地主、军官与警察——这些团体不惜任何代价誓要粉碎社会主义，有了一件反社会主义的暴力武器可用。但是当行动队夺取了一部分的中部城镇时，就只能用武力才能将法西斯主义者逐出权力中心。

墨索里尼的个人统治

1922 年 10 月，人们还不清楚墨索里尼是否会采用暴力的方式管理国家，或者他会像乔利蒂说的那样，“转变”成另一个促成议会联盟的人。

下火车时，墨索里尼的装束反映出他模棱两可的态度。他那代表法西斯主义的黑衬衫，与正式的白色鞋罩形成鲜明的对比。“陛下，”他对国王说道，“您会原谅我穿着黑衫吧？我刚刚才幸运地从兵不血刃的战场赶来。”[①]他的新内阁，也反映出他那成分混杂的支持力量。他的内阁是混杂着法西斯主义者、中间派和右派分子的联盟。虽然在十四位部长中，只有四位法西斯主义者，但是这几个人却把持要职。墨索里尼身兼内政部长（大部分的欧洲国家是由内政部长负责掌控国家警察）、外交部长与总理的职位，其他三位法西斯分子则分别担任司法部长、解放领土部长与财政部长。内阁中甚至还包括两位改良派社会民主党的阁员，而保守色彩浓厚的萨兰德拉则担任意大利的国际联盟代表。但是，在这个政治联盟的背后是要求没得到满足的行动队，他们开始商讨“二次革命”的事宜。

在接下来的两年里，这个鱼龙混杂的杂牌军如何解决本身的协调问题，始终是颇具争议的话题。墨索里尼的表现让那些希望拥有一个比前任稳固的中间派内阁的人感到放心。他遵循惯例在担任总理一职时，穿着正式的服装，而且就职以后也没有立即进行令人吃惊的改革。只有在科孚事件（Corfu Incident）中，才表现出他残酷的一面。1923 年 8 月，在希腊

① Simonetta Falasca-Zamponi, *Fascist Spectacle: The Aesthetics of Power in Mussolini's Italy* (Berkeley, Calif., 1997), p.195.

和阿尔巴尼亚的边境视察的一位意大利将军和几位军官，在希腊的领土上被暗杀，于是墨索里尼轰炸并占领了希腊的克基拉岛，直到希腊被迫道歉并且偿付赔款为止。除此之外，意大利的外交政策给人一种温和稳健的印象，尤其是1924年1月签订条约，解决了与南斯拉夫之间对阜姆的争执。

意大利国内主要的改变是阿色伯选举法（Acerbo Election Law）。[①]它巧妙地将下议院里2/3的席位，判给在选举中赢得最多选票（以超过25%为条件）的政党，然后利用比例代表制，把其余的席位分配给其他政党。这项法案在法西斯主义者只有35个席位的众议院，以235票对139票（大部分是社会主义者与共产主义者）获得通过。显然，即使法西斯主义者是主要的获利者，但是中间派与右派政党依然宁可选择秩序也不选择选举民主。既然政府已经掌握在自己手中，于是在1924年4月的选举中，墨索里尼联盟的候选人在535个席位中赢得374席（其中有275席是法西斯主义者）。这是二十年来意大利最后一次准正式选举。

行动队另一起暴行，迅速迫使墨索里尼在个人统治与失败两者之间做抉择。1924年6月10日，口才最好的评论家——议会的社会主义领袖吉亚科莫·马泰奥蒂（Giacomo Matteotti），被五名法西斯主义暴徒绑架并且杀害。五名凶手全都受雇于墨索里尼的新闻秘书罗西（Cesare Rossi）。虽然没有证据证实是墨索里尼直接下令杀害马泰奥蒂，但是这起谋杀案却让一个重要议题——墨索里尼是否有能力控制他自己发起的暴力行动——被摆上台面。有些墨索里尼的中间派支持者与他决裂，而反对派也开始复苏。有几个月的时间，墨索里尼的迷惘与不确定，暴露了他强硬面具下的犹豫不决的真面目。

在“瑞斯”的敦促下，墨索里尼终于明白，他必须取得所有的权力，否则就必须放弃他已经拥有的权力。1925年1月3日，他怀着迎接挑战的崭新心情向内阁发表演说：“我们希望建立法西斯主义的国家。”与此同时，他解除对行动队的限制，并且下令警察镇压日渐壮大的自由主义与社会主义反对派。一连串的命令，让意大利从君主立宪政体，转变为一党独大的独裁国家。1926年底，除了法西斯党之外，所有的政党都已解散；1890年时被废除的死刑再度恢复；而墨索里尼似乎自顾自地走上了他那些更没耐心的追随者所喧嚷要求的“二次革命”的道路。

德国的国家社会主义

在德国，1918年春的胜利之后，战局急转直下。德意志帝国被推翻了，德皇流亡国外；新的共和政体建立起来，但是保守主义者与民族主义者怀疑共和国能否保护德国的财产、价值观和边界。协约国胜利者忙着瓜分大片从前属于德国的领土。德国共产党正在准备下一步的革命措施。协约国的封锁，使食粮短缺的问题在停战后的几个月内甚至比战时更严重。物价与失业人口数持续飙升。羞辱、饥饿与恐惧，是1919年和1920年期间很多德国人日常

[①] 以提案人法西斯党众议员阿色伯（Giacomo Acerbo）的名字命名。

7–3　1922 年 11 月，“进军罗马”后的法西斯褐衫军焚烧社会主义书籍。

的生活写照。

因此，1919 年 9 月，在慕尼黑军事情报机关工作的下士希特勒，加入了试图以民族主义和激进的经济纲领为中心，联合退役军人与工人的“德国劳工党”（German Workers’ Party）。

战后的反革命民团主义

1919 年 9 月，慕尼黑已经变成激进的极右团体和愤怒的民族主义者聚集之处。慕尼黑的局势波诡云谲：在 1919 年 4 月时，曾经随着苏维埃共和国摆到最左；然后在 1919 年 5 月初，又因为巴伐利亚苏维埃被军队和艾普（Franz Ritter von Epp）将军的自由团摧毁，而转向最右。武装部队暂时将政权交给自 1918 年 11 月以来，就一直在巴伐利亚掌权的温和派社会民主党。但是，很多军官却蔑视屈服于《凡尔赛条约》的新共和国。

因为对共和国充满敌意，自由团的表现激昂甚至无法无天。如前文所述，在临时政府[①]的社会民主党员（如艾伯特与诺斯克）的默许下，1918 年 12 月，总参谋部组织志愿军，协助控制柏林。在失业人口以及大量漫无目的、四处游荡的退伍军人之中，不难找到愿意加入自

[①] 参阅第 5 章。

由团的人。1919 年,自由团在柏林、莱比锡(Leipzig)与慕尼黑镇压劳工暴动的经验,刺激了他们反社会主义的情绪,那些曾于 1919 年和 1920 年坚守波罗的海边境、对抗苏俄的德国人认为,反社会主义和保卫国家领土是一回事。自由团混合了战前德国健行社(German hiking clubs;飘鸟运动〔Wandervögel〕)里中产阶级青年的反资产阶级心理、战时"前线战士"的强硬作风,以及战后在波罗的海或被革命者占领的城市街道上进行的"拯救德国运动"的心态等,对共和国十分不利。

这些新的敌人无法正面击垮魏玛共和国。1920 年 3 月,他们曾经试图用"卡普暴动"推翻魏玛共和国。当共和国企图遣散某些自由团部队时,其中一个曾经在 1919 年 5 月协助"扫荡"慕尼黑的分队——埃尔哈特旅(Erhardt Brigade)发动兵变,并且佩戴着纳粹党徽的标志进军柏林。有权势又反对共和国的军官和文官,例如 1917 年曾经协助成立祖国党(Fatherland Party)的普鲁士官员沃尔夫冈·卡普(Wlofgang Kapp),希望利用埃尔哈特旅的士兵逼政府下台。当军队总司令塞克特(Hans von Seeckt)将军拒绝下令采取行动对抗埃尔哈特旅以免使部队分裂时,政府决定撤离,把柏林让给叛军。但是,在有份量的文官拒绝执行他的命令,且爆发了德国现代史上最大规模的工人罢工、导致经济瘫痪的情况下,卡普组成新政府的企图失败。四天后,卡普出逃,魏玛共和国重回柏林执掌政权。

慕尼黑的地方军队指挥官推翻了社会民主党的巴伐利亚州政府,并且成立一个由古斯塔夫·冯·卡尔(Gustav von kahr)领导的较温顺的民族主义州政府。卡尔是保守的巴伐利亚自治权支持者。20 世纪 20 年代初,早期的魏玛共和国中的"自治权",意味着一种不贯彻执行联邦政府控制暴动者权利的努力。因为共和国的领袖已经选择将在《凡尔赛条约》的限制范围内重建军队的重任,交给塞克特将军,所以这些"自治权"的努力相当贫弱。1920 年 3 月,塞克特将军以政治"中立"为名让埃尔哈特旅进入柏林。在慕尼黑,军队甚至不需伪装其中立的态度。

7.2 希特勒的崛起

慕尼黑的军官制定了政治训导计划(political instruction program),以保证其士兵不受破坏性宣传活动的影响。其中的一位训导员是当时军衔为下士的希特勒,一位奥地利海关官员之子。这个郁郁寡欢的寂寞青年,在维也纳度过二十几岁时的青春岁月,虽然没能进入艺术学院就读,却受到维也纳人的德国民族主义和反犹太主义影响,自感怀才不遇。虽然日后在自传《我的奋斗》(*Mein Kanpf*, 1925)中,他选择以一个被误解的年轻艺术家挣扎于贫穷和颠覆性的反德思想的方式来描述自己在维也纳的数年光阴,但是因为母亲的馈赠以及最后得到的一份小遗产,所以希特勒其实并不缺钱。第一次世界大战的爆发,给身在慕尼黑的希特勒创造了机会(他曾移居到慕尼黑以躲避奥地利的征兵)。1914 年,希特勒自愿加入巴伐利亚军队。战争让他拥有第一次真正实现人生价值的机会。他服役四年,担任在指挥部和前线阵地之间的传令兵,并且两度负伤。他被授予很少颁给下士的一级铁十字勋章。1918 年因为毒气中毒导致暂时失明而住院的希特勒,声称在幻觉中听见拯救德国的召唤,所以在德国战败后,他马上开始行动。

1919 年,慕尼黑的第二军团政治部命令希特勒调查被视为秘密间谍的德国劳工党。这是由一位热心地希望让他的工人伙伴能从社会主义转变为民族主义的锁匠,于 1918 年 3 月在慕尼黑成立的政党。以卡号 555 的身份加入的希特勒,逐渐控制了德国劳工党,并于 1920 年 4 月,退出军职,把所有的时间都花在党务工作上。他将德国劳工党更名为“国家社会主义德国劳工党”(National Socialist German Workers’ Party)。[①]希特勒流利的口才为这个政党带来新的活力,并且从与自由团相同的来源中吸纳了很多新成员。他买下一家报纸《人民观察报》(*Völkischer Beobachter*)。[②]劳工党的准军事直接行动队伍——冲锋队(Sturmabteilung,SA)及其队员,在街头与社会主义者斗殴,并且继承了自由团选择成员时宣誓效忠单一领袖的传统。

纳粹党

希特勒的新政党只是 1919 年以后,德国流行的众多民族主义反犹太团体之一。但是它比其他团体成功。希特勒设法吸收社会各阶层的人士,这是法西斯主义运动的标志之一。除了少数初期的主力——工人之外,还有来自于社会上层与富人的支持。希特勒得到有政治头脑的军官如恩斯特·罗姆(Ernst Röhm)上尉和曾经于 1919 年 5 月从苏维埃手中“解放”慕尼黑的自由团领袖艾普将军的支持。他们提供了购买《人民观察报》一半的资金,以及有效的保护和宣传。还有两位富裕的女性支持者——海伦娜·贝茨斯坦(Hélène Bechstein)小姐(出身于钢琴制造商的家庭)与埃尔莎·布鲁克曼(Elsa Bruckmann)小姐(出版业),希特勒是通过曾经就读于哈佛的艺术商后代,也是慕尼黑酒馆的知识分子汉夫施坦格尔(Putzi Hanf-sttaengl)与她们结识的。另外还有四处漂泊的退役军人,如戈林(Hermann Göring)上尉,一位得过很多勋章的战斗机飞行员,是继曼弗雷德·冯·里希特霍芬(Manfred von Richthofen)男爵之后德国最著名的战斗机中队队长,但现在不但失业而且吸毒。也有来自东方国境失土的日耳曼人,例如来自波罗的海的阿尔弗雷德·罗森堡(Alfred Rosenberg)。

1920 年 2 月,纳粹党开始实行“二十五点纲领”,当时的纳粹党还只是由工人和小手工业者组成。其党纲糅合了狂热的民族主义、反犹太主义与反资本主义,主张废除《凡尔赛条约》并与奥地利合并,组成比 1914 年的德国还大的大日耳曼王国,且必须剥夺犹太人的公民权和公职。在纲领中,由希特勒的劳工党前辈所提出的反资本主义,并不是如社会主义者所倡议的反对私有财产、号召社会主义革命。更确切地说,它是一小股人对债权人和富人的

---

① NSDAP,*National-sozialistiche Deutsche Arbeiterpartei*,或者简称“纳粹”(Nazi)党。

② 但将德文的形容词 völkisch 译成“人民的”并不是很贴切。在种族与文化术语上,这个字是指个人特有的种族血统,这一层意义是在 19 世纪德国的民族主义著作中发展出来的。

不平之气。主张废除非劳动所得、没收靠战争挣得的利润、信托国有化，以及调整大企业的利润。为了将店铺出租给小店主，纳粹党提议将百货公司“公有化”。纳粹党还要求土地改革，防止投机买卖土地，并且为了“公共目的”而没收土地。

更值得注意的是，“二十五点纲领”表达的是下层中产阶级的牢骚不满，而不是日后纳粹的行动指南。十年后希特勒掌权时，采取的是截然不同的社会政策。但是，即使是刚开始，比起对纲领的强调，纳粹党其实更重视动员群众的技巧。群众游行和集会已经进入欧洲“左派”的政治活动，但是纳粹却把这些转变成一种民族主义、反社会主义与反犹太主义的艺术风貌。制服、旗帜与火光照耀下的晚会，撩动许多德国人的心弦。正如1922年10月，有800名冲锋队员违抗示威运动的禁令在科堡游行一般，纳粹党公开嘲弄魏玛共和国控制公共秩序的努力。冲锋队员对社会主义者集会所采取的行动，直接或间接地引导着人们的发泄愤怨，甚至在敌对的报纸上大出风头。

1923年的“啤酒馆暴动”

德国的政局在1923年时再掀波澜。法国占领鲁尔，共产党企图在汉堡夺权，还有已达天文数字的通货膨胀。对魏玛共和国的绝望和不满，推动群众转而支持纳粹党。第一次世界大战的指挥官鲁登道夫将军，在集会时站在希特勒身旁。在这些支持和鼓励下，希特勒决定强迫把巴伐利亚的民族主义州政府变成他推翻魏玛共和国的基地。1923年11月8日，纳粹党员冲进在慕尼黑一家叫贝格布劳凯勒的啤酒馆（Bürgerbräukeller，一间大型啤酒馆），绑架正在开会的巴伐利亚州长卡尔与地区高级军官和警官，强迫他们发誓公开支持希特勒展开全国革命的呼吁。虽然卡尔和其他人脱身后就马上否认希特勒的权威，但是罗姆上尉和他的冲锋队却在与军官串通的情况下，成功地占领了巴伐利亚州的军事部门。11月9日，在希特勒的领导下，冲锋队进军其他的政府部门，希特勒确信身旁的鲁登道夫将军可以让守卫

7–4 1924年2月24日，希特勒和在慕尼黑“啤酒馆暴动”时追随他的同党，因为叛国重罪接受审判。站在中间、位于希特勒身旁的是鲁登道夫将军，而右数第二位则是冲锋队的指挥官罗姆上尉。

军队和警察保持中立。但是,巴伐利亚的军官支持合法的政权。当希特勒和鲁登道夫带头逼近政府架设的路障时,警方对他们了开火。有十六名纳粹党员和四名警察丧生。希特勒被逮捕,而且虽然他利用接受审讯的机会,把审判变成一场公开演讲("我要摧毁马克思主义"),但仍被送进了监狱。

1924 年间,魏玛共和国设法稳住了阵脚,而且 1923 年时的紧张局势和民团主义也已经缓和。纳粹主义似乎也有衰退的迹象,但是它的构成要素依然潜伏在德国的社会和价值观里,伺机而动。一旦在未来出现任何危机,就会一呼百应。

7.3 匈牙利的反革命运动

第一次世界大战之后,匈牙利大规模的反马克思主义的民族主义运动时机也已经成熟。就比例上来说,匈牙利是战争中丧失领土面积最大的国家。昔日曾经对斯洛伐克、罗马尼亚和南斯拉夫等少数民族作威作福的匈牙利,如今却是遍地饥荒,领土仅剩战前的 1/3。三百万马扎尔人,现在变成罗马尼亚、南斯拉夫和捷克斯洛伐克境内的少数民族。从马克思主义者到保皇党,每一种政治力量都拒绝接受《特里亚农条约》(巴黎和会中属于匈牙利的部分),而且充满了要求民族复兴的声浪。几乎每一位匈牙利人都是要求修改条约的民族主义拥护者。他们对战后匈牙利地位的反应是"不!不!绝不!"的口号和标语。

英国的历史学家泰勒根据数个理由,称匈牙利"是第一块孕育法西斯主义的土地"。[①]因为卡罗伊伯爵的十月共和国所带来的民族耻辱与社会动乱,[②]所以战后的事件对匈牙利自由主义价值观的影响,比魏玛共和国对德国民族主义的影响更甚。1919 年成立的苏维埃政权,使那些在罗马尼亚境外的欧洲地区与西班牙南部地区[③]享有不公平的土地分配优惠的上流社会人士与贵族统治阶层深受惊吓。极度渴望拥有土地的农民们,对"共产主义和绅士"都同样厌恶。[④]从丢失的 2/3 领土上被驱逐的大批流离失所、饱受惊吓的复员军官和匈牙利官员,加上因领土割让和战后经济混乱而破产的企业和专业人员,逐渐产生反犹太主义和反马克思主义情感的队伍更加壮大。他们对于犹太人在匈牙利的银行业及商业中拥有举足轻重的地位,[⑤]以及库恩的苏维埃政权深感愤慨。

战后的匈牙利,反革命的气氛愈发浓厚。甚至在库恩为期 133 天的苏维埃政权建立之前,于 1918 年 10 月的共和国执政期间,复员的军官和被驱逐的文官,就已经组成秘密社

[①] A.J.P. Taylor, Introduction, in Mihály Károlyi, *Memoirs: Faith without Illusion* (New York, 1957), p.7.

[②] 参阅第 5 章。

[③] C.A. Macartney, *The Habsburg Empire, 1790—1918* (New York, 1969), pp.713,716.约有四百个大家族持有战前匈牙利约 1/3 的耕地。

[④] Istvan Deák, "Hungary", in Hans Rogger and Eugen Weber, eds., *The European Right* (Los Angeles, 1965), p.385.

[⑤] "在 1910 年时,有 21.8%的企业雇员,54%的个体经营商人,和 85%的银行业与财政界的自雇人员是犹太人。"(出处同上,p.368.)

7–5 1919 至 1944 年，匈牙利摄政王——海军上将霍尔蒂·米克洛什。

团，致力于以“匈牙利主义”取代西方的理想。匈牙利主义含糊地混合了种族主义者和等级制度的社会观念，并且以浪漫的新中世纪语言进行表达。位于南方边境且在法国军队的防线后方的塞格德(Szeged)镇是运动的中心。反自由主义的年轻军官在这里组成“十二上尉集团”，在两次大战之间成为匈牙利领导层的一部分。这群人很快组成如“唤醒匈牙利人”(Awakening Hungarians)或“伊特库兹协会”(Etelköz Association，EKSZ)般的地下组织。这些集团声称要模仿早期匈牙利的部落社会，誓言完全效忠七个部落酋长，并且承诺建立“一个伟大、基督教与纯种的匈牙利”。

塞格德镇中声名最显赫的是海军上将霍尔蒂，奥匈帝国最后一任海军总司令。不过，最活跃的人物则是“十二上尉”之一的久拉·贡伯什(Gyula Gömbös)上尉。他曾在霍尔蒂的命令下，组织了一支反布尔什维克的志愿军。贡伯什的父亲是一位教师，母亲是德语区的农民之女，并非出身匈牙利传统束缚的仕绅家族，甚至完全没有接触过完整的匈牙利文化。但是，他通过强烈反对巴黎和会的主张、致力于复兴匈牙利文化，以及抨击马克思主义是“追逐私利的国际犹太人强加于单纯劳工身上的毁坏性异端邪说”[①]来弥补自己的不足。

贡伯什在 1919 年时自称是国家社会主义者。他所谓的“国家”，表现在他认为恢复自己想象中的匈牙利价值观和国境是匈牙利人的历史权利的决心；而“社会主义者”则反映在他剥夺国际财阀为匈牙利工人制造工作机会，并且没收大地产、将土地分配给农民的提案。和上流社会人士不同，哈布斯堡王朝的统治家族对贡伯什来说毫无用处。后来在 20 年代时，他甚至拦阻所有帮助最后一任奥匈帝国皇帝——卡尔重登匈牙利王位的企图，而当他在 1932 年就任总理时，贡伯什筹组了匈牙利现代史上第一个不包含贵族的内阁。贡伯什的民族保卫党(Party of Racial Defense)聚集了复员的低阶军官、愤怒的民族主义者以及反犹太的低级官员和商人。1922 年之后，他在墨索里尼的政纲中汲取灵感，并且早在 1923 年时，就已经与希特勒有所接触。

1919 年，匈牙利另一个反革命中心是维也纳，伊斯特万·拜特伦(Istvan Bethlen)伯爵领导的反布尔什维克委员会在此成立，拜特伦伯爵是来自匈牙利东部的加尔文教徒，而且是

---

① 引述自 Eugen Weber，*The Varieties of Fascism*（New York，1964），p.90.

拥有大片土地的贵族。拜特伦为出身背景更高贵、宽容以及有教养的大地主说话，他们比贡伯什更赞同 19 世纪晚期匈牙利统治家族有限的议会传统。

1919 年 8 月 1 日，来自塞格德镇与维也纳这两个反革命中心的军队，在罗马尼亚人赶走了库恩之后，占领了布达佩斯。随之而来的是夺走一千条人命的“白色恐怖”，那些丧命者多多少少都是不分青红皂白地被视为是社会主义者或者犹太人。海军上将霍尔蒂开始了他在陆地上的第二个事业——担任王权已被架空的匈牙利君主国的“摄政王”。

刚开始时，主要权力掌握在“种族主义的动力与反对红色风暴”的塞格德镇秘密协会，与年轻的“上尉们”手中。但是，1921 年时，社会的狂热已经退烧。霍尔蒂任命拜特伦伯爵为总理。虽然拜特伦的政权不受日益刺耳的反犹太主义与塞格德镇军官的神秘主义影响，但是他却试图恢复上流社会人士的统治。举例来说，拜特伦把有权选举的人数减少到至人口的 27%，而且恢复农村选区的公开投票，如此地主就可以知道佃农的投票情形。他允诺城市工会可以再度运作，但是却禁止组织农业劳工。因此在 20 年代的其余岁月里，由寡头议会政治取代塞格德镇集团，接掌了匈牙利的政权。

7.4 近观法西斯主义

在上文中，我们曾经检视了三个团体——意大利的法西斯主义、德国的国家社会主义和匈牙利的上尉集团；大战结束后，并不是只有这三个在欧洲普遍活跃的、具暴力倾向的、反自由主义与反马克思主义的运动。还有很多规模比较小、相对不那么成功的实例。大战之后，法国的瓦卢斯(Georges Valois)与君主主义的天主教法兰西行动(Catholic Action française)决裂，希望利用比较激进的“国家社会主义”来让法国工人不受马克思主义的影响。他的“仪仗钺”(Faisceau)企图成为意大利的法西斯(fascio)或者兄弟会在法国的翻版。在法国，时间较持久的运动是“爱国青年”(Jeunesses patriotes)，这支由民族主义学生和退役军人组成的行动小队，于 1924 年由香槟酒酿造商泰亭哲(Pierre Taittinger)组建。1920 年时，罗马尼亚学生科德雷亚努(Corneliu Codreanu)所发起的“基督教国家社会主义”(National-Christian Socialism)运动，致力于破坏罢工，干扰自由主义的教授授课，以及限制罗马尼亚大学与专业人员的犹太人数量等活动。凡此种种，都是影响广泛、新兴而且重要的运动。究竟这些运动所代表的意义为何？又是如何产生的呢？

法西斯主义的意义

法西斯主义不单只是极右派。右派和“左派”这两个名词，是法国大革命时首度应用于政治学上的词语，[①]属于 19 世纪时的政治语汇，与争取人民主权、个人自由及资产的奋斗有

① 1789 年法国用来举行国民大会的改装过的马厩里，是以扇形的方式安排座位，而不是如英国议会长期使用的教堂般，以彼此面对面的方式安排座位。法国国王的拥护者习惯坐在议长的右手边，而反对派则坐在左手边。

关。在观察法西斯主义运动时,我们会发现自己置身于怪异现象之中。其间,人们熟悉的政治路标如右派和“左派”,再也无法提供精确的方向。

早期的法西斯主义运动对传统的极右派保守主义,似乎相当暴力与敌视。与“左派”分子相同,法西斯主义是一种群众运动。它的军队穿着颜色统一的衬衫,它的平民领袖对国王和贵族充满蔑视,它那震耳欲聋的大集会以及敏于行动的行为,都背离了世袭等级制度以及传统保守派所渴盼的恭顺、被动的下层平民的世界。没有人会把贡伯什上尉错认为有教养的拜特伦伯爵,或者误以为墨索里尼是个意大利贵族或富裕的企业家。很多法西斯主义者对教会(虽然在斯堪的纳维亚半岛、罗马尼亚和匈牙利不太严重)也怀有敌意。

早期的法西斯主义党纲称他们的运动为“国家工团主义”或者“国家社会主义”运动,严厉抨击国际资本主义、百货公司、银行,有时也会批评大地主。他们吸收那些厌恶社会党的前工团主义者、厌恶父辈自满态度的年轻中产阶级、憎恨那些把他们送上战场却又让他们失业的人的退役军人、嫌恶现代大众文化的知识分子、害怕新潮且独立的女性的男性,以及担心社会没落的辛苦奋斗的店主和低级官员。因为主张改头换面、进行彻底的改革,所以法西斯主义者通常被视为革命家。与党决裂的但泽前纳粹领袖赫尔曼·劳希林(Hermann Rauschning)曾经写道:“就无政府主义者与共产主义者梦想的‘群众起义’的意义来看,国家社会主义毫无疑问是一种名副其实的革命运动。”[①]劳希林认为,除了夺权和巩固权力之外,这种革命别无目的,但是对于现状的破坏力也很大。

一方面,反资本主义者和反资产阶级者的辞令,让法西斯主义者看似属于反右派分子。但是另一方面,所有的法西斯运动无一例外,均视马克思主义为仇敌,并且认为软弱的自由主义是马克思主义流行的主要帮凶。法西斯主义者用暴力,来对抗社会主义者和“左派”的天主教政党、工会与种族“敌人”。法西斯主义者想推翻的政权,是那些他们认为无法维持国家势力、提供工作机会与维护社会秩序的自由派或改良派的无能政权。

除此之外,反资本主义和反资产阶级的辞令,在法西斯主义运动中并不普遍。他们鼓吹的始终是一种选择性的反资本主义。他们代表那些饱受通货膨胀的冲击,而且夹在日益强大的资本主义公司和日渐发展的工会之间的夹缝中求生的中产阶级的不满。在要求银行国有化并且“打破资本利息的束缚”(break the capital-interest yoke,纳粹党“二十五点纲领”中的第十一点)时,他们只是想要为自己的小企业争取宽厚的贷款条件和降低利息,而不是要实行社会主义。当他们要求与自己竞争、对自己造成威胁的托拉斯国有化时,他们想要的是保护小资产而不是废除财产权。他们要求有组织的经济,指的是解散独立的工会,而不是关闭自由竞争的企业。尽管其中有些知识分子会使用反资产阶级的辞令,但是法西斯主义想要的是一场保护中产阶级的革命,而不是让无产阶级掌权的革命。“只有改变才能维持不变。”在兰帕杜沙(Giuseppe de Lampedusa)描绘西西里社会的小说《花豹》(*The Leopard*, 1956)中,

---

① Hermann Rauschning, *Revolution of Nihilism* (New York, 1939), p.19.

年轻的继承人如此说。

无论如何，法西斯主义者的辞令，远不如其实践重要。1920 年夺得政权的意大利法西斯主义者，就在传统保守派的协助与串谋之下，实践了法西斯主义。然而，掌权之后，它就忘了自己先前的言论，与国王、贵族、教会和企业（在第八章我们将有更详细的讨论）达成妥协。德国国家社会主义也利用类似的结盟关系取得权力。有些马克思主义者断言，法西斯主义只是资本家为了抵挡马克思主义、缓解经济压力的手段。这样的说法太过低估法西斯主义运动的群众基础。[①]但是，很难否认法西斯主义者通常会和传统的保守派建立收益丰厚的同盟关系。法西斯主义很显然属于右派，但却是新式的右派分子。

因为宣称要消灭阶级界线，所以要用右派的标准来适当定位法西斯主义就更加复杂了。法西斯主义者承诺要在浓郁的民族和解里，消除阶级斗争。作为对传统右派所做的呼吁之一，这并不是一个全然虚伪的要求。虽然法西斯主义的支持者大部分是中产阶级，但是它确实也吸引了一些工人，这些工人大多不受欧洲劳动阶层普遍的社会主义文化影响：爱国的反社会主义者、年轻的失业人口，以及不曾受到群众运动青睐的地区（如东欧和意大利南部）没有组织的穷人。

在某些方面，年轻人对法西斯主义的辨识力优于阶级或政治意识形态。法西斯主义煽动年轻的局外人叛乱，他们出没于壕沟战或街头示威活动，以及战后不久的那些失业人群之中。墨索里尼的行动队在行军时高唱《青年之歌》（*Giovinezza*）。1920 年时，贡伯什 33 岁；科德雷亚努 20 岁；希特勒 31 岁。

法西斯主义抛弃 19 世纪中产阶级与下层中产阶级所支持的自由主义。在紧急时刻，例如经济危机、国家战败或者政治弊端改革不力的时候，欧洲的中产阶级就会“左倾”，正如 1848 年革命一般。在法西斯主义运动中，欧洲的下层中产阶级偏向激进的反社会主义和反自由主义的极权主义。他们发现，在父辈中占优势地位的自由主义或社会主义的价值观已经荡然无存。这是研究法西斯主义的学者们必须考察的历史大转变。

法西斯主义的根源

虽然法西斯主义是在第一次世界大战与布尔什维克革命的冲击之下，才突然在世界上完全绽放的，但是我们仍可以从一些蛛丝马迹看到，早在 19 世纪晚期，法西斯主义便已经开始孕育。

第一步是某些保守派人士接受了群众政治。19 世纪中叶，行动派的极权主义者——如法国皇帝拿破仑三世以及德国总理俾斯麦——以成年男子的普遍选举权，作为争取更多民众支持、压倒上层阶级的自由主义议会反对派领袖的策略。

[①] 认真研究法西斯主义的马克思主义者会避免这个错误。请参阅 Nicos Poulantzas, *Fascism and Dictatorship* (London and New York, 1974).

天主教教会也承认群众政治的必要性，开始与那些坚持反社会主义的反教派——自由主义者讲和。在教皇庇护九世（Pope Pius IX，1846—1878）的时代，教会的主要敌人是在19世纪80年代从教会手中夺走公共教育权的新兴、好战且反教权的法兰西共和国，以及在19世纪70年时曾经掠夺教会土地的新兴、统一的意大利王国。19世纪90年代，教皇利奥十三世（Pope Leo XIII，1878—1903）曾经推动法国的天主教徒接受法兰西第三共和国（French Third Republic）。利奥的继任者庇护十世（1903—1914），在1904年时做出更引人注目的变革。当时他授权意大利的天主教徒，投票阻止社会主义候选人当选。这是自1870年以来，意大利国内教会首度允许天主教徒参与投票选举。不过教权主义并未因此沉寂，这从1905年在法国的一场政教分离的激烈争论中可见一斑。但它是属于19世纪所发生的诸多分歧之一，其重要性随着社会主义势力的日益扩大而消退。19世纪末期，很多欧洲的保守派宁可让自己适应群众政治，也不愿意遵循保守主义尝试把群众逐出政治圈外的目标。

当然，只有在群众乐意支持保守派的利益时，这种策略才有意义。在19世纪末时，代表欧洲中下层中产阶级政治言论的自由主义，已有枯竭之象。在政治层面，随着19世纪90年代[①]社会主义政党已经开始通过男子选举权赢得大量的议会席位，有些欧洲的中产阶级对于议会民主制度的效力，开始有了第二种想法。在经济层面，许多中产阶级并不喜欢会让他们夹在有越来越多的有组织的资本家，以及有组织的劳工之间的放任的自由市场经济。小资产、个体商店或手工艺行业等，已经成为下层中产阶级自立的主要途径。但是，19世纪晚期时，它们却长年处于压力之下：小商店遭遇连锁商和百货公司等新零售方式的竞争，而工匠也一样面临很多工业竞争。周期性的经济危机期间，如1880年代，这些压力更加沉重。

不论是马克思主义者还是自由主义者，这些小企业主和工匠们，都无法通过现有的政党，适当地宣泄他们的怒气。自由主义政治经济学者依然抵制国家干预经济。虽然提倡持续的工业化是社会主义下一阶段——集体富裕的必要准备，但是马克思主义反对在生产和商业上所有的私有财产。在大战之前，反对自由放任的资本主义的中产阶级，正探索一种非自由主义，也非马克思主义的“中间路线”或“第三路线”。[②]似乎只有新的手段，可以保护小资产者免于受到大企业和强势工人的欺压。这个新手段就是莫拉斯（Charles Maurras）在20世纪初期的法西斯运动中所提出来的新方案。举例来说，他那过早发动的行动之一，是攻击威胁到小食品杂货商生计的乳品连锁店。

虽然第一次世界大战之前，欧洲独立的下层中产阶级缓慢而且痛苦地萎缩，但是领薪的下层中产阶层却急速地成长，为法西斯主义提供了另一群潜在的群众追随者。马克思曾经预期工业进步将会产生更多的无产阶级。然而事与愿违，19世纪90年代时，北欧与西欧工厂劳工的比例，始终大约维持在总人口的1/3。虽然产业工人的绝对人数持续增加，但是

---

① 在1893年的选举中，法国社会主义众议员从12席增加为41席；德国社会民主党的选民从1887年的76万3,128人，跃升为1903年的301万771人，或者说，在总票数的比例从10.1%增加为31.7%。

② 这些用词在讨论1920年代与1930年代的政治议题时会再次出现，参阅第10章。

他们的相对人数却因为下层中产阶级,或者被称为第三产业从业者(白领雇员、办事员、负责销售与配销的劳工),以及低级公务员等的大幅增长,而持续下滑。这些是 20 世纪工业化与城市化欧洲国家中,人口成长最快速的一群人。虽然他们和任何产业工人一样,为了薪水而工作,但是很多白领雇员却坚守某些中产阶级的体面象征。很多漫画所呈现的景象——穿着手肘已经磨光的黑色西装、公文包里只装著作为午餐的萨拉米香肠的德国或奥地利小公务员——与现实相当接近。只要能够给他们安全或进步的承诺,这些新兴的中产阶级就会支持民主制度。但是处于危机之中时,他们深恐自己会沦为无产阶级。虽然其中有很多人讨厌自己的老板,但是他们也不愿意变成社会主义者,因为那意味着要接受无产阶级的身份。欧洲的下层中产阶级曾经为 1848 年革命的街垒战贡献颇多,在 20 世纪时,他们甚至为法西斯右派分子,提供了更多的群众力量。

战前自由主义在知识分子阶层的颓势也很明显,但这并不代表自由主义夙敌的胜利。19 世纪末期,人们已经不再非常严肃地正视传统保守派以信条及世袭威权的神圣权利为名义,对自由主义发出的挑战。重要的变化是在自由主义先前的大本营——受过教育的中产阶级之间,自由主义者对人类进步以及人类普遍具有理性的信心不再。我们在之前的章节内容中,曾经审视过很多 19 世纪的自由主义假设受到挑战的层面——视觉艺术、哲学、心理学与科学。[①]有些挑战者本身,如未来派画家马里内蒂,积极参与到墨索里尼的法西斯主义蔑视自由主义的狂热行动中。

因为熟悉的自由主义心灵宇宙的瓦解,使某些欧洲人更加微妙与间接地投入法西斯主义。在 20 世纪末期,有些人的心中有着不祥的预感;有些人对丑恶的城市和工业社会、对过度破坏的知识分子、对男性支配地位衰退的感觉,以及对资产阶级个人主义的任性有强烈的反感。他们因为感受到欧洲正在衰颓而惊恐害怕。对衰颓的恐惧,很容易就转变为宏观的历史悲观主义。在软弱的第三共和国统治下,以莫拉斯为代表的法国人估计他们民族威望的衰退程度;意大利人缅怀已经消逝的罗马帝国;以舒纳勒(Georg von Schönerer)为代表的奥地利日耳曼人,认为奥地利人已经被淹没在斯拉夫人和犹太人的人海之中。他们带着渴望复兴的心灵,寻找纯净的种族、群众的热情、男性的坚强、民族的统一,与独裁主义的统治之间,可以彼此相辅相成的补救方案。

19 世纪初期,想象民族自决的国家将能组成一个如家庭般和睦、宽容的国度的民族主义,在 19 世纪晚期时已经变得更加封闭与排外。与此同时,种族概念更加流行。自由主义的知识分子,曾经把所有跨越头衔和身份地位的界线而将人们团结起来的人类特性,视为至高无上的特质,但是在 19 世纪的欧洲蓬勃发展的探险家、旅行家、地理学家和人类学家,却重新发现了人类的差异。他们将那些差异归因于种族。种族思想以反犹太主义的形式,在教育程度比较低的欧洲人之间蔓延开来。19 世纪 80 年代之后,俄国沙皇"俄罗斯化"所有境内

---

① 参阅第 1 章。

少数民族的努力，刺激人民仇视因受法令限制而必须集中居住于俄罗斯西部和波兰隔离区的犹太人。19世纪80年代以后，攻击犹太人商店和住所的大屠杀，导致数千人葬送生命；战前最残忍的一次大屠杀发生于1905年10月，当时在敖德萨有三百多名犹太人惨遭杀害，而当局却袖手旁观。19世纪90年代，因为俄罗斯东正教犹太人的移民，使西欧人对这些外人产生敌意。中世纪基督徒对犹太人的敌意，现在因为种族差异的主张，以及对犹太人可能会削弱国内的民族同质性的恐惧，而更加强烈。

因此，在1914年之前，法西斯主义万事俱备。第一次世界大战只是它的催化剂，而不是它的创造者。同时，在很多不同的层面上，战争扩大并融合这些各不相同的要素。战争破坏了整个战前欧洲的秩序，其中以年轻人受害最烈，以至于那些不愿意接受以苏维埃模式进行改变的国家，全都开始寻找可以承担新紧急情势的"新道路"。战争也暴露了人性邪恶与不理性的一面，证实了战前人们对自由主义假设的批评。

战争使法西斯主义潜在的群众追随者倍增。所有人都已经投入战争，这些年轻人中，曾经经历过第一次世界大战的"钢铁洗礼"，具有"前线战士"的心态，因此变得冷酷无情以及满心怒火。后来成为墨索里尼伙伴的巴尔博(Italo Balbo)回忆道：

> 当我从战场上归来……和其他许许多多的人一样，我厌恶政治和政治家，在我看来，他们出卖了士兵的希望，让意大利屈服于可耻的和平，让意大利人的英雄传统彻底蒙羞。我们是为了夺回出卖一切理想的乔利蒂的乐土而奋勇作战吗？不！为了彻底更新一切，我们宁可否定一切、破坏一切。①

那些没被和平时期单调沉闷的工作所吸纳的退役军人，寻找可以延续战壕里那坚定、阳刚的同志友谊和忠诚情感的方式。若单靠他们自己的力量，或许只能结成勉强算是街头帮派的组织。但是，战时的社会变迁为他们提供了一群群众追随者：社会混乱对先前生活无虞的中产阶级的地位造成威胁。工人的兴起使有身份地位的人感到恐惧，不过，因为大战的庞大冲力刺激产业集中，让小企业主深感惶恐。不过，对中产阶级来说，造成混乱的主要原因是通货膨胀。

战时物价上涨的情形在1918年时并未好转。法国在战后经历了为时短暂的稳定期之后，1924年到1926年间，法郎就贬值到只剩战前价值的零头。当1928年时法郎以战前汇率值的1/5的价值稳定下来时，使那些战前每一法郎的存款现在只值二十生丁的中产阶级觉得，自己为战争所付出的损失与收获不成比例。意大利通货膨胀的情形持续恶化，而在被分割后的奥匈帝国领土上，情况更加严重。四口之家购买一个月的食粮，在1919年7月，大约需要2500克朗；到1922年7月时，必须付出29万7000克朗才够。②1923年时，德国那如脱

---

① 引述自 Herman Finer, *Mussolini's Italy* (London, 1935), p.139.

② Charles A. Gulick, *Austria from Habsburg to Hitler*, vol. 1 (Los Angeles, 1948), p.153.

7–6　1929 年前,虽然纳粹运动还掀不起太大的风浪,但希特勒的激情演讲及其统一着装的“冲锋队”,仍吸引了心怀愤恨的老兵、反共产主义者、极端民族主义者和失业者。图中的希特勒正向小城魏玛的一名追随者还礼。希特勒左臂后站立者为党秘书鲁道夫·赫斯,他的梅赛德斯汽车前、正在行礼的是“冲锋队”首领恩斯特·罗姆上尉。被罗姆抬起的手臂部分遮挡的是赫尔曼·戈林。

缰野马般失控的通货膨胀,已经让人民无法以货币购买任何物品。所有靠固定收入生活的人都必须仰赖慈善救济度日,而支撑中产阶级自立的基础——储蓄、投资与年金——已经消失不见。

法西斯主义最后的催化剂是革命派社会主义的威胁。虽然不是百分之百的吻合,但是新兴法西斯主义的版图,恰巧与 1919 年和 1920 年革命爆发的分布图颇为一致。有些欧洲人依然完全信赖传统的保守主义。在 1917 年到 1920 年西班牙爆发激烈的工人冲突之后,就由普里莫·德·里维拉(Primo de Rivera)将军领导的军事独裁政府,掌握了这个在国王阿方索十三世(Alfonso XIII)的绝对威权统治下,未受法西斯主义影响的国家的政权。一个除了憎厌政党政治以外,全无任何清楚政纲的军人集团,于 1926 年推翻了葡萄牙共和国。英国和法国这两个战胜国在他们现有的议会制度架构之内,解决其战后问题。1923 年时,只有一个欧洲国家——意大利——拥有这种新风格的政权,虽然有些欧洲人也仿效法西斯主义的制服、黑色衬衫、法西斯丰义的辞令与腔调,我们仍然无法确知法西斯土义散布的范围有多广。

不论如何,面对未的来紧急情况,法西斯主义依然可以利用。当面临经济萧条或通货膨胀所造成的经济崩溃、现代衰微所导致的文化崩散,以及阶级斗争而导致国家分裂时,惊恐的欧洲人最好转向组成能强有力地整合经济、文化与阶级的法西斯主义国家。

8–1　英国的保守派领袖鲍尔温(Stanley Baldwin)：曾于 1923、1924—1929、1935—1937 年时担任首相。

第 8 章

“常态”:20 世纪 20 年代的欧洲

直到20世纪20年代中叶，欧洲人才开始感受到“和平的阳光普照”。[①]那时紧张的局势已经缓和，随之而来的是20年代晚期一段平静而繁荣的时光。在国际上，20年代初期那充满仇恨的对抗，如法国侵占鲁尔，已经为洛迦诺精神所取代。在国内的政局上，革命和反革命的浪潮已经平息，而议会制的国家也以较温和的“左派”与右派轮番执政的方式安顿下来。战时的管制已经取消，人们的重建工作渐渐掩盖了战争留下的种种痕迹。至少在西欧，繁荣兴盛的经济已经让生产恢复到1914年时的水平。战争期间种种社会禁令的废除，再加上放纵战时被拖延的渴望，以及松绑的社会约束，为20年代晚期的繁荣时光，增添一层平民化的光彩。

[①] Robert Graves and Alan Hodge, *The Long Week-End: A Social History of Great Britain, 1918—1939* (London, 1940), p.113.

8.1 回归“常态”

美国总统哈定以“回归常态”的说法来描述这段时期。但是对于经历了四年大战，接着又是四年战后混乱岁月的欧洲来说，什么是“常态”呢？20年代晚期，主导西欧议会制国家公共生活的、温和的中间偏左和中间偏右的联合政府，使19世纪晚期的自由主义价值观再度复苏：扩大议会制民主政治，个人的自由权，及以私人企业为基础、在政府最低限度的干预下运作的市场经济。因为崇尚自由主义的西方国家——英国与法国——不但赢得了这场战争，遏制了革命风潮，而且已经恢复欧洲最高的生活水平，所以在20年代晚期的欧洲，对很多欧洲人来说，这些价值观似乎比较“正常”。然而问题是，那些“正常”的19世纪自由主义价值观，与战后的世界有多适宜呢？

新自由主义经济：解散战时政府

没有人期望战时政府狂热的努力或严厉的管制会无限期地维持下去。一旦完成军队复员并且安定了国内秩序以后，各国就会开始解散各种战时应对战争而设立的局部机关。1922年时，苏联以外各国的战时机关几乎都已解散殆尽。自由主义的价值观主张经济和社会决策最好留待自由市场决定，而“常态”则意指尽最大可能恢复这种状态。欧洲的自由主义者认为，战时的经济管制是在紧急情况之下，不得以却令人厌恶的权宜之计。“我们希望繁荣商业，”英国的保守党（托利党，Tory）党员英奇凯普（Lord Inchcape）勋爵如此说，而且：

> 不要花时间与政府的办事员争吵，随着经济部起舞，求见委员会，用甜言蜜语哄骗领事们，让他们批准进口我们所需要的东西，为白厅（Whitehall）派来的调查员打开帐簿、票据和发票，并且忍耐烦恼和损失来证明每件交易的正当性……，接受某些官方的审员。[①]

但是，即使是在最没有国家干预传统的国家里，也无法完全恢复到昔日世界。这是很明显的事实。护照的核发虽然是件小事，却是证明这项事实的实例。1914年，除了俄罗斯帝国和奥斯曼帝国之外，欧洲人可以在整个欧洲大陆自由来去。但是在1918年以后，所有的欧洲国家都要求旅客携带护照。

因为即使是在1914年以前，欧洲的经济结构也没有为市场力量留下自由运作的空间，所以要恢复完全自由放任的经济结构，甚至比恢复无限制的自由旅行还要困难。19世纪80

[①] Paul Barton Johnson, *Land Fit for Heroes: The Planning of British Reconstruction, 1916—1919* (Chicago, 1968), p.451.

年代之后，除了表现卓越的贸易国英国之外，所有的欧洲国家都利用关税或其他的贸易限制手段来保护本国的工业。对内，政府介入并保护公司行号和他们的劳工对抗，而且他们对防范劳工联盟的警戒心，更远甚于对雇主联盟的警戒心。事实上，所有的政府都已经开始监督工作时间和工作条件，并且支持健康与退休保险计划。在英国，劳合·乔治曾经承诺过，战后要建立一个"与英雄相称的国度"，不过，在放任一切自由发展的情况下，他要如何兑现这项承诺呢？

事实上，欧洲的自由主义者并不建议在欧洲恢复犹如神话般的纯粹自由放任的经济制度，也没有企业家或有组织的劳工愿意接受这样的目标。自由主义者希望在与 1914 年时类似的世界金融、贸易和银行体系里，尽可能恢复企业家在战前曾经享有的独立自主的经济。反映这些意图的最明显的征兆是重建国际金本位制。英国首先于 1925 年重建金本位制，随后除了苏联以外的大部分欧洲国家也相继重建了金本位制。

但是，即使是在 20 年代晚期欧洲经济最繁荣的时候，也只是与 1914 年的情况相仿而已。原因之一是战争已经大幅增加了经济组织的规模与力量。在战前已经出现的企业卡特尔，在战时政府的大力巩固之下更加壮大，尤其是欧洲大陆上的企业卡特尔。20 年代，国际企业卡特尔负责调节欧洲的铁、钢、石油、化学品和其他重要工业产品的销售。与此同时，工会会员的工厂劳工比例比战前还高，并且他们还曾经参与战时政府领导下的集权式经济决策。在这种背景条件之下，自由主义的经济政策相当于在有权力、有组织的利益团体间进行仲裁。

国际经济也因为战争的影响，而出现永久性的变化。金本位制的重建并未成为国际贸易顺畅运转的媒介。战后的通货膨胀已经使各国货币的相对波动相差甚巨，而投机商人又已蠢蠢欲动，想从这些波动之中获取利润，并利用大量炒作货币来加剧货币的波动程度。其中最重要的是赔款与战争借款的负担，对国际贸易与汇兑的干扰。德国欠英国和法国钱；法国向英国和美国借债；而美国又是英国的债主。20 年代晚期，因为美国贷款给德国，于是整个循环就此成形。如果美国的经济出现问题，那么整个脆弱易碎的新自由主义国际支付体系就会摇摇欲坠。

新自由主义政治：议会民主制度的扩展

政治上的常态意指加速 19 世纪晚期迈向普遍选举权、议会制政权与共和政体的步调。

共和政体首度成为欧洲的通例。战前只有一个强国——法国属于共和政体。战争和革命扫荡了四大君权（霍亨索伦王朝、哈布斯堡王朝、罗曼诺夫王朝与奥斯曼王朝）以及一些比较小的王国，如巴伐利亚与希腊（从 1924—1935 年的短命王朝）。战后欧洲的主要国家中，只有大英帝国和意大利依然维持君主政体。现在大部分实施君主制的都是一些小国，例如低地国家与斯堪的纳维亚半岛上的国家。只有一个新兴的东欧国家——南斯拉夫——实行君主政体。

新政权的建立，让制宪者度过一段过瘾而且愉快的时光。新宪法通常是以西方的战胜国为模范;他们通常会结合法国的议会制度,并且遵循美国模式由人民选举总统。起草新议会制宪法的最重要国家是德国。1919 年制定的魏玛宪法,应该是体现最佳法律学识与议会制度经验的一部宪法。由拥护自由主义的柏林法学教授胡戈·普罗伊斯(Hugo Preuss),在社会学家马克斯·韦伯(Max Weber)以及其他人的协助下所起草的魏玛宪法,用意是要将德国的政治稳固地推向民主路线,同时巩固中央政府统治德国各州的权力;由人民选出任期 7 年的总统任命总理,总理与他所筹组的内阁必须拥有由人民选举产生的议会多数派的支持;由各州代表组成的上议院可以延缓但不得阻止立法。为了让每位公民的选票能够最具数学性的等值性,魏玛宪法的起草人设计了比例代表制:各政党在立法机关的席位,是按照其所得票数在全民总投票数中所占的比例而定。

战后的宪政体制大幅扩大投票权。战时的压力甚至曾经迫使德国皇帝承诺于 1917 年废除普鲁士的三级投票制。直到 1946 年下一波新宪法出现为止,第一次世界大战之后取得投票权的欧洲妇女,比其他任何时期都多。在战争之前,欧洲只有芬兰(1906 年)和挪威(1913 年)准许女性拥有投票权。[1] 1918 年,英国实际上已经给予几乎所有成年男性以及三十岁以上女性选举权;1928 年又赋予年轻女性选举权。在战后的这段期间里,魏玛德国、奥匈帝国的三个继承国(波兰、捷克斯洛伐克与奥地利)、低地国家、斯堪的纳维亚半岛各国和西班牙(1931 年)的女性都拥有投票权,但是意大利、瑞士、法国或葡萄牙的女性依然没有选举权。在两次大战之间,只有英国和苏联有女性担任重要的政治角色。

战争促使人权平等的影响力,在战后的政坛上显而易见。社会主义政党,包括某些确实具有工人阶级背景的成员,在议会民主制度里共享权力。魏玛德国的新总统——社会民主党的艾伯特,曾经只是个马鞍匠学徒。1924 年第一个英国工党政府的成员,彼此热烈地讨论在觐见国王乔治五世(King George V)的仪式里,应该穿着的适当服装。最后他们决定穿着传统的燕尾服。在后来的第二次世界大战,1945 年工党的领袖则穿着便服觐见乔治六世。

西欧三个主要的议会民主制国家——英国、法国与德国——在 20 年代中叶,由中间派政党联盟上台执政。20 年代晚期,这些政权外表给人政治稳定而且意见一致的印象。

战后的常态不仅意味着恢复北欧和西欧的自由主义政治和经济制度,也意味着要将这种自由主义政治和经济制度推展到欧洲大陆其他地区的意图。但是,议会制度仍然无法有效地移植到多数人民是未受教育的农民,以及有民族冲突问题的东欧和南欧地区。

8.2 英 国

战时极富个人色彩的政府领袖劳合·乔治,在停战协议之后,曾经借助 1918 年 12 月的

[1] 在 1914 年以前,新西兰(1893 年)、澳大利亚(1902 年)与美国西部 12 个州的女性就已经拥有选举权。请参阅 Renate Bridenthal and Claudia Koonz, *Becoming Visible: Women in European History*, 2nd ed., (New York, 1987), p.474.

"卡其布选举"继续执政。对自己在国家中握有的势力深具信心,又对劳合·乔治的个人统治与其对政府行动主义的偏好感到愤怒的保守党领袖,在 1922 年年底退出这个执政六年的联合政府。劳合·乔治个人多数派统治的垮台,标志着英国将回归比较传统的政党政治。

三党体制

但是,正如 1922 年 11 月的选举结果所示,英国的政党政治已不再是 19 世纪自由党与保守党轮流执政的模式。虽然保守党赢得压倒性的多数,但是反对派的权力平衡却有了变化,工党是王国之内第二个最有势力的政党。自由党——18 世纪的辉格党(Whigs)与 19 世纪的改良派,如葛雷(Grey)、皮尔(Peel)和格莱斯顿(Gladstone)——骄傲的继承人,滑落成为议会第三大党。[①]因为很多英国选民对于工党的执政能力心存怀疑,所以自由党暂时还能与工党均分这部分的选票。于是已经进展到两党竞争局面的英国议会体制,在两次大战之间的这段期间,以三党体制的方式运作。

从某种层次来看,自由党的衰退或可归因于政治上难以预测的行为。在两个时代里,自由党就曾经跌滑过两次:一次是与 19 世纪 90 年代的爱尔兰独立问题有关;一次是与第一次世界大战期间,阿斯奎斯与劳合·乔治的追随者之间的问题有关。但是,就比较深层的层面来看,自由党的衰退暗示着依靠政治民主与自由放任经济的政党价值观,来应对英国自 1914 年以来所面临的社会与经济挑战,前景黯淡。19 世纪时英国经济的大宗——煤与纺织品,所创造的利润已经大不如前,而且大部分的国外投资也在大战期间消耗殆尽。因为战时政府的实验,大幅提升了社会对未来的期待,但是英国的生财能力却已经耗损严重。在 40 年代另一次世界大战之后,自由党注定萎缩成为一个小政党。

1922 年到 1924 年间,在劳合·乔治之后继任的保守党大臣们,希望英国能"在最低限度的国内干预与国外干扰的情况下,凭靠自身的努力再次欣欣向荣"。[②]对回归常态来说,这不失为一个明智的政纲。因为承认英国工业在战后世界的竞争优势下降,所以战后保守党的重大革新是完全承诺将支持保护关税政策。有些保守党员在 1914 年以前就曾经支持帝国贸易特惠的制度,而且又有战时贸易管制。而在保守党选择以关税保护为议题投入 1923 年的选战时,是自 1846 年以来,英国的主要政党首次在选举中,以拥护和平时期的关税为其主张。在战后世界那充满敌意、生存竞争激烈的经济局势里,保守党已经放弃 19 世纪时大部分英国领袖奉行的贸易原则。但是,自由党和工党却支持自由贸易,而他们在 1923 年 12 月的选举中赢得两党合一的多数派,显示他们的主张确实具有民意基础。[③]既然 19 世纪英国的经济优势是系于自由贸易,所以也可将恢复自由贸易视为是使英国回归

[①] 1922 年 11 月的选举结果:保守党 345 席;工党 142 席;自由党 117 席。

[②] 1922 年首相博纳·劳(Bonar Law)的选举纲领,引述自 A. J. P. Taylor, *English History, 1914—1945* (Oxford, England, 1965), p.196.

[③] 1923 年 12 月的选举结果:保守党 258 席;工党 191 席;自由党 158 席。

常态的策略之一。

第一个工党政府:1924 年

虽然工党已经巩固了自己身为最大反对党的地位,但是在选举过后,自由党或工党依然无法单靠自己的力量成为议会的多数派。不再加入联合政府,自由党领袖,前任首相阿斯奎斯,决定让工党初尝执政的责任——也或许让他们有充分的机会败坏自己的名声。因此,在自由党的支持下,工党的领袖麦克唐纳得以于 1924 年 1 月,首度在英国组成具有社会主义名义的内阁。

有些英国人担心工党会“把每样东西,包括妇女在内”国有化。[①]有些人则对革命派的社会主义政权心存希望。麦克唐纳的政府既未让忧心者的忧虑成真,也没能满足对他们抱有希望的人的期待。虽然麦克唐纳曾经在 19 世纪 90 年代,协助成立比较激进的独立工党(Independent Labour Party),而且在第一次世界大战期间,也曾是英国屈指可数、直言不讳的和平主义者,但是他并没有在英国强制执行社会主义的意图。当然麦克唐纳也没有权力这么做。他的政府是依靠自由党的选票才成为议会里的多数派。他的内阁中有几位从自由党延揽来的大臣,但却只有一位是来自克莱德河沿岸工业区的战时激进分子——惠特利(Wheatley)。提出控制城市住宅建筑物租金的《惠特利住宅法》(*Wheatley Housing Act*),是这段时期里一项名副其实的国内改革措施。除了首次在和平时期进行企业-政府合作与社会规划的实验之外,麦克唐纳内阁对于使真正出身工人阶级的政治家(麦克唐纳本身是苏格兰佃农的私生子)适应主流趋势,而不是让主流趋势去适应工人阶级背景出身的政治家这一点的贡献更多。我们可以揣测,一个理想幻灭的英国工人应该会说出“这是个戴着红帽,但实际上与其他政府没有两样的政府”的话来。

与回归“左派”倾向相比,麦克唐纳内阁更重申经济自由主义以及持续废除战时管制。毫无疑问,这是大部分选民的期待。麦克唐纳有效地建立工党身为执政党的正统,并且大幅拓展招纳英国政治精英分子的机会。但这并不代表他们有所成就。

不论如何,第一个工党政府执政期间相当短暂。它在执政 10 个月之后,因为个人事件而垮台:有人指控“麦克唐纳先生”因为接受高价的豪华轿车,而暂缓起诉一家共产党报纸。在接踵而至的 1924 年 10 月的选举中,保守党集中火力攻击麦克唐纳的外交政策,包括承认苏联在内,质疑那是具有危险性的激进主义。保守党的报纸刊出一封来自共产国际主席季诺维也夫的信,信中建议英国共产党暗中破坏英国的资本主义制度。麦克唐纳被指控对于破坏分子的行动,采取危险的“软弱”态度。现在我们已经知道,虽然英国编辑们可能是出于相信那封信是真品而将之刊登出来,但是季诺维也夫的那封信,其实是一个波兰的反布尔什维克者所伪造的。虽然在那封信所卷起的政治极端化气氛之中,自由党所遭受的打击

---

① Graves and Hodge, p.76.

甚至更严重,不过,那封信的力量已经足以使工党受挫。

回归保守党的“常态”

1924 年的选举,权力重回保守党领袖鲍尔温手中。鲍尔温是 20 年代英国版“常态”的化身。除了第二个工党政府执政期间(1929—1931 年)之外,鲍尔温一直是 1924 年到 1937 间的内阁成员,也是 1923、1924—1929、1935—1937 年间的首相,是英国现代史上掌握政权最久的领导者之一。

鲍尔温历经几番辛苦,让人们留下他是属于温和派而不是保守派人士的印象。摄影师与漫画家将这位富裕的钢铁制造商之子,描绘成一位古时英国殷实的自耕农形象:漫步田野看着他的猪、抽着烟斗、轻视知识分子,并且虚张声势地谈论浅显的常识的红脸寡言者。他是第一位对内阁阁员直呼其名的英国首相,也是第一位将无线电有效地应用在政治领域的人。他以自己能与工党保持良好的关系而自豪。他帮助英国的保守党建立务实的中产阶级风格,取代上一代托利党(Tory)领袖——如索尔兹伯里(Salisbury)爵士与寇松(Curzon)爵士——那永远的贵族式作风,据说寇松爵士曾经说鲍尔温是个“极无足轻重的人物”。但是事实证明鲍尔温是一位精明的议会制谋略家,也是一位相当执着于正统经济学的人。他协助并带领英国表面上重建了 1914 年以前的财政与商业管理制度。

英国新自由主义最值得注意的一个措施是恢复国际金本位制。19 世纪的世界贸易里两个固定不变的状况,是可以自由交换所有主要货币与黄金,以及伦敦身为世界金融首都的角色。金本位制因为战时的货币管制而暂停运作,而伦敦也因为战争而中断与部分客户的业务联系;此外,战争期间英国在海外投资的损失,也严重地削弱了英国的经济实力。从正统经济学的观点来看,恢复金本位制和伦敦的复兴是密不可分的。

鲍尔温的财政大臣丘吉尔,在 1925 年 4 月的预算报告中宣布恢复战时暂停运作的金本位制。从此以后,在世界各地都能自由地以英镑兑换黄金。因为金币不再能在英国的国内交易中自由流通,所以这并不是传统的金本位制。但是它却能让人有一种世界已经恢复旧观、仅存的战争影响已经消逝的错觉。

英国恢复金本位制的举措可能阻碍了 20 年代后期英国寻求再度繁荣的努力。一则因为丘吉尔坚持要恢复 1914 年时的汇率,高估了英镑兑美元的价值,导致英国的商品在世界市场上的价格更为昂贵。[①]一项对金本位制很基本的批评是,鉴于战前英镑对黄金的自由兑换,是以英国在国际账户的庞大盈余,以及持有庞大的黄金储备为基础的,但是战后伦敦的黄金市场依赖的却是衰弱的经济结构。由所持有的外汇储备金如马克或美元来补充黄金的措施,如果发生困难,那么这些外汇储备金很快就会流失。这种脆弱的金本位制

---

① 引自 *The Economic Conswquences of Mr. Churchill* (1925)凯因斯指责与 1914 年相较,高估了 10%的英镑价值。事实上,在 20 年代晚期,英国的出口始终不曾恢复 1914 年时的水平。

终于在 1913 年到 1931 年间崩溃。它对英国经济所造成的损害,远比 1925 年的小规模财政复辟严重。

恢复常态对于改善 20 年代英国劳动人口的生活水平毫无帮助。英国必须应对他们在世界经济地位的变化所进行的基本调整,因为金本位制使英国商品在海外的价位偏高而更为困难的局面。英国出口贸易的支柱——煤与纺织品正在逐渐没落。英国的出口所得,始终不曾将战时海外投资的损失弥补过来。更糟糕的是,在两次大战期间,英国的失业率始终不曾低于那令人震撼的 10%,即使是在 20 年代后期经济最繁荣的时期亦是如此。性情可称坦率的鲍尔温,对英国经济问题的解决依然毫无贡献。他在 1925 年 7 月 30 日的演说中曾经说:“这个国家里所有的工作者,都必须减薪以便协助产业恢复经济独立。”[①]

煤矿工业为鲍尔温对英国恢复常态的希望带来最严酷的挑战。煤矿矿藏丰富的近海地区,是 19 世纪英国商业和工业昌盛繁荣的主要刺激因素,而且这些煤矿还是英国可以提供最多就业机会的产业。但是在 20 年代,世界上的煤供过于求。因为市场在战争期间已经中断,设备也已落伍,且管理权又支离破碎地落在众多规模不大的公司手中,导致英国煤炭的竞争力极弱。煤矿主人认为减薪是让他们重回世界市场的唯一办法,但是矿工却坚决拒绝接受减薪的做法。[②]而政府任命由塞缪尔(Herbert Samuel)所领导的委员会未能成功地说服煤矿业主合并他们的煤矿、使经营方式合理化,并且将设备现代化,以交换政府对降低薪资谈判的协助。当谈判陷入僵局时,矿工们终于在 1926 年 5 月初走上罢工一途。

矿工的不满是 1926 年英国工人大罢工的主要燃料。1926 年大罢工是发生于 1919~1920 年的“不要干涉俄国”的罢工行动,与 1973~1974 年冬的能源危机之间,英国现代史上局势最紧张的阶级冲突。罢工的矿工们加上几乎所有有组织的工人,组成英国史上最大规模的联合示威游行。示威运动最高潮的那一天,5 月 13 日, 约有将近四百万名劳工走上街头。英国全国总工会(Trades Union Congress,TUC)的总理事会在 9 天后接受和解(政府强制执行塞缪尔在以减薪作为交换条件的报告中所提倡的现代化), 但是有些一般会员依然继续罢工。才半年,很多矿工就因为饥饿而被迫接受低薪条件、回到工作岗位。

回顾 1926 年的英国大罢工,我们发现这次大罢工似乎是一个结束而不是个开始。罢工的领导者们始终只是打算以罢工作为操纵谈判的手段,而不是革命步骤。英国全国总工会甚至使用“全国罢工”这个名词来称呼本次的罢工事件,而不是以往工团主义者所使用、暗含以劳工联盟取代政府的意义的“全面罢工”这个名词。和战后不久在克莱德河沿岸地区所发生的罢工事件不同,1926 年的罢工不曾出现僭越政府职能的苏维埃或罢工委员会。虽然劳资双方以及由政府和大学生所组织的反罢工者,都曾出现一些暴力行动,但是没有致人

---

① 引述自 Taylor,p.239.

② 在打击最严重的矿区中,要求技术不纯熟的矿工将原本 78 先令的周薪,删减为 45 先令 10 便士的周薪(依当时的外汇率折合美元大约为从 19 美元减成 12 美元),而且工时也缩减成每天 6 小时。

8–2 反对 1926 年 5 月英国全面罢工的人，组织临时交通工具以便回去工作。

死亡。凡此种种都让人明白，当时保守的新闻界所发布对“布尔什维克主义细菌”歇斯底里的恐惧，以及主张采取强硬路线的丘吉尔对罢工那“只有推翻议会制政府或取得决定性胜利才会停止”[①]的可怕预言，其实只是杞人忧天。

大罢工对政府的影响是，在 1927 年制定新的法令禁止赞同罢工，并且断绝与苏联的贸易和外交关系（这是由于有些保守党党员谴责苏联曾经发放救济金给矿工所致）。在英国全国总工会这一方面，因为这次的罢工，英国的工会运动终于补偿它在资金与会员人数方面的损失；实际上也加强了它在现存的英国社会体制中集体谈判的能力。不过历史并未记载矿工个体与他们的家人所经历的痛苦和磨难。

[①] Martin Gilbert, *Winston S. Churchill*, Vol. V, 1922—1939 (London, 1976), p.154.

20 年代晚期的英国显然是个和平繁荣的国家。但是虽已恢复常态的外表,却掩藏不住英国为应对他们已经下滑的世界经济地位所做的不适当调整。

8.3 法 国

在彭加勒内阁对德国的强硬路线因为占领鲁尔而信誉尽失之后, 法国的选民在 1924 年 5 月的选举中,让温和的“左派”政党联盟取得了国会的多数席位。左翼联盟(cartel des gauches),是法国议会中激进党(Radicals)与改良派社会党这两大主要的“左派”政党所组成的选举联盟。

左翼联盟

因为可以为两次大战期间,法国第三共和国那表面上错综复杂的政治活动提供解题之钥,所以我们绝对有理由彻底地检视这个政党联盟。习惯措辞谨慎的政治词汇的美国读者,可能会被这些拉丁语政党所使用的热情标签误导。法国激进党(Franch Radical Praty)是 19 世纪 60 年代第二帝国(Second Empire)激进分子的正统继承人:他们强硬主张普遍选举权、议会的权力凌驾于行政部门之上、普及免费自由普遍的中等教育、废除天主教教堂的国教制度和以民兵取代职业军人。虽然在 19 世纪 90 年代有些激进党员赞成征收所得税的提案,但是这个政党通常并不赞成国家干预经济。1905 年,随着法国的政教分离,激进党的党纲实际上都已经实现。激进党依然是法国“小人物”主要的政治代言人:他们反教权主义(antielerical)、主张政治上人人平等、赞成自由放任的经济、对法国大革命抱有伤感,当共和国受到主教、将军或贵族们的威胁时,随时准备起来保卫共和国(欧洲所有的天主教国家都有类似的反教权主义、支持民主的小资产政党)。

左翼联盟的另一半是法国社会党(Farch Socialist Party,SFIO,或者〔第二〕工人国际法国分部 French Section of the 〔Second〕 Workers’ International)。这是在 1920 年大部分社会党党员投票加入第三国际(共产国际)之后,法国议会中硕果仅存的社会主义政党。1924 年,法国社会党回归自己的路线,成为议会中另一个主要的“左派”政党。虽然他们名义上忠于马克思主义者所支持的社会主义,以及最终将发生的劳工革命,但是法国社会党却赋予议会制共和政体极高的存在价值,认为这是向上述目标前进的第一步。法国社会党愿意在选举期间与激进党合作,以防止右派政党大获全胜,但是除非他们自己取得议会的多数席位,而且有能力制定社会主义法令,否则他们不愿意加入“资产阶级”的政府。

此外,“左派”政党的结盟基础是,保卫第三共和以对抗支持教权主义或君主主义的右派敌人。左翼联盟是 1924 年时于世纪交替之际, 因德雷福斯事件 (Dreyfus affair,1899—1906)而组成的激进党——社会党联盟。德雷福斯事件发生时,支持教权主义者与军官似乎意图利用此事件来破坏法国的宪政体制, 而不仅限于放任军事法庭利用子虚乌有的指控、误审犹太上尉德雷福斯叛国罪一案上。对政治家而言，在瓜分“左派”选票的危险性胜过一切的选举期间内，这种结盟可说是表现得合作无间。激进党和社会党都承诺，无论他们之中哪位候选人在决胜选举中领先，他们都会支持此人。[①]两次大战期间的五次选举中，这种“共和政体纪律”让改良派的“左倾”分子三次赢得议会的多数席位（1924 年、1932 年与 1936 年）。

一旦选举结果尘埃落定，激进党和法国社会党的众议员在合作制定政治纲领时，就出现了问题。在政治自由、免费教育、反教权主义与反军国主义（antimilitarism）方面，他们可以取得一致的意见，但是在处理经济议题时，激进党的小资产倾向与法国社会党信奉的马克思主义，有本质冲突。因此，在两次选举之间的那段期间，激进党的中枢很容易回转而向中间派的政党联盟靠拢。结果造成议会的多数派始终不够稳定的现象，是美国政治学家霍夫曼（Stanley Hoffmann）所称第三共和国“僵局”的重要因素，第三共和国僵化的政治体制与法国经济进步缓慢及普遍的低出生率息息相关。

1924 年左翼联盟的选举，让我们有机会见识这个政治局的运作。新任总理是两次大战期间担任激进党领袖、但在第三共和国晚期转为非社会主义“左派”分子的赫里欧。赫里欧品德高尚，是一位具有人文主义思想的作家（他有很多著作，包括贝多芬〔Beethoven〕与斯塔尔夫人〔Madame De Staël〕的传记）；担任里昂（Lyon）市长时积极提供市政的社会服务，真诚地关心政治自由。此外，赫里欧也是一位绝顶高明的议会谈判家，身材魁梧的他经常进出里昂与巴黎的咖啡厅与餐厅。

赫里欧在法国总理任内（1924 年 6 月到 1925 年 4 月）的成就，展现在左翼联盟有能力做出具决定性行动的部分。我们已经看到 1924 年时，赫里欧协同麦克唐纳与施特雷泽曼对国际和解的贡献。[②]他给予苏联外交承认，并且开始退出罗马教廷（Holy See）。法国消除了教会在公立中小学的影响，相关法令也延伸到阿尔萨斯-洛林地区（当 19 世纪 80 年代通过上述法令时，阿尔萨斯-洛林地区并不属于法国领土）。赫里欧也推行法国优秀公立高中的民主化运动，反军国主义、反教权主义、扩大个人受教育的机会——这是让法国激进党也深感满意的共同领域。[③]

不幸的是，左翼联盟所面临的重要问题是经济与财政问题。法国曾经寄望能利用德国的赔款来偿还战时的债务，也曾经寄望能利用德国的赔款来补贴战后重建所需的庞大费用。战后重建的庞大费用，使法国的预算始终处于赤字的状态。但是赫里欧对占领鲁尔的清算显示，法国可能永远无法从德国榨取大量的金钱。自从解除战时的经济管制以来，猛烈的

---

① 正如多政党体制的合宜作法般，法国的选举很可能没有候选人在第一次选举时能够赢得 50%或以上的选票，在这种情况下就必须进行决胜选举。

② 参阅第 6 章。

③ 法国社会党并未在“资产阶级”政府的内阁里占有一席之地，但是对它取得议会多数席位的重要选票具有卓越的贡献。

通货膨胀就已经失去控制。不信任赫里欧的法国保守派人士,对于法郎在国际上的价值已经失去信心。持有法郎的人开始卖出法郎,买入黄金和其他货币,造成“法郎挤兑”。与此同时,金融界与法国银行也对赫里欧施压,要求他平衡财政预算。最后,法国银行甚至拒绝借款给政府周转。

赫里欧和激进党总是指责保守派的金融业者筑起“钱墙”(wall of money)来对抗共和国。这是激进党典型的夸饰言辞,也是“小人物”对庞大的经济力量所抱持的猜疑。当然,保守派人士对赫里欧的敌意,无疑也对“法郎挤兑”推波助澜。但是真正的问题是,法国人民拒绝利用课税来支持战争与重建费用,以及憎恶激进党管理国家的做法。正如 1924 年时的英国一般,倾向“左派”意味着减少而不是增加政府的干预。战时的管制是一段令人深感不快的回忆。除了提议大幅提高所得税以外,法国社会党对于资本主义体制内的政府干预毫无兴趣。激进党倾向于支持经济的自我调节,所以赫里欧不愿执行可能有助于平衡预算并稳定法郎的提高税收与货币管制策略。

法国在赫里欧于 1925 年 4 月下台之后接下来的十五个月中,历经七任内阁。正当激进党感到没有社会党的参与,他们的路线就可以向比较中间的政党联盟靠拢时,法国通货膨胀飞升,而法郎在世界货币市场上的价格,已经贬值到战前价值的 1/10 左右。

彭加勒:回归“常态”

最后,法国终于在严谨的彭加勒身上找到了 20 年代晚期的“常态”。1924 年时因为占领鲁尔而被排挤的彭加勒,在 1926 年以国家财政救星的身份重回政府。他个人的廉洁与严格的守法精神,让那些惊恐而只能眼睁睁看着存款在永无止境、不断飙升的通货膨胀中蒸发不见的人民感到心安。甚至在彭加勒还来不及做些什么之前,投资人就已经开始买回法郎,经济也再度复苏。虽然大部分是因为安全感,但是部分也是因为政府采取紧缩开支与审慎管理的传统保守的救市方法,这一切使彭加勒得以于 1928 年时让法郎的价值回升到战前国际价值的 1/5。也就在那时,彭加勒恢复了国际金本位制。从 1807 年到 1914 年,“拿破仑法郎”始终是稳固的经济靠山,是法国的中产阶级赖以安居乐业的基石。但当时法郎的地位已经因为战争而松动,而且受到战后通货膨胀的破坏。1928 年,“拿破仑法郎”已经为“彭加勒法郎”所取代,中产阶级开始看见复苏安定世界的曙光。他们已经用自己的薪资支付战争的费用,所以甚至在 1929 年经济最繁荣的时期,法国中产阶级的意识里依然留有一道一触就痛的伤口。法郎绝不能再受到伤害,法国也绝不能再卷入另一场战争,因为战争所付出的黄金与鲜血,代价如此庞大。

彭加勒内阁是第三共和国中“在位”最久的内阁(1926 年 7 月—1929 年 7 月),他把 20 年代晚期法国版的常态具体化。彭加勒内阁以签订《洛迦诺公约》的白里安出任外交部长,确定以和解与终止危险的外交对抗的路线,取代 1922 年到 1924 年间赫里欧所采取的强硬路线。在国内,恢复金本位制及平衡的财政预算,似乎让人感到经济确实已经再度复兴。战时的管制与短缺以及战后的混乱,似乎已成过去。

8.4 魏玛德国

表面上看起来,魏玛共和国对德国人来说是一个很有戏剧性的新开始。1919 年夏天选择在歌德住过的城市魏玛而不是在柏林起草新宪法的这项特殊决定本身,就是一个有力的象征性姿态。柏林曾经是普鲁士霍亨索伦王朝的要塞城市,也曾经变成罗莎·卢森堡、李卜克内西与斯巴达克斯党员的红色城市。在魏玛,实现 19 世纪自由主义的理想似乎已经过时。那些 19 世纪六、七十年代时德国人的理想已经转向,当时的德国自由主义多数派选择忽略俾斯麦对议会体制的颠覆行动,而将他们的满腔热情投注在德国统一与军事胜利上。如历史学家弗雷德里希·梅尼克(Friedrich Meinecke)般的德国自由主义者,现在怀抱着在魏玛所建立的政权中,德国“有修养的男士”(文化人〔Kulturmenschen〕)可以有长期在德国“有权力的男士”(Machtmenschen)占上风的希望。[①]

魏玛共和国的重担

从一开始,魏玛共和国就背负着几乎压垮他们的重担。无疑地,宪法确实有瑕疵;举例来说,比例代表制扩大了国内多政党议会里的派系分裂。虽然宪法的安排有缺陷,但是合理和谐的国家还是可以适当地自我管理。魏玛政权面对的是更加基本的问题。因为 1919 年夏天魏玛政权曾经接受《凡尔赛条约》的苛刻条件,所以对很多德国人来说,魏玛政权带有不可磨灭的战败耻辱。在很多德国民族主义者的眼中,“左派”分子利用 1918 年 11 月的革命,在德国军队背后捅了一刀,并且因此取得掌控政权的报酬。同时,因为 1918 年与 1919 年的德国革命并不彻底,[②]所以魏玛共和国的敌人大多依然丝毫无损:军官团、贵族、有势力的企业卡特尔领袖、对推翻帝国政权耿耿于怀而不愿和解的民族主义与君主主义运动,以及地位下滑的德国人。

大战期间,德国国内的组织日渐壮大,而且对于公共生活的各个层面也具有更多影响力。虽然并非对于每一件事都能达成协议,但是德国重工业的卡特尔却联合起来反对魏玛共和国的劳工政策。会员越来越多的工会直接对抗企业。依据魏玛宪法所设立的两个传统的立法机关与政府内阁,始终无法适当控制这些组织。此外,既然并不是因为前几代的中产阶级成功对抗权威而自然萌芽,所以魏玛共和国欠缺可立足于其上的坚固的价值观。“虽然独裁政权已经垮台而且烟消云散,但是以往旧有的传统、态度和习俗,却渐渐地恢复,并且发挥惯有的影响力。”[③]

---

① Friedrich Meinecke, *The German Catastrophe*, trans. Sidney B. Fay (Cambridge, Mass., 1950), pp.27–29.

② 参阅第 5 章。

③ Leonard Krieger, *The German Idea of Freedom* (Boston, 1957), p.465.

让事态更加恶化的是,魏玛德国被迫承担分配战败的物资负担的责任。即使是战胜国,在向人民课税以支付重建以及增加社会服务的费用时,也会遭遇困难,更何况战败国。正如民族主义者所指控,由于有些钱是用来支付那令人憎恶的协约国赔款的,所以魏玛共和国更广泛地开征累进所得税的做法,使人民更感愤慨。

然后,魏玛共和国在异常混乱与阶级对立加剧的情况下走入了 1923 年。即使曾在 1919 年 1 月到 5 月间,镇压了自己内部的革命派“左倾”分子;于 1919 年 6 月在协约国威胁要进攻的情况下无条件接受《凡尔赛条约》,并且在自由团于 1920 年 3 月的卡普暴动[①]占领柏林之后依然幸存,但是这个新成立的德国共和政体还必须面对更多的冲突。协约国强制实施各项和约的具体条款,在德国划出一道道刺痛的伤口。法国军队于 1919 年春天与 1921 年 3 月两度占领鲁尔,强迫德国人接受法国人对和约的诠释。在解决西里西亚和石勒苏益格—荷尔斯泰因(Schleswig-Holstein)的国界问题时所引发的冲突,直到 1922 年才平息。鲁尔的劳工在斯巴达克斯党员的支持下,于 1920 年春走上街头,举行暴动式的罢工。德国马克的购买力持续下滑。巴伐利亚的民族主义州政府自行其是,保护并鼓励残存的自由团以及好战的民族主义团体,如希特勒的德国国家社会主义劳工党的成员等。暗杀行动不断地打断魏玛共和国的政治生命。1917 年曾经提议和平决议、带头接受《凡尔赛条约》,并曾提出课征累进所得税提案的天主教中央党(Catholic Center Party)领袖马蒂亚斯·埃尔茨贝格(Matthias Erzberger)于 1921 年 8 月被民族主义者暗杀;1922 年担任外交部长,试图洽商妥协的赔款解决方案的拉特瑙,又于 1922 年 6 月被谋杀。此时,厄运依然不断临头——1923 年鲁尔再度被占领,并且马克也面临全面崩盘。

魏玛共和国终于在 20 年代晚期迈入相对稳定的岁月。但是,即使是在当时,魏玛共和国的议会制政府也不曾如英国或法国般受到人民的广泛接受与拥戴,而魏玛共和国辖下的各级机关也未能以创始者所预期的方式运作。在魏玛德国,军事和经济组织的势力之庞大,已经不是议会所能控制,而且自由主义的价值观也没有深厚的历史合法性。

“魏玛联盟”

魏玛共和国的宪政体制里,并没有出现政治上具一贯性的多数派,足以处理各式各样的问题。人们期待由社会民主党(Social Democrats)、民主党(Democrats)与中央党(Center Party)内曾经负责制定该宪法的成员所组成的“魏玛联盟”(Weimar Coalition)来执政。当 1919 年 1 月选出制宪议会时,这些政党就已经掌握了大约 2/3 的选票,在通过该部宪法之后,制宪议会慎重地延长任期,成为魏玛共和国的第一届议会。制宪议会提名社会民主党的艾伯特担任共和国的第一任总统(1919—1925)。然而,当“魏玛联盟”于 1920 年 6 月接受第一届议会选举的考验时,它所掌握的公民选票滑落到 40%左右。

---

① 参阅第 7 章。

8-3 1924 年 8 月，在魏玛共和国建国五周年纪念活动中，弗雷德里希·艾伯特总统视察警察部队。

"魏玛联盟"的各政党都在某些基本路线上受到阻碍，使他们无法成为广泛的议会多数派的基础。社会民主党表明自己是一个马克思主义的劳工政党，但是在 1918 年与 1919 年时，为了阻止立宪革命转变为社会革命，他们的双手已经染有劳工的鲜血。民主党依然是由以魏玛宪法起草人普罗伊斯为中心的、由自由主义知识分子所组成的小团体，他们那些潜藏的中产阶级追随者，大多依然比较宁可选择民族主义的成功，也不重视自由主义的原则。中央党是一个天主教教派的团体，而不是以阶级或者意识形态为基础。它的追随者很多，从立宪主义者(constitutionalists)如埃尔茨贝格到保守派人士都有。虽然"魏玛联盟"的各政党在 1928 年时密切合作，在选举中赢得多数选票，但是自从 1920 年 6 月的选举之后，就不曾再次管理这个他们所创立的政府。

1920 年以后，每一任的魏玛政府都只能借助一些充其量可以暂时容忍魏玛宪法的中间派与右派分子的支持，而组成多数派。以与企业界关系密切的前民族自由党(National Liberals)为基础所成立的新政党——人民党(People's Party)，在施特雷泽曼的领导下，于 1920 年的选举中一举获得 15%的选票。由民族主义者和君主主义者重新编制组成的德国民族人民党(German National People's Party，DNVP)也得到一样多的选票。人民党接受议会制共和政体，认为这是德国重新夺回世界霸权，最合理可行的手段。德国民族人民党对议会政治的参与度，远比人民党有更多的条件限制。他们只是为了要建立更具权威性的政治体制的目的，而参与议会的运作。在危机时刻，共产主义者与民族主义者(德国民族人民党)反而能从支离破碎的中间派中得到更多的支持。处于这个时代的魏玛共和国中间派,就好像一支两头烧的蜡烛。

一丝不苟地遵行宪法的艾伯特总统,在面对不佳的选举结果时,并未采取行动延续社会民主党继续掌权,而从议会的温和中间派中选择新的总理。即便如此,以支持由技术专家统治的无政党政府为趋势,选票并未大量流向中间派政党。在短短两任天主教中央党政府的执政期间,既未能与缔结《凡尔赛条约》的列强达成比较令人满意的解决方案,也没能遏止让马克贬值到近乎是废纸的恶性通货膨胀, 于是在 1922 年 11 月要求汉堡–美洲轮船公司(Hamburg–America shipping line)经理——威赫穆·库诺(Wilhelm Cuno)——筹组由无党无派的技术专家所组成的政府。库诺甚至不是国会议员,他所建立的模式是倚重总统权威与技术专家,以填补议会多数派的空隙。

另一种模式,是将全副精力集中于外交与经济议题的政权。至于那些德国国内所出现的,能使社会机构如军队、文官系统与大学自由化,以应对新的民主宪法的新变化,不是更早出现,便是随 1920 年的选举而消逝无踪。今后德国政府的成功或失败,将取决于他们是否能够成功地处理外交事务与经济议题。

外交事务与经济议题在 1923 年时正处于危机——就在那一年,法国占领鲁尔;也就在那一年,马克崩盘。1923 年时的魏玛共和国,面临十年来最重大的挑战。库诺总理在鲁尔事件采取消极抵抗法国的政策,只是让德国的经济停顿不前。共产主义者和民族主义者与法国作战,并且创造了英雄施拉格特(Leo Schlageter),施拉格特是一位年轻的自由团退役军人,因为破坏杜塞尔多夫(Düsseldorf)附近的铁路线而被法国人处死。受到日益高涨的罢工浪潮,以及人们对上涨的生活费用的普遍不满所鼓舞,德国共产党企图在 10 月发起一场革命性的暴动。在由社会民主党和共产党所治理的萨克森与图林根州,革命家招募民兵或者“无产阶级百人队”。另一方面,从墨索里尼那里学得教训的希特勒,则企图利用“啤酒馆暴动”,在慕尼黑掀起一场民族主义革命。同时德国的中央政府也陷入马克已经一文不值的危险之中;德国人的生活秩序似乎已经破碎。

“大联盟”

1920 年 3 月,卡普暴动因为工会的全面性罢工而受阻,而“魏玛联盟”也已经恢复了政治权威。相对的,在 1923 年年底,有三位保守派人士挽救了共和政体,他们主要是在议会的架构以外运作,而在 20 年代晚期稳定的魏玛政权里,他们依然是处于统治地位的人物:政治领袖施特雷泽曼、德国军队指挥官西克特将军, 以及财政专家沙赫特(Hjalmar Schacht)。

掌权的政治人物是施特雷泽曼。施特雷泽曼的父亲是一位啤酒批发商,他不但是帝国时期一位成功的商人,而且作为中间派的政治活动也有杰出的表现。大战期间拥护德国领土扩张的施特雷泽曼,对 1918 年的革命深感震惊,并且对新的共和政体心存怀疑。但是他卑微的出身、务实的态度,以及对安定的体验,让他对贵族和毫不妥协的右派官员,抱有更深的敌意。因为民族主义者的愚行——卡普暴动,以及埃尔茨贝格和拉特瑙的被刺事件触怒了他,所以施特雷泽曼逐步地领导他的人民党走向正面支持魏玛宪法的路线。他认为魏玛宪法所造成的祸害比较小。同时代的人称他是一个理性共和主义者,拥有共和主义的头脑,但是没有共和主义的心。

1923 年 8 月,当危机更加强烈之时,施特雷泽曼拼凑了一个承诺能从右派与“左派”手中救出魏玛共和国的议会多数派。他带领人民党加入由社会民主党、民主党和中央党组成的“魏玛联盟”,形成一个“大联盟”。我们已经了解他在外交部长任内对国际调解的决定性贡献。[①]施特雷泽曼的大联盟(1923 年 8 月到 11 月)同样坚决地维护德国境内的魏玛宪法。但是在大联盟中纳入这些彼此矛盾对立的政党,既有缺点也有优点。事实证明,施特雷泽曼对于将共产党部长逐出萨克森与图林根州政府的决心,比强迫巴伐利亚的民族主义州政府执行极右派法律更加坚决,至少直到 11 月 8 日希特勒的啤酒馆暴动,社会民主党首度走上反对党的舞台为止。接下来的四年里,就由没有社会民主党的中间派议会来统治德国。施特雷泽曼曾经挽救了共和政体,但是他也从“魏玛联盟”手中永久地夺走了魏玛共和国。

施特雷泽曼向西克特将军而不是向议会求助,以便击退由两个政治极端派所引发的暴动。1920 年到 1926 年担任德军指挥官的西克特,在《凡尔赛条约》的限制内,尽其可能地让他那只有 10 万士兵的军队成为一群具有统一性、高才能,有可能成为未来领袖的人,甚至比旧帝国的军队更保守、更不受政府控制。[②]西克特优先考虑的是德国的国家统一与军队统一。只要共和国能推动这两个价值观,他就愿意出兵保卫共和国。10 月份于萨克森与图林根组成的共产党-社会民主党州政府,对中央政府的权威与资产构成威胁。当西克特占领这两个州的首府(德累斯顿与魏玛),并且于 10 月和 11 月推翻两州的州政府时,地区军队司令官受命采取行动保卫两州的领土。为了迎战因为希特勒的慕尼黑暴动所引发的巴伐利亚分离主义的威胁,总统于 11 月 8 日依据宪法第四十八条——紧急状态的总统权力条款——的规定,授予西克特全权解决这个问题的权力。对西克特来说,幸运的是,巴伐利亚当地的保守派人士在不需要动用联邦军队对抗希特勒最著名的共犯——战争英雄鲁道夫将军——的情况下,就将暴动镇压下来。与此同时,警方与海军也于 10 月 23 日,在汉堡港镇压了最后一次的反魏玛德国共产主义暴动。共和政体已经获救,但是付出的代价是势力更大的中央集权,以及更加独立自主的军队。

---

① 参阅第 6 章。

② 与旧帝国的军官团里,与每四名军官就有一名军官之子相比,在魏玛共和国的军官团里,几乎每两名军官就有一位是军官之子;1920 年时,每五名军官就有一名贵族,但在 1932 年时则每四名军官中就有一名出身贵族。与帝国军队相较,小规模的魏玛共和国军队中的社会民主党党员比较少。(Hajo Holborn, *A History of Modern Germany, 1840—1945* [New York, 1969], pp.586-587.)

施特雷泽曼必须处理的另一个紧急状况是已经失控的通货膨胀。11 月 12 日,施特雷泽曼任命银行家与经济学家沙赫特担任货币专员。沙赫特所做的只是开始发行新货币——地产抵押马克(Rentenmark),每一个地产抵押马克价值 1 兆旧马克。沙赫特寄予厚望的“地产抵押马克奇迹”,达成心理层面重于经济层面的两项成就。因为存放在德国银行里的黄金和外汇数量不足以作为新货币的后盾,所以沙赫特以不动产为媒介物——用德国所有的土地、工业与商业抵押作为新货币的后盾。然后他利用严格限制政府的开支,以及企业借贷的金额,来维持新货币的稳定。当 1924 年道威斯计划的贷款开始流入德国时,[1]沙赫特转而推出以黄金为基础的新货币——德国马克(Reichsmark),德国马克直到经济大萧条之前,依然相当稳定。

人们曾经说:“通货膨胀才是真正的德国革命。”[2]与 1918 年及 1919 年时的政治革命不同,通货膨胀改变了人们的经济与社会关系。它使很多中产阶级的人们必须挽起衣袖擦洗自家的地板。这些人在另一次经济危机时,将会追随任何一位可以拯救他们的救星。沙赫特那严格的经济紧缩新政策,迫使那些处于盈亏临界点的企业离开商业界。只有生产合理化与现代化的大公司,才能在 20 年代后期的德国经济繁荣中获利。新的卡特尔与托拉斯已经形成。1926 年合并多家煤、钢铁企业的联合钢铁公司(Vereinigte Stahlwerke),钢产量大约占德国的钢产量一半。而庞大的克虏伯工业王国,则负责其余大部分的钢产量。化学品与染料托拉斯(1925 年成立的法本公司〔Interessengemeinschaft Farbenindustrie A. G.,或 I. G. Farben〕),是欧洲大陆规模最大的公司。

因此,魏玛共和国从 1923 年的垮台边缘挣扎而起,转进一段平静的岁月。在政治上,它持续向右偏斜。1925 年,当艾伯特总统去世之时,这个原属于社会民主党有职位,就被普鲁士战争的英雄——陆军元帅兴登堡所取代。虽然其他总统候选人的得票数总计超过半数,但是共产党候选人恩斯特·台尔曼(Ernst Thälmann),却从中间派共和主义候选人马克斯(Wilhelm Marx)手中取得决定性的选票,这是因“左派”分裂而导致的后果。1927 年时,因为纳入党报与地区领袖都不断要求以国王或独裁者,来取代共和政体的德国民族人民党(DNVP)党员,使政府的多数派更进一步向右派靠拢。“左派”人士赢得了 1928 年的选举,但是新任的社会民主党总理穆勒只能借助“大联盟”来治理国家。

随着经济的繁荣,政治热度确实下降不少。早期的暗杀事件现在已经不再出现,而由愤怒的退役军人与权力主义者组成的准军事街头帮派也比较少见。暴动失败之后,希特勒被送进兰茨贝格(Landsberg)监狱服刑,并写下他的政治信条《我的奋斗》(*Mein Kampf*,1925 年)。此时,个人自由多少得到保障,且柏林与巴黎也竞相成为世界性的艺术实验中心。魏玛共和国幸存下来了,但是在它那议会制政体的背后,却隐藏着一个独立自主、支持权力主义

---

[1] 参阅第 6 章。

[2] Godfrey Scheele, *The Weimar Republic* (London, 1946), p.77.

的军官团，一批具有支配地位的大型企业联合集团，以及并未实际承诺政治自由的技术专家文官系统。如果议会政权在外交或经济事务上出现失败，那么那些有权势的组织就会将它抛在一旁，转而支持更有效率的政府。

8.5 东 欧

第一次世界大战之后，东欧的新国家也如德国一般，多以自由主义模式为基础来制定宪法。人们期盼受到自由主义的强烈影响。新政权是三个同步发生的自由主义胜利的产物：西方议会制的代表——大英帝国与法国——胜过独裁专制的同盟国；民族独立运动胜过德意志帝国、奥匈帝国与俄罗斯帝国的多民族王朝；中产阶级与上层阶级的利益，胜过1919年和1920年时东欧的布尔什维克运动。

在20世纪20年代的政治气氛里，民族独立与议会民主制度是密不可分的。除了直到1929年为止，都以塞尔维亚、克罗地亚与斯洛文尼亚王国（Kingdom of Serbs, Croats, and Slovenes）为名的南斯拉夫以外，新国家（奥地利、波兰、捷克斯洛伐克）都实行共和政体。先前就已存在的罗马尼亚和保加利亚，则在20年代初期采用新的议会制宪政体制。匈牙利依然是由没有国王的摄政政府统治，而希腊则于1924年变成共和国（暂时）。这些国家所制定的新宪法大多采用法国、英国与美国的政治惯例。选民的范围远比以前广泛（匈牙利那有限的选举权是主要的例外）。

至少在理论上，20年代那十年，似乎是东欧政治民主的高峰。但是，东欧的自由主义政治与经济制度是从外国的土地移植过来的。西方的议会制度是在“君权神授”论的右派君主政体，与社会上层人士和广大、日渐增多的中产阶级的结盟之间，一连串长期而痛苦的冲突下逐渐发展成熟的。相比之下，在东欧受到民族主义知识分子支持的自由主义价值观，却缺乏广泛的社会基础。东欧没有稳固、大量的中产阶级，大部分地区是农村。东欧很多地区如波兰、匈牙利与罗马尼亚的商人与专业人员，通常是日耳曼人或犹太人，因此与国内已经成形的民族运动之间关系紧张；只有捷克国内有着大量具有自由主义传统的民族主义中产阶级。

新国家的问题因为东欧那不成熟的议会制度而更加复杂。本国的领袖经验不足，而绝大部分的农民则不曾持续地参与国家的政治生活。在巴尔干半岛地区，约有3/4的人口依然是文盲。在这种情况下，政治活动依然只是由少数人包揽。有些新的东欧宪法虽然增加了投票义务的条款，但是与其说是表达人民参与政治的先进观念，还不如说是反映了对公民消极的参政态度的恐惧。

经济混乱是另一个沉重的负担。新国界突然切断了很多东欧人与他们习惯进行贸易的城市之间的联系；有很多要求土地改革与发展基础交通运输业的声浪；通货膨胀几乎与德国一样悲惨。在这种情况下，自由放任的经济变得毫无意义。

东欧的自由主义实验必须与这个地区的两个基本特性妥协:农民的优势地位以及种族的多样化。在 20 世纪上半叶,东欧的政权是坚挺还是衰败,取决于他们处理农业和民族问题的方法。

农村优势与农民的不满

大战结束时,大部分的东欧人依然是农业人口。直接从事农业或畜牧业者,在保加利亚和南斯拉夫的总人口中所占的比例几乎已达 80%;而在罗马尼亚、波兰和匈牙利则占总人口的 60%以上。但是在东欧工业化程度最高的国家——捷克斯洛伐克,农民所占的比例则降到 50%左右(相比之下,同时期英国的农民比例低于 20%)。此外,正如我们已经了解的,大部分的土地都属于大地主所有。大领主(Latifundia;大地产)们统治波兰、匈牙利与罗马尼亚的农村,其土地集中程度在西欧或许只有西班牙南部与之相似。既然少有城市或工业发展的机会,所以普遍的就业不足以及拥有土地的渴望,就郁积在人数渐增的临时工人与依赖一小块土地维持生活的农民心头,使他们深感痛苦。

农民似乎会采取直接的暴力行动。1907 年,罗马尼亚的农民们攻击领主的宅邸和放高利贷的犹太人,这场欧洲现代史上最血腥的农民暴动可说是第一个警告。在镇压这次暴动时,有一万名农民丧生。1917 年和 1918 年时,俄国农民大量掠夺土地的行为,成为邻近地区的榜样,激起几乎无法压制的夺地浪潮。20 年代初期,东欧的统治者们知道,实施某种形式的土地重新分配,几乎无可避免;主要的问题是,应该如何重新分配土地。

库恩的布达佩斯苏维埃,在 1919 年春天就曾经提出革命性的重新分配土地的政策。但是对东欧的农民来说,库恩呼吁土地集体化的正统马克思主义的做法,不如列宁那比较有弹性的、默许农民个体占有土地的方法具有吸引力。不论如何,因为库恩的政权在 1919 年夏天垮台,所以他的革命性解决方案并未付诸实施。此后,东欧的土地改革就掌握在那些新国家的中产阶级与上层领袖手中。他们进行土地改革的方法,受到自由主义知识分子、少数的革新派地主和广大农民的支持,目标是大幅增加独立式家庭农场的数量。他们没收皇室土地和外国人的土地,购买私人手中超过最高允许限额的多余土地,再将土地重新分配给家庭农场,以实现其土地改革目标。

20 年代初期,每个东欧的继任国都以这种方式重新分配了某些土地。在很多地主都是外国人的捷克斯洛伐克和罗马尼亚,产生了相当实质性的变化。1920 年到 1941 年间,罗马尼亚将 1300 万英亩的土地分配给 140 万名农民,在超过 220 英亩的土地上仅存 13%的耕地。[①]保加利亚非常特别,虽然从一开始国内的小地主就非常普遍,而且几乎没有贵族存在,但是在主张平均地权论的斯坦姆波林斯基(Alexander Stamboliski,1919—1923)政权的领导下,依然进一步扩大国内家庭农场的基础。斯坦姆波林斯基为在保加利亚的农村地主设定

---

① Keith Hitchens, *Rumania 1866—1947* (Oxford, England, 1994), p.351.

了75英亩的上限。1934年,只有1%的乡村农场以及6%的地产面积超过这个上限。其余各国的土地改革进展缓慢。在很多情况下,刚独立的农民因为沉重的贷款,以及20年代晚期农产品的价格下跌,而再次将土地全部出售给大地主。1937年,拉齐维尔家族(Radziwill)在波兰总共拥有20万英亩的地产。不论如何,单靠土地重新分配,实在无法解决农村中人口过剩、欠缺高效的农场经营方式等基本问题。

在农村占优势地位的国家里,选举权的扩展使农民政党得到参政的机会。致力于维护小地主利益,由平均地权论者、小耕农或小地主所组成的政党(使用最普遍的名称),在东欧的议会里占有重要的地位,但是在西欧的政党体系里则身影稀疏。虽然由于那些在第七章曾经讨论过的反革命因素遮掩了他们的光彩,但是1919年于匈牙利首届选举中崛起的小地主政党(Smallholders' Party),仍然摇身一变成为议会的最大党。温森特·维托斯(Wincenty Witos)的农民党(Peasant Party)在1923年到1926年间执掌波兰的政权。拉迪奇的罗马尼亚农民党(Croatian Peasant Party)是20年代新建国的塞尔维亚、罗马尼亚与斯洛文尼亚王国(后来更名为南斯拉夫)的第一大党。然而最引人注目的农民领袖,还是领导保加利亚农民联盟(Bulgarian Peasant Union)的斯坦姆波林斯基。

从1919年开始,到1923年被暗杀为止,斯坦姆波林斯基让保加利亚变为真正由平均地权论者掌权的独裁国家。他不喜欢那些让农民负债累累的"寄生虫"——城市中产阶级,也轻视那些他认为会因为持续重复的机械性工作而心胸狭窄的工人。

> 我不喜欢那些带有西方狭隘观念的工人;他们没什么教养……农民就不同——农民的心里蕴藏着可以充分发展人类品格的种子……农民的经验使他们自然而然拥有优于光盘那个人的优势,农民是自己的主人,能够承担很好地教育自己的责任。[①]

因为深信生产力、美德与才智都与土壤息息相关斯坦姆波林斯基盼望建立一个没有银行家和官僚的农民民主政权。

斯坦姆波林斯基是东欧唯一拥有足够的权力可以实现农民民主的农民政治家。保加利亚的农民让他获得绝大多数的选票——在共236个席位的国会(Sobranie,或称保加利亚议会)取得112个席位。在农村也相当强势的共产党,以50个席位居次。斯坦姆波林斯基除了限制个人的农村地产之外,也让城市居民很难拥有农村土地,此外还有向城市中产阶级纳税人课征重税的倾向,并利用法律和银行严格控制中产阶级。他的私人军队——橙色卫队(Orange Guards)负责痛击敌人以及镇压罢工。他建立了一个统一整个东欧农民地主利益的"绿色国际"(Green International),以对抗集产主义者的"红色国际"(Red International)。

与掠夺成性的橘色卫队一样,斯坦姆波林斯基也落得了一个可悲的结局。他曾让城市

---

① 引自 Joseph Rothschild, *The Communist Party of Bulgaria* (New York, 1959), p.87.

中产阶级惊恐;也曾由于在国际议题上支持协约国而触怒民族主义者与共产党员。此外,他也因为与南斯拉夫建交而与国内的少数民族——马其顿人——对立。虽然共产党袖手旁观,但是 1923 年,在一场由预备役军官所发起的政变里,斯坦姆波林斯基政权还是被推翻了。他被一群马其顿的恐怖分子掳获,在被斩首之前,先被砍断了手臂。

保加利亚的情况显示,即使是农民占人口绝大多数的东欧国家,也无法用与城镇和军队对立的方式统治国家。虽然农民政党有足够的议席可以让议会生态更加复杂化,但是他们的力量不够强大,不足以提出一以贯之的政治纲领。他们只是通过模糊的反城市平民主义(antiurban populism)联合起来而已。反城市平民主义的观念认为,城市是堕落邪恶的,农民应该将自己从银行家和商人的统治之下解放出来。除此之外,他们也陷入矛盾。有些农民领袖,如克罗地亚的平民主义者拉迪奇,赞成激进土地改革,还加入第三国际。有些人如斯坦姆波林斯基,则主张保护小地主以对抗马克思主义者的集体主义。欠缺政治的凝聚力,反映出农村人口的利益冲突,已将他们划分为无产劳工、小地主、家庭农场地主和大地主。此外,农民政治家通常由于从政经验不足,很快被诱惑而顺应城市政治家,遭到选民鄙视。东欧的农民政党夺走城市自由主义政治家执政所需的多数席位,却无法提供可行的统治方案。

更基本的问题是,东欧农民政党的强大势力,使人们更难克服让社会落后的局限。长期来看,人们可以想见繁荣兴盛的东欧,若不是如丹麦一般建立在有效率、高生产力的农业上,就是建立在工业吸收日益增多的农村过剩人口的基础上。不过,20 年代的东欧仍然处于稠密的人口要靠土地维生、小农场过多且低效以及工业化进程缓慢的状况。其后,当世界农产品价格下跌、农民的生活也遭受破坏的大萧条时期,所有的东欧国家都变得更加脆弱,不堪一击。

少数民族的问题

20 年代时,各个新国家的另一个重要问题,是尚未解决的民族抱负。战败国,尤其是匈牙利感到羞愤难当。战胜国的境内有很多尚未同化的少数民族,是 1918 年和 1919 年时为了建造大捷克斯洛伐克、大罗马尼亚与大波兰所付出的代价。

以南斯拉夫为例,说明当新的议会制政权遇到棘手的民族分离问题时可能会造成的结果。在塞尔维亚、克罗地亚与斯洛文尼亚王国中,虽没有任何一个民族强到足以统治其他民族,但是他们也无法和睦相处。在推翻共同的敌人哈布斯堡王朝之后,塞尔维亚(信奉东正教、讲塞尔维亚-克罗地亚语〔Serbo-Croatian language〕、使用西里尔字母〔Cyrillic alphabet〕)、克罗地亚(信奉天主教、讲塞尔维亚—克罗地亚语、使用罗马字母)与斯洛文尼亚(信奉天主教、讲斯洛维尼亚语、使用罗马字母)人发现,他们很难统一成一个国家。新王国的分权式联邦制度(decentralized federal system)扩大了民族分离的问题。既然克罗地亚的领袖拉迪奇曾经投靠第三国际,其分离主义的根基上就布满了布尔什维克的威胁。亚历山大

(Alexander)国王于1929年1月废除宪法,以中央集权的制度,取代以种族为基础的联邦行政区制度,并且把国名重新更名为"南斯拉夫王国",如此"解决"这个把革命、地方分离主义及政府不稳定搅和在一起的问题。但是,他的独裁政府正如乌斯塔沙(Ustasha)一般,无法解决任何问题。1934年10月9日,克罗地亚极端的分离主义分子在马赛暗杀了当时正在法国进行国事访问的乌斯塔沙。

其他的东欧国家也大多走上相同的权力主义道路。1923年斯坦姆波林斯基被暗杀之后,保加利亚的国王鲍里斯(Boris)就任命保守派的政治家、依靠警力来统治国家。从1925年起就自愿流亡的罗马尼亚国王卡罗尔二世(Carol II),在1930年时回国即位,执政积极。其间,最引人注目的是1926年5月,使毕苏斯基(Josef Pilsudski)元帅得以从主张平均地权论的维托斯总理手中接掌波兰政权的军事政变。

1921年的波兰宪法赋予议会多数派组织内阁的权力。但是这个多数派支离破碎,包含的政党多达59个(包括33个代表少数民族的团体)。在1918年11月到1926年5月的八年里,接连更换了十四位总理。因为议会制政权的成功而获益最多的维托斯,他的农民党与城市自由主义团体,都无法形成具凝聚力的核心。缺乏有效率的管理,很难调整统一波兰的经济。西里西亚人与柏林、加利西亚人和维也纳,都曾有过贸易关系;而东部的波兰人则曾经以俄罗斯的经济活动马首是瞻。但是现在,这些人都必须缓慢且痛苦地以华沙为中心来开展经济活动。

民众渐渐开始轻视议会制政权。在第一次世界大战时曾经领导波兰军队对沙俄的爱国老人——毕苏斯基,于1926年5月的政变时,得到工会和军队两方的支持。夺权之后,毕苏斯基就创立了单一民族运动——与政府合作的无党派联盟。单一民族运动的目的,是促进国家那在政党口角中已经荡然无存的"道德更新"。

在非常需要国家统一与政局稳定的新国家里,20年代的议会政权却有着毫无效率、腐败堕落与派系不和的名声。此时尚能勉强幸存的议会制政权,却在30年代时被权力主义政权所取代。在两次大战之间的,只有捷克斯洛伐克保持议会共和政体。在东欧各国中,只有捷克拥有大量的本国中产阶级,以及高度发展的自由主义传统。继承旧奥地利帝国的工业基础,使新兴国家捷克斯洛伐克在发展经济时的适应不良与通货膨胀等问题比其他东欧国家要少。捷克人设法在中央集权的行政体制里,转移斯洛伐克与日耳曼等少数民族的不满。捷克斯洛伐克由托马斯·马萨里克(Thomas Masaryk)总统掌权。一直到1935年去世,马萨里克单纯依靠他的个人影响力掌握了由改革派社会主义者、平均地权论者与天主教人士结合起来的议会核心,法国历史学家鲍蒙特(Maurice Baumont)将其称

---

[1] Maurice Baumont, *La Faillite de la paix: De Rethondes à Stresa* (Paris, 1951), p.439.

为“受敬重的独裁”。[①]

8.6 伊比利亚半岛

与东欧相同,西班牙和葡萄牙那毫无生气的议会政权,也没能在 20 年代幸存。和东欧人一样,伊比利亚半岛的居民绝大部分是农民,大多目不识丁,传统的农村惯例根深蒂固,并且受到当地地主和教职人员的强烈影响。西、葡的农业也一样效率底下。举例来说,虽然有 3/4 的葡萄牙人居住在农村,但是葡萄牙依然无法实现粮食自给。

当然,西、葡有某些重要的特征与东欧不同,但是并不在那些有助于成就自由主义制度的层面。不像东欧新国家那样努力地在国内积极投入施政与经济活动,西班牙和葡萄牙是由政客以及官僚负责执政的腐朽旧帝国。西班牙和葡萄牙的天主教会对人民生活影响之普遍,远胜于除天主教国家波兰以外的任何东欧国家,但是西、葡的国民并未因此而更具同质性。城乡对立,北部小地主与南部大领主之间的利益冲突,以及巴斯克人、加泰罗尼亚人与在西班牙心脏地区占优势的阿拉贡-卡斯提尔人(Aragon-castille)之间过于强烈的文化差异,是选举政治的障碍。最后,不论是西班牙的议会君主制,还是 1910 年的葡萄牙共和国,甚至都未能如东欧国家刚开始时般享受刚建国时的片刻喜悦。在 19 世纪晚期,自由主义制度就已经以北欧和西欧的统治模式为主,传入伊比利亚半岛。大战期间不论是中立的西班牙,还是 1916 年以后加入协约国参战的葡萄牙,都已厌倦了战时以及战后的混乱,这两个国家都再度走回 19 世纪时的军事政变传统。承诺维持社会秩序与复兴国家的军官团接掌了两国的政府。

在西班牙,伴随第一次世界大战而来的工业繁荣与通货膨胀,加剧主要工业区——文化背景不同的加泰罗尼亚(巴塞罗那〔Barcelona〕)与巴斯克地区——的社会紧张局势。1917 年后,并且从 1919 年一直到 1923 年的罢工,结合了熟悉的焚烧教堂、要求加泰罗尼亚自治,以及倡议其实是以争夺权力而非改良工作条件为目的的革命性全面罢工等情况。但是,其规模史无前例,并且还有南部的无政府主义农民暴动与之响应。苏维埃的影响更加明显:安达卢西亚(Andalusia)的一名农民领袖,甚至把自己的名字从科登(Cordon)改为科顿涅夫(Cordoniev)。1921 年的殖民战争中被摩洛哥游击队打败,只是压垮长期因帝国衰颓而深感困扰的西班牙的最后一根稻草。在阿方索十三世国王的批准下,里维拉(Miguel Primo de Rivera)将军于 1923 年 9 月发动了一场军事政变。

里维拉扫除了那些他指责的必须为西班牙的没落负责的“老政治家们”,建立起他个人独裁统治,一直持续到 1930 年。但是,里维拉并不只是个西班牙的反动分子。他成立劳资仲裁委员会,有些主张改良主义的工会也加入其中。他招揽了一些技术专家,允诺要让经济现代化,而且大面积修筑道路以及扩展电力系统。里维拉的专制统治是一个现代化的独裁政府,他决定让工人和平地分享比较先进的经济利益。但是,里维拉在反动派与大企业之间,以及拥护共和政体与不妥协的“左派”分子之间却树敌不少。1930年，当西班牙的经济开始受到经济危机影响时，阿方索十三世国王不再信任他，更不愿意与衰败的军人团体一起沉沦。1930年1月，里维拉流亡法国，并在不久之后死于那里。

1910年的葡萄牙共和国，政治既不稳定，财政也不曾廉洁。既然它的政治基础只是相当狭小的社会阶层——那些里斯本（Lisbon）与波尔图（Porto）的自由思想的商人和专业人士——而其主要的成就是反教权主义（政教分离、离婚合法化，终结科英布拉天主教大学〔Catholic University of Coimbra〕的教育垄断），因此葡萄牙共和国所依赖的是农民的顺从以及官僚和军队的默许。与英国（葡萄牙人的贸易大部分是与英国交易）站在同一阵线参加第一次世界大战，让国家债台高筑；而灾难性的通货膨胀，则对共和国的支持者损害最强烈。虽然在1919、1920与1921年都曾经爆发全面性罢工，但是在20年代中期，葡萄牙已经普遍实施每日八小时的工作制度，而且工人的购买力也并未比1914年时低。当时最感到痛苦的应该是中产阶级。上层的公职人员（包括军官）发现，通货膨胀和政府的经济政策，已经使他们实际上的购买力降到1914年的一半。

人们很容易就把这些情况归咎于1911年的共和国宪法。该宪法让自由主义政治家以内部循环交换内阁职位的方式的议会居首。在1910年推翻君主政体后的十六年间，葡萄牙曾经有四十五个以上的内阁执政，以及十五次的选举（将近一半的选民并不因参加选举而烦恼）。

共和国的反对派以军队和科英布拉天主教大学的教授为中心，他们身受法国“新右派”理论家莫拉斯的“整体性国家主义”影响。[①]1926年，农民依然顺从，但是有军官起兵夺权。1928年时，科英布拉的禁欲主义经济学教授安东尼奥·德·奥利维拉·萨拉查（Antonio de Oliveira Salazar）以政权强人的姿态出现；他是唯一有能力挽救葡萄牙危险的财政状况的人。萨拉查先担任财政部长，1932年后又担任总理。萨拉查一直领导葡萄牙的政府，直到他1968年时因患中风而行动不便为止。他的独裁政府是现代欧洲控制最严密、掌权最久的教权主义独裁政权。

8.7 法西斯意大利

在马泰奥蒂谋杀案所造成的短暂停顿之中重新振作起来之后，墨索里尼在1925年和1926年时，继续为意大利铺设一党专政的道路。在他面前有两条路可走：发动更激进的法西斯主义者所号召的“二次革命”；或者和意大利保守派的主要非议会机构（君主政体、教会与军队）讲和。第一条路前景尚不明朗，必须扫除前法西斯主义意大利所有陈腐的制度，包括君主制在内。意大利旧有的掌权精英，将全部被行动队所取代，行动队是一群愤怒的反教权

---

① 参阅第1章。

8–4 1929 年 2 月 11 日,墨索里尼与枢机主教加斯佩里(右三)签署《拉特兰条约》。教皇和意大利政府之间长达 59 年的纷争告一段落,教皇仍享有梵蒂冈城的世俗统治权。

主义、反社会主义的年轻退役军人,他们曾于 1922 年将市政府赶出北部城市。当曾是铁路工人与最顽固的行动队员罗伯托·法里纳奇(Roberto Farinacci)于 1925 年 2 月出任法西斯党秘书长时,看来墨索里尼好像已经决定走上这一条路。1922 年,当法西斯主义者接管市镇时,法里纳奇曾经是克雷莫纳(Cremona)的首领(瑞斯〔ras〕)。

但是,1926 年 4 月,法里纳奇被墨索里尼撤职。此后,墨索里尼开始悄然削弱这股曾经帮他登上权力宝座的政党势力,并且与现存体制求和。最引人注目的是他采取与天主教教会一致的步骤。19 世纪 60 年代,在世俗政权握住罗马教皇的手之后,教会始终不曾承认意大利的统一。在 1929 年的《拉特兰条约》(*Lateran Pact*)中,墨索里尼领导下的意大利,不但承认罗马教皇在梵蒂冈拥有主权,而且还做出其他即使是最保守的前法西斯主义意大利领袖也不可能同意的让步(例如同意废除离婚,除非在最严苛的条件下,否则禁止离婚)。为了回应墨索里尼的善意,罗马教廷终于宣布墨索里尼与意大利政府不同,并且力劝信徒支持墨索里尼政权。这项协议的效力一直延续到 1984 年 2 月,当时战后共和政体的第一位社会主义总理,取消了墨索里尼对教廷的大部分让步。

20 年代晚期,法西斯主义意大利回归常态。国家依然维持一党专政,不过,此时法西斯主义者与 1922 年曾经将法西斯主义者送上权力宝座的机构和团体,合作治理国家。非法西斯主义者(君主政体、教会、军队)依然保留了他们的自主权。在统合主义体系的发展下,大

① 参阅第 10 章。该部分对于统合主义在意大利的实践有完整的讨论。

企业达成一种非官方的自我调节形式。[①]所有人都接受墨索里尼的政治规则,而只要墨索里尼可以确保国内的秩序与繁荣,那么法西斯主义就会有市场。

8.8 稳定世界里的革命俄国

1920年底,托洛茨基的红军击败在波兰和克里米亚(Crimea)的最后两波反革命攻势,结束了俄国的内战。对苏维埃政权来说,在国内外的反对声浪中幸存,已经是非凡的成就。但是,苏俄正处于绝望的困境之中。

布尔什维克的挑战

1921年,俄国的工业输出滑落至1913年时的1/5左右。曾经要求生产力完全集体化的权宜之计——战时共产主义,无法在战后恢复生产。最主要的障碍是欠缺原料、运输混乱,以及缺乏技术与管理技能。战时共产主义政策让农村的情况恶化。强制征用粮食,激起农民长期以来的藏匿粮食、吃掉粮食,以及故意杀掉家畜。旱灾加重了这些问题。在1913年到1921年间,俄国已经从谷物的主要出口国,变成一个农业不能自给的国家。

1921年的城市呈现半空的状态。饥饿、斑疹伤寒与民众互斗等,在1918年到1921年间,夺走比在第一次世界大战加上1917年的革命中更多人命(或许有2000万)。1921年时,有布尔什维克党员宣称俄国的经济崩溃是"人类史上前所未有的经历"。[①]

布尔什维克最紧急的警报是,在他们最热情的支持者之间,开始出现不满情绪。农民团结起来公然反抗政府当局。仅1921年,全国就有118次农民动乱。2月底,罢工风潮波及彼得格勒。3月1日,随着一次彼得格勒海湾的喀琅施塔得(Kronstadt)海军基地的水兵暴动,人民的反抗情势已到紧要关头;这支暴动的军队在1917年10月时,曾经用他们的枪炮掩护布尔什维克攻占冬宫。喀琅施塔得的士兵宣告,展开一场以"自由选举产生的苏维埃"对抗列宁战时共产主义"部长统治"的"第三次革命"。[②]一支有35000名士兵的红军部队平息了暴动,代价是牺牲了无数条人命。此外,也不能忽视这次暴动发出的危险信号。虽然一旦爆发起义,就会有些反布尔什维克的流亡者闻风而动(但均未能成功),不过起义行动已经自然而然地发生。名为"工人真理运动"(Workers' Truth Movement)的地下组织也表达了类似的愤怒。身为领导阶层的布尔什维克党员,布哈林(Nikolai Bukharin)在1921年3月说:"目前共和国已如风中之烛。"[③]

1921年3月,列宁以"新经济政策"(New Economic Policy,NEP)取代战时共产主义,来应对那些挑战。在"新经济政策"之下,以向农民征收固定的粮食税,取代了余粮征集制,农

[①] 引述自 Paul Avrich, *Kronstadt 1921* (Princeton, N. J., 1970), p.8.

[②] 1917年2月的"资产阶级"革命是第一次革命,而1917年10月的布尔什维克革命是第二次革命。

[③] Stephen F. Cohen, *Bukharin and the Bolshevik revolution* (New York, 1973), p.106.

民终于可以自由买卖他们有余的谷物。约有 75%的零售业，以及大量的小型手工业经营权，重新回到私人手中。但是政府仍控制列宁所谓的经济“制高点”：重工业、批发商业、银行业与运输业。1922 年，已经复苏的市场与风调雨顺的气候让俄国粮食丰收，而俄国人也可以过上正常的生活。

就在此时，1922 年 5 月，列宁第一次中风，后来他又经历了几次中风，并在 1924 年 1 月去世。列宁并没有制定清楚的接班路线。接踵而至的权力斗争，并不只是个人为了争夺政党与国家控制权的行动。最基本也最重要的问题是，如何建立人类历史上第一个社会主义政权。既然从一诞生就开始面对的危机已成过去，那么新政权应该是什么面貌，而走向正常化所应该采取的第一个措施又是什么呢？

列宁之死，让俄国的布尔什维克面临任何马克思主义理论或者实践经验都未曾让他们有所准备的情境。在更先进的国家里，并没有出现工人革命的征兆，但这却是俄国的马克思主义者认为可在背后促使俄国社会主义政权继续生存的支撑力量。战后欧洲动乱的最后一点火花，随着 1923 年 10 月汉堡暴动的失败而熄灭。俄国的苏维埃政权必须适应一个资本主义立足已稳（先进的北欧和西欧以自由主义制度为中心，而比较农业化的东欧和南欧则处于权力主义政权的统治下）的世界。在这种情况下，俄国的布尔什维克还能让这个尚未完成工业化的大国，继续朝建立“一个社会主义国家”的目标前进吗？

“工业化的争论”

布尔什维克相信，像俄国这样的国家，只有靠着培育大规模的工人基础，或者取得已经拥有这种规模工人基础的共产主义政权的支持，才可能朝着社会主义前进。既然在 1923 年以后，似乎已经没有了进一步向国外输送革命的可能性，所以现在的问题只在于如何在自己的国家里建立大规模的工业基础。

由战争部长托洛茨基领导，稍后季诺维也夫（共产国际主席）与加米涅夫（莫斯科苏维埃主席）也加入的“左派”团体，提议国内外应回归 1917 年时的“英勇”立场。在国外，这个“左派”团体希望能继续施加革命压力；如果证实欧洲毫无反应，那么就把这种革命压力带进亚洲。在国内，他们主张“工业独裁”是走向社会主义唯一可行的道路。这意味着将从俄国一群有能力制造多余财富的农民身上投尽所能地获得发展工业所需的资本。

在 1914 年以前，农业出口是俄国赚取外汇的主要来源。就某种意义来说，虽然在沙俄时期就已经开始发展工业，但是工业依然落后于农业。[①] “左派”团体提议用压低农产品价格来提高工业产品的价格，如同剪刀的双刃一般，继续以农民盈余的生产能力发展工业。在新经济政策实行之初，农民就已经抱怨这种“剪刀危机”；如今布尔什维克“左派”团体则希望继续施加甚至更强化这种压力。“左派”团体的策略包括获取绝大部分俄国人的财富，利用

---

① 1900 年时，谷物占俄国出口总值的 62%。

本国的资金快速工业化。所谓绝大部分的俄国人,包括曾经在1917年和1918年的土地重新分配中获利的农场主(尤其是中产阶级的农场主),或者现在扬言要创造有力的农业中产阶级的“富农”。

由布哈林领导的“右派”团体主张与心满意足的农民合作的社会主义工业化,虽然并非唯一的可能,但却是比较适当的方式。与“左派”团体一样,布哈林认为,为了发展社会主义,俄国必须工业化,而且工业化的资源必须来自于国内。但是和“左派”团体不同的是,他认为如果允许农民为了有盈利的市场而生产, 那么不但可以更快地生产工业化所需的资源,而且也可以提高农民对工业商品的购买力。布哈林表示,毕竟农民是“我们这个星球上人口总数最多的人”。[①]如果苏俄能够在农民与工业劳工之间开辟一条合作的道路,那么社会主义就能绕过局势已经稳定的西方,自然地向世界其他地区输送。布哈林和其他人一样遭遇流亡的命运,然而他依然保持开放的态度,并且支持与农民和解,使赞赏他的人相信可以在俄国建立一个社会主义但非强制高压的国家。

在20年代那激烈的“工业化争论”中,不论是“左派”或“右派”,都没有倡导回归资产阶级政权以及多党制政府,以静待俄国或其他地方那必然成熟的革命派无产阶级。双方都决心将社会主义深植于俄国,并且保护俄国的社会主义,以免再被卷入西方那繁荣的自由经济世界里。双方都认识到利用国内资源资助俄国工业化的必要性,不论当时胜利的是“左派”还是“右派”,这些决策都使他们不得不走上独裁政治的道路。

巩固独裁政治

20年代时,与革命的混乱时期相较,俄国城市中的工薪阶层人数更少;其中只有少数中的少数是忠诚及可信赖的布尔什维克党员。举例来说,在俄国东部,人口约两百三十万的农业区斯摩棱斯克区(Smolensk District),1924年时只有5416名共产党员,大部分集中于斯摩棱斯克市。[①]在这种情况下,只有通过完全依靠共产党的政治指导来稳固的官僚政治控制,这个政权才得以幸存。必须借助一个少数政党来代表无产阶级实行“无产阶级专政”。

在革命之后巩固政权期间, 列宁对于一党统治的必要性不曾存有任何怀疑。1919年时他曾经写道,苏维埃“根据他们的纲领是工人政府的机关,但事实上只是大部分无产阶级先进工人,而不是劳动群众本身的政府机关”。[③]只要大部分的工人还不具备共产主义素质,那么除了按照列宁的主张之外,别无选择。在此期间,“党的无产阶级政策并不是由一般党员制定的,而是由少部分优秀专业的权威人物所制定的,或许可以称他们是党的老禁卫军。”[④]

---

① Cohen, p.168.

② Merle Fainsod, *Smolensk under Soviet rule* (Cambridge, Mass, 1958), pp.17, 44.

③ Moshe Lewin, *Lenin's Last Struggle* (New York, 1968), p.6.

④ 出处同上, p.12

直到 1921 年,内战和恢复生产力的需要,促使布尔什维克领袖采取高度官僚化的中央集权管理制度。但是,新经济政策之下对小企业日渐放松的市场控制,并未带来政治控制的宽松。列宁在 1921 年 3 月和 4 月时,就已经决定禁止政党里存有派系,并且授权党中央委员会开除公开反对党中央政策的人。因此,新经济政策实施时的放松策略,无助于恢复共产社会成员自我管理的任何自由,虽然那曾经是苏维埃运动一开始时的承诺。

在临终时,列宁开始忧心政党统治的性质。他曾提及将少数“精英共产党员”混杂在大量眼光短浅而且官僚的“外国文化”之中的危险。

> 以莫斯科为例:莫斯科有 4700 位共产党员,以及为数众多的官员。但谁是领导者,而谁又是被领导的人?我对于共产党员是领导者的说法非常怀疑。我认为或许应该说他们是被领导的人。①

只要列宁还活着,他就能倚靠个人权势,让组成党中央委员会的老布尔什维克党员掌握权力。但是,在他死后,党的全职行政人员——中央委员会的政治局及它的常设机关书记处——对国家的掌控力就越来越强了。

斯大林的崛起

政治趋势有利于斯大林的崛起,斯大林自 1922 年开始担任党书记,而且他或许是唯一真正出身下层阶级的老布尔什维克党员。斯大林原名约瑟夫·朱加什维利(Josef Djugashvili),他的父亲是鞋匠,祖父是农奴,住在格鲁吉亚的外高加索区(trans-Caucasus)。从神学院退学之后,斯大林在 1900 年前后加入布尔什维克运动,并且负责为党筹措资金而抢劫银行的秘密活动。当时他采用的匿名——斯大林——是“铁人”的意思。斯大林因为帝俄时期的牢狱生活与在西伯利亚的流亡经历,而锻炼出坚强的意志,他不像那些大部分曾在西欧度过多年流亡岁月的同僚们那样具备广泛的文化背景。并没有明确的证据可以断言,他曾经也是帝俄时期秘密警察的双面间谍,比较确定的是,斯大林担任的党书记这个颇具战略重要性的职位以及他那不屈不挠的个性,恰巧与党内新一代强硬派官员的日渐壮大一致。那些强硬派的官员不曾如老布尔什维克党员那样接受过流亡运动的洗礼,但是却接受过自 1917 年以来就始终不断的斗争教育。斯大林轻易地克服了列宁在遗嘱中反对他的“粗野”与严厉所造成的障碍,夺取了党内斗争的主动权。

在“工业化争论”中,斯大林坚定地与布哈林站在同一阵线,扩大新经济政策对农民贸易的让步,而且农产品的产量也再度回升到 1913 年时的水平。当“左派”的布尔什维克在中央委员会选举中失去选票时,他们就一个一个地被逐出权力核心。曾经创建并指挥过红军的托洛茨基,1925 年离开战争军需部。在 1925 年保加利亚的共产主义暴动失败之后,共产

① Moshe Lewin, *Lenin's Last Struggle* (New York, 1968), p.6.

8–5 从神学院学生变身为革命家的约瑟夫·朱加什维利，他的布尔什维克同志知道他的名字是斯大林，也就是“铁人”的意思。这张照片摄于 1917 年，当时他 38 岁。

国际主席季诺维也夫就被免职，这次暴动的主要成就是炸毁了索菲亚大教堂(Sofia Cathedral)。拥有独立权威的老布尔什维克基地，如加米涅夫对莫斯科党组织的控制，以及季诺维也夫在彼得格勒(在列宁去世以后更名为列宁格勒〔Leningrad〕)对党组织的控制力，逐渐被中央集权的党中央所取代。1927 年 12 月召开的第十五届党代表大会，最后依斯大林的决定，宣告所有“偏离党路线”的东西都不适用。1929 年，托洛茨基被迫流亡国外，他在流亡地写下描绘“被出卖的革命”以及无产阶级政党“替代品”的作品。斯大林以卓越苏联领袖身份出现。正如一位心怀不满的老布尔什维克党员所说，俄国已经变成“党书记的独裁政府”。[①]

因此，在 20 年代后期，苏联使自己适应一个非革命性的世界，并且在新经济政策和一党官僚政治的统治之下，渐渐趋向稳定。虽然工业生产与畜产的饲养量依然不及 1913 年，但是有些物资的供应已有改善。人民的识字率迅速提升，而人们对这种社会实验的兴奋之情，又激发出强烈的文学与艺术能量。在文化部长卢那察尔斯基(Anatole Lunacharsky)的领导下，建筑、戏剧、诗歌与艺术竞相绽放光彩。在这个时期里，受惠最多的是一亿俄国农民，他们那两千五百万个家庭农场比以前更加繁荣与自由，甚至可以说是俄国有史以来最璀璨的一段时间。但是“工业化争论”所带来的问题依然存在。如果继续由小耕农把持他们的经济，那么苏联可以避免经济危机吗？

8.9 脆弱的稳定：评价新自由主义

与过去及后来相比，20 年代后期的欧洲似乎是安定而繁荣的。不但北欧和西欧繁荣兴旺，甚至连东欧的经济也大有起色。但是，当英国的历史学家泰勒称 20 年代晚期是他祖国的“黄金岁月”[②]时，他所下的定义其实具有正反双重含义。虽然已经恢复国际金本位制，但是 19 世纪自由主义的其他美好景象，却未能因金本位制的恢复而再次自动浮现。举例来

---

① Boris Souvarine，引述自 Cohen，p.214.

② Taylor，pp.227ff.

说,英国的失业率不曾低于 10%。那些年里,大部分所谓的“黄金”是在“喧嚣的 20 年代”里过度寻欢作乐的浮渣。

欧洲大陆上恢复或扩展自由主义的努力成就有限。无法在以农业为主且具有民族冲突问题的东欧和南欧继续施行议会制度。即使是富裕的法国人和德国人,也因为通货膨胀而备受惊吓:他们只有在确保经济稳定的情况下,才能保持对新自由主义政权的忠诚。

暂时,许多欧洲人有钱可以唱歌和跳舞,欣赏美国的新爵士乐并享受新奇的电影,拥有汽车的情形也更普遍。但是,相信只要顺其自然,20 年代晚期那相对的繁荣就可以一直持续下去的想法,是一种新自由主义的幻觉。即将来临的经济大萧条,将把人们从梦幻中唤醒。

9–1 《城市》，费尔南德·莱热（Fernand Léger）（1919 年）

第9章

两次大战之间的大众文化与高级文化

20世纪20年代，现代主义(modernism)在艺术界奏起一曲光辉灿烂的凯歌：毕加索(Picasso)在巴黎作画，而康定斯基(Kandinsky)则在魏玛取材；斯特拉文斯基(Stravinsky)在巴黎作曲，而在维也纳则有勋伯格(Schoenberg)、格罗皮乌斯(Gropius)与勒·柯布西耶(Le Corbusier)的功能主义(functionalist)风格建筑。更细心地审视，你将会发现，20年代那个精力充沛的新时代，只是战前蕴含高级文化的价值观大转移的结果。[①]两次大战之间的那段时期，这些艺术家的主要成就，是把战前前卫派的欧洲带入高级文化的主流。更显著且深刻的改变则发生在大众文化的层面。大众娱乐事业商业化的广泛发展，是两次大战之间转变最急遽的欧洲文化。

① 参阅第1章。

9.1 大众文化:无线电与电影的年代

20 年代有两种新型的通讯设施:无线电与电影——使那些有名有权的人,首度可以同时向数百万人发表演说。欧洲人向前飞跃,把只能在听力所及的范围之内,才能对着一群人发表演说的时代抛在后面。在大战期间,大规模的宣传活动,甚至只能局限在印刷的文字、海报艺术作品或者演说者所发出的声音上。直到大战结束为止,人们还不可能播放新闻影片;无线电依然处于业余爱好者偶尔播放的初创阶段。

大众传播媒体的技术基础

因为 19 世纪对通讯设备的发明热潮,公共无线电广播变成可能实现的理想。第一项重要进步是电报。任何地方只要接通电缆,电报几乎可以在瞬间传送已编码的信息。1872 年,随着从英国到澳大利亚的电缆开通,电报网几乎已经遍及全球各地。与此同时,早期的电话也可以利用电缆传送声音。但是,只有突破传输电缆的束缚以后,快捷通讯才能确实实现真正的便捷性。1901 年时,一位意大利的工程师伽利尔摩·马可尼(Guglielmo Marconi),设法利用"无线"的电波从英国将信息传送到加拿大。经过后续的改良,尤其是 1906 年以后美国研发成功真空管,使得人们不再只能传送已编码的信息,还可以确实地利用无线电广播人类的声音。

但是在当时,无线电通讯只是作为私人之间的信息传递方式。20 年代的主要突破是可以同时向很多人广播。初期的无线电广播是单次传输式的,如 1920 年 6 月 16 日,从伦敦播送的女高音歌唱家内莉·梅尔芭(Nellie Melba)的音乐会,或者 1920 年 11 月从匹兹堡(Pittsburgh)播送的美国总统选举结果独家报道。在 1921 年、1922 年间,美国、欧洲和日本都设立了常设的广播电台,而且也开始大量生产收听广播用的收音机。无线电的时代已经来临。1926 年,当国有的英国广播公司(British Broadcasting Corporation,BBC)成立之时,在英国有 217 万 8259 台收音机。到 30 年代末期,英国已经约拥有 900 万台收音机——大约每四户英国家庭中,就有三户人家拥有收音机。1938 年,德国国内已经有 900 多万台收音机;法国国内有超过 400 万台的收音机;俄国则有 450 万台收音机(因为他们的总人口比较多);此外,捷克斯洛伐克、瑞典和荷兰等国家,都拥有超过 100 万台的收音机。[1]

---

[1] Asa Briggs, *The History of Broadcasting in the United Kingdom* (Oxford, England, 1961—1970), Vol. 1, p.12; Vol. 2, p.6; Vol. 3, p.737., 1938 年时,意大利和比利时拥有的收音机数量略少于 100 万台。

当时，气势恢宏的无线电收音机，与钢琴和蜘蛛抱蛋（aspidistra）的盆栽一起，竞争每个中产阶级家庭的起居室里那片显眼的地方，而欧洲的消费者夸耀自己收音机里的真空管数量，就像在吹嘘他们的汽车汽缸数量一样。无线电收音机也开始普遍进入工人阶级的家庭里。30 年代，宣传意识极强的纳粹政权鼓励人民购买的最便宜的德国收音机，价值 35 马克，大约是一个德国人一周的薪资。[①]对欧洲很多生活安定的工人阶级家庭来说，继家具和自行车之后，收音机是接下来优先考虑要购买的物品。

电影的技术基础早在 19 世纪 90 年代就已经产生，作为表演歌舞杂耍和音乐会之后的余兴节目之用。早期的电影只是一小段拍摄粗糙的动作和戏法的胶片，很快就被带有故事情节的多卷本电影取代。《火车大劫案》（*The Great Train Robbery*，1903），是第一批有故事情节的电影之一，片长 8 分钟，并且极获好评。意大利拍摄的《暴君焚城录》（*Quo Vadis*，1912）不但片长两小时，并且为电影业汲取戏剧传统的精髓、成为一种视觉艺术形式，开辟了一条光明大道。但是一直到第一次世界大战之后，电影才变成大众文化中最重要的传播媒介。电影最普遍的英国。在整个 30 年代里，这个总人口 5000 万人的国家，每周约有 1800 万人到 1900 万人会去看电影。在因电视的发明而导致电影热潮退却之前，1946 年英国看电影的人次达到最高潮，每周约有 3000 万人次；全国有 1/3 的人每周看一次电影。[②]欧洲大陆的数据也并不比英国低多少。

创造阅听大众

无线电广播和电影第一次产生了国家规模甚至是国际规模的受众。人们可能必须回溯文化传播方面的发明史，才能找出与无线电和电影的发明同等重要的起始点。严格说来，创造大群受众本身并不完全是新奇的经验，当然这要感谢 19 世纪时识字能力的普及与便宜的印刷术。艾尔费雷德·哈姆斯沃斯（Alfred Harmsworth），也就是后来的北岩勋爵（Lord Northcliffe），在 19 世纪 90 年代时，就已经着手进行报业的商业化革命。他把他的报纸以成本价或低于成本价的价格卖出，并将他的主要收益从贩卖报纸的利润转为贩卖广告的利润。他发现企业愿意支付大笔金额，购买专门为了引起大量读者的兴趣而设计的广告版。他的《晚间新闻》（*Evening News*）和《每日邮报》（*Daily mail*）是伦敦首次以半便士的价格出售的报纸，也是首批发行量史无前例地达到 50 万份的欧洲报纸。

但是，让报纸在精英分子以外的读者群内流传，是一个渐进的过程。1910 年以后，半数以上的英国成年人只阅读一份星期天出刊的报纸（通常着重犯罪事件、体育方面的报导，并且刊载引起社会轰动的小说）。直到 1920 年以后，才有半数以上的人每天阅读一份报纸。[③]在两次大战之间的这段时间里，欧洲大陆的报纸接触者的是比较传统的精英。有名望的日

---

① Richard Grunberger, *The Twelve-Year Reich* (New York, 1971), p.401.

② Ross McKibbin, *Classes and Cultures: England 1918—1951* (Oxford, England, 1998), pp. 419-420.

③ Raymond Williams, *Communication*, 2nd ed. (London, 1966), p.29.

报，如巴黎的《时代》(*Le Temps*)宁可接受政府秘密资金的资助，也不愿意依靠大量刊登广告来赚钱。相比之下，听无线电广播和看电影非常快速地变成大多数人的休闲娱乐方式。此外，和印刷出来的文字不同，无线电广播和电影可以让受众立即体验到冲击性的感受。早期的观众在观看《波琳历险记》(*The Perils of Pauline*)中高速行驶的火车即将逼近被绑住的女主角这一幕时，身体会往后缩，而后来的 50 年代的观众，观看第一部"3D 立体"(three-dimensional，3D)电影中乘坐云霄飞车的情节时，会紧紧抓住自己的座位。这些观众表现出相同的不自主反应。

9–2 "所有的德国人都通过收音机聆听'元首'讲话。"各国政府很快意识到广播的力量，纳粹政权补助企业生产如图所示的廉价收音机，这种收音机只能接收德国电台的广播。

无线电广播与电影的政治用途

政治人物早就利用无线电广播来从事政治活动。人们很快就发现，有些政治人物在麦克风前的表现优于其他的政治人物。对 19 世纪特别熟悉议事规程并擅长辩论的国会议员来说，在挤满其他议员的房间里发表他们精心准备的演说，所引起的回应不如通过无线电广播的效果，甚至也不及《辩论报》(*Journal des débats*)对议会的相关报道。事实证明，在无线电广播的麦克风前，有两种非常不同的风格都容易成功。对冷淡的英国保守党领袖鲍尔温来说，亲切而平易近人的闲谈风格是最理想的。他在麦克风前的演说，就好像"把他的脚放在你的围炉上"(炉边)聊天一样，聊着古老的农业常识。鲍尔温在无线电广播上的表现，比当时更优秀的公众演说家如劳合·乔治有效率。如果没看见他的脸部表情与手势，只听见他演说的声音，那么劳合·乔治那种浮夸的语调会令人觉得他似乎很紧张。另一种在无线电广播上可以发挥效果的风格是，反复强调一些简单的口号、慷慨激昂的高谈阔论，就如墨索里尼与希特勒的完美演出一般。虽然希特勒并没有忽略他那引人注目的外表，凭着自己的外表，他很快就能在飞机或高级奔驰轿车上具体化自己的形象，但是他也非常相信无线电广播的重要性。在执政的第一年里，他播送了不下五十次的无线电广播演说。他的宣传部长戈培尔(Josef Goebbels)，也是热衷利用无线电广播高谈阔论的能手。他让政府资助企业生产便宜的收音机，并且在青少年的夏令营地、工厂和兵营里，组织人们收听。结果，德国几乎是欧洲无线电广播通讯网络最稠密的地方：

1942 年时,在 2300 万户德国家庭里,有 1600 万户拥有收音机。英国位居第二。因为意大利的收音机数量远远不及德国和英国,所以对墨索里尼来说,无线电广播所能发挥的效果并不是很大,但是他也会有效率地使用无线电广播,并且组织群众收听。两次大战之间利用无线电广播进行政治鼓动的高潮,是 1935 年 10 月 2 日墨索里尼的演说。他利用无线电广播宣布已经决定侵略埃塞俄比亚,并且在 1936 年 5 月 9 日晚上,宣布胜利的消息。墨索里尼的无线电广播演说,不时因为几十万站在他露台下的群众所发出的高声叫喊而被打断:

> 军官们!士官们!所有在非洲和意大利的军队士兵们!革命的黑衫党党员们!在祖国以及世界各地的意大利同胞们!听着!
>
> 再过几分钟之后你们就会知道一些决定……一件伟大的事已经发生:今天,5 月 9 日,法西斯时代的第十四个年头,埃塞俄比亚的命运已经被决定……
>
> 意大利人用自己的鲜血创建了这个帝国。他们也会努力工作使国家富饶,并且还要武装军队保护国家……
>
> 你们认为这么做值得吗?(群众高呼:"值得!")[①]

因此,无线电广播弱化了传统演讲的效果,强化了欧洲政治家的个性和修辞风格的重要性。

政治家也很快就了解到电影的宣传潜力。虽然所有国家的新闻影片,都是以洪亮的声音、单纯的情感为特征,放映时间短,并且强调个人的功绩(不论是运动场上或战场上的功绩)以及"人类的利益",但是法西斯主义政权却仍然谨慎地控制新闻影片的内容。希特勒曾经聘请年轻的女制片人莱妮·瑞芬斯塔尔(Leni Riefenstahl),拍摄 1934 年纽伦堡(Nuremberg)的纳粹党党员大会,以及 1936 年柏林奥运会的纪录片。在她所拍摄的纳粹党党员大会的影片《意志的胜利》(*The Triumph of the Will*,1934)中,人们可以看见纳粹党员整齐的行进队伍及典礼仪式的漂亮镜头,而这是瑞芬斯塔尔从空中透过浓厚的云层鸟瞰纽伦堡所拍摄下来的画面;对她来说,这部影片的拍摄过程是一场刺激又有几分困扰的亲身体验。

大众媒体的控制

一个重要的政治问题是,应该由谁来控制大众媒体。即使只是要避免一些相同频率的广播电台彼此干扰,无线电广播也需要各种国际规则。在基本的技术性协调之外,发展出了三种基本的控制形式。美国、拉丁美洲和日本将无线电广播完全交由从播放广告收取利润的公司管理。不论是自由主义的还是集权主义的,没有一个欧洲国家同意将无线电广播完

---

① *Scritti e discorsi di Benito Mussolini*, Vol. X (Milan, 1936), pp.117–119.

全交由商业组织管理。20年代，大部分欧洲大陆的国家，包括法国、魏玛德国，以及法西斯主义意大利和共产主义苏联在内，都由政府以某种形式直接控制无线电广播。第三种形式以英国广播公司为代表。英国广播公司是国营的垄断事业，由公司自己的理事会负责经营，并且向全体收音机拥有者收取年授权金来筹措资金。英国广播公司的首任经理——雄心万丈的苏格兰人约翰·里思(John Reith)，坚决地建立了知识至上与政治中立的双重传统，使英国广播公司成为所有非商业性无线电广播系统中最具独立性的系统。虽然英国广播公司偶尔会被指责太过温和，但是它成功地避免了其他无线电广播系统容易落入的重大陷阱：美国广播事业粗俗的营利主义，以及欧洲大陆政府为了达到宣传目的，而对广播事业的滥用。因为“电视”这个更具渗透力的媒体，在1945年以后自然而然地落入与无线电广播相同的控制模式，所以各个国家控制无线电的方式无疑非常重要。①

除了那些接受纳粹和法西斯主义政权资助、以政党为导向的电影，以及受到严格控制的所有苏联电影以外，电影的主题几乎是完全从商业的角度来考虑。事实上，两次大战之间大部分在欧洲放映的电影并不只是商业产品，也是美国的产品。虽然法国和意大利的制片人，1914年以前曾经在故事长片的拍摄上引领风骚，但是在大战期间，因为电影所使用的硝化纤维素是制造炸药的必须材料，所以他们的气势就此消退。他们的停顿不前，让美国的制片人有机会以无声电影在20年代的电影业独占鳌头。20年代末期出现的“对白”，将观众群局限于某个单一语言的群体，并且让欧洲大陆的制片人在30年代时得以东山再起。但是，当美国电影已经吞并了90%的英国电影市场时，英国政府不得不强制英国电影院放映一定比例的国产影片。

除了纳粹德国、法西斯意大利和苏联的党报以外，②大部分欧洲国家的报纸都是由商业组织控制的。报纸的特性也在改变，并且落入大型报业集团之手。欧洲的日报继续进行英国的北岩勋爵于19世纪90年代开启的商业革命。通过活泼的散文、大规模的广告和低价销售，在两次大战之间，欧洲主要的日报如《每日快报》(*Daily Express*)和《小巴黎人报》(*Petit Parisien*)发行量达200万份左右。

广告的角色

无线电广播、电影和大众出版业，可以利用熟练与积极的商业推销术影响全人类，其影响程度在1914年以前是无法想象的。广告本身是一种古老的媒介内容，19世纪90年代以后，随着大型报纸版面的增加而迅速成长。但是，在两次大战之间，广告的规模和种类的增

① 没有任何一个欧洲的无线电广播系统，绝对只采用一种控制模式。直到1935年为止，法国国家无线电广播系统都还可以播放广告，甚至在那之后，法国听众依然可以听到从卢森堡和摩洛哥发送的商业无线电广播。英国政府在1955年时授权独立(商业)的电视网，而法国则在1982年跟进。

② 在自由主义国家里，党报，尤其是“左派”的党报，会与比较温和的商业性日报竞争。法西斯主义德国和意大利，也存在大量的“非政治性”商业日报。只有苏联是由党报垄断报业。

长相当戏剧化,使旧有的广告形式相形见绌。

两次大战之间的这段时期,大部分的日报约有 1/2 到 3/4 的收益来自广告。[①]为了吸引广告客户,报纸发行人必须迎合大众的口味,刊登体育新闻、犯罪报道与言情小说,以及简洁、沙文主义的新闻报道内容,以维持高发行量。在各个主要城市里,由通常属于大型出版企业所有的两份或三份追求引发社会轰动效应的日报支配广告市场,并且迫使小报社不得不退出商业界。有时,严肃的报纸,如伦敦的《泰晤士报》(*The Times*,发行量 22.万份),是借助保证广告客户可以接触最有教养且最有权势的少数人而赖以生存的。在商业发展不如英国的欧洲大陆,有些日报如巴黎的《时代》(*Le Temps*),依然维持旧式的严肃风格,没有刊登广告,而是通过希望得到有利的新闻报道的本国政府及外国政府,所提供的秘密津贴的资助。无线电广播为广告开放了一个全新的领域。专业的广告商学着迎合人们不断变换口味的心理。广告的费用成长惊人。在英国,广告总费用从战前每年约 2600 万英镑,提升到 1938 年时的 9600 万英镑,大约占国家收入的 2%,[②]远远超过花费在科学研究或艺术发展的经费。在最好的情况下,广告可以利用优异的现代设计来协助提升大众文化的品味。但是在最糟糕的情况下,欧洲的广告鼓励那些没有能力负担的人做无谓的购物行为;而且,如果广告推广的产品是未经试验的药物,那么广告甚至具有危险性。

9.2 新式的休闲活动

流行的大众文化与人们享受这些文化的闲暇时间关系密切。在 19 世纪末,休闲依然是大部分富人的专利。第二代和第三代的商人家庭,最近才从工业化初期为了累积资金所需要的简朴的生活习惯和长时间的工作之中解脱。19 世纪 90 年代,虽然农村的劳工依然如工业革命早期大部分的劳工一样,日出而作、日落而息,每天从早忙到晚,但是很多工厂工人每天只工作 10 小时。少数的劳工,如法国的矿工,甚至在 1914 年以前就已经过着每天工作 8 小时的生活。在第一次世界大战结束时,对北欧和西欧的公务员和工厂工人来说,每天工作 8 小时已经是非常普遍的现象了。1936 年,法国政府规定每周工时为 40 小时。于是在人类的工作史上,男性和女性的工薪阶层首次在睡眠之外,拥有和工作时间一样多的休闲时间。

早期立法限制工作时间,通常是为了保护劳工的健康和生产力。在战后,休闲是有益的人类权利的新概念,让人们更广泛地感受到休闲的重要性。妥善地满足每位市民在休闲时间娱乐消遣的个性,开始成为政府关注的重点。

除了每周 40 小时的工作时间的规定之外,法国政府于 1936 年还规定,凡是规模大于家庭商店的公司,都必须提供所有员工每年两周的带薪休假。于是在 1936 年 8 月,便有数

[①] Williams, p.27.

[②] Ralph Harris and Arthur Selden, *Advertising and the Public* (London, 1962), pp.39–42. 美国花在广告上的经费,在国家收入所占的比例略高于英国,但是略低于欧洲大陆。

百万的法国平民在平时不熟悉的正午阳光下，眯眼享受不习惯的休假日。他们有两周的时间可以自由运用，不需要用生病或受伤的理由。当时很多法国工人还没办法负担四处旅行的费用，但是已经开通了将涌入露营、骑自行车、徒步旅行，以及定期如洪水般涌入海岸与山林的观光旅游的人潮的道路。

有组织的娱乐活动

极权主义政权并不以让他们的公民享受自由时间所带来的丰富乐趣为满足。人们的每一分钟都必须填满有用以及非政治性的活动。"对整个国家来说，人们的休闲时间是危险的时刻"，意大利法西斯主义发言人在 1925 年时写了这段话给他的同事们。[①]就在那一年，法西斯政权出手干预所有人们在休闲时间里成立的组织，从曼陀林社团到足球俱乐部都被吞并，并且被纳入庞大的国家娱乐机构：国家休闲育乐中心（Operaio Nazionale Dopolavoro）。

人们指责育乐中心（下班）把被假定是任性的个人主义意大利劳工，关进会让他们变成温顺公民与优秀士兵的大众娱乐活动。根据热心的官员所公布的统计数据，每年有数百万意大利人被组织起来前往博物馆、公园、海滩、歌剧院以及运动场。人数这么多，以至于他们走到哪儿，哪儿就像是个被人轻蔑的难民营。加埃塔诺·萨尔维米尼（Gaetano Salvemini）曾经预测：

> 在育乐中心的保护之下，交换接吻的次数……很快就会被计算出来，而那令人难以置信的总数，将被归功于墨索里尼的天才。[②]

不过比较实际的估计是，在 1200 万意大利劳工中，大约只有 200 万人可以被说服或被强迫参加育乐活动，而农村和村庄里的劳工因为天高皇帝远，所以必然比较不受官僚政治的影响。但是在意大利南部的很多地区，育乐中心是第一个介入乡村居民与他们实际上的当地长官之间的机构。法西斯主义所组织的娱乐活动，是走向更充分动员意大利公民参与现代大众文化的几个首要步骤之一。

1933 年之后，希特勒仿效育乐中心的作法，组织"快乐带来力量"（Kraft durch freude）运动。虽然广泛宣传劳工到马德拉（Madeira）群岛与挪威旅游，但是实际上每 20 名劳工中大约只有 1 人能够真正享受这种殊荣。不过希特勒政权确实投入大笔资金促进并组织体育活动和大众娱乐活动，只是这些体育活动和大众娱乐活动都经过专门设计，是以散布热情、反复灌输人们服从纪律的观念以及诱使劳工忘却他们实际领取的薪资比 1929 年时更低的事实为目的。

苏维埃政府也承担为公民规划休闲活动的责任。共青团（Komsomol，青年共产主义联盟

---

① 引自 Gaetano Salvemini, *Under the Axe of Fascism* (New York, 1936), p.334.

② 出处同上。

9–3 纳粹的育乐机构“快乐带来力量”广泛宣传特别休假，他们为少数精选的劳工准备休假，例如 1935 年这趟到马德拉群岛的旅游。

〔Young Communist League〕）组织夏令营并且促进体育活动的发展，此外，政府也把以前贵族的别墅和狩猎小屋变成度假中心。但是实际上，因为 1929 年以后土地快速集体化，及工业发展所带来的庞大压力，所以少有剩余的资源或自由时间，可以广泛拓展苏联人的休闲娱乐活动。

体育活动

职业体育活动是两次大战之间，大部分欧洲人所喜爱的休闲活动。例如英式足球赛在 19 世纪时，就已经从自发性的游戏转变成系统性的体育竞赛，具有正式的比赛规则以及常设的组织网络(英格兰足球协会，1854）。在公开的体育竞赛里，下层社会的专业球员开始取代中产阶级与上层阶级的业余球员。在有意模仿英国的情况下，早在第一次世界大战以前，英式足球就已传遍欧洲大陆以及拉丁美洲：米兰的足球队甚至用自己城市的英文名称——AC 米兰(A. C. Milan)，作为他们球队的队名。20 世纪，足球赛变成一项拥有大批观众欣赏的体育活动，而 1930 年所设立的世界杯足球赛，更加深了围绕在球赛周边的民族主义热情。

20 世纪二三十年代，是欧洲与美国建造大型体育场的伟大时代。虽然第一批建造的现代化体育场，如 1896 年建于雅典的运动场，可以容纳五万到六万名观众，但是在 1918 年之后所建造的大型足球场，可容纳的观众几乎可与滑铁卢战役的参战军队数量相当。莫斯科的列宁体育场可容纳 10.3 万人；伦敦北部的温布利（Wembley）体育场可容纳 12.6 万人。为了 1936 年的奥林匹克运动会而在柏林兴建的大型体育场可容纳 14 万人，而次年在纽伦堡兴建的体育宫则可容纳 22.5 万人。世界上最大的体育馆是布拉格的斯特拉沃夫体育场（Strahav Stadium，1934），是一座专门为体操及田径赛盛会所设计的体育场，可以容纳 24 万名观众。

从人们投在英式足球的庞大赌金上，可以一窥民众对足球赛着迷的程度。据估计，在 1934—1935 赛季里，英国足球的总赌注大约是 2000 万英镑（以当时的汇率大约是 1 亿美元），而在 1936 年时总赌注的金额甚至加倍；每周一和周二在工人阶级聚集的邻近地区，都必须额外加派邮差值班，以便递送上个周末的球赛赌注。[①]人们对赛马所下的赌注也很大。那些有群众参与的体育运动受欢迎的程度，远远超过比较传统的上流阶层业余喜好的运动项目，如橄榄球、网球和板球。

欧洲大陆的人们对自行车赛总是比英国人狂热。在对人们来说机械依然是相当新奇之物的 19 世纪 90 年代的自行车狂热之后，两次大战之间，一些著名的长途自行车赛不但吸纳了庞大的广告费，而且也激起民众对这项活动的热情。环法自行车大赛，是吸引比利时与意大利自行车骑手以及法国人参加的自行车赛，赛程大约持续十天。柏林的自行车赛则使柏林市区交通受阻长达六天。

旅　行

因为有闲暇，所以旅行也变成很多民众可以从事的活动。重大的技术性突破，彻底革新了人们的旅行速度。最重要的是人们征服了天空。一旦掌握飞行的基本技巧之后，后来的进展就变得非常迅速。1903 年，莱特（Wright）兄弟曾经使一架比空气重的机器，横跨北卡罗莱纳州基蒂霍克（Kitty hawk）的沙丘，在空中飞行了 3 分钟。仅仅六年以后，法国人路易·布莱里奥（Loouis Blériot）就以 37 分钟的时间飞越英吉利海峡。而战争中作为军事用途的飞机，不论是速度还是飞行距离都已有大幅改善，所以在战争结束时，欧洲和世界各地已经准备好迎接利用民航飞机旅行的时代。

1919 年，英国的飞行员约翰·阿尔科克（John Alcock）与阿瑟·布朗（Arthur Brown）首度直接飞越大西洋，[①]同年连接巴黎和伦敦的第一条定期国际邮政航班启用。几乎与此同时，

[①] Robert Graves and Alan Hodge, *The Long Week-End: A Social History of Great Britain, 1918-1939* (London, 1940), pp. 383-384.

人们也开始展开客机的旅客服务。1934 年,英国人已经可以搭乘飞机在 4 天内飞抵澳大利亚;如果搭船的话,那么这趟旅程可能要花上数周的时间。唯一可与航空旅行速度加快这件事相比较的,是从 1830 年到 1870 年这段时间火车旅行的速度。[②]不论如何,由于客机(以及轰炸机)可以不经由陆路或水路越过地理上与政治上的国界,抵达世界的任何角落,因此航空旅行甚至更加自由。

当然,在两次大战之间,只有富人或喜爱冒险的人才会搭乘飞机旅行。但是一般旅客现在除了搭乘火车之外,也可以利用巴士或私家轿车旅行。也有很多人骑自行车旅行。20 世纪 30 年代,徒步旅行也是在欧洲年轻人中非常普遍的旅行方式。因为有着战前“漂鸟运动”长久以来的童子军活动与徒步旅行的传统,所以德国是年轻人背着背包徒步旅行的中心。徒步旅行又与对户外严酷生活的狂热崇拜混合在一起,纳粹政权喜欢把它拿来与弱不禁风的自由主义资产阶级做比较。每年都有几位德国青年,因为试着证明他们以及他们的意识形态可以征服险峻的高山,而跌死在瑞士艾格森林(Eigerwand)北方的峭壁下。对背着背包徒步旅行的狂热并不只限于德国。30 年代时,青年旅社运动(youth hostels movement)遍及法国及其他各国,甚至有些法国人把徒步行走的年轻人与反自由主义的强硬派相提并论:“风餐露宿的法国人,会击败锦衣玉食的法国人与政党国会。”右派的小说家德里厄·拉罗歇尔(Drieu La Rochelle)曾于 1937 年如此写道。[③]

不管用什么方式旅行,也不管是在什么样的意识形态下旅行,一般的欧洲人都比他们的父母辈与祖父辈拥有更多四处旅行的机会。迎合休闲生活的企业已经完全改观。19 世纪那些奢侈的休闲名胜,如富人聚集“沐浴”之处的马里昂巴德山泉(Marienbad)、巴德歌德斯堡(Bad Godesberg)与维基(Vichy),已经被更平民化的度假营地取代。涌向海滨度假胜地的人潮增多,布莱顿(Brighton)海滩就是其中之一,它是 19 世纪 20 年代英国王储首度让海水浴大众化的海滩。让头等舱的旅客在奢华的房间里舒适地越过大西洋的大型客轮,现在在航程途中会遇到驶往马得拉群岛的“快乐带来力量”客船,以及与育乐中心举办到马约卡岛(Majorca)旅游的游轮。1918 年以后,因为新闻、流行时尚的传播容易,而且人们可以轻松地在世界各地旅行,所以有助于国际大众文化的传播。

9.3 大众文化与休闲生活的影响

大众休闲活动,与具有自信和经济力量的新大众文化累积起来的影响,至今依然是人们讨论的主题。其中一个最主要的影响,显然是增加了国民的同质性,这是一个在 19 世纪

---

① 1927 年有更多宣传的是林白(Lindbergh)的辉煌成就,这次的飞行意义在于他独自一人飞越大西洋。

② 1869 年美国横贯铁路的开通,将横越美国的旅程,从骑马所需的四周时间缩减为四天,时间缩减为原来的七分之一。1940 年的螺旋桨飞机,与搭乘火车旅行相较,时间又缩减为原来的十分之一。

③ *L'Emancipation nationale*, August 20, 1937.

就已经开始展开的过程。流行的出版物及无线电广播,将巴黎、柏林、伦敦或罗马人的品味与口音,传送到奥韦涅(Auvergne)、巴伐利亚、诺森伯兰(Northumberland)或卡拉布里亚(Calabria)的偏远村庄。根深蒂固的地方文化,在全国性的文化面前以更快的速度消退;接下来,国家的生活方式也越来越受到国际性的消费者文化影响。托马斯·哈代(Thomas Hardy)的小说《苔丝》(*Tess of the D' Urbervilles*,1891)中的女主角,似乎觉得从一个山谷搬到另一个山谷,就好像到了另一个国家一样;但是距离只有老式的社会才会保留当地的传统口音与习俗的时代,其实已经不远了。

比较便宜、统一生产的衣物,更加速了同质化的过程。20 世纪 20 年代的欧洲人,或许是最后一代可以从衣着上就能分辨出个人的阶级地位甚至职业的人。第一种广泛使用的人造织品——人造丝(rayon),在 20 年代时,已经是司空见惯的衣料。[①]人造丝模糊了自古以来就存在于有钱使用丝绸与没钱使用丝绸的人之间的界线。

有些观察家觉得,更具同质性的群众,是平等主义更加风行的一个征兆。如果阶级的视觉特征——蓝色工作服、布帽、不同的口音——减少,那么 19 世纪 40 年代时,狄斯累利曾经提出的"两个国家"的古老警告,终将因为社会都合并为单一身份的公民群体而不再有意义,那么就可以实现民主主义者自法国大革命以来所怀的梦想了吧?

但是有些技术用来动员各阶级和地区少数民族融入一般公民,却令人产生与操纵问题有关的担忧。青年团体、有组织的娱乐活动,以及盛大的游行和集会,只是极权主义政府企图用来塑造人民的方法之中,最引人注目的实例。在自由主义国家里,也发展出群众政治的操纵技巧。比较早期的实例是 1909 年英国的预算联盟,这是一个为了唤起舆论支持劳合·乔治的自由党所主张的预算改革计划而成立的团体。在英国的政治史上,预算联盟是使用发行刊物、群众集会及宣传活动来达成政治目的的先例。[②]在战争期间,各国政府有组织的制造舆论,操纵人民的经验更加丰富。如同广告商和推销商必须建造庞大机器来引导流行文化一般,国家似乎也要借助庞大的诱导机器,来塑造他们的人民,让人民可以遵循单一命令齐步前进。命令可能来自于政府;可能来自于要求人民购买某种新产品的赞助商,或者可能来自于深层的流行情绪(例如反犹太主义)。因为很多种流行的娱乐活动——爵士乐、逃避现实的电影——都来自美国,而且美国的广告和出版技术似乎也比较先进,所以很多欧洲人把注意的焦点放在他们对那令人讨厌但却方便的"美国化"标签的操纵能力。[③]

更具同质性的公民意味着比较古老、比较具地方色彩、口语传承的通俗文化的消逝。对一些有教养的欧洲人来说,因为通俗文化能够引起最低阶层的共鸣,而且可以激起人们的欲望和好奇心,所以旧有的通俗文化似乎远优于商业性的大众文化。出身工人阶级的英国

---

① 人造丝这个名词首度出现于 1924 年。第一批商用产品是在 1891 年时开始生产,但是直到第一次世界大战之时,依然只是小量生产。但是在 1913 年到 1929 年间,英国的人造丝产量却增加了 25 倍。

② Cameron Hazelhurst,"Asquith as Prime minister," *English Historical Review*, Vol. 85, No. 336 (July 1970).

③ 举例来说,请参阅 Georges Duhamel, *America the Menace* (Boston, 1931).

知识分子理查德·霍格特(Richard Hoggart),以悲痛的心情哀悼两次大战之间,他祖父母辈那一代的价值观的消逝:

> 俱乐部歌唱家们的艺术天地,正逐步被收音机播放的典型舞曲和柔情歌曲、电视播出的歌舞片,以及各种商业广播所取代。通俗报纸炮制出来的一成不变的国民形象,甚至由好莱坞的电影制片厂把它扩大成国际性的标准公民形象。古老的阶级文化正面临被比较拙劣的无阶级文化,或者以前我曾经描述过的“粗俗”文化所取代的危险,这真是一件令人痛惜的事。[①]

其他的欧洲知识分子对大众文化侵害精英分子价值观的忧虑,更甚于其对旧习俗的影响。当然,只要是学校与文字世界以外,还流传着民谣、民族舞蹈与传说的地方,总是会有“通俗文化”的存在。因为与自己的社会阶层格格不入,所以受过高等教育的欧洲人,通常会忽略这个事实。让这些知识分子深感惊恐的是,新大众文化的物质力量与活力,会使那些本来应该继续从事艺术与科学工作的年轻精英分子,因为迷恋某些可以轻易到手的享乐而玩物丧志,以致一事无成。如果中产阶级出身的欧洲学生与平民百姓一起加入看电影的行列,那么还有谁会去学习希腊文和数学,又有谁会去提升物理学水平呢?尽管他那深具学者风范的祖父深感不悦,但是年轻的让-保罗·萨特(Jean-Paul Sartre)和他的母亲依然溜出家门去看电影。

> 我们摸黑进入一个没有传统包袱的世纪,一个因为不良的社会风气与新艺术(电影)而与其他世纪形成强烈对比的世纪。新艺术是属于普通人的艺术,预示了我们即将陷入野蛮落后的时代。尽管出生在贼窝里,而且正式被归类为巡回表演,但是它受欢迎的程度,却令生性严谨的人深感震惊。电影是能够取悦妇女和儿童的娱乐活动。[②]

西班牙哲学家何塞·奥尔特加·加塞特(José Ortegay Gasset)在《群众的反叛》(*The Revolt of the Masses*,1930)一书中,提出对大众文化不利的警告,是最为人熟知的警告之一。已受1898年反映西班牙的衰微与西班牙时代没落倾向的悲观主义所感染,加塞特深信,由优秀的人所缔造的纤细的欧洲文明世界,会被“一群普通人”蹂躏。他们是寻求片刻满足的粗心人,既不愿意亲自熟习文明的创造力,也不愿意屈服于那些文明人之下。虽然他是一位自称专业的“民主主义者”,而且也是个反法西斯主义和反布尔什维克主义的人,但是加塞特被很多暗示为了保护精英分子文化不被大众商业文化的残暴力量所迫,讲了他们赞同的采取强硬措施的话。

奥斯瓦尔德·斯本格勒(Oswald Spengler)在1919年的畅销书《西方的没落》(*The Decline*

---

① Richard hoggart, *The Uses of Literacy* (London, 1957), p.280.

② Jean-Paul Sartre, *The Words* (New York, 1966), p.118.

of the West)中,更特别从德国的角度,表现了同样的关切。因为书中提及文化那无可避免的兴衰沉浮的观点,所以斯本格勒的书最令人难以忘怀。保持德国民族主义著作的传统,斯本格勒深恐“文化”(深植于德国传统而且与西欧文化截然不同)正被“文明世界”(在斯本格勒的眼中等同于自由主义西欧那比较世界性、商业化的大众文化)吞没。斯本格勒预见了“世界城市”的浮现,那将是一个没有个性、属于全世界的蚂蚁窝。在世界城市里,民族文化(包括德国那刚健、崇高纯洁的价值观)将会被埋没而消失。在此,人们可以发现对大众文化的抨击,已经被 1918 年德国战败的愤怒,与民族主义者对德国传统具有特殊性与优越性的断言所扭曲。顺着斯本格勒所描绘的路往下走,如果为了挽救德国的价值观,使之不致为世界性的大众价值观所击垮,而必须走上独裁国家的路,那么知识分子们将会接受建立独裁国家的建议。

这个观点有几个问题,其一就是他们自己的选择,一般的欧洲人满腔热情地欣然接受新的大众文化。无线电广播、电影以及流行时尚极其兴盛。其他的问题是,20 世纪 20 年代,高级文化本身也欣然抛弃传统,投身于富饶且喧闹的实验里。

9.4 两次大战之间的高级文化

表面上,20 年代的文化拥有闪烁夺目、轻快活力以及新奇的名声。而在艺术和文学领域里,也的确发生了众多各式各样且努力创新的事件:1925 年首度在柏林演出的歌剧《沃采克》(*Wozzeck*),是阿班·贝尔格(Alban Berg)联合一系列的音乐和表现主义所完成的阵容庞大的戏剧作品;布雷希特(Bertolt Brecht)与魏尔(Kurt Weill)的爵士乐剧《三便士歌剧》(*The Three penny Opera*)首场演出(柏林,1928 年)便相当成功;达律斯·米约(Darius Milhaud)的爵士芭蕾舞《创世纪》(*La Création du Monde*,巴黎,1923),搭配的是立体派画家费尔南德·莱热(Fernand Léger)的舞台设计;这群天资卓著的大师,还包括在魏玛德国的包豪斯(Bauhaus)负责教学和设计的瓦尔特·格罗皮乌斯(Walter Gropius)与保罗·克利(Paul Klee)。

但是,就基本的美学观点来看,20 年代的高级文化并没有发生任何革新。这十年里的艺术大师们,只是继续表现世纪之交伟大的美学革命的意涵。更重要的是,他们将 1914 年以前前卫派那与世隔绝的实验带入主流人群。套用彼得·盖伊(Peter Gay)的说法就是战前的“门外汉”已经变成“局内人”。[①]

为什么 20 年代时,战前的前卫派文化可以为人接受,甚至成为一种流行时尚呢? 首先,全球性战争所带来的恐怖感,使人们认为尚古主义(primitivism)的表达方式、主观的无理性以及暴力行为,似乎更适合用来诠释这个世界。其次,大战结束时的革命冲动凸显了人类对于维持现状的不满,不论是艺术还是其他领域都是如此。年轻的瑞士建筑师和城市规划师

[①] Peter Gay, *Weimar Culture: The Outsider as Insider* (New York, 1968).

勒·科尔比西耶(Le Corbusier)曾于1923年时表示“出现了一种新精神”,“(我们需要)修正价值观:如果没有发生建筑学革命,就会发生社会革命。”[①]第三,在战争结束时刚好赶上时代冲突的年轻人们,有很强烈的要拒绝并重塑那些把他们带进战壕里的长辈们的价值观的使命感。最后,20年代复兴的繁荣经济,是“所有那些渴望回到庸俗以及辉煌时代的人们”的大敌与攻击目标,“在那个时代里,他们只要赚钱,并且举止有礼地以虚伪的高傲目光扫视一切。”[②]

20世纪长期保存的基本统一的美学基础。当人们仔细考虑1914年以前那些伟大的先驱们都拥有长寿的艺术生命时,就不难找到显而易见的解释:野兽派画家马蒂斯直到1954年还在从事创作;毕加索直到1973年还在作画;音乐界的先驱斯特拉文斯基一直活到1972年,几乎已到生命的终点时,都还在积极地作曲。在功能主义建筑学的创立者之中,勒·柯布西耶一直活到1965年;格罗皮乌斯和路德维希·密斯·凡德罗(Ludwig Mies van der Rohe)一直活到1969年。他们的继承者无疑都是派生的,杰出前辈的创作越多,艺术创作的实践者就越少。20年代大部分的艺术风格,在80年后的眼光看来依然是现代的。

实验美学的价值

有些实验派画家在1914年以前,就已经舍弃文艺复兴时代所确立的美学标准——描绘自然与人类天性——并且正在努力建立新的美学价值观。大部分的战后画家都开始这些新的美学价值观,事实上,在进入20世纪之后,那些新的美学价值观依然具有广泛的影响。善于辞令的画家克利,在1923年时把这些新的美学价值观收入他的授课教材之中,艺术家们不再固执于“这种自然形象的极端重要性……但是更珍视塑造这种表现形式的力量”。克利想象了一段与一个令他厌烦、“总是寻找他特别喜爱的题材”的门外汉之间的对话:

> 门外汉:“但是那幅画一点也不像叔叔。”神经已经受过训练的艺术家内心想的却是:“该死的叔叔。我必须继续盖我的房子。这块新砖有点太重,而且我认为左边的重量太重了。我必须在右边加些大的砖块才能恢复平衡。”[③]

克利坚持艺术家“必须扭曲”,“因为这样才能重新创造自然。”[④]在强调“建造”一幅画以及“构图”时,克利和很多两次大战之间的画家一样,利用形式与结构来发扬战前立体派艺术家们的实验。两次大战之间的画家,少有人像克利一般爱开玩笑且辩才无碍,但是他们几乎毫无异议地拒绝任何摄影或传统美学。

---

① C. E. Jeannerret-Gris (Le Corbusier), *Towards a New Archiecture* (London, 1931), p.89.

② Harry Kessler, In the Twenties, *The Diaries of Harry Kessler* (New York, 1971), p.267.

③ Paul Klee, *On Modern Art* (London, 1948), p.19.

④ 出处同上, p.29.

基于其本身的理由，对其他艺术来说，纯净、简化的形式也是一种新的美学基础。在1914 年以前，音乐界中的前卫派人士，已经部分舍弃主调音及和声。1924 年，维也纳的作曲家阿诺德·勋伯格(Arnold Schoenberg)创作了一部钢琴组曲。在这部作品中，他完美地把不同的音乐风格融合在一起：12 音(twelve-tone)或系列音体系。在这个体系里，作曲家在一个序列中安排了 12 种音调，让这些序列和音调取代传统的音阶，变成建造乐曲的积木。虽然这些音乐的创新者少有同时代的知音，但是勋伯格与他的学生贝尔格与安东·韦伯恩(Anton Webern)一起，将音乐带入一个全新的领域。

很多建筑师在战前就拒绝只重视华丽装饰的风格，赞成以功能性需求与简单平衡的美学为优先、朴素纯洁的建筑风格。勒·科尔比西耶转而求教工程学，因为他认为工程师们唯一的美学是派生自简单实用的自然和谐。“工程师的美学和建筑学是步调一致且彼此依存的两件事。”[①]在赞赏了谷仓、汽车、飞机与其他机器之后，勒·柯布西耶坚称“房屋是生活的机器”。[②]他设计可以大量生产的钢筋混凝土房屋。这些房屋有着宽大的落地窗以及弹性的室内空间，满足居住者所需要的功能。他说城市应该是错置于公园和游乐场之间的高楼，以便满足在不同层次生活、玩耍以及流动的人们。[③]

20 年代时，机械美学在艺术领域中流传普遍。亚瑟·霍尼格(Arthur Honegger)的铁路乐曲《太平洋 231 号》(*Pacific 231*)，是利用工业的声响来丰富音乐语汇的种种努力中，最著名的作品，不过其中大部分的作品在现在看来简直是旧时的珍品。有些画家，像法国的雷捷，把立体派的观念应用在工业形状的探索上。比那些只是涉及题材表面的影响更重要的是，人们发现机器的简单雅致与艺术表现之间那种基本的相似关系。包豪斯派的成员尝试在日常用品，如家具和家用器皿等中加入优秀的设计。他们希望能融合美学和实用的观点，创作兼具美观与产品性能的“社会艺术品”，以恢复人们日常生活的完美。

功能主义(functionalism)、良好的社会组织，以及偏好单纯的形式，是 20 年代时延续战前的前卫派艺术家，而加以发扬光大的美学价值观。现代主义的另一条重要的主线是情感的表达。必要时，他们会以扭曲、强调的技巧、粗糙单调的色彩与病态的题材，来凸显所要表现的情感。早在 1905 年时，野兽派画家就在巴黎用单调鲜明的色彩取代立体感，制造出震撼人心的效果；1914 年以前，德国的表现主义艺术家们，就已将他们的新哥德式病态(neo-Gothic morbidity)、扭曲与激烈的情绪应用在所有的艺术表现上。[④]利用艺术的扭曲来表达激烈的情感与情绪，依然是 20 年代现代主义的主要特色。

戏剧和电影的新艺术，特别适合于表现主义艺术家所想要表现的效果。非常适合利用电影通过预先计划好的扭曲的表现手法，强有力地引发人们惊恐与神秘的感觉，正如德国

---

① Le Corbusier，p.1.

② 出处同上，p.15.

③ 出处同上，p.57.

④ 参阅第 1 章。

9–4 《卡里加利博士的小屋》中的一个镜头，是说明德国表现主义电影的杰出代表作。

的表现主义制片人的名作《卡里加利博士的小屋》(*The Cabinet of Dr. Caligari*,1919)所证实的一般。表现主义戏剧的高峰是贝尔格的歌剧《沃采克》——那是一个骇人听闻的故事:一名士兵内心诡秘的恐惧感,由于其他人奚落他情妇的通奸行为而更加强烈,驱使他谋杀了自己的情妇。

新的忧虑

不论主要目的是单纯的形式还是表现的力度,20年代的现代艺术运动都有一些共同的新忧虑。因为社会精英分子过分敬畏对传统或已有的技术表现方法,所以所有的知识分子领袖都拒绝“艺术”。现代的艺术作品带有强烈的自我表现,喜爱这类艺术的艺术家们,会利用创作来表达自己的情绪感受。除了少数例外,现代的艺术家们注重的是“做”而不是“说”。他们比较容易指责已死的传统思想与人们的庸俗,而不是阐述他们想要做些什么。因为他们的创作本来就是用来代表他们自己说话。

所有两次大战之间的艺术形式,更加深陷战前就已出现的主观论。战争和革命使人们更加迷恋有时会以非常直接的方式表现出来的潜意识。我们已经看到在1917年时，安德烈·布勒东(André Breton)那些与罹患炮弹休克症的士兵有关的作品,是如何显现他对艺术作品中所表现的深层潜意识情感的好奇心的。[1]布勒东曾在他倡导的超现实主义运动(sur-

[1] 参阅第4章。

realist movement,1924)中尝试自动写作。自动写作的写作方式,是假设作者可以写出任何因为某些神秘的内在提示而联想到的字词;他使那些迄今为止为艺术所轻视的潜意识“神圣狂热”备受推崇。后来的超现实主义画家,如比利时的勒内·马格里特(René Magritte)与西班牙的萨尔瓦多·达利(Salvador Dali),在大胆而困难地探索人类深奥的心灵世界时,把极为写实的细节,纳入他们那风格怪异的虚构风景画之中。

除了布勒东的自动写作之外,其他新的文学技巧也反映出人们对于潜意识越来越感兴趣。普鲁斯特在多卷本小说《追忆逝水年华》中,也探索了记忆与社会地位所发挥的作用。虽然在1913年出版的第一卷小说无甚影响,但是第二卷小说却赢得1921年法国重要的文学奖项,也开创了“意识流”的写作技巧。借助这种技巧,作者可以利用支离破碎、无边无际的谈话,平庸但深奥的自由联想,以及具有联想性、一知半解的暗示,直接把读者带入角色的内心。最出色的“意识流”作家是爱尔兰的流亡作家詹姆斯·乔伊斯(James Joyce),他的《尤利西斯》(*Ulysses*)在1922年时出版。

弗洛伊德或许是两次大战之间的知识分子圈中,唯一最具影响力的思想家。在战前,弗洛伊德就已经确立了他的两个主要观点:我们的意识推理有某种程度是潜意识的渴望和冲突的合理化;以及通常发生于婴儿期的性冲突,是精神疾病的主要来源。在战后,弗洛伊德继续深化他的理论,并且增添了著名的人格三重分析:本我(id),或者说是潜意识;自我(ego),或者说是驱力或自卫的本能;超我(superego),或者说是就弗洛伊德学派的观点中等同于意识的部分。在战后,弗洛伊德也着手从事阐述人类的历史和社会的工作。在《文明及其不满》(*Civilization and Its Discontents*,1929)一书中,弗洛伊德主张,某种形式的性压抑是团体生活和文化发展不可或缺的先决条件。整体上来说,弗洛伊德的著作重点都带有些悲观主义与决定论的成分,强烈暗示每个人的人格要素之间不但彼此冲突,而且也必须与周围的文化环境搏斗。一个人所能拥有的最美好的希望,是在精神分析治疗的协助下“调适”自己,以缓和痛苦。

因为在战场上所经历的情绪障碍经验,所以在战后弗洛伊德的科学性影响相当普遍。除了弗洛伊德居住的维也纳以外,在柏林、伦敦和纽约也逐渐形成重要的精神分析中心。但是,因为他的名字常与战后初期快乐主义的色情广告推销连在一起,所以弗洛伊德对一般人民所造成的影响,却是另一种截然不同的形式。认为性压抑是有害的,而通过自由的性表达可以挽救因为性压抑而造成的伤害的主张,比较接近弗洛伊德那离经叛道的学生威廉·赖希(Wilhelm Reich)的看法,而不是弗洛伊德的见解。当好莱坞的电影制片人赛缪尔·高德温(Samuel Goldwyn)在1925年时表示,要以10万美元为酬,聘请他担任一系列各种爱情电影的顾问时,弗洛伊德竟然不知道自己到底应该生气还是高兴。①

① Ernest Jones, *The Life and Work of Sigmund Freud*, ed. and abridged, Lionel Trilling and Stephen Marcus (London, 1961), p.566.

9-5 毕加索,《伊戈尔·斯特拉文斯基》(1920 年)

战后艺术界对人类性欲的处理,远比战前更坦白、更重视。甚至 19 世纪晚期,曾经因为左拉(Émile Zole)对性问题的坦率态度,引发图书审查制度的修改与诉讼案件。左拉是自然主义的法国小说家,曾经描述色欲和性暴力,认为它们只是令人不快的人类丑陋面而已。对某些两次大战之间的作家而言,描写性欲不但更普遍而且更加正当;性欲是一种人类最基本的能量与情欲的表达。英国的小说家劳伦斯(D. H. Lawrence)坦率地描写异教徒式的本能享乐。他的小说将贫穷衰弱的人、受压抑的上层阶级人士,以及"用热血思考"而且精力充沛的原始人,做了鲜明的对比。

两次大战之间,大部分的艺术家们毫无异议地接受原始创造性本能的生命力。艺术界中自我表现的整体论点,是越过现有艺术和学术机构那种贫乏的因袭盲从态度。正如 1905 年毕加索和马蒂斯曾经在非洲人的面具中找到灵感一样,德国的表现主义艺术家路德维希·基尔希纳(Ludwig Kirchner)也在 1904 年时,从太平洋土著的雕刻作品中汲取到灵感。不论是在他们自己的潜意识里寻找、在儿童的作品中搜寻,还是在世界上快乐的"未开化"部落艺术之中发掘,两次大战之间的艺术家们始终不断地寻找活力和必然性的深层来源。在人种志博物馆里或者四处旅行研究,原始艺术已经成为画家的艺术生涯中必不可缺的一部分;康定斯基就曾经提及:"人种志博物馆让我留下难以忘怀的印象。"①

俄国的流亡者寻找原始根源的情形特别明显,他们对于 1917 年以后西欧的知识界贡献卓著。作曲家斯特拉文斯基抛弃了他第一批作品中那极富浪漫主义色彩的乐曲曲风,转而倾向简洁、清澈与仪式性的风格。他所创作的《婚礼》(*Weddings*, Les noces, 1923)在强烈且催眠般的复奏乐曲中,让人回想起民俗仪式的典礼;在后续的修订版中,他的管弦乐编制更加精简与纯粹,仿佛不断地努力要回归最简单的真实。画家马克·夏加尔(Marc Chagall)创作

① 引自 Frank Whitford, *Expressionism* (London, 1970), p.180.

了俄国犹太人聚居区家乡乡民的幻想世界。

不论从想象力、个性或活力等任何角度来看，这段战后岁月都可称得上是艺术表现最辉煌灿烂的时代。但是为了更彻底地了解这段时期的文化气氛，我们还必须更了解他们所处的背景环境。

9.5 两次大战之间的文化背景

精致繁复的文化表现大都只限于大城市。欧洲有两大中心是欧洲人的文化生活大放异彩的地方：巴黎（直到 1933 年为止）与魏玛德国。1914 年以前，当时不但是世界上最自由的共和国首都，也是视觉艺术界热情洋溢的实验中心——巴黎，吸引了国际艺术家们的脚步：其中毕加索来自西班牙；梵高来自荷兰；谢尔盖·狄亚基列夫（Sergei Diaghilev）来自俄国。当时的巴黎，是一个培育前卫派艺术花蕾绽放的自然环境。1918 年以后，美国人也加入欧洲艺术家们的行列，引进爵士乐以及美国流放作家（如海明威）简洁的新文学风格，首度显示出美国对欧洲文化的表现也颇有贡献，而不只是借用欧洲的文化表现方式而已。

德国就不同了。因其文化花朵在革命之后盛开，所以新艺术表达方式的胜利，伴随着战前的“局外人”现在掌握有影响力及权威地位的现象。这些“局外人”在魏玛共和国的统治下寻找工作与赞助者。其中建筑师格罗皮乌斯和画家克利及康定斯基在国家资助的包豪斯大学任教；贝尔格找到一位富裕的赞助者——阿尔玛·马勒·魏菲尔（Alma Mahler Werfel），可以为他支付创作歌剧《沃采克》所需的经费。因此，战前的实验家找到了他们的舞台以及发言权。但是革命最终还是让魏玛共和国难逃垮台的命运，并使因袭旧习的守旧势力很快就再度掌权。曾经一度是“局外人”的经验，以及他们那贫乏无力的胜利，点燃了德国艺术家们的高昂斗志，有助于他们适应未来那政治和经济都极不确定的年代。

艺术家的社会地位

正如 19 世纪晚期一样，大部分的艺术家和知识分子是资产阶级；同时也和 19 世纪晚期时一样，他们嫌恶培养自己成长的环境。没有任何事情可以略减他们对中产阶级价值观的蔑视，以及他们对权威和社会顺从的愤怒。他们的某些艺术表现采取玩世不恭的嘲弄形式。克利所创作的《唧唧喳喳的机器》（*Twittering Machine*，1922 年）展现画家不但乐于采用单纯的表现形式，而且喜欢嘲弄道貌岸然的“严肃艺术”。人称“六人组”（The Six）的法国作曲家，不但吸收了他们的导师埃里克·萨蒂（Erik Satie）的音乐技巧，而且也承继了他的愚蠢言行。不过主流的基调还是一种不信任、愤怒的蔑视态度，在柏林尤其如此。哈利·凯斯勒（Harry Kessler）伯爵纳闷为什么他的朋友乔治·格罗兹（George Grosz）在“他的艺术作品里”专门“描写那令人厌恶而庸俗的资产阶级”。凯斯勒判定格罗兹是个病态的理想主义者，他的敏感性已经因为他“疯狂憎恨”现代德国人生活中的每一件事，如独裁政权、愚钝的唯物

9-6 克利，《三朵白色风铃草》(1920 年)。在包豪斯大学任教的克利，只利用图像的暗示画出自然界与几何图形的题材，他希望利用形状和构图来传达自己创作的意涵。

主义以及自满，而变得“不寻常地苛刻”。[①]

大战之后，艺术家的阶级地位出现了一些变动的征兆。有些工人阶级出身的画家和作家，在比较不那么需要接受正式训练的艺术界里大放异彩：出身英国中部煤矿矿工家庭的罗伦斯就是一个很好的例证。

寻找大众阅听人

第一次世界大战之后，艺术家们向广大受众伸出他们的双手。少有艺术家愿意接受艺术是王室或者教会赞助者的装饰，或者甚至是像有些 19 世纪晚期的唯美主义者一样，艺术是为了取悦一小群矫揉造作的初学者的观点。为了吸引广泛的受众，在两次大战之间，有些艺术家满腔热情地利用通俗文化。他们不只是利用夏加尔的画作或斯特拉文斯基的乐曲中日益淡化的民俗文化，也利用新兴的大众文化。虽然刚开始时是一位郁郁不得志的室内音乐作曲家，但是魏尔终于发现自己在爵士韵律与简洁、风格硬朗、苦乐参半的音乐方面的作曲专长，他经曾为布雷希特的反资产阶级讽刺文学作品《三便士歌剧》和《马哈哥尼城之兴衰》(*The Rise and Fall of the City of Mahagonny*, 1930)作曲。法国“六人组”之中最有名的弗朗西斯·普朗克(Francis Poulenc)也在 20 年代创作的具有反浪漫倾向的乐曲中，融入大量的爵士乐。当然，因为艺术实验的关系，艺术家们很快就介入了电影艺术。

战后比较激进的艺术家们认为艺术是改造社会的媒介物。甚至在大战之前，第一批表现主义艺术家已经在德累斯顿(Dresden)附近最贫困的地区成立团体工作室。他们并没有依

---

① Kessler, p.64.

惯例在中产阶级聚居处或乡间成立个人工作室，而是表示："正当年轻的我们身上背负着未来，我们想要建立与掘壕自守的旧势力意见相左的自由生活和运动。"[①]坚决反资产主义的艺术家格罗兹，在 1919 年时曾经告诉一位朋友，他想要变成"德国的霍加斯(Hogarth)，实事求是而且诲人不倦地倡导、改良以及改革……。到目前为止，他都不喜欢绘画，尤其是那些常见的漫无目的的绘画"。[②]德国的包豪斯大学是利用艺术作为改造社会的工具的杰出实例。根据格罗皮乌斯的说法，包豪斯大学所开的课程会"让下一代的人有能力重聚所有形式的创造性作品，并且成为新文明世界的缔造者"。[③]

战后艺术家影响大量阅听人的努力，以戏剧界的成就最杰出。因为具有深厚的戏剧传统以及国家的资助，所以柏林成为专为容纳大量观众参与剧场体验而设计的舞台实验中心。马克斯·莱因哈特(Max Reinhardt)导演利用旋转式舞台与壮丽的舞台灯光，把埃斯库罗斯(Aeschylus)和莎士比亚的剧本幻化为绝妙的表演。为了让观众更亲近那些壮观的场面，莱因哈特还舍弃了舞台上的帘幕与传统的自然主义布景。比较政治化的是利奥波德·耶斯纳(Leopold Jessner)。耶斯纳导演是一位社会民主党党员，新的魏玛共和国委任他经营柏林国家剧院。他在 1919 年制作演出席勒(Schiller)的《威廉·泰尔》(*William Tell*)，以两颊搽着腮红、胸前戴满勋章的德国将军形象，来表现暴君格斯勒(Gessler)；剧中描述泰尔是伪装成 1918 年德国革命保卫者的人。其中最激进的是欧文·皮斯卡托(Erwin Piscator)，因为 1918 年和 1919 年为站在罢工警戒线的劳工表演戏剧，而开始他在柏林的导演生涯。皮斯卡托期待在没有自然主义布景的舞台上，利用在戏剧和快速移动的短镜头之间，穿插新闻影片和幻灯片的技巧，在实验剧中增添强烈的政治信息，以便为实验剧发掘大批的无产阶级观众。依据他遗孀的说法，皮斯卡托意图表现"积极抗议的戏剧，是一篇经过深思熟虑的自我控诉；是一种报告文学与蒙太奇的表现手法；是警告式的历史行动剧；是具有政治讽刺的作品、是具有伦理道德涵义的戏剧与法庭审判的情节，是有目的地制造令人感到震惊的效果"。[④]皮斯卡托曾经要求格罗皮乌斯根据他对戏剧的完全了解，为他设计一个可以转换的圆形剧场，但是他未曾筹措资金兴建这座剧场。

俄国似乎最有可能利用文化革命创造新人性。托洛茨基曾于 1923 年预言，在共产主义制度下：

> 人们会永无止境不断地变得更强壮、更聪明而且更灵巧；他们的身体会发育得更匀称，他们的动作会变得更协调，他们的声音会变得更悦耳。人们生活形态会变得充满活力而且富有戏剧性。人类的平均素质将会提升到亚里士多德、歌德或马克思的水平，

---

① *Die Brücke* Manifesto，1905.

② Kessler，p.64.

③ 引自 Gay，p.99.

④ 引自 Otto Friedrich，*Before the Deluge: A Portrait of Berlin in the 1920s* (New York，1972)，p.225.

并且还要超越这个水平，攀向新的高峰。①

学养深厚的托洛茨基和列宁，反对某些布尔什维克党员扫荡一切文化，只保留无产阶级文化的企图。虽然有些知识分子选择流亡国外，但是依然留在国内的知识分子在20年代时，却享有相对开放的环境。他们之中有很多人因受激励而产生丰富的创造力。在布尔什维克革命的史诗电影中，谢尔盖·爱森斯坦(Sergei Eisenstein)发展了令人惊艳的摄影技巧。弗拉基米尔·塔特林(Vladimir Tatlin)发展了一种“结构主义”的建筑式样，反对外观的华丽修饰，而提倡功能性的建筑、花园城市与衍生自工业的形式，他认为这很适合社会主义社会的纪念碑。诗人弗拉基米尔·马雅可夫斯基(Vladimir Mayakovsky)则慷慨激昂地朗诵他那颂扬革命的粗制滥造的诗文。

排队准备进军！
现在没有时间聊天或开玩笑。
安静，你们这些演说家！
给你的命令是，
同志来福枪！
在亚当与夏娃制定的法律下
我们已经活得够久了。
把这匹可怜的历史老马拴入马厩！
向左！
向左！
向左！②

俄国的戏剧与魏玛德国的柏林一样，也走过一段黄金岁月。当康斯坦丁·斯坦尼斯拉夫斯基(Konstantin Stanislavsky)在莫斯科艺术剧院，继续用对扮演的角色产生密切的心理认同的方法来训练他的演员时，他的学生弗谢沃洛德·迈尔霍尔德(Vsevelod Meyerhold)却已经利用格式化的布景与接受机械式姿态训练的演员，完成了“戏剧的十月革命”。他在自己的剧院里任意安排席位，并且随机发放戏票给士兵和工人。至迟在1929年时，迈尔霍尔德就已经获准制作演出一出如马雅可夫斯基的《臭虫》(*The Bedbug*, 1928)般批评苏维埃政府的官僚政治的戏剧。

不论是在巴黎、柏林还是在莫斯科，战后的艺术家和知识分子对召集受众并改造社会

① Leon Trotsky, *Literature and Revolution* (New York, 1957), p.256.

② Vladimir Mayakovsky, “Left March,” trans. C. M. Bowra, in C. M. Bowra, ed., *Second Book of Russian Verse* (London, 1948), p.131.

的期望，依然注定要失败。艺术家们虽然想尽一切办法，要将他们的信息传播出去，但是他们绝不会放弃个人的自我表现，转而支持依然迎合大众品味的陈腐、因袭守旧的美学观念。1923 年，克利曾经在包豪斯大学的课堂上可怜地承认这项事实。克利说到，从包豪斯大学开始的社群所欠缺的是一名观众，“我们寻找一个知音。”[①]

学术界与学者的世界

在两次大战之间，现代的艺术家不只是找不到受众，而且他们对于学术和研究界的影响力也很小。因为战后革命的影响，所以社会上高等教育的分布情况依然没有改变，至少苏联境外的地区是如此。小学以上的教育，依然是以传统教育的优异表现为基础所筛选出来的、少数精英分子的专利。在法国，一直到 1930 年，一流的公立中学仍然需要缴学费；有名望的英国“公立中小学”实际上是昂贵的私立学校，而且除了少数领有奖学金的学生以外，即使是在水平比较差的中学，学生还是要缴学费。即使有能力提供学费，也只有那些在传统科目的笔试和口试成绩出类拔萃的人，才能取得入学资格。当然，也可以凭借功绩和专长入学，但是出身低层社会的儿童，其实已经被剥夺了取得优异学业成绩所需的环境。当时距离实施普及、免费的中等教育的时代还很遥远。普及且免费的中等教育，是 1945 年战后重建时期基本的社会变革之一。

在精英的中等教育之后，大学教育甚至是一个更局促的专家世界。在法国的大学预科制度里，预期有一半以上的学生——他们已经是属于少数的精英分子了——无法通过严格的业士学位考试，而通过业士学位考试却是取得大学与专业学院入学资格的不二法门。虽然在大学里已经展开以现代的语言和哲学，取代拉丁文和希腊文的争论，但是在欧洲的学校体制里，依然认为技术教育是比较等而下之的。因为被排于课堂之外，而且部分也是为了要抗议他们狭隘的传统教育制度，所以中等学校的学生和大学生与新的艺术形式联合一气。难怪现代艺术家要寻找一般受众的知音，并且将通俗文化的要素据为己有。他们蔑视学术界，而学术界也同样轻视他们。

随着知识的增加，研究界越来越不完整，终至于专门化。包豪斯派所寻找的巧匠社群，与在科学和学者专业里的研究专家们所处的现实环境，相差太远。

战前由卢瑟福、玻耳、普朗克与爱因斯坦所发起的物理学革命，在两次大战之间更加如火如荼地展开。德国物理学家海森堡(Werner Heisenberg)的不确定论(1926—1927)，彻底推翻了古典物理学的观点。海森堡的前辈们曾经表示，原子的结构是基于力场或者电荷，而不是以物质的粒子为基础的。但是因为他们是以牛顿的太阳系为模型，所以对于原子内元素的组织方式，是否如行星绕着太阳旋转般的结构问题，经常争论不休。海森堡发现，一如观察者对观察结果的影响一样，任何特定的电子都只能位于某个可能的范围之内。因此它的

[①] Klee, p.55.

位置是不确定的。

只有少数的欧洲人有能力真正了解那些理论。事实上,现今教科书的读者与作者,在尝试理解现代物理学中,这些难以捉摸的数学语言时所遇到的困难,也提醒人们在日渐封闭的专业区隔里,各项知识在 20 世纪分科更细。举例来说,在两次大战之间,没有任何一位物理科学家对公众的态度,能够发挥如 19 世纪晚期的达尔文所展现的影响力。爱因斯坦显然是 1918 年以后最有资格与达尔文并驾齐驱的人,但是爱因斯坦所享的盛名更甚于他对文化的真正影响。

爱因斯坦的狭义相对论(special theory of relativity,1905),启发人们了解在空间中重力对光波的影响;既然光速是常数,那么在不断变迁的宇宙里,只有在空间和时间与各位观察者的所在位置都是相对的时候,重力才能发挥真正的影响。当发生于 1919 年的一次日蚀,让英国的天文学家得以证实光波确实受到重力场的影响时,头版新闻宣布时间和空间的“相对性”已经获得证实。爱因斯坦成为家喻户晓的人物,但人们也因此对这位稳重、谦虚的科学家产生很多困惑。两次大战之间,“相对主义”(Relativism)为其他文化领域里的主观论提供一种想象的科学支持。从事科学普及化工作的人,如其著作《物理世界之性质》(*Nature of the Physical Universe*,1930 年)拥有广大读者群的阿瑟·爱丁顿(Arthur Eddington)爵士表示,物理学不再与精神信仰起冲突。

至于科学家本身,海森堡学派的科学家将不确定论应用于原子物理学的实验上,虽然出现不确定的结果,但是并未减损他们那种每一个成功的假设,就让他们更逼近于以科学知识来解释宇宙各个层面的感觉。20 世纪初期的物理学革命,静静地为下一代在结晶体、固态物理学、分子粒子与活细胞领域的研究革命,铺设了一条道路。

除了在狭隘的专家圈里面的人以外,人们对于学术知识的其他领域并没有比较清楚的了解。人们已经注意到备受欢迎的弗洛伊德学派与精神分析之间的鸿沟。在其他研究领域里的重大进展,对于群众的影响却很微小。19 世纪末,社会学才被制定为一个学术学科。社会学深受德国的韦伯所影响,韦伯希望用其他的社会力量——官僚政治的壮大、宗教以及他所谓的“有魅力的领导”——来补充(而不是取代)马克思所强调的社会发展的经济原因。在英国工作的波兰学者马林诺夫斯基,对于人类学这门依然稚嫩的科学的假设与田野研究技术,具有决定性的影响。

英国和欧洲大陆的哲学朝各个不同的方向发展。在路德维希·维特根斯坦(Viennese Ludwig Wittgenstein)影响之下的英国哲学,拒绝思索形而上的议题,而赞同审慎分析隐藏在具体陈述背后的逻辑。在欧洲大陆上,埃德蒙德·胡塞尔(Edmund Husserl,1859—1938)和他的学生马丁·海德格尔(Martin Heidegger,1889—1976 年)却复兴了形而上学。胡塞尔试图将人类的知识树立在现象的直接经验上,海德格尔则致力于利用这种“现象学”来探索存在与时间的现象(1929 年)。对海德格尔来说,生命是一种带着焦虑与自觉的痛苦,在真实存在与仅仅只是生活在现代机件之间的挣扎。虽然在 1933 年时他对纳粹主义已经热忱不再,但是却无损于他身为一位哲学家所带来的影响。

在两次大战之间,那些差异非常大的各领域——艺术界、学术界与学院界——都走着属于自己的路,只有少数极有名望的个人,才能对大众文化产生影响。因为它们有令人反感的新奇经验,所以特别能在艺术界发现比较多的名人,但是这并不是很多艺术家曾经希望能够找到的新的群众基础。因此,艺术家相当珍惜20年代那些对敌人狂热的艺术实验。

反对实验艺术

实验艺术确实激起了人们猛烈的反抗。尤其是在德国,人们会将实验艺术与1918年的革命,以及让“民主主义者、犹太人与其他外来者”堂而皇之地进入至今依然保留给旧派精英分子的文化与学术领域联系在一起。[①]尤其是在柏林,很多比较著名的首场演出,是新艺术的赞助者和民族主义者、传统主义者的战斗小队之间斗殴的时机。文化生活的两个互相对立的观念彼此抵触:一方认为极力表现个人的创造力是一种神圣的职责,而另一方则认为那些任性的年轻人,必须传承代代相传的价值观。

法西斯主义的根源之一,是很多持传统主义的欧洲人的恐慌。他们担忧那一股让艺术和科学堕落与衰微的浪潮。1919年8月,当匈牙利的军官摧毁库恩的布达佩斯苏维埃时,他们所采取的第一批行动之一,就是让弗洛伊德最积极的信徒——桑德尔·费伦齐(Sandor Ferenczi)的办公室停业。德国的纳粹党专门破坏那些似乎会危及德国政府或传统德国文化的种族纯洁的艺术表演。从改编自雷马克的小说《西线无战事》的电影,到表现主义艺术家的戏剧,再到精神分析,都是他们发泄不满的目标。1929年,纳粹党的冒牌哲学家罗森堡甚至成立了德国文化战斗联盟(Militant League for German Culture)。纳粹党因为允诺以“‘德国’的艺术和永恒的艺术”,来取代试图“利用‘每年都有新鲜事’——印象主义派、未来主义派、立体派,或许也包括达达主义派的格言,将艺术降格为时尚服装的层次”的世界性“现代艺术”,而赢得权力圈内外的支持。这是曾经一度是艺术系学生的希特勒有效使用的哗众取宠的嘲弄手法。1937年7月18日,当他在慕尼黑为德国艺术馆举行落成典礼时,公开揶揄一个“堕落”的艺术展览会。希特勒更进一步地评论道:

> 正如政治生活一般,德国人的艺术生活也应如此:我们决定肃清一些东西。如果一位艺术家希望他的作品能在这儿展览,那么能力是他必备的资格……犹太人的影响是很庞大的,通过他们对出版界的控制,他们就能够胁迫那些渴望为“正常健全的智力与人类本能”而战的人。从参展的画作上,我们发现显然真的有人遵从原则,感受到草地是蓝色的、天空是绿色的,而云彩是硫黄色的——或者这些人或许宁可说他们的“经验”就是如此。我不需要去问他们是不是真的用这种方式看见或感受那些事物,但是我

---

① 这句话是犹太历史学家迈耶(Gustav Meyer)所说的,身为一位德国教授,一直到共和国建立为止,迈耶始终没能得到一份工作。请参阅 Gay,p.88.

以德国人的名义宣布，我不得不防范那些可怜又不幸的人，虽然他们显然深受视觉缺陷所苦，但是却企图用暴力来说服同时代的人接受他们的看法，他们喋喋不休地述说那些错误的观察是实际存在的，或者辩称他们是以“艺术”的方式来表达……艺术家不是为了自己而创作；他是为了人们创作，而我们将会看到从今以后，他们将会要求人们去判断这些艺术品……人们认为这种艺术是厚颜无耻或恬不知耻的傲慢自大所造成的结果，或者只是因为缺乏技术而造成的惊人结果……可能是那些八到十岁没有才华的孩子制造出来的东西……这种令人瞠目结舌的艺术……可能是石器时代的人所制造出来的吧。①

30年代，纳粹德国并非唯一认为艺术的地位次于灌输“有用的”社会价值观的社会。当20年代晚期，斯大林已经巩固他在苏联的权力时，20年代初期迅疾猛烈的艺术实验，如今已经变成资产阶级个人主义的过分行为。1928年，斯坦尼斯拉夫斯基被免职，不再担任莫斯科艺术剧院的导演，而1929年卢那察尔斯基(Lunacharsky)也被解除教育部长的职务。因个人问题深感困扰的马雅可夫斯基由于对政权的理想破灭，而于1930年自杀身亡。同年，政府命令爱森斯坦修改他的《总体路线》(*The General Line*)这部电影。迈尔霍尔德在30年代晚期的“大清洗”之后“失踪”。1934年，政府要求所有的作家都必须加入全国作家联盟(National Union of Writers)。与此同时，党代表大会批准了所有的艺术都应该表现“社会主义的现实主义”的教义，所谓社会主义的现实主义就是麻木地遵从可以为政府的宣传活动所用的19世纪的绘画风格。

没有人能解释，为什么希特勒和斯大林要尝试将19世纪那些陈词滥调的艺术风格，强加于他们那些公开宣称表现革命政权的主题上。但很清楚的是，20年代在艺术界和科学界所爆发出来的能量，并未赢得大众的支持。如果当时他们能够赢得大众的支持，就可以拯救他们免受30年代的迫害。

---

① 引自 George L. Mosse, *Nazi Culture* (New York, 1966), pp.11–15.

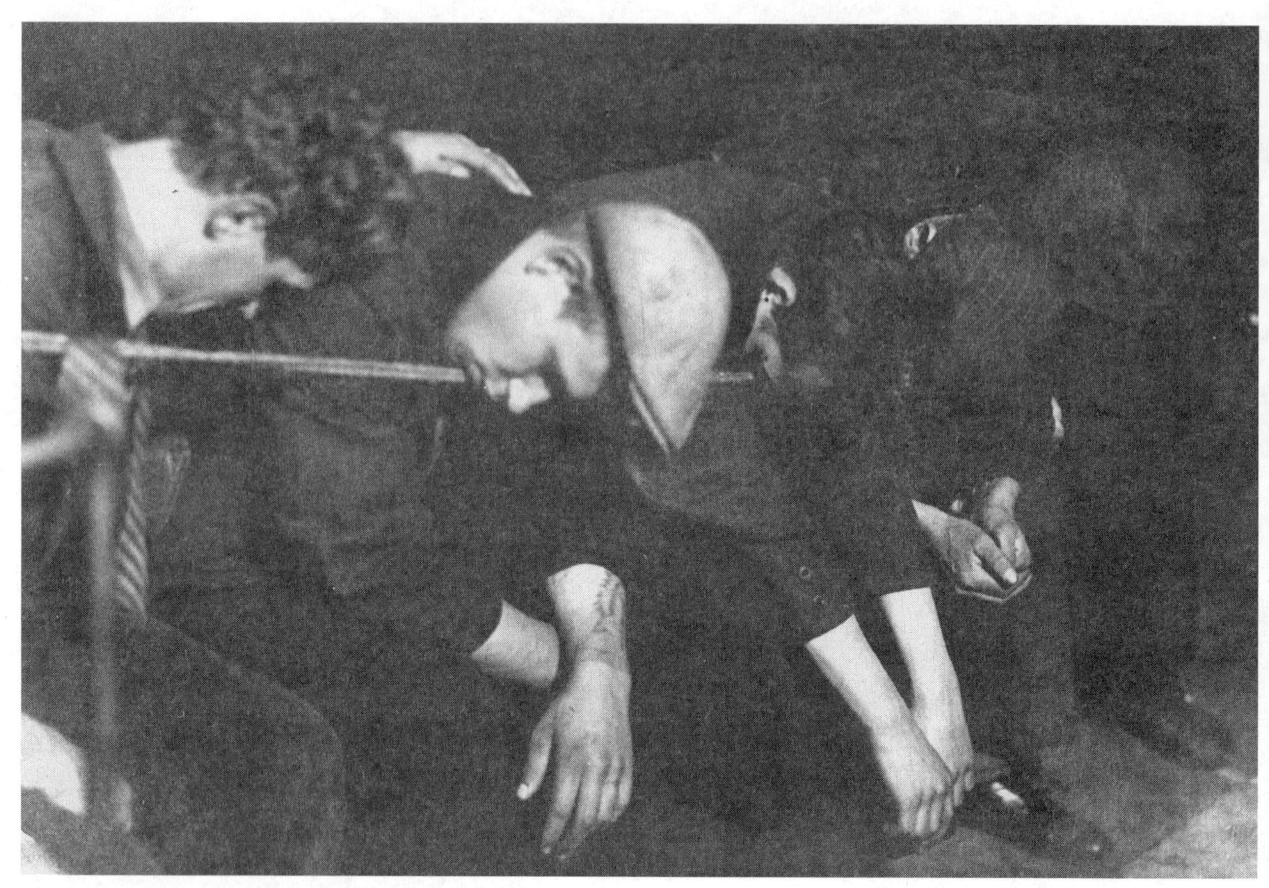

10–1　在位于汉堡的极廉价旅社里，失业的德国人由于没有足够的钱支付房租，只能用几便士换得几小时的“把头挂靠在绳上”睡眠。

第10章

经济大萧条及其影响：1929至1936年

在20世纪20年代晚期，许多欧洲人期待能有一个和平且更加繁荣的未来。但是，1929年以后，却有数百万欧洲人找不到工作，即使是身强力壮又有一技之长的人也找不到。虽然有数百万的欧洲人衣衫褴褛，但是服装厂的成衣却依然大量闲置。虽然农民不得不销毁卖不出去的农产品，但是却有很多人饿着肚子。面对这些怪诞现象时油然而生的无力感，使大部分的欧洲人或是沉浸在绝望之中，或是忿恨不平。上述现象是经济大萧条所带来的一些影响。

经济萧条是一种买卖行为长期衰退的情形：企业无法卖出他们生产的所有产品。虽然拼命减价，但是存货依然堆积如山。公司解雇员工或者倒闭的情况日益严重。既然失业，那么接踵而至的自然是没有能力购买任何东西，所以销售额依然持续下降。更多的商店因此倒闭，而借钱给他们的银行，也不再有足够的钱可以支付所有储户的存款。银行倒闭，人们的存款转眼成空。人们遭受的痛苦有深有浅。在物价下跌时，那些依然有工作或者有存款的人，还能生活得比较舒适。至于其他人，就只能陷入沮丧无助之中。企业家破产；职员失去了他们的客户；数百万的工薪阶层失业，而且无法养活自己和家人。

在1929年以前，欧洲人就已经知道什么是经济萧条，但是他们从来没有经历过如此大规模的失业、商业如此衰颓的情况。欧洲各国的领袖似乎也都束手无策。1929年的经济萧条完全超出人类先前的经验。在商业循环领域造诣深厚的美国经济学家威斯利·克莱尔·米契尔(Wesley Clair Mitchell)曾经写到，因为偏低的价格会鼓励更多的购买行为，所以经济通常会在萧条后的第一年或第二年开始恢复。[①]但是，1929年的经济破产之后两年，在一波波银行的倒闭潮里，世界经济依然持续下滑。这段时间里，虽然民众对政府的期待更多，但是政府的表现却是空前的无能。

1932年，经济大萧条跌至谷底，每四名英国人中就有一个人靠着失业救济金生活，而在德国，每五个人里就有两个人失业。1932年，德国有超过600万的失业人口，美国大约有1200万的失业人口。在1929年到1932年间，美国的工业生产降到47%，德国降至44%；而除了苏联以外，全世界的工业生产平均降到37%。[②]

这些统计数据不能清楚说明经济萧条对个人的影响，因此，我们要将关注点转向艺术。20世纪30年代，是小说、散文与戏剧(在所有的视觉艺术中，绘画将大部分社会批判的角色让给了摄影与电影)对社会尖酸刻薄的批判集中迸发的时期。人们所强调的重点从20年代的个人自我表现，摇身一变成为社会关注。30年代的小说、散文和戏剧，通常是以愤怒与困惑的真实声音在发言。经济萧条的创伤，并不只是对物质的渴望。在乐意工作却无法负担家计的劳工身上，经济萧条所造成的是羞辱无助的心理创伤。社会上有着极强烈与两极化的社会对立，人们在寻找救星。这些林林总总的关切与担忧，弥漫在整个30年代的艺术界。

---

① Wesley Clair Mitchell, *The Business Cycle* (Berkeley, Calif., 1913), p.565.

② Barry Eichengreen, *Golden Fetters: The Gold Standard and the Great Depresssion, 1919—1939* (New York and Oxford, England, 1992), pp.258-259.

10–2 寻找工作的英国矿工。这支队伍在威根等待劳工交换。

在德国剧作家布莱希特编剧、作曲家魏尔谱曲的《三便士歌剧》(1928年首映)中,女侍应生珍妮,曾经做过一场辛酸的白日梦:她梦想一艘"载着五十门加农炮的海盗船"驶进海港,然后那个海盗头目问她,她想要杀掉谁。珍妮下令杀掉所有的镇民,然后与海盗一起离开这个市镇。但是,在现实生活里,她依然得侍立桌旁服侍客人,并且用力擦洗地板。在有些电影,如克莱尔(René Clair)的《我们等待自由》(*À nous la liberté*,1931)和卓别林的《摩登时代》(*Modern Times*,1936)中,还有针对去人性化的机器时代所做的讽刺抨击。有人铤而走险,如德国小说家汉斯·法拉达(Hans Fallada)的《小人物,怎么办?》(*Little man, What Now?*,1932)中失业的售货员。英国作家奥威尔(Orwell)描写了英国煤矿城镇里的生活和社会差异。奥威尔曾经描述穷人家在矿渣中捡拾煤屑时"互相争煤"的窘境:

> 那场景留在我的心里,是我对兰开夏郡的印象之一:穿着肮脏破旧、披着围巾的女人,系着她们的麻布袋围裙,穿着她们那沉重的黑色木屐,跪在煤渣泥里,在刺骨的寒风中翻找极小极小的煤屑……冬天,她们几乎是拼命地找寻燃料;因为这时燃料几乎比食物还重要。其时,极目四顾,视野所及之处可以看见的,尽是堆积如山的矿渣堆以及煤矿区的起重设备,没有一个煤矿可以卖完所开采出来的煤。[①]

[①] George Orwell, *The Road to Wigan Pier* (London, 1937), p.95.

穷人急需生活物资与公司无法出清产品的情况并存，以致在欧洲造成很大的问题。曾经是20年代成功准则的价值观，现在似乎遭到诅咒。曾经是崇高理想的民族自决，却让欧洲分裂成几个不具效益的经济单位。战时管制的结束，虽然迎来了回归常态的结果，但是却留下生存竞争激烈残酷的欧洲经济。恢复金本位制似乎是一种不言而喻的进步，但高物价与高失业率却依然如故。

整个19世纪那种自由主义的自我调节市场的经济理想，在1929年时幻灭。1929年以后，人们认为这种观念不但荒谬可笑，而且确实是个祸害。无法让人民谋生的政权无法幸存，这个具体的问题让这次的经济萧条变成一场“自由主义的危机”。30年代的欧洲，人们正在寻找更适合统领欧洲事务的方法，而欧洲人所面临的挑战与第一次世界大战一样严峻。谁能够挽救30年代的经济危机，谁就可以掌控整个欧洲。

10.1 经济大萧条的源起与过程

经济大萧条的起源一般会追溯到 1929 年 10 月，纽约股票市场崩盘后对国际财政金融的反冲。但是在股票市场崩盘之前，美国国内的经济就已经出现衰退的征兆。这可能会帮助我们区分经济萧条的两个层面：1929 年的华尔街所引爆的美国国内经济问题，以及国际金融恐慌。在 1929 年股票市场崩盘以前，人们的买卖行为已经渐渐下滑，从农产品和煤在世界市场上的价格下跌开始，然后随着经济日益不景气，而影响到所有的日用品市场。在 1929 年经济崩溃之后，对黄金和货币的恐慌性买卖行动逐渐损害银行业，使政府不得不努力维持国家货币的国际价值。

当然，这两个问题息息相关，即使是为了讨论的目的而勉强将这两个问题分开，也显得有些不自然。举例来说，1929 年美国资本迅速地撤出德国，对于当地商业的衰退有相当大的影响；紧接着，各国国内衰退的商业活动侵蚀了银行以及国际市场上国家货币的偿付能力，在以农业立国的东欧尤甚。要区隔这两个层面，必须要观察政府开始从国际层面着手补救的经济萧条问题，而不是企图刺激国内经济的情形。事实上，各国政府曾经冒着预算赤字的风险，努力创造新的工作机会或救济失业人口，但却激起国际上对该国货币的投机买卖。

国内危机

如同 19 世纪 80 年代美国和俄国的小麦首度打入世界市场，并且迫使欧洲的农业收入下降，所引发的长期经济萧条一样，经济大萧条开始于 20 世纪 20 年代中期农产品价格下跌。第一次世界大战曾经使农产品的价格大幅提升。为了回应战时偏高的农产品价格，美国、加拿大、阿根廷与澳大利亚共约增加了 3300 万英亩的耕地面积。战后，这数千万英亩的农地所生产的农产品数量，远超过市场的需求量。此外，在 1930 年，将小麦用轮船从温哥华运送到莱茵河口的运费，比用铁路从布达佩斯运送到柏林还要便宜 60%。世界农产品物价指数，从 1919 年时的 226 降到 1929 年时的 134。

因为农民政党在东欧诸国的政坛占有举足轻重的地位，所以农民本身的困境，很快就转换为导致政治不安定的因素。此外，东欧的许多小国，早在 1929 年以前就已经开始排斥外国农产品的竞争。征收关税是中欧放弃自由主义经济理想的第一个措施。德国在 1925 年时恢复征收农产品的关税，捷克在 1929 年时宣布不再购买匈牙利的小麦。哈布斯堡王朝旧有的自由贸易区，现在已经变成竞争激烈的小型经济单位。

在两次大战之间,煤矿业也面临与欧洲农业的大灾难类似的灾祸。煤是早期工业革命所使用的燃料。尤其是英国,大英帝国的建立曾经在一定程度上依赖煤的输出。但是,在一战之后,煤的贸易就不曾再恢复1914年以前的盈利数额。战争重整了各国的贸易形态,其中有些国家转而购买美国的煤,部分原因是因为出现了颇具竞争性的新能源:石油和水力,所以战后全球对于煤的需求量,增幅极为缓慢。英国的煤炭产业不曾再恢复战前的地位,这是为什么在两次世界大战之间,英国的失业率不曾低于10%的重要原因。与农业一样,煤炭工业甚至在1929年以前,就已经不景气了。

国际金融危机

第一次世界大战之后,欧洲的国际金融协议就如同纸糊的房子一般脆弱。与战前的金融体系一样,在战后人为重建的国际金融体系,因为默许以商业循环作为调节手段,所以备受批评。但是战后的金融体系还有三个缺点。首先,在英国的经济势力不再如同战前那般强大的情况下,英镑却恢复战前的角色,再次成为国际交易的主要货币。其次,赔款造成了扭曲的影响。人们预期一直到20世纪末为止,德国应该支付庞大的赔款给法国、英国与比利时;但这超过了德国一般贸易所能负担的能力,所以从1924年起,德国就开始向美国借款以支付赔款。最后,战争借款的问题演变成法国和比利时负债于英国,而法国、比利时和英国又都欠美国钱的情况。战后国际金融协议的主要特色是,整个世界的财务结构,都完全依赖美国银行借给德国的贷款。根据道威斯计划,有230亿马克以美国购买公债或贷款给企业界的形式流进德国,但是约有80亿马克作为赔款之用。

不论如何,在1928年与1929年,美国人因为受到纽约股票市场形势大好、可获得较高利润的吸引,所以撤回他们在德国的银行存款。此次撤出资金的行动,严重动摇了德国银行的存款结构。然后,在1929年10月,纽约股市崩盘以后,很多被套牢的美国投机商人,又在短时间内迅速抽回他们在德国和欧洲其他地区的投资。因此,华尔街的经济下滑所造成的萧条影响也蔓延到欧洲。而这种影响又因为1929年10月以后,美国对欧洲的购买力急遽下跌而更加恶化。

在华尔街股市崩盘之后的几年里,德国和中欧地区各银行的国际地位,因为外国资金(其中大部分是美国资金)的撤资而进一步受到侵蚀。因为需要用钱,或者是对于在德国投资的安全性失去信心,所以在1931年的前七个月里,单单是美国和英国的存款人就从德国提取了20亿马克。

1931年5月11日,传出奥地利最大的银行——维也纳信贷银行(Credit-Anstalt)倒闭的消息,引发了长达四个月的国际金融危机。这场国际金融危机一直闹到9月份英镑贬值并且与黄金脱钩才结束。人们预期在欧洲经济萧条的情况下,第一波主要的银行倒闭潮应该会发生在维也纳。当东欧的农业收入长期下跌,且同时出现贸易与金融障碍时,所有造成经济萧条的要素铺天盖地而来,将维也纳笼罩其中。曾经是区域首都的维也纳的金融机构,已经被迫将业务范围越缩越小,最后只能局限在小小的奥地利境内。

其他的欧洲金融中心为了扶持信贷银行所做的努力并没有成功。个别投资人和投机商人尽速抽回他们在奥地利银行的资金,以免蒙受损失,并且将资金从奥地利转到外国以保安全。不论在哪里,只要谣传货币即将贬值或者银行将要倒闭,就会引发挤兑的风潮。这种情况因为国际竞争与高压政治而更加复杂。举例来说,因为正在尝试对奥地利施压,希望他们放弃被法国视为违反《凡尔赛条约》的德奥关税联盟(German–Austrian customs union)提案,所以刚开始时法国并没有向信贷银行伸出援手。

奥地利的危机使人怀疑与他们关系密切的德国银行的稳定性。1931 年 7 月初,当德国政府每周的报告书中出现外汇与黄金储备衰退的字样时,就爆发了挤兑马克的事件。持有马克的德国人和外国人,都争着希望能及时卖掉马克,换购黄金或其他他们认为比较安全的货币。虽然美国总统胡佛(Herbert Hoover)于 7 月 6 日宣布德国延期偿付所有应付赔款和战争借款,但是依然无法拦阻这波挤兑风潮。8 月,德国被迫"冻结"外国存款,也就是说,拒绝将外国人所持有的马克转换成外国货币。

伦敦依然是欧洲最大的黄金自由市场,而伦敦那些渴望黄金安全的投机商人,试图尽可能卖出所有的英镑以购买黄金。英国银行不得不把黄金卖给每个带着英镑来买黄金的人,但是他们的购买力已经因为存放在德国和奥地利的部分资产被"冻结"而严重受损。当处于继续卖出黄金会使英镑的交换价值出问题的情形下,英国政府被迫于 1931 年 9 月 19 日宣布"停止实施金本位制",并且拒绝任意使用英镑来购买黄金。战后以黄金为基础建立世界国际银行体系的努力终成泡影。

在这次经济萧条的第二阶段所发生的银行危机里所蒙受的损失,甚至使各国国内的经济商业活动跌入更黑暗的深渊里。此外,采用货币管制及缺乏任何一种交换的标准,也使得对外贸易变得更加复杂,也更加不稳定。1932 年,欧洲的经济疲软,经济活动力仅及 1929 年时的一半,或者略高一点。

10.2 补救经济萧条

经济大萧条让欧洲的领袖们面临自第一次世界大战以来最大的挑战。在当代的经济思维里,有七种不同的补救方法可以用来挽救经济萧条。这些补救方法各有不同的政治拥护者,他们还提议要将经济萧条的重担分置于不同的对象。然而事实证明,并没有哪种方法是较明智的救济策略,因为这次的经济萧条是一种全新的情况。

自由主义经济学

"古典"(或说是"正统")的自由主义经济学,是一种因袭传统的智慧。根据自由主义经济学的观点,最根本的问题是国际货币制度机能不全。因此,解决方案就必定是处理国际货币制度的问题。如果某个国家的货币正处于投机者的压力之下,那么阻止该国货币“挤兑”的方法就是平衡政府的预算,以此向世界证明该国经济依然稳固而且可以信赖。古典的自由主义者相信,货币波动反映的是人们对该货币失去信心,所以最佳的对策就是恢复世界上的银行家、金融家与投机商人的信心。将自己隔绝于国际货币市场,只会让每个人都变得更加贫穷而已。传统补救方案的第二部分关注的是世界贸易。最好使用能让自己在世界市场上更具竞争力的方法,来复兴日渐走下坡路的经济。让自己变得更有竞争力的一个好办法,是利用调降薪资来降低物价。这种方法牵涉到劳工的切身利益,但是古典的自由主义者认为,利用调降薪资使物价降低,因此会增加销售量,最后劳工就会有更多的工作机会,足以补偿他们之前的损失。

上述的解决方案称为“通货紧缩”:为了平衡预算而减少政府开支,为了提高销售量而降低产品的成本。因为会导致预算赤字,所以插手干预经济以刺激就业或支付失业救济金的政府,由于得维持毫无效率的经济领域,并且脱离世界市场来为商品定价,所以只会让萧条变得更加严重。最完善的处理对策是市场的自我调节。因此,古典主义者认为国内救济事业的地位应该居次,必须优先考虑国际货币的稳定。

1929 年时,有很多人支持古典自由主义经济学的观点。这些支持者的身份大多是银行家、经济学家、教授学者与政府官员。大部分的政治家虽然相对不具学术水平,但是他们与自由主义者拥有相同的假设。这些观点可以让出口商、债券持有人与其他有实力的商业巨头取得利益。此外,传统的角度也支持这项观点,直到 1931 年为止,现代的政府不曾在和平时期限制外币交易。

但是,古典的自由主义者面临一个很大的难题。短时间的通货紧缩在政治上可能可行,但是要长时间缩减政府经费并且降低薪资,可能会使人们因穷困而叫苦连天。既然战时的经验已经让人民熟知政府采取社会行动的可能性,因此这样的怨声载道将会更加引人注目。只有在政府有权压制不同意见的情况下,长期的通货紧缩才能付诸实行。换句话说,要实施通货紧缩必须实行独裁统治。因此,自由主义经济学所提出的解决方案,只有在不开明的政治体制下才有可能运作。

社会主义经济学

社会主义者和自由主义者一样,认为经济萧条是生产过剩的结果。但是他们得出的却是相反的结论。由于利润系统提取了工人所创造的价值,只留给他们赖以活命的薪资,因此造成消费不足,所以在资本主义制度下所生产的产品都无法消耗。唯一有意义的解决方案是大规模变更工厂和农场的所有权。一旦工人有生产的意图,并且能够获得他们劳力所得的所有价值,那么他们就有能力购买更多东西,如此一来也就不会出现生产过剩的问题。从这个观点来看,世界货币交换的技术细节,是与经济萧条毫不相关的麻烦事。社会主义者认为,解决经济萧条的唯一方法是利用资本主义经济本身固有的矛盾,来推翻资本主义的体系。

但是社会主义者根本还没有准备好要夺权。事实上，失业的影响已经削弱了工会的力量、减损了他们的斗志，并且缩小了罢工的威力。除了革命以外，社会主义者不曾对短期、局部的补救方案多做思考，所以即使在他们能够参与政权的地方（例如德国和英国），社会主义者除了税务改革以外，也提不出丝毫办法。事实上，英国的工党对于经济萧条的解决方案，抱有的是强硬好战的传统态度。

新的经济解决方案

另一股社会思潮是，企图在不可信赖的自由主义和马克思主义之间，找出一条“中间路线”。和自由主义者一样，寻求这条中间路线的人，也想要保留资本主义的资产关系。但是他们认为自由主义的全球货币制度，以及自我调节的市场经济，是一种毫无希望的落伍想法。和社会主义者一样，他们也认为问题的核心是消费不足，主张把国内救济事业的优先级，放在稳定国际货币之前。不论如何，他们的最终目标是维持而不是废除现有的资产。他们最优先考虑的是复兴国内的经济，必要时会如第一次世界大战期间率先使用的前例般，要求政府积极干预国内经济。如果因为补助充分就业金而导致的预算赤字，无法解除国际投机商人对国家货币的牵制，那么就必须强制实施货币管制。必要时国家应该退出世界经济体系，并且在封闭的国家经济里，发展出有规划的、有管理的繁荣经济。

偏好“中间路线”的人没有形成学派，没有公开承认的正统说法，也没有可以追随的领袖。本文中所谓的支持“中间路线”的人，是指那些形形色色的既拒绝自由开放的资本主义，又不赞同国际社会主义的欧洲人。他们对解决方案的探索，得出两个 30 年代大部分的改革者都同意的基本观点：繁荣的经济必须有某种程度的规划以及管理，而在考虑经济萧条的解决方案之时，必须把国家的繁荣放在国际的流动资产之前。在盎格鲁—撒克逊的世界里，最著名的“中间路线”思想家是英国的经济学家凯恩斯（John Maynard Keynes），我们在本章稍后，将完整地讨论他在以消费者为基础的国家经济管理上的重要革新。有些持不同意见的社会主义者，也以同样强调计划经济与国家解决方案的看法来反应经济萧条。比利时的亨利·德·曼（Henri de Man）和法国的新社会主义者迪特（Marcel Déat），都支持在国内与中产阶级合作、务实彻底的计划经济的观点。经济萧条让那些社会主义者转变成“国家社会主义者”。

企业家们更加赞同的“中间路线”是统合主义。统合主义提议将经济结构的各分部组织起来纳入全国性的社团，并且授权这些全国性社团决定商品价格、调节产量以符合需求，以及处理劳资关系。有些统合主义者提议，让劳工代表参与管理计划机关的工作；根据理论，当各产业分支都能繁荣兴盛时，“阶级斗争”会因为资方与劳方分享共同利益而消失。其他的统合主义者希望能将现有的卡特尔与托拉斯，提升为国家机构，如此就可以利用有组织的企业，有效地将对经济自我调节。虽然统合主义的观念早在经济萧条发生之前就已经出现,但是欧洲的企业家对墨索里尼的统合主义实验,还是深感兴趣。在讨论意大利的经济萧条时,我们会针对这部分进行更详细的讨论。

"回归土地"的呼声

由于经济萧条,使人再度想起之前用来解决社会问题的妙计。有些对经济没有概念的政论家和知识分子,提议"回归土地"。欧洲的某些思想家早已觉察到城市生活如何的败坏人心,因此在1929年以后,他们更加认为城市化不可行。这些思想家认为,唯有让人民从土地或工作劳动中得到真正的财富,而非通过交易或股票市场的投机买卖赚取金钱,社会才能恢复安定与健全。这种怀旧的呼声,使人们对现存的欧洲政权心生怀疑。不过,虽然提倡"回归土地"的人,对法西斯主义在某些国家夺取政权有所帮助,但是在法西斯主义掌权之后,他们对于政府就不再有丝毫的影响力了。

这是当他们试图解决经济萧条时,知识分子对欧洲各国政府比较具影响力的观点。

10.3 自由主义国家在经济萧条时期的政治

斯堪的纳维亚半岛的国家

因为是在没有造成经济停滞与独裁统治的情况下应对经济萧条,所以在30年代,只有斯堪的纳维亚半岛的国家赢得了比较好的名声。非常依赖外贸的斯堪的纳维亚半岛的经济,在经济萧条时自然受到严重的影响,而且他们的失业率一度超过20%。但是因为他们的人民颇具同质性——拥有丰富的日常用品、渔业与铁矿资源;远离国际冲突,国内政局稳定,所以略微缓和了他们所面临的困难。在以后的40年,改革派的社会民主政党在丹麦(1929年)、瑞典(1932年)与挪威(1935年)相继上台执政,有时还得到农民政党与自由主义者的政党联盟的支持。斯堪的纳维亚半岛的社会民主党是以根深蒂固的公共社会服务传统,与强有力的合作社运动为基础的。

我们选择以半岛最大而且最繁荣的国家为例。30年代时,瑞典的合作社扩充到约有一半的国民隶属于某个消费者或生产者合作社联盟的规模。他们并没有将企业国有化,但是通过大批买进和低价卖出,合作社扩大了市场占有率,百分比甚至占零售贸易的12%。虽然生产者合作社只控制2%的产量,但是拥护合作社运动的人却认为,因为担忧会刺激合作社进一步侵占他们的市场,所以私营制造商才会维持低价销售。30年代,早期的福利国家是以免费产检、社会保险与花园城市的形式体现的。虽然瑞典并未能幸免于高税率以及酗酒率和离婚率日渐攀升的难题,但是瑞典的经济却比其他大多数国家,更迅速地恢复到经济萧条以前的水平;与1900年时的收入相比,1939年时瑞典人的加薪幅度,远超过任何其他的欧洲国家。

英　国

因为一些与经济萧条的发生无关的原因，当经济萧条的危机到来之际，英国正由第二届工党政府（1929 年 5 月至 1931 年 8 月）执政。但这并不表示政府有任何利用重新分配资产来补救经济萧条的企图。英国首相麦克唐纳与财政大臣菲利普·斯诺登（Philip Snowden）是改革派的核心，他们反对立即强制实行集体化。而工党虽然在 1929 年 5 月的选举当中，首度跃居英国的最大党，但是并未掌握绝对多数。[①]

然而，主要的问题是，短期内工党的代言人对于古典的自由主义经济没有自由理性选择的余地。他们所有的经济思维已经陷入遥远的未来所要实行的社会主义，而不是在现有的体系之内思考当前的补救方法。此外，实施计划经济似乎是公然侮辱工党那神圣不可侵犯的自由贸易理念，自由贸易不但是现有体系的支柱，也是他们迈向权力主义的阶梯。

新就任的财政大臣斯诺登是一个名副其实的无产阶级，他让英国工党与欧洲大陆上那些以中产阶级知识分子为主的社会主义政党相比有所区别。在政治上，斯诺登属于工党的“左派”；在第一次世界大战期间，他是一位和平主义者。但是织布工之子斯诺登同时也是个虔诚的清教徒，他保护自由贸易并且反对保守党的贸易保护主义方案。他视自由贸易等同于为穷人提供廉价的面包。虽然完全不曾学过任何经济学，但是斯诺登相信政府主要的经济格言应该是节俭与廉洁。因为幼时一场自行车意外而残废的斯诺登，经过长期的努力，终于战胜痛苦与贫困，爬升到工党的高层地位。他那削瘦而热情洋溢的脸庞，透露着些许他对福音的热情，而这种热诚又转变成他在处理经济事务时的美德。

1929 年底，当经济开始衰退之时，虽然大幅提升所得税以平衡政府预算，但是斯诺登和内阁也为大众提供救业机会以及失业救济金。然而，因为失业使政府的开支增加、税收减少，所以政府账本的收支两端之间已经出现无法逾越的鸿沟。既然自由党投票反对进一步提高税收，那么斯诺登不得不靠销售公债来维持失业救济金的发放。

1931 年 7 月，因为银行家和投资人对工党政府失去信心，导致伦敦爆发银行业危机。他们对政府施压，要求降低失业救济金，以维持预算的平衡。当英国银行（Bank of England）向巴黎和纽约借款，企图遏止英镑挤兑时，美国的投资公司摩根公司（J. P. Morgan and Company）的回复是，除非工党政府缩减它的开支，否则他们无法再贷款给英国银行。

摩根在 8 月 23 日的答复，使英国必须在改善国内生活水平的措施，与挽救英镑的措施之间，做出明确的选择。挽救英镑意味着缩减失业救济。麦克唐纳和斯诺登接受了传统的判断结论，并且准备削减 10%的“赈济品”。但是，大约有一半的内阁阁员拒绝合作，而第二届、也是两次大战之间最后一届的工党政府就在 8 月 24 日辞职下台。

起而代之的是国民政府（1931—1935 年）。国民政府是一个由主张以通货紧缩来补救

---

① 工党有 287 个席位；保守党有 261 个席位；自由党占 59 个席位。

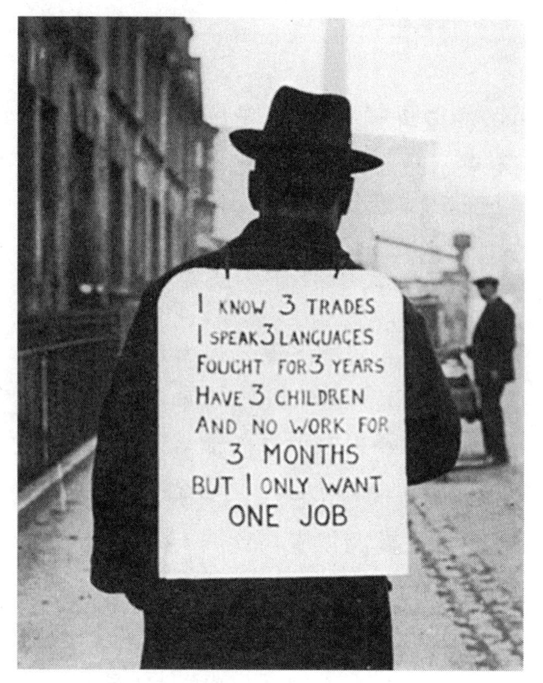

10–3 1930年在英国失业的中产阶级受害者。

经济萧条危机的领导人所组成的无党派政治联盟。麦克唐纳依然留任首相，但是现在他身旁站的是保守党领袖鲍尔温（Stanley Baldwin）。自此以后，工党就将“麦克绅士”（Gentleman Mac），以及依然留在内阁的斯诺登视为叛徒。

尽管已经提高比价，但是投资人和投机商人仍然继续卖英镑买黄金。事实上，政府努力减少开支的结果，只是让事态变得更糟糕。水兵在苏格兰的因弗戈登（Invergordon）示威抗议英国皇家舰队的减薪行动，这场示威行动后来演变成历史上的“因弗戈登兵变”（Invergordon Mutiny）。因为英国舰队的“兵变”听起来就好像直布罗陀下沉一样，所以英镑暴跌犹如一股无法遏止的洪流。1931年9月19日，国民政府取消英国的国际金本位制，不再允许个人用英镑买黄金。此外，英镑的国际交换价值也下探了约1/3。

国民政府如今完全退回保守主义的立场。1931年10月27日的选举，保守党赢得了超过60%的选票，是英国选举史上得票数最高的多数派。人们迎来了直到1945年始终由保守党占优势的时代。

在世界市场上挽救英镑的战斗已经失败，人们预期国民政府会采取大胆的行动以刺激就业，但是政府并没有这么做。当然，因为英镑贬值，所以英国商品在世界市场上一度变成低价商品。因为成本较低以及1924年工党的《惠特利法案》（*Wheatley Act*）和30年代清除贫民窟的行动，刺激了房地产业。数家非常先进的钢铁工厂，也是在这段时期成立的。然而，整体说来，国民政府遵循的是贸易保护主义的政策，并且削减生产量。20年代的民意调查中遭受严厉反对的保护性关税，在近一个世纪以来，首度于和平时期变成一个政府的政策。根据1932年《进口关税法案》（*Import Duties Act*）的规定，除了王室生产（“王室优惠权”）的产品，以及少数免税的物品之外，所有的商品都必须课征10%的关税。为了使物价上扬，允许工厂厂主以计划生产来替代竞争。工党政府曾经对英国过时且分布广泛的庞大煤工业实施过这种权宜之计；在国民政府执政期间，这种限制竞争协议在其他衰微的传统产业，如造船业与钢铁业，也已经相当普遍。

因此，在30年代，英国的经济开始缓慢地复苏。英国经济在比较依赖货币贬值与实际实施卡特尔的协助下，而不是利用大幅提升购买力或就业率的方式，逐步走回商业循环的轨道。

在回顾历史时，我们发现，当时的英国政党结构无法提供传统经济萧条补救法之外的其他选择。那些少数可以提供其他理论性或实务性选择的人却是局外人。一位转而支持工党、家境富裕的 33 岁年轻人——奥斯瓦尔德·莫斯利(Oswald Mosley)爵士，在 1930 年春天发表了一份引起“左派”分子注意的备忘录。莫斯利在工党内阁里的官职低微，却满怀雄心壮志。

莫斯利认为应该优先解决失业问题，然后以“生活薪资政策”为中心来制定其他政策。他认为通过增加购买力、允许领取优厚的退休金提前退休，以及用力提升生产力，就可以解决失业问题。但是实行这些政策不但需要公共规划和产量管理，而且会使国家财政出现赤字。当然这些背离公认的政府常规的政策，会使投资人和投机商人深感震惊，因此英国的经济必须与国际金融压力隔离；换句话说，英国的经济必须是国家性、而不是国际性的经济结构。这些异端邪说把年老而正统的工党领袖们(如财政大臣斯诺登)吓呆了。1930 年，工党领袖拒绝莫斯利的提议，显示那个时代的人没有能力摆脱自由主义经济学家的观点。

最著名的局外人是凯恩斯。在遭受经济萧条的打击时，这位剑桥大学的经济学家，刚开始提出自己的新学说。他的新学说于 1936 年以《就业、利息和货币通论》(*The General Theory of Employment, Interest and Money*)为名出版。凯恩斯也把解决失业问题排在优先考虑的第一顺位。但是和急躁的实用主义者摩兹利不同，凯恩斯的主要贡献是提供完整的新理论架构，驳斥传统的补救方案。正统的看法是将失业问题视为生产过剩的结果；根据这种观点，提高薪资只会让情况更加恶化。凯恩斯则认为，失业的程度是因需求量不足，应该利用提高金钱供应的方法，来增加需求量，利用公共工程来刺激生产，并且让社会的财富分配更加平均。当然，这种政策需要两方面配合：精确的资料与高度的政府介入。凯恩斯是率先倡导计算需求总和的人，他认为一旦知道了需求总和就可以左右之。凯恩斯所引起的冲击注定要在第二次世界大战的时代发挥势不可挡的力量；但在经济萧条的时代里，他所带来的影响却很微小。

还有其他的局外人建议，将英国全部或部分的生产力国有化。其中有些人，如牛津大学政治学教授与劳工运动历史学家科尔(G. D. H. Cole)，属于工党的知识分子。但是，知识分子对工党的领导阶层或大部分是工会会员的一般党员，所发挥的影响力很小。

简单地说，在计划经济或国有化的主张背后，没有任何有组织的政治力量作为他们的后盾。工党、自由党与保守党那些拥有这种力量的知识分子，从自己的观点切入，却找不出除了让经济自然复苏之外，可以用来处理经济萧条的方法。英国的经济在 1934 年开始复苏。

法　国

法国的经济萧条出现得比较晚。在经济萧条的前两年，巴黎依然是那些有幸逃离德国和英国银行体系的黄金避风港。法国的社会时事评论家曾经赞扬法国那些谨慎的小公司和无数独立的农民，因为他们避免了动态性经济结构中的繁荣与萧条。但是，到 1932 年，法国的经济也深陷不景气的氛围之中，而且他们的萧条比任何其他地方持续更久。甚至到 1938

10–4 在经济萧条的岁月里，社会阶级之间的界线非常明显。图中当地的男孩们看着两位站在伦敦洛兹板球场外的伊顿公学学生。当时是1937年，场内正在进行伊顿对哈洛的校际比赛。

年，法国的生产还无法恢复到1929年时的水平。

经济萧条在法国所引起的变动不及世界上的其他地方，没有投机商人挤兑法郎，没有如1931年英国的英镑贬值一般造成货币的世界地位下滑的可怕事件，也没有如德国般发生政权垮台的事件。官方的失业数据不曾超过60万人。但是，因为并未反映很多家庭农场或者小工厂里就业不足的情况，所以官方所公布的数据可能低于实际失业人口数目。无论如何，法国的经济萧条不是骤然发生的大剧变，而是一种比较缓慢、令人沮丧的衰退。

有几个状况使法国的情况比以前更差。法国舆论愤怒地反对政府采取干预法郎国际价值的措施；即使是就传统的经济学观点来看，法郎的适时贬值也有助于刺激出口。但是法国的小储户和投资人，却因为在1924年到1928年的通货膨胀中受创甚深，所以他们奋力紧紧抱住"彭加勒的法郎"（意为坚持法郎不贬值）不放。30年代时，大部分的法国政治家对于触及这个问题而引起公愤的行为束手无策。虽然经济萧条和通货膨胀所造成的货币贬值完全不同，但是对舆论来说这两者没什么两样。

比较冒险的经济政策与政治可行性之间的距离，甚至比货币贬值更远。创造工作机会或计划经济的方案，不可能取得大多数人的支持。大部分的法国社会主义者拒绝在现有的资产关系下，以计划经济作为资本主义的唯一支柱，以及让权力主义卷土重来。只有少数的社会主义者，对于恢复生产的兴趣，更甚于经济的平均分配；他们认为只有在实行关税壁垒与货币管制，并与世界经济隔离的国家架构下，才能顺利运作计划经济。那些少数的社会主义者，有些人退出社会党，而在1933年组成“新社会主义政党”，该党最出色的领袖是迪特。迪特和摩兹利一样，一直遵循着被国家社会主义者视为异端邪说的道路前行。

企业家、工业家、高级公职人员与法律学教授中的右派人士，极为热衷统合主义。但是1932年与1936年的选举，都是由中间偏左派的人获胜。虽然激进党在选举过后，渐渐向中间派靠拢（尤其是在经济问题上），但是激进党党员并不支持统合主义者以有组织企业来调节经济的提议。和他们所代表的小农民与小店主一样，激进党党员相信国家应该实行节约和勤俭的个人经济价值观：不能入不敷出，并且要把钱存在储蓄罐里。因此，法兰西第三共和国是以缩减预算和通货紧缩的政策，来处理经济萧条的问题的。

政府的不稳定很容易就与经济萧条的影响混在一起。正如20年代中期的通货膨胀一样，经济吃紧，让法国的政党体制陷入毫无条理的混乱局面。1932年的议会选举，由与1924年的左翼联盟（激进党、社会党与比较小的改革派政党）类似的“中左”派政党联盟获胜。激进党与社会党这两个重量级的伙伴再度发现他们之间的分歧，因为所面临的经济挑战而更加扩大。在选举期间，他们可以联手有效地强调某些议题，如天主教会和军国主义对共和国的威胁。但是1932年以后，当经济萧条的问题更加严重时，一些两党观点分歧的议题，如提高税收或调整外汇，已经浮上台面成为最重要的议题。

在1932年的选举胜利中崭露头角的总理，是英勇的法国激进党领袖赫里欧（Edouard Herriot）。[1]赫里欧突然置身于一个不利的情境，因为他精通文学的背景与议会技巧，都没能为他预备足以应付这种情境的能力。同样对温和的“左派”政府心怀成见的法国投资人和投机商人，因为预料法郎的国际价值将会下滑，所以抛售法郎购买黄金。这是一个自我实现的预言，法郎果真在1933年以后贬值。因为不愿意采取外汇管制的手段，所以赫里欧少有作为，但是他尝试着平衡预算，并且利用继续偿还美国的战争借款的办法来维持信誉。他所采取的姿态，使他失去议会多数派支持。在接下来的十四个月里，继赫里欧之后，法国一共换了五届内阁。与此同时，法国的经济依然持续下降。

1934年，激进党因为经济政策的歧见，而与他们的选举伙伴社会党分道扬镳。激进党与中间派的政治联盟，是议会里唯一可能掌握多数选票的联盟。在这段时期里，拉瓦尔（Pierre Laval）总理（1935年6月—1936年1月任总理）活力充沛地实行通货紧缩的措施。拉瓦尔是奥韦涅（Auvergne）南部山村的旅馆老板之子，他曾经凭借政治、商业和法律的实务经验，靠着自己努力前进。在赢得第一个重要案件——为一些被控告炸毁电线的工人辩护之后，拉瓦尔在选举中获胜，以社会党党员的身份，代表巴黎郊区的人民进入议会。但是，进入政界以后，他却逐渐向中间派靠拢，并且因为精明的投资而致富（据猜测，拉瓦尔的这些投资可能曾经因为他的政治影响力而获利）。

[1] 参阅第8章。

拉瓦尔虽然拥有白手起家者的一流自信，但是并不具备任何经济学的知识。由于决定在日渐衰颓的经济中维持预算的平衡，所以拉瓦尔无情地削减10%由国家给付的薪资，并且试图调低私营企业所支付的薪资。为了减轻工薪阶层的压力，他也尝试调低租金与物价。虽然拉瓦尔的气势与活力值得极高的赞赏，但是他的政策成效却远远不如预期。1935年，因为采用通货紧缩的补救方案，所以当其他国家经济已经开始复苏之时，法国的经济却更加不景气。他的施政方针也使选民在1936年的选举一边倒地倒向“左派”。

1936年5月的选举使人民阵线得以掌权。人民阵线是法国史上首次由“左派”分子(包括共产党在内)所组成的选举联盟，其中当然也包括习惯合作的选举盟友——激进党和社会党。共产党之所以参与改革派议会政治的选举，主要是因为斯大林想要建立反希特勒同盟的渴望，而不是为了经济萧条，所以我们将在后续提及30年代反法西斯主义同盟的章节里，对人民阵线有更完整的讨论。[①]但是在提及经济萧条时期的政治家时，必须将莱昂·勃鲁姆(Léon Blum)总理(1936年6月—1937年6月任总理)纳入讨论之列，因为在所有的西欧议会领袖中，在中产阶级民主政体的背景下，就属他的寻找通货紧缩的替代方案的企图，最为英勇大胆。与前任总理缩减薪资的做法相反，勃鲁姆试图以增加人民普遍的购买力，来补救经济萧条所带来的负面影响。

自1920年以来就已担任法国社会党领袖的勃鲁姆，在1936年欢腾与恐慌交织的气氛下出任法国总理。伴随人民阵线的选举胜利而来的，是从1919—1920年到1947—1948年的罢工潮之间，规模最大的罢工行动。法国史上只有1968年的5月至6月的全面性罢工，规模超过这次的罢工。在回顾时我们知道，那些占据了房屋，并且在屋内跳舞的工人与店员们，正在庆祝勃鲁姆的胜利。在压抑了几年对削减薪水的愤怒之后，罢工是基层民众发泄怒气的一种表现；他们并没有要夺取财产的行动。工会领袖努力将运动导向传统的薪资与工时的谈判协商，但是，当时对那些已经因为预见法国可能会诞生第一任社会主义犹太总理而心神不宁的保守派人士来说，这次的罢工行动看起来非常像是一场革命。

危机的气氛帮助勃鲁姆迅速地完成重大的变革。仿佛勃鲁姆是他们在这场风暴中的避风港般，惊慌害怕的法国制造商协会(French manufacturers' association)转身支持勃鲁姆。勃鲁姆召集了制造商协会和工会领袖，在他的官邸通宵开会，协议将薪资调高15%，并且迫使雇主承认劳工有参加工会的权利，雇主不能因为劳工参加工会而将他辞退，而且工会也有权代表他的会员谈判集体合约(collective contracts)。在接下来的几天里，勃鲁姆又推动议会通过除了最小型的商店以外，所有领薪员工的每周工时为40小时，而且拥有两周有薪休假的决议。最后，他增加了公共开支，包括军费在内。

在其他方面，这种危机气氛让人民阵线时期的经济生活更加困难。在1924年与1925年左翼联盟的统治下，法国的储户与投资人已经学会把“左派”政府与财政不稳定联想在一

---

① 参阅第12章。

起。虽然法郎贬值是可以刺激法国商品出口的完全正常的经济措施，但是他们却坚持反对法郎贬值。即使勃鲁姆曾经公开承诺不让法郎贬值或者不强制实施外汇管制，并且尝试不让商业社群感到惊慌，但是对法郎不利的大规模投机买卖还是已经发生。最后，在沉重的国际压力之下，法国政府不得不让法郎贬值。勃鲁姆因而在没有得到任何早期主动贬值可能取得的贸易利益的情况下，失去国内中产阶级的支持。

最后，勃鲁姆内阁终究无法成功地复兴萧条的法国经济，部分原因是为了扩展就业市场而设计的每周 40 小时的工时制度，却被僵硬地解释为工厂每周只能营运 40 个小时。人们的薪资因为社会因素而提升，并不是基于凯恩斯学派所主张的增加购买力，所以通货膨胀很快就降低了正在萎缩的需求的刺激能力。1938 年，法国的工业生产依然低于 1929 年的水平。

魏玛德国

在英国，经济萧条让工党被排除于政权之外，直到 1945 年为止；法兰西第三共和国也由于经济萧条，陷入自建国以来最衰弱也最分裂的困境。至于德国，经济萧条则让整个魏玛共和国彻底垮台。

魏玛共和国与主张社会主义的总理赫尔曼·穆勒(Hermann Müller)一起，跨入危机之中。穆勒在战前就已经是工会的老领袖，自 1928 年起以大联盟的领袖身份开始执政；大联盟是由五个以上接受共和政体的政党所组成的广泛联盟，所包含的政党从温和右派到温和"左派"都有。现在的大联盟联合五个政党，形成议会的多数派。只要从 1914 年到 1917 年间决裂的社会民主党和共产党继续如此激烈地对立，就不可能形成协调一致的社会主义多数派；而在民族主义政党拒绝接受共和政体，甚至部分"履行"《凡尔赛条约》的构想的情况下，也不可能组成一致的保守主义多数派。

只要主要的议题依然是外交政策以及共和政体的生死存亡，那么大联盟就可以在"履行"国际义务这顶大帽子之下，找到合作的理由。但是当核心议题变成经济问题时，政党之间的合作就没有商量的余地了。1929 年末，急迫的经济问题让大联盟的多数派四分五裂。

使大联盟分裂的真正问题是经济萧条替代方案的典型实例：到底是要为了平衡预算而削减失业救济金呢？还是为了提升购买力而维持甚至调高失业救济金？1929 年末的经济衰退，给了德国迅猛的一击，失业救济金基金很快就消耗殆尽。可行的选择是挪用其他的政府资源（例如作为普鲁士农业救济基金之用的农业救济金）来维持失业救济金，或者提高税金，或者是削减失业救济金。在上述的选择中，前两个方案在政治上是不可行的：兴登堡总统对维持农业救济金的态度强硬，而德国人民也绝不会赞成政府提高税金。当德国政府与纽约的迪伦·里德(Dillon Read)投资银行接洽，商谈贷款以解当前政府经费的燃眉之急时，银行告诉他们，美国的领袖对于无法平衡预算的政府没有信心。既然德国的经济现状，使他们必须不顾一切地让美国的债权人（这些人在纽约股市崩盘的余波中，正在千方百计想要撤回资金)感到心安,所以政府决定利用削减失业救济金来平衡预算。这个决定激怒了德国工会,他们强迫社会民主党的众议员收回他们对政府的支持。穆勒的政府于 1930 年 3 月 27 日辞职。可以说从那时开始,魏玛共和国的议会体制实际上已经名存实亡。从此以后,已经无法再以任何一种经济萧条的补救方案为核心,来建立一个议会多数派的政党联盟:不论是赤字支出还是传统的预算平衡都是如此。

接下来有将近三年的时间,德国政府是在没有任何议会多数派的情况下执政。为了应付紧急状态,兴登堡总统使用魏玛宪法所授予的权力(第 48 条),以颁布政令的方式来执政。在这段时期里,大部分的时间(1930 年 3 月—1932 年 6 月),兴登堡将他的权力授予海因里希·布吕宁(Herinrich Brüning)总理。

布吕宁是一位天主教中央党(Catholic Center Party)的政治家,曾经担任德国天主教工会组织的执行秘书。他的行政经验与在担任公职时的不凡表现,让兴登堡对他赞赏有加。两年多的时间里,这位冷酷而严格的行政官员,说服了年迈的陆军元帅(指兴登堡)引用宪法第 48 条的规定,使他的行动合法化。

不曾怀疑过传统经济自由主义的有效性的布吕宁,为了两个连锁政策而动用总统权力。首先,他企图利用通货紧缩来解决国内的经济危机:为了遏止外国资本撤出德国,他采取强有力的政府行动,以削减物价、薪资与政府经费。一连串的政令,将公务员的薪水削减了 12% 到 16%,两次削减失业救济金,并且命令人民的薪资必须低于 1927 年 1 月 1 日的水平。虽然布吕宁试图以降低租金和物价的命令,来补偿上述命令所造成的影响,但是对政府来说,调低薪资当然要比降低物价来得容易。后来他被人民所厌恶,并称呼他是“饥荒总理”。

布吕宁另一策略是在国外取得戏剧性的成功。既然除了债权人以外,通货紧缩对所有的人来说都很痛苦,因此这位总理希望借助成功运作两次引人注目的外交对策,来减少群众的不满,并且暗中破坏势力日渐壮大的民族主义竞争者。他计划与奥地利(根据《凡尔赛条约》禁止与德国形成任何形式的政治联合的国家)组成关税同盟,而且为了让德国享有军备平等权而展开游说行动。

布吕宁的双胞胎策略结果事与愿违。政府强有力的通货紧缩行动,只是让德国的经济更加衰退。失业人数激增,到 1932 年时已有 600 万人失业。在国外,他那两个哗众取宠的活动也同样受挫。《凡尔赛条约》最后一道强有力的防线——法国,反对奥德关税同盟,认为他们违反了和约。法国银行以保留对维也纳银行的支持来施压,因此促成 1931 年 5 月信贷银行的倒闭,并引爆欧洲的银行危机。[①]法国当然也不愿意在欧洲即将召开裁军会议之时,听德国谈论军备平等的问题。

因为没有取得亮眼的外交成就,所以布吕宁越来越依赖总统的行政权,来执行不得民心的国内政策。此外,他希望能从总统制的政府回归到议会制的政府。身为坚定的反社会主

---

① 现在已经不再如以前般肯定地将信贷银行的倒闭,归咎于是因为法国抽回在信贷银行的资金,而让事态更加恶化。

义者,布吕宁发现争取民族主义者(包括日益壮大的国家社会主义者)进入新的议会多数派,比试图恢复包含社会民主党在内的大联盟更有希望。

因为相信可以选出新的民族主义多数派，所以布吕宁在 1930 年 9 月解散已经处于休眠状态的议会,并且举行新的选举。选举结果甚至让成立议会制政府的可能性更加渺茫。因为经济萧条所产生的愤怒和挫折,已经强烈地极化了选民。纳粹党的成就最引人注目,他们从原本的 12 个席位跃升为 107 个席位。以牺牲社会民主党为代价,共产党也有所斩获。除了布吕宁本身的天主教中央党以外,所有持温和与自由主义理念的政党,在这场选战中都惨遭滑铁卢。最令人不安的是,纳粹主义和共产主义对新的与年轻的选民,特别具有吸引力。布吕宁已经证实了魏玛宪法的无能,即使动用了总统的紧急权力,依然无法在国内或国外取得某种成就。

布吕宁本是一位在公众场合显得呆板拘谨的人,他没有能力吸引一群追随者。英国的小说家克里斯多福·伊舍伍(Christopher Isherwood)就曾经描述这位总理出席公众集会时的样子:

> 他的姿态严厉而且带有告诫的意味;他的眼睛在聚光灯下闪烁一丝情感。他的声音颤抖,带着枯燥乏味的学术激情。[①]

“每个星期,”伊塞伍德写道,“都颁布新的紧急政令。布吕宁那令人厌烦的主教般的说教音调,向店主们宣布他的要求,但根本没有人理会他的规定。”[②]1932 年 6 月,当时 83 岁、很容易受到周围流言蜚语所影响的兴登堡总统,突然收回他对布吕宁的支持,因为总理想要调查传说有欺诈行为的农业救济基金管理局,所以现在兴登堡突然怀疑布吕宁怀藏危险的激进主义。

在总统周围的人事圈里有门路的天主教贵族弗朗茨·冯·帕彭 (Baron Franz von Papen) 成为新总理。帕彭迎合纳粹党支持者的努力,属于下一章的内容范围。不论如何,在帕彭政府治下,魏玛共和国毫无疑问地变成一个不需要矫称立宪的权力主义国家。德国的议会制政府,早在希特勒掌权之前几年就已经因为没有能力处理经济萧条的问题而被消灭。

10.4 权力主义国家在经济萧条时期的政治

纳粹德国

当希特勒于 1933 年 1 月在德国掌权之后,[③]新的纳粹政权所采取的经济政策与布吕宁的

---

① Christopher Isherwood, *Berlin Stories* (London, 1935), p.85.

② 出处同上,p.88.

③ 希特勒掌权与他的新政权,我们将于第 11 章中详细讨论。

通货紧缩政策截然不同。结果似乎像个奇迹一样,德国从1932年受经济萧条打击最严重的国家，摇身一变成为1938年令人生畏的经济强国；失业人口从1932年的600万人，下降到1936年的16.4万人。1936年以后,德国甚至要引进外国劳工以弥补本国劳工短缺的问题。

这项经济“奇迹”的出现,既不是借助纳粹知识分子“回归土地”的谬论,也不是遵行传统自由主义的解决妙计。基本上,德国实行的政策是由三个彼此相关的步骤所构成的:利用巨额的公共工程赤字经费来刺激就业;全面控制物价和薪资,执行通货紧缩的政策;将德国经济封锁于世界银行业与货币体系之外,使马克与国际投机市场绝缘。曾于1923年和1924年时站在新自由主义的阵线,主张恢复德国货币地位的亚尔马·沙赫特(Hjalmar Schacht),现在也调整思维,变成管理经济体制下主要的财政与经济规划家。管理经济比较接近第一次世界大战的经济控制,与任何自由主义模式都不同。

实施第一个步骤需要庞大的政府经费。既然在理论上《凡尔赛条约》禁止他们重整军备,所以最出色的早期计划是建设四车道的超级快速公路网——高速公路。在1935年开始重整军备之后,德国的军费在1938年跃升为预算的60%,约占国民生产毛额的21%。[①]

在自由市场的情况下,这种全力重整军备的行动,将触发另一次的通货膨胀。依循战争的前例,政府组织了所有的工业和农业部门,成立联合企业、设定价格、透过劳工部(劳工信托人)的官员调整薪资,并且分配原料。企业主不再能够任意为个人的企业作决策,但是对很多人来说,为了国家的秩序与繁荣,他们所付出的似乎只是一点小小的代价。此外,还有解散工会并由政府官员处理薪资纠纷的措施。

上述措施在自由主义经济体系里的一个重要的阻碍是,对国家货币的国际价值与国外贸易的预期性冲击。纳粹的解决方案是闭关自守,或者经济自给自足。无论如何,因为经济萧条的结果,贸易额已经锐减,甚至在1938年时,主张闭关自守的纳粹党强硬派,还因为出口已降至不及1928年的一半,以及进口只略高于1928年时的1/3而沾沾自喜。[②]他们认为德国的经济应该借助农业自给自足,然后制造合成的代用品,取代德国本身无法生产的原料。

1936年,德国颁布的四年计划(Four-Year Plan),是使德国的经济市场与国际市场隔离的重大步骤。经济正在复苏,而希望能够扩展国外贸易的沙赫特,已经失去对经济政策的掌控力,目前的经济政策掌握在四年计划的领袖赫尔曼·戈林(Hermann Göring)手中。德国政府开始生产数种非常昂贵的合成品:所消耗的成本七倍于天然橡胶的布纳(Buna)以及合成石油。在戈林的工厂里,也利用劣质的矿砂来生产成本昂贵的钢。

对于正在苦苦挣扎的自由主义国家来说,1938年时德国经济的冲劲,让他们感到恐惧与疑惑。和他们不同,德国已经充分就业,德国的经济不但茁壮成长而且安定——虽然以个人的

[①] 这些军事经费的比例与美国在1960年代的军事费用比例相仿,但是在1930年代的和平时期却是史无前例的创举。

[②] Willi A. Boelcke, *Deutschland als Welthandelsmacht* (Stuttgart, Germany, 1994), p.37.

自由为代价。德国已经瓦解工会,并且将经济单位组织编入卡特尔。虽然放弃了某些经济决策的自由(包括会作出错误决策的多余的自由),但是与自由开放的资本主义一样,农场和工厂的主人依然拥有自己的农场和工厂。不过,和自由开放的资本主义不同,德国的农场和工厂主人必须受到计划经济与管理经济的控制,所以他们必须应付处于控制地位的政府官员。某些观察家有将德国的这种实验和共产主义混为一谈的倾向,认为两者都是纯粹极权主义的形式。但是我们必须要牢记,在希特勒的德国,并没有没收农场和工厂主人的私人资产。

谁从德国的新活力里获益呢?1938 年,德国工薪阶层的实际购买力已经提升至 1913 年和 1929 年的水平,这两年正是纳粹党执政之前德国经济最繁荣的岁月。但是,因为被夺走了罢工这项武器,所以德国劳工的消费力没有办法与成长惊人的国家生产并驾齐驱。和 1929 年相比,薪资和薪水只占国家收入的一小部分;贸易和工业的盈利则占大部分。[1]即便如此,在魏玛德国的梦魇之后,德国大部分的工薪阶层,都因为充分就业与民族主义的激情,而心甘情愿地安于目前的处境。

与大型企业相较,最热情支持纳粹的小农场主与中产阶级的处境每况愈下。工厂主要的生产对象已经不再是消费品,而社会的存款也都投入到政府的大工程里了。举例来说,小储户倾注了 2.85 亿马克,作为分期付款购买斐迪南·保时捷(Ferdinand Porsche)那设计出色的廉价"国民车"的头期款,结果当 1939 年大众公司(Volkswagens)开始启动他们的汽车装配线时,人们却发现他们只想要从军。但是大部分中产阶级的德国人太过热衷于破坏社会主义,以及复兴德国的霸业,以至于没有人对此提出反对的意见。

大企业的企业家对于必须分担这种昂贵计划——如戈林的铁工厂的成本,以及损失一些庞大的投机财富——颇有怨言。因为那些企业的茁壮成长需要国家注入的能量与存款,所以大规模的军备重整企业,如克虏伯钢铁厂与法本化学公司,显然是纳粹的经济奇迹中最主要的获益者。

但是影响纳粹经济体系最重要的决策,并不只是单从创造经济奇迹的角度出发。纳粹政权对政治目的的考虑优先于经济效益。寻求闭关自守、自给自足的决策动机,大部分是因为渴望解决在战争期间迫使德意志帝国失败的物资短缺问题。但是这个决策却迫使德国人民花钱购买昂贵的代用品,并且消费劣质商品(例如人工合成咖啡)。在闭关自守政策的驱使下,图谋东欧的小麦与石油的纳粹领袖,认为通过扩张领土的方式,比依赖贸易来取得这些物资更具吸引力。德国人民终于为那些政治目的付出了昂贵的代价。

统合主义意大利

尽管意大利北部的现代工业面临严重的问题,但是表面上经济萧条带给意大利的变动,不像其他国家那样剧烈。失业问题很容易隐藏在意大利那落后的南部和无数的小商店

[1] Harold James, *The German Slump: Politics and Economics, 1924–1936* (Oxford, England, 1986), p.416.

里。在广泛宣传“进步”计划,例如为了安身立命而排干彭甸沼泽(Pontine Marshes),以及因准时开车而闻名的铁路系统的情况下,意大利似乎没有社会不满的问题。[①]据称,造成这种进步、效率和秩序安定的社会制度称为统合主义。既然在20世纪30年代时,统合主义受到广泛的赞扬与效法,所以我们不应该轻易地将它一笔带过。

统合主义不是墨索里尼的构想。它理论上起源于数个于19世纪晚期旨在解决劳工苦难时所做的那些既不属于自由主义,也不属于马克思主义的尝试。天主教的社会思想家也做过这样的尝试。他们让那些星罗棋布、很容易因为煽动家的煽动而激起人为的阶级结盟的城市世界,与自然集群(如家庭、村庄或行会)和谐融洽地生活与工作形成有机的社会。教皇里奥十三世的通谕《新事》(*Rerum Novarum*,1891),斥责自由开放的资本主义、没有人情味的经济联合以及无情冷酷的剥削,提议将基督教的慈悲博爱应用于经济层面,并且复兴有机的社会集群。

统合主义的另一个理论根源是工团主义(syndicalism)。工团主义是在南欧颇具势力的革命性工会运动。其基本的行动单位是依据工厂或村庄组织,而不是依照手艺或技术组织的联合会或工会。当革命性的全面罢工那“伟大的日子”来临之时,各个联合会只需要夺取工厂或村庄,然后就能联合起来推翻旧政权。从那以后,劳工就能主宰一切,联合会将变成这个自由社会里唯一的组织。

尽管存在天壤之别,但是天主教的有机体社会思想,和革命性的工团主义之间,还是有些共同的元素。他们都不信任议会与选举活动;他们都宁可选择地方性的“自然”群体组织,也不愿意支持中央集权的官僚主义国家。拥有这两种传统思想的人,可能会与反马克思主义、反议会制的人合作,以重建社会秩序。

统合主义除了理论之外,也重视实用性。为了联合整个生产部门,以限制市场的自由竞争,所以卡特尔形式在高度集中的工业里被广泛运用。虽然这对大多数处于经济繁荣时期的企业家来说太过官僚主义,但是大战期间的经验,却显示了用管理经济来调整不景气的扭曲经济,或许可行。

根据上述资源,统合主义者提议重组其所属联合会或公司里的各个工业、农业与商业分部。重组后的各个部门可以管理自己的事务:分配资源、划分市场、使生产合理化,并且以有计划、有管理的经济活动,来取代自由主义的自由市场。当然,主要的问题是谁来经营那些公司,以及公司所作的决策对谁比较有利。当墨索里尼于1922年上台时,上述问题的答案并没有立刻清晰地浮现。

墨索里尼的第一批同僚之一是前工团主义者罗索尼(Edmondo Rossoni)。罗索尼在跟随墨索里尼之前,是世界国际劳工协会(International Workers of the World,IWW)新泽西州意大利侨民的组织干部。罗索尼开始把统合主义当作更新版的工团主义:公司的劳工与经营

---

① 实际上只有19000户在此地安顿下来。

者以提高生产力为目标进行合作。如今对墨索里尼来说，扩大生产而不是革命性地重新分配资产，似乎是解决贫穷的好办法。企业家也同意这样的作法，但是因为罗索尼允诺让积极的法西斯主义工会担任指挥经济管理的角色，所以当墨索里尼在 1928 年罢免罗索尼时，他们也深感担忧。

企业家和大地主提供给墨索里尼大笔的资金，而这位元首也明确承诺由轮胎制造商皮雷利（Alberto Pirelli）领军的工业家团体。在 1922 年 3 月以前，他有意在罗马“于工厂内重建具体的纪律，而且不执行任何古怪偏僻的实验”。[①]在 20 年代晚期，当墨索里尼利用意大利其他的传统势力联盟（包括国王、军队与教区牧师），以求立稳脚跟时，他与工业和农业领袖建立同样务实的工作关系的企图已经昭然若揭。虽然墨索里尼悄悄地把经济影响力从法西斯主义理论家如罗索尼和国家机关手中，转移到了意大利的企业家协会——意大利工业总联盟（General Confederation of Italian Industry，CGII）手中，但是法西斯主义政权却越来越少谈到统合主义。

不过，1929 年以后，当意大利的商业开始受到冲击时，墨索里尼为了影响民众，而在纸上策划了一个被称为“统合主义”的经济组织体系。国家公司委员会（National Council of Corporations）于 1930 年成立，至 1934 年，“公司”已经组织和并入了 22 个不同的产业与贸易分部。1939 年，下议院被改造成公司议院（Chamber of Corporations），将从信用尽失的自由主义体系中所推选出来的公民代表，转变为“有机”经济利益的发言人。虽然法西斯主义者自吹自擂地宣传统合主义之下和谐的“自然”利益，但是事实上整个国家机器都是由意大利工业总联盟所掌控。既然失去了罢工的权利，劳工们将永远被排除在这些组织之外。

揭示在法西斯意大利统合主义的实用性的历史最悠久的证据，是工业重建组织（Institute for Industrial Reconstruction，IRI）。当某些意大利的重要企业因为经济萧条的情况恶化而濒临破产之际，工业重建组织于 1933 年 1 月成立，并借钱给那些企业周转。到了 1937 年，工业重建组织变成常设机构，政府的贷款已经在意大利的钢铁业、重型机械业、运输业、电力与电信业逐渐发展出控股权益。法西斯主义政权利用这种方法，以部分国有化的方式，挽救了意大利已经无利可图的经济领域。但是，即使是在当时，官员们在所谓的统合主义组织里所扮演的角色，依然无足轻重。有组织的企业继续自作主张，管理已经卡特尔化的经济。工人工资依然偏低，而生产也没能大幅提升。法西斯主义让意大利的企业家得以在没有官僚政治的干预、没有独立工会的干扰，以及无需为无利可图的经济领域负责的情形下，渡过了经济萧条的难关。

苏联的“二次革命”

在 1927 年时，布哈林以对现状感到满意的小耕农的生产力为基础，所建立的缓慢、稳

---

① Roland Sarti, *Fascism and the Industrial Leadership in Italy, 1919—1940* (Berkeley, Calif., 1971), p.37.

定的经济成长政策,成果令人失望。[1]战时共产主义的瓦解与内战,以及将农场分割成小块土地等事件,都使苏联的生产下降。苏联农民所生产的作物大多提供自己食用。这个世界上第一个社会主义国家的经济,正处于在由2500万小型家庭农场所组成的汪洋大海上抛锚的危险之中。当苏联共产党的领导阶层拥有无上的权力,而且也不再有20年代初期来自“左派”的反对声浪之后,斯大林在1927年12月把斗争的矛头指向布哈林,并且采用“左派”那通过集体化农场所提取的利润,来刺激工业成长的经济政策。

斯大林的第一个意图只是要集体化富农的土地,规模比较大的农场主自己雇用有薪劳工,这种农场大约占俄国农场的14%。但是,集体化政策受到人民的普遍反对。整个农村小区,包括最贫穷的农夫在内,都利用传统的武器,如囤积庄稼及屠宰家畜,予以反击。为了应付这意料之外的强烈抵抗,而且也因为华尔街的股市崩盘,斯大林相信“资本主义的安定”已经结束,所以斯大林和他的政党官僚急速加快执行计划的行动。1930年3月,将近有一半左右的农民家庭——1000万户——被迫进入集体农场。随后,当农产品的产量直线下降时,斯大林以苏联已经取得“令人头晕目眩的成就”为由,宣布暂时停止集体化计划,但是碍于情势,只能继续往前走。1934年,俄国已经有2500万个家庭农场被并入25万个集体农场。不只是所收获的谷物产量远低于1928年时的产量,而且屠宰家畜的情况四处可见。在历经1/4个世纪之后,到50年代,苏联才又恢复到1928年时的肉类产量。后来,斯大林自己向英国首相丘吉尔坦承,在1932年与1933年这些人为造成的饥荒岁月里,约有1000万农民死亡,而且实际的死亡人数可能更高。[2]

作为陪衬农场集体化的棋子,斯大林展开第一个五年计划(First Five-year Plan)以刺激苏维埃的工业生产。从1928年10月开始,到1933年为止的第一个五年计划,是斯大林一生之中最重要的内政决策。那是一场真正的经济革命,从那时起就将苏联封锁隔绝于世界经济之外,以努力“在一个国家里”建立“社会主义”。既然只能剥夺满怀怨愤的农民的财产,以取得工业投资计划所需的财富,所以这项计划造成与比较开放的20年代中期相比更加严厉的权力主义控制。苏联快速的工业增长与充分就业的情况,一度让欧洲各资本主义国家望尘莫及,但是他们所付出的代价却是人民再度挨饿、数千万人丧生,以及最后建立的无法以言语形容的残酷体制——劳动营与政治清算。

1929年以后俄国的经济变化,带来了一场比1917年更彻底的革命。虽然大部分人口依然居住在农村里,但是俄国人自古以来的农村生活方式已经彻底改观。苏联正走在要在这个时代就变成一个城市化、工业化的国家的路上。以为在开始实施这项五年计划之前,苏联国内没有重要的工业是不正确的看法。1929年时,苏联的国民生产总值名列世界第五。但是,就在二十年后,苏联的国民生产总值已经跃居世界第二,只略逊于美国。征用乡村集体

[1] 参阅第8章。

[2] Winston Churchill, *History of the Second World War: The Hinge of Fate* (London, 1950), p.498.

10–5　1930 年土地集体化的第一个阶段里,一群富农(有能力雇用人手的农夫)正被逐出某个俄国农村。旗帜上写的是“必须消灭富农阶级”。

农场的土地而取得的大量财富,都投入建设工厂、水坝与新城市中。从 1928 年到 1937 年,苏联的重工业生产已经增加了 3–6 倍(根据以前的统计数据)。新城市如马格尼托哥尔斯克(magnitogorsk),在短短的几年里,就从荒无人烟之地,变成拥有 25 万人口的城市。在前三个五年计划里(1928 年 1941 年),苏联的发电量从世界排名第十五位,前进到第三位。不论你是愿意接受苏联总生产量平均每年增长 20%的官方数据, 或者是接受西方比较谨慎的数据——每年增长 14%,对深陷在经济萧条里的其他国家而言,苏联的成果确实惊人。

正因为在斯大林个人的领导下,政党的官僚政治已经巩固,所以才可能达成斯大林的“伟大变革”。因为要应对伴随强制集体化而来的社会混乱,而且在新工业里也需要纪律,所以苏联甚至更需要铁腕统治:不再允许工厂工人换工作;利用宣传以及赞颂为新社会主义国家所做的牺牲,来让低薪资、快速生产以及在行业里差异颇大的论件计酬制所带来的痛苦变得香甜。顿涅茨盆地(Donetz Basin)的煤矿矿工斯达汉诺夫(Aleksei Stakhanov),在 1935 年开采的煤超出配额的 1400%,变成其他劳工争相效仿的模范。但是,政府付给“斯达汉诺夫”这些工人的只是表扬,而不是物质上的奖励;而在五年计划主导下的苏维埃经济,也和凯恩斯主义路线的消费者经济无关。

强制性集体化与工业化对其本身来说已经十分严酷, 但是受到甚至更残酷对待的是反抗的农民、不适合工业化的人,以及政治上的“敌人”。30年代早期,西伯利亚的强制性劳动营人口,因为这些人而更形膨胀。但是还没到最悲惨的地步,最惨无人道的是发生于1936年到1938年的“大清洗”,那是斯大林个人的猜疑性格,再加上他想要独自掌控决策的结果。

直到1934年为止,政治压迫的魔掌已经落在旧沙皇主义者,以及那些妨碍新作风的人身上。1934年12月1日,共产党书记基洛夫(Sergei Kirov)在列宁格勒被暗杀,而官方则指控“左派”的反对分子与暗杀行动有关。根据赫鲁晓夫于1965年在去斯大林化(de-Stalinization)的演说中所揭露的真相显示,斯大林可能亲自安排了刺杀基洛夫的行动,以便铲除对手。无论如何,在该次暗杀事件之后,接踵而至的是漫天飞舞的声讨与逮捕行动,残留下来的老布尔什维克领导阶层,以及所有那些被怀疑支持他们的人都遭到杀害。在这次的“大清洗”中,最令人惊讶的是一系列的审判表演,很多布尔什维克领袖在被枪杀之前,都供认各种叛国的罪行。“左派”反对分子的领袖加米涅夫与季诺维也夫在1936年被审判;1937年审判其他16位著名的布尔什维克党党员,包括曾于1920年率军挫败波兰军队的图哈切夫斯基(Mikhail Tukhachevsky)元帅在内;1938年则审判另外21位布尔什维克党党员,包括布哈林在内。

在比较低的层级上,毫无节制的揭发与告密行动,疯狂地弥漫在苏共、政府机关与一般公民之间。高级军官、外交官与其他似乎与外国人有联系(包括与外国共产党员联系)的人,受到特别严厉的清算。可能有700万俄国人,包括很多苏共党员在内,在“大清洗”中死亡。2000多万人成为囚犯与流亡者,小说家索尔仁尼琴(日后也成为他们之中的一个)将之描述为“古拉格”(Gulag):“一个神秘而恐怖的国家……拥有它自己的社会制度、自己的成文法与不成文法、自己的人民、自己的习俗、自己的统治者以及臣民。”①

30年代晚期,因为“大清洗”而使苏联人的生活深受毒害,并且引起激烈的争辩。当时有些富有同情心的西方观察家认为,那些老布尔什维克党员的供认,证明苏维埃的实验事实上是处于法西斯主义与资本主义势力的抨击之下,并且为求自保而被迫放弃公正的标准。现在看来,如果不是经过严刑拷打,至少也是为了挽救他们的妻子与儿女,他们才被迫招供。其他的西方观察家则断言,列宁先锋队的那以无产阶级名义行使独裁政权的概念里,早就存有专制统治的影子。还有一些欧美人,如凯南(George Kennan),则把“大清洗”归咎于斯大林本身的偏执狂。

在苏联国内已经爆发了与斯大林主义的统治有关,且最令人感兴趣的争论。赫鲁晓夫在1956年的苏共第二十届党代表大会上,揭开了评论斯大林这个“潘多拉的盒子”。苏联的历史学家迈德维耶夫(Roy Medvedev)认为,斯大林主义曲解了列宁那不完美但有希望的革命起点,斯大林在建立政党统治的原则时出现一些个人的过失,但是那些过失并不是不可

---

① Aleksandr Solzhenitsn, *The Gulag Archipelago, 1918—1956*, trans. Thomas P. Whitney (New York, 1974); Robert Conquest, *The Great Terror: A Reassessment* (New York, 1990), p.487.

避免的。索尔仁尼琴渐渐相信,列宁企图在一个低度工业化的国家里建立社会主义的尝试,注定是个错误,而斯大林只不过是“跟随列宁的脚步”。[①]

不论上述的解释是否适当,斯大林主义的血腥统治,使得苏维埃的经济成就在 1936 年以后,就不再那么亮丽耀眼。英国工党的知识分子比阿特利斯(Beatrice)与韦伯曾于 1935 年时,提及苏联是“一个新的文明国家”。另一位西方的新闻记者,则称 30 年代是俄国的“铁器时代”。[②]这个名词有两层含意:在重工业生产上的惊人成就,以及跌入野蛮落后的时代。

10.5 结　论

各国政府在处理经济萧条的挑战时各有成就。权力主义政权扩展了他们的工业势力,并且在低薪资的情况下依然可以维持社会秩序。因为试图实行通货紧缩的政策,而且陷入国内的社会冲突之中,所以自由主义的政权沉入前所未有的失业深渊里。自由主义的政治与经济政策的信用尽失。在伦敦、巴黎或共和柏林排队等待分配救济品的穷人眼中,不论是共产主义的苏联还是法西斯主义的意大利,都是一片脆绿的牧草地。然而,在 30 年代中期,当纳粹德国跃居成为欧洲大陆的工业与军事强国时,衰落的自由主义和成长迅速的权力主义的对比,给人们留下更强烈的印象。

后来,英国的小说家福斯特在他那以《民主的两声喝采》(*Two Cheers for Democracy*)为名的散文集中,总结他在主要的自由主义国家所感受到的怀疑和厌倦的气氛。自由主义国家失去欠缺物质和精神的经济萧条补救政策,而且也失去坚决反对独裁者的意愿。在 30 年代时,法西斯主义似乎是未来的潮流。

---

① Aleksandr Solzhenitsn, *The Gulag Archipelago, 1918–1956*, trans. Thomas P. Whitney (New York, 1974); Robert Conquest, *The Great Terror: A Reassessment* (New York, 1990), p.487.

② William Henry Chamberlin, *Russia's Iron Age* (Boston, 1934).

11–1　1933 年，希特勒在议会上宣誓，后方站立的是会议主席戈林。

第 11 章

20 世纪 30 年代的权力主义与法西斯主义的扩展

为“新人类、法西斯主义的人类、20世纪的人类”开路，以及“我们是决定未来命运的先锋”。[1]一度，这些20世纪30年代年轻的法西斯主义者的主张，似乎即将实现。虽然20年代时，只有意大利这一个政权，可以称为法西斯主义，但是在30年代时，还加入了纳粹德国，以及在受到法西斯主义影响的教权主义政权统治下的奥地利、葡萄牙；而1939年以后，西班牙也加入了法西斯主义的行列。向着权力主义政权发展的趋势，在30年代已经完全淹没了整个东欧（捷克斯洛伐克除外）。1934年，曾经一度出现法西斯主义运动似乎会推翻法国共和政体的局势。规模虽小却大肆声张的法西斯主义运动，在英国、低地国家与斯堪的纳维亚半岛非常活跃。虽然并不是所有的运动或政权都采用意大利法西斯主义与德国纳粹主义的独裁统治、指导式经济、反犹太主义以及放纵的力本论，但是30年代时，那些国家或政权大部分的政治基调与风格，显然都受到法西斯主义成就的影响。

法西斯主义似乎是未来的一股浪潮；相比之下，自由主义政权似乎已经过时且令人厌倦。奥地利的社会主义领袖鲍尔（Otto Bauer）曾经抱怨自由主义的欧洲，受到了那些“火车可以准时开动”[2]的法西斯主义国家那显而易见的机器效能的“蛊惑”。

---

[1] 罗马尼亚和丹麦的法西斯主义者——科德雷亚努（Corneliu Codreanu）与马瑟特（Anton Adriaan Mussert）。

[2] Otto Bauer, *Zwischen zwei Weltkriegen?* (Bratislava, Czechoslovakia, 1936), p.135.

11.1 德国:国家社会主义掌权

纳粹主义的复苏:1929 至 1932 年

甚至在 1929 年的大萧条之前,纳粹党就已经开始从 20 年代的晦暗岁月里,重新崭露头角。争辩规定分多年偿还赔款的杨格计划(1928—1929 年)时所激起的激情,为希特勒提供了自 1923 年鲁尔被法国占领以来最好的舞台。但是,真正为希特勒开辟一条康庄大道的,却是 1929 年的经济大萧条。1929 年的经济大萧条不但重新燃起人们对革命的恐惧,也暴露了魏玛共和国的软弱无能。

正如众所周知,1930 年 3 月之后,日渐恶化的经济使魏玛共和国根本不可能形成议会多数派。[①]1930 年 9 月 14 日的议会选举,只是证实了选民已经有多么激烈的极端化:纳粹党的席位从 12 席增加到 107 席,而德国共产党则从 54 席增加为 77 席。这种趋势一直持续到 1932 年 7 月的议会选举,当时纳粹党取代社会民主党,成为德国最大的政党,一共赢得 230 个席位。

支持希特勒的大批选民在面对因为经济萧条而混乱不堪的德国社会时,从希特勒的身上,找到了些许希望。希特勒的支持者包括日渐没落的小农场主、痛苦的店主、为减薪所苦的小公务员、愤怒的民族主义者,以及正在寻找特效药,以便阻止德国轻率地变成一个四分五裂、无所寄托、混乱失序社会的惊恐的保守派人士。

纳粹在新教徒的农业区成就非凡。石勒苏益格—荷尔斯泰因(Schleswig-Holstein)是一个蓄养乳牛与肉牛的小型独立农场区,也是纳粹党掌权以前,德国境内唯一一个希特勒的政党能够取得绝对多数选票的州。这里的农民对魏玛政权心怀强烈的敌意。1925 年的关税不但没能保护他们对抗从英国进口的冷冻肉品,而且还使德国进口的谷物饲料变得比较昂贵。[②]1927 年左右,当世界的农业开始衰退时,因为没钱偿债而被没收的农场和畜群的数量急遽攀升。农场主觉得他们是“利息奴隶”的受害者。因为这块土地曾经在 1866 年的战争中被普鲁士占领,所以石勒苏益格-荷尔斯泰因地区的农场主对政府更加没有信心。他们的生活方式似乎正在被社会民主党领导下的普鲁士那种毫无个性、邪恶的城市社会,以及最堕落的首都——柏林所吞没。因为坚信使他们深陷绝望的魏玛共和国的现任政治领袖,没有

---

① 参阅第 10 章。

② 20 世纪 20 年代,一家英国公司取得位于汉堡附近阿尔特纳(Altona)的冷冻肉品输入场的营业权。

任何办法可以解决他们的困境，所以石勒苏益格–荷尔斯泰因的农场主们，先是聚集到当地带有强烈国家社会主义色彩的农民政党下，最后转向支持国家社会主义党。这个地区小型的独立农场主，突然出人意料地从支持中产阶级的魏玛政党，转而支持纳粹党的情况相当特殊，非常值得我们深究。[①]在其他同样因债务而发狂、忧心自己的生活方式正在日渐消逝，以及忿恨地反对劳工、工会和城市的新教徒小农场主中，也可以发现类似的案例。

1932 年 7 月，没有哪个德国的选举区投给纳粹党的选票低于 20%。即便是社会民主党政治机器的势力已经稳固的城市也是如此。[②]虽然纳粹党确实是上层阶级的好邻居，但是弱势的下层中产阶级——零售商、工匠、低级公务员与那些处于独立职业底层的人——是最容易成为纳粹党新党员的人。在他们看来，魏玛共和国忽视了他们的权益。尽管工人拥有自己的工会和福利法，但是在面临经济萧条的时候，那些下层的中产阶级依然感到孤立无援。马克思主义政党对那些固守自己地位的德国中产阶级缺乏吸引力，而他们对上层阶级的精英分子所怀有的嫉妒和愤慨，更甚于钦佩。国家社会主义党对社会主义者以及大财阀的双线出击，拨动了衣衫褴褛的小资产阶级那根敏感的心弦。

在法拉达的小说《小人物，怎么办？》的结尾，人们并不清楚在被无情的百货公司解雇之后，主角会转向极“左派”还是极右派。但是当冷酷无情的资本家用手把他推向回家的人行道上时，这名新无产阶级充满了丧失社会地位的痛苦感。既然马克思主义政党只能号召那些准备好要接受工人阶级身份的人，所以纳粹党是唯一向所有绝望的社会阶层张开手臂的反对组织；因此，它的得票数从 1928 年时只有 2.6%，到 1930 年 9 月增长为 18.3%，然后到 1932 年 7 月再升到 37.3%。

希特勒那强烈的反共产主义立场，与大批追随他的德国农村及城市中产阶级的选民，引起了德国精英分子的注意。起先，对很多上层的德国人来说，希特勒似乎是粗野而且令人讨厌的。但是希特勒比任何人更严厉地反对马克思主义，而且在展现了他的选举魅力之后，德国的领袖们就急切地希望能利用希特勒的势力，来巩固自己的权力。

德国知识分子的领袖帮忙铺设了这条道路。早在拿破仑战争时期，在区分侵略者的自由、平等与博爱的价值观时，支持民族主义的教授们，就曾经试图激起人民对德国文化的骄傲。19 世纪，反犹太主义和否定西方自由主义的知识分子更加普遍。20 世纪初，文化悲观主义的情绪，普遍弥漫在德国的知识分子心里。他们需要一个可以从丑陋堕落的工业城市、软弱的资产阶级与无根的外国侨民手中，挽救德国人的血、土地和理想主义的救星。虽然在国家社会主义运动茁壮成长之时，确实给粗鲁、没教养的纳粹党以个人支持的，只有少数主要知识分子，但是在知识分子的助推下，纳粹党所宣传的主题确实被人们接受。

[①] Rudolf Heberle, *From Democracy to Nazism. A Regional Case Study of Political Parties in German* (1945; reprint ed., Baton Rouge, La., 1970).

[②] 得票数最低的地区是社会民主党控制下的柏林、天主教中央党控制的科隆，以及由天主教势力控制的下巴伐利亚农村地区。

企业家对希特勒的协助也有诸多争议。举例来说，强有力的联合钢铁公司(德文名为 Vereinigte Stahlwerke)继承人弗里茨·蒂森(Fritz Thyssen)，就曾为希特勒提供大笔的资金。1930 年希特勒赢得选举之后，人们对他更感兴趣，有名的大型企业集团如杜塞尔多夫工业集团(Düsseldorf Industry Club)就曾经邀请他演讲，帮助希特勒建立值得人尊敬的形象。在这种场合下，希特勒强调运动的反社会主义层面，并且否认他有些伙伴反资本主义的说辞。但是，若说德国的大企业对希特勒的成功贡献显著，则实情并非如此。希特勒主要的资金来源是销售政党集会时的门票。企业家为比较安全的中间派议员及保守派领袖(如帕彭)提供更多的政治献金。但是在 1933 年 1 月，当他们理解可能会由传统的保守派人士来统治政府时，他们做出了接受希特勒进入政府的决定性选择。

老牌的民族主义者，努力试图吸纳希特勒加入他们。虽然他们比希特勒有钱，但是希特勒却拥有庞大的民众支持当靠山。希望希特勒成为自己的下属而不是敌人的休根堡(Alfred Hugenberg)，于 1929 年时曾企图与希特勒携手对抗杨格计划。休根堡是克虏伯公司的前任董事，在 1928 年时担任德国国家人民党(German National People's Party，DNVP)的领袖。

布吕宁总理本人，也试图取得希特勒的支持。他制定的通货紧缩经济萧条补救方案，让他四处树敌，所以他需要希特勒的支持。布吕宁的经济政策实在太不得民心，以致他无法利用现有的政党组成任何议会的多数派。他必须借助总统政令或者找出新的方法取得群众支持，才能继续执政。换句话说，只能用强制或哄骗的方式，才能执行通货紧缩的政策：而不论是采用强制还是哄骗的方式，都非常需要希特勒那大批的支持者与令人震惊的军队。

在影响力上升的气势鼓舞之下，希特勒和他的拥护者尽一切所能，增添可以造就他们繁荣兴旺的危机气氛。他们给人一种除了少数德国共产党之外无人能比的坚韧和强硬，以及反马克思主义的狂热远超过任何其他右派势力的印象。褐衫军(brown-shirted SA，冲锋队员〔Sturmabteilungen〕)召集群众集会，驱散极"左派"分子的示威运动，捣毁"左派"分子的办公室，并且在街道上与马克思主义者展开激战。艾伦(William Sheridan Allen)的《纳粹夺权：一个德国小镇的经历》(*The Nazi Seizure of Power: The Experience of a Single German Town*，1984)一书中的主要场景，一个小市镇，在 1930 年到 1933 年之间，发生了不下 37 次的政治性街头巷战，其中有四次全面性的混战。上述的数据并不包括发生的没有出现暴力的阻止政治集会的行动次数，或者必须请求国家警力增援地区警力的次数。起初的混乱气氛让很多保守派的德国人，纷纷指责失业是导致社会混乱失序的根源，"左派"分子火上浇油地鼓动混乱，而魏玛共和国则无力制止。对这些人来说，希特勒以暴制暴的手法，让他们看到了使上述三方人马就范的希望。

魏玛共和国的结束：总统制政府，1930 至 1933 年

根据魏玛宪法的规定，随着 1930 年 3 月 27 日，穆勒总理的多数派瓦解，议会制政府就

已经停止正常运作。[1]这一段时期，人们还不清楚要如何取代停摆的议会制政府。

可能性之一是组成纯粹的社会主义内阁。毕竟，在魏玛共和国的第三届议会里，社会民主党依然是德国最大的政党，他们在1928年的选举里，赢得了大约30%的得票率；连同德国共产党，马克思主义者已经取得40%的公民选票（与纳粹党的2.6%相比）。不过，这个可能性只是纸上谈兵。因为自1917年以来，社会民主党和共产党就已经严重分裂。此外，根据魏玛宪法的规定，在没有议会多数派的情形下，少数派内阁在紧急情况时必须依赖总统直接颁布法令的权力来执政。而自从温和的社会民主党总统艾伯特于1925年辞世之后，继任总统的兴登堡更加保守。

第二个可能性是，通过选举重新组成具有凝聚力的“左派”、中间派或者右派的议会多数派。事实上，从1930年到1933年间，德国民众确实经历过一股毫无节制的选举潮：三次国会选举（1930年9月、1932年7月与1932年11月），一次两阶段总统大选（1932年3月），再加上多次的州政府选举。虽然在1932年7月时，纳粹党取代了社会民主党成为国会最大党，温和稳健的各党派也已几乎绝迹，但是因为经济萧条政策与国家政策上的歧见，所以始终没能出现具有一致性的议会多数派。就在这一段时间里，很多德国人对选举进程的理想破灭。

1930年3月以后，接踵而至的是一系列没能取悦任何人的妥协。虽然不断在频繁举行的选举中找寻议会多数派，但是一任接一任获得兴登堡总统的个人信任而主持总统制政府的保守派总理，都请求总统依据宪法第48条的规定签署他们的政令。在1930年到1933年1月间，依次有三位总理利用这种方法执政：布吕宁（1930年3月—1932年7月）；帕彭（1932年7月 12月）；以及施莱谢尔将军（1932年12月—1933年1月）。这种情况显然为那位年迈而又易受影响的陆军元帅（指总统兴登堡）带来莫大的权力。从1930年到1933年之间的德国史，是一篇人人密谋策划以便取得总统信任的故事。当然这有助于说明希特勒就职总理有多少必然性，以及这一小撮人应担负多大的直接责任。

正如我们所了解的，在唯一的一次选举努力——1930年9月14日的国会选举——之后，布吕宁总理被迫以总统的支持为靠山，而让纳粹党有机会展现他们对民众的吸引力。虽然社会民主党并未试图反对政府（他们对魏玛体制的忠诚立场崇高但不利于己），但是布吕宁的回忆录让我们清楚了解，他最希望的是吸纳纳粹党的拥护者，加入新的天主教-民族主义者（Catholic-nationalist）组成的议会多数派联盟。[2]然而，虽担忧未来的选举，但是在总统的支持下，他依然继续在国内实施通货紧缩以及不与国外妥协的双胞胎计划。双胞胎计划的全盘失败，让他只能完全依赖兴登堡的友谊，但是那位老人家却已经越来越容易受到少数亲信的影响。1932年5月，这些亲信说服兴登堡以比较愿意利用纳粹运动来达成保守派目标的人来取代布吕宁。

---

[1] 参阅第10章。

[2] Heinrich Brüning, *Memoiren, 1918–1934* (Stuttgart, Germany, 1970), p.461.

于是兴登堡随即任命帕彭担任总理。帕彭是一位天主教贵族，有良好的社会关系与极端保守的信念。帕彭在几乎得不到议会支持的情况下，组合了一个“男爵内阁”(ministry of barons，成员为高级军官与高级公务员)。帕彭以两项受到极右派支持的、引人注目的法令，开始运作他的内阁。7 月 16 日，他废除布吕宁于 4 月时严禁纳粹冲锋队的禁令，恢复了希特勒掌控街道的可能性。在接踵而至的纳粹党和“左派”示威运动之间的争斗事件中，不过短短数周的时间，就有 103 人丧生，数百人受伤。[①]这场混乱让帕彭有借口消灭民主主义“左派”分子最后仅存的堡垒。7 月 20 日，帕彭挟着总统的紧急权力，将通过正当选举产生的社会主义党和中央党政治联盟的普鲁士州政府赶出办公室，并将州警置于军队的控制之下。然后，在 1932 年 7 月 31 日，帕彭举行新的国会选举，纳粹党的支持率从 18%跃升为 37%。

11–2　纳粹党的选举海报：“妇女同胞们！数百万的男性同胞没有工作，数百万的儿童没有未来。救救德国的家庭吧！请投票支持希特勒！”

希特勒现在直接向兴登堡总统要求官职。但是他们的会谈很不愉快。兴登堡在事后谈到希特勒时说，“那名下士”性情古怪，最多只适合担任邮政部长。[②]因为被老兴登堡的唐突无礼激怒，希特勒坚持如果不是担任总理的职位，他便什么也不做。帕彭相信自己可以通过积极参加竞选摧毁纳粹党，然后把纳粹的追随者都拉进他自己的政治阵营里。1932 年 11 月 6 日的选举结果，似乎证明他的策略确实可行。纳粹党因为经历第一次的选举失利(得票率从 37%跌到 33%)，而感到筋疲力尽并且深陷债务的泥淖之中。但是，帕彭依然无法组成可以展现他的努力的议会多数派。

此时，个人的谋划已经到达最具决定性的关键时刻。帕彭打算利用总统的权力来暂缓选举，并且公然反对魏玛宪法，提议组织一个非议会制的政权。但是兴登堡的亲密战友施莱谢尔将军却说服总统相信，军队无法处理可能因此引发的国内动乱。施莱谢尔提议再试一次议会多数派的执政方式。他可以让“左派”的纳粹党员施特拉塞(Gregor Strasser)以及他的追随者脱离希特勒，并且扩展与“左派”工会干事的关系以组成政治联盟。这也许是在从 1916 年到 1918 年的军事政府统治时期，军队与工会合作的最后一次回响。[③]施莱谢尔于

[①] Ian Kershaw, *Hilter 1886—1936: Hubris*(New York, 1999), p.368.

[②] Alan Bullock, *A Study of Tyranny*, 2nd ed.(New York, 1962), p.187.

[③] 参阅第 4 章。施莱谢尔曾经与格勒纳将军共事。

11-3 德国新任总理阿道夫·希特勒,副总理弗朗茨·冯·帕彭(左)和宣传部长约瑟夫·戈培尔(右)在 1933 年 5 月的一场青年典礼上。

1932 年 12 月 2 日,接替帕彭就任总理一职,并且开始着手组织这个拜占庭式的政治联盟。

义愤填膺的帕彭却联合施莱谢尔所有的政敌,重建了一个属于他自己的政治联盟。现在,自 11 月的选举以来就忧心自己明显衰退的时运,并且急于阻止施特拉塞背叛的希特勒，表达了与帕彭合作而不打算单独统治德国的意愿。因为对施莱谢尔将工会会员引进政府的努力感到厌烦，所以重要的企业巨头们转而支持帕彭。当施莱谢尔的计划因为工会会员和温和政党的领袖们拒绝加入而破产时，帕彭的新政治联盟却已经准备好要上路了。帕彭提议让希特勒担任总理，自己担任副总理，而民族主义领袖休根堡则担任财政部长。不过这个联盟因为成员之间充斥太多的不信任，所以除非面临被施莱谢尔排斥的威胁，否则无法合作。

有人说服兴登堡，帕彭的计划可能达到自 1930 年以来，各任总理努力寻求但始终无法取得的成就。由希特勒—帕彭—休根堡联合组成的政治联盟政府，有机会排除社会民主党和共产党取得议会多数派的机会，而且可以利用在可靠的保守派政治联盟里吸收他们的领袖的方式，来迫使纳粹党与他们保持一致的步调，并且废除临时拼凑出来的总统制政府。在 1933 年 1 月 30 日，兴登堡接见了希特勒，并且任命“那名下士”出任德国政府的总理一职。

很多人都必须分担将希特勒送上权力高峰的责任。让他拥有压倒性选举实力的选民，赋予他基本的影响力。但是，1932 年 11 月，当希特勒的选举实力不但无法组成国会的绝对多数派，而且有开始式微的迹象时，兴登堡总统和围绕在他身旁的阴谋家，为了一己私利，努力笼络纳粹党的街头势力及其选举势力，因而挽救了希特勒的颓势。企业家、军官与其他的保守派人士，都乐于默认任何可以将马克思主义者赶出政府机关的政治联盟。

虽然在 1932 年 11 月，至少有 63%的选票投给了非纳粹政党，但是反对派人士依然无法赢得以人数取胜的议会多数派。温和派的政党宁可与纳粹党组成政党联盟，也不愿意与马克思主义者合作。因为深信希特勒代表的是垂死的资本主义的最后一个阶段，所以德国共产党在 1932 年春天的反社会主义党——中央党普鲁士州政府的请愿，以及 11 月的柏林运输工人罢工事件里，与纳粹党有实质上的合作。他们对社会民主党抱有极深的敌意，称呼那些在危机时刻依然如常满足于政治操作的敌人为“社会法西斯主义者”。事实上，社会民主党也的确如此。虽然他们曾经利用大规模的罢工运动，阻挠过 1920 年的卡普暴动，但是他们并没有用相同的努力，来反对如 1932 年 7 月帕彭驱逐普鲁士州政府这类明目张胆的不法行为。

希特勒的夺权或登上权力高峰，并不是德国历史不得不然的宿命。他是凭借庞大的选票暂时取得卓绝的声望，并且利用阴谋诡计谋得官职，而最后则在大多数一般非纳粹党公民的默许下上台执政的。

掌权后的革命：1933 至 1939 年

让希特勒担任德国政府的总理意味着什么呢？兴登堡身旁的保守派政治家、高级军官与高级官员认为，利用希特勒的庞大追随者，他们至少摆脱了临时拼凑的总统制政府。但是，希特勒却希望能利用这个官职来巩固他那依然有限的势力。日后证实希特勒的解读是正确的。如果纳粹革命会发生，那么也将是在他已经成为总理之后，而不是之前爆发。

11-4 纳粹党在 1934 年 11 月为了利用新的电影媒体，特地于纽伦堡举行集会。这部由莱妮·瑞芬斯塔尔所拍摄的杰出纪录片《意志的胜利》，企图让世界遗忘 7 月里的那个“长刀之夜”，并希望让人们感受到在“元首”背后所有德国人团结一致的假象。

希特勒努力使人们强化共产党的阴谋集团正在积极活动，只有纳粹党可以有效应付共产党阴谋的印象。随着 1933 年 2 月 27 日到 28 日夜晚发生在柏林的国会大厦纵火事件，希特勒的机会终于来临。虽然没过多久，人们就知道该次纵火事件，是纳粹党雇用智力有缺陷的荷兰年轻共产党党员范·德·卢勃(Marinus van der Lubbe)放的火。①不过纳粹党党员确实真的相信即将发生一场共产党革命。很多德国民众也有这种歇斯底里的情绪，而且有更多人毫不反对大规模的逮捕行动，以及后来对共产党领袖的公开审判。一项在 2 月 28 日颁布的政令，宣布暂时取消人民的言论与集会权利（事后证明其实是永久取消），以“作为抵御共产党暴力行动的预防措施”。

① Fritz Tobias, *The Reichstag Fire*, trans. Arnold J. Pomeranz(New York, 1963)一书认为，事实上是卢勃自己单独放火烧毁国会大厦，后来有很多调查结果也支持这项推论。在 Hans Mommsen, “The Reichstag Fire and Its Political Consequences,” in Hajo Holborn, ed., *Republic to Reich: The Making of the Nazi Revolution*(New York, 1972)，这本书也提到过这个事件。这个问题依然颇具争议性。

在权势集团内部，希特勒的支持者希望他提供一个可以打破自 1930 年以来，就使德国政治生活陷入选举僵局的方法。但是即使握有所有国家资源的支配权，再加上冲锋队预先计划好的暴力行动，希特勒所推荐的候选人，也依然无法赢得绝对多数的选票。在 1933 年 3 月 5 日的选举中，纳粹党夺下 288 个席位，接近总投票数的 44%。天主教中央党的地位依然稳固，而社会民主党和共产党则瓜分了将近 1/3 的选票。选举结果依然没有让任何一方取得毫无疑议的绝对优势。

于是希特勒提出授权法案，建议授权身为总理的他在往后四年的执政期间，有自行颁布法令的权力。纳粹党、休根堡的民族党，以及天主教中央党囊括通过修宪门坎所需的 2/3 的选票。只有 12 位已经被捕下狱的社会民主党众议员，投票反对这项提案；而这时共产党的众议员则已经全部被关在牢里。1933 年 3 月 23 日，以 441 票对 92 票的投票结果，通过了这项让希特勒不需要接受总统的签署与议会的限制，就能直接公布法令的法案。由于感受到德国的共产主义革命已经迫在眉睫，所以希特勒并未受到任何德国温和主义者的大力反对。这个阶段过后，希特勒已经掌握了所有的统治权。

紧接着的是德国历史学家称之为“一体化”(Gleichschaltung)的过程。并没有精确的英文字词可以完全表达“一体化”这个字眼的含义，但是这个词大致是“齐平”或“协调一致”的意思。一个步骤接着一个步骤，在接下来的四年里，所有的公共机关与所有先前曾经享有庞大自治权的德国传统组织——军队、教会、官僚政治兵团——都在威胁利诱的手段下被一体化。

希特勒不曾用纳粹宪章(Nazi charter)来取代魏玛宪法，然而他对德国的公共秩序做了些决定性的变革。直到 1933 年 7 月 14 日为止，各政党不是被查禁(共产党、社会主义者)，就是被劝服解散(中央党、民族主义者)。纳粹宣布国家社会主义党是德国唯一的合法政党。利用官派州长(总督)来替代人民推选的州政府，并且废除代表各州的德国上议院，以削减联邦各州的政治自治权，而这甚至是连俾斯麦都不敢轻举妄动的举措。因此，德国首度从联邦体制的国家变成一个中央集权的国家。最后，在兴登堡总统于 1934 年 8 月辞世之后，希特勒就接任了总统的遗缺，并且杜绝所有来自上述各方面的反对势力。

《种族法案》(*Racial Laws*)让纳粹党可以如愿实行他们的反犹太主义。早在 1933 年 4 月，政府机关就已经将所有的“非亚利安人”(non-Aryan)公务员逐出机关外。影响最深远的是 1935 年 9 月发布的《纽伦堡政令》(*Nuremberg Decrees*)，该政令剥夺了犹太人的公民权，并且禁止犹太人与“亚利安人”通婚。此外也限定各行业中的犹太人名额。1938 年 11 月，一名犹太人在巴黎暗杀了一位德国外交官之后，纳粹党采取了更残暴的措施，强迫犹太人变卖或放弃他们的资产，并且移居国外。11 月 9 日夜——水晶之夜(或称“碎玻璃之夜”)，冲锋队在整个德国击毁了 7500 家犹太人的店面，烧毁 200 多家犹太教堂，并且杀害了 91 名犹太人。除了拒绝理赔犹太人所蒙受的损失之外，德国的犹太人被处以 10 亿马克的罚金，还有 2 万名犹太人被成群送往集中营。

11–5 1933 年,德国总统兴登堡和他的新总理希特勒。次年兴登堡总统去世,希特勒在权力争夺上再无敌手。

希特勒还尝试将教堂变成国家政策的工具。很多纳粹党支持者参与其中,而且没能形成一个反对派核心的新教教会,特别容易受到纳粹党的影响。希特勒联合许多国家赞助的马丁路德教派教会,在政府的授意下,组成单一的德国福音派教会(German Evangelical Church);而反对派领袖,如马丁·尼默勒(Martin Niemöller)牧师则身陷囹圄。团结统一而且由国外领导的天主教教会,比较不容易受纳粹党的控制。但是由于急切地想要保护德国境内的天主教学校体系,所以天主教教会于 1933 年 7 月和德国签署协议,禁止神父参与政治,并且允许纳粹政权在任命主教时有发言权。

外交使节团与军队是最后一批被一体化的德国团体。当外交部长诺伊拉特(Baron Konstantin von Neurath)以 65 岁之龄于 1938 年 2 月卸任时,他的职务就由纳粹党的忠贞分子里宾特洛甫(Joachim von Ribbentrop)接任,这表示纳粹党的势力已经侵入传统上由职业外交官所组成的外交使节团。与此同时,军队领袖——军政部长勃洛姆堡(Werner von Blomberg)将军与总参谋长冯·弗立契(Werner von Fritsch)将军——也因为捏造的不当性行为的指控而被免职。

11-6　1938 年 11 月 9 日到 10 日夜晚，纳粹党的军警成群结队地纵火、破坏，并且杀害德国的犹太人。在图中的柏林街景里，行人正走过数千家被破坏的犹太人商店之一，因为事件过后留下满地的碎玻璃，所以人们称这个事件为“水晶之夜”。

最后，正如我们已经了解的，在集权国家的指导下，德国的经济因为受到公共工程与重整军备的刺激而极度活跃。[①]尽管纳粹党的宣传迎合了农夫和工匠的口味，但是在 1939 年时，德国已经拥有更多的大企业以及人口更稠密的城市，而小农场主和工匠的人数却比 1933 年时少。

掌权后的革命并不是某些纳粹理论家所期盼的“二次革命”。菲德（Gottfried Feder）希望能抑制大企业、支持小企业。罗姆（Ernst Röhm）期待清除旧社会的精英分子，并且以新的纳粹党党员来取代之；他尤其希望能用以他的褐衫冲锋队为基础所建立的民众军队，取代传统的军官团。但是，在将德国的公共团体与纳粹党一体化的同时，希特勒也必须把政党里的异己分子和国家的实际权力资源——大企业、官僚机构与军队——带向一体化。他利用谋杀的手法来达成这个目的。在 1934 年 6 月 30 日那个令人不寒而栗的“长刀之夜”（night of the long knives）里，精选的小队突然袭击这些人士的住宅与公寓，并且据估计大约夺走了

① 参阅第 10 章。

150—200 条人命：罗姆和大部分的冲锋队领导层、1932 年曾经试图阻挡希特勒登上权力宝座的施莱谢尔，以及想要从施莱谢尔手中接受内阁职位的激进派纳粹党党员施特拉塞，都命丧当晚。此后，纳粹党内就不再有反对希特勒的声音了。

希特勒也有效地消弭了来自一般公民的反对声浪。这些反对的声浪依然带有共产党的味道，而所受到的刑罚也相当严苛。不过最重要的是，希特勒不断取得的经济与策略性成就，足以平息一切批判。

1939 年时，德国已经从一个被人蔑视的国家，变成欧洲人最恐惧的国家。但是希特勒的一体化，并没有让德国真正变成一部运作顺畅的战争机器。现在我们已经知道，在很多情况下，这个政权是借助精心策划的对抗行为来维持运作。纳粹党侵犯了政府职业文官的领域；军队也对希特勒日渐壮大的私人武装部队党卫军（*Schutzstaffel*, or SS）感到不满。因此，一体化的顶点是通过约瑟夫·戈培尔的宣传活动以及越来越专制的警力，来制造一种团结高效的表面印象。

11.2 教权主义的权力主义

20 世纪 30 年代的反自由主义浪潮，使信奉天主教的欧洲呈现出一种特殊的风气。在魏玛共和国温和的立宪派政党之中，天主教中央党能在 1930 年到 1933 年间严重两极化的选举中，依然维持他的选民基础，绝非偶然。无论如何，不曾接受过 19 世纪自由主义的个人主义（individualistic）与反教权主义宗旨的欧洲天主教徒，拥有自己的反自由主义政治策略。在 1929 年以后，天主教党派的候选人依然如以往般坚定地采取这种策略。

19 世纪晚期，天主教会曾经努力保护自己不受自由主义的影响：政教分离的观念；每个人都主宰自己意志的个人主义主张；提倡实施免费的、公民的与义务的教育，并以非教徒取代神父担任教师。最积极反对天主教原则的是法国的共和政体与君主立宪的意大利新政体：意大利在 1870 年时攻克罗马与教皇国；法国在 19 世纪 80 年代实施世俗的公民教育，并且在 1905 年实行政教分离的政策。

所以，天主教的社会与政治思想主流，依然对立宪派的自由主义与个人主义怀有敌意。即使是最终仍同意法国和意大利的天主教徒参与共和政体选举政治的教宗里奥十三世，在《新事》通谕（1891）——天主教会第一份“论及劳工状况”——的正式宣言中，也主张应该以等级制度来看待对社会的权利与义务的基本观点。根据里奥十三世的看法，在井然有序的等级制度社会中，各个阶级都享有与其身份相称的权利，也应该行使与其身份相称的义务：劳工应该尊敬并服从他们的雇主；雇主应该尊重并且仁慈地对待劳工。有些更激进的天主教社会思想家，抨击资本主义的冷酷无情以及漠视劳工权益。但是他们并不主张废除私有财产。他们认为应该以道德重生来净化人心，基督教雇主应如监护人般善待他们的雇员。

经济萧条再度兴起天主教徒对自由、放纵、开放的资本主义的批评。在他的教皇通谕

《四十年》(*Quadragesimo Anno*,1931)[①]中,庇护十一世(Pope Pius XI)根据"自然的法则,或者更确切地说,上帝的启示"的观点,描绘了经济与社会体系的典范。他主张,财产是合法的,而"如同鸟儿会飞一般,人生来就是要劳动"。但是资本家掌握了"过多利益",在"所谓曼彻斯特学派(Manchester School)的自由主义信条"之下,只留给劳工"仅仅足以维生"的利益。更糟糕的是,自由竞争已经使"少数人掌握了庞大的势力,并且造成经济垄断的局面"。劳资双方都必须服从社会的整体利益。必须限制自由竞争,劳工必须得到足以"改善"无产阶级生活条件的"合理薪资",而资方只应该得到"生产收益的合理分摊"。

教皇承认,只有政府才能执行这项社会重建的工作。他认为最合适的体制是统合主义。国家必须授予由同一行业或同一专业的劳资双方代表所组成"联合会或社团组织"实质垄断的地位,然后由联合会或社团组织来处理与共同利益有关的问题;并且应该禁止罢工与停工。这种制度的优点是"使各阶级和睦合作,压制社会主义者的组织与势力",并且保护"人类社会的和平与安宁……抵抗革命力量的入侵"。

遵循教皇庇护十三世的社会经济观点的追随者,坚持与希特勒的国家社会主义保持距离。他们拒绝纳粹主义的无神论、追求一己私利的狂热行动,以及绝对忠诚于国家的观念。他们渴望建立一个有组织的社会,在那个社会里是由"自然"的团体和谐地管理社会,而且也不会有极为富有和极为贫穷的人。但是,与纳粹主义一样,他们要求个人应服从社会整体利益,并视社会主义为主要的敌人。他们帮忙铺设了让天主教国家人民愿意接受权力主义政权的道路。

葡萄牙:萨拉查

在经济大萧条之前,1926 年的一场军事政变,推翻了才存在六年的葡萄牙共和国。军事执政团(military junta)的财政部长安东尼奥·德·奥利维拉·萨拉查,在 30 年代以该政权的强人姿态出现。虽然他很乐于由将军们执行总统的职务,但是身为总理(1932—1969 年)的他,实际上是以自己的风格来管理葡萄牙。

萨拉查是一位天主教集成主义者(Catholic Integralist)。[②]他认为团体的需求应该优先于个人的权利,并且渴望建立一个每个人都知道自己的地位,严守自己本分的等级制度社会。承认稳定社会秩序、对人类进步的可能性抱理性的怀疑,以及虔诚的信仰,是萨拉查政权的标识。

萨拉查曾经放弃神学院的学业专攻经济学。身为科英布拉大学(University of Coimba)保守派的年轻学生领袖,他从查尔斯·莫拉斯(Charles Maurras)的"法西斯行动"运动中找到

---

① 在官方的英文记录中,这部分的内容是:"教皇的通谕……按照福音书的箴言来重建社会秩序并使之臻于完美。"开头的拉丁文"四十年",指的里奥十三世发表教皇通谕《新事》(*Rerum Novarum*,1891)的四十周年纪念。

② 参阅第 8 章。

了自己的价值观。1928 年，当时是科英布拉大学经济学教授的萨拉查进入政府任职，奉命带领新的军事执政团摆脱财政困境。萨拉查是一位严格传统的经济学家。对他来说，平衡的预算是神圣不可侵犯的信条。他利用削减经费来使收支平衡，并且清偿国家债务，但是也让葡萄牙的经济在落后并近乎停滞的状态里，度过长达 20 年的岁月。1934 年时，葡萄牙的工业总产值只有农业的 1/5。一直到 1953 年至 1958 年间，萨拉查才为了积极促进工业发展而执行第一个开发计划，但是伴随开发计划而来的是国外资金的需求，以及引发社会动乱的风险。

在政治上，萨拉查也采取类似的稳定策略。1933 年的宪法保留了无党派内阁与社团法人内阁(Chamber of Corporations)，但是却不允许反对党的候选人存在，而且总理只需要对总统负责。宪法还规定禁止罢工；已婚女性不能出外工作。萨拉查政权让葡萄牙的政治处于昏睡状态，直到 1958 年，一位反对党候选人出马竞选总统为止。1959 年，萨拉查废除了总统选举。

1936 年，萨拉查政权有着些许法西斯主义的色彩。一场义不容辞的年轻人运动——身着绿衫的葡萄牙绿衫军(Mocidade Portuguesa)，号召所有 7 岁到 14 岁的年轻人参加运动。准军事性的葡萄牙军团(Portuguese Legion)采用罗马军团的礼仪。以维持秩序为名的严格审查与严密的警察控制，限制了人民自由活动的权利。这个政权现在称为“新国家”(New State; Estado Novo)。

但是萨拉查政权毕竟比法西斯主义保守。萨拉查本人是一名主张禁欲的单身汉，他尽量回避公开露面的机会，而且也没有动员热情的群众。在 1933 年与 1934 年，他不动声色地击败了企图建立独断的法西斯主义政党的国家工团主义运动（National Syndicalist movement)。萨拉查选择的是稳健而不是冒险、安全而不是激进的策略。在谋求安全之计时，他甚至牺牲了经济成长，以求保全集成主义天主教统合主义的价值观与社会安定。

基督教社会的奥地利：陶尔斐斯与舒施尼格

签订《凡尔赛条约》之后的奥地利，变成了一个“脑积水的怪物”。它的大脑袋瓜，是以前哈布斯堡王朝的首都——有 200 万世俗居民的维也纳；而那个与头部不成比例的小身躯，是以前哈布斯堡王朝的日耳曼地区，大约有 400 多万的奥地利人——大部分是高山农场主——居住于此。1919 年，几乎每一个奥地利人都很渴望的一个与德国联盟(*Anschluβ*)的解决方案，为和约中属奥地利部分的《圣日耳曼条约》(*Treaty of sanit Germain*)所禁止。只有在协约国的大笔贷款支持下，这个狭小的新国家内部的经济活动才能步入正轨，但是庞大的贷款却迫使奥地利的国家预算处于银根紧缩的经济状态下。因此，处在这种背景下的议会制政治，从来不曾在稚嫩的奥地利共和国(Austrian Republic)发挥作用，实在不足为奇。

20 世纪 20 年代，奥地利的政局是两股相互对立的力量陷入僵持的状态。社会民主党团结得令人生畏，利用自己的准军事武装部队(*Schutzbund*)构筑堡垒，盘踞维也纳。与共产党决裂对他们势力的影响，比大部分西方马克思主义政党来得小的奥地利社会民主党(Austrian Social Democrats)，在博学多闻的鲍尔领导下，依然势力庞大而且毫不妥协。奥地利松散的联邦架构，使社会民主党在维也纳拥有庞大的势力。它在维也纳精心设计了一个社会福利方案，包括如1500户的马克思大院(Karl-Marx-Hof)般的大规模公共住宅计划。处于反马克思主义一方的是基督教社会党(Christian Social Party)，联合了大部分奥地利其余地区恐惧"红色维也纳"(Red Vienna)的天主教教徒。基督教社会党是由严厉的神父，同时也是神学教授的伊格纳茨·塞佩尔(Ignaz Seipel)所领导。他给外界的观察家留下一种反改革(Counter-Reformation)运动者的印象。[①]同样也站在反马克思主义立场的是另一股准军事力量——国民自卫军(Home Guard; Heimwehr)。这是一支在第一次世界大战后不久，散漫地纠合当地民兵而组成的军队，以对抗革命并且防范附近奥匈帝国其他继任国的可能侵略为目的。虽然在从1923年到1927年的大部分时间，塞佩尔神父都借助反马克思主义的新教徒与农民党(Peasant Party)设法继续执政，但是不论是社会民主党还是基督教社会党，都无法获得超过45%的选票。最好的情况是，这两个敌对的阵营只是彼此互相敌视；而最坏的情况则是他们决心斗争到底。在1927年7月15日那个黑色的星期五，示威行动已经超出维也纳的掌控。司法大厦被烧毁，而在这次警方失控的报复行动中，有87人丧命。

1930年后，又因为两个另外的因素，而使这种前途毫无希望的情况更加恶化。风雨飘摇的奥地利经济，特别容易受到经济萧条的影响。正如我们已经提到过的，维也纳的大型银行——信贷银行的倒闭，引爆了1931年夏天的欧洲银行危机。此外，反马克思主义的行动逐渐被从巴伐利亚向外蔓延，而且迅速壮大的纳粹运动所吞没。因为议会陷入僵局，几乎濒临分裂，所以出现某种形式的权力主义政权似乎势不可免。因为不依靠外援不可能解决问题，所以在奥地利境内的问题已经变成国际性问题。纳粹党向希特勒求助；而基督教社会党则转而请求墨索里尼的支持。

恩格尔伯特·陶尔斐斯(Engelbert Dollfuss，1933—1934年任总理)的基督教社会党独裁政府，结合了国内的基督教、统合主义权力主义，在意大利的支持下，实行独立于德国的外交政策。鲁莽的性格比矮小的身材(约150厘米)更难弥补的陶尔斐斯，认为可以利用"以保卫奥地利独立以及国家的统合组织为共同基础的单一政党"来掌理政事。[②]

1933年3月，陶尔斐斯解散了陷入僵局的议会。然后他开始架构一个宣称是世界上第一个以1931年的教皇通谕《四十年》为基础的新政权。只允许祖国阵线(Fatherland Front)这个政党存在。陶尔斐斯削弱了维也纳社会民主党市政府的独立性，并且限制社会主义者的

---

① 事实上他出身平民，是一位马车夫之子。

② 引自 French Minister to Sustria Gabriel Puaux，September 15，1933. *Documents diplomatiques français，1932-1939*，Ire série，Vol. 4，p.367.

报纸与组织,又恢复 1919 年所废除的死刑。国民自卫军为这个政权提供突击队。政府不干预反犹太主义,并通过协议让天主教教会在公共教育上扮演重要的角色。终于,在 1934 年 5 月颁布的新宪法,以一系列的合作委员会取代“言过其实的议会主义”,不过合作委员会里大部分的成员都是政府指派的。

社会民主党发现他们的活动受到越来越多的限制。最后,决心不重蹈德国社会民主党在与希特勒斗争时陷入被动的覆辙,奥地利的“左派”分子开始采取行动。在国民自卫军的部队袭击位于林茨(Linz)的社会民主党总部,并且夺走一些武器之后,社会民主党决定出动维也纳的准军事部队,并且开始发动全面性罢工。陶尔斐斯动用军事力量回敬他们的行动,包括在 1934 年 2 月 12 日以大炮攻击马克思大院的公寓小区。当天有 193 名平民被杀,政府的军队则折损 128 名士兵。社会民主党的报社与组织也被查禁。

陶尔斐斯坚称他的政权不是法西斯主义政权。为了保卫自己不被无神论与中央集权的德国独裁政府吞并,这个基督教社会党的政权,甚至禁止纳粹党在奥地利境内活动。1934 年 3 月,陶尔斐斯与墨索里尼及匈牙利权力主义首相尤里乌斯·贡伯什(Julius Gömbös)洽商联盟事宜,以便帮助他执行这项政策。当一帮纳粹党党员于 1934 年 7 月 25 日暗杀了陶尔斐斯,并且企图建立一个纳粹政权时,阿尔卑斯山的意大利武装机动部队聚集在布里纳隘口(Brenner Pass),同时在陶尔斐斯的伙伴库尔特·许士尼格(Kurt Schuschnigg)的领导下,忠诚的国民自卫军也重新控制了局势。在陶尔斐斯与他的继任者许士尼格(1934—1938 年任总理)的领导之下的奥地利,有很多方面与同一时期的纳粹德国神似。他们之间最明显的差异是,奥地利的政权支持两国以分离的状态继续存在。支持教权主义权力主义的奥地利人,在法西斯主义墨索里尼的协助下,在 1934 年时所带给希特勒的打击,远比 30 年代任何一个自由主义国家对他的打击更加沉重。

西班牙:佛朗哥与长枪党

1936 年发生的反对西班牙共和国合法政府的军事叛变,以及之后三年的内战等情况,我们将在下册的第十二章讨论人民阵线时提及。但是如果不简略了解佛朗哥的西班牙,那么对于 30 年代欧洲转向权力主义的说明就不够完整。

弗朗西斯科·佛朗哥(Francisco Franco)将军的独裁政府(1939—1975 年),是两次大战之间唯一利用军事力量夺权的权力主义政权。1936 年 7 月,佛朗哥和他的追随者从西属摩洛哥返回西班牙。拥有大部分职业军人的支持,以及保守人士和大多数教会人士的默许,他们在西班牙四处燃起战火,直到 1939 年终于击溃共和国的军队为止。

与希特勒和墨索里尼不同,佛朗哥并没有利用他在西班牙的势力,动员大规模的法西斯主义运动。由 1923 年到 1930 年的“独裁者”之子 J. A.普里莫·德·里维拉(José Antonio Primo de Rivera)所创立的法西斯主义团体——长枪党(Falange)对佛朗哥的成功贡献不多,而且在新政权里只是微不足道的角色。佛朗哥是一位讲究实效的保守派职业军官,激烈地反对共和国反军国主义、反教权主义、初步的社会主义政策，以及为加泰罗尼亚分离主义保留余地的做法。他对共济会会员(Freemasons)的敌意更甚于对犹太人的敌意。他所成立的新政权支持地主、企业家与神职人员，不过佛朗哥并不需要依赖这些人，因为这些人都在依赖佛朗哥。和萨拉查一样，佛朗哥安于现况，而不愿冒险扩张，因此他的政权可以在第二次世界大战时幸免于难。

11.3 东欧的法西斯主义

20 世纪 30 年代的东欧，法西斯主义已经具备成熟的条件。民族对立依然充斥各个国家。深感不满的少数民族——波兰走廊与捷克苏台德地区的日耳曼人、捷克斯洛伐克东部的斯洛伐克人、南斯拉夫西北部的克罗地亚人——自然转而支持那些战后和约的头号敌人：希特勒和墨索里尼。受到国内分离运动的威胁，居统治地位的民族，则环目四顾寻找通往国家统一的权力主义之路。

由于东欧经济以农业为主，20 年代晚期农产品世界性价格下滑，导致东欧政府和民众都面临破产的窘境。银行家和商人取消了家庭农场的赎回权。因为世界上没有任何地方的犹太人在银行家和商人里所占比例，如东欧那么高，所以农村对城市及对“现代世界”的愤怒，很容易就迅速转变成反犹太主义。10 年前曾经被列宁的主张所吸引的那些渴望拥有土地的东欧农民，在目睹了斯大林强制土地集体化的结果之后，正在寻找新的救星。

东欧的议会制政权对这些困难束手无策。他们的农民政党无法独力阻止农产品价格下跌，而他们的自由主义政党则狭隘地以城市的职员为基础。议会主义似乎是一种已经产生排斥反应的移植物。有些东欧人重新发现或多或少有些虚假的权力主义统治与种族纯净的“历史”传统的魅力。

凡此种种鼓励法西斯主义的因素，因为 30 年代东欧列强地位的全然转移而被强化。20 年代以法国的成就为主流的各个层面——经济、军事与文化，已被逐渐提升的意大利和德国的影响力所取代。1918 年吞并苏联土地的各个奥匈帝国继任国，都在寻找比在马其诺防线(Maginot Line)后方挖掘壕沟的法国军队更加坚固的反苏维埃堡垒。1933 年繁荣的德国经济，将东欧的贸易与金融重点从经济萧条的法国转移。

匈牙利与保加利亚

人们只是预料，战后调解方案的主要损失国——匈牙利与保加利亚，会是最强有力的反对《凡尔赛条约》势力。匈牙利也于 1919 年经历了布尔什维克革命；匈牙利国内的银行家与商人里有相当高的比例是农民怨恨的焦点——犹太人。曾经在 1919 年领导匈牙利的反革命势力赢得胜利的霍尔蒂·米克洛什(Miklós Horthy)，继续以“摄政王”的身份统治匈牙利，走过第二次世界大战的风雨岁月。但是因为任命贡伯什将军——墨索里尼和希特勒的仰慕者——担任权力主义政权的总理(1932—1936年),所以20年代上层阶级的议会主义已经消逝无踪。他加强与墨索里尼的联系,并且与陶尔斐斯缔结盟约。一个公开的法西斯主义运动——箭十字(Arrow Cross),主张用更暴力的方式来解决问题,但是当1936年贡伯什去世之时,匈牙利依然掌握在反革命的传统主义者手中。

保加利亚的情形也是一样,1934年以后,保加利亚国王鲍里斯三世(Boris III)事实上实行权力主义统治,而且当时议会也已经解散多年。但是鲍里斯成功地阻止了更激进的右派运动,例如马其顿人的民族主义恐怖组织——马其顿内部革命组织(IMRO)。

罗马尼亚

两次大战之间,东欧的法西斯主义最原始、最壮观也最成功的惊人发展,是在罗马尼亚出现了一个"战胜"国。这就是由科德雷亚努(Corneliu Codreanu)领导的米迦勒天使长军团(Legion of the Archangel Michael),和它的暴力小队——铁卫队(Iron Guard)。

即使罗马尼亚的版图与势力已经因为《凡尔赛条约》而扩大了两倍,但是依然没能解决紧迫的国内问题。这个国家里有4/5的人是农民,生活在极小块的家族土地上,深受农村大量人口过剩之苦。国内的商人与职员绝大部分是犹太人;布加勒斯特(Bucharest)的反犹太主义者宣称,在银行和商业公司里工作的14000名员工中,犹太人就占了11000人。不管实情如何,负债的农民都认为他们的债权人或者大地主的财团是犹太人。因为苏联现在想要夺回罗马尼亚从俄国手中取得的多瑙河河口(比萨拉比亚),所以罗马尼亚的领土扩张政策已经让国家暴露于新的危险之中。因此,虽然国内没有马克思主义者的威胁(在第一次世界大战以后共产党变成一个非常小的小党,而在1937年时,社会主义者只获得了0.8%的选票),但是来自国外的马克思主义者的威胁却非常实际。最后政府还是没能提出有效的政治解决方案,可以解决上述的任何难题。1919年,当罗马尼亚首度实施普选时,人们很自然地认为某个农民政党必然会成为议会的多数派。但是事实上,战前的精英分子正努力设法通过在第一次世界大战后的16年间,曾经执政10年的自由党来掌握政局。不过即使是农民党执政的这几年间,还是无法解决罗马尼亚的问题。在这段时期里,经济萧条已经开始影响农产品的价格。满心抱怨的罗马尼亚人为了克服经济萧条所带来的影响,被迫在现存的政治体系以外找寻解决之道。

教师之子科德雷亚努,设法以一种不寻常的方式,来平息人民的不满。他开始组织一群无望拥有充分的工作机会,而且深感孤独的学生(他们主要的诉求是强迫限制犹太人大学生的限额)。科德雷亚努运动的其他主要成员是心生不满的小型家庭农场主,他们大部分来自于罗马尼亚东北部最贫穷的地区(摩尔达维亚〔Moldavia〕,即今天的摩尔多瓦),当地的中产阶级大部分是犹太人,而这是之前政客们忽略之处。科德雷亚努将这两个群体以宗教、反犹太主义、憎恨城市与拒绝自由主义现代社会为中心结合在一起。科德雷亚努的军团是所有法西斯主义运动中,表面上最具宗教色彩的军团:由佩戴圣像的东正教教士领军,唱着民谣、穿着传统服装到偏远村庄去,以赢得农民的信任。科德雷亚努自己则穿着传统的摩尔达维亚农民装。

铁卫队是一支以小组为单位所组成的宗教团体，队员都曾经歃血宣誓要消灭贫困、尽一己义务,而且必要时将代表纯罗马尼亚人进行谋杀行动。科德雷亚努从暗杀当地的一名警官开始他的政党活动。对铁卫队来说,政治谋杀实际上已经变成他们的生活方式。仅在30年代,铁卫队就杀害了11位政府官员。

科德雷亚努的政党并不只是从事一些偏激的活动。在1937年时赢得的16%的选票,使他们跃居罗马尼亚的第三大党,仅次于自由党和农民党。国王卡罗尔二世(Carol II)选择用自己的方法来打败科德雷亚努军团,而不是继续与议会制政府合作。1938年时他暂时废除宪法,强制施行权力主义统治,并且监禁军团领袖。根据官方说法,科德雷亚努和其他人"在试图越狱时被杀"。

但是国王的试验失败了,部分是因为在30年代时,罗马尼亚的问题是无法可解的。比较直接的失败原因是,罗马尼亚这个国家的不利之处是环绕四周的邻国(俄国、保加利亚、匈牙利),这些国家在战后的和约里,都曾经割让土地给罗马尼亚。当希特勒和斯大林的代表于1939年8月洽商东欧的新国界时,罗马尼亚却没有可以依靠的势力,来保卫其在1919年所扩张的国界。一年后,在希特勒击败波兰与法国之后,苏联要求并接收的不单只是比萨拉比亚,还包括了从来不曾属于俄国的罗马尼亚领土。1940年9月,在德国与意大利的压力下,罗马尼亚不得不将大部分的特兰西瓦尼亚割让给匈牙利,并且恢复1913年时与保加利亚毗邻的国界。罗马尼亚因此总计失去1/3的领土。而卡罗尔国王也被迫退位。

安东尼斯库(Ion Antonescu)将军,是一位支持铁卫队的职业军官。1940年9月以后,他在继科德雷亚努之后担任铁卫队队长的霍里亚·西马(Horia Sima)的协助下,以"领导人"(罗马尼亚语等同于元首之意)的身份执政。因此,铁卫队最终还是尝到政治权力的滋味。因为急于进行"二次革命",所以铁卫队队员大量谋杀犹太人,并且监禁前政治领袖。但是既然此时希特勒与安东尼斯库认为社会秩序比革命热情更重要,所以"领导人"在1941年1月下令军队镇压铁卫队,双方在布加勒斯特浴血奋战三天。此后,安东尼斯库就在没有法西斯主义意识形态色彩的情况下,彻底进行军事独裁者的统治。

铁卫队是东欧唯一在德国没有直接占领的情况下，实际上台执政的法西斯主义运动,但是它掌握政权的时间只持续了四个月。在思考东欧法西斯主义的危害以及失败时,个中原因似乎令人吃惊。社会结构可能要负部分的责任。在东欧,法西斯主义运动吸引了大批痛苦的农民,但是只有少数痛苦的中产阶级加入他们的行列,而掌权的依然是旧有的精英分子。这是相形之下法西斯主义的成就似乎不够亮眼的主要原因。即使是在1929年以前,东欧国家也已经有转向权力主义统治或恢复君主政体的倾向。因此早在30年代法西斯主义复兴之前,保守派人士就已经开始担当"拯救社会"的责任。东欧的法西斯主义运动出现得很晚,通常是更传统的权力主义政权的竞争者或甚至是敌人。因此,直到最后,那些法西斯主义运动依然带有反现行社会体制的色彩；专精于东欧农民法西斯主义研究的学者，如韦伯，则强调法西斯主义的革命特性。总之，东欧的法西斯主义运动始终保持少数派的地位。

11.4 西欧的法西斯主义少数派

宪政体制根深蒂固的西欧，法西斯主义也是属于少数派的运动。但是，即便如此，西欧法西斯主义依然感染并影响了比较温和的中间右派团体，使他们必须努力留住自己的支持者。

法　国

法国是西欧法西斯主义运动最活跃的地方。基于一些理由，这也是可以预料到的情形。首先，法国人早在19世纪90年代，就已经意识到他们的国家正从17世纪世界上最强盛的国家，衰退到萧条而且有时候甚至是不光彩的第三共和国。在第一次世界大战以前，那些将国家的没落归咎于资产阶级的软弱与“左派”势力抬头的人，就已经加入莫拉斯的“法兰西行动”。[①]1918年法国模棱两可的胜利，更加深了人民那种国势已经没落的感觉。法国只有借助强大的盟友才能取得胜利，但是尽管如此，法国还是要付出人口减少的惨痛代价。这是一种永远不可能一再付出的代价。其次，法国的中产阶级遭受严重的通货膨胀之苦，而法国正是一个以小型、独立的业主为主的国家。最后，法国是一个具有悠久革命传统的国家，法国工业工人压倒性地支持好战的马克思主义，对于富人以及很多名义上极为支持1789年“大革命”，而且拥有小型、独立事业的法国人来说，似乎是个威胁。在这些情况下，两次大战之间法国的政治生活，是以指望复兴国家、恢复国内秩序、促进经济稳定，以及权威运动为特色的。当局势对共和政体有利时，这些特色会变得相当不醒目，让人难以觉察；但当事态恶化时，这些特色便会成为国家令人担忧的备选方案。

30年代的局势，确实对法国的共和政体不利。事实证明，政府对于经济萧条的处理完全无能为力，而且当挣脱了《凡尔赛条约》的枷锁之后，德国对法国的威胁态势甚至比1914年时更大。退役军人指责共和国在无用的交涉中，浪费了士兵们在战壕里赢得的胜利，他们的怒火与饱受失业之苦，与那些因为传统的经济萧条补救方案而薪水或年金减少的人们的怒气汇聚在一起。[②]最后，因为1936年共产党加入人民阵线的选举联盟，再加上伴随人民阵线选举胜利而来的自发性静坐罢工，使法国保守派人士的心里，掀起阵阵恐惧的浪潮。这些局势的发展，让很多人加入法国的法西斯主义。

声称号召将近100万人，规模最庞大的新运动是火十字架（Croix de feu），[③]由拥护君主

[①] 参阅第1章

[②] 参阅第10章。

[③] 火十字架的名称，来自于它的起源是仅限于在战火中曾经赢得战斗十字架（Croix de guerre）的士兵加入的退伍军人运动，也就是前线的退役军人。与三K党的“火十字架”（fiery cross）无关。

主义且行将退役的陆军上校德·拉·罗克(François de La Rocque)领军。规模更小但比较坦率直言的亲法西斯主义者,是法国人民党(Parti populaire français)的雅克·多利奥特(Jacques Doriot),他是前法国共产党青年运动的领袖。当多利奥特于 1934 年,因为过早拥护人民阵线的战略而被共产党开除党籍时,他的政治理念就从极“左派”转为极右派。多利奥特极具个人魅力,他是对劳动阶级感情很深的巴黎近郊的圣蒂尼斯(Saint-Denis)市市长,因此他能带领这批追随者加入反共产党的权力主义民族主义的行列,同时也吸引了对相当谨慎的罗克理想幻灭的激动的中产阶级反动派。另一个源自于法国“左派”分子的法西斯主义运动,是反抗法国社会党正统财政政策的青年起义。迪特与其他改革派的社会主义者,在 1932 年时因为渴望加入资产阶级政府,而与法国社会党决裂。当时在他的新社会主义运动中,迪特鼓吹的是民族主义的解决方案,而不是国际主义社会主义的经济萧条解决方案。此外,还出现了一些反犹太主义的团体以及右翼行动小组,如由香水制造商科蒂(François Coty)资助,身着蓝衫的团结法国(Solidarité françois)。所有这些运动都自称为联盟,以清楚表明他们与“腐败”的政党之间的差异。

法国法西斯主义在两次大战之间的高潮在 1934 年 2 月 6 日晚上来临,当时有一些右翼联盟联合举行了一次大规模的反国会示威行动。直接的借口是抗议在“斯塔维斯基事件”(Stavisky affair)中,某些众议员所扮演的角色。“斯塔威斯基事件”是犹太籍承办人斯塔维斯基(Alexander Stavisky)涉嫌掩盖舞弊案。但是在这场运动的背后,隐藏着退役军人、民族主义者、经济萧条的受害者,以及所有那些认为 30 年代法国的问题与不当的公权力有关的人所压抑的怒火。达拉第(Edouard Daladier)总理动员武装警察将人群拦阻于议会大厦之外,在随后的冲突中,有数千人受伤,16 个人死亡。这是 1871 年的巴黎公社与 1944 年的解放运动之间,巴黎最血腥残忍的街头巷战。即使掌握了议会多数派的票,但是达拉第依然于次日辞职下台。共和国的前任总统杜梅格(Doumergue),组成一个全国一致的无党派内阁,内阁中的阁员包罗万象,从中间“左派”的激进主义者到议会制的右派分子都有,还包括了超议会的人物,例如以第一次世界大战的英雄贝当(Pétain)元帅担任国防部长。因此,法西斯主义联盟已经使政府从温和“左派”执政转变为紧急状态下的无党派内阁。

不过,法国的法西斯主义者最终还是无法利用自己的谋略取得政权。虽然在 1936 年 5 月“左派”分子选举获胜,以及后续发生的罢工潮之后,他们的基调变得更加强烈,但是显然始终处于守势。当人民阵线政府在 1936 年 6 月查禁所有的准军事部队时,他们也无法(或不愿意)采取行动。既然预定在 1940 年举行的选举因为战争而中断,所以不可能精确估算罗克和多利奥特在他们的行动小队遭到镇压之后所建立的合法政党,能够争取多少选票。只能说,法国的法西斯主义对第三共和的无能和衰败的抨击,有助于在 1940 年 6 月战败之后铲除共和政体及它的所有产物,而且也为在停战之后取代共和政体的法国政权,染上强烈的法西斯主义色彩。

为何 30 年代时,法国的法西斯主义依然只是少数派的运动呢?这是由于民族主义者传统的反德情绪,导致法国无法复制德国模式来复兴国家。毕竟,在名义上法国是第一次世界大战的战胜国,而且后来经济大萧条对他们打击的悲惨程度也不及德国。法国的光荣依然系于1789年的革命传统,而不是反对革命传统的保守派人士。最后,法国法西斯主义运动的内部分裂以及缺乏杰出领袖的领导,使得内部协调更加困难。1934年2月6日的暴乱,对唤醒保卫共和政体的古老呐喊的协助作用,比"德雷福斯事件"以来的任何事件更加有力。直到1940年6月被德国占领为止,法国的法西斯联盟再也不曾攀上另一个活动高峰。

英　国

两次大战之间,英国最重要的法西斯主义运动起源于经济萧条的挫折,除了德国和美国以外,经济萧条对英国的打击比任何其他国家都惨。虽然失业率高达20%,但是没有一个政党可以拿出令人信服的解决之道。

工党政府否决莫斯利爵士于1930年为了刺激购买力所提出的大胆而新颖的计划,[①]使莫斯利相信工党是一群无用的懦夫,"是在世界末日时会逃之夭夭的救世军"。他于1931年3月成立新政党,努力想要打破现存的政党僵局,但是他所花费的心血只是让自己确信对任何激进的改革来说,任何议会结盟都是无用的工具。新政党在1931年9月的选举中,并未获得任何席位,而它原本吸收的工党"左派"分子(斯特雷奇〔John Strachey〕、比万〔Aneurin Bevan〕),很快就因为反对莫斯利的反苏维埃立场,以及雇用暴力小队来保护自己以免受到敌对的工党党员袭击的作法,而退出新政党。

1932年10月,莫斯利成立了英国法西斯主义联盟(British Union of Fascists,BUF)。如同他在工党时的日子一样,他的最初目的是为失业问题提供大胆而果断的补救办法。以此为基础,他提出其他更宏伟的计划。当然,对那些"左派"或右派的"老牌现代议会主义者"来说,"生存的薪资政策"是不可行的。莫斯利建议建立一个"有能力胜任新任务"的"现代"政权,[②]在这个政权里,由社团法人内阁负责管理经济,而由各经济利益代表所组成的议会,则只拥有咨询的权力。国王会在与法西斯国家委员会商议之后任命首相;每五年须经公民投票批准首相的工作。莫斯利颠倒当前的经济优先级,认为应该先处理国内的失业问题,然后再考虑稳定国际金融的问题。因此他抨击"国际金融资金",并且谈论银行国有化的问题。莫斯利虽然反对伦敦的国际资本主义者,但是却希望能以他坚称的与劳工具有共同利益的"国家"资本主义为基础,来复兴英国经济。他认为劳工与国家资本者双方,都能因为抛弃欧洲并在帝制的制度下发展帝国而得益。在帝制下发展帝国这一点上,莫斯利所采取的行动类似于战前亲王室的右派分子,但是他所采用的是英国前所未见的政治技巧。英国法西斯主义联盟的群众集会,是以着黑衫的护卫队以及泛光灯照耀下的黑色旗帜为标识。莫斯利

---

① 参阅第10章。

② Oswald Mosley, *Greater Britain*(London, 1932), pp.16,156.

11-7　1936 年，奥斯瓦尔德·莫斯利爵士向伦敦的法西斯联盟——“黑衫军”回礼。

坚持法西斯主义的“冲劲”与“现代”特质。

1934 年，莫斯利的声望达到巅峰，当时《每日邮报》(*Daily Mail*)发表了一篇以《黑衫军万岁！》(*Hurrah for the Blackshirts!*)为题的社论。[①]据估计，英国法西斯联盟的会员多达两万人。但是，莫斯利最忠诚的群众追随者，是伦敦东区的无产阶级，他对议会中工党的蔑视，以及后来的反犹太主义，拨动了伦敦东区无产阶级人民敏感的心弦。他的黑衫军从袭击工党党员，转而痛殴那些战前已经在伦敦东区安顿下来，但是没有被他们同化的东欧犹太人。

他所使用的这些策略，在英国产生了广泛而强烈的反感。1936 年，保守党政府宣布穿着制服的团体是非法团体，并且加强不利于游行和集会的保安措施。但是，1934 年英国法西斯主义联盟势力的衰退，是源自于更深层的原因。1931 年与 1935 年保守党的选举胜利，解除了大部分英国保守派人士的疑虑，他们认为鲍尔温可以为英国提供充分的保护，即使他毫无作为，但是英国依然享有适度的繁荣复兴。英国并未经历军事失败，而议会制政府与英国

[①] *Daily Mail*, January 8, 1934.

是个伟大民族的印象也密不可分。莫斯利的英国法西斯主义联盟在希特勒掌权之前就已经成立,而日渐高涨的反德情绪,则削弱了他们对英国中产阶级的吸引力。1936 年以后,在 38 岁时逐渐褪色的政治明星莫斯利,沦为迫害伦敦东区犹太人的家伙,对才智过人、刚愎自用的他来说,这实在是一个嘲讽的下场。结果在两次大战之间,极右派分子所取得的成就,还不如他们在之前的危机——从 1910 年到 1914 年的爱尔兰自治(Irish Home Rule)战争——当中所获得的成功。

英国的法西斯主义是一个有趣的现象,不单只是因为莫斯利的地位(他是少数几位在成为法西斯主义者之前,就已声名显赫的欧洲法西斯主义领袖之一),也是因为它的原始动力是经济危机而不是文化失落或军事失败。最重要的是,30 年代英国的法西斯主义,揭示了人们反对自由开放的议会主义与自由贸易的资本主义的活力,即使是在它们的发源地英国也是如此。虽然英国的法西斯主义联盟明显是一个无足轻重的派别,但是传统的政党也微妙地偏离了自由主义的价值观。他们接受了保护性关税、由国家调节的商业卡特尔,以及其他在十年前被诅咒的公共经济管理制度。

低地国家与斯堪的纳维亚半岛

在由两个主要民族所组成的比利时,佛兰德斯人(Flemish)对讲法语的瓦隆人(Walloon)的愤怒,显然是两次大战之间,西欧地区最不稳定且未获解决的民族问题。对佛兰德斯的民族主义者来说,在 30 年代时转而支持带有法西斯主义色彩的反议会政府的群众运动,是很自然的现象。因为对他们来说,比利时的各政党(天主教党、自由党、社会党)并没有采取对他们有利的政策。1933 年时,各种佛兰德斯运动联合组成"佛兰德斯民族联盟"(Vannmsch Nationaal Verbond,VNV),由当过校长的克拉克(Staf de Clercq)领导,并且接受德国的部分资助。佛兰德斯民族联盟在佛兰德斯农村地区拥有大批忠诚的追随者; 在 1936 年的选举中,他们赢得了北方四省 13%的选票,而于 1939 年时赢得了 15%。它主要的竞争对手是一个热情而且穿着制服的青年团体——"维蒂诺斯"(Verdinasos)或称"蒂诺斯"(Dinasos; Verbond van Dietsche Nationaalsolidaristen 的缩写,是一群说荷兰语的民族互助主义者〔National Solidarists〕),领袖是年轻的律师塞弗伦(Joris Van Severen),对退役军人与学生特别具有吸引力。塞弗伦提倡再度联合所有散居在现代荷兰、比利时和卢森堡境内的佛兰德斯人(荷兰人),扩大组成一个与 17 世纪时一样强盛的荷兰。

但是,在低地国家里最成功的反议会群众运动——或许是短时间内所有西欧土地上规模最大的运动——并不是基于民族主义者的愤怒。比利时由莱昂·德格勒尔(Léon Degrelle)发起的君主主义运动(Rexist movement)在 1935 年与 1936 年时,曾经增加了立场多变的比利时人对议会政治的厌恶情绪, 而且一度似乎有以新的群众政党之姿来取代旧政党的趋势。德格勒尔是出身于比利时天主教青年运动(Beligian Catholic Youth Movement)的激进分子;他负责该运动所属的"君主"(Rex,按照基督君王〔Chirstus Rex〕之名命名)出版社。1935

年 11 月，德格勒尔以 29 岁之龄投身运动，希望能取代由古板保守的天主教党以及自由主义和社会主义政党领导的运动。承诺以“新扫帚”清扫一切，德格勒尔释放出一股对抗软弱而腐败的议会主义的狂热情绪。他的追随者拿着扫帚在政党总部前面游行集会，高喊“君主胜利”(Rex vaincra)的口号。

这次运动以不为人知的方式动员民众，对抗稳定的比利时议会政治。它的天主教精神、君主主义、统合派权力主义，大部分承袭于德格勒尔以前的偶像——莫拉斯。他的追随者是年轻人，以前不关心政治的人，以及一大群容易起来反对“巨额财政”、堕落的城市与马克思主义(“君主或莫斯科”〔Rex or Moscow〕是最重要的口号)的农村与小城镇市民。虽然已经走过经济萧条的年岁，但是萧条所带来的困难，显然是君主主义盛行的一个因素。墨索里尼秘密资助君主主义者，并且允许德格勒尔利用意大利的无线电广播电台向比利时广播。

1936 年 5 月的选举，君主主义候选人赢得 11.5%的总选票(在 202 个席位中取得 21 个席位)。德格勒尔在农村法语区的得票率高达 29%，而在比利时北部的佛兰德斯区也有一些追随者。最后的摊牌时刻是 1937 年初的议会补缺选举，当时德格勒尔本人是候选人。他声明如果赢得胜利，就会举行普选。当时的政党以未来的首相保罗·范泽兰(Paul Van Zeeland)为核心，联合组成反对德格勒尔的力量。在天主教的比利时主教谴责君主主义“对国家和对教会具有危险性”之后，德格勒尔获得了 20%的选票，而范泽兰则赢下 80%的选票。选举结果破除了德格勒尔的魔力，因为在这场选举中的最大资本，就是选战胜利后新政治形态的许诺，因此德格勒尔不得不在攀登权力高峰的途中停顿下来。君主主义的鼎盛时期虽然为时短暂，但是却揭示了在经济大萧条以后的西欧，人们对议会政权那说不出来有多么深重的挫折感。

在信奉新教的荷兰，法西斯主义比德格勒尔的天主教统整主义(Catholic Integralism)更偏向世俗，但是法西斯主义和统整主义都一样具有权威、反马克思主义、民族复兴与“新人类”的主题。荷兰法西斯主义最直接的刺激，是 1931 年在荷属印度尼西亚(Dutch Indonesia)的“七省号”(Seven Provinces)军舰上的海军叛变。在这次震撼荷兰社会与帝国秩序的事件中，获益的是创立民族社会主义联盟(National-Socialist League，NSB)的水利工程师安东·马瑟特(Anton Adriaan Mussert)。在 1935 年的选举中，马瑟特取得将近 8%的选票(在西南部的新教徒小型农业地区，他的得票率高达 20%)。民族社会主义联盟成为荷兰第五大政党。但是由于荷兰的君主立宪政权稳定、经济已经复苏，而且人们对纳粹德国的恐惧也日益加深，所以马瑟特的运动受损，尽管高呼“马瑟特或莫斯科”的口号，但是他在 1937 年时的得票率依然下降。

虽然国内只有一些喧闹不已的少数民族，但是即使是局势相当稳定的斯堪的纳维亚半岛，也有法西斯主义运动。斯堪的纳维亚半岛上最引人注目的法西斯主义运动，是维德孔·吉斯林(Vidkun Quisling)所领导的挪威运动(Norwegian movement)。在 1940 年德国占领挪威之后，吉斯林的姓就变成“合作”的同义词了。吉斯林是一位职业军官(与佛朗哥、莫斯利和匈牙利的贡伯什一样)。身为挪威驻圣彼得堡的使馆随员，在参加克里米亚的国际粮食赈济时，他亲眼目睹了布尔什维克革命以及革命之后所造成的结果。在加入农民党从政之后，吉斯林在1931年时出任国防部长，但是在动用军队镇压罢工行动的争论里，他被免去国防部长一职。吉斯林于1933年5月成立民族联盟。因为挪威没有敏感的民族问题，而且吉斯林无法激起人民从丹麦手中收复格陵兰岛与冰岛的激情，所以他仍然只有少数的追随者。此外，虽然挪威的社会党曾经是1919年时斯堪的纳维亚半岛上唯一加入第三国际的社会主义政党，但是30年代的挪威“左派”分子依然没有作出引爆革命的威胁。除了模糊的反马克思主义，与对“盎格鲁-犹太(Anglo-Jewish)金融资本家”的例行抨击之外，吉斯林的法西斯主义的特殊标志，是领袖对于唤起古挪威的宏伟与北欧民族团结的兴趣。这项运动的重要性，主要在于它聚集了一些在1940年以后，得以与纳粹党尝试建立战时合作的要素。

11.5 法西斯主义的魅力

在经济大萧条最严重的时刻，墨索里尼依然是唯一掌权的法西斯主义者，民主政体的前自由党首相劳合·乔治畏缩犹豫地站在英国国会里，与法西斯主义领袖的“勇气”与“积极的力量”形成鲜明对比。[①]30年代，对欧洲自由主义传统的类似质疑，逐渐扩大为一种怒吼。

法西斯主义吸纳了已经失灵的自由主义制度的难民。自由主义似乎无法满足人民的生计与安全需求。在那些带有意识形态的难民之中，有些人转而信奉马克思主义，但是要迈向马克思主义，个人必须和无产阶级打成一片，并且接受苏联是模范的事实。因此，20世纪30年代马克思主义的成长，有其固有的限制。法西斯主义可以使人们发泄种种不满；事实上，极度否认阶级是法西斯主义主要的优势之一。对于饱受威胁的精英分子而言，法西斯主义的权威，可以让他们在不需要经历毁灭性竞争的情况下，立即终结阶级斗争与管理经济的制度。对绝望的下层中产阶级来说，法西斯主义可以满足他们的安全需求，并且有制服有组织的劳工的机会。对失业者来说，法西斯主义可以提供他们工作。

当然，不能只是就经济和社会利益方面来评价法西斯主义的吸引力。法西斯主义以人们一知半解的方式，满足所有类型的心理需求：对某些人来说，是一种让他们感到心安的归属感；对某些人来说，是一种犹如亲身体验权威暴行所带来的刺激感；对另外一些人来说，则是一种对抗无神论、唯物论的马克思主义的防卫措施。[②]

[①] 1932年12月22日的演说，引自Renzo De Felice，*Mussolini il duce. I. Gli anni del consenso* (Torino，italy，1974)，P.101n.

[②] 请参阅萨特(Jean-Paul Sartre)的短篇故事“L‘enfrance d’un chef，”，那是一篇描写一名欣赏法西斯主义青年的粗暴形象而欠缺自信的青少年的故事。Jean-paul Sartre，Le Mur(Paris，1939)，pp.145-241.

事实上在 30 年代时，权力主义政权似乎运作的比自由主义政权好。当然，在 1945 年法西斯主义大败时，法西斯主义的吸引力也就自然而然地消失无踪了。法西斯主义的外部标志变成一种不名誉的象征。但是，这一切并未杜绝那些惊恐与没有安全感的中产阶级与上层阶级在未来出现类似举措的可能性。

12–1　1936 年，在保卫马德里的战斗中，装备简陋的西班牙共和国军队向佛朗哥的军队投降。

第 12 章

人民阵线年代:1934 至 1939 年

1933年,年轻的法国右派知识分子丹尼尔·盖林(Daniel Guérin)骑着自行车绕行德国,帮一份法国社会主义的报纸*Le populaire*搜集撰写文章的资料。之后,他以尊敬和恐惧交织的心情,报导了所观察到的群众情绪:

> 骑自行车纵贯德国,就像骑车经过一座颓圮的荒城,而我将自己停靠在这荒凉之地上。劳工巨像、社会民主、共产党、数百万人的工会等,都像是纸牌房屋一样崩塌毁坏。他们的旗帜、报纸、海报、书籍等等,在城里的广场被成堆焚烧。共产党员被关在集中营里;巍峨的党部飘扬着纳粹旗帜。我恍如置身于诸神的晚年时期。[①]

在意大利、德国、奥地利等国的社会主义瓦解之后,哪里会是法西斯主义者的下一个打击目标呢?欧洲民主主义、欧洲社会主义团体与其他商业团体,是否会因为法西斯主义锐不可当的攻击,而一个一个地被消灭呢?是否法西斯主义者的对手们憎恶彼此,更甚于恐惧法西斯主义呢?群众探询这些问题的答案的焦虑心情,缔造了20世纪30年代的人民阵线(Popular Front)时期。

人民阵线是马克思主义者与民主主义者,为对抗共同的敌人——法西斯军队而结成的联盟。这个联盟的组成基于两种假设:法西斯主义的威胁是如此紧迫,因此,阻止它的发展便优先于其他一切问题;阻止法西斯主义发展的最佳途径,便是在其周围建立起广泛的政治联盟,而非只是联合自由主义者或社会主义者的狭隘联盟。为取得共识,欧洲左翼不同派系的成员,便必须从观点与战术上作出较多的改变。马克思主义者必须设法让他们的社会计划能放下对民主主义中产阶级者的排斥;民主主义者必须暂时放下对马克思主义者的不信任。在1917到1923年间,马克思主义者的阵营中,社会民主主义者与共产主义者必须忘却在过去长达15年间,彼此为了西方革命失败而互相批判责难的过节。也因此,这个联盟的形成是如此的棘手、缓慢与难以达成。

在20世纪20年代,人民阵线的形成是令人无法想象的,因为在当时,社会革命是欧洲"左派"分子的最高议题。在稍后的冷战时期,此联盟也同样变得让人无法想象。人民阵线只可能存在于30年代以及第二次世界大战中胶着的那几年。这是因为人民阵线其实是一种因希特勒与墨索里尼的占领所引起的萧条与恐惧下的产物。然而,即便如此,人民阵线也只能在非法西斯欧洲(nonfascist Europe)的法国、西班牙与德国、意大利流亡者之间形成。

对参与者而言,人民阵线是一种热情献身的体验,如同身处"20世纪的1848年"[②]。这意味着自1917年以来一直处于分裂状态下的"左派"的和解。此外,这也意味着法西斯已成潮流的形势有变化的可能,显露出人们可以不用接受希特勒与墨索里尼所提议的握手言和的

[①] Daniel Guérin, *Front populaire:Révolution manquée*, 2nd ed. (Paris, 1970), p. 57.

[②] 斯彭(Stephen Spender),世界中的世界(*World within World*, London, 1951), p.187.

其他可能。对忠诚的革命者而言，人民阵线等于是吸收了其他软弱的政党联盟者。而对保守者与许多受到惊吓的民主党党员而言，人民阵线无疑是让西欧对共产党敞开大门。这些争论一直存在，并成为20世纪30年代到50年代间，自由主义整体之下群众生活与知识分子采取行动的中心。他们将热情战斗的特质灌输到这几十年中，奋力影响民主主义者、马克思主义者或法西斯主义者对世界的控制。

12.1 从"阶级对抗"到人民阵线

在有组织的政党开始接受这种思维之前，人民阵线只不过是一种基层的热情而已。它的第一个征兆出现在 1934 年 2 月的法国。2 月 6 日晚，激烈的反国会联盟与警察发生冲突，情况看起来就像是要推翻共和国一样。当晚，法国共产党也进行游行示威，抗议资产阶级的共和政体——两党虽然分开行动，但形式却极为类似。不过，在往后的几天，形势发生了重大的改变。共产党的巴黎支部同意参加一场——虽然仍是分开进行的——反法西斯游行；这场游行是由非共产交易同盟（noncommunist trade unions）与国会"左派"主要团体、社会主义者、激进党派成员（小资产民主主义者，small-property democrats）所主导。当两队人马于巴黎近郊温森（Vincennes）的宽阔大道会合时，他们合成一队，并高喊："团结统一！团结统一！"汇合的游行队伍的前头，由共产党总书记多列士（Maurice Thorez）、社会党领袖勃鲁姆（Léon Blum）与刚辞职的激进党前任领袖达拉第（Edouard Daladier）携手并进。数万巴黎市民将 2 月 12 日视为大和解日，是法国共和的另一个新的开始。

不过，在共产主义者、社会主义者与法国民主主义团体，以及其他非法西斯欧洲团体在克服多年来对彼此的敌视之前，要迈向和解仍必须经历一段困难的历程。

共产党的策略"阶级对抗"：1928 至 1934 年

第六次共产国际大会（Sixth Comintern Congress，1928）命令共产党必须对革新派社会主义者（reformist socialists）采取强硬而不妥协的态度，因此共产党必须作出极大的转变，才可能接受人民阵线联盟。就像许多斯大林的决策一样，此次的决策仍然涵盖着不少模糊地带。这项决策也极可能是一种对外部失望的反应。自 1924 年之后的自由主义与资本主义的相安无事期间，在世界各国中规模日益萎缩的共产党，也开始接受西方欧洲革新派"左倾"分子和海外民族主义解放运动者，与他们进行某种程度的合作。然而，这种战术并没有产生多大的效果。举例而言，在英国，共产党支持了 1926 年大罢工，但却无法改善自己的边缘地位，只刺激了保守主义者在 1927 年以来与苏联在外交与贸易上的关系有所突破。更具危险的是，苏联与在中国进攻西方资本主义租界的民族主义者——国民党合作的惨败。当 1927 年 4 月，民族主义者蒋介石开始攻击中国共产党与他们的苏联指导者，并大规模屠杀共产党员且将共产党残余力量逐入内陆时，斯大林受到极大的震撼。

斯大林在海外的强硬路线，同时迎合了苏联内政的极左路线。当苏联人民因集体化与工业化的“二次革命”而生活窘迫时,允许海外的共产党员修正方针以配合稳定资本主义,是不合逻辑的举动。[①]有些斯大林的批评者谴责他忽视了各区域的策略需求,迫使海外的共产党在“无意义的模仿”[②]之下,变成“极‘左倾’分子”。斯大林似乎对海外共产党的情况知之甚微,只关心苏联共产党是否能合乎苏联需求。

在第三国际的强硬态度的影响下,斯大林于 1927 年 12 月时提出资本主义已经进入“第三时期”的主张。斯大林认为这是一段矛盾尖锐化与失序激烈化的时期。[③]1929 年时的经济萧条再次增加了推翻资本主义的可能性。若果真如此,工人的力量就不应被调转到反抗民主的方向上去。根据第三国际的观点,民主主义与法西斯主义不过是形式不同的一个实体而已,各国政府致力于保护中产阶级的财产,并挽救资本主义。斯大林甚至特别指出,西方民主主义是苏联最危险的敌人。其中,唯有意大利是法西斯主义国家。至于英法则是巴黎和平体制(Paris peace system)的创造者,也是 1919 年与 1920 年武装入侵苏联的促进者与资本主义稳定堡垒的领袖。有证据显示,20 年代末期,斯大林十分害怕英法再度利用军事干涉苏联。

第三国际认为,不论是民主主义者还是法西斯主义者,在“第三时期”,工人基本路线都应以“阶级对抗”(class against class)的态度,加强阶级斗争(class struggle),以结合劳工与所有中产阶级对立。斯大林将西欧社会民主主义者(Western European Social Democrats)对民主政治的尝试,视为一种对工人阶级的背叛行为。他声称社会民主党不仅支持资本主义,而且哄骗工人们在应该进行革命的时期,采取非革命态度。1924 年斯大林写道:“客观而言,社会民主主义是法西斯主义的温和派系……他们不但不对立,反而极为相似。”[④] 1928 年之后,斯大林再度重新转回到这种立场,认为社会民主主义者与改良贸易联盟(reformist trade unions)是中产阶级民主主义的主要支柱,也是推翻资本主义的基本障碍。两者都必须被摧毁。

举例来说,在 1928 年的法国选举中,共产党员就与社会党员争夺原有的社会党席位。在巴黎选区中,共产党领袖雅克·杜克洛(Jacques Duclos)取代了社会党领袖勃鲁姆自 1920 年起就保有的席位。法国社会党员或许会抱怨“阶级对抗”让他们损失了 22 个席位(包括马克思外孙让·龙格〔Jean Longuet〕的席位)。某些社会党员为了与共产党员争胜,竟将选票投给了右派候选人。[⑤]法国共产党诗人路易·阿拉贡(Louis Aragon)在他所写的诗《红色阵线》(*Red Front*,1931)中,以清晰的文学描写来描述“阶级对抗”的政治策略:

---

① 参阅第 10 章。

② Isaac Deutcher,*Stalin:A Political Biography*,2nd ed.(纽约,1967),原文书 p.404。这部受人注目的传记带有极深的偏见色彩,让人对托洛茨基产生怜悯同情。

③ 1917—1923 年的革命时期被称为“第一时期”,其后的 20 世纪 20 年代中期的资本主义稳定时期被称为“第二时期”。

④ Deutscher,pp.406-407.

⑤ Geroges Lefranc,*Le Mouvement socialiste sous la troisième République* (Paris,1963),p.275.

向勃鲁姆开枪……

向受过社会民主训练的熊开枪……[①]

在德国,希特勒声望的提高,对斯大林而言不啻是资本主义病急乱投医的另一证据。斯大林在1932年、1933年时,认为德国共产党的正确策略应是强化紧张情势;扩大政党对立;攻击社会民主主义是"社会法西斯主义",并依靠下一波的局势转变以组织革命。这种观点并没有因为希特勒于1933年成功取得政权而动摇。斯大林并没有全盘错误。共产党确实接管了纳粹德国之外的小部分领域,只不过斯大林并未预料到这样的进程竟带来了长达12年的苦痛与世界大战。

就苏联的国家利益而言,由谁领导德国相当重要。自1922年签订《拉巴洛条约》(*the Treaty of Rapallo*)之后,修正社会主义的德国自然而然地变成苏联的同盟国,和苏联并肩对抗凡尔赛的胜利者们。因此,即使希特勒在德国得势,斯大林也从未废除苏德于1926年签订的《友好中立条约》。非但如此,斯大林更于1933年更新了条约,而这份条约便成为苏联与希特勒达成的第一份外交协定。苏联帮助德国进行的秘密训练与武器供应,一直持续到1934年。在看似互怀敌意的烟幕背后,这两个国家维持着实质的互动关系。迟至1934年1月苏联共产党第十七次全国代表大会中,斯大林仍然公开声称"法西斯主义并不是问题所在",因为苏联满意于与意大利的"良好关系",并仍然与巴黎和会的解决方案(Paris peace settlement)为敌。(乌克兰共产党)总书记迪米特里·曼努尔斯基(Dimitri Manuilski)在大会上宣称:"摧毁社会民主国家是加速革命时机成长的基本条件。"[②]

共产国际策略的逆转:1934年

1934年春末,情况有了转变,几个月来都显示出事态变动的征兆。1933年底,苏联外交官们对西方外交官表示,对于日本在中国东北的扩张,苏联极为关切。这表明斯大林开始担心腹背受敌(two-front war)。1933年底与1934年初,苏联政府探询法国是否可以为苏联空军提供技术支持;在1934年初,苏联也开始寻求可行的国际联盟。1934年6月,与民主主义者结成联盟阵线,已经成为法国共产党的正式策略,这很显然是得到了莫斯科方面的正式认可。

斯大林的重新评估具有决定性的影响。他放弃在欧洲其余地区进行革命,将保护苏联的目标优先于一切海外阶级斗争。德国被视为苏联政府的头号威胁。倘若此时苏联与德国发生战争,那么民主国家就将是最合适的盟友了。此时苏联已不再需要鼓吹民主国家的可

---

① Louis Aragon,"红色阵线"(Red Front)于 Maurice Nadeau"超现实主义历史"(*History of Surrealism*)Richard Howard(New York,1965)p.288.

② Rundschau,1934.2.20 共产国际新闻 (the Comintern newspaper),被引述于 Julius Braunthal 的《国际史》(*History of the International*)第二册(London,1967),p.423。

怕，而社会民主主义者与改良社会主义者也不再被定性为“社会法西斯主义者”。斯大林的目标已经转为寻求最广泛的盟国与苏联进行军事联盟，以对抗德国。

1934 年 9 月，苏联加入了国联（League of Nations）；在 1934 年底，苏联外交部长李维诺夫（Maxim Litvinov）是“东方洛迦诺”（eastern Locarno）的主要拥护者。“东方洛迦诺”是一种对凡尔赛体系所规定德国东部边境的各国的保护体制，用以应对 1925 年德国西部边境所建立的多国保护体制。当这个计划遭到德国人与波兰人的反对时，苏联遂决定与法国和捷克斯洛伐克签订《安全互保条约》（*mutual security treaties*）。在条约中，签字国承诺一旦缔约国受到德国攻击，盟国必须提供协助。1935 年于莫斯科举行的共产国际第七次世界代表大会，也正式制定新的策略。代表们被告知，工人最主要的课题是联合民主主义者，防御并反抗法西斯主义。

1935 年 5 月签订《法苏条约》（*Franco-Soviet Pact*）时，斯大林亲自下达了受人关注的对人民阵线的认可。法国外交部长皮埃尔·赖伐尔（Pierre Laval）自莫斯科返国，在得到授权的情况下，公开宣称斯大林“了解并完全支持”法国的国家安全政策。此举赢得了法国军队对共产党的盛赞。斯大林的声明让大家注意到，人民阵线是抵抗希特勒军事联盟的底线，而其他被西方“左派”联盟所唤起的社会路线的梦想，则必须暂居第二位。

基于人民阵线的军事本质，斯大林决定利用人民阵线，尽可能地扩展进入民主主义的核心。原本人民阵线仅包含社会主义者与共产主义者的少数联盟团体，不过这一次“人民阵线”却涵盖了中产阶级民主主义者（自由主义与激进团体），甚至那些愿意以实际行动反抗法西斯的保守派人士。[①]

自由主义者的反动

人民阵线的思维使西欧的民主主义者分化。英国的自由主义者，甚至工人们，并不赞同这样的想法。而在欧洲大陆，许多过去政党的自由主义者也不赞成与共产党结盟。热烈回应这种想法的欧陆民主主义者，大多为激进党派成员（Radical parties）。

在两次大战间，对一些当时欧洲事务的认知态度上，激进党派已经不再“激进”。他们的确曾在 19 世纪的普选、一般公民学校、教会与国家的分化、抑制职业军队等事务上激烈抗争。精力充沛的反教权主义者（anticlericalism）在达成目标之后，仍然坚持他们的激进态度。在天主教国家（德雷福斯事件〔Dreyfus Affair〕时期的法国、乔利蒂〔Giolitti〕治下的意大利、1931 年的西班牙共和国），由于激进党员拥有“左派”人士的敏锐判断力，所以他们比英、德的新教自由主义者更能持久得势。在社会与经济方面，激进派是少数独立个体（包括商店经营者、家庭农场经营者、村庄律师与教师等）的守护者。基本上他们反对马克思的财产制：马

---

① 法国共产党领袖多列士在 1936 年 4 月 17 日的演讲中，向天主教徒、退役军人，以及所有“因关心同样的事务而受压迫”想要救国图存的人，伸出友善的双手。

克思主义者希望以公共财产取代私有财产;而激进派则希望能让个人拥有机会获得私有财产。由于人民阵线对这些社会问题保持沉默,这些议题便刺激激进派的传统自由主义者走到最前线来对抗法西斯主义者。除了对抗墨索里尼、希特勒与其盟友之外,激进派成员也重整了他们固有的个人主义及坚守自由理念的信念。

激进主义在意大利虽然衰亡,但法国与西班牙的激进党员对法西斯党的壮大,仍以他们用以反抗君主与教会的复苏呼吁来回应。虽然赫里欧(Edouard Herriot)与达拉第(Edouard Daladier)在所谓"两个爱德华的战争"中,为法国激进党的控制权而争斗,但他们仍然同意将新法西斯联盟视为旧敌的复生。这些旧敌包括:反革命运动(counterrevolution)、强有力的神职人员与军官,以及独裁主义国家(autioritarian state)。更有甚者,法国小资产拥有者在经济恐慌中的遭遇,也增强了许多激进党员愿意主动接受有限制的积极社会改革的意愿。同样的态度也发生在西班牙。在西班牙,既是新闻记者又是马德里文学俱乐部(Madrid literary club,the Ataneo)主席的曼努埃尔·阿沙纳(Manuel Azaňa),反对干预政治激进派,主张平民控制军队,成为人民阵线的首位领袖。民主主义者对共产党所提出的扩大联盟对抗法西斯的迅速响应,使社会问题不再显得那么重要。

社会主义者的反动

如果缺少了社会主义者,共产党与激进党派的协议就显得毫无意义。然而存在于社会主义者与共产主义者之间的冲突并不容易克服。在这两者之间,存在着旧创与新伤:长久以来改良派与革命派的争斗、1914 年将社会主义者带进民族爱国主义者的怨恨、1919—1921 年间因分裂而产生的对立,以及 1928 年后"阶级对抗"的策略。

共产党员总是谴责社会党员参与革命不够积极,而社会党员则指责共产党员将异质的、倒退的独裁主义引进他们在西方推动的社会运动中。共产党抨击德国社会民主党无疑是"社会法西斯主义"的最后一根稻草。奥地利社会民主党员弗雷德里希·阿德勒(Friedrich Adler)是第二国际(社会党员)的领袖,他谴责共产党员将消灭民主主义,视为达成社会主义与执行"让法西斯主义下地狱"策略的条件,因为共产党员认为"唯一能抵达社会主义天堂的路,就是这条地狱之径"。[①]社会党员也勉强同意包含少许社会改革的公共计划。他们希望能让人民阵线对社会改革承诺感到放心,甚至能让共产党员愿意和现存的社会党领导阶层合作。社会党员对联合阵线相当怀疑,因为直到目前为止,联合阵线大多意味着从基层开始的结盟——以撤走追随社会主义领导者的拥护者,或如警句所写"拔光社会主义这只鹅的毛"。最后,法西斯壮大的紧急状况与来自基层对人民阵线的热情,终于战胜社会主义领导阶层的犹豫心理。

---

① 引述自 Braunthal,Vol.2,p.399 页。阿德勒并非总是反对激烈行动;他曾经在 1916 年单枪匹马行刺奥地利首相斯图克(Karl Stürgkh)。

人民阵线并没有在民主欧洲的各国广为建立。一般来说，它多半成立于受到法西斯主义威胁严重的地方，例如在德国与意大利流亡者团体中间；或是马克思主义者的大型党派与反教会干预政治的激进党共存的地区，例如天主教的法国与西班牙。英国在 1924 年与 1929—1931 年间，有了惨痛的联盟经验之后，工党（Labour）不仅反共产党也反自由主义。少数主张人民阵线与小规模的共产党结盟的左翼工党知识分子发现，在贸易联盟的高层人员与档案中，都没有出现任何人民阵线的追随者。低地国家（Low Countries）与斯堪的纳维亚半岛强硬的社会民主党派，对于与小规模的共产党结盟兴趣冷淡。在瑞典，社会民主党自 1931 年后便握有自主权，在挪威则是从 1935 年开始。由于 1935 年反对极端信条派的捷克斯洛伐克政府成立，导致唯一残存于东欧的共产党——捷克共产党（Czech Communist Party）未能得到掌握政权的社会民主党的接纳。

人民阵线联盟在捷克成功地建立起来，这释放了政治家、民众与知识分子的强烈热情。人民阵线的支持者相信，那些本质上反法西斯主义者，最终会发挥出他们应有的影响力。东欧的分裂之痛似乎已经愈合，而最终必会出现积极的行动，来抑制法西斯怪物的成长。

12.2 法国的人民阵线

法国在人民阵线“试验田”中表现最突出，这是合乎逻辑的。1934 年 2 月 6 日的反国会示威，让法国成为法西斯的下一个目标。另外，法国社会党与共产党是继意大利、德国与奥地利的共产势力被摧毁之后，西欧所剩的两个最大的马克思党派。部分法国中产阶级，认为法西斯主义走的不过是奢华与安全路线。法国政治的传统特色，让其他中产阶级的法国公民更偏爱人民阵线。法国曾于 1793 年打过一场由雅各宾派（Jacobin）[①]领导的伟大的人民战争，反抗欧洲君主制。而今，1936 年，狭义的新雅各宾战役再度出现，人民用积极的态度反抗新的反革命运动。雅各宾传统让法国市民在保卫共和政体自由权时，得以采取“左倾”或民族主义两种路线。反教权主义也让许多法国中产阶级较能接受“左倾”思想。更直接的是，赖伐尔在 1935 年[②]针对通货紧缩的经济恐慌所提出的苛刻的解决办法，更让法国许多领取养老金者、退伍军人、基层公务员转向“左派”。在法国，马克思党团可以通过强调国家主义、捍卫政党自由与经济复苏等措施，来赢得中产阶级的支持。

即便如此，要组织人民阵线仍非易事。要让社会党与共产党的领袖们忘却长达 15 年因相互残杀与互揭疮疤形成的仇恨并不容易，而两大马克思党派也各有不同的优先考虑。法国社会党员追求速效的社会改变，包括某些企业国有化以及更为严密分级的税制；而法国

---

① 在法国大革命期间法国的革命派民主主义者被称为雅各宾派（Jacobins），因为他们总是在雅各宾修士所在的修女院开会。

② 参阅第 10 章。

共产党则希望能集结更多盟友，包括小资产激进分子(small-property Radicals)与天主教民主主义者(Catholic democrats)，共同对抗纳粹德国，以协助保卫苏联。最后，支持者逐渐对罗克上校(Colonel de La Rocque)保护法西斯主义的“克罗瓦运动”(protefascist Croix de feu)感到不安，因为这项运动决定其是否能在1936年法国大选中成为最大党。人民阵线联盟决定在1935年6月14日的法国革命纪念日举行一场游行，在那场游行中，社会党、共产党、激进党领袖——勃鲁姆、多列士与达拉第，在超过百万情绪激动的巴黎市民的游行队伍前头，携手同行到象征雅各宾派的传统之地——巴士底监狱前。

勃鲁姆内阁的成立

1936年5月的选举，对内战中的法国意义深远。人民阵线的候选人虽然在总得票数(57%，多于1932年的52%)上只有小幅成长，却压倒性地取得608席国会议员席位中的386席，比1932年增加了40个席位。只有少数的法国选民改变了他们的心意，二阶段选举制度单纯地支持了最团结的联盟。共产党员与社会党员不同于往昔，并未在此次选举中相互较劲。而人民阵线在国会中拥有的力量，也因此而不自然地比原本所拥有的选举实力增强许多。在这种情况下，极可能导致社会对右派势力过度恐惧、对“左派”势力过度期待、对人民阵线成就过度失望等失衡心理。

这次的选举也促成了法国右派的重组。共产党的席位从原先的11席增加到72席，是直至1945年法国解放前，共产党在法国最大的增长。而激进党在第一次世界大战后成为法国第一大党，却在本次选举中失利，首度败给共产党。为此，他们立刻再次思考对人民阵线的态度。

法国社会党既成为赢得选战胜利联盟中的第一大党，其领袖勃鲁姆便顺理成章地于1936年6月5日就任法国总理。勃鲁姆是第一位执掌法国政府的社会党员与犹太人。

勃鲁姆是经营丝绸缎带的巴黎富商之后，从政之前曾经从事过两种工作，表现都极为杰出。20世纪初，年方20的勃鲁姆已经是一位出类拔萃的前卫文学评论家与作家。他也曾在法国最高行政法院——裁决市民与行政机关之间纠纷的单位——担任法官近1/4个世纪。和其他同时代的知识分子一样，“德雷福斯事件”影响勃鲁姆投入社会主义者的政治活动。然而勃鲁姆很难接受缺乏政治自由的社会主义。当1920年法国社会党人的多数派加入了列宁的第三国际时，勃鲁姆则成为带领拒绝接受布尔什维克(Bolshevik)党派的党中央集权、秘密、清算等方针的少数派领袖。勃鲁姆所属的政党于1936年成为法国第一大党，而勃鲁姆便继任让·饶勒斯(Jean Jaurès)的党主席之职，领导法国民主派社会党走过20世纪的前期。

这位身材修长、言行自律、风度优雅的知识分子，成为工人阶级的政党领袖似乎有些失常。勃鲁姆以他的精确思考，用尖而细的声音，道出了正反两方政党的所有理论依据。这种精确思考的能力，曾经在他的前卫评论与从事法律诉讼的严厉分析中展现。他从未

12-2　法国社会党领袖勃鲁姆(右)与英国工党领袖艾德礼，摄于 1939 年 5 月伦敦下议院前。

以饶勒斯的方式鼓动支持者的情绪。执政期间，人们对他毁誉参半。右派人士攻击他是没有资格统领“高卢罗马人后裔”(Gallo-Roman)的“狡猾的犹太教徒”；[①] 民族主义示威运动者在 1936 年 2 月的街头运动中抨击他；他更在七十多岁时被关进德国的集中营；在他所属的“左派”中，他也被批评为革命意志不够坚定。虽然如此，勃鲁姆仍然以其对人道主义的热情献身、对公众事务做出困难抉择时所采取的诚实开明的态度，而赢得许多好评。

1936 年的选举似乎表明了欧洲事务的新方向。从 1929 年之后那一段缺乏民主主义者发挥的时间段中，欧陆终于坚定转向了社会民主主义与议会政治实务结合。欧洲人莫不引颈期盼这样的民主国家，能使他们的生活更快乐而有活力。

法国的新政

1936 年 6 月到 1937 年 6 月是勃鲁姆充满活力的一年，有人将这一年称为法国新政时期。不同于美国总统富兰克林·D. 罗斯福(Franklin D. Roosevelt)，勃鲁姆既没有压倒性的选票支持，也欠缺固定任期、强大的行政力量，以及从国际复杂局势中得到的相对自由。

勃鲁姆在内战的微妙时刻接掌了政权，当时弥漫着一股欢欣希望与夸大恐惧的气氛。逾两百万的法国工人罢工或准备罢工，静坐在工厂外的罢工潮如燎原之火散布开来，远超

[①] 1936 年 6 月 5 日，天主教民族主义者瓦雷特(Xavier Vallat)于众议会。

过任何一个联盟领袖可以控制的程度。如同流亡的苏联革命分子托洛茨基(Leon Trotsky)一样,有些人相信法国革命已经开始。而另一边的两百万法国人则与罗克(La Rocque)的“法国社会党”(parti social français)一样,倾向于反议会。不论人民阵线的政策如何审慎,即使是温和保守派的新闻媒体,例如稳健派的报纸《时报》(*Le Temps*),也将之称为“革命者”。

6月7日,勃鲁姆在总理府马提尼翁府(the Matignon Palace)彻夜会见了联盟的领袖们与受惊恐的企业家们,并裁定以非革命策略来解决罢工潮。《马提尼翁协议》(*Matignon Agreement*)确认了劳资双方代表进行谈判、劳工组织工会的权利与加薪15%的结论。

大规模改变法国的社会制度并非人民阵线的任务之一。但是联盟需要通过平息社会问题以构建更有力的反法西斯联盟。勃鲁姆以他一贯谨慎的态度,提醒他的社会党追随者:人民阵线是“现行制度结构下的权力运作与……现行法规”,[①]而不是为了追求激进改变的革命性“权力战利品”。

不过,勃鲁姆为首的人民阵线仍然尝试提出三项主要议题:社会不平等、经济恐慌以及法西斯的抬头。人民阵线政府执政的最初几周,制定了大量的法规,推行了些许社会改革,也改变了数百万法国人民的生活。这些法规就连后续的执政政府——即使是二次世界大战时被德军占领的期间——也不敢轻易废除。其中最重要的是,除了小型家族企业之外,劳工每年享有为期两周的带薪休假。此举让法国政府开始意识到休闲是基本的社会权利。每年8月,法国家庭大量去往山野或海边休假的情景,是勃鲁姆的人道主义愿景中,最让人印象深刻的贡献。勃鲁姆对劳资双方关系的直接介入也远多于他的前辈们。除了1936年6月的《马提尼翁协议》之外,他还在6月24日制定了新法,促成劳资双方的谈判与大型企业中员工选举劳工代表的权利。勃鲁姆还将三个相对次要的内阁职位任命女性担任,成为法国女性入阁的创举。尽管范围有限,人民阵线的社会改革仍然为其成就了持久的贡献。

对于经济恐慌,勃鲁姆政府的对应措施就没有那么成功了。勃鲁姆以“通货再膨胀”(reflation)来取代通货紧缩(deflation),以及增强购买力以刺激经济等政策,看起来比之前的“通货紧缩”有希望得多。[②]不过,在实际操作上,这些补救措施全然无效。这是由于环境太过棘手,包括国家内部的阻力与政府本身犹疑不定的态度使然。每周工作40小时,对社会大众而言的确相当吸引人,但却会降低生产力。由于法国物价上涨得比生产迅速,导致出口持续下跌,促使勃鲁姆考虑采取能刺激大量生产的政策——法郎贬值——因为大众对于货币的波动是最敏感的。当法国收支平衡恶化时,法国的投资者与投机者——不论在任何环境下都不是人民阵线的朋友——开始抛售法郎到国外去购买黄金与外币。由于不想对交易市场施加压力进行控制,勃鲁姆政府在诸多压力中,被迫于无任何外贸利益的状况下,在1936

---

① Joe Colton, *Léon Blum: Humanist in Politics*, 2nd ed. (New York, 1987), p.137.

② 参阅第10章。

12–3　1936 年五六月间法国大罢工。示威牌上写着老板是“窃贼”。

年 9 月让法郎贬值。1938 年时，生产仍然低于 1929 年与 1936 年夏天，物价的涨幅却被增加的薪资所抵消。

与法西斯对抗是人民阵线存在的主要理由，然而现在却成了人民阵线继续存在的主要阻碍。勃鲁姆——与他的前辈们相比没有平衡预算承诺的压力——大规模的重整军备以对抗德国的威胁。“左派”政府强化军事的作法，不论如何都会留给人们“左派”政权的保守刻板印象。在改变外交政策的好奇心之下，许多保守派人士开始将希特勒设想成是反共产主义的堡垒，将抑制希特勒扩张的战争视为“对斯大林之战”。他们认为这些行动会让苏联人有机会进入欧洲制造革命，如同 1917 年所发生的一样。法国国内对外交事务的歧见，让每个可能成为政策伙伴的盟友，均无法接受法国在某些重要事务上的观点。

即使因集体化与清算而导致国力衰微，苏联仍是唯一看似真正且能助其与德国抗衡的力量。甚至在 1892—1917 年的旧法俄同盟，也在勃鲁姆掌权之前开始复苏。1935 年 5 月，赖伐尔拜访斯大林并签订互保条约。这项条约在 1936 年 2 月于国会进行确认时，几乎被激烈的反对意见否决。勃鲁姆对此条约反应冷淡，主张军队应该反对这项条约。另一支对德国的可能抗衡力是法西斯意大利。1935年的埃塞俄比亚战争(Ethiopian War)[1]彻底搞砸了意大利与民主国家间的关系,虽然法国右派从未停止对勃鲁姆不尝试与墨索里尼重新接触的责难。东欧各国——曾于20年代与法国一起对抗德国的盟友——在潮流推动下,转投更具经济活力的德国经济圈;事实上,在1936年3月德军占领莱茵河地区(the Rhineland)之后,法国军队便已失去对任何盟国伸出援手的能力了。在德军占领莱茵河地区之后,比利时便在1936年夏天与法国终止了《共同防御协定》(*defensive arrangements*),宣布中立。人民阵线的成立原本是为了对抗希特勒在军事与外交上的扩张,不过到后来,也只残存一支情绪极为不满的军队与唯一的盟国——英国,而英国后来也被卷入对欧陆不干预的政治原则之中。

人民阵线的反法西斯立场在其成立初期,因西班牙内战(Spainish Civil War)爆发而受到挑战。持不同意见的西班牙将军与西属摩洛哥军队(Spanish Moroccan Legion)在1938年7月18日发动反对西班牙共和政府(Spanish republican government)的政变。自该年2月起,西班牙便由人民阵线执政,而勃鲁姆又正好非常渴求能有一个友邦政权。局势非常明确,合法的西班牙共和国政府寻求法国的武器支持以抵御国内的军事暴动,而法国又很有理由希望避免面对第三个法西斯政权。

帮助西班牙共和政府引起勃鲁姆那些温和派同盟伙伴——包括激进党、英国政府——的激烈反对,因此勃鲁姆只好将对西班牙政府的帮助化明为暗。然而在法国境内赋予法西斯同盟权力,也让勃鲁姆担心直接参与西班牙内战,会让法国卷入内战的漩涡之中。

勃鲁姆采用更谨慎的策略,他试着停止援助西班牙国内的任何一方,期望西班牙共和政府可以由于德国与意大利终止帮助暴动者而获救。他与英国等其他欧洲国家一起,组成不干涉委员会(Non-intervention Commission),围堵所有对西班牙的武器输出。然而,这样的策略却导致西班牙共和国所得到的帮助(大多来自苏联),少于暴动者从德国与意大利得到的帮助。勃鲁姆所面对的是西班牙的大战与他在国内的弱势地位。保守派谴责法国政府不干预对西班牙"红派"(Reds)的暗中协助。他们预言西班牙内战将会波及法国,且"左派"将会要求法国对西班牙提供更多的协助。1937年3月16日在巴黎近郊的克利希(Clichy)所发生的右翼同盟与共产党示威分子之间的冲突中,警察杀死了六名人民阵线的支持者。这个政权似乎在毁灭自己的孩子。人民阵线,这个以对抗法西斯主义为目标而结成的团体,最后竟发现自己成了那些想与西班牙法西斯主义战斗者的绊脚石。

财政上的压力,迫使勃鲁姆于1937年2月宣布"暂停一切"。勃鲁姆以说服的方式而非强迫的态度,说服法国的金融家与企业家,重新整顿黄金的自由市场,组成一个正统的财政顾问团,并宣布直到经济复苏之前不再调涨薪资。当1937年春,实领薪资再度缩减、对西班牙不干预政策所造成的不满情绪在人民阵线"左派"中高涨,勃鲁姆陷入了之前在定义"权力运动"时曾被警告过的情境中。勃鲁姆曾经向法国社会党员承诺,政府绝不会做出让一般

[1] 参阅第13章。

党员感到不快的妥协政策（他曾许诺法国社会党员，他的内阁将负起责任，绝不采用该党所厌恶的妥协政治）。1937 年 6 月，参议院拒绝赋予勃鲁姆所有的权力，以应对更加恶化的经济状况，勃鲁姆便乘机辞职。

从技术层面来说，法国人民阵线联盟仍然掌控政府的运作，直到 1938 年 11 月。这段期间由作风温和的激进党领袖们主政，直到 1938 年春天，内阁仍穿插有一些勃鲁姆的内阁阁员。除了基本保守派的法国小资产多数派之外，社会党的非妥协派相信“事在人为”——如同他们的领袖皮佛特（Marceau Pivert）所说。狂热的右翼分子为作风谨慎的勃鲁姆创造出骇人听闻的假象，将他描述成一个移民革命者，真实的姓名是“卡方克尔斯丁”（Karfunkcl stein）。在这些极端分子的逼迫中，勃鲁姆坚持以极度谨慎的态度执政，总是宁可用说服的方式、而非强迫的态度，来劝说对他怀有敌意的商业人士。在短暂的法国新政时期，法国的分化比过去更为严重。在这种体质不良的情况下，法国既难下决心消除经济恐慌的问题，也难以对抗日渐扩张的纳粹势力。

12.3 西班牙：民主、革命与内战

西班牙是欧洲另一个由人民阵线联盟掌握权力的国家。1936 年 2 月，人民阵线赢得选举，尝试保护刚起步的第二共和国，对抗 1936 年 7 月发生的军人暴动。

第二共和国的产物

西班牙第二共和国（1931—1939 年）并非革命产物，它只是刚好填补了一段空档。普里莫·德·里维拉将军（General Primo de Rrivera，1923—1930）的独裁政府并未使君主制更加巩固。当 1931 年 4 月的地方自治选举结果，显示出人民对君主政治的极大不满之后，由于无法确信可以得到军队与警察的支持，阿方索十三世（Alfonso XIII）选择退位，以避免卷入斗争的风险。

在这个空窗期，许多争权者介入其中，其成员比起法国更加多样化。这是由于西班牙本身就是一个同质性相当低的国家。在西班牙的最高社会阶层，存在着牢不可破的贵族阶级、一个极度保守的天主教统治集团、一支饱尝失败之苦的军队（曾于 1898 年败给美国，1921 年又败给摩洛哥）、首领支配制的古老政治传统，以及自 16 世纪以来便持续关注衰退国势的知识分子。在下层，则是既穷困又不识字的广大群众。大多数的西班牙人都务农。西班牙北部，小自耕农占绝大多数，然而在西班牙南部（安达卢西亚，Andalusia），66.5%的土地竟掌握在不到 2%的人手中。[①]不过，西班牙并非全是前工业化（preindustrial）的地区。它境内有两个工业发展极为蓬勃的区域。其一是加泰罗尼亚（Catalonia），省内的工业城市巴塞罗那

---

① Edward E. Malefakis, *Agrarian Reform and Peasant Revolution in Spain: Origins of the Civil War* (New Haven, Conn., 1970), p.29.

(Barcelona)是西班牙经济最繁荣的地区。其二是北部的巴斯克(Basque),是最主要的煤铁矿区。由于这两个地区语言不同,而且在文化认同上也极为不同,因此工业发展只是使西班牙的种族整合问题更加恶化而已。

要找到能为如此多样化的族群说话的选举多数派并不容易。不过,当阿方索十三世于1931年退位时,民主主义者与改良派社会主义者的联盟,提供给西班牙一个效法魏玛宪法的议会规章(当时两个国家都正疲于应付国内的经济恐慌)。由所有成年公民选出的单一议会,掌控了"各个阶层领域的工作者"的大部分权力。总统的职权受到审慎的限制,是对德·里维拉与阿方索十三世的一种反抗。

共和政府的政治阶段

短暂的西班牙共和政体共经历了三个不同的政治阶段。从1931年10月到1933年11月大选前的"红色两年"(red biennium),由反教会干政、反军国主义者的阿沙纳担任首相。选举结果,保守派占了40%的席位,而各种"左倾"派系(无政府主义者被劝告弃权)只取得20%的席位。于是"黑色两年"(black biennium,1934—1936年)便由中右路线的联合政府执政,而人民阵线联盟则于1936年2月的选举中赢得立法机关的掌控权。

在这些分立的政治阶段中,大规模议会外的社会潮流趋势,推动西班牙脱离政治家们的掌控前进。隐匿于台面下的群众愤怒,终于冲破公众生活的表象。反教会干政者在1931年5月烧毁、接管了数百间教堂与修道院,之后又零星破坏了一些教堂与修道院。①

自19世纪80年代以来,以无政府主义形式表现的农民暴动,显示出人民对国会改革的不信任,就如同怀有深仇大恨一般激烈。这种情况在安达卢西亚的农场劳工中最为明显,该地区的劳工占领农地并要求实施公有制。充满惊恐的保守派借助独裁主义者的解决方法控制暴动的想法日益增长。平心而论,在1931年后历届共和政府,没有一个能充分控制这些混乱的局面。

第一阶段的共和政府(1931—1933)对它的敌人而言是最重要的一个时期。阿沙纳所代表的多数派,在19世纪末期的欧洲属于激进派:他们重视一般选举与教育,将之视为最重要的改革;将天主教会与专职公务员视为民主主义最大威胁。阿沙纳取消了耶稣会信徒的教条;大幅压缩宗教自由权,禁止宗教人士参与教育与商业;命令天主教会学校必须从1933学年度开始闭校。阿沙纳还允许离婚,并首开西班牙妇女参加选举的先例。阿沙纳逐步裁减军队过剩的人员,将兵役期间调低为一年,停办军官学校——代表西班牙的骄傲与欢乐的最年轻将领佛朗哥(Francisco Franco)便在此时迅速崛起。加泰罗尼亚得到极大尺度的省自治权。由于土地改革是最显著的社会要求,因此阿沙纳政府以法律强行对大片未开垦的土

① 受惊吓的主教们认为约有两万间教堂被烧毁,许多墓园遭到破坏。在这个争议上,我采信Burnett Bolloten写的《西班牙内战:革命与反革命》(*The Spanish Civil War: Revolution and Counter-Revolution*,Chapel Hill,N.C.,1991,p.51)的数据。

地重新分配。不过由于法律的规定极为复杂,因此只有40000户小自耕农得到重新安置,还有许多人只能得到暂时的安置。[①]此时社会动乱仍然方兴未艾,天主教徒与许多军人联合起来反对共和政府。

西班牙共和政体主义者宣称的"黑色两年",从1933年11月保守派赢得选举之后开始。在将近两年中,政府由中立派的共和主义者联盟掌权,他们依靠的是"自治权力党派联盟"(Confederation of Autonomous Right Parties,CEDA)的多数党派。CEDA是一个新的天主教政党,也是西班牙境内的最大党。年轻而充满活力的CEDA领袖何塞·玛丽亚·希尔-罗布莱斯(José Maria Gil Robles)除了承认共和政府"掌握此时的政权"以外,拒绝承认共和政府的合法性。在1934年10月,当一些CEDA代表被选为参议员时,阿斯图里亚斯(Asturias)地区的煤矿工发起抗议,反对这种对共和政府的威胁举动,如同他们抗议经济萧条带给他们的苦难一样。西属摩洛哥的外籍退伍军人(Spanish Moroccan Foreign Legionnaires)在佛朗哥将军的指挥下,血腥镇压了阿斯图里亚斯的抗争。罗布莱斯的神职人员盟友,继续破坏许多阿沙纳的反教会干政与反军国主义的法律:他们重新恢复死刑,取消加泰罗尼亚的自治,并停止州立学校的男女合校制。

从1934年末开始,西班牙政府就维持一种官方的"国家警戒状态",限制人民的自由权。为此,数以千计的西班牙人被捕入狱,且有数千人开始考虑采取直接的抗争行动。1936年2月的大选越接近,对政府的敌意增强的西班牙人就越多。每个阵营都在宣传自己的恐怖遭遇:修女遭到矿工性侵犯;矿工遭到外籍军团的酷刑。那些认为革命已经在安达卢西亚无政府主义者的村庄、阿斯图里亚斯矿区、分离主义者的加泰罗尼亚等地展开的人,纷纷支持保守党或佛朗哥的外籍军团、德·里维拉的长枪党(Falange)等势力。他们相信神职人员与反动分子刻意刺激小耕农与矿工做出激烈的行动,是为了击垮他们,为人民阵线预备一个大票仓。

西班牙的人民阵线与法国人民阵线仅是外表相似而已,表面看来二者同样是反法西斯的民主主义者、社会主义者与革命"左派"的选举联盟。然而就其本质来说,它其实较符合大欧洲模式(larger European pattern)。为适应西班牙的情况,人民阵线其实也经过若干改革。它所面对的是一个远比北欧各国分裂的国内政党环境,而各类"左派"分子的混合状态又极为独特。共产党在当时只是一个不重要的团体,仅有两万名党员,在1936年的大选中也仅取得16个席位。西班牙"左派"的中心是无政府主义者与工团主义者。小自耕农无政府主义的反传统文化,有着自发性暴动的传统,难以组织或以正式的党团来掌控他们。最大的联盟是工团主义者,他们是普遍性罢工策略的强烈信奉者,对议会的行动采取怀疑的态度。1936年,西班牙社会党在出身无产阶级的石匠弗朗西斯科·拉尔戈·卡瓦列罗(Francisco Largo Caballero)的领导下,急速"左倾",为的是赶上普通工会会员的脚步。比起法国,西班牙的人民

① Malefakis, p.281.

12-4 弗朗西斯科·佛朗哥将军作为叛军“民族政府”的最高元首正在布尔戈斯宣誓。布尔戈斯是西班牙北部城市，叛军在1936年10月时曾在此建立政府。

阵线由民主主义者、附属于社会党的共产党、工团主义者，以及以对抗法西斯主义为名、组织遍及全世界的无政府主义者所组成，规模极其庞大。

在人民阵线赢得1936年2月的大选（无政府主义者此次亦参加选举）之后，阿沙纳再度担任总理。人民阵线对于反对派的行动抑制效果不明显。尽管如此，土地重新分配在三个月之内，还是安顿了11万户小自耕农得到新的土地。小自耕农不再为地主工作，并有能力趁着西班牙有史以来最大规模的罢工潮夺取土地。[①]同年春天，资深军官开始着手计划夺取政权。佛朗哥搭乘由英国拥护者所提供的专机，从阿沙纳放逐他的加纳利群岛（Canary Islands）飞抵摩洛哥。1936年7月18日，将军们从西属摩洛哥发出攻击信号，利用向墨索里尼借来的运输机，开始将外籍军团通过直布罗陀海峡（Straits of Gibraltar）运抵安达卢西亚。西班牙内战就此打响。

内 战

西班牙的反对派费时三年，牺牲超过50万人的生命，为征服“残酷的西班牙政府”而奋

[①] Malefakis, p.365.

战。[1]争战双方的力量都没有强大到足以尽快结束战争,也没有弱小到过早失去战斗力。反对派大多仰仗来自意大利与德国的军队、金钱、力量和人员,以及西班牙农业区广大的中产及上流阶级的支持。他们以安达卢西亚为据点,顺着西葡边境,到达西班牙西北部的加里西亚(Galicia)。人民阵线的资本则包括西班牙的优势空军、海军、外国志愿兵团、来自苏联与墨西哥的支持,以及上工业区、首都及东部海岸的强大支持。反对派能自给自足并发动强大的攻击;人民阵线的生产充足并能依靠人民,但只能临时组织军事行动。

第一年,战争的焦点集中于首都马德里。反对派以四个纵队的强大恐怖军力向马德里推进,并期待首都内支持者"第五纵队"(fifth column)的响应。不过,一支临时加入却充满激情的人民阵线军队意外占领了马德里,显示出意志坚定的民兵在城市战中可以发挥的力量。

反对派之后转往法西斯欧洲寻求支持。英法不干涉委员会(Anglo-French Non-Intervention Commission)对西班牙政府取得外援的压制甚于对反抗军的牵制。从 1936 年 12 月到 1937 年 4 月间,意大利派遣 10 万大军(包括 7 万名意大利军人与 3 万名北非殖民地军人)开赴西班牙。1936 年 11 月,德国派遣兀鹰兵团(Condor Legion)空军联队(约由 6000 名驾驶员)与一些火炮与坦克帮助反对派。即便如此,反对派仍然无法拿下马德里。1937 年 3 月,当意大利的一个坦克师被共和政府军的空军歼灭于瓜达拉哈拉(Guadalajara)时,欢欣鼓舞的西班牙共和主义者为意大利志愿军(CTV,Corps of voluntary Troops)另取新名为:"何时离开?"

组织人民阵线应付战争,促使他们必须在自发性与原则性之间作出选择。对战争的热情与需要,迫使共和政府迅速地偏向"左派",不过,究竟哪一个"左派"团体符合他们的需求呢?是无政府工团主义者(anarcho-syndicalists)还是共产党?曾对州自治权紧抓不放的加泰罗尼亚工团主义工人(syndicalist worlers)夺取了工厂,以工会进行运作,并设置农业合作社(rural cooperatives)。工团主义者组成的马克思主义统一工人党(Partido Obrero de Unificación Marxista,Worker's Party of Marxist Unity,POUM)强调,这是未来自由主义社会的起步。共产党员引述自列宁的话,认为这些都不过是"幼稚的'左派'运动"(infantile liftism),批评急躁的社会内部变革会破坏抵抗法西斯的基础阵线。他们也指责工会控制的工厂战备物资的生产量少于之前的私有时期。

共产党获胜了,不只因为战争物资在经济上带来的效益大于自由权,也由于苏联提供给西班牙共和政府唯一且充足的外援。在 1936 年底,"不干涉原则"协议生效、港口关闭前,苏联派遣了 400 辆卡车、50 架飞机、100 辆坦克、400 名飞机与坦克驾驶员,以及为数众多的资深军事顾问到达西班牙。当苏联的军事顾问在西班牙发挥影响力时,西班牙共产党终于结束了其在"左派"中微不足道的边缘地位,首次摇身一变为一个强大的政党。共产党反对急进的社会改革,因而得到社会大众的认同。举例来说,在 1937 年 8 月,共和政府所辖地区

[1] Hugh Thomas, *The Spanish Civil War*, revised ed., (London, 1986), p.926.

12–5 当1939年英法正考虑承认西班牙的新政权时，英国漫画家戴维·洛则怀疑若非轴心国的支持，佛朗哥政府能否独立。图中，佛朗哥告诉张伯伦和达拉第：“正直的先生们，除了我们西班牙人外，此处别无一人。”

重新恢复了公开的礼拜仪式。不过，更重要的事件发生在1937年6月，[①]加泰罗尼亚受共产党控制的警察逮捕了马克思主义统一工人党的领袖们，并关闭了他们的总部。共产党或许对西班牙人民阵线的纪律产生了些许影响，却也分化并削弱了它的群众基础。

战争开始一年之后，反对派将装备较佳的部队撤出马德里，开始蚕食共和政府其他的重要据点。首先，他们朝北突破比斯开湾（Bay of Biscay），这使得许多对矿业与银行兴趣浓厚的当地英国商人开始想要佛朗哥进行商业交易。1938年末，反对派又顺着厄波罗河（Ebro River）到地中海岸，将共和政府的控制区一分为二。最后，剩下的问题只是结束战争的步骤了。当上千难民由加泰罗尼亚涌入法国时，欧洲民主国家开始讨论如何承认佛朗哥的政权。1939年2月，佛朗哥的政权获得承认。在共和政府失去马德里的3月28日，西班牙内战宣告结束。

西班牙内战是由情绪激昂的两方所引起的。人民阵线的努力，吸引了胸怀理想的知识分子，与全世界的“左派”人士。约有四万人自世界各地而来，加入西班牙共和政府参与内战。对反对派而言，此次的战争一部分是延续15、16世纪贵族统治的卡斯提尔（Castile），再度征服加泰罗尼亚人与安达卢西亚人、统一国家战争的再现；一部分是善用西班牙军团“死亡万岁！”的精神，将殖民地的殖民战争方法运用到本土而已。从暴力的层面来说，西班牙内战成为第二次世界大战的预演。举例而言，兀鹰兵团在1937年4月26日格尔尼卡（Guernica）市集日对巴斯克市场的轰炸；12位主教与将近13%的教区神职人员在内战中惨遭杀害等。从积极一面来说，西班牙内战让欧洲在面临另一次更强烈的大战之前，先燃起了大部

① 最为人熟知的西班牙内战英文著作为英国志愿军的奥韦尔（George Orwell）所著 *Homage to Catalonia*（London，1938）。在书中，作者以痛苦的语调写出他与POUM领袖们友谊的破灭，以及斯大林破坏了POUM的革命时的愤怒。

分人民的热情。

12.4 欧洲知识分子与人民阵线

经济恐慌与法西斯的兴起，促使欧洲知识分子的态度从 20 世纪 20 年代的“自我主张”(self-expression)转为 30 年代的“社会参与”(social activism)。有些知识分子被法西斯主义者所强调的同胞之爱与忠诚、行动，以及“抵抗西方价值观”以对抗堕落等承诺所吸引。而大多数的欧洲作家与艺术家，则同情人民阵线。即使是在 20 年代时过着离世独居生活的画家们，也在画作中呈现出反法西斯的宣传理念，例如毕加索的《格尔尼卡》(*Guernica*, 1937)。

自由主义在 30 年代的彻底失败，促使一些知识分子开始寻找新的价值观。唯一合理的是英国诗人斯蒂芬·斯彭德(Stephen Spender)所倡导的“从自由主义出发”运动。斯彭德认为，自由主义者在其全盛时期的 19 世纪主张“积极分子会为政治公义献身”，[①]而这个目标现在只能靠共产党来继续完成。他寄望通过接受必要的战斗与暂时的高压政治，来达成新的无阶级社会，促使怀抱高超理想的先驱者，例如约翰·斯图尔特·米尔(John Stuart Mill)等的理想可以实现。斯彭德相信在这样的社会下，艺术会更具创造性。不成熟的民主主义所培育的当代自由主义，只会制造出“缺乏品味的暴民规则”。斯彭德清楚引述托洛茨基在 1923 年发表的预言说：“人类的平均水平将会提升至亚里士多德、歌德，或马克思的高度。”[②]当知识分子们寻求个人自由权与艺术创造的最佳路线时，斯彭德在 30 年代倾向于与共产党合作而不是向保守党靠拢。

其他人则成为真正的改变信仰者。人们实在不应该如亚瑟·柯斯勒(Arthur Koestler)一样，对无信仰者的自我批评太过认真。柯斯勒后来将 30 年代知识分子受到共产党吸引的情况归因于他们对“师徒关系”(disciple-master relationaship)的心理渴求，以及在封闭系统找到无解问题的答案的满足感所致。[③]不过，纪律与自我牺牲的确吸引了一些敏感的年轻中产阶级知识分子，他们拒绝接受前辈们在 20 年代对抗个人主义时的高傲与任性的态度。举例来说，年轻的法国哲学家保尔·尼赞(Paul Nizan)就认为共产党是“秩序、责任与原则的骨架，在其中个人可以转换叛逆的心情，避免自私自爱”。[①]

当然，人民阵线也给支持它的知识分子们出了难题。其中之一是，30 年代苏联的高压统治与单调的内部一致，加深了国际上知识分子对“大清洗”的反应。借着争辩苏联经验受到曲解，是因为建国的困难与周围环伺的敌人，而非本身的体制不良，让斯彭德能够减轻对种种现象的质疑。另一个问题就是对暴力行为的辩解。不过，在经历了 1933 年因为听从德国

---

① Stephen Spender, *Forward from Liberalism* (London, 1937), p. 189.

② 参阅第 9 章。

③ 参阅如柯斯勒的“与共产主义脱离关系声明”的投稿，Richard Crossman, ed., *The God That Failed* (New York, 1959).

④ David Caute, *Communism and the French Intellectuals, 1914-1960* (New York, 1964), p.95.

左翼分子而遭受的灾难之后，要抛弃战后年代的和平主义就变得容易多了。当反对法西斯的运动在西班牙成型时，参与一场正义的圣战对许多知识分子而言就充满了吸引力。

许多知识分子积极加入西班牙内战，这是 20 世纪其他危机中所没有的情形。罗伯特·格雷夫斯(Robert Graves)认为，西班牙内战是自法国大革命之后从未有过的、让英国知识分子产生如此之大分歧的外国议题。[①]不过，这里所谓的分歧，其实有所偏颇。1937 年在英格兰进行的民意调查显示，只有五位英国知识分子支持反对派(包括伊夫林·沃〔Evelyn Waugh〕与南非诗人罗伊·坎贝尔〔Roy Campbell〕)。剩下的十六位(包括 T.S.艾略特〔T.S.Eliot〕、艾兹拉·庞德〔Ezra Pound〕)则是中立的态度，而大约有一百人支持西班牙共和政府。有些学者与作家在一股热情下投笔从戎，亲身加入西班牙内战，这是在世界大战中未曾见到的情况。第一次世界大战是人性泯灭的盲目群众战争；第二次世界大战则是利用武器进行的远距离战争。至于西班牙内战，则像是个别的英雄人物所组成的战争，特别是共和政府的志愿军，他们抱着参战是一种个人直接对抗法西斯的举动的幻想。这些志愿军中包括了许多值得一提的人物：为人民阵线驾驶飞机的法国小说家安德烈·马尔罗 (André Malraux)；达尔文(Charles Darwin)的曾孙约翰·康福德(John Cornford)，既是优秀的剑桥大学生，也是共产党的组织干部，在 21 岁生日前英年早逝于西班牙；剑桥大学教授 J. B. S. 霍尔登(J. B. S. Haldane)与其夫人先投入他们当年才 16 岁的儿子服役的国际纵队(International Brigade)，最后还变成英国共产党领袖。不论参与其中的是否为共产党员，在国际志愿军中的知识分子，总是在自发与原则、知识分子评论的吹毛求疵的差别，以及明确的献身行动之间挣扎摆荡。不过，其中有不少人感到失望。在马尔罗的西班牙战争小说《人类的希望》(*Man's Hope*，1937)中，志愿军原本拥有的“热情幻想”，逐渐被渐增的机械化战争所腐蚀，他质疑不论哪一方获胜，对于社会公义终无帮助。最后，“政党年代”终将来临。

> 我最担忧的是见到——在任何一场战争中，不论你是否愿意，终将发现自己与敌人有多么相似。[②]

12.5 人民阵线之后的欧洲“左派”

1939 年前，人民阵线已经宣告瓦解。在西班牙，人民阵线由于军事暴动而被征服。在法国，人民阵线联盟则是从内部开始瓦解。于 1936 年赢得选举、让社会党与共产党都感到不安的激进党，是第一个对法国人民阵线联盟产生质疑的人民阵线盟友。在内阁中未占一席，只有虚无缥缈的“群众内阁”的法国共产党，严辞批评政府对西班牙的不作为态度与在经济上的失败。至于因“权力运动”所造成的妥协与觉醒的社会党，也遭遇日渐严重的内部分裂。

---

① Robert Graves and Alan Hodge, *The Long Week-End: A Social History of Great Britain, 1918—1939* (London, 1940), p. 337.

② André Malraux, *L'Espoir* (Paris, 1963), p. 494.

当激进党于 1938 年 11 月支持破坏罢工的手段时,人民阵线联盟正式宣告瓦解。不过,在此之前,人民阵线早已失去它原意了。

显而易见,当我们回顾这一切时,人民阵线其实是一个不协调的联盟。它的源起是为了反法西斯,不过,它越反法西斯,就越引发激烈的争论。充实军备这个明显的解决方案,便对“左派”传统的反战主义构成激烈的挑战。人民阵线存在的另一个基础是经济萧条,而在此问题上,也没有获得更大范围一致的解决方案。零星的改革对革命者而言,有不如无。但马克思主义者却承诺会驱逐中产阶级,并尽力满足大多数人民的希望。人民阵线分化了“左派”,使“左派”陷入长久以来的西欧形态——民主主义与社会主义的窠臼中,永远只能维持少数派的地位。不过,联盟中却有一个成员有显著的成长与进步。在法国,共产党吸引了更多的马克思主义者掌控的工厂工人, 自 19 世纪开始还将掌控的范围扩大到农民与知识分子。1936 年之后,共产党在法国选战中的支持率从未低于 15%,并一直持续到 1981 年。共产党的快速成长,引发了人民阵线中社会党议员与民主党议员的质疑与异议。尽管如此,共产党仍然更加积极地开拓新的成员领域。与马克思的期待不同,在欧洲,共产党快速增加的成员不是工人,而是办事员或低级文官。马克思主义者原先锁定的对象只涵盖工人阶级,然而结果竟出人意料地掌握了近 1/3 的群众。直到 20 世纪 80 年代,马克思主义者都在西欧持续吸收新血,不过却付出被欧洲政党孤立的代价。在人民阵线之后,有能力在无产阶级者与多数主义者之间发生影响力的政党,也开始出现相互矛盾的说辞。

不论如何,这一切的发展都被第二次世界大战所打断。虽然人民阵线在沦陷区的抵抗运动中曾一度复苏,不过,长远看来,人民阵线所激起的问题并未产生任何功效。选举多数派的左翼分子,包括民主主义者与社会改革者,在工业化欧洲是否更难施展身手?政治的未来是否操之于其他多数党派?

从短期来看,人民阵线遗留给保守派人士的是一种对不协调状况的恐惧。许多欧洲人开始倾向于法西斯而不再支持“左派”:“希特勒至少会比勃鲁姆好。”虽然保守派在传统上支持国家荣誉与国家防御,他们却恐惧会因为“左派”的反法西斯而被卷入“斯大林战争”。

至于斯大林,早在 1938 年就判断人民阵线不可能再为苏联的安全提供任何保证,因此他也就不再为德国西部边境提供实质的军事支援。“大清洗”(purge trails)在 1936 年与 1937 年达到巅峰,这是斯大林不再信赖外部影响力的警报。那些“失踪”了的苏联领袖们,都是曾在西班牙参战过的人。

自 1938 年起,希特勒取得更大的自主权。人民阵线使英法之间的关系趋于冷淡,也使苏联与英法两国关系变得淡漠。剩余的民主国家除了忧虑国家内部马克思主义者的扩张之外,也忧心复苏的战争会迫使革命的发生。在那之后,幻想破灭的奥地利流亡者柯斯勒形容人民阵线是“在鼓号声中前行,从胜利到失败”。[1]

---

[1] Arthur Koestler, *The Invisible Writing* (London, 1954), p.188.

13–1　墨索里尼与希特勒（摄于 1937 年）

第 13 章

巴黎和会之毁:侵略主义与绥靖主义,1933 至 1939 年

巴黎和会在1929年时仍然相当完整，然而到了1939年就完全被废弃了。这是由于它不具有自动执行的机制。德国的邻国,企图控制力量被削弱且内部怨声不断的德国。然而，即使他们极力想掌控德国,却无法如愿长期维持这种局面。1939年9月3日第二次世界大战爆发前夕,德国已在东欧占领了许多国家的领土,而且在吞并了奥地利与捷克斯洛伐克部分地区之后,领土已经大幅超越1914年时的国界线了。巴黎和会的崩溃有两个此消彼长的背景:其一是来自好战德国与日俱增的压力;另外则是第一次世界大战后,战胜国的分裂与士气的低落。

13.1 希特勒的初步行动

1933年1月30日，希特勒成为德意志帝国总理，德国的外交政策并未一夜剧变。当时，希特勒为了在国内执行意识形态“一体化”(Gleivhschaltung)使国家内部趋于一致，而收敛了对外闪击的实力。在当时，希特勒还只是个暴发户，权力尚未巩固。副总理帕彭(Franz von Papen)企图掌控政府，而兴登堡(Marshal Hindenburg)也还续任总统。不论是官僚、军队、教会还是职业外交官，都还维持着各自的独立性，因此希特勒只能耐心地让他们逐步归入自己的掌控之下。

虽然外交部长诺伊拉特(Krostantin Von Neurath)在1933年2月向外国的外交官们保证，旧有官僚体系的人马——例如他自己——还留任在新政府体制中，就是“德国不会尝试任何实验性的外交政策”与“希特勒确实是理性的”的最佳证明。[①]但这并不表示大多数的德国人不想修改《凡尔赛条约》。当希特勒在1938年与1939年像着了魔似地开展各种运动，企图修约之际，传统的官僚体系不但不加以制止，甚至还有许多人加入希特勒的阵营。前总理施特雷泽曼(Stresemann)与布吕宁(Brüning)也曾努力想要修约；德军已在苏联接受秘密军事训练与军备制造，悄悄地为战争做准备。德苏两国都拒绝承认1919年欧洲东部边境划分的合法性。然而，到了1933年，即使德国已经开始秘密重整军备，法国军队仍然占据着德国领土。此外，经济萧条对德国的影响远远超过法国。

为此，希特勒的初始行动极为谨慎。直到其他协约国表明不愿意把军备降到与德国一样的水平之后，希特勒才在1933年10月退出国联(League of Nations)的裁军会议(Disarmament Conference)。希特勒在1935年1月于原属德国的萨尔区(Saar)所举行的归属公民投票中承诺，[②]对法国没有任何要求，如要法国放弃阿尔萨斯-洛林(Alsace-Lorraine)。他并于1934年1月与波兰签订互不侵犯条约，而波兰是他在《我的奋斗》(*Mein Kampf*)中誓言摧毁的国家。[③]直到1935年，希特勒都还与苏联续订条约。直到1936年，希特勒都在公开演讲中扮演着厌恶战争到极点的老兵角色。

---

① 引述自 Jürgen Gehl,(*Austria, Germany and the Anschluss, 1931-1938*)(Oxfird, England, 1963), p.90.

② 1920年时，此一煤藏丰富的地区被规定由法国代管15年，之后则交由当地居民决定要归属德国或法国。在1935年的公民投票中，德国获得压倒性的支持，此区再度归还德国。

③ 慕尼黑暴动(Munich Putsch)之后被捕入狱的希特勒，在狱中写了自传《我的奋斗》。他并于1928年写了一本有关对外政策的书，这本书迟至1961年才被出版。

13–2 奥地利总理陶尔斐斯与他的内阁阁员。在纳粹分子于 1934 年 7 月谋杀了陶尔斐斯之后，舒施尼格(左后方)继任为总理，承其遗志坚持奥地利的独立。

在奥地利的挫败

希特勒狂暴与急躁的性格，只有在早期对付他的出生地奥地利时显现。在 1918 年之前，德国与奥地利日耳曼人的联盟计划(*Anschluβ*, union)，便因奥地利被并入哈布斯堡王朝的奥匈帝国而受到阻挠。现在奥匈帝国垮台了，希特勒决心要将奥地利并入德意志帝国。达成这一目标的最大障碍是《凡尔赛条约》中的第八十条条款，以及以恩格尔伯特·陶尔斐斯(Engelbert Dollfuss)为首的基督教社会权力主义者。他们致力于树立奥地利人的独立意识[①]。不过，希特勒认为西方民主国家并不喜欢陶尔斐斯，因为陶尔斐斯曾在 1934 年 2 月炮轰奥地利社会民主党(Austrian Social Democrates)，迫使他们屈服。而且，纳粹党的奥地利分部，也在那些期盼与复苏中的“大德意志帝国”(Greater Germany)合并的奥地利人中快速成长。即便如此，希特勒似乎仍倾向于以间接的方式来达到目的。1934 年 5 月，希特勒关闭了对奥地利的旅游观光路线，重创了奥地利的经济；他同时也准许部长们公开发表谈话，宣称奥地利未来的命运就是成为德国的一部分。此外，希特勒亦默许奥地利纳粹党所发动的政变，这些人让希特勒错以为他们有来自奥地利军队的支持。就在 1934 年 7 月 25 日，一伙纳粹党人攻占了维也纳的总理府与广播电台。在其后的混战中，总理陶尔斐斯中弹身亡于办公室的沙发上。

此次事件之后，让希特勒在 30 年代遭受最严重的对外挫折的不是西方的联盟国，而是墨索里尼。墨索里尼对奥地利的独立下了极大的赌注，因为这关系着意大利能否在多瑙河流域具有影响力。因此，当意大利所支持的武装卫队(Heimwehr)帮助陶尔斐斯的继任者库尔特·舒施尼格(Kurt Schuschnigg)重夺政权期间，墨索里尼部署了 10 万重兵在布里纳隘口

① 参阅第 11 章。

(Brenner Pass),随时准备支持战事。迫于情势,希特勒只好否认支持在奥地利发动政变且失败的一方(指奥地利纳粹党),接受奥地利纳粹党与德国纳粹党分立的结果。如此一来,德奥合并似乎变得遥遥无期了。

第一次违反《凡尔赛条约》

上台之后不过短短两年,希特勒便首次公开违反《凡尔赛条约》中的主要条款。1935 年 3 月 9 日,他做出了第一个著名的"星期六惊人之举":宣布建立一支德国空军。一个星期之后,他又宣布德国恢复征兵制,以建立一支拥有 36 个师(约 50 万人)的军队。

由于协约国也并未完全遵守战后裁军的协议,因此对于希特勒的举动,他们以抱有敌意但保持缄默的态度响应。其间,英国首相与法国总理在意大利的湖滨度假胜地施特莱沙(Stresa)会晤了墨索里尼。三国所签订的《"施特莱沙防线"协议》中明定,必要时得利用武力来维持欧洲现存的政局。这个协议似乎成为强有力的反希特勒联盟的开端。不过,在当时墨索里尼已经驱逐了非洲的埃塞俄比亚王室,并且,在施特莱沙会议的几个月后,亦即 1935 年 6 月,英德又签订了一项海军协定。通过《英德海军协定》,德国得以重建一支规模约为英国海军 1/3 的海军。很显然,没有任何国家准备履行《凡尔赛条约》中所提的内容了。通过施压与谈判,任何计划都可能随意实行的途径已经被打通了。

13.2 莱茵河地区的军备重整:1936 年 3 月

1936 年 3 月 7 日晨,希特勒派遣一个师 10000 名士兵的直抵莱茵河地区,分派三支各 1000 人的营队自杜塞尔多夫(Düsseldrof)、科隆(Cologne)、美因茨(Mainz),渡过莱茵河。此举使莱茵河地区再度军事化,并突破了《凡尔赛条约》设在德国西部的安全防线。

《凡尔赛条约》中规定禁止德国在边境的带状区域设置军队或任何军事设施,此区域包括:莱茵河西岸与沿莱茵河东岸 50 公里宽的带状区域。如此严格的对德国设兵权进行限制有两个目的:一为防范德国建立对抗法国的军事措施;另一则是若发生德国攻击法国在东方的盟国等状况时,法国可以轻易进入德国备战。莱茵河地区的再军事化是 30 年代欧洲主导权由同盟国转换到德国的关键。欧洲局势因此顺势逐步走向第二次世界大战。两次世界大战之间欧洲各国关系最易让人接受的老套解释,应是协约国(Allies)未能及时掌握阻挡希特勒发动攻击的先机。

此时,协约国面临两种选择:其一是承认德国在其边境有自由调动军队的自主权。不过,如此一来无疑是悄然放弃一项不寻常又过时的安全协定。然而,毕竟希特勒遣入莱茵河地区的少量军队,很显然并没有侵犯任何他国边境的意图。就如同《泰晤士报》的评论,德国只不过是"走进自己的后花园而已"。事实上,在之前的几个月,英法两国的外交官便已秘密就此进行讨论。然而要去交涉彼此的让步与单方面接受挑战,毕竟是极为不同的问题。

13-3 1935 年 3 月 7 日，德国步兵部队登上科隆的霍亨索伦桥(Hohenzollern Bridge)横渡莱茵河。与其他小分队从美因茨与杜塞尔多夫渡过莱茵河的类似举动表明，希特勒已经违反《凡尔赛条约》中莱茵河左岸永为非军事区的条款。

另一个选择，是协约国拥有充分的理由可以立即采取军事行动对抗德国。依据《凡尔赛条约》第四十四条，以“任何方式”违反莱茵河地区的非军事化举动，都被视为怀有“敌意”的行为。1925 年所签订的《洛迦诺公约》(Locarno Pact)中，[①]德国再次确认这些条款，并承诺协约国在必要时有权以武力维护公约作为“自卫的合法权力”。因此，法国拥有充足且合法的权力，单独或与其他《洛迦诺公约》缔约国一起采取制裁德国的行动。

此外，法国还有其他政治上的正当理由来对德国的行为作出反应。这个理由是，莱茵河地区的再军事化使法国原想将此地变为一个独立区的计划破产。法国在签署了一份从未被实行过的英美共同防御条约之后不久，就接受了一项妥协方案。一旦莱茵河地区的屏障崩溃，德国军队得以进驻阿尔萨斯-洛林边境，则 1919 年的安全协定便荡然无存了。基于这种种考虑，法国总理阿尔贝特·萨罗(Albert Sarrault)于 3 月 8 日通过法国广播电台高声疾呼：

[①] 参阅第 6 章。

“我们绝不会让斯特拉斯堡(Strasbourg)[①]落入德国大炮的射程范围之内。”于是,法国开始策划夺取萨尔与卢森堡(Luxembourg),企图以之作为谈判筹码;此外,也筹划了另一种方案:挺进莱茵河地区的军事行动。

然而,最后法国却仅向国联递交了一份抗议书。这是由于法国在军事反击上有其技术上的困难:法国军队经过重组之后,若要采取任何行动,就必须动员所有军队(包括预备役军队),否则就只能按兵不动。在这样的结构下,法国无法进行小规模而迅速的军事行动。此外,即使没有这些技术上的困难,也还有来自政治上的阻力,或许更甚于军事上的限制也未可知。1935年3月时值法国大选前夕,动员预备役军人无疑是一种政治自杀行为。1923年攻占鲁尔区的例子就是最好的前车之鉴。在经济上,法国也处于经济萧条的谷底:严格的财政预算限制了军事行动的准备;经济萧条也沉重打击了士气。自从1935年“饥饿的年代”开始后,军民士气更加低落了。当时由于1917年与1918年的出生率下降,使年满18岁能入伍的年轻人降至往常的一半。那是一个让人们反省战争所带来的资源浪费的年代。《凡尔赛条约》所架构的体系虽然用意是要阻止德国的军事进攻,然而,在法国已经很少有人愿意为一支充其量仅具有象征性意义的、在德国境内调动的军队而进行战争了。

至于英国,支持法国对抗德国的人数更是少之又少。自1919年以来,英国便一贯地反对法国采取更积极的安全防御措施。英国的舆论仍然深受凯恩斯(John Maynard Keynes)所写的《和平之经济后果》(*The Eonomic Cnsequences of the Peace*)影响,倾向于认为法国是一个好战且非理性的国家。他们不断释放消息警告法国,英国反对法国在1936年发动必要性的军事行动。因此,虽然表面上不采取行动是巴黎作出的决定,然而事实上英国的反对态度让此决定下得更快。

回顾过去,一直延续至今的老套说法认为,1936年时错失阻挡希特勒的良机,是因为几个错误的假设。第一个错误假设是,希特勒应会因一些极轻微的反对,命令进入莱茵河地区的德军撤防。此一假设源于阿尔弗雷德·约尔(Alfred Joll)将军战后于纽伦堡接受审讯时的自白。然而,从后来查获的德国文件中却显示,当时德军的分队所收到的命令是抵抗而非撤退。第二个错误假设是,当希特勒遭受到第一个挫折时,德国国内反对希特勒的人便会乘机推翻他。然而,观察稍后德国陷入危机时,德国人民所表现的爱国反应,此假设的正确性便不禁让人相当怀疑了。法国立即反击极可能导致大规模的战争,如此一来,法国便会被贴上侵略者的标签。攻占部分德国领土之后,哪些是法国有能力真正去落实的事?如若发动战争,来自协约国的反对压力是否并不亚于面对的德国压力呢?

种种合理的推测,都让法国必须深思,动武去维持一个和约是否合适,尤其是在这个和约的合法性正遭到某些政党强烈质疑的时刻。从1936年莱茵河地区的危机处理中,我们不难学习到早期遏止侵略者改变现状的重要性。以希特勒的性格与他之后所获得的胜利来

---

① 新收回的阿尔萨斯省会。

看，早期防御实在胜于放任他肆意发展。莱茵河地区的危机需要从一个更广的角度来谨慎思考，既要顾及维持《凡尔赛条约》的有效性，又要考虑1923年侵略鲁尔区的先例，以及未来将与希特勒共享的权力等。无论如何，1936年“错失良机”以外部武力推翻希特勒的议题，仍是一个未解的争议。

13.3 意大利的转变

虽然意大利与英法两国在地中海有利益上的冲突，然而直到1935年，意大利的法西斯党仍继续维持相同的对德态度。30年代之后，墨索里尼希望实现意大利的古老民族梦想，继承哈布斯堡王朝，控制多瑙河盆地与亚得里亚海（Adriatic Sea）周边地区。这样的野心使德国成为意大利的头号敌人。1915年，年轻的墨索里尼身为第一次世界大战前的社会主义领袖，曾力促意大利加入反德战争。墨索里尼曾于1923年协助法国占领鲁尔区。1925年，他亦担任《洛迦诺公约》的担保人。1934年7月，当希特勒企图占领奥地利时，墨索里尼曾公开羞辱希特勒，这是两次世界大战之间唯一让希特勒难堪的事件。迟至1934年4月，墨索里尼仍是施特莱沙防线中反对德国重整军备的主要人物。到了1936年莱茵河地区的危机出现时，墨索里尼仍竭力阻止德国在该地区驻兵。

占领埃塞俄比亚

在非洲扩张势力的梦想，是促使墨索里尼改变政策方向的主因。墨索里尼于1932年自任为外交部长，撤换专业外交官，改以法西斯党员任职，来处理重要的外交政策。首先，他在欧洲主导了一个爆炸事件。1933年6月，墨索里尼倡议《四国条约》（*Four-Power Pact*），让意大利能取得与英法德三国相同的平等地位。不过，这个条约并未发生任何效用。北方德国势力不断增长，强化了意大利在欧洲前途黯淡的疑虑。从1933年到1934年间，意大利法西斯在国内的统治也遭遇到内部质疑的危机。逐渐成熟的新生代未曾经历1922年时的“英雄时期”。对他们而言，比之十年前的君主立宪时期，在法西斯的统治下，他们所获得的实在太少。经济萧条对意大利人在工作上与士气上的影响，远超过官方表面所呈现的数据。“统合主义”（Corporatism）也越来越清楚显露出它不过是大企业补充的自律规范而已。如果没有其他手段来确保社会团结与吸引年轻人，法西斯的最佳出路就是向外侵略了。

约在1933年底、1934年初，墨索里尼开始研究攻取埃塞俄比亚的可能性。对墨索里尼而言，选择埃塞俄比亚作为侵略的对象既合情也合理：埃塞俄比亚是一个位于东非意大利殖民地厄立特里亚（Eritrea）与意属索马里（Italian Somaliland）之间的内陆国，也是至今尚未被欧洲列强所控制的非洲主要国家之一；此外，由于它曾于1896年的阿杜瓦战役（Adowa）中击败意大利，许多意大利国家主义者必会乐于见到复仇成功的场面。1934年7月纳粹党在奥地利发动的政变，使墨索里尼相信他必须赶在另一场新的欧洲大战爆发前迅速采取行动。1934 年 8 月,派驻意大利的外国外交官们便已发出意大利开始军事准备的报告。[①]

1934 年 12 月,坐落于意属索马里与埃塞俄比亚之间,尚有争议的国界沙漠小镇瓦尔瓦尔(Walwal),发生了一起小规模的冲突事件。这给了墨索里尼一个发动侵略计划的公然借口。意大利与英法两国间频繁的外交往来让墨索里尼相信,即使发动侵略也不致遭到欧洲各国实际的干预。意大利的军队在 1935 年 10 月一举入侵埃塞俄比亚。虽然埃塞俄比亚的军队抵抗入侵者的韧劲超过意大利的预期,但最终仍不敌意大利的飞机与毒气。1936 年 5 月,墨索里尼顺利扶植了国王维克多·埃曼纽尔三世(King Victor Emmanuel III)登上埃塞俄比亚的皇位。

与西方国家的决裂

在占领埃塞俄比亚之后,墨索里尼似乎期望能巩固他与英法之间的关系。然而,占领埃塞俄比亚的行动所引起的反应实在是太激烈了。当埃塞俄比亚皇帝海尔·塞拉西(Haile Selassie)于 1935 年 10 月出现在国际联盟请求援助时,欧洲民主主义者将其视为英雄的象征。大家都忘了在 1923 年时,埃塞俄比亚之所以能成为国联的会员国,完全是由于意大利的坚持。因为当时埃塞俄比亚仍然存在奴隶制度,因此英法都坚决反对埃塞俄比亚加入国联。尽管在 1935 年时,高涨的民主声浪极力主张国联制裁意大利,然而外交家们却谨慎的建议国联,不要失去可以一起对抗希特勒的盟友墨索里尼。最后,英法采取了一项不严厉却也不算妥协的制裁方案,即英国外相塞缪尔·霍尔爵士(Sir Samuel Hoare)所提的"双线政策"(a double line of approach)。[②]为了避免引起意大利的敌意而招致反抗,国联并未对意大利实行石油禁运,虽然唯有此举才能真正牵制意大利对埃塞俄比亚的侵略行为。国联仅对意大利实行禁运武器与限制贷款,并停止输入意大利商品等制裁。不过这也足以激起意大利人的爱国情绪,让他们愤怒了。

同时,外交官们也试着在暗中安排一项解决方案。这个方案计划承认意大利在埃塞俄比亚的统治权,但并非完全谅解意大利的侵略行为。英法两国外长霍尔爵士与皮埃尔·赖伐尔(Pierre Laval)于 1935 年 12 月草拟了一个计划,期望能终结这些有关意大利侵略行动的争议。不料此项计划提前被泄漏,引发社会大众的愤慨。尤其是英国,民众反应之激烈甚至让霍尔因此葬送了他的政治生涯。由于意大利宁愿用武力而非协商的方法取得在埃塞俄比亚的优势,使墨索里尼与英法之间的嫌隙永远无法冰释。

1936 年 7 月,当墨索里尼提供西班牙叛军佛朗哥基本军事支持以对抗西班牙共和政府时,意法英之间的嫌隙变得更深了。演变到最后,竟有 7 万名意大利志愿军加入战场支持佛

[①] *Foreign Relations of the United States*, 1934, Vol.2, p.754。引自 George W. Baer *The Coming of the Italian–Ethiopian War* (Cambridge, Mass, 1967), p.42。

[②] Samuel Hoare, *Nine Troubled Years* (London, 1953), p.168.

朗哥。这次轮到法国人民被激怒了。因为一旦西班牙被法西斯掌控,共和政体的法国就几乎完全被敌对的独裁国家包围了。

1936 年 10 月,墨索里尼派遣外交部长,也就是他的女婿齐亚诺(Count Galeazzo Ciano)去拜会希特勒,以巩固新联盟。1936 年 11 月 1 日,墨索里尼又首次公开指出,要把罗马–柏林这个“轴心”作为新的欧洲中心。

联盟的模式

墨索里尼在 1935 年与 1936 年间的转舵,为欧洲带来了严重的后果,不但使法国陷入两线作战的境地,并造成欧洲势力的结盟基础,从利益结合转变为意识形态。由于墨索里尼重返反德阵营的可能性依然存在,因此直到 1940 年,以退让妥协的态度吸引墨索里尼回阵营的想法,仍然存于一些英法领导者的心中。事实上,自 1935 年开始,两个反德阵营就已开始出现对抗的苗头。英法的保守主义者试图与意大利联手恢复“施特莱沙防线”,甚至是墨索里尼的“四强理事会”。所谓的四强乃指欧洲反苏联盟,包括独裁与共和国家,也包含德国。保守主义者希望能借此让欧洲各国自行解决欧洲事务。另一个阵营是以苏联为首的联盟,其目的仅在以强大的武力对德国施压。

自 1936 年之后,英法两国的领袖便在各个不同的时机,摇摆于两种不同的反希特勒联盟之间。特别是英国在 1938 年 4 月与墨索里尼妥协, 签订一项 “君子协定”(Gentleman's Agreement),声明愿意尊重地中海与红海的现状,承认意大利在索马里建立的王朝。而另一个以苏联为首的阵营,则在 1936 年、1937 年与 1938 年春天这段短暂的期间,似乎在法国的人民阵线里较占上风。当时法国政府又重新开始对西班牙共和政府施以援助。然而,这两个阵营由于在意识形态上差异过大,因此既无法合作也无法持久。与意大利结盟的一方看起来似乎支持法西斯主义,而靠向苏联的另一方则像是共产主义的支持者。两个阵营不可能找到共识点结合为一。双方在意识形态上完全不同。

对墨索里尼而言,他越来越向轴心国靠拢。虽然他告诉希特勒,在 1943 年之前意大利无法参战,然而他却在 1939 年 5 月与德国签下了《钢铁协约》(*Pact of Steel*)。

13.4 希特勒的东欧计划

希特勒于 1935 年与 1936 年的行动基本目标是, 借重新武装与重整莱茵河地区的军备, 恢复 1919 年之后所丧失的边境主权。1938 年与 1939 年的后续行动目标, 则为越过 1919 年所划分的奥地利、斯伐洛克与波兰的国境。这些怀有巨大野心的行动,让第三帝国不仅重新恢复了 1914 年第二帝国时的疆域,甚至超过德意志民族的居住疆界。到底是什么因素,让希特勒得以如此扩张领土呢?

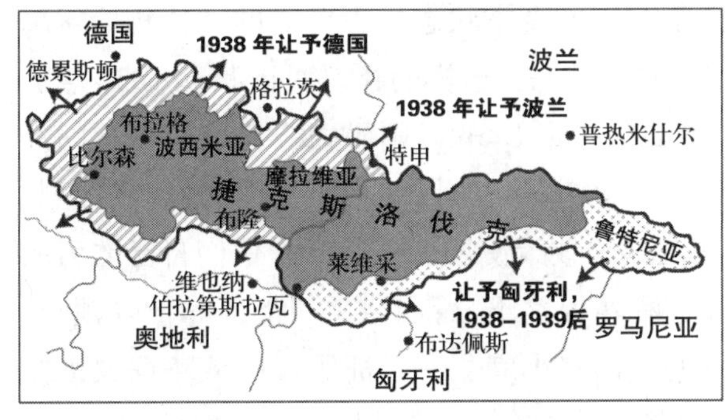

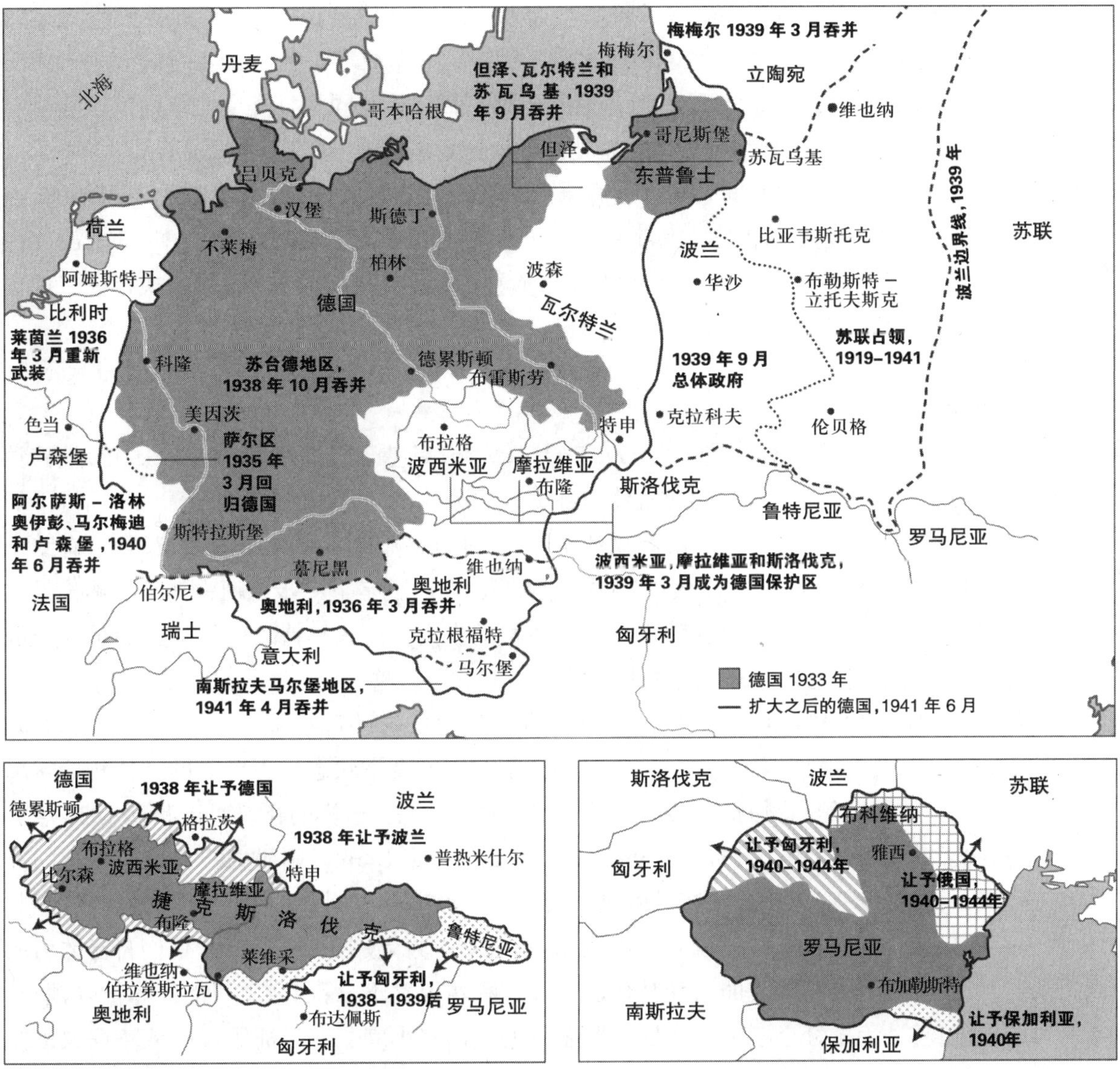

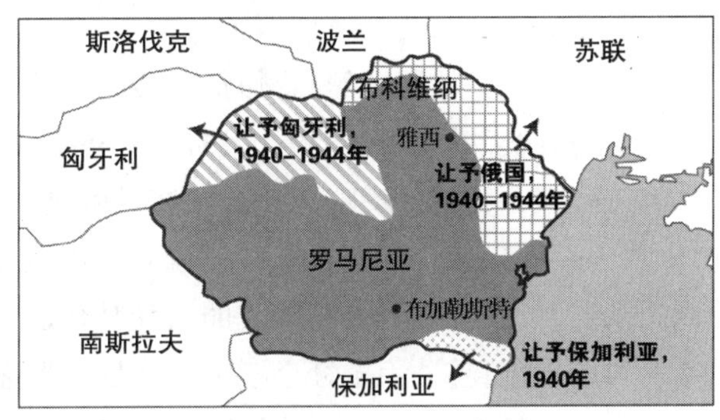

地图 13–1　东欧

优秀种族的生存空间

希特勒曾经说过，扩张德国领土是他人生目标的全部。在他所写的《我的奋斗》（1925–1926）中清楚设定了种族主义的观念，而这种观念将会影响他的所有决策直到最后。希特勒从未打算只是恢复到 1914 年的东部边界（这样的边界是魏玛共和国的前任总理施特雷泽曼与布吕宁秘而未宣的目标）。希特勒的野心是聚集所有日耳曼人，[①]成为一个单一民族国家。包括他的故乡奥地利与其他前哈布斯堡王朝统治的德意志人居住区。不仅如此，他更计

① 人，在此特指人种。

划从“劣等”的斯拉夫民族与东方民族手中夺取领土，以供给“优秀”的日耳曼民族充足的“生存空间”(living space，德文：Levensraum)。希特勒宣布放弃——至少暂时放弃——第二帝国在西部的利益与对殖民地的统治。他希望第三帝国能与同为日耳曼血统的英国建立友好关系，孤立法国，并在波兰与乌克兰建立一个大德意志的农业殖民地。

当然，《我的奋斗》中所罗列的计划并未完全实现。与英国的结盟被证实是不可能的，因此希特勒又重新开始征服西方与海外殖民地的侵略行动。然而在他的想法中，从未放弃优先考虑东方生存空间的问题。这个想法左右了希特勒在 1941 年作出致命的抉择——进攻苏联，而非地中海。

经济考虑

另一种对希特勒于 1938 年与 1939 年的行动解读是基于经济角度。到 1935 年，纳粹党解决了失业的窘境。这一辉煌的成就建立在庞大的公众消费基础之上。当然，对德国货币的流通严加控制，使其不受国际经济波动的影响、以强制措施维持低工资的政策等，也有助于消除失业状况。然而到了 30 年代中期之后，所要面对的就是下一步该何去何从。不论是重新出现的通货膨胀还是国内失序，都将导致主权的丧失。而只是持续进行上述的早期经济策略，并不一定确保德国能避免这两样灾难。

1933 年后的德国经济“奇迹”的创造者，当时的财政部长亚尔马·沙赫特(Hjalmar Schacht)认为，在持续的国际竞争中，要保持德国经济的真空状态是不可能的。他相信解决德国缺乏自然资源的问题的唯一方法，便是恢复对外贸易。这样的建议对于改善 1936 年的经济确实能够发挥效用。戈林(Reichsmarschall Hermann Göring)则极力提倡自给自足的经济政策。戈林的想法正符合希特勒的观点，因此在 1936 年 9 月，戈林被任命为“四年计划”(Four-Year Plan)的主持人，实施自给自足政策。这个政策使德国必须开采他们自己的劣质铁矿，以及寻找石油与橡胶的昂贵替代品。在这种情况之下，德国似乎只能倚靠扩张领土，才能繁荣经济、稳定社会了——计划夺取东欧的石油与小麦——以征服者的荣耀假象来掩饰经济窘境。不过，不论从哪一个事件来看，希特勒的选择永远都是枪枝而非奶油。

德奥合并：纳粹目标初试

关于纳粹目标的另一个解释是，希特勒不过是个实用主义的能手，当机会出现，他便充分把握。希特勒的良机出现于 1938 年。当时意大利攻打埃塞俄比亚，使希特勒在奥地利的问题上得以摆脱意大利的掌控，从此开启一条攻击奥地利的康庄大道。

1934 年陶尔斐斯总理于一场失败政变中被谋杀之后，他的盟友舒施尼格继任总理。舒施尼格试图在各个敌对势力中求取平衡，以维持奥地利的独立。一边是施塔赫姆贝尔亲王(Prince Ernst Rüdiger von Starhemberg)的国内民兵部队，同时也是墨索里尼在奥地利的主要支持者；另一边则是奥地利纳粹党，他们的声势暂时因 1934 年 7 月的失败而略有收敛。

不过，随着德国日益强大，加上许多奥地利人期望能从巴黎和约所束缚的小国规模挣脱，奥地利的纳粹势力便又迅速增长了。当墨索里尼将注意力转移到占领埃塞俄比亚，舒施尼格便只能在缺乏外援的情况下力战奥地利纳粹党。1937 年底，在镇压奥地利的非法纳粹组织时，舒施尼格还试图拉拢名声较佳的纳粹领袖之一——赛斯—英夸特（Arthur Seyss-Inquart）律师进入内阁，希望能借此分化前德奥合并势力(pro-Anschluβ forces)。

这些作为，促成了 1938 年 2 月 12 日希特勒与舒施尼格在希特勒的贝希特斯加登别墅(Berchtesgaden)的著名会晤。根据舒施尼格所回忆，希特勒在那三小时的恫吓谈话中，让他相信希特勒早已背着他暗中进行军事准备了。的确，在那次会晤过后没几个星期，希特勒便决定派兵入侵奥地利。这个突如其来的决定，正可解释希特勒是个把握时机、随时采取扩张领土行动的人。在贝希特斯加登，希特勒认为自己已经通过间接的施压，让事情有了充分的进展：舒施尼格同意赞成德奥合并的赛斯-英夸特进入内阁，担任内政部长以控制警察。

当舒施尼格在 3 月 9 日突然宣布要在 3 月 13 日举行公民投票表决奥地利的独立问题时，希特勒决定采取军事行动。这是由于若投票结果是多数奥地利人民希望维持独立，则希特勒所期望的德奥合并就又要往后拖延。3 月 10 日，希特勒下令军队准备入侵奥地利。3 月 11 日晚间希特勒下令进军奥地利。虽然当时舒施尼格已经同意取消公民投票，然而戈林却假借赛斯-英夸特的名义，捏造请求德军进驻协助“维持秩序”的谎言。同时，墨索里尼向德国表明对德奥合并没有意见。希特勒在电话中对驻罗马代表的谈话，显示出他紧张、兴奋与放松的心情：

黑　森：我刚从威尼斯宫回来。领袖以非常友好的态度接纳整件事情。他要我向您表达问候之意。

希特勒：请转告墨索里尼，我永远不会忘记他的恩情。

黑　森：是。

希特勒：永远、永远、永远，不管发生什么事……。当奥地利的事情解决之后，我会立刻追随他，赴汤蹈火在所不辞，无论发生什么事。

黑　森：是，我的元首。

希特勒：听着，我愿意签订任何协议——我再也不怕万一我们会发生军事冲突的可怕局势了。你告诉他，我对他感激之至，永远永远都不会忘记。

黑　森：是，我的元首。

希特勒：我绝不会忘记，不论发生任何事。如果他有任何需要，或陷入任何危险，请他相信我会做他的后盾，不论发生什么事，即使全世界都与他为敌。

黑　森：是，我的元首。[①]

---

① 引述自 Alan Bullock，*Hitler：A Study in Tyranny*，2nd ed.（New York，1962），p.432.

3月12日拂晓，德军开进了奥地利。德军在希特勒的故乡林茨（Linz）与他青少年时期所住的城市维也纳受到混乱而热烈的欢迎。虽然德军的坦克与卡车在通往维也纳的高速公路发生故障，然而反对德军入侵的一方，既没有资源、也来不及组织军队对抗。其他国家认为德奥合并受到大多数奥地利人的支持，这次的事件不过是威尔逊民族自决（Wilsonian self-determination）的延迟作业而已。没有任何一个欧洲国家准备用武力来反对一个"既成事实"，更何况这又是件受到欢迎的事。希特勒已经把领土扩张到超过旧帝国的境界了。现在德国已经摇身一变，成为拥有8000万人口的大国了。

13.5 捷克斯洛伐克与绥靖政策：1938年

德奥合并的成功，让德国东部其他边境成为问题。这不仅希特勒信心大增，也让住在捷克斯洛伐克与波兰的德语民族开始吵嚷着要求保护。欧洲在往后的18个月当中，一而再、再而三地面临边境危机，直到1939年9月3日第二次世界大战爆发。

捷克斯洛伐克的不稳定局势

德奥合并之后，从地图来看，捷克斯洛伐克简直就像一个把头伸进狮口的人。原本可以靠着北部山脉的屏障防御德国入侵，然而现在德国却可以轻易从南方的奥地利进入捷克斯洛伐克。更糟的是，这个新兴的国家还面临许多民族问题。捷克斯洛伐克在法国的帮助下于1919年建国。对捷克人来说，这并不是值得欢欣庆贺的民族自决，而是一个小型的哈布斯堡王朝的翻版。围绕在725万捷克人身旁的是500万斯洛伐克人。在他们当中，并不是所有的人都甘心与占优势的捷克人统一成为一个国家。此外还有75万马扎尔人、50万罗塞尼亚人与9万波兰人，各民族间都还保有语言与文化上的差异。另外，又有325万德国人居住在德奥边境的苏台德地区。来自苏台德地区的格奥尔格·舒纳勒（Georg von Schönerer）是"泛德意志主义运动"（pan-German movement）的创始者。这个运动对当时在维也纳流浪的青年希特勒影响颇大。[①]虽然1920年所制定的法律规定只要当地的少数民族人数超过当地人口的20%，在学校或法院中就可以使用少数民族的语言，然而在学校中的公用语言与公共服务对少数民族所显露的歧视，不断累积许多愤怒的民情。让情况变得更糟糕的，是经济萧条在德语城镇造成重创。那些城镇的失业率高达25%，而德国人抱怨他们总是比捷克人先被裁员。捷克斯洛伐克似乎是东欧国家中民主化最成功的国家，然而经济萧条与民族主义运动的复苏，已经开始威胁到这个国家的存亡了。很少有人会对爱德华·贝奈斯（Eduard Beneš）总统与占优势的捷克各党坚决反对在各民族间进行公民投票的态度感到狐疑，因为值此之际，任何让步都可能打开造成国家重大分裂的闸门。

---

① 参阅第1章。

捷克斯洛伐克此时正像一堆易燃物，而希特勒则不断在一旁煽风点火。他鼓励康拉德·亨莱茵（Konard Henlein）领导的民族主义示威运动。亨莱茵是苏台德地区一所德语高中的体育教师，在当地因身为德国民族意识的领袖发言人而崭露头角。德奥合并之后不久，希特勒便在贝希特斯加登接见亨莱茵，鼓励他保持且逐步增加对捷克政府的要求，让这些要求超乎捷克政府可以接受的程度。“我们必须贪得无厌，让他们永远无法满足我们的需求”。[①]

绥靖政策

捷克斯洛伐克日渐紧张的情势，似乎让德国有机可乘。现在，让我们详加观察英法对此预期的反应。英法解决捷克问题的方式被认为是“绥靖政策”（appeasement）的最高潮。绥靖政策的错误所带给 30 年代刚成年的领袖们的深刻印象，让他们在 20 世纪五六十年代以相反的态度来应对国际危机。例如：1956 年，艾登（Anthony Eden）为了苏伊士运河的问题，力抗埃及；1965 年，美国的决策者对抗越南共产党等。由于这是一个对西方所有领袖影响至深的负面例子，因此我们有必要对 30 年代的绥靖政策做更深入的探讨。

大家都忽略了英法绥靖主义者心中对希特勒的想法与作法所存有的同情。主张绥靖政策的代表人物张伯伦（Neville Chamberlian），继鲍尔温之后，于 1937 年 5 月成为英国首相与外相（编者注：原文如此。但张伯伦未担任过英国外相）。张伯伦出身保守党（Conservative Party）革新派，在伯明翰继承市政社会服务的家族传统，他和他的父亲都曾是该市的市长。1931 年于卫生大臣任内，他是保守党对政府的社会福利政策最强悍的发言人；他同时也是保守党“福利国”（welfare-state Tories）的先驱。张伯伦与丘吉尔在党内分庭抗礼，丘吉尔对于世界权位较感兴趣，且同情佛朗哥与墨索里尼。张伯伦写给其妹的信件，是帮助我们了解其思维的最佳工具。那些信的字里行间都充满了对希特勒与纳粹的极度厌恶，完全符合严厉的一神论改革者的形象。他说：“无数人的命运都取决于一人之手，实在是太可怕了。更何况那人几乎是个疯子。”[②]

绥靖政策不是随波逐流的政策，也不是完全放任不理的政策。在英国，张伯伦是一个积极的外交政策家。身为后威尔逊主义者（post-Wilsonian idealist），张伯伦并不信赖职业外交家。他认为凭借自己在协调劳资关系的成功经验，他可以通过与对方面对面的接触，将事情处理得更好。除了相信自己“高明的外交手腕”之外，张伯伦还倾向于信赖其他业余者的意见，例如擢用运输业大亨朗西曼勋爵（Lord Runciman）负担复杂微妙的外交任务等。

绥靖政策由张伯伦积极筹划，目的在找出德国的弱点，然后通过谈判的方式，在情况失控之前，将“危险一点一点解除”，[③]就如同 1914 年时一样。在 1938 年之前，“绥靖”还只是个

---

① “德国外交政策公文：1933—1945”（*documents of German Foreign Policy, 1933—1945*）系列 D，第二卷，107 号，第 197-198 页。

② 引述自 Keith Feilling, *The Life of Naville Chamberlian* (London, 1946), p.357.

③ 引述自上书，p.351.

不具争议性的动词,所代表的意义就是“减少摩擦与冲突”。在这种解释之下,张伯伦所提倡的、法国所接受的政策有其合理性。只不过,当这个政策无法免除欧洲落入另一次世界大战之后,“绥靖”一词乃转变成另具意义的词语。

绥靖政策奠基于许多假设性的想法。或许其中最基础的基石是,那些经历过第一次世界大战的幸存者坚信,欧洲无法再次承担像那样的血战。每个法国乡镇都有一个纪念碑,碑上都是一长串的牺牲者名单。而每个英国村庄也无一能幸免地设有大战纪念馆,再小的村庄都能列出惊人的牺牲者名单。当30年代的“饥饿年代”来临时,肢体残缺的伤兵们,就是提醒人们战争之残酷的最明显标志。雪上加霜的是,许多以下一次战争为主题的科幻小说,其虚构的内容都充满轰炸与毒气攻击的情节,预言下次的战争会造成数百万人的死亡。在作家们恣意驰骋想象力的情节中,伦敦、巴黎都难逃格尔尼卡(Guernicas)灾难的命运,甚至柏林也不例外。到了30年代末期,政府也必须一再向民众保证绝不会遭遇那些虚构的轰炸,人们的安全毋庸置疑。[①]而原协约国方面,由于对日渐增长的战备感到自卑,让民心对战争的期待也更加低落了。

此外,绥靖政策也基于几个较不明确的推测。绥靖主义者相信,纳粹不过是一种起因于《凡尔赛条约》的政治疾病,一旦最主要的刺激物被除去,高烧与肿胀的问题就可以得到解决。尤其是许多英国人认为,德国人在1919年后受到傲慢好战的法国人刺激所引发的种种不满情绪,都是可理解的。虽然德国本身也是凶蛮的民族,然而直到1938年,他们所要求的现况改变,从表面上看起来都不过是为了统一东欧的德语民族而已。不过,最后那震惊全世界的暴行仍然发生了(例如1938年11月所发生的“水晶之夜”〔Kristallnacht〕)。绥靖主义者以为希特勒会乐于以和平的谈判方式而非用武力来解决问题,就算是引起问题,也会是有限度的。在这样的假设下,张伯伦尝试向希特勒说明,如果希特勒愿意把姿态放低,他将能为德国争取实质修改《凡尔赛条约》。

最后,最难让人坦率直言的是,绥靖主义是以维持国家内部秩序的角度来考虑而出现的产物。最初,绥靖主义者以为另一场战争将会引发如同1917年时的革命。他们再也无法承受因战争而引起的任何社会紧张了。而不论希特勒的态度或他所施行的制度多么令人厌恶,至少他会是阻挡布尔什维克入侵中欧的屏障。张伯伦的两个伙伴——哈里法克斯勋爵(Lord Halifax)与威尔逊爵士(Sir Horace Wilson),便曾在1938年当面赞扬希特勒对保护欧洲文明免受布尔什维克入侵的“卓越贡献”。英国最具权威的保守派报纸《泰晤士报》主编杰弗里·道森(Geoffrey Dawson)也“深受影响”,在传记中提到:“纳粹德国是抵御共产主义散布到欧洲的屏障。”[②]前任总理鲍尔温也说:“因此,若希特勒东进,我将不会感到难过。”[③]

[①] *Illustrierter Beobachter*, August 24, 1939, pp.1316–1318.

[②] J.E.Wrench, *Geoffrey Dawson and Our Times* (London, 1955), p.376.

[③] Robert Keith Middlemas and John Barnes, *Baldwin* (London, 1969), p. 947.

这些假定最后演变出令人难以置信的结果——支持军事行动与支持和平解决问题的西方民主主义者的两个阵营，在 1938 年至 1939 年间连成一气。支持军事行动者称赞法国勃鲁姆的人民阵线，鼓吹更积极地与苏联合作，并倾向于提供给西班牙共和政府更多的援助。这些人所依据的是欧洲"左派"人士传统的和平原则。至于绥靖主义的支持者则希望墨索里尼能脱离轴心国，对希特勒做出更多的让步，以避免只会让提倡革命的"左派"分子获益的战事发生。他们将抑制希特勒的战争等同于"斯大林战争"，凭借的是对军队与帝国的传统崇拜。混合两种传统外交政策的偏好，使英法两个对立的国家，很难在对付希特勒的问题上取得共识。

为推动以诸多假设成立的绥靖政策，甚至早在德奥合并之前，张伯伦就一改前任首相鲍尔温的被动作风，改以积极的政策，期待能与希特勒合作，在危机形成之前能预先觉察并解决冲突。他采取主动出击的态度，而不坐等希特勒的行动。1937 年 9 月，张伯伦派哈里法克斯与戈林一同去猎狐。戈林拥有许多头衔，包括德国狩猎官。哈里法克斯的任务就是秘密向德国领袖们作出保证：

> 《凡尔赛条约》所引起的问题若不能有效的解决，将会引起许多麻烦——但泽、奥地利、捷克斯洛伐克。在处理这些问题时，我们不需要去考虑一定要维持现状的问题。最重要的是我们得确保这些问题的处理方式，真的能避免更多麻烦发生才行。①

换句话说，只要能够维持和平，英国政府已经准备好以谈判的方式，来解决德国东部边境问题。

德奥合并之后的 1938 年春天，当捷克斯洛伐克四面楚歌时，英国政府的态度仍然维持不变。法国的勃鲁姆内阁，在 1924 年与捷克斯洛伐克签署了一份共同防御条约。因此在 1938 年 3 月，勃鲁姆提议由英法共同发表声明，保证维护捷克斯洛伐克的边界不会改变。然而英国政府的态度仍然与 1919 年时相同，拒绝对莱茵河东岸做任何承诺。时任外交部长的哈里法克斯，对勃鲁姆的提议做出了这样的回复："很显然的，现在时机不对。而且我们的计划不论是攻击还是防御，都还不到进行的时候。"②在勃鲁姆于 1938 年 4 月再度下台时，他的继任者达拉第总理与外交部长乔治·博内（Georges Bonnet）便放弃了原来的外交政策，转而认同张伯伦了。

捷克斯洛伐克与日俱增的危机

严格来说，这些争吵其实是捷克斯洛伐克政府与境内苏台德地区少数德语民族之间的国家内部纠纷。亨莱茵在 1938 年 4 月提出了一份冗长且充满野心的要求项目清单。这份清

---

① Andrew Robert, "*The Holy Fox*": *A Biography of Lord Halifax* (London, 1991), p.71.

② *Documents on British Foreign Policy, 1919–1939*, Series3, Vol.1, No.107, p.87.

单被称为《卡尔斯巴德纲领》(*Karlsbad program*)。根据这份纲领,亨莱茵要求捷克国内德语区拥有自治权;赔偿境内日耳曼少数民族自1918年以来所受到的苦难;赋予日耳曼人主张"日耳曼精神"的完全自由权。然而,捷克斯洛伐克政府反对将1920年所制定的民族法规自由化到如此程度。5月20日、21日的那个周末,充满着可能引爆战争的恐怖气氛,而这也显示出捷克斯洛伐克境内的紧张情势,有多么容易牵动欧洲各国陷入冲突。捷克斯洛伐克政府声称德国在边境聚兵挑衅,因此于5月20日调动军队加强边防。此时,法、苏都公开保证会履行对捷克斯洛伐克的共同防御协议。法国还警告英国,倘若德国介入捷克斯洛伐克,则英国政府不应袖手旁观。希特勒因此被迫公开否认对捷克斯洛伐克有侵略的企图。

在这一波战争恐慌过去之后,各方面的情况都变得更加艰难了。希特勒似乎已经下定决心要以武力一雪从捷克人所受到的耻辱,不再理会用谈判解决问题的可能性。他在5月30日发布军事命令,只等"找到合适明显的借口,以及适当的政治理由",[1]声明"将在近期内以武力击溃捷克斯洛伐克"的坚定意图。捷克斯洛伐克总统贝奈斯并不屈服于德国的军事武力。协约国方面,特别是张伯伦,不希望看到由于捷克斯洛伐克的不妥协态度,而导致欧洲再度陷入战争边缘。驻柏林的某位资深英国外交官建议某位德国官员,如果德国政府能私底下说明对苏台德地区的期望,则英国政府会强迫捷克斯洛伐克接受所有的要求。[2]当捷克斯洛伐克对日耳曼少数民族的让步速度趋缓后,英国驻德大使亨德森爵士(Sir Nevile Henderson)便于1938年7月决定,是给捷克人"旋紧螺丝"的时候了。[3]

紧张的情势再度于1938年9月发生。当希特勒于9月12日在纽伦堡纳粹党代表大会发表了一番激烈的演说之后,苏台德地区便发生了暴动。因此捷克斯洛伐克政府对当地发布了戒严令。亨莱茵逃往德国,并组织自由团(Freikorps),准备对边境发动攻击。德国以军事介入捷克斯洛伐克的企图日渐增加。9月底,英法开始动员军队并疏散学童,战事似乎一触即发。

《慕尼黑协定》

眼见局势紧张,张伯伦便采取更加积极的态度,希望能借此对捷克斯洛伐克施压,给希特勒一个满意的解决方案,避免战争的爆发。为此,69岁的张伯伦生平首度登上飞机,在短短14天之内,三度飞往德国:第一次于9月15日前往希特勒的别墅贝希特斯加登;第二次于9月22日飞赴莱茵河畔的度假城镇哥德斯堡(Godesberg);第三次则是9月29日的慕尼黑之行。最后一次的会面,决定让捷克斯洛伐克把苏台德地区立即转让给德国,以此笼络希特勒。此次谈判的内容就是著名的《慕尼黑协定》(*The Munich Settlement*)——实际上就是绥靖政策的代名词。

---

[1] *Documents on German Foreign Policy, 1933–1945*, Series D, Vol.2, No.221, p.358.

[2] Ibid., No.151.

[3] *Documents on British Foreign Policy*, Series 3, Vol.1, No.512, p.590.

13–4　1938 年 9 月 30 日张伯伦完成慕尼黑协议的签署，回到伦敦。图中张伯伦抵达赫斯顿机场，向群众展示出希特勒签署的协定书。

希特勒于 9 月 15 日在贝希特斯加登发表了一场激烈的演说，妄称捷克斯伐洛克为了反德而对苏台德地区的人民施加暴虐。而张伯伦坚信唯有进行边境调整，才可能免除战争，因此接受了“苏台德地区分割原则”——这项让步远远超出几个月前亨莱茵所提出的自治提案，以及当时希特勒的公开要求。

因此，张伯伦与法国总理达拉第必须强迫贝奈斯总统接受割让领土。这件事使英法在签订《慕尼黑协定》之后，永远背负着罪恶感。贝奈斯总统直到 9 月 21 日下午 5 点才在英法要放任捷克斯洛伐克灭亡的威胁之下屈服。以为危机已过的张伯伦于 9 月 22 日飞抵哥德斯堡，向希特勒传达这个消息。张伯伦仍然没有意识到希特勒并不想以和平的方式解决任何事，即使完全照着他的意思所做的领土安排，也无法让希特勒有所改变。对于希特勒听到消息的响应，张伯伦惊讶至极。希特勒说：“那已经不重要了。”他要求苏台德地区的转让必须在三天内完成，而且必须让德军一次性完成进驻的行动。

张伯伦回到伦敦，确信调解任务已经失败了。9 月 27 日英国舰队开始动员；而法国军队也首次抵达新完成的马其诺防线（Maginot Line）。人们开始挖战壕，伦敦也开始发放防毒面具。在那几天中，惊惧的欧洲人民都屏息静听随时可能投向所住城市的第一个炸弹的爆炸声。

然而，在这紧要关头，人们仍然努力继续谈判。墨索里尼建议召开四强会议。[①]虽然后来

---

① 英国、法国、德国与意大利。捷克斯洛伐克与苏联被排除于慕尼黑会议之外。

13–5 1939 年 3 月 15 日，德军进入布拉格。迎接德军的是面带愁容的群众与少数向德军致意的纳粹分子。

希特勒抱怨自己是因为被骗才会进军布拉格，宣称对于苏台德地区的转让问题，他所持的态度是愿意协商一切细节而非采取武力解决。希特勒同意再度讨论苏台德问题的信件于 9 月 28 日晚间八点三十分送抵英国。当时张伯伦正在下议院发表演说。他报告说此次“可怕的”、“惊人的”状况，是由于“我们完全不了解的、遥远国度的人民之间的争执所引起”。

9 月 29 日，希特勒在慕尼黑几乎完全达到他在哥德斯堡给张伯伦的最后通牒中的所有要求——苏台德地区转让给德国——此地区历史上从未归属过德国。苏台德地区日耳曼人超过 50%的所有领土，都一次完全转让德国。而其他有大量日耳曼人居住的领土，也要举行公民投票以决定其归属（事实上，这样的投票从未举行过）。在民族自觉的口号下，除了 282 万 5000 名日耳曼人之外，还有大约 8000 名捷克人因此被迫变成德国人。希特勒同意尊重残余的捷克斯洛伐克的国家主权。张伯伦与达拉第在回程时，被兴奋的群众团团包围。简言之，《慕尼黑协定》成功了，1938 年 9 月，战争并未爆发。

长远来看，《慕尼黑协定》完全没有达到绥靖政策所设定的任何目标，它完全无法保护残余的捷克斯洛伐克免于被吞噬的命运。波兰与匈牙利纷纷提出各种要求，并夺取了捷克斯洛伐克境内住有波兰人或匈牙利人的领土。斯洛伐克的动荡，重新燃起了希特勒利用时机分裂捷克的兴趣，让他终于在六个月后做出毁约的举动。德军在 1939 年 3 月 15 日开进布拉格，捷克地区变成“波西米亚–摩拉维亚保护国”（Protectorate of Bohemia–Moravia），而斯洛伐克地区则另外成立为一个独立国家。因此，《慕尼黑协定》根本没有发生防止战争发生的效用。而且，由于当时在处理捷克斯洛伐克问题时将苏联排除在外，导致了与原本可能成为反希特勒联盟一分子的苏联之间的隔阂。《慕尼黑协定》不论是道德精神上还是实质上都完全没有拥护者，一个也没有。

选择战争

1938 年时，绥靖政策还有另一个选择——以武力来支持捷克斯洛伐克。根据 1924 年的条约，法国有义务援助捷克斯洛伐克。这是法国在东欧所建立的安全系统的一部分。而根据 1935 年的条约，当法国履行对捷克斯洛伐克的援助时，苏联亦有义务提供援助。倘若捷克斯洛伐克坚持不惜以武力保卫讲德语的苏台德地区，那么协约国便会将法、苏卷入一场范围更广的欧洲反德冲突之中。简言之，如此一来，选项就剩下打一场由法国或英国与苏联为主导的反德预防性战争(preventive war)，以维护巴黎和约不遭破坏。

问题的核心是苏联的意向究竟如何？斯大林是否真的愿意帮助资本主义国家的英法，协防捷克斯洛伐克的安全？早在 1938 年 3 月 17 日，苏联的外交部长李维诺夫就已公开表示，苏联"已经准备好参与集体的行动"，以"遏止进一步侵略行动的发展"。同年 9 月 2 日，李维诺夫向国联呼吁，希望能建立英法苏三国联盟，以保护捷克斯洛伐克。对苏联来说，发动军事干预的最大问题是，苏联的军队与飞机必须穿过波兰或罗马尼亚的领土，才能到达捷克斯洛伐克。虽然波兰坚决反对借道给苏联，但却有迹象显示，倘若国联投票支持反德行动，罗马尼亚政府愿意让苏联军队通过。然而，苏联的问题并不止于此。当时斯大林正进行他的"大清洗"(purge trials)，一半以上的军官遭到撤换。根据后来曝光的俄罗斯档案显示，当时苏联的军队确实收到警戒命令，然而却从未接到过支持捷克的命令。

可以确定的是，英法政府并不希望苏联参加这场预防性战争。在经历为期两年的西班牙内战之后，西方国家怀疑共产党参与欧洲事务的居心已经到达最高点。在苏联于 3 月 17 日提出呼吁之后，哈里法克斯写了封信给英国的驻法大使说："我们不认为那有什么重大的价值。"[①]张伯伦认为苏联"一半以上算是亚洲国家"，法国政府则是极度渴望能避免陷入履行条约义务的困境。对这两个西方国家而言，几乎所有的让步都会落入"斯大林战争"的陷阱之中。

第二次世界大战之后，有许多人推测，如果在 1938 年能有其他的欧洲国家支持捷克斯洛伐克，则德国境内的反对党很可能就会推翻希特勒了。这是非常可能发生的：倘若在 1938 年 9 月英法能展现更多的勇气，那么不但有机会不靠战争保住捷克斯伐洛克，希特勒也可能被国内的反对党推翻，此外还可能避免因第二次世界大战导致苏联势力深入中欧的情形发生。许多德国将领也对 1938 年的预防性战争感到惊恐，因为他们认为至少得等到 1943 年才能充分做好作战准备，参谋总长路德维希·贝克将军(Ludwig Beck)甚至由于捷克危机而辞职下台。不过，由于其他的将领都没有做出实际的行动，因此有关他们当时的意向，我

---

① *Documents on British Foreign Policy, 1919—1939*, Series 3, Vol. 1, No.109, p.88.

们也只能从他们的战后回忆录中了解梗概。而且，即使我们接受了表面上他们在回忆录中的说法，在当时那样的一个国际性危机中，要纠集众多德国军官与政府官员联合反对希特勒的几率，仍然微乎其微。不论如何，可以确定的是，当时绥靖主义者确实能用“战”保护捷克斯洛伐克，而他们最后毕竟选择了“和”。

也许在 1938 年 9 月以武力保护捷克斯洛伐克的结果，会造成西方列强与苏联的决裂，甚至造成德国的分裂。对战争的厌恶之情，不仅在充满恐惧的保守党员中蔓延，也同样广布在传统的和平主义“左派”人士当中。即便是法国前总理勃鲁姆，也承认自己在听到《慕尼黑协定》顺利签署后，感到“如释重负”。[①]大多数的欧洲人在 1938 年 9 月时，都支持绥靖政策。

然而，绥靖政策不论在保护残剩的捷克斯洛伐克领土不被吞并，还是避免 30 年代爆发战争的两重目标上都失败了，这是目前尽人皆知的事实。当时针对希特勒的所有猜测尽皆错误。当然，这并不是说绥靖主义的基本目标——找出问题，尝试以谈判协商的方式，取代机械性地以武力解决一切对现状的挑战——的方式，不适用于其他时间的其他事件。

13.6 波兰危机：陷入战争，1939 年

很快的，大家就恍悟波兰是希特勒的下一个目标。1919 年时所划的东部边界之中，波兰边界问题最让德国舆论界感到厌恶：波兰走廊（Polish Corridor）分隔了东普鲁士与其他的德国领土、直辖于国联的自由城市但泽的多数居民都是日耳曼人；此外，波兰还掌控着居住于富庶的西里西亚（Silesia）的日耳曼少数民族等，这些都是问题。1939 年春，德国外交部长里宾特洛甫（Joachim von Ribbentrop）要求波兰归还但泽，并允诺德国兴建一条穿越波兰走廊的公共铁路。德国愿意回馈波兰某种形式的基本防御，以助其对抗苏联。虽然希特勒摇摆于理性与暴力之间的行事作风，常让人难以猜测他的真意，不过，从当时的情况看来，希特勒似乎并不打算发动战争来进行疆界的些微调整。波兰外长约瑟夫·贝克上校（Colonel Josef Beck）已经做好心理准备，一旦希特勒提出要求，那么他就要乘势得利，如同在《慕尼黑协定》签署不久，波兰即乘势夺取捷克斯洛伐克境内有争议的切欣（Teschen）地区一样。然而，贝克并不希望让波兰成为哪一个邻强的保护国，他希望的是在德苏两强之间取得和平共处的平衡。

绥靖政策的抛弃

这个决定性的改变来自于英法两国。希特勒在 1939 年 3 月无视《慕尼黑协定》，占据了残余的捷克斯洛伐克领土，扬言要对波兰进行攻击。此举让张伯伦深感愤怒，并意识到事情的严重性。于是，张伯伦便在 3 月 31 日于下议院公开宣布，一旦波兰的独立地位遭到“明显

---

① 引自 *Le populaire*, October 1, 1938.

的威胁”,则英法将“尽一切力量”援助波兰。英国终于下定决心履行自 1919 年以来就不断逃避的、应尽的大陆义务了。一年多前,面对较易解决的保卫捷克斯洛伐克问题时,英国政府拒绝履行这份承诺,而今却许诺协防波兰。此举表明,张伯伦亲自抛弃了绥靖政策。

在第二次世界大战的发展进程中,英法对波兰的协防承诺,成为其间最具争议的作法。依照惯例,西方民主国家从一开始便应如此。不过,这项履行承诺的举动引发了合法性的争议。因为德波边境进行些微调整的举动并非完全不合理。因希特勒背叛《慕尼黑协定》而被激怒的张伯伦,是否真的会不计付出“谈判也许能解决问题”的代价,也要防止慕尼黑事件再度在波兰发生?而张伯伦此举是否会对新的欧洲危机摆出新的强硬面貌?

是否张伯伦会以当初决意用谈判解决问题的相同热情,坚持战争势不可免,而将欧洲带入一场全面性的战争?是否这个协防承诺只是个“幌子”,[①]诱使波兰坚不妥协来刺激希特勒,逼使他必须以本不想用的武力处理波兰问题?

1939 年错失以谈判来解决但泽问题的想法,取决于个人对希特勒意图的直觉。不论在早期希特勒是如何愿意以谈判来解决问题,1939 年 5 月底,希特勒最终还是决定“没有流血就不会有胜利……要夺取波兰是毫无疑问的,问题是发动攻击的时机……战争势在必行”。[②]当时希特勒所期望的应该只是区域性的短期战争。为此,他必须想办法让波兰从英法的保护中分离出来。希特勒公开宣称,他所要求的仅是但泽与通行波兰走廊的运输权,希望能通过这样的声明,让波兰内部出现妥协的团体,由此引发英法的愤怒。如此一来,他就可以单独对付波兰,而不用发动全面性的战争。

希特勒仍然相信英法并不是真的要协防波兰。因为英军尚未做好准备,而法国舆论普遍不愿意“为但泽而死”。最重要的是,英法究竟能如何取得保卫波兰的军事武力?因此,当 1939 年紧张的气氛笼罩但泽时,其他势力——即苏联与意大利——便成为决定性的角色。

《纳粹—苏维埃条约》

英法对波兰的协防保证若缺乏苏联的帮助,便无法有效实行。当然,法国可以攻击德国西部,但在波兰被击败前,法国仅有极短的时间可以协助防御——假定法国内部已达成共识,同意在 1939 年发动攻击的情况下。如果能与苏联结盟,便可以像 1914 年一样,对希特勒两面夹攻。然而英法两国政府却对这样的战略完全没有兴趣。除了原本对苏维埃政权的基本厌恶之外,他们也怀疑斯大林的动机(是否他打算将希特勒卷进西方战争中?),质疑他整顿军队的能力。他们认为或许和斯大林结盟反而更易引爆战争也未可知。英法苏三国的代表,针对缔结三国安全条约的可能性,协商了整个春天和夏天。而在 1939 年 8 月 22 日,传来了一个令人震惊的消息,其威力就像个炸弹一样猛烈:德国外长里宾特洛甫在莫斯科

① Basil H. Liddell-Hart, *Memoirs*, Vol.2 (London, 1965), pp.214, 217, 255.这些问题首度以有力的形式提出于 A.J.P.Taylor, *The Orgins of the Second World War* (London, 1961),第 10、11 章。

② *Documents on German Foreign Policy, 1933—1945*, Series D, Vol.6, No.433, pp.574-580.

13–6 1939年8月23日，签署《纳粹—苏维埃条约》的交易过后，得意的斯大林与德国外长约阿希姆·冯·里宾特洛甫握手。8天后，德军闪击波兰。

与苏联签署了《纳粹—苏维埃条约》。

英法两国的政府常被舆论谴责，认为他们太过执着于意识形态上的嫌恶感，而抛弃了可能成为反希特勒盟友的苏联，甚至因此而有蛊惑希特勒东进的嫌疑。1938年9月，处理捷克斯洛伐克的问题时，英法将苏联排除在外；1939 年 4 月，他们又拒绝了苏联外长李维诺夫所提的三国缔盟的提案；并且，他们甚至还派遣无足轻重的人物，以缓慢的速度到莫斯科与苏联商谈范围更小的安全条约。

不过，困难确实存在。苏联军队不可能不跨越波兰对希特勒发动攻击；同样地，它也必须取道罗马尼亚去支持捷克斯洛伐克。而英法两国又拒绝为苏联借道波兰与罗马尼亚提供帮助。而且，他们怀疑斯大林会以此为借口，"间接侵略"波罗的海三国（拉脱维亚、爱沙尼亚、立陶宛）。实际上，《纳粹—苏维埃条约》的缔结，实在是由于希特勒能给斯大林西方民主国家所不能给的好处。

德苏的接触（最初几年并不包括军事条约的相关内容），使两国之间的经济交涉在 1939 年早春死灰复燃。德国的经济协商代表于 4 月间透露给苏联一些清楚的暗示，而斯大林则在 5 月 3 日撤换了赞成国联（同时也是犹太人）的外交部长李维诺夫。希特勒决定在 5 月间，认真探测苏联保持中立的可能性。

当德国外交官在 1939 年 8 月催促苏联做出决定时，两国之间的协商进行得更加认真了，也使苏联警觉到希特勒企图侵略波兰的野心。在这样的认知下，斯大林的选择相当清楚：加入协约国的阵营意味着得为波兰而宣战；与希特勒结盟意味着选择保持中立。而且，希特勒允诺给予苏联扩张波罗的海地区、东波兰与比萨拉比亚等地势力的机会。1938 年到 1939 年间，苏联在中国东北边境与日本之间所发生的小规模冲突，让希特勒的和解提议更受欢迎。简言之，若与协约国结盟，就得打一场"无获之战"；而若与希特勒结盟，则可以"不战而获"。[①]

《纳粹—苏维埃条约》只是一个简单的协议，约束签约国若有其中一方卷入与他国的战争，则另一方应保持中立不予干涉。条约中的附加内容，想当然是有关瓜分东欧势力范围的秘密协议。"有关领土与政治的重新划分"，苏联得到芬兰，波罗的海三国中的拉脱维亚、爱沙尼亚，立陶宛的大部分，1/3 的波兰（东波兰），比萨拉比亚，以及 1918 年划归罗马尼亚的多瑙河口东北部地区；而德国则得到波兰与立陶宛的剩余领土。

现在，希特勒开始加快他的侵略计划了。确定不用再顾忌斯大林之后，他只需要再取得英国的默许与墨索里尼的支持，便能安全进行侵略波兰的短期战争。他向大英帝国提供保证，用以交换英国的中立。然而，张伯伦在 8 月 25 日却近乎卖弄炫耀似地签署了《英波协约》（*Anglo-Polish guarantee*）。1914 年时，由于爱德华·格雷爵士（Sir Edward Gray）未能让德国确信，倘若比利时遭到侵略，则英国必将采取的行动的讯息，而导致严重错误的发生。这一次，为了避免重蹈覆辙，张伯伦决定用双重的方式传达信息——公开声明与私人信函——让希特勒明白，倘若他侵略波兰，英国不惜一战。另一边，墨索里尼回复希特勒，他只能保持中立，因为意大利尚未准备好对外作战的能力。希特勒暂时放弃了战争计划。在之后

[①] Christopher Thorne, *The Approach of War, 1938–1939* (London, 1967), p.137.

的五天中，希特勒看似接受墨索里尼所提的调解方案，并顺从张伯伦的期望，直接与波兰谈判。波兰坚决拒绝重蹈慕尼黑的覆辙，而这是希特勒所不乐见的。希特勒认为张伯伦的强硬态度不过是虚张声势，因此在 9 月 1 日他即下令挥军进入波兰。希特勒对英法畏战程度的估算确实精准。英法直到 9 月 3 日才对德国宣战，比德军进犯波兰足足迟了两天。自此，欧洲人以消沉的心情被卷入第二次世界大战，再不复见 1914 年时的热情了。

13.7 第二次世界大战的起因

有关第二次世界大战之起因的争议，较之第一次世界大战少。1939 年 9 月发生的大战，一般都将之视为希特勒之战，归因于一个人的野心，而非如同 1914 年时，由于外交、军事与经济三方面过度失控而引发世界大战。

有关第二次世界大战，史学家们都同意政府所宣传的说法。1914 年之后经过 20 年，协约国中的“修正主义”史学家，才开始彻底质疑协约国一直以来将战争祸源指向德国的说法。1914 年的相关争论，促使人们将关注焦点从个人或国家的“罪行”，转而检讨协约国在外交、经济竞争、人民民族主义与失控的军事计划等方面的问题。

1939 年的 25 年后，在同盟国中，[①]关于第二次世界大战只出现了一个“修正观点”，而这个观点也只在 90 年代受到重视。此外，这个修正观点其实也只是将争议焦点集中于对领导者的人格特质与决策的关注而已。翻开德国的档案，不难看到更多记载希特勒执行的任务的证据。而德国战后的幸存者与史学家，更乐于将一切责任推给一人。大家都愿意接受希特勒以狂暴的行动来满足个人野心，是引发战争必不可少的“近因”。换句话说，没有希特勒，就不会有战争。

另一个更宏观的观点认为，两次大战都反映了一个光辉灿烂却有缺点的人类文明。人类文明若非透过间歇的流血冲突，便无法解决其中的差异问题。1919 年巴黎和会的解决方案，并不能改善欧洲（与全世界）的基本分配问题，使之成为分立的主权国家，将国家利益置于一切权威之上。而国际联盟与更公开透明的外交手段，亦无法比敌方阵营与 1914 年前就存在的秘密王朝外交，更有效地防止战争发生。我们只能说，国联实在不太成功。甚至有人说，除非等到有一天出现一个全球政府来重划各国领土，否则世界不可能永久和平。即便如此，这种假设所存在的微乎其微的真实性，仍然为内战与区域冲突留下了后路。

不论人们在凡尔赛如何努力让世人认清国家抱负，或在欧洲全力宣扬民主，都无法阻止战争发生。非但如此，希特勒所散布的国家或种族意识反而深植于东欧边境争议之中。民主国家的民众，对胜利与复仇所反应出的渴望与兴奋之情，与集权国家毫无二致。尽管从 1919 年到 1939 年间，为营造一个稳定的欧洲所制定的民族自决政策明显失败，这些相同的

[①] A. J. P. Taylor, *Origins*.

问题模式却一直延续到 1945 年战后的世界。

有些人认为,经济失败是导致欧洲在 1939 年再度陷入战争的主要原因。很明显的,30 年代的经济萧条,让欧洲受到前所未有的重创,也因此让希特勒有机会乘势而起,而邻国却无力遏止他的扩张。马克思主义者更强调:"对于一个成熟的资本体系而言,经济萧条是必然的结果。当国内的利润率(profit rate)开始下滑,列强最终将以战争的方式去争夺剩余的世界。"然而,实行马克思主义的国家(例如苏联与中国)之间也同样发生战争,因此,这种对战争的解释仍有待商榷。

或许所有人类团体都无法长久免于战祸。欧洲所带给我们的新经验,也许并不在于它于短短的三十年间便经历了两次几近自我毁灭的战争经验,而是自 1914 年起广为传播的信念:战争是邪恶的,并且是可以避免的。

14–1　1941 年，德军装甲部队从东线出发。军队与装备都以机动化的方式移动，以便跟上图右的马克 2 式坦克（Mark II tank）。在闪电行动中，装甲部队由斯图卡式俯冲轰炸机支持，突破敌人防线，继之以行动较缓的骑兵部队巩固战果。

第 14 章

希特勒的欧洲：占领、合作、反抗，1939 至 1942 年

当对波兰的战争演变成全面的欧洲战争时，希特勒确实感到诧异，但并未过度惊慌。希特勒的第三帝国似乎已经找到了解决当年摧毁第二帝国的问题的方法：如何避免在双线战争的情况下，扩张其欧洲领土。他的军队比波兰军队优秀精良，占有绝对的优势。至于东方唯一的顾虑——苏联，则已经准备好与他一同加入这场争夺战。西方的敌人，明显没有作战意愿。与1914年的前人不同，希特勒拥有掌控作战时间的自由。他可以先进攻波兰；然后，若有必要，则利用空档将主要兵力转往西线对付法国。1939年8月26日，他写信给墨索里尼说：

对德国而言，能与俄罗斯结盟实在是件值得感谢的事。因为，如此一来，德军便能在攻破波兰之后，在东欧自由进出……。对于东部问题的处理，即便在西部可能遇到阻碍，我也决不退缩。[①]

① 引自 Alan Bullock, *Hitler: A Study in Tyranny*, 2nd ed. (New York, 1962), p. 538.

14.1 1939 年冲突的本质

希特勒所盘算的计划若要成功，取决于速度。他与前人一样，无法解决长期战争所带来的资源消耗问题。德国在自给自足的经济政策之下，开发境内自有的劣等铁矿，并自行生产代用橡胶与石油，然而这仅能缩小供需差距。一旦战事扩大，德国便得依赖瑞典供应的铁、罗马尼亚与苏联供应的石油，以及东欧各国供应的谷类食粮。靠外交手段也许可以让这些国家维持一段时间的物资供应，然而对长期战争而言，这种方法毕竟不完全可靠。

考虑到德国很可能面临另一场长期战争，德国的军事后勤专家们认为，应将国内所有的生产线转为制造战备物资。然而这个计划必须到 1943 年才能完成。因此，希特勒决定以"闪电战"(Blitzkrieg, Lightning war)的方式作战。如此一来，只要备齐单次攻击所需的物资与军备，就能击败受惊的敌人，并能掳获在该次攻击时敌人所耗损的物资与军备。闪击战的好处之一是，可以分担一些德国人民的战争经济压力。希特勒解决德国经济问题的方法并非从内部的根本问题入手，而只打算以短期效益来逃避问题。

德国自 1939 年便进入战争状态，然而它只能应付速战速决的小范围战争。至于扩大战争，则根本没有预备妥当。德国的军械库中没有远程轰炸机；海军只有 57 艘潜水艇，其中能进行远洋航行的只有 18 艘。[①]1917 年之后，德国不再重视增补原先最主要的海军战备，由此可以看出希特勒并没有与英国作战的计划。虽然德国已经开始执行定量配给与薪资控制，不过，与 1936—1939 年间相较，1939—1940 年间德国经济并未投入更多的资源支持战备生产。消费品持续生产，高速公路(并非全为战争而建)也继续建造，而且迟至 1942 年，德国仍然进口大理石，用以进行希特勒夸张的柏林建设计划。

相比之下，希特勒的对手们则不论在人员还是资源上，都占有优势。波兰、法国与英国相加共有 1.2 亿人，而德国只有 8000 万人。此外，这三个国家还有制海权与世界资源。尽管美国受到《中立法案》(*Neutrality Acts*)的限制，罗斯福的"现金交易"政策(只要交战国能付出现金并自行载离，美国便愿意出售物资)却能让英法从美国取得所有需要物资，而不致像一战时那样窘迫。因此，只要把握这两种优势，联军便足以击败希特勒：首先，他们必须能挺过最初的闪电攻击；接着，以封锁周边外援的方式，逐渐使德国经济瘫痪。除此之外，联军别无他法。这是由于经济萧条，使联军无法构建强大的攻击力量；此外，即使他们能组成

① Holger Herwig, *Politics of Frustration: The United States in German Naval Planning, 1889 –1941* (Boston, 1976), pp. 198, 200.

一支精良的军队，国内舆论的压力也会让先发制人的攻击策略无法顺利进行。因此，战胜的关键便取决于有效的防御，以及应付长期抗战的充足的物资和心理准备。

在战略上，联军的问题并非战备不良。法国海军的规模远远超过德国；英法两国的海军合起来，可以完全控制整个大西洋与地中海。英军的重型轰炸机设计更是先进精良，而他们的轻型蚊式轰炸机(Mosquito bomber)，由于速度极快，可以卸载防御装备而迅速飞入柏林上空。至于陆地上，法国的马其诺防线成功地封锁了法国与比利时边界、自瑞士到阿登山区的莱茵河前线，而德国也确实从未直接跨越此防线。

不过，采取防卫战术却使联军蒙受严重的损失。虽然英法拥有飞机与坦克的卓越设计原型，然而他们并未将最新的设计大量付诸生产。这是由于他们担心一旦战争延迟爆发，则预先储备的武器可能会因设计过时而无用。此外，由于无法预知轴心国会从哪里进攻，因此联军还必须监控所有前线。死亡仍是影响士气的最大阴影。希特勒曾经经历过第一次世界大战，他相信协约国的人民不会支持耗损庞大的长期战争，尤其是当他们经历过几次闪电战之后，长期战更不容易被接纳。

与 1914 年人们对战争的天真热情相比，1939 年，欧洲人是以深沉的目光来面对战争。即使是德国，当军队走过街头，人们也是沉默以对。欧洲人都预想下一次的战争将会充斥大量的轰炸与毒气。这已在西班牙与埃塞俄比亚战争中开有先例。

心理战对引起人们的战争恐慌颇有效果。在战场上，闪电战利用的就是惊吓与恐怖的心理。例如，斯图卡式轰炸机虽然速度缓慢且易损，然而由于配备警报器，因此可以达到吓阻陆地敌军的功效。此外，德军在敌营后方空降假人伞兵，也发挥了极大的作用；而让突击队员穿上波军与荷军的军服，也让人们相信真有“第五纵队”存在。至于前线，双方阵营都提高警觉想掌控本国人民，并想办法以宣传影响敌方阵营的人民。

1939 年所引发的战争恐慌，使人们相信科学与技术将会主导未来的战争。不过，这次战争一开始所使用的，其实是 1918 年时使用过的武器的改良品。唯一最重要的全新武器是由英国人发明的雷达，这让英国在 1940 年时赢得空战的胜利。从技术层面来说，闪电战对技术的依赖没有长期战那么多。因为短期战只需储备的武器，而联军打算进行的长期战则需要大量的物资与整体的战争经济支持。反犹太人导致德国科学落后的可能性增加。虽然柏林化学家奥托·哈恩(Otto Hahn)在 1939 年首先发现铀核裂变，然而他的得力助手——优秀的女物理学家莉斯·梅特涅(Lise Meitner)以及其他重要的犹太科学家都被迫逃离德国，转而协助联军发展自动化武器。不过，德国在核物理学方面之所以停滞不前，最主要的原因是政府决定发展导弹技术，而不重视核物理学。此项决定导致德国在停战前由于缺乏燃料，而无法利用工程师们所设计的全世界第一架喷气式飞机——梅塞施密特 262 式(Messerschmidt 262)支援战场。

当战争于 1939 年开打时，无人预料谁将是胜利的一方。但可以确定的是，这场战争将比上一场带给欧洲人民更多的恐惧，造成更大的浩劫。

14.2 东线战争：1939 至 1940 年

波兰的闪电战

1939 年希特勒对波兰所发动的战争，让欧洲人民首度见识到闪电战的威力。充分的宣传为闪电战能够先声夺人起到了辅助作用。希特勒在宣传中声称，德国人被迫苟活于“低人一等的文化价值之下”，忍受剧烈的痛苦。[①]该年 8 月底，希特勒甚至让党卫军伪装成波兰士兵袭击德国边境，并留下一名身着波兰军装的尸体，以作为波兰“曾经攻击德国”的“证据”。而即使已经完成军队集结，希特勒仍然对外表现出愿意接受谈判的可能性，也因此成功地让英法对波兰施压，导致波兰延迟了 24 小时才发布总动员令。9 月 1 日拂晓，德军正式入侵波兰。

德军的主要兵力是装甲部队。当时德国并未派出所有 36 个师，而仅用了 6 个师，便击溃了波兰 40 个师的军队。德军一个装甲师包含 300 辆左右的坦克，与以同样速度推进的支援部队和战备物资。德军先以斯图卡式俯冲轰炸机破坏并摧毁敌方的防御，继之以坦克进行攻击；等坦克开出一条道路之后，便由装甲部队占夺土地；最后，以配有装备的常规部队进驻新夺取的土地加以控制。平坦辽阔的波兰领土，是最适合进行快速坦克战的地方。

虽然英法立即给予波兰空军支持，且在战争开始之后的第 16 天派遣陆军协助；然而直到 9 月 8 日，才有少量的法国先遣部队进驻萨尔。当一切看来大势已去后，英法也取消了更进一步的支持与攻击。在欠缺外力支持的情况下，波兰的投降只是时间问题。尽管波兰政府打算力挽狂澜，将部队集中一处进行抵抗，首都华沙仍然在 9 月 27 日沦陷，波兰在 10 月 2 日完全投降。

苏联在东欧的斩获：1939 至 1940 年

德国在东欧秋风扫落叶般的推进速度，斯大林与其他人一样感到十分意外。德军大兵压境带来的紧张感，加上急于确认 8 月 23 日所订的[②]《纳粹—苏维埃条约》，让斯大林仓促地于 9 月 17 日派兵西进波兰。最后，斯大林夺得了比德国更多的波兰领土。双方更进一步瓜分波兰领土，是在里宾特洛甫第二次造访莫斯科时完成的。至此，德、苏与从 1815 年到 1914 年间一样，再度共有了一条边境线。[③]

斯大林察觉到这是个强化苏联西部防线的好机会。他与拉脱维亚、爱沙尼亚、立陶宛签订了“互助条约”，并在三国的同意下，取得在立陶宛的驻军权（立陶宛乘机再次吞并于 1920

---

① Bullock，pp. 551–552.

② 参阅第 13 章。

③ 斯大林拒绝了希特勒原先所提，在华沙建立一个傀儡政府的计划。

年被波兰占领的维尔纳[Vilna])。

之后,斯大林要求芬兰放弃芬兰湾(Gulf of Finland)的维堡(Vyborg)地区。维堡距离列宁格勒仅20英里。当谈判无效后,苏联旋即废止1932年签订的《苏芬互不侵犯条约》。1939年11月30日,在未有任何宣告之下,斯大林直接出兵芬兰。这场被称为“冬战”的战争,让苏联人遭遇到意想不到的挫折。当其他未参战国(包括墨索里尼,由于《纳粹—苏维埃条约》使意大利在巴尔干半岛权益受损,也让墨索里尼感到耻辱)看到苏联的损失大过芬兰时,都不禁替“勇敢的小芬兰”鼓掌叫好。苏联的出师不利,让西方国家更坚信苏军由于“大清洗”而实力大减。最后,苏联终于靠着集中优势兵力的作战方式,于1940年迫使芬兰放弃维堡。

1940年夏天,当希特勒专注于西线战事时,斯大林收复了1917年时失去的大部分领土。这年6月,斯大林又强行占领波罗的海三国——拉脱维亚、爱沙尼亚、立陶宛,并于8月将三国并为苏联的一部。稍早前,斯大林还曾于6月22日要求罗马尼亚,将第一次世界大战前曾属俄国的比萨拉比亚与从未属于俄国的布科维纳(Bukovina)割让给苏联。通过这些手段,苏联在多瑙河河口所夺得的领土已超过1917年时的损失,范围涵盖前沙皇俄国在波兰的大部分领土,并将苏联与芬兰的边界向西推进。①由于斯大林的防御力增强不少,因此极可能促成他提早与希特勒决裂。不过,在这时,他仍然继续忠于《纳粹—苏维埃条约》,继续为德国提供急需的物资,特别是石油与粮食。

西线战争:1940年

当希特勒于1939年10月6日向英法公开倡议和平时,尽管英法两国国内有许多党派支持妥协,但张伯伦与达拉第对希特勒此举置若罔闻。不过,不论如何,当时希特勒早已拟定了对西方国家的作战计划。原先预定在秋天发动的行动因故受阻,而出现了一段等待期。这段“假战争”(phony war)期间,让英法军队失去了制敌先机。

在那段候战期间,英法两国政府商讨了可行的进攻步骤。他们认为,无论从物资还是从政治层面考虑,渡过莱茵河对德国发动攻击都不可行(没人愿意看到巴黎与伦敦遭到轰炸),而消耗战与包围战则似乎对联军较有利。因此,即使没有苏联与意大利(仍从英国进口煤炭,英国希望能以此让墨索里尼保持中立)的同盟,使包围系统出现巨大的缺口,英法仍然不顾一切地筑起对抗德国的“围墙”。其他的计划则针对希特勒的苏维埃盟国而非希特勒本人。法国计划打开巴尔干战场,并轰炸苏联的高加索油田。在苏联与芬兰的“冬战”期间,英法原本预备了一支联合军队要帮助芬兰,但后来芬兰战败,这项计划便改以“截断沿挪威海岸线运送瑞典铁矿石到德国的夏季航路”为目标。

1940年4月9日,希特勒发动第二波闪电战攻击,先发制人攻占了丹麦与挪威,使英法

① 1809年至1917年间,芬兰曾是沙皇统治下的一个自治大公国。

的计划受阻。丹麦仅有 13 人伤亡，数小时内便沦陷了。然而在挪威，少数的德国伞兵与自海上出击的德军却遭到挪威人激烈的抵抗。原先已在附近待命的英法联军，曾尝试从挪威北部的纳尔维克（Narvik）登陆，以协助击退德军，然而，5 月 10 日德军在西线大举进攻，使这项尝试提前结束。

法国沦陷

德国从 5 月 10 日开始进攻法国与荷比卢三国。这个大胆而冒险的计划，是由这场战争中堪称最杰出的军事策略家弗里茨·埃里希·冯·曼施坦因（Fritz erich von Manstein）将军所策划。曼施坦因并未依循 1914 年施里芬（Schlieffen）计划所定，将进军路线绕过比利时与荷兰，而是让主要武力——10 个装甲师——进入林木茂密的阿登山区，直趋法国防线中防御力最弱、位于马其诺防线北端的色当。法国一直认为该地地形太过崎岖，不可能被用来作为发动大规模进攻的地点。

英法原本预测德国会重演“施里芬计划”的进攻模式，因此计划调派最现代化的军队，向北进入比利时与荷兰，让战争尽可能地远离法国最北部的工业区。然而由于此举将引发德国的攻击，比荷两国迟迟不愿合作；直等到德国开始侵略比利时与荷兰，这个复杂的行动计划才得以实行。联军的调兵方式诚如法国史学家亨利·米歇尔（Henri Michel）的精采比喻：“犹如一棵拖着树根的大树，不费吹灰之力就能被推倒。”这也显示出英法两国对机械化战争的速度感，完全跟不上德国装甲师的速度。英法希望能让所有军队一起向北前行 100 多英里，赶到德军前面，殊不知德军早已开始移动，且所需移动的路程比联军还短。

古德里安（Guderian）将军的十个装甲师如期越过阿登山区。山路是如此的狭窄崎岖，所以当部队最前方已经到达谬斯河（Meuse River）时，最后方的“尾巴”却还在莱茵河东岸。紧随其后的是又一次闪电战的成功出击。由于阿登并未如同第一次世界大战般受到远程大炮的轰炸，因此，连续三天，法国都以为同时并行开往比利时的德军常规部队才是德国发动攻击的主要战力。古德里安将军比原先计划提前两天，在 5 月 13 日横越位于色当且防御力最弱的谬斯，直趋英吉利海峡，严重威胁比利时境内联军的后援线。

曼施坦因计划最危险的地方是，当横越法国北部时，行动快速的装甲部队队伍绵长，如果在行动较缓的常规部队赶到支援之前便受到联军的南北夹击，部队便可能被拦腰截断。而这也的确是联军总司令法国人莫里斯·甘末林将军（Maurice Ganelin），以及 5 月 19 日之后的接任者马克西姆·魏刚将军（General Maxime Weygand）的计划。当古德里安不顾总部下达的军队前后连结的命令，而使队伍一度出现空隙时，德军总部一度非常紧张。

一般认为，法国的失败是由于 5 月 13 日之后未能及时截断穿过法国北部的古德里安部队。当时并未发生的马恩河战役，本是个可以让法国扭转战局的机会；而事实上也没有任何理由可以让人辩解希特勒战胜法国是不可避免的结果。

14-2 1940 年 5 月 30 日，敦刻尔克海滩。正在撤退的英国远征军士兵，等待前来营救自己的军舰、渔船、游艇甚至是老旧帆船。

人们通常还将法国的失败归因于缺乏充足的物资与低落的士气。事实上，法国的 94 个师加上英国的 10 个师、荷兰的 8 个师与比利时的 22 个师，联军并非绝无机会战胜拥有 134 个师的德国。联军拥有火炮的优势，也拥有与德军相同数量的坦克，其中还有一些设计比德国更先进的新式坦克。联军最致命的弱点是通讯设施（信息传递）、防空高射炮与进行近距离支持与侦查的飞机。联军领袖的主要问题在于只会墨守成规。第一次大战的胜利经验，让联军——尤其是法国，习惯将坦克安插在步兵队伍之间，而非集中于装甲部队之中。因此他们会将一支英国装甲部队与四支法国装甲部队（由法国坦克战的指挥官夏尔·戴高乐将军〔Colonel Charles de Gaulle〕指挥）零散地置入队伍中。这样的做法，让他们永远赶不上德军坦克的速度。

另一个主要的问题是时间。联军从未适应新式战争的速度。缺乏适当的联络通讯设施，便无法有效计划进攻的时间与地点；等联络妥当并集结好军队后，往往也失去了制敌先机。法国在应付境内的法国战役时，其反应就像是梦游症患者一样迟钝。法军在第一次世界大战中骁勇奋战、伤亡无数，然而这一次，他们却从未做好迎击闪电战的准备。

最后一个严重的问题是盟军的无法协调。如同上述，荷兰与比利时由于害怕招致德国攻击，迟至德国入侵才肯与联军结盟。而戈特勋爵（lord Gort）所率领的英国远征军（The British Expeditionary Force）也因恐惧会在比利时遭到德军包围，只短暂追击了古德里安的部队；之后，便自海峡港口撤退。此举让法国人永世难忘，无法宽宥。

在这种种情况的影响下，联军原先预计从南北夹击德国装甲部队的计划，最后只变成了几场不对等的区域性攻击。德军在 5 月底抵达敦刻尔克（Dunkirk）的英吉利海峡，阻断了

联军最精良的部队与北方的联系。民船英勇地在 6 月初协助英国海军，从敦刻尔克撤走了 20 万英军与 13 万法军。虽然人员撤走了，然而他们却不得不把装备弃留岸边。

在此之后，法国已经很难重组防线以制止德国南下入侵法国中心了。法国总理保罗·雷诺(Paul Reynaud)与其他还想继续奋战的人，准备如有必要，便要在英国的帮助下，到北非另组流亡政府。不过，以第一次世界大战中的英雄贝当元帅（Marshal Pétain）为核心，掀起了一个和平运动的风潮，魏刚总司令也参与其中。他们认为：如果法国无法适度维持某种程度的公民与军事公权力，不仅会发生社会革命，也会让法国人民遭遇前所未有的苦难。而英国早已在敦刻尔克时背弃法国，让人无法信赖。于是，当雷诺于 6 月 16 日接受停战协议后，贝当便成立了一个新的政府。雷诺所签订的停战协议中规定：德国仅占有法国北部与海岸线；法国政府同意解散军队、明令国民不论在国内外均不得从事任何反德行动，以及法国必须与德国的占领军“合作”。十年前还是欧洲大陆最强国的法国，如今短短六周之内，就被打到只能投降的地步了。

不列颠战役

法国的投降使英军陷入孤军奋战的窘境。不列颠群岛的防卫仅靠当时自敦刻尔克撤回的缺乏武器的远征军，只配备猎枪、仓促成军以保卫家园的退伍军人、海军以及从未有过实战经验的皇家空军等兵力维持。而与之对峙的是在英吉利海峡对岸的德军 80 个师，与大西洋的德国潜艇部队。在击败备战充分的法国之后，希特勒认为英国迟早是囊中之物。

英国于 5 月 10 日以丘吉尔取代张伯伦出任首相。丘吉尔是一个才华横溢且刚毅难测的人。由于他性格急躁，因此在和平时期仕途并不顺利。然而人们现在发现他的言辞与精神号召力，足以团结上下，带领英国打一场崇高的战争。当法国投降的消息传来，丘吉尔便在 6 月 18 日的广播演讲中誓言英国将会继续奋战：“若有必要，就算孤军作战，就算长年累月，我们也不妥协。”也因此，即使大英帝国能延续一千年，相信人们仍会认为“这是他们最辉煌的时刻”。丘吉尔为英国能孤军奋战而感到自豪，沾沾自喜于“成为全欧洲所有自由国家中唯一优胜者的荣耀",因为"英国的孤军奋战让全世界的人感到惊异"。丘吉尔的目标就是"胜利——不计一切代价的胜利……不论过程如何漫长,路途如何艰辛",即使必须付上永无止境的"血汗、辛劳、泪水"的代价也在所不惜。[①]

事实上,英国在战争中最重要的损失不是别的,而是英国的殖民体系与其在世界的地位。在丘吉尔(与希特勒)对战争方针的逻辑下,停战的决定性角色转向了欧洲境外新兴的两大强国——美国与苏联。从这个角度来看,丘吉尔其实是个失败者。不过,不论如何,对丘吉尔本人更直接的评价仍在于肯定其果断、气魄,与动员英国发挥最大的战斗力的努力,这样的评价使他名列20世纪的伟人之一。丘吉尔的魄力让他在1940年时深得民心。1940年12月独立工党(Independent Labour Party)提出和平谈判的议案时,下议院以341票对4票压倒性地否决了这项提案。英国人群情激昂、士气大振,决心抵抗希特勒的猛攻。

英国拒绝和谈让希特勒面临几项选择。一是对这个西方最后一个顽抗者予以正面痛击,而这也符合德国陆军与空军的期望;二是间接的包围策略:通过与佛朗哥和贝当合作,以直布罗陀控制地中海西部与北非;或经巴尔干半岛或意大利统治的利比亚,控制地中海东部与苏伊士运河。不论希特勒选择哪一种包围策略,都能使英国丧失殖民帝国、石油与军队的士气。回想起来,由海军上将埃里希·雷德尔(Erich Raeder)与德国海军支持的包围战略,似乎是希特勒取得西欧霸权的最佳机会。希特勒的第三个选项是,回归到"生存空间"的理念,采取东进策略,向东扩张领土。不过,除了希特勒之外,没有人会去认真考虑这个选项。虽然中东欧的石油与粮食对长期战而言不可或缺,然而在尚未降服英国之前,此举只会使德军腹背受敌,陷入双线战争的险境。

希特勒在1940年的5、6月间赢得令人惊愕的胜利,让他暂时不再考虑下一步的作战方向。1940年的夏季与秋季,他将那些选项悬置不决。不过,刚开始时,他的行动仍是以第一选项为依据进行的。

与英国正面交战必须面对强大的英国海军,因此,取得制空优势是德军最基本的必备条件。事实上,在空军司令戈林的鼓动下,希特勒似已相信只要靠着空袭便能击败英国。因此,当德国海军在英吉利海峡准备登陆时,纳粹空军早已开始进行不列颠战役了。制空权的争夺,最后演变成激烈的空战。德军在照明弹与战斗机的掩护下,顺利从法国的小型机场攻入英格兰东南部。倘若当时德军继续依照原定计划轰炸英国机场,必能顺利取得制空权。不过,1940年9月7日,德军却转向伦敦进行轰炸。这种转向起因于某个德国飞行员于8月24日违令轰炸伦敦。8月25日,英国反击,对德国城市进行夜间轰炸。之后,希特勒与戈林便让报复的快感恣意任行,放弃了原先稳健的作战策略。

自9月7日到11月2日,伦敦每夜都遭轰炸。尽管有15000名伦敦市民在轰炸中丧

[①] 丘吉尔于1940年5月13日、6月18日、11月5日时在下议院的演讲。

生，超过千栋建筑物——包括众议院（在 1941 年 5 月 10 日被炸毁）在内，都被炸毁，伦敦市民仍无怨尤地夜宿地下室或地铁站，坚毅地忍受着一切的痛苦。所幸，在 11 月之前，英国安全地度过了一个关键时刻。靠着雷达、优秀的通讯设备、精锐的喷火式与飓风式战斗机以及地利之便，英国皇家空军痛击德军。而当伦敦遭受轰炸时，英国的飞机制造厂的产量也提高了。1940 年 9 月 17 日，希特勒因冬日将近而延缓进攻计划——事实上是为了其他利益。不过，由于轰炸一直持续到 1941 年，因此英国浑然不知他们已经安然度过被侵略的危机。其实在当时，希特勒早已改变了他的想法。

14–3　1940 年 10 月德军对伦敦进行闪电攻击期间，伦敦市民夜宿地铁站的情景。

1940 年 11 月与 12 月，希特勒开始执行他的第二个选项——控制地中海。他拜会了佛朗哥与贝当，这两人都想保持中立。不过贝当的维希政府[①]由于丘吉尔的首次行动（7 月 3 日英国轰炸法国的地中海舰队，使法国损失海军 1200 多人，地中海不再受德国控制）而对战争感到疲倦并怨恨，因此急欲与德国在一个新的大陆体系下合作。可惜的是，法国维希政府所提的和平条件虽然优厚，然而此刻的希特勒一心只想洗雪 1918 年所受的耻辱。不久之后，斯大林在 1940 年 6 月的行动震惊了希特勒，让他开始考虑德军转向东进的可能性。

14.3 东线战争：1941 至 1942 年

1940 年 12 月 18 日，希特勒发布准备入侵苏联的“巴巴罗萨行动”（Operation Barbarossa）。这个决定被认为是战争的转折点与希特勒的致命错误。希特勒自动跳入双线战争，坚信一定能尽快击溃苏联，甚至比让英国投降更快。很显然，希特勒希望共产政权会在压力之下崩溃瓦解，如此一来，他就可以顺利取得长期战争所需的石油和粮食。

巴尔干半岛的闪电战

在进攻苏联之前，德军又成功实施了一次闪电战。这次的战场在巴尔干半岛。墨索里尼

---

① 维希是位于法国南部中央山脉的一处静养圣地，在法国被德军占领期间，法国政府“暂迁”此地。

在法国战役接近尾声时才参战(1940 年 6 月 30 日),宣称是为了维护主权独立,而在 1940 年 10 月入侵希腊。然而,希腊人不仅将意大利人逐回阿尔巴尼亚,并在翌年 3 月让英军进驻希腊本土。失去巴尔干半岛的伙伴将导致侵苏计划受阻,于是希特勒不得不派军前往支持墨索里尼。此外,原先已同意支持希特勒与墨索里尼的南斯拉夫政府在军事政变中被推翻,新政府拟加入联军阵营,于是德军于 4 月 6 日大举挥军南欧,攻占了南斯拉夫与希腊。5 月 20 日,德军还大胆地以伞兵部队夺取了克里特岛。

此时,德国还为伊拉克的阿拉伯民族独立主义叛乱者提供武器。英国曾于托管伊拉克期间,在该地重建军事基地。由于德国利用法国维希政权在叙利亚的殖民地支持伊拉克叛军,感到些许紧张的英国不得不于 1941 年 6 月,在“自由法国”(Free Frence)军队的支持下攻占叙利亚。此外,希特勒还派遣隆美尔(Erwin Rommel)将军的坦克部队进入利比亚,以支持意大利。假如 1914 年夏天希特勒将战线延长至地中海东部,大英帝国便可能在苏伊士运河被一截为二。不过,希特勒并没有这么做,他仍然执着于“巴巴罗萨行动”。

攻击苏联

1941 年 6 月 22 日凌晨,希特勒以最大规模的战力——175 个师——进攻苏联。[①]这也是希特勒终其一生所发动最大的一次军事行动。

刚开始时,希特勒似乎赌上了迅速解决苏联的计划。在开战后的最初几个月,苏联确实前途黯淡。此时的局势不同于 1914 年,德国无须分神兼顾西方战线。西线目前仅剩英国仍然与希特勒奋战,而英国已将全部精力投注于捍卫本土与保卫通往印度的生命线。此外,苏联也尚未做好战争的准备。如同 1956 年赫鲁晓夫(Khrushchev)所指,斯大林为避免刺激希特勒,几乎完全弃守边境上的防御。或许他还怀抱空望(如同 1938 年的张伯伦一样),以为希特勒会满足于 1940 年时占领到的波兰大部领土。不论斯大林所持的理由为何,他都小心翼翼地信守《纳粹—苏维埃条约》,直到开战前都还按时无误地运送粮食与石油给德国。不仅如此,斯大林更枉顾他国对他发出的德国即将攻击苏联的警告。

德军在 6 月 22 日的侵略行动,让毫无预备的苏军陷入一片混乱。苏军司令部零零碎碎地失去一个又一个的阵地,而非完整地从某些阵线撤防。更糟的是有些地区,特别是乌克兰,居民甚至将德军视为解放者般的欢迎。此时苏联国内反抗集体化运动的农村叛乱才过十年,裁撤半数以上军官的“大清洗”也才过去四年多而已。斯大林本人甚至已有两周未曾通过广播发表谈话。

当其他政府官员撤离莫斯科时,斯大林坚持死守首都。在反斯大林的修正主义 50 年代期间,格奥尔吉·朱可夫元帅(Marshal Georgi Zhukov)声称,斯大林当时便已预料苏联会战败。1941 年 11 月,希特勒的军队深入苏联领土(甚于当年拿破仑的进犯):北达列宁格勒近

---

① 1940 年 5 月与法、英、比、荷作战时,仅动用 134 个师。

14-4　1941 年 7 月，当德军进犯莫斯科，苏联政府动员所有人民起来抵抗。图中的莫斯科妇女们正在挖掘反坦克的壕沟。

郊、中抵莫斯科近郊、南至顿河(Don River)。

然而希特勒并未如愿实现其速战速决的计划。闪电战的策略是让规模小且先天不良的德军能攻克苏联于一役，避免陷入消耗庞大的长期战。1941 年 11 月，虽然德军已经深入俄国辽阔的腹地内陆，但却仍然无法对苏联予以致命一击。由于德军欠缺冬季的御寒装备，稍有较大的行动都可能招致危险。时间、空间、气候，以及苏联丰富的物产都让斯大林处于优势。

1941 年 11 月底，苏联开始反攻，收复顿河边的罗斯托夫(Rostov)。这是一次极为振奋人心的胜利。因为自 1939 年 9 月开战以来，从未有人能让德军作出如此大的撤退。接着，朱可夫将军也自莫斯科开始反击。许多德国指挥官希望能将冻得颤抖的士兵从前线撤回，以避严冬。然而希特勒拒绝接受任何的撤退行动。为此，他裁撤了 1 名陆军元帅、35 个军团与师团指挥官。德国士兵坚守岗位的毅力，强化了希特勒对将领们劝告的轻蔑之心，也让他更坚定地否决所有战略上的撤退建议。[①]

苏联在开战后第一个冬天幸免于战败，其情形与不列颠战役相同。闪电战宣告失败，苏联人让希特勒不得不与拥有强大资源的对手进入长期战争。不过，直到战争结束前，德军对苏联所造成的威胁从未中止。德国在夏天又发动了两次攻击，尔后苏联则在冬天收复失土。

① Alan Clark, *Barbarossa: The Russo-German Conflict, 1941-1945* (Lodon, 1996), pp.177-178, 182, 187.

1942 年夏天,德国发动了一场大规模的战役,此次攻击目标锁定苏联南部,深入程度甚至超越 1941 年。德军深入苏联领土,下达斯大林格勒(Stalingard)的伏尔加河(Volga River),直逼里海(Caspian Sea)。1942 年底,德军占领的俄国领土之广,超过历史上所有的侵略者。

14.4 希特勒的"新秩序"

1942 年底,希特勒通过占领与结盟,将他的领土连成一个欧洲大陆史无前例的大帝国。他直接占领的土地,西自法国的大西洋岸、低地国家、挪威西部,东到列宁格勒,直逼莫斯科、伏尔加河流域、深入高加索山区,直逼里海;北起挪威、丹麦,南到巴尔干半岛的希腊与克里特岛。同时,德军还帮助利比亚的意大利人,企图侵占苏伊士运河。

在德国直接掌控的领土之外,四周都是多少与纳粹德国有合作或结盟的国家。意大利于 1936 年 11 月与德国结盟,放弃多瑙河流域,将兴趣移转到埃塞俄比亚,并于 1940 年 6 月 10 日参战。霍尔蒂·米克洛什上将(Admiral Miklós Horthy)统治匈牙利,对从 1939 年到 1940 年间从邻国夺得的土地(这些土地于 1918 年时曾割让给捷克斯洛伐克、南斯拉夫、罗马尼亚)感到满意。罗马尼亚在安东尼斯库(Ion Antonescu)将军的领导下,为了填补特兰西瓦尼亚(Transylvania)被割给匈牙利的损失,希望能通过加入希特勒的阵营,发动对苏联的攻击。此外,原先居住于捷克斯洛伐克与南斯拉夫境内的斯洛伐克、克罗地亚两民族,亦趁此机会独立。卡尔·古斯塔夫·曼纳海姆元帅(Marshal Karl Gustav Mannerheim)所领导的芬兰得到德国的帮助,得以抵抗苏联可能发动的攻击。在西欧,法国贝当的维希政府,以首都维希为中心,掌控占法国 1/3 领土的南部"非占领区",以及法属非洲的大部分,并保持与德合作且中立的角色。至于西班牙,尽管佛朗哥曾于 1940 年拒绝帮助德国贯通直布罗陀海峡,其对希特勒的态度仍然极为友善。瑞典虽是中立国,但每年都提供德国 1000 万吨的铁砂,以供作战之用。直到 1942 年底,欧洲大陆上仅剩瑞士(与两边定有互惠约定)与葡萄牙(在教理上支持德国,但与英国则有经济往来)是完全中立的国家。

一种"新秩序"开始在欧洲成型。这种新秩序在最低限度上,是指一个被消费国家的共同市场所环绕的大德意志帝国所建立的强大经济单位,以取代英法在欧洲的经济影响力。此外,在"新秩序"中,德国西部边境将恢复到 1914 年时的边界线(主要靠着重新吞并法国的阿尔萨斯—洛林);而东部边境将扩张至远超原有疆界的地区(包括奥地利、波西米亚—摩拉维亚,与波兰的一部分)。由于武力强盛,德国的实业家也如愿豪夺了东欧、巴尔干、原属法国的巴尔干矿业公司、捷克斯柯达兵工厂,以及罗马尼亚的石油。德国的农民被安置到波兰与法国北部弃置的农田耕种,而最终目标是将他们迁移至俄罗斯。至于犹太人的公司企业与艺术收藏等,则全部收归国有、一切充公。

"新秩序"的极限意义,是要达成希特勒深夜在桌边所做的荒诞的狂人之梦:通过计划的成功进行与公然的种族优越感,实现德国的传统理想"中欧国"(Mittleleuropa),扩张

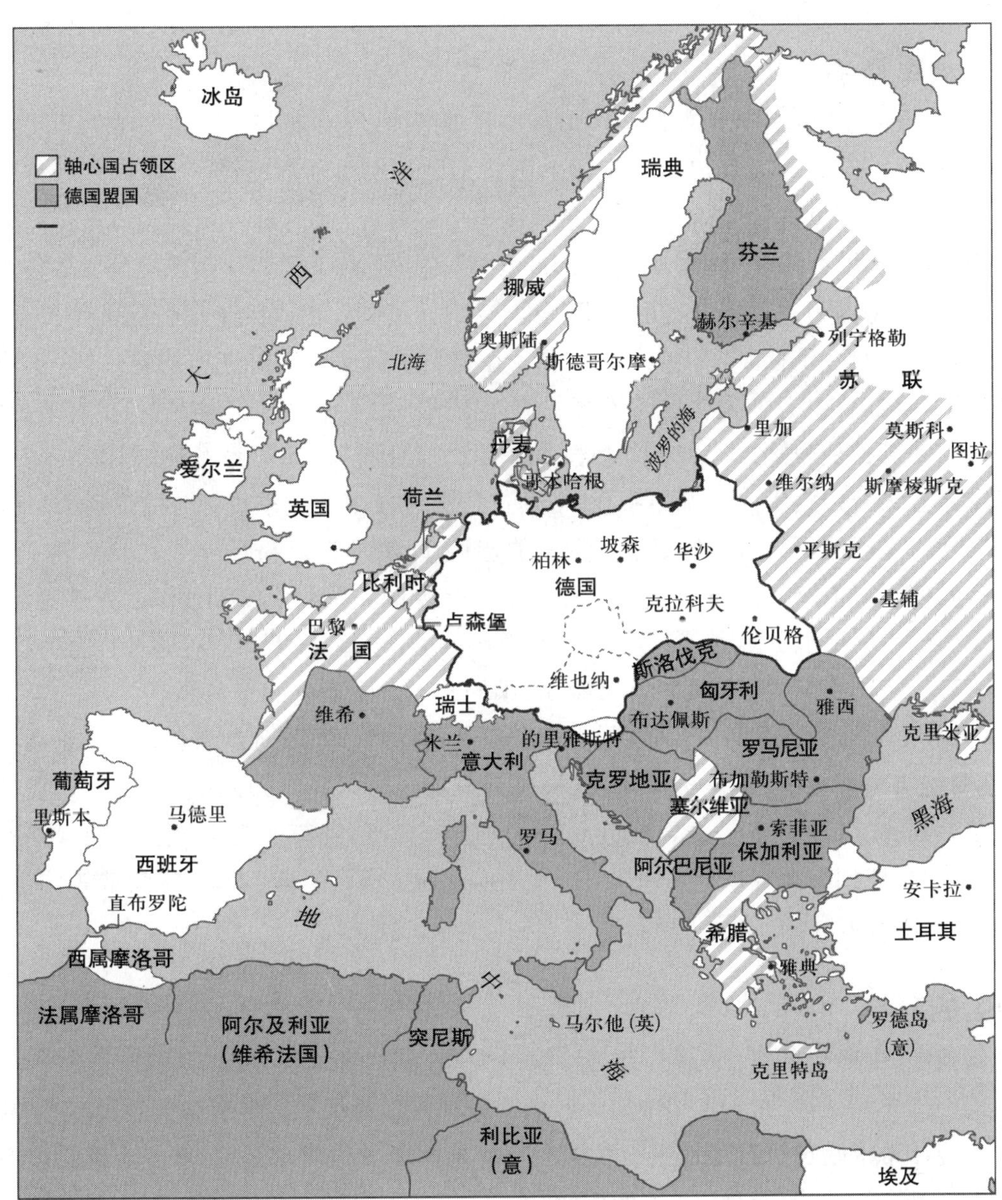

地图 14–1　希特勒的欧洲，1942

东部领土，将德国带入另一个新的巅峰。这位“元首”谈到要吞并低地国或牺牲法国以复兴布列塔尼（Brittany）与勃艮第（Burgundy）以实现梦想等话题。至于苏联，希特勒说：“这片俄罗斯荒漠，我们将殖民于斯……我们将彻底去除他们亚洲草原民族的特质，将他们欧洲化……我们只有一个责任：那就是以德国移民将这个国家德国化，将当地的原住民视为红番。”①

① *Hitler's Table Talk, 1941—1944* (London, 1953), pp.68–69. *Conversation of October 17*, 1941.

纳粹的战争经济

1942 年初，希特勒的欧洲便因为闪电战与长期战的转换，而开始出现经济上的问题。纳粹的经济在 30 年代末期，便已投注极多的国家预算于军事与战略用途，比例之高，已超乎其他国家和平时的预算比例。[②]闪电战是利用集中的资源，进行短、快、狠的攻击，并将掠夺而来的资源用以填补闪电战中的损耗。因此，进行闪电战并不需要从国民经济中取得资助。在 1942 年初，德国为战争所进行的动员程度，远不如英国。德国民生消费品的生产量仅比和平时降低了 3%。即使到了 1942 年 4 月，大多数的德国军工厂都还维持着一日一班制。

不过，1941 年 12 月所发生的两件事，迫使德国不得不于 1942 年初进行更有系统的作战动员：一是苏德战争陷入胶着；一是美国的参战。德国军备部长弗里茨·托特(Fritz Todt)于 1942 年春天开始将生产资源集中化，以便进行更有效率的战争资源分配。后来，托特因飞机坠毁身亡，比他更为出名的后继者阿尔伯特·施佩尔(Albert Speer)在 1942 年春到 1944 年 7 月间，使军备生产量提高了三倍之多。到此时，德国人民除了感到联军的轰炸更加频繁之外，也感到生活更加贫困艰苦。即便如此，德国的国民经济仍未如同英国那样全力投入战争。举例来说，比起英国对妇女的作战动员，纳粹并不赞同动员妇女参战。

扩大战争的结果，让纳粹不得不暴露出其真正的面目。原先对自小自耕农与小店主(权益长期受侵害最严重者)的保护承诺，已被抛到九霄云外。在施佩尔的“中央计划委员会”(Central Planning Committee)主导之下，以大企业与卡特尔经营者为主的委员们，将战争资源与劳动力配置到最大且最有效率的工厂之中。自此之后，工业、农业、零售业等均操控于少数人之手，而占领区的政策也就日益蒙上种族意识的色彩了。

占领区的政策

“新秩序”中所提的责任分配，乃是依据纳粹理论中“日耳曼是优等民族”而来；其他种族，尤其是犹太人、斯拉夫人和地中海地区的民族都是劣等民族。唯有从劣等民族手中掠夺资源，才能让希特勒自给自足地进行长期战争。德国庞大的财政开销，事实上都是以“占领费用”为借口，对占领国予取予求。例如，在战争期间，法国每年支付给德国的费用高达年收入的 58%。此外，德国也大肆搜刮占领区的各种战争所需原料，他们将占领区内的雕像或教堂的钟熔解，以供制造武器的原料；并且征用大量的粮食，占领区的人民很明显比德国人吃得要少很多。

德国对待波兰的方式，尤其显露出人种上的差异如何左右占领区政策的执行。依据 1939 年 10 月 26 日的政令，所有 18 岁到 60 岁的波兰人，不分男女都要参加“强迫性公共劳动”。到 1942 年为止，被强制送到德国的农场、矿山、大型建筑工地做苦工的波兰人超过 100

---

① 美苏于冷战期间所花费的军事预算与当时德国不相上下。

万。当他们的土地被分配给德国农民时，在德国的波兰人只能过着勉强糊口的日子，穿着绣有紫色“P”字的衣服以示区别，被隔绝于德国社会之外。报纸不断告诫德国人：“要将分配到他们农场或工厂的波兰人视为‘低等人’，绝不要忘记日耳曼民族永远是最优等的人种！”[①]若有波兰男子与日耳曼妇女发生性关系，将会被处以死刑。

1941 年 6 月之后，苏联战俘便成为德国重劳动力的主要来源。不过，在德国政府强加的过重劳动与饥饿之下，500 万的战俘死了 400 万。这迫使德国不得不开始从西方的占领区递补工人——1942 年时，递补的工人大部分强征自低地国家与法国。战争晚期，德国的外籍劳工中以法国人最多。

在种族偏见与机会的混合因素作用之下，占领区人民所遭受的待遇差别甚巨。德国对斯拉夫人的态度尤为残酷。虽然德国以恢复家庭农场制的做法获得乌克兰人的支持，然而后来对粮食供应的索求无度与殖民等措施，又让它丧失民心。[②]此外，德国也无视法国人民亟欲结束与德国长期的冲突关系，拒绝与此“杂种”民族合作，对一直以来提供协助的法国人态度之严酷，不亚于对其他西欧占领区人民。至于西北欧占领区人民，例如荷兰人、挪威人、波西米亚-摩拉维亚的工人与农民、丹麦生产乳制品地区的农民等，在占领初期的日子就比较好过了。然而，1942 年之后，德国加紧了对所有占领区的控制。许多欧洲人不仅得忍受战败的屈辱、失去亲人的悲痛，更在食衣住各方面都严重短缺，处境十分艰难。

党卫军

与当时西方的印象相反，纳粹这个战争机器并非那么巨大且完美。在希特勒的独裁之下，各行政机构与党派的权力与权势斗争越来越肆无忌惮。在这些相互较劲的派系中，警察组织与恐怖组织的权力越来越大，其中居领导地位的是身着黑衫的准军事组织——海因里希·希姆莱(Heinrich Himmler)的党卫军。这个组织后来演变成一个实际的“国中之国”。党卫军的活动范围并不只局限于集中营，它还招募前线士兵组成军团，称为“武装党卫军”(Waffen-SS)。由于其中有些党卫军领袖仍然受到纳粹早期反资本主义的影响，他们甚至与德国商人展开竞争，在俄罗斯设置公司企业。嗜血的党卫军似乎已成为纳粹系统在压力之下的极致表现，当党卫军的势力愈发成长(特别是在东部战区)，其种族信条便愈加超越一切的军事需求或经济利益。

屠杀犹太人

再没有任何比希特勒在欧洲大量屠杀犹太人——包括男人、女人、小孩，意欲极尽所能地消灭欧洲的犹太文化、种族的行为，更令人发指的事了。

---

① William L. Shirer, *Berlin Diary* (New York, 1941), p.513.

② 驻乌克兰的德国官员科赫(Erich Koch)说：“面对任务，我们根本不关心如何让人民(指乌克兰)吃饱。”(Alexander Dallin, *German Rule in Russia, 1941–1945: A Study in Occupation Policies*, 2nd ed.[New York, 1981], p.345.)

从在维也纳的学生时代开始，希特勒就认为犹太人是对德国人具有威胁性的存在。由于他觉得这种威胁性来自种族因素，因此，早期以宗教观点出发的反犹太分子所主张的、以改变或同化犹太人来解决问题的转变方式，便完全无法满足他的想法。在希特勒看来，最危险的就是那群同化最深的犹太人，因此，一开始希特勒的反犹太人计划就是屠杀一途。不过，希特勒在纳粹的唆使下所进行的犹太人屠杀行动也仅限于30年代，其间还有一段中止期（例如1936年为了奥运会而中止）。这个计划的最初目标似乎是将犹太人从德国社会中隔绝。[①]将犹太人与德国社会隔离的行动于1941年9月达到顶点，当时犹太人被要求在外衣上绣黄色的星记以示识别。

纳粹的狂热分子在当时已经逐步进行新的反犹太人计划：驱逐。1938年德奥的合并，为这个计划带来实行的契机。一个名叫阿道夫·艾希曼（Adolf Eichmann）的年轻党卫军官，因设计出贩卖移民证给富裕的奥地利犹太人的方案而声名大噪，艾希曼还将部分获利用于支付驱逐其他犹太人的费用上。战争爆发之后，纳粹开始将德国犹太人运往新占领的土地。有些受到优遇的犹太人，例如退役军人，便被安置到布拉格附近的“犹太人示范区”特莱西恩施塔特（Theresienstadt）集中营。不过，随着战争的扩大，能够安置犹太人的地区也渐渐减少。原本可利用的马达加斯加已经不再属于德国；而富裕的中立国，如美国，也明显表露出不愿敞开大门接受成千上万欧洲犹太人的态度。不论如何，到1941年底，那些中立国也纷纷参战了。

希特勒对苏联的侵略是另一个屠杀犹太人的转折点，这让他想到另一个可以处置他所讨厌的百万犹太人的地点。在苏联前线，纳粹已经进行过“反布尔什维克”的战争实验，并学到许多大量屠杀的技术。特遣部队（Einsatzgruppen）与德国的攻击部队一起前行，受命清除共产党员与犹太人。当大量的射杀行动显不出效率，且影响了德国正规军的士气时，特遣部队设计出一种可以把气体灌进汽车引擎的排气装置。更有效的是齐克隆B毒气（Zyklon-B gus），这是一种希特勒在1939年用以毒杀精神异常者、使之安乐死的工具，不过后来竟被用来对付“劣等”的斯拉夫囚犯，最后更被用来对付犹太人。

约在1941年12月时，大屠杀终于超越了极限。原先因军事行动而偶发的杀害犹太人事件，现在成为失去人性的常态：以工业方法有系统地灭绝犹太人。根据某种揣测，这种残酷的手段，是地方上的狂热分子为了讨希特勒欢心而发明的杀人工厂，来解决人口拥挤与夺自苏联的新领土供应问题。另一个更为大家所熟悉的解释是，下达开始进行此“最终解决办法”的是希特勒本人。不过，这个观点难以得到证明，因为在纳粹残留的档案中并没有希特勒下过这项命令的任何书面证据。

一般认为大屠杀发生于1941年12月左右，这个时间点让我们得以澄清原先只是偶发地杀害犹太人，最后却变成灭种屠杀的直接动机。与其说演变出大屠杀的契机是由于在东线取得广大的领土，或由于无法处理大量的斯拉夫与犹太难民，还不如说是由于希特勒对

---

① 参阅第11章。

14–5　纳粹军官监视正被装船运往国外集中营的荷兰犹太人。

无法在冬天之前降服苏联，以及“犹太人的”美国加入战场使战争扩大为世界性冲突，所引发的狂怒所致。档案中清楚显示，希特勒将宝贵的资源从战争转移到屠杀犹太人的计划上，其主导整件事的地位不言而喻。许多支持这个庞大且骇人听闻的计划的德国官员，与其他国家暗通者为数不少，使许多旁观者都知道希特勒正在进行什么事情。

1942 年春天，建于原波兰境内、用以屠杀大量人口的集中营完工。这个集中营位于一个不具民族一致性的地区，但却在党卫军的控制下，也就是知名的“*Gouvernement General*”。

最大型的屠杀中心，是距波兰的克拉科夫（Cracow）西约 30 公里处的奥斯威辛（Auschwitz）集中营与工厂。营中包括许多部门：有克虏伯钢铁厂（Krupp steel）、法本化工厂（I.G. Farben chemicals）、简陋的宿舍、以假莲蓬头释放齐克隆 B 毒气的杀人室、焚化厂等。每当火车载满被驱逐出境的人抵达屠杀中心时，还能工作的人便被抓去强迫从事极繁重的劳动，直到数月后因过劳死亡为止；至于其他老弱妇孺则被带到“淋浴室”毒杀。许多父亲们不知情地将十几岁的儿子们交给他们的母亲或祖父母，以为孩子可以因此而少受一些苦，却没想到从此天人永隔。

当东线的屠杀到达一定的工业人口比例时，纳粹的首领们开始将屠杀转向到西欧的占领区。党卫军副首领莱因哈特·海德里希(Reinhard Heydrich)发出警告说，若有任何“疏漏”，困境下的“天择”生物反应将会孕育出“新的复兴犹太人的胚种细胞”。[①]党卫军官艾希曼组织起一个交通网，将西欧犹太人运送到奥斯威辛与原波兰境内的屠杀中心。这个系统在犹太人已被集中完毕的地区运作最为顺利，例如维希法国的拘留营或阿姆斯特丹。在东欧，犹太人被一群一群地分割为少数，送往法定的犹太人居留区。那儿表面上看来是一个给人永久居住的小区(灭种屠杀是绝对保密的事)，其实却是前往屠杀中心的中转站。犹太人居留区的领袖们面临极大的两难，有时候甚至被卷入必须挑出受难者的困境之中。

偶尔也会发生一些年轻好斗的犹太青年奋起反抗的状况。最令人赞扬的例子发生于1943年4月19日，那是犹太人过逾越节的第一天。当时纳粹在华沙开始进行第三次大规模围捕犹太人的行动，没想到竟在行动中遭到意料之外的武装抵抗。在该次冲突中，纳粹在每个所经之处沿街放火、投炸弹，约有700名党卫军伤亡，而掘壕防守、使用汽油弹与自制手榴弹反抗的犹太人约有50000人被杀害。党卫军将领于尔根·施特罗普(Jürgen Stroop)于5月16日炸毁华沙大教堂，结束了这场冲突抗争，然后以电报告知希姆莱：“华沙的犹太人居留区已不复存在。”[②]

即使西方的合作国家，例如维希法国，在1943年也已减少对德国的支持，而匈牙利也在1944年夏天企图阻止这样的暴行。然而，将犹太人驱逐到灭种集中营的行动，一直持续到战争末期。传到西方的有关大屠杀消息充满矛盾，连犹太人组织都表示难以置信。不过，德国再也得不到有效的外援了，举例来说，各附庸国便拒绝协助德国以军事力量破坏通往奥斯威辛的铁路。

在过去的历史中的确曾出现过民族狂热期，而纳粹，包括其他的团体或族群——如吉普赛人，也曾陷入短暂且几乎被消灭的危机之中。然而，那一切都不像纳粹如此有组织、有计划地屠杀犹太人，以致几近灭种的残酷无道。直到1945年，犹太人被杀害了近500万人，占战前欧洲犹太人口的2/3。

14.5 合　作

意识形态的合作

希特勒的“新秩序”，可以通过与欧洲沦陷区的非日耳曼民族国家的合作来达成。在以

---

① 党卫军副首领海德里希于1942年1月20日在万塞会议(Wannsee Conference)中发表的谈话。引自 Martin Gilbert, *The Holocaust* (New York, 1985), p.282.

② 施特罗普报告说：“华沙居民中1/4的犹太人已经不存在了！”传真版。引自 Sybil Milton, New York, 1979。

意识形态进行合作的希特勒盟友中，最引人注目的莫过于那些支持法西斯主义的人了：亲法西斯主义的知识分子与战前法西斯集团的领袖们。对某些知识分子而言，例如法国小说家皮埃尔·德里厄·拉罗谢尔（Pierre Drieu la Rochelle）与罗伯特·巴西拉奇（Robert Brasillach）便认为，法国国内“衰落”的民主政权的失败，已无力负担建立一个“强大的”充满活力的新欧洲这种重责大任。有些非德国人的战前法西斯领袖们，强烈希望自己能在新欧洲中占有领导地位。不过，对于其他人来说，民族主义仍然十分重要，甚至还有一些人继续在德国占领区进行抵抗。

这些意识形态上的合作者徒有虚名而毫无实权。这是由于希特勒在刚开始时就把他们限制在不重要的地位。希特勒总是比较喜欢与占领区既有的领袖合作，而不喜欢将权力赋予地方上的法西斯领袖，因为希特勒认为他们极可能因此提出许多要求，并且也不相信他们会永远都听命于他。因此，希特勒宁愿与贝当合作，而不与法国的法西斯主义者（他们其中有些人后来参与了反德抵抗）合作；宁愿选择与匈牙利的霍尔蒂（Admiral Horthy）合作，而不选择箭十字（Arrow-Cross）的首领萨拉西（Ferenc Szálsy）——萨拉西刚于 1944 年 10 月崛起，当时苏军已大举入侵匈牙利；以及与曾于 1941 年击溃法西斯铁卫队（Iron Guard）的罗马尼亚将军安东尼斯库合作。至于荷兰法西斯首领安东·马瑟特（Anton Adriaan Mussert）则只在 1942 年得到一个名义上的领袖封号；挪威法西斯主义者维德孔·吉斯林（Vidkun Quisling）在 1940 年 4 月时被德国军官们撇在一旁，到了 1942 年 2 月甚至已经变成傀儡了。

自从 1942 年 6 月 22 日希特勒侵略苏联之后，意识形态上与希特勒结盟的国家就更受到鼓舞了。从那时候开始，反共产主义变成了希特勒最有用的宣传利器。他的宣传部长戈培尔（Joseph Gorbbels）辩称，无论在希特勒的占领下欧洲会让人觉得多不舒服，情况都不会比被苏联人统治更糟。这种观点让希特勒似乎成了欧洲抵御布尔什维克的最后堡垒，当时盟军们顽固地坚持从西线进攻欧洲，简直是在帮助斯大林。最后，参与对苏战争的只有 50 万名编入武装党卫军的非德国人的志愿外国军人。东欧人——如波罗的海地区与克罗地亚地区的人民占了“为民族独立而战”所组成的军队的大部分，其他还包括 5 万名荷兰人、4 万名比利时人（又分为佛兰德人与法语瓦隆人）、2 万名法国人、6000 名丹麦人，以及 6000 名挪威人。[①]在这些志愿军的背后尚有对战事参与不多的几百万欧洲人，他们仍然在某些观点上有共识：对新欧洲怀有某种程度的调适心情，认为与让联军获胜而把苏联引进欧洲相比，还不如接受希特勒的强制和平，这样或许他们的苦难会早点结束。

为民族与经济利益而合作

对新欧洲而言，利益与意识形态同样具有吸引力。1918 年时受到冷落的国家，终于有机

[①] George H. Stein, *The Waffen-SS* (Ithaca, N.Y., 1966), pp. 138-139.并非所有志愿军都出于“志愿”，有些征召入伍进入武装党卫军的是德国境内的外籍劳工。至于其他东欧人，有些也是在半强迫的状况下接受征召。

会可以一起重划欧洲的版图了。匈牙利重新从罗马尼亚手中收回特兰西瓦尼亚,并得到原属捷克斯洛伐克与南斯拉夫的边境地区;霍尔蒂派兵帮助德国占领苏联领土;罗马尼亚以30个师的兵力侵略苏联,希望能夺取多瑙河东部与克里米亚地区,以弥补割给匈牙利的失土。而1918年未能独立的两个民族——斯洛伐克与克罗地亚,则将他们的怨气发泄在原先的统治者捷克人与塞尔维亚人身上。斯洛伐克民族领袖安德烈·林卡(Andrej Hinka)神父拒绝听从凡尔赛的指挥;而他的继任者约瑟夫·蒂索(Monsignor Joseph Tiso)领导着一个独立的斯洛伐克(斯洛伐克人民党是极忠诚的天主教徒)。自1929年便在意大利的流放地领导克罗地亚解放运动(乌斯塔沙,Ustasha)的帕夫利奇(Ante Pavelič)领导独立的克罗地亚,并提供乌斯塔沙的恐怖分子们对付塞尔维亚人、犹太人与吉普赛人的方法。[①]

希特勒统治下的欧洲,同时也兼顾经济与民族利益。有些德国境外的企业家获得利润丰厚的战争物资订单,尤其是在1943年之后,当施佩尔修改了从国外引进劳工的策略,把欧洲占领区当作物资来源时,他们的获利更高。例如维希法国的铝工业,在法国变成德国占领区之后,其生产量比战前更多(虽然大多数的法国工业都较式微)。此外,这些企业家并因此得以从贸易联盟运动中脱身。其中有些人还梦想战后欧洲可以建立一个卡特尔联盟,以对抗新兴强大的美洲。例如,既是法国维希政府的工业生产部长,又是汽车巨子路易斯·雷诺(Louis Renault)侄子的法国企业家弗朗西斯·莱西德科斯(François Lehideux),便计划一个战后法德意汽车大制造厂,期望能垄断世界市场,与"美洲集团"一争高下。

有些农场的经营在世界面临极度粮食短缺时欣欣向荣,特别是高产量的酪农地区,如诺曼底、丹麦与波西米亚—摩拉维亚局部。由于政府的配给几乎无法养活人民,因此供应鸡蛋、奶酪等食物的庞大黑市在此产生,其物资的交易价格几乎与黄金的交易价格相等。

消极的默认

与德合作的广大群众基础,其实不过是一种大家消极的默认而已。对某些国家的人民而言,他们实在是别无选择,例如波兰人与乌克兰人。由于德国在占领区所施行的统治手段太过严酷,因此,任何想要在希特勒的新欧洲里自主地寻找一块净土的想法,都会立即被摧毁。至于其他可以过比较正常生活的国家人民,则面临暧昧的抉择。

所有国家中,法国的选择最具不确定性。也因此,法国要与谁合作或不与谁合作,便成为最耐人寻味的问题了。1940年之后,法国便分裂成两派,一边是贝当所领导的法国维希政府,倾向与德国合作;另一边则是由戴高乐将军(General Charles de Gaulle)领导,设于伦敦的"自由法国"。除了法国之外,其他占领区的国家几乎没有选择上的困难。流亡伦敦的荷兰女王威廉明娜(Queen Wilhelmina)与荷兰政府,仍保有大多数国民的支持;同样流亡至伦敦

[①] 塞尔维亚史学家宣称,在克罗地亚境内因为"集体屠杀"而死亡的塞尔维亚人高达总人口数的1/6;而克罗地亚史学家——例如之后当上总统的图季曼(Franjo Tudjman)则否认这个数据。Aleksa Djilas, *The Contested Country* (Cambridge, Mass., 1991), p. 127.

14–6　法国维希政府领袖贝当于 1940 年 10 月 24 日派遣他的官员，在已被占领的法国中部城市蒙都瓦与希特勒会晤。

的挪威内阁首长们，在哈康七世(King Hakkon VII)国王的带领下，情况与荷兰相同。比利时的内阁也暂迁伦敦，但国王利奥波德三世(King Leopold III)却宣布自己与军队都同样失去自由，并且终止所有政府的职务。丹麦政府仍留原处，70 高龄的老国王克里斯蒂安十世(King Christian X)是一个为人正直、深得民心的领导者，每天都骑马巡视哥本哈根市内的街道。不论这些德占区的国家政府所在何处，基本上他们都维持着两种样貌：维持统一而合法的权威；拒绝在德国占领下制定任何法律，将他们的活动限制在最小范围的行政事务处理上。

不仅面临分裂的问题，维希政府还企图以联合集权政府来取代第三共和政府。在分裂的表面下，充满着人民阵线时期那种战前社会冲突的强烈情绪。人们强烈质疑第三共和政府应对战争的失利负责。此外，许多法国人渴望能避开如第一次世界大战时的流血与不幸。在第一次世界大战凡尔登战役(Battle of Verdum)中的英雄、年老的贝当领导之下，法国维希政府希望能达到一种妥协式的和平，并在希特勒的新欧洲中取得一席之地。而那些在两次大战中失势的保守派领袖们，即便德国占领着法国北部，仍企图“复兴民族”。他们废除了国会与工会、通过反犹太人法律、礼遇天主教会，并实际建立一个由大企业操控的合作经济体系。对法国保守派而言，德国摧毁了第三共和政府，让他们得到机会去扭转他们所认为的“倒退”了五十年的民主。

大多数的法国人相信贝当,将他视为民族英雄,认为他可以带领法国人走出战争的阴影。相比之下,戴高乐将军的"自由法国"似乎只会将人民带入另一场战争之中(为了协助保障英国的利益)。而且在 1941 年之后,戴高乐还间接帮助了斯大林与他在法国的共产党员部属。不论如何,至少在 1942 年间,法国的准则是以贯彻实行"贸易正常"为目标。这算是一种与希特勒的合作吗?在贝当政府里担任邮差或教师,是一种支持德国的行为吗?在战后,解放运动中的叛国审判认为,所谓的"合作"便是特意去帮助占领势力的行为,大至占有决策地位者、小至仅仅负一点帮助德国人的责任均属之。在这种判断标准下,战后约有 38000 名法国人因通敌罪名入狱;1600 人被判死刑;50000 人被褫夺选举权。[①]不过,那些默认希特勒行为的人所形成的氛围,其实是一种更加积极的共谋行为,这种行为助长了希特勒新欧洲的合法化。选择参与新欧洲、成为其中的一员的法国维希政府,以其实际的与德合作行动,破坏了国民大部分的日常生活。

随着希特勒获胜可能性的渐减,许多欧洲人重新燃起联军可能获胜的希望。不过,还是有许多人仍然恐惧西方的另一次战争会引发斯大林入侵欧洲的后果。在这种逻辑思考之下,直到 1944 年,许多不明确支持法西斯主义的欧洲人,都仍然希望能在一个妥协的和平下度日。

14.6 抵　抗

纳粹的统治,让希特勒在欧洲的敌对国家面临棘手的问题:应该要忍辱屈服?还是采取行动来抵抗这个不义的政权?采取抵抗,会面临实践与伦理层面的问题。采取哪种行动才能对抗这种无限期且范围辽阔的暴政呢?个人又应负何种责任、采取何种行动反抗此一邪恶势力呢?倘若所有合法的抗争方式都无效,是否能采取平时被认为是犯罪的手段(包括杀人)?而这样的行动又是否能在道德标准上被合理化呢?

以下是几个迫使欧洲人默许希特勒行为最易了解且最普遍的理由。首先,希特勒在占领区的暴行,刚开始时并没有完全显露出来。尤其是在西欧、波西米亚-摩拉维亚与斯堪的纳维亚等地,德国的统治手段尚属温和。其次,直到战争出现转机,许多欧洲人已经不抱能成功反抗希特勒的希望。再者,由于纳粹的暴行是前所未闻的,因此许多犹太人甚至还来不及觉察自己的命运便已送命。最后,即便欧洲人已经知道希特勒的残暴行径,他们也未能迅速地作出强烈反应,以高道德标准之名,出师讨伐暴行。是否纳粹党员也以相同的标准来评判自己攻击魏玛政府的正当性?而狂热的反抗行动,最终是否会演变为只是以无政府的混乱局面取代纳粹暴政呢?

---

① Henry Rousso, "L'Epuration en France: Une histoire inachevée", *Vingtiécle: Revue d'histoire*, No. 33 (January-March 1992), p. 102.

最重要的是，所有抵抗行动都很危险。从事抵抗运动不但意味着将自己的家人、邻居暴露于遭受纳粹报复的危险之中，也意味着必须冒生命危险，或忍受恐怖的严刑拷打。一个从事抵抗运动者，必须牺牲个人的舒适享受、日常生活、安全，甚至必须抛弃一般的伦理规范。这就是为何实际参与抵抗运动的人数如此稀少的缘故，也是参与抵抗运动者大多是外部者的原因。他们大多是年轻、单身无牵挂者，别无选择的军人，民族主义者与革命主义者的巷战老手等。

尽管有这种种的理由，抵抗运动仍然在欧洲的纳粹占领区，甚至德国境内发生了。积极的反抗分子指的是会做出公然挑衅政权、招致处罚的人，而非那些仅对政府的作为表示不满、虽持异见却选择沉默、仅用消极的怠工以表示反对的人们。公然的抵抗运动涵盖范围甚广，从撰写或散发传单、在墙壁上涂写反政府标语，到为盟军搜集情报、掩护政府的敌人，甚至包括彻底的破坏行动与暗杀。从事这种种抵抗活动的人，都已下定决心打破法律限制，毫不畏惧身涉险境。

由于人数少且孤立，又时常受到警觉性高且残酷冷血的执政当局镇压，欧洲的抵抗分子极少能发动重大直接的军事行动。然而他们的英勇作为仍然引起世界的关注。在希特勒所建立的"新欧洲"中共患难的人们，建立起一种特殊的兄弟情谊，这种情感常能将意见相左的人聚合在一起，例如教士们与共产党员。这些反抗群众中的知识分子，不仅规划了一个战后欧洲的蓝图，更建立了一个伦理架构来使个人责任与反抗暴政的行为合理化。

德国境外的抵抗活动

欧洲抵抗希特勒的运动，不论在时间与地点上都各有不同。战争初期，虽然占领区的人民生活缺乏希望，但也没有发生令人难以忍受的暴政（波兰除外）。早期抵抗运动的领袖大多是保守党员、民主主义者或军官，例如"自由法国"的领袖戴高乐将军。他们对于抵抗运动的想法仅限于为盟国搜集情报，并秘密储备武力以静候盟军登陆之时予以协助。只要《纳粹—苏维埃条约》不失效，则拥有欧洲最大地下组织的欧洲共产党员对希特勒的态度，就会倾向和平共处而非反抗斗争。共产国际下达指示，命令欧洲工人不得参与这场"帝国主义战争"。更确切地说，共产党认为不论是希特勒，还是希特勒的合作者，都是邪恶的。从 1928 年到 1934 年间，是主张"阶级对抗"无可妥协的年代，他们甚至认为希特勒与希特勒的敌人——伦敦与其盟友都属同类，无论哪一方获胜，工人都无法从中获利。1941 年初，共产党在德占区巴黎所散发的传单还写着："不要霍乱，不要鼠疫！"意为："不要贝当，也不要戴高乐；不要希特勒，也不要丘吉尔；终结帝国主义战争；法国人不为资本主义卖命；法国苏维埃掌权；和平万岁。"[①]欧洲工人希望能与德国工人和中立的苏联建立良好的联系，以尽快促成和平。这种处境，从开始到最后都让许多欧洲共产党员感到极度不安。不过，后来他们仍自

[①] A.Rossi（Angelo Tasca），*La Guerre des papillons*（Paris，1954），pp. 37–53 and appendices.

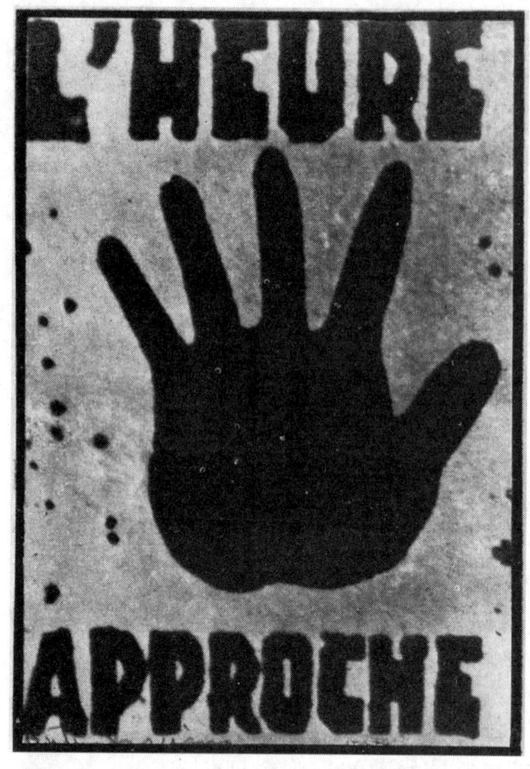

14–7 “末日已到”。这是一张攻击开始日前不久贴在比利时街上的海报，粗犷却震撼人心。

豪地指出，有些工人并未遵从共产国际的命令，例如法国的煤矿工人便在1941年5月直接罢工。

1941年6月22日德国入侵苏联，让欧洲的抵抗运动出现转机。当时欧洲共产党的地下组织迅速转向，以轻松而热情的态度加入反希特勒的直接行动。在德国占领区中，突然增加了许多破坏活动与暗杀行动。由于组织完善、成员精良，使共产党员所带领的抵抗运动，无论是在装备还是精神号召上，都比其他的反抗团体更能吸引积极活跃分子参与。欧洲的反希特勒活动，俨然成为另一新的人民阵线——为民族解放而奋斗的反法西斯主义者联盟。许多人的心情就如同法国共产党诗人阿拉贡（Louis Aragon）以得到解放的感觉所写下的：“我的党帮我找回了法国国旗。”[①]

第二个转机出现的时间虽不明确，却具有重要意义。1942年底1943年初，德国败象渐露，同时，德国人也开始在占领区大肆掠夺当地人民的财物。德国的这种作法，对西欧来说，是个特别令人注目的转变，因为直到那时为止，西欧人所受到的大多是自尊上的损伤，人身的具体迫害较少。此时法国的年轻人开始被强行征调入德国位于法国、比利时、荷兰的工厂劳动，食物配给也减少了。将大批犹太人运往焚尸场的暴行，自1942年夏天开始展开。西欧天主教会发行了首份抨击占领区政府暴政的刊物。此时，法国的“马基”（Maquis）[②]抵抗运动在当地也出现了：抵抗分子在偏僻的地区扎营，里面住着逃避劳动征召或被驱逐出境的人。这群抵抗分子在养精蓄锐准备支持盟军的期间，生活所需全靠地方人民供给。1943年初，随着抵抗运动逐渐得到社会广泛支持的同时，人们也逐渐增加了战胜的希望。欧洲抵抗运动至此终于建立起广大的群众基础。

当然，抵抗运动在整个德占区的反应并不一致。抵抗运动所能发挥的效果，取决于时机与人们对敌人的仇恨程度。对那些生活压较小迫的地区，如丹麦、波西米亚—摩拉维亚，以及处于半占领状态的法国而言，由于生活较安定舒适，因此默许认同德国的作法较易获得支持。而另一种极端的例子如波兰，则由于德国的手段太过严酷，让他们甚至面临灭种危机，无暇他顾，导致中央丘陵无法如阿尔卑斯山及南斯拉夫山地一样，能够为抵抗分子提供

① Louis Aragon, “Du poète à son part,” in Claude Roy, ed., *Aragon* (Paris, 1962), p.164.

② 马基原为科西嘉语，指内陆山坡茂密的灌木丛林，常成为罪犯或放逐者用以藏身之所。后来引申意指罪犯或放逐者。

藏身之所，因此抵抗运动无法蓬勃发展。换句话说，最适合反抵抗势力发展的地方，必须兼具两个条件：一是人民尚怀有希望之处；一是能提供抵抗者安全营垒之所。

抵抗分子的合法地位，随着各国政府的认定态度不同而各有所异。那些得到本国绝大多数人民支持并与英国合作的流亡政府，对其国内的抵抗势力多能给予合法的地位，流亡伦敦的荷兰与挪威政府便是最佳的例子。相比之下，法国由于存在两个敌对的合法政府，因此抵抗势力极难找到一条出路，取得合法的地位。几乎所有的法国人都极度渴望能从德国的暴虐占领中得到解放，然而直到 1944 年盟军发动攻击，再加上事实证明盟军确有能力将德国人迅速从法境内驱逐、并能避免"一战"时双方对峙的战况之后，大多数的法国人才开始相信戴高乐将军的武装解放路线，比贝当的谈判妥协方式更有希望带领法国走出困境。战后的一些统计数字让我们得知，在此转变发生之前，仅有约 2%的法国人冒险参加积极的抵抗运动；而最多大约也只有 10%的法国人会阅读抵抗运动的地下刊物。事实上，还有相当多人直到最后都狂热地支持贝当政府。①

德国境内的抵抗运动

在德国境内进行抵抗运动，所面临的是更为特殊的危险与限制。在占领区从事抵抗运动可以诉诸民族主义，如同诉诸人道主义与个人的切身利益一样理由冠冕堂皇。相比之下，在德国境内发动抵抗运动，就像在扯自己国家的后腿一样，极难得到认同。这种情况在大战爆发之后更是如此。在希特勒成功的鼓舞之下所激起的群众热忱，强化了德国原有的强烈政治民族传统。公众舆论毫不留情地抨击德国境内的抵抗分子，甚于批评占领区的警察或党卫军。

德国境内的抵抗分子还分为彼此歧见甚深的"左派"与右派。他们缺乏民族解放的一致目标，因此难以结合。此外，他们也欠缺有力、普遍的自由传统。"左派"拥有大批潜在的支持者，但却无力渗入军队与官僚体系；而以保守党为首的右派虽有机会渗入军队与官僚体系，但却缺乏群众基础。

直到 1933 年 3 月，大多数的德国人仍然投票反对希特勒的领导，其中有些人直到最后都坚守反希特勒的立场。"左派"成员——社会民主党员、共产党员与工团主义者，组成了最强有力的反对派。不过，德国"左派"错失了在 1932 年与 1933 年时可以团结合作的最后机会。社会民主党员与工团主义者仍坚持以合法手段对付不走正道的对手；而共产党员则坚信希特勒摧毁魏玛共和国，只会使德国陷入类似"红色十月"的状况。两边阵营都将对方视为与己方原则相背的敌人。德国"左派"掌控的机构在纳粹政府建立之后的数周内便遭到查封的命运，领导人或被逮捕，或被迫转入地下活动，或流亡国外。任何企图重建社会主义政党或工会组织的人，都难逃入狱或死亡的命运。许多德国人，包括少数工人，都因痴迷于纳

① Robert O. Paxton, *Vichy France: Old Guard and New Order*, 2nd ed. (New York, 2000), p.294.

粹政府在经济与国际上的成就而“纳粹化”(Nazified)了。后来,社会民主党员与共产党员发动了几次重要的抵抗运动,如“红色乐队”(Red Orchestra),不过,其成员在 1942 年 8 月便遭逮捕。纳粹政府长期监控着德国“左派”的一举一动。1933 年后,为了对付势力渐长的“左派”反对党,纳粹政府开始将不计其数的德国人送进集中营。

教会是德国境内潜藏的第二大反抗势力。虽然德国新教徒由于太分散也太受路德教派效忠国家的传统观念影响,无法结成统一的反对党,然而纳粹政府仍不敢掉以轻心。纳粹政府建立了一个新的“德国基督徒”教会——基督救世军(SA of Jesus Christ),在新教教会中形成一个反对派势力互相牵制。基督救世军由尼默勒牧师(Pastor Martin Miemüller)领导,他是第一次世界大战中德国 U 型潜艇舰长,也是魏玛共和国的反对派。天主教会于 1933 年与希特勒缔约,同意废除中央党(Center Party),并以教会停止从事政治活动为交换条件,延续教区学校与组织的运作。1939 年,罗马教皇与德国神职统治团体均公开反对政府的特殊论调,包括好战的世俗主义、种族主义、安乐死政策等。[①]尽管许多基督教徒英勇地进行抵抗运动,教会仍然倾向于在希特勒政权下运作自己的权力,而不想推翻政权。

在战争开始之前,有些保守派人士以宗教与人道观点来反对纳粹政权。大体而言,他们大多以闭门私下抒发不满,或成立秘密讨论团体等方式进行反抗。例如毛奇伯爵(Count Helmut von Moltke)的“克莱骚团体”(Kreisau Circle)便是一例。这个组织规划了一个统一的、没有国际争端的新欧洲蓝图,他们假设这个蓝图将在其他团体把希特勒消灭之后实现。而希特勒可能败战的迹象,也促使军队与政府中的反对派投入更多的抵抗活动。

这些抵抗运动在 1938 年达到高潮。当时希特勒似乎打算把尚未做好准备的德国人投入对苏联与西欧的战争。在希特勒企图发动战争之时,军队与政府机构中的反对派曾策划推翻希特勒。1938 年 8 月辞职的总参谋长贝克将军,便是由于反对希特勒的野心而毅然求去。不过,战后某些德国军官与高级文官却认为,间接破坏推翻希特勒计划的,其实是张伯伦在慕尼黑会议中对希特勒采取的让步行动。当战争在对德更有利的时机——1939 年 9 月间——爆发之后,爱国主义的力量更加限制了军队与政府中的反抗活动。保守派的反对势力由于坚持强人领导与独裁主义,欠缺群众基础,因此他们的抵抗活动只能说是一种 20 世纪反魏玛共和国运动的延续。对保守势力的抵抗运动者而言,其主要障碍是活动范围太狭隘、欠缺群众基础,而唯一能达成其目的——建立一个独裁而没有希特勒的强大德国的手段:政变或暗杀,又是他们所不能接受的方式。

当 1943 年、1944 年间德国败象渐露,而欧洲也开始感受到布尔什维克的威胁时,保守派的抵抗者终于放下了他们的坚持。1943 年由保守派反抗势力所策划的暗杀行动失败后,施陶芬贝格伯爵(Colonel Count Klaus Schenkvin Stauffenberg)又在 1944 年 7 月 20 日于接近苏联前线的拉斯滕堡(Restenburg),希特勒预定做简报的总部设置炸弹。不过,希特勒仅

[①] 参阅 1937 年罗马教皇教谕:*Mit brennender Sorge* (With Burning Concern).

被炸弹震了一下，双耳暂时失去听力而已。除此之外，共谋关闭集中营、废除党卫军、寻求与西方达成部分和平协议的抵抗分子们，有些被枪决，有些被挂在肉钩上处死。最后，德国还是得靠着外国的军事力量，才推翻了希特勒与他的追随者。

抵抗运动对军事行动的影响

欧洲抵抗运动对大战的军事结果，只发生了一些外围的影响力。抵抗运动在东欧的影响力或许大于西欧。在苏联战场中，德军后方的游击队对其运输系统的严重干扰，迫使德国必须从前线调回一些军队镇压。

南斯拉夫拥有欧洲战斗力最强的抵抗军队。当南斯拉夫在 1941 年 4 月被德军占领时，它的军队并未解散。这些军队潜入山林，伺机行动。德国从未能控制地形崎岖的南斯拉夫山地。不过，当双方僵持不下陷入对峙时，德拉查·米哈伊洛维奇将军（General Draša Mikhailovič）的“切特尼克”（Chetniks）倾向于与德军达成实际的停战协议。不过，当共产党加入战争，以约瑟普·布罗兹（Josip Broz，以“铁托”〔Tito〕之名广为人知）为首的克罗地亚共产党，改用更加积极的态度进行抵抗运动。南斯拉夫的例子说明了两种可行的抵抗策略：一是速战速决，不过这要冒遭到报复与更剧烈短痛的风险；一是谨慎守成，静候盟军的支援。曾以跳伞方式深入战区的英国观察家在与铁托会面之后，积极报导其奉行的实践主义，期望能劝动盟军将对米哈伊洛维奇的财政与物资支持，改为支持铁托。最后铁托共消灭了 10 个德军师团，并在战后自然地成为南斯拉夫的领袖。相比两次大战间的时期，南斯拉夫在第二次世界大战之后，民族分裂的情形减轻许多。铁托结合了共产主义与民族主义，建立了一种新的领导方式来统治南斯拉夫。

至于西欧，抵抗运动也未能对战场战果发挥明显的影响。西欧的抵抗运动者确曾向盟国提供德军驻扎位置的情报，并于 1944 年 6 月 6 日诺曼底登陆日，帮助盟军拖延了德军的调度行动，然而，不论如何，西欧反抗运动的最重要意义，仍在于它对人们精神与心灵更新的刺激与启发，而非对战事的贡献。

抵抗运动对知识分子的影响

抵抗运动不仅意味着行为上的反抗，也同时意味着思想上的反抗。经济萧条、法西斯主义、战争——25 年之内，欧洲人的第二次自相残杀——这一切都需要人们对欧洲经验加以严厉的批判，并深思推翻希特勒之后，欧洲人要如何重建一个新的欧洲。

> 在经历过抗争，经历过希特勒掌控下的经济、社会与政治革命之后……我们要的是哪一种共和国？哪一种民主制度呢？[①]

---

① 法国反抗团体传单“Après”，No. 2（July 1943），引自 Henri Michel and Boris Mirkine-Guetzévitch，*Les idées politiques et sociales de la résistance*（Paris，1954），p.87.

虽然从事抵抗运动的成员来自各地，并且背景复杂——从天主教徒到共产党员皆有之，不过，身处欧洲空前的自我毁灭境况，与因从事秘密写作与演讲而涉入的险境，让这些同病相怜的分子团结在一起。1941 年 6 月苏联陷入战争之后，敌人凶残的本性更让抵抗分子与“左派”紧密团结。从事抵抗运动的知识分子们，几乎都对战前的欧洲持否定的态度。事实上，确实也没有任何人想把欧洲恢复到两次大战间的状况，并为此做任何努力。应对战争所造成的全面性危机，需要的是深刻的改变，而这些知识分子们早已做好准备来迎接政治、社会、经济上的新转变。多数的抵抗运动思想家主张恢复议会民主政治，不过这必须在清楚两次大战间议会制度的失误与腐败的条件下方可成行。此外，他们也要求政府提供更公平公开的受教育、就业、受勋机会。他们反对自发调节的市场(self-regulating market)，批判萧条的现状。不过，不同于战前“左派”抵抗运动的经济学家，他们接受在混合经济中并入某种程度的计划与国家干预的方案(有关战时的人民期许，将在下一章中详细论述)。

抵抗运动的另一个重要的创举是，引发欧洲教会的骚动。虽然并无任何基督教派完全投入抵抗运动，却有许多年轻教士与牧师，放弃单纯争取教会自治权，而投入到积极的社会与政治活动中。教会之前顺从世俗政权与社会经济的问题，此次也遭受到前所未有的挑战。天主教的重要创举是“工人教士”(worker-priests)的出现。这些工人教士们脱下法衣，换上工作服，直接参与劳动。这种试验始于被送往制造德国军需品的法国工人中的牧师们。也因此，他们更贴近维希政府的基础与抵抗运动分子。不论哪一种情形，他们都主张应该与中产阶级的传统神职人员之间坚决决裂。

至于是否要采取非法手段来反对不义的政权，则是教士与牧师们所要面对的严重道德难题。每一条教规都要求他们效忠国家。朋霍费尔牧师(Poster Dietrich Bonhoeffer)是一位年轻的德国新教徒。也是神学院的教授，他所提的有关基督教道德问题的见解，或许是开战以来，最让人印象深刻的思维。朋霍费尔是瑞士神学家卡尔·巴特(Karl Barth)的追随者。巴特曾批评现代自由主义神学过度以人为中心且过于乐观。而纳粹政权的一切作为，更让巴特猛烈抨击较温和、自由的“社会福音”(social Gospel)神学。巴特呼吁大众重新重视人类罪性的严重性，并警觉地质疑人类社会进步的真实性。不过，朋霍费尔并不因追随巴特的思想而认为基督徒应遗世独立，反而主张基督徒应如同基督的追随者一样，献身参与社会事务。朋霍费尔坚决主张唯有保卫国家，才能引发人们的集体悔改、更新德国教会并褪去他们虔诚的表象与财产。由于与 1944 年 7 月 20 日发动暗杀行动的德国抵抗分子有关，朋霍费尔成为这次事件中被处决的四位牧师之一。

抵抗运动的主要世俗伦理源自于存在主义。存在主义的代表人物是法国哲学家让-保罗·萨特，他曾于 30 年代回避献身政治。在德国现象学者埃德蒙·胡塞尔(Edmund Husserl)与马丁·海德格尔(Martin Heidegger)的影响下，萨特潜心钻研哲学的本质与知识。战争迫使萨特意识到，除非个人能为世界国家负起积极的责任，否则便无人能够得到自由，连哲学家也不例外。否则，个人的生死存亡便将掌握在他人的手中。不过，像萨特这种既不相信上帝也不认同不变的道德律、不相信宿命的人，又能采取何种行动以积极的负起社会责任呢？萨特在自己早期所发展的存在哲学中，发现了一种行为哲学。他认为个体的存在是唯一的必然，通过对事物的自由抉择，可确立一个人的存在事实。"你可以选择向东也可以选择向西；若你不做任何选择，便失去一切可能性。"有良好信念的人会接受选择的责任，将自己投身于环境之中，依据自己对世界的"计划"采取行动，清楚知道"他的行动关乎全体人类"。至于那些缺乏信念的人，会无视自己的责任与自由，总是将世界的状况归咎他人。不过，在现实生活中，后者所做出的抉择其实并不少于前者。[①]

一种简化的存在主义——无视萨特哲学中的复杂性与精致性——在战争后期变成从事抵抗运动的知识分子的一种风潮。事实上，身为抵抗分子，萨特早已体验到这种选择的痛苦。个人的行为后果，会导致当事者陷入恐怖的严刑拷问的情境中；而且，"一句可以满足十个人的话，可能会让一百个人感到不满。这种绝对孤独中的绝对责任，不正是自由的真意吗？"[②]依据萨特的说法，抵抗运动是一个"无声共和国"(Republic of Silence)，在这样的一个孤独国度中，自由的人们，将自己与他人的生命奉献于经过道德选择后、深思熟虑的行动。

---

① Jean-Paul Sartre, *L'Existentialisme est un humanisme* (Paris, 1945), pp. 27, 73.

② Jean-Paul Sartre, "Le République du silence", 秘密印刷于 1944 年，翻印自 Sartre, *Situations, III* (Paris, 1949), p.13.

15–1　攻击开始日：1944 年 6 月 6 日美军涉越浪潮，在德军猛烈的机关枪弹幕中登陆诺曼底。

第 15 章

从热战到冷战:1942 至 1949 年

从1942年到1943年冬，希特勒失去了战场主动权。在这个转折点之后，即使纳粹的战争机器仍有能力发动迅猛的短暂攻击，希特勒仍然不得不承认盟国取得主动权所带来的影响，而不再能像之前一样以大胆的行动来恐吓全世界了。当然，此时离停战尚远。同盟国内部正为如何迫使希特勒无条件投降进行激烈的争论。在1945年5月7日德国无条件投降之前，这场令人痛苦的大战又持续了两年多。不过，1943年时，盟军已经取得发动战役的时间与地点的主导权。凭此优势，盟军以丰富的资源逐步击垮德意志第三帝国。

盟国从昔日的欧洲列强手中取得了军事主导权，这些昔日的欧洲强国自现代国家兴起之后，便一直掌控着欧洲事务。即使是在第一次世界大战中，他们中的一方也只依赖一部分的外援，便战胜了另一方。1939年欧洲再度发生冲突事件，旋即转变为世界大战。此次战争包含了日本(1940年9月加入轴心国)、苏联(1941年6月参战)、美国(1941年12月参战)。第二次世界大战需要的庞大资源，超过传统欧洲列强5000万人口所能承担的范围。只有国力超强、工业化、人口超过两亿、由单一政权统治所有资源的国家，才足以负担这些战争所需的资源。希特勒的欧洲堪称此类国家的第一位，而美国与苏联则是仅有的两个能抵抗希特勒的新兴强国。在战争的过程中，有关欧洲未来的决定权从柏林、伦敦、巴黎，转到另外两个新兴的首都:华盛顿与莫斯科。欧洲大陆内部最后的内战，所付出的代价是世界霸权从此转入美苏之手。

15.1 西方的美国霸权

1940 年时，美国的军事力量仍然远落后于欧洲，其军队规模甚至小于比利时。然而，在有限的军事表象之下，美国其实蕴含着庞大的经济潜力。1942 年 12 月美国参战时，欧洲的战争已经持续了两年多，美国凭借其生产力与人力资源，让它能在西欧盟友中占有主导地位。

美国之所以能称霸，原因之一是经济力。这次，美国比第一次世界大战期间更迅速地成为盟军抗德的军火库。当欧洲产能因战争遭到破坏时，美国的生产力在盟军需求的刺激下，增长了四倍之多。反希特勒的欧洲国家为能从美国进口大量军用物资，不得不再次出清所积蓄的黄金、外汇，以及海外投资。尽管罗斯福总统（Franklin Roosevelt）在美国参战之前，便努力帮助这些反希特勒的欧洲国家，希望他们能避免重蹈 1914—1918 年的覆辙，再度面临世界性的经济危机，然而毕竟势不可挡。1941 年 3 月，美国通过了“租借法案”（Lend-Lease Act），根据这项法案，罗斯福以换得军事基地使用权的方式，将战争物资借给友好国家。直到战争结束，美国以此种方式提供给反希特勒联盟的战争物资约有 4300 万美元。然而这些帮助毕竟只能解一时之渴，欧洲为战争散尽资财，而战后，又让美国取代自己成为西方世界生产中心。

美国取得霸权的另一要素是战略。当时盟军的战略是不与德国和解，而是迫使希特勒无条件投降。早在 1941 年 8 月时，罗斯福便与英国首相丘吉尔于纽芬兰岛外海的“奥古斯塔”号（Augusta）军舰会晤，之后，发表《大西洋宪章》（the Atlantic Charter），明示这场大战的终极目标乃是：“不为自己国家争取领土，而为谋求人民能自决其政府形式，创造自由且安全的居住世界而战。”而惟有“完全推翻纳粹暴政”才能实现此一目标。《大西洋宪章》的原则激励了反希特勒的欧洲各国在近 1/4 世纪的岁月里，继续为第二次全面性战争奋斗。不过，倘若盟军不在“希特勒的欧洲堡垒”（Hilter's Fortress Europe）之内另辟第二战场直捣柏林，则不可能达成这一目标。此项行动需要盟军（美苏除外）集中全部火力方能实现。

策划第二战场

1941 年 12 月 7 日，日本突袭珍珠港，将美国卷入战争。事件发生后，丘吉尔立即赶赴华盛顿，与罗斯福商讨作战计划。此次会晤于 1942 年 1 月进行，代号“阿卡迪亚”（Arcadia），是未来一系列漫长的首脑会谈的开端，各国首脑通过这些私人会晤，试图以共同战略来协调彼此的利益。美英两国的军事智囊们也一同参与“首脑联席会议委员会”（Combined Chiefs of Staff Committee)。最初,丘吉尔这位战争经验丰富的领袖,在会议中畅所欲言、为所欲为,而罗斯福对其“欧洲优先”的战略亦表示同意。依据这个战略,盟军将先集中火力击溃希特勒,然后才对付日本。1942 年元旦,又有 24 个国家(包括苏联与中国)加入盟军,并发表《联合国家宣言》(United Nations Declaration)赞成《大西洋宪章》的原则,承诺以“全部资源”去“攻克敌人获得全面性的胜战”。自此,盟军欲迫使敌人无条件投降与痛击“欧洲堡垒”的决心便更加坚定了。

不过,发动攻击的时间与地点仍有待商榷,而这也成为往后三年英美在战争期间最主要的议题。这期间,影响战争的优势政府逐渐从丘吉尔为首的伦敦,转移到罗斯福领导的华

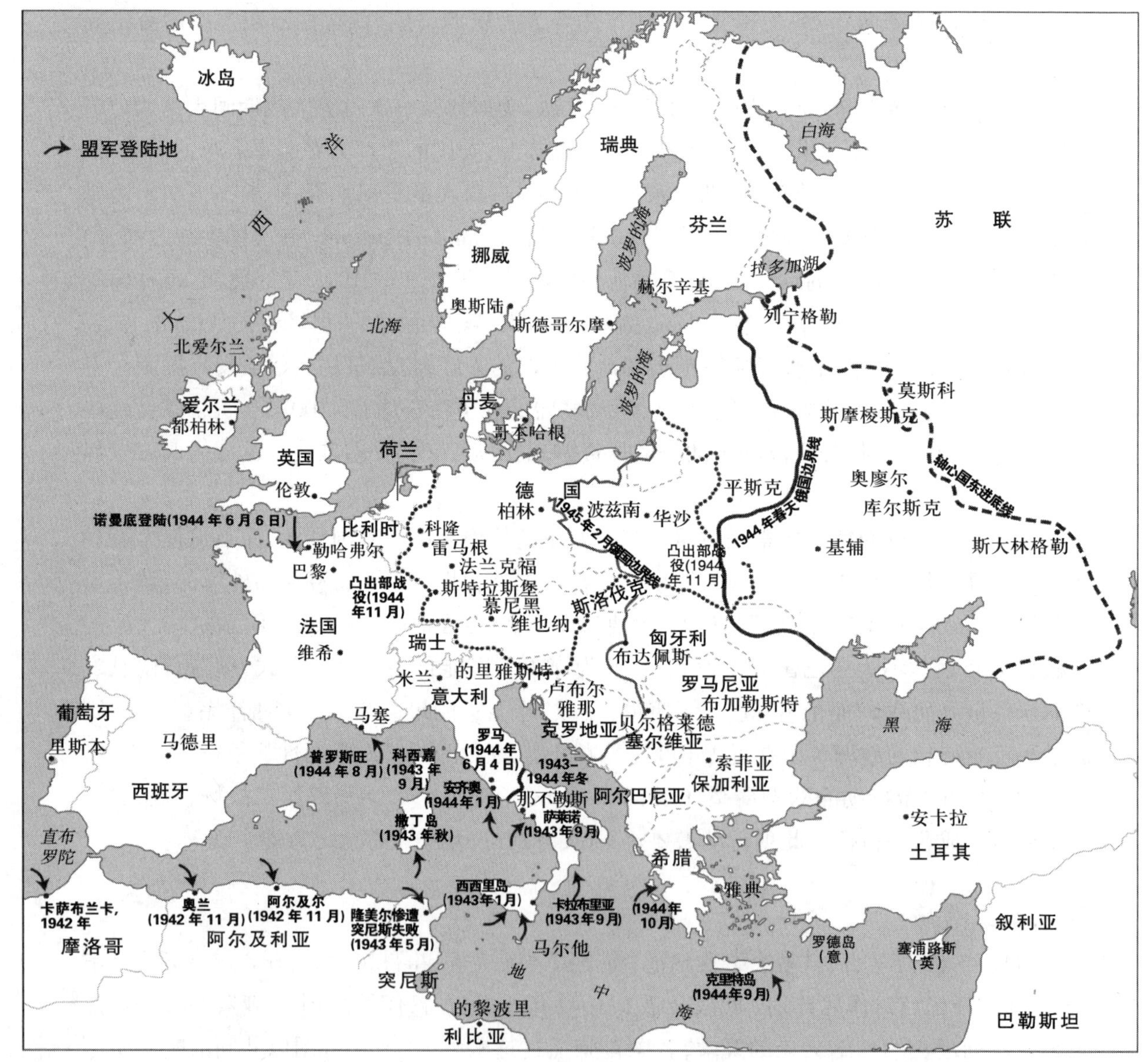

地图 15–1 轴心国的挫败,1942—1945

盛顿。虽然两国对于一些基本的观点态度一致——欧洲优先、开辟第二战场，然而英美两国不同的战略概念，却也反映出不同的国家经验与国力的强弱。

丘吉尔注重“希特勒欧洲”周边的弱点。英法两国曾于 1939 年到 1940 年冬季“假战争”期间，耗时静候斯堪的纳维亚半岛与巴尔干半岛门户洞开，而不跨越莱茵河对德国发动正面攻击。当法国在战争中出局，丘吉尔以其多年的帝国经验，敏锐地意识到英国在地中海的利益。那些曾目睹第一次世界大战西线战场与 1940 年各战役的人，不愿再轻率发动任何可能过早的正面作战的想法是可以理解的。美国战争部长亨利·史汀生（Henry Stimson）在 1943 年的日记中写着：“英国人仍被帕斯尚尔（Passchendaele）与敦刻尔克的阴影所笼罩。”[①]这些因素影响丘吉尔执着于优先保障地中海（1942 年 11 月埃及与苏伊士运河曾受到的紧急威胁，此时，盟军立刻自北非登陆压制德军以解除危机）、再利用南欧路线进行攻击的战略。

有些人认为热衷历史与欧洲权力政治操作的丘吉尔，从一开始便试图将战略导向政治内涵，想通过转移英美战场到一个适当的位置，让苏联得以掌控东欧。直到 1944 年，丘吉尔都担心苏联战败与其内部发生分裂，甚于欧洲被苏联征服的威胁。不论如何，丘吉尔对开辟第二战场可能对战后英国势力带来的影响高度警觉，是毋庸置疑的。

至于美国人的注意力则集中于对德国的正面交战。尽管某些英国评论家将之视为一种不成熟的粗鲁行为，美国人却认为这是蓄积一场锐不可当的战役所需军力的战争技术。美国外交政策的“现实主义”评论家，如乔治·凯南便主张美国的决策当局应拒绝每一个包含政治内涵的战略。他们相信美国必能以“纯粹的”军事决定与策略，凌驾所有欧洲的政治势力之上。由于美国人怀疑丘吉尔在地中海与南欧的登陆计划背后，潜藏着帝国主义的动机，因此倾向汇聚强大的力量，在海峡沿岸尽早与敌军进行正面交战。实际上，美国人真正的想法是再次以巨大的军事痛击来净化腐败的欧洲，同时维持美国的“威尔逊愿景”——避免“不道德的”政治计谋玷污理想。有了这种明确的意图之后，美国开始希望把欧洲的和平保证，交付给未来将要成立的联合国负责。

西欧第二战场的概念随美国物资优势的增长，顺应美国的军事战略构想而逐渐成形。苏联对这项计划的缓慢感到厌倦并不断催促。这是由于自 1941 年 6 月到 1944 年 6 月 6 日英美联军终于自诺曼底登陆期间，苏联独自与德军奋战，斯大林急欲从中获得解脱。不断受到德军猛攻的斯大林，要求盟军必须在西欧开辟第二战场。盟军的首务确实是保障苏联能不战败，并在苏联战败的威胁稍减之后，设法让抱有疑心与怨恨的斯大林相信，登陆计划正在进行且会在短期内成功。

---

① 帕斯尚尔位于比利时，1917 年 11 月英国在该地发动攻击，伤亡极为惨烈却几无所获；敦刻尔克位于法国海峡沿岸，1940 年 6 月英国远征军在民间船只的援助下，从当地的海滩惊险撤退。

开辟第二战场:北非与意大利

1942 年初,一直处于动荡中的苏联,迫切需要盟军在西欧另辟一个转移德国目标的战场。美国提议,当苏联的状况危急时,盟军应排除万难,不顾一切危险,发动横渡海峡之战。这样的提议符合了丘吉尔的战略——以探针刺入敌人的弱点。于是,英美盟军发动了首次战役——“火炬行动”(Operation TORCH)。此次行动让盟军成功登陆北非,打开了地中海之门。

直到 1942 年底,德国与意大利都能维持将盟军阻于地中海之外的强势。在地中海的西口矗立着两个坚决维护希特勒的中立国:佛朗哥的西班牙与法国维希政府的摩洛哥,坚守着直布罗陀海峡。至于地中海东口则有杰出的隆美尔将军,他自 1914 年以来便驻防当地,增援意大利与利比亚,曾经两度将战线向东推进到距离苏伊士运河不到 100 公里之处。尽管如此,1942 年 11 月 8 日夜晚,一支美国军队在少数英军的协助之下,仍然成功地从法属摩洛哥与阿尔及利亚境内的三处地方登陆。虽然法国维希政府的军队装备粗劣,但仍极力抵抗,希望能保住北非,免受同盟国与轴心国的争夺之扰。然而法军终究不敌盟军的攻击,失去了两处殖民地。之后,在那些已经准备好重回战场的法国人坚持下,盟军继续向东挺进突尼斯。从突尼斯可以自后方对隆美尔进行攻击。自此,盟军确保了地中海的通道,进入南欧之门于是敞开。

虽然“火炬行动”被视为是一个对潜在友好中立国的袭击而遭受抨击,然而它的收益确实不小。对美国而言,能够及早进行一些醒目且成功的行动,在心理上有重要意义。北非的法国维希政府虽中立却薄弱,对于缺乏经验的美军而言,那是一个可以迅速、有效、成功地实现任务目标的地区。“火炬行动”的最大败笔是,它迟滞了争取在摩洛哥与阿尔及利亚与法国的合作,增加了轴心国增援突尼斯的时间,让北非有机会喘息,也导致盟军直到 1943 年 3 月才取得北非的控制权。

击败隆美尔的非洲兵团(Afrika Korps)之后,盟军所面临的主要问题便成为:已经集结进入北非的盟军,下一步应如何行动?不论丘吉尔如何努力游说,斯大林都坚决认为“火炬行动”并未达到任何缓解东部战场压力的效果。1942 年 8 月在克里姆林宫的晚宴中,丘吉尔仍试图说服斯大林相信周边战略的重要性。他在桌布上画了一只鳄鱼,并指着鳄鱼的“软腹”,希望斯大林能够了解这种战略的意义。“火炬行动”之后,丘吉尔便建议盟军北进,攻打下一个薄弱的环节——意大利,直捣轴心国的“下腹”。①

1943 年 1 月,在卡萨布兰卡会议(Casablance Conference)上,罗斯福终于同意接受丘吉尔的意见。表面上,卡萨布兰卡会议发出了一个响亮的宣言,那就是盟军只愿意接受轴心国

---

① Winston Churchill, *The Hinge of Fate* (New York, 1950), pp.430–434, and Robert s. Sherwood, *Roosevelt and Hopkins* (New York, 1948), p. 674.

的无条件投降。然而,私底下,英美盟军的军事谋略家却更加谨慎、步步为营。德国攻击盟军补给船只的战绩节节上升,并在 1943 年春天达到巅峰。1943 年 3 月,仅仅一个月中,盟军被击沉于北大西洋中的舰船便有一百多万吨,这个数量是同一时间内同盟国造船厂所能制造的舰船总数的两倍左右。也因此,英国亟欲调集充足的人员与物力,以打开一条进入欧洲的通道。英国的种种行动显示,一场 1942 年时人们所无法想见的庞大行动即将展开。要在 1943 年进行这一切行动的唯一方法,便是将横渡海峡、开辟第二战场的计划向后推迟一年,先行进攻意大利。盟军的这项决定,再度使斯大林无比失望。

1943 年 7 月 10 日,美军和英军从西西里岛登陆。战役开始时,盟军在意大利大有斩获。7 月 25 日,墨索里尼被前参谋部长佩特罗·巴多格里奥元帅(Marshal Pietro Badoglio)发动的武装政变所推翻。此次政变的幕后支持者是意大利国王与"法西斯最高委员会"(Fascist Grand Council)中的某些成员,他们宁愿向盟国投降,也不愿让意大利变成战场。不过,在盟军还没来得及进入处于真空状态的意大利之前,德国便已派军进入意大利,以轻型飞机救出墨索里尼并占领了意大利。直到 9 月 2 日之前,盟军都无法自西西里岛登陆意大利。最后,在自由法国与波兰军队的协助之下,盟军终能在德军防守严密的地区缓慢突进。这场意大利之战,最后的结果只是延长了意大利饱受战争不幸的时间,并不如预期的那样,为盟军打开一条通往中欧的快捷通道。

"攻击开始日"与突击德国

让人引颈企盼的第二战场,终于在 1944 年 6 月 6 日的"攻击开始日",盟军登陆诺曼底,于西欧正式开辟。即使开战的时间点如此迟延,登陆部队要从英吉利海峡登上设防严密的海岸,仍需冒着极大的危险。除了要小心避开防守严密的海岸地区之外,盟军还得力于反间谍活动的帮助——包括假造的信号、假装在英国部署军队,误导德军把登陆地点错估为平坦的法国北部平原。伪造的情报让希特勒深信诺曼底登陆是声东击西的计谋,因此他调集了坦克师到法国北部等待盟军,计划在盟军刚上岸最易受到攻击时,进行第一时间的反攻。期间,盟军则利用旧船只与混凝土潜水箱建造了三个人工港口。接下来的计划便是充分利用美国的生产力进行战争。"攻击开始日"之后的头一百天之内,便有 220 万男丁、45 万部车辆与 400 万吨军需品,自人工港口与瑟堡港(6 月 27 日占领)运送上陆。即便如此,当盟军突破诺曼底山区的重重阻碍进入法国西部平原时,也已是 8 月初了。

在对德国心脏区进行最后攻击时,美国的生产力与战略构思显然占有极大的优势。当时丘吉尔希望意大利境内的盟军,采取经阿尔卑斯山脉东部的山谷(南斯拉夫的卢布尔雅那谷〔Ljubljana Gap〕)的路线,进入欧洲中部;然而美国却坚决主张要将军队撤出意大利,以便能在 1944 年 8 月 15 日从法国南部进行辅助登陆。这项措施反映出美国对诺曼底盟军的不信任感,以及对丘吉尔为保护英国在东欧势力范围所提计划的敌意。华盛顿政府担心这样的企图,会导致战后占领期的延长与政治上的混乱状况。

15–2 1943 年 9 月，因受惊而憔悴的墨索里尼与提供救援的德国突击队员。墨索里尼于 7 月被维克多·埃曼纽尔三世国王与巴多格里奥元帅推翻并囚禁。之后，他在德军的保护下于意大利北部成立“意大利社会共和国”(Italian Social Republic at Salò)，1945 年 4 月被游击队逮捕处决。

在“攻击开始日”之后，美国将军德怀特·艾森豪威尔(Dwight D. Eisenhower)便负责统领指挥所有的盟军——包括美国、英国与法国军队。艾森豪威尔主张从外部进攻，并谨慎依靠已经建立的补给线，而不倾向于采取英国高级指挥官伯纳德·劳·蒙哥马利将军(General Bernard Law Montgomery)与美国的乔治·巴顿将军(George S. Patton)的大胆建议：集中火力深入德国境内发动攻击。从英国的观点来看，艾森豪威尔所进行的是“利用大象的体重优势去压垮障碍物的战略”。[①]艾森豪威尔与美国参谋长马歇尔(George C. Marshall)非常反对丘吉尔所提的、希望盟军比苏联更早攻占柏林与布拉格的提案。依据美国的观点，这种提案无疑是将原本单纯的军事行动，注入了政治因素。艾森豪威尔对马歇尔说：“除非首脑联席会议委员会下达命令，否则我不会进行任何我觉得不明智、仅有政治获利的军事行动。”显然，艾森豪威尔并没有接获这样的命令，因为马歇尔写下了这一段话：“就我个人而言……我绝不愿意让美国人只因为单纯的政治目的而冒生命的危险。”[②]

盟军的进攻因凸出部之役(Battle of the Bulge)而受到拖延，但德国却在 1944 年圣诞节期

---

① London *Economist*，引自 Diane Shaver Clemens，Yalta (New York，1970)，p.99.

② Dwight D. Eisenhower，telegram of May 1，1945，and George C. Marshall，telegram of April 28，1945，引自 Forrest C. Pogue，*George C. Marshall:Organizer of Victory，1943—1945* (New York，1973)，p.573.

15-3　盟军轰炸曼海姆（Mannheim）之后，一个受到极度惊吓的德国家庭，在国民军的协助下慢步前行。

间，向西大举进攻卢森堡与比利时。当恶劣的天气限制了盟军，无法发挥空中优势时，瞬时德国看似极有可能将战线推回英吉利海峡。之后，直到 1945 年 3 月 7 日，德国的“凸出部”（Bulge）方才受到压制。当时，德国守军企图炸毁雷马根（Remagen）铁桥，所幸美军英勇地强行突破铁桥，才保住了盟军横渡莱茵河的通道。

15.2 东方的苏联霸权

当美国以新兴的领导者身份领导英美同盟时，苏联也逐渐成为战后欧洲的另一个超级强国。回顾历史，在 1941 年时，这样的趋势并不明显。虽然苏联在 30 年代时的经济增长令人印象深刻，不过，其实行农村集体化运动时所付出的社会代价，与对国家内部领袖们的

15–4 1942 年 11 月,斯大林格勒战役。苏军据守部分街市,拼死巷战。

"大清洗",更令人难以释怀。斯大林选择对希特勒采取中立态度与 1939 年到 1940 年间冬战芬兰的挫败,强化了世人认为苏联可能分裂瓦解的想法。希特勒相信 1941 年 6 月时,若发动入侵,将会促使苏联分裂。西方的观察家们也同样担心这样的结果真的会发生。伦敦的共同情报委员会(Joint Intelligence Committee)预估希特勒极可能在六周内攻下莫斯科。[①]

苏联的幸存

在希特勒闪击苏联之后,紧接着在苏联境内所发生的,是二战中规模最大的几场战役。举例来说,1941 年底苏联调集了 300 万人保卫莫斯科,之后又在 1943 年 7 月的库尔斯克—奥廖尔战役(Battle of Kursk-Orel)中,派遣 6000 辆坦克与德军奋战。就某种意义来说,第二次世界大战中的苏联所扮演的角色,如同第一次世界大战中的法国一样:在自己的领土内独自承受世界大战中最艰苦的战役,伤亡最重(约有 1800 万人死亡);战后,主张要在欧洲大陆居领导地位。苏联理所当然地,将东部战线视为第二次世界大战的主要战场。

1942 年底,苏联终于能在斯大林格勒扭转局势。德军于 1942 年 11 月攻入斯大林格勒市内的小巷道中。斯大林格勒是伏尔加河下游的主要城市之一,并且是通往富藏石油的高加索地区的门户。倘若德军攻占了斯大林格勒,便能掌握苏联一半的石油与小麦。所幸,指挥官下令苏联军队在即将来临的冬季掩护下,进行对德军的包围反击战,以坚守住市内的巷道与民房。此时,由于希特勒拒绝让德军做任何战略上的撤退,导致德军第六兵团(共 22 个师——其士兵人数因伤亡而自 50 万人减至 8 万人)于 1943 年 2 月 2 日,包括担任指挥官的陆军元帅弗雷德里希·保罗斯(Field Marshal Friedrich Paulus)都被俘。这是历史上德国元帅在战役中被俘的首例。同时,苏军亦在东部战线北端的波罗的海设法打通了一条通往列宁格勒的补给线,虽然这条补给线并不十分稳定安全,但在此之前,列宁格勒已被德军严

---

① Sherwood, pp. 304, 327.

② 虽然最严重的饥荒时期已经过去,然而在那之后的一年中,列宁格勒仍然继续饱受德军的轰炸。(Harrison Salisbury, *The 900 Days: The siege of Leningard* [New York, 1969], pp.550, 567.)

密包围,与外界隔绝长达 506 天之久,创下现代城市受围最久的纪录。[②]

1943 年春天,德军继续在几个战线上向前推进。然而到了 1943 年 7 月,苏联军队已有能力在库尔斯克—奥廖尔的坦克大战中赢得第一个夏季的胜仗。苏德战争的严酷对峙期渐近尾声。自 1943 年夏天起,苏联开始不断地将战线向前推进到 1939 年时波兰的国境线。从那里,苏军终能进入欧洲的中心。此时,西方盟军亦自法国海岸登陆。1945 年,随着德国与日本的势力削弱,苏联首次在其国土的东西海路上,无须顾忌两边强国的环伺。

让苏联取得这种地位的因素是什么?苏联又是如何从战乱中幸存下来的?苏联的三项主要成就值得注目:工业的整顿、群众的支持与新的军事人才的出现。苏联得以幸存,除了依赖于境内资源的生产甚于西方的援助之外,也得利于希特勒所犯下的错误。

苏联最大的困难是,境内最具生产力的地区几乎全被德军占领而无法利用。苏联境内 40%的人口与约 75%的生产中心,都位于德军占领的西部地区。因此苏联将剩下的所有人口东迁,并在东部乌拉尔(Urals)新的工业中心建立了 1360 座工厂。最后,苏联的经济终于在新式设备与日渐普遍的城市工业发展下,逐渐成长壮大。

至于苏联为数众多的人民,则只有在政府当局能将他们团结起来,并激发他们愿意为任何一个盟国做最大牺牲时,才会成为一种资产。斯大林利用苏联人民深厚的民族情感,达成了这个目标。他在德军进逼到莫斯科近郊时,仍举行十月革命的周年纪念游行,在游行中大声求告包括沙俄时期的"伟大祖先们"以感动民众。在斯大林的办公室内,挂着曾经战胜拿破仑的俄国先烈们的肖像,例如亚历山大·苏沃洛夫(Alexander Souvarov)与米哈伊尔·库图佐夫(Mikhail Kutuzov)。[①]1938 年时,电影导演爱森斯坦(Sergie Eisnstein)与作曲家普罗高菲夫(Sergei Prokofiev)曾参与创作了一部精彩的影片《亚历山大·涅夫斯基》(*Alexander Nevsky*),描述 13 世纪俄国人力抗条顿骑士(Teutonic knights)的经过。正如后来苏联作家们所说,对俄国人而言,反希特勒战争与其说是一场保卫共产主义祖国之战,还不如说是一场伟大的爱国之战。

德国占领军的残暴行为,抑止了苏联人民与德军合作的可能倾向。在占领区内,德军并不以求取支持的态度让俄国农民甘愿提供粮食,却以威胁恐吓的方式,扬言要移入德国农民以取代俄国农民,大肆豪夺农民的库存。其结果,是让德军遭受到十年前曾抵制苏联集体化政策的农民的积极反抗。1941 年末,德军巧取豪夺搜括而得的粮食,甚至比 1942 年初因《纳粹—苏维埃条约》所得的更少。[②]有些反对苏维埃的俄国人希望能与德国合作,企图以苏联战犯建立一支反共产主义的军队,然而他们并未从纳粹方面得到许多独立自主,因为在纳粹的眼中,他们全都是斯拉夫劣等民族。

不论对斯大林政权所持态度为何,广大的苏联人民几乎全部挺身奋起,决心保卫家园。

---

① Seweryn Bialer, *Stalin and His Generals* (New York, 1969), p.516.

② Alexander Dallin, *German Rule in Russia, 1941–1945: A Study in Occutation Policies*, 2nd ed. (New York, 1981), p.369.

15–5 1942年，被围困的列宁格勒。奈夫斯基希望大街上，一对夫妇正拖着滑车里的小孩前行。

从列宁格勒人民忍受一年半的恐怖围困的事例，就可以窥知苏联人民的团结。当时由于饥饿与疾病，使列宁格勒的人口自400万减少到250万。除此之外，在半数以上的军官遭到“大清洗”的短短数年后，苏联便出现了一批优秀的新生代军官，这也让人看到苏联政权在压力之下求生存的能力。举例来说，1941年守卫莫斯科的朱可夫，便在三年内由上校晋升为元帅。

来自外部的援助，也帮助苏联幸免战败，并能扭转局势跃升为强国。当希特勒于1941年发动“巴巴罗萨”行动时，身处大不列颠“最黑暗的时刻”艰辛奋战的丘吉尔，立刻舍弃他一贯反共产主义的传统观念，在数小时之内便与苏联结为盟国。1941年11月之后，苏联亦被列入美国“租借法案”中的一员。不过，这些外援似乎都只是斯大林成功的边缘因素而已。西方盟国只能经由两条路供给苏联物援，而这两条路都受到德军严密的控制：其一是经伊朗运送物资；其二是以水运的方式，经北极圈内的挪威海域，将物资运到苏联北部的摩尔曼斯克港(Murmansk)与阿尔汉格尔港(Archangel)。不过，海路因季节性结冰于1942年暂时停用，后来又因受到德国空军与潜艇的攻击，再度于1943年停用。虽然西方支援的物资比苏联所求的数量多出许多，[①]不过，这些物资之所以能充分发生效用，其实多赖苏联内部在过去三年中，独自对抗希特勒所培植的力量所致。此外，这一切也有助于将日本阻绝于中国东

[①] 4300万美元的租借总额中，有950万借予苏联。苏联估算其国内生活必需之供应约有5%来自西方，但美国的估算则是15%，最重要的单项输入品为42.5万辆的美式卡车。

北界线之外。

希特勒的错误战略成为另一个对苏联取胜的外部助力。希特勒决定进犯苏联,似乎是个过火的致命性行动。不论如何,对德国而言,一旦发动战争,东部战场必须尽快获得成功,否则就会陷入对拥有庞大资源的苏联较有利的长期战争的局势。希特勒分析苏联会在压力下瓦解,这是一种对苏联意识形态的曲解。此外,德军在 1941 年春天先进攻南斯拉夫、希腊与克里特岛之后,才于 6 月 22 日对苏联发动攻击,为时过晚,减弱了对苏联致命一击的效果。幸存的德军将领抱怨希特勒宁愿与苏联在面积辽阔的战场对战,也不愿意直接痛击莫斯科,是个错误。其后又因为希特勒在 1941 年 6 月中旬将军队自莫斯科战线,转到富藏石油与谷物的南方,让朱可夫有机会于 11 月时建立莫斯科的防御组织,导致德军终于陷入冬季装备短缺的窘境。

一般认为希特勒在防御战略上所犯的错误,可能比攻击战略上犯的错误更大。不过,希特勒在 1941 年 11 月不顾某些将领们的建议,坚决否决任何战略上的撤退,或许是正确的。但是,在 1942 年 11 月他未能让军队及时撤出斯大林格勒,却导致他损失了整个兵团。1943 年他以同样的坚持,拒绝缩短防线,极可能帮助了苏联向西推进到他们最后的目标。然而,即使是希特勒最明显的错误,其实都不足以成为苏联成功的最重要理由。一旦苏联成功度过了德军攻击下的第一个冬天,就有机会静待德军出错,而当战争进入消耗战,即使是最小的错误,德军都可能因此溃败。

苏联的西进

1944 年 7 月,当盟军终于突破希特勒欧洲的西部边缘顺利登陆时,苏联军队已自 1943 年 6 月开始逐步向西前进了一年。从 1943 年到 1944 年的冬季期间,苏联已经重新夺回了于 1939 年时失去的大部分领土。1944 年春天,苏联再度向西,将战线推进到 1914 年两次大战间与波罗的海三国及波兰的国境。接着,自 1944 年 8 月到 11 月间,苏军转向南部,突进位于罗马尼亚与匈牙利境内的多瑙河谷。这样的进展是自拿破仑战争之后,俄国军队西进最远的一次。1945 年 1 月,苏联军队重返波兰。当盟军领袖们于 1945 年 2 月在雅尔塔召开会议时,西方盟军仍与德军对峙于莱茵河地区的另一边,而苏联军队则已前行到距离柏林不到 100 公里的地方了。至此,战后的安置便由盟军各国军队的所在位置来决定。

15.3 三巨头与欧洲的未来

在第二次世界大战刚开始的那几年,反希特勒联盟的主要任务是营救英国与苏联。对美国而言,战后欧洲确切的形态问题既遥远也不切实际。罗斯福总统与国务卿赫尔(Cordell Hull)回避过早的政治承诺,他们担心这些承诺会让人回想到第一次世界大战时那些令人不快的秘密协定。美国的领袖们希望能尽量延长将战时外交设定在“军事”议题上的时间,让他们所做的一切决定看起来不像受政治影响的样子。

在此范围之内，盟军公开签署的“政治”条约都受到美国领袖们的限制，只能发表简单的原则声明，例如 1941 年 8 月 14 日所发表的《大西洋宪章》；宪章中仅保证在战后将规划一个新的国际组织——联合国，在合作的气氛中处理战后的政治问题。这一次，美国决心贯彻威尔逊当年未能完成的任务。

苏联外交部长莫洛托夫（V.M. Molotov）曾试图让美英这两个新的同盟国认可苏联 1914 年时的国界（1939 年与 1940 年间曾在希特勒的帮助下取得）。然而由于美国的坚持，他也不得不在 1942 年 5 月放弃这样的想法，接受单纯的军事同盟关系。第一次战时主要盟国领导人会议，于 1943 年 1 月在摩洛哥的卡萨布兰卡召开，[①]会议的讨论内容仅限于当时的军事决策，以及确认轴心国必须无条件投降的原则。同时，欧洲的未来将继续在战场上以非正式的方式逐渐成型。

汇集政治议题

1943 年夏天之后，正进行的军事战役中所含有的政治议题，再也无法拖延、不去讨论了。此时苏联军队已经开始向西推进。轴心国的成员——意大利，也在反墨索里尼者与英美领袖进行秘密谈判之下，以非无条件投降的状态退出战场了。这次的秘密谈判，苏联并未参与。此外，德国的另一盟国罗马尼亚，也向西方盟国发出和解信息。至于苏联方面，由于西方盟国迟迟未能开辟第二战场，而通往摩尔曼斯克的盟国护航舰队问题亦未获解决，此外，还有为伦敦的波兰流亡政府制定战后计划等种种问题悬而未决，让斯大林对西方盟国充满怀疑。在这样的状况之下，盟国间的政治会议再也无法往后拖延了。

1943 年 10 月，美英苏三国外交部长在莫斯科会晤——这是第二次世界大战主要盟国的首次政治会谈。[②]会谈的结果，制定了一个令人仍感不安的妥协方案，其内容包括处理简单事务的一般性原则，以及未来的国界与领土等复杂问题的处理方向。赫尔国务卿建议会议必须以高度原则基准来进行讨论，其中最为人关切的问题则以《共同安全宣言》（*Declaration of General Security*）来进行规范，一切战后问题将由联合国来裁夺解决。具体的事项则包括：各国外交部长重申迫使希特勒无条件投降的决心、军事占领德国、彻底清除纳粹军官、彻底解散德国陆海空三军军队等。此外，各国外交部长并成立一个长期工作小组——欧洲顾问委员会（European Advisory Commission）——以具体草拟战后安置计划。苏联在主要的政策问题尚未安排妥当之前，便参与了战后计划的拟定。情况就如赫尔所见，此一会议的成功，证明了先前回避那些棘手的问题——战后欧洲疆界问题与中欧和西欧的领土问题——确有其优点。

[①] 罗斯福、丘吉尔与法国领袖戴高乐、吉罗（Giraud），斯大林虽受到邀请，但却婉拒参加。

[②] 中国也派代表出席。

德黑兰会议:1943 年 11 月

在尚未得到斯大林的同意之前,这些议题当然无法解决。英美希望斯大林能更关注联合国的战后安置问题。此外,斯大林需要英美清楚确认开辟第二战场的承诺;而英美则需要斯大林再度确认愿意同盟到底的决心,包括对日战争。罗斯福似乎认为自己比外交官们更能吸引斯大林携手合作,因此兴致勃勃地提议举行三国领袖的私人会晤。罗斯福建议了多个折衷的会晤地点,甚至包括白令海峡上的战舰。最后,斯大林同意在距离苏联不远处的伊朗首都德黑兰会晤英美领袖,因为在那里,苏联军队可以协助维持严密的安全保护。

1943 年 11 月底,斯大林、丘吉尔与罗斯福便在德黑兰的苏联大使馆那座四周环绕围墙的大型花园中,举行了为期三天的会谈。之前,战时同盟国领袖从未有在战争期间为了讨论战略与世界未来、飞越大半个地球进行会面的前例。对斯大林而言,这次的会面是他个人除了 1903 年参加流亡伦敦的俄罗斯社会主义者代表大会,与 1945 年 7 月的波茨坦会议之外,唯一离开苏联的远行。

在漫长的晚宴中,三国领袖相互较劲,豪爽地谈论欧洲的未来。丘吉尔和斯大林以截然不同的食物偏好相互嘲弄。由于苏联军队与英美联军在当时都距离德国领土尚远,因此,在晚宴轻松的气氛中,三人很轻易地便达成严惩纳粹的共识。当斯大林表示要在战后处决 5 万至 10 万纳粹党员时,并没有人表示反对意见。即使是后来致力于统一德国以抑制苏联扩张的丘吉尔,在当时也附和分割德国的想法。不过,在德黑兰,我们仍可看到些许三巨头对未来的意见分歧。罗斯福发现在某些议题上,斯大林的想法较丘吉尔更贴近自己的想法,例如未来对欧洲海外帝权的支配问题。至于波兰问题,虽然当时苏联军队尚未抵达波兰境内,然而波兰问题却已经变得太过敏感而不宜触及。罗斯福拒绝讨论波兰问题,他告诉斯大林,将有六七百万的波裔美国人会参与 1944 年的美国总统大选,暗示此一问题之敏感。而丘吉尔则认可 1940 年的波苏边界,他认为战后的独立波兰所损失的领土,可以自西边的德国取得。三个对手围绕餐桌前,丘吉尔在桌巾上画图,说明如何将波兰国境西移,如同阅兵场上的一场"向左靠拢"的大型演习一般。

回顾过去,三巨头的那些对谈,在某位冷战观察家的耳中听起来,就像是"在欧洲身上挥刀动斧"一般。[①]美国人仍然希望将赫尔所称"纷争无穷的潘多拉的盒子",保留到苏联愿意全力投入联合国的快乐时光时再开启。然而斯大林的响应却是:"目前我们还没有意愿说出苏联的任何要求,不过等到时间一到,我们就会说了。"[②]

最初,斯大林似乎对军事计划较为关切。西方盟国于 1942 年便承诺要开辟西边的第二战场,然而直到 1943 年仍未付诸实行。由于丘吉尔比以往更忧心正面进攻法国所需付出的

---

① Herbert Feis, *Churchill, Rososevelt, and Stalin: The War They Waged and the Peace They Sought* (Princeton, N.J., 1957), p. 275.

② U.S., Department of State, *The Conferences at Cairo and Teheran* (Washington, D.C., 1961), p.555.

代价，因此倾向于实行东边的地中海计划：打通黑海，支援南斯拉夫；或派遣一支军队，北经亚得里亚海北端的卢布尔雅那峡谷，进入多瑙河谷，“顺着多瑙河伸展盟军的右臂”。[①]然而罗斯福与斯大林否决了丘吉尔的滔滔雄辩。对西欧的进攻（代称“霸王行动”〔LOVER-LORD〕）经过多次的延期，终于在1944年5月1日确定实行了。

这项决定——德黑兰会议的主要具体结果——意味着苏联军队与西方军队将沿着中线将欧洲分割为东西两部分。从后来的冷战观点看来，这无疑是“斯大林的最大胜利”[②]：在欧洲的军事划分中，英美势力被隔绝于巴尔干诸国与东欧之外。1943年底，由于苏联尚未夺回1941年时的边界，因此那些长期的影响还未明显地显露出来。丘吉尔从未否认英吉利海峡可能成为战争的西部主要舞台，因为那里是德军能从已占领的荷兰对伦敦发射新一代火箭炸弹V2进行迅速增援的地点。此外，英美联军也认为地势险峻的巴尔干地区不是一条容易进攻东欧的路线，马歇尔将军后来曾嘶声咆哮地指称巴尔干地区：“那柔软的下腹长着坚硬的钢毛。”[③]尤其，罗斯福缩减了可能让美国涉入战后欧洲军事责任的计划。因此，德黑兰会议之后，很明显地，全东欧与巴尔干诸国的解放工作都将由苏联负责。

苏联在巴尔干的行动

德黑兰会议后翌年，苏联便开始行动。苏军于1944年1月穿越旧波兰国界。当英美盟军于1944年6月6日于法国海岸登陆时，斯大林亦遵守诺言，按照原定计划在华沙发动攻击，以防止德国调遣军队增援西边战场。之后，虽然华沙市民为获得自由开始进行反抗德国占领军的活动，然而苏联军队仍然自1944年8月起，在华沙短暂驻扎五个月。随后苏联挥军南下，罗马尼亚（于1944年8月23日投降）与保加利亚（于1944年8月26日投降）相继投降，进入巴尔干半岛的通道由此开启。1944年9月与10月间，苏军攻下了多瑙河谷盆地，直捣匈牙利首都布达佩斯。1944年11月，苏军所占领的巴尔干领土，已经远远超出沙俄时期的梦想。

丘吉尔下定决心，要牵制斯大林遵守未来巴尔干各国势力范围的协议，必要时甚至不管美国是否同意。1944年10月9日，丘吉尔亲自飞抵莫斯科与斯大林会晤。在希特勒已然受到东西方军队夹击的情况之下，此次会谈的过程既简单也直接。晚餐之后，丘吉尔对斯大林说：“让我们安排一下巴尔干的事吧！”于是，在丘吉尔的提议下，两人开始划分彼此的势力范围：罗马尼亚与保加利亚划归苏联；希腊划归英国；而南斯拉夫与匈牙利则两国“均分”。斯大林很快地便同意了这样的划分法，并用蓝色铅笔在丘吉尔的小纸片上做了一个大记号。

---

① Feis, p. 229.

② Isaac Deutscher, *Stalin: A Political Biography*, 2nd ed. (New York, 1967), p.508.

③ 引自 Pouge, p.415. 马歇尔在1956年的某次访谈中所说的话。

雅尔塔会议:1945 年 2 月

理所当然地,没有罗斯福的同意,无论何事都不可能正式成立。因此,三巨头再次于1945 年 2 月在苏联黑海度假胜地,原沙皇尼古拉二世(Tsar Nicholas II)的里瓦迪亚宫(Livadia Palace)进行会谈。于此胜利即将来临之际,此次的雅尔塔会议更像是在庆祝同盟国间更紧密和谐的合作关系,如同“多年来不断祈祷与谈论的新一天的黎明时刻”。[①]不过,到50 年代冷战气氛进入高度紧张期时,人们普遍认为,由于罗斯福轻率的谈判态度与身体不适(会议结束两个月后去世),或严重的失职行为,[②]在此次的雅尔塔会议中,竟将东欧与中欧拱手让给斯大林。因此雅尔塔会议可说是“苏联外交成功的最高潮,美国姑息政策的最低潮”。[③]

根据一份严谨的调查报告显示,盟军早已勾勒出战后欧洲势力划分的蓝图。当三巨头在雅尔塔会晤之时,英美盟军尚在莱茵河西岸,才刚从与德国的“突出部之役”中恢复军力;然而此时,苏联军队却已打到距离柏林不到 100 公里之处。不过无论如何,只要能增强德国东边主要邻国的力量,这场摧毁德国之战便不易失败。

另一个问题是,1945 年 2 月时,罗斯福对斯大林提供的援助相对减少许多,然而对斯大林的要求增加了。美国的军事领袖们希望苏联能“尽早”协助他们对抗日本。[④]尔后,当两颗原子弹迫使日本在德国投降之后三个月也投降时,人们着实难以回想雅尔塔会议时,日本还是那么难以对付的敌人。那时,美国的军事谋略家预估另一个“攻击开始日”——登陆日本本岛——至少将会折损 100 万名士兵。因此,罗斯福同意以扩大苏联在远东的势力——应允苏联战后拥有库页岛(Sakhalin)与千岛群岛(Kurile Islands);共享战后朝鲜半岛的势力范围;支持苏联与中国谈判并取得两个不冻港与东北的铁路权——换取苏联协助对抗日本,与允许美国在西伯利亚设立美军基地。

成立联合国,是美国在雅尔塔会议中的首要之务。罗斯福深知美国舆论绝不可能允许他在德国败战之后,还将美军留置欧洲,不论留置时间长短。因此,他接受赫尔的看法,为避免战后可能因任何争端导致三国成为对峙阵营,而先将三国导入一个战后的国际性组织——联合国。罗斯福希望通过联合国,可以协助欧洲在不依赖美军的情况下,以自我约束的和平方式,成为一个无势力范围区隔的开放世界,让美国企业可以自由经营进出。对参与

---

① Harry Hopkins,引自 Clemens,pp. 279–280.

② 美国国务院官员希斯(Alger Hiss)在雅尔塔会议中负责草拟美国对联合国组织的设计。于 1948 年被“不爱美国调查委员会”(House Un-American Activities Committee)指控曾提供秘密情报给共产党间谍,成为美国最著名的冷战审判。虽然希斯否认这项指控,但仍然被判伪证罪。

③ William Chamberlin,引自 Clemens,p.280.

④ U.S. Department of State,*Foreign Relations of the United States: The Conferences at Malta and Yalta*(Washington,D.C.,1955),pp.388ff. 美国太平洋战区总司令麦克阿瑟将军,在冷战时期否认曾经请求苏联协助对抗日本。

15–6 三巨头——由左至右为丘吉尔、罗斯福与斯大林——摄于 1945 年 2 月雅尔塔里瓦迪亚宫的天井。罗斯福于两个月后去世。

雅尔塔会议的美国官员而言，大英帝国对此计划的威胁比苏联更为直接。他们担心英国想在欧洲建立势力范围的企图，会让苏联起而效之。如此一来，将导致一场“美国无法获胜的战争”。[①]大英帝国与法兰西帝国既然是罗斯福所设想未来自由世界的巨大障碍，于是他转而与斯大林畅谈废除亚洲的旧欧洲帝国统治的问题。

罗斯福与美国代表们在联合国的相关细节上所耗费的精力，多于解决德国与波兰的问题的精力。他们所设计的方案，受到友好人士与美国官员们的高度重视。在此设计之下，联合国拥有否决权，可以否决任何违反三国中某一方意愿的任何行动，而且此一程序的进行还需得到美国国会的认可。斯大林与丘吉尔对此欣然同意。虽然斯大林对其他有关联合国的设计并不感兴趣，然而在波兰问题得到妥协、苏联的乌克兰与白俄罗斯被列入联合国会员国之后，他也就接受了有关联合国的其他部分的设计方案。至于丘吉尔则在得到允诺——联合国对前殖民地托管制度的监督，将不适用于“英国领土分割”部分——之后，也同意接受联合国其他部分的设计。

盟军对于立即要面对的德国与东欧的处理方式，尚未有十分明确的结论。三国领袖亦开始出现意见分歧。三巨头重申德国必须无条件投降、解除军事武装、清除纳粹分子。各国占领区的势力范围已完成划分。在丘吉尔的坚持之下，法国也分到了一个地区。这是由于丘

---

① Admiral William D.Leahy，同上书，p.108.

吉尔预见若非如此,欧洲将只剩英国独力面对苏联。至于德国究竟应被分割还是视为一个整体来管理呢？由于丘吉尔对欧洲分裂的后果感到困惑,因此便将这个问题暂时搁置。此外,三国领袖在战后的赔偿问题上也未能达成共识。罗斯福支持斯大林的提议,要德国赔偿 200 亿美元与提供强制性劳工;这一切都可自占领区取得,而苏联将获得总赔偿的半数。丘吉尔认为这样的提案太过苛刻。最后,这些未决议案在后来引起了许多困扰。

在雅尔塔会议中,三国领袖之所以对东欧问题妥协,乃是由于希望能借此调和两个互相矛盾的会议目标:战后让欧洲各国能以真正的民主制度建立国家,同时还能维持与苏联的友好关系。唯有这个基本的矛盾能消除,协议方能顺利达成。苏联企图在已被苏军占领的波兰建立由苏联扶植的政府,而英美两国的领袖则要求斯大林,重建的波兰新政府必须包含一些代表西方的波兰人,并允诺其未来可以参与竞选活动。至于东欧其他地区则由三强联合管理委员会(three-power Allied control commissions)监督,协助其建立新政府。然而,英美联盟的成员最后还是发现,在缺乏西方军队介入的情况下,这些委员会所能发挥的作用

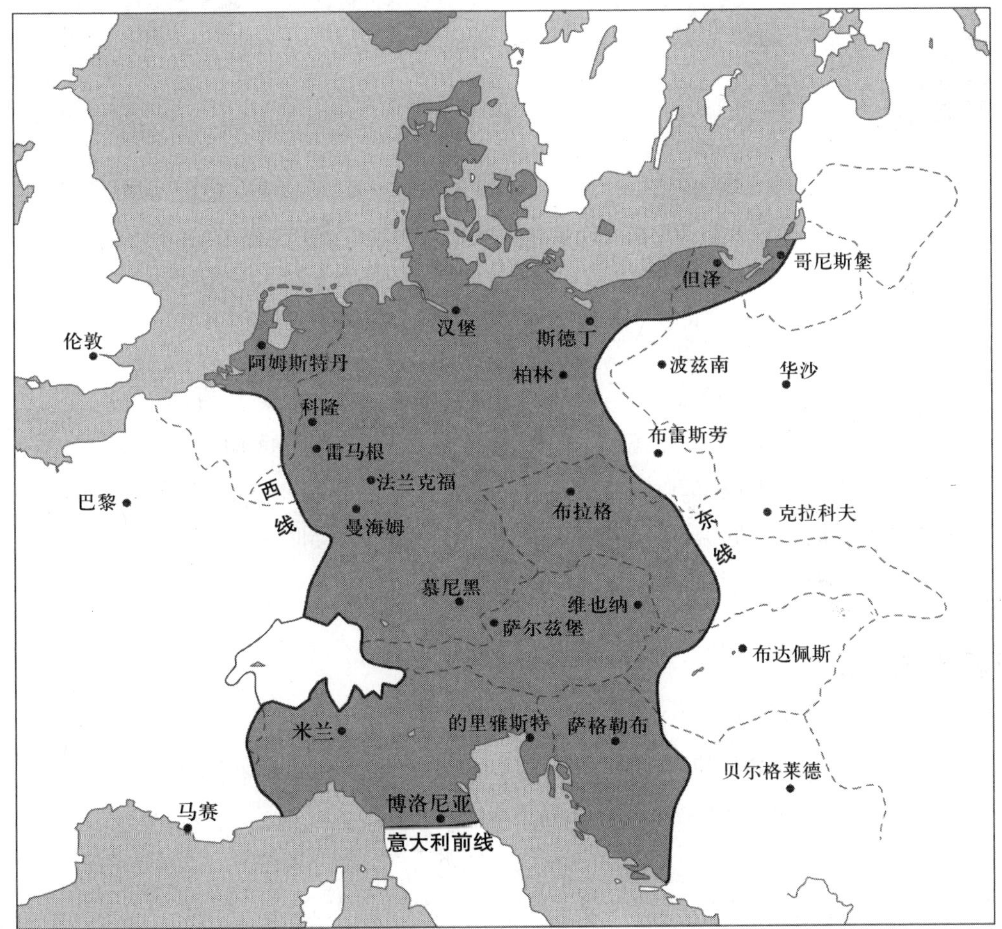

地图 15-2　1945 年 2 月雅尔塔会议时的东线与西线

15–7 美国与苏联军官和红军女孩在晚餐后共舞。这顿晚餐是为庆祝美苏两军于 1945 年 4 月 25 日在德国托尔高(Torgau)会师。苏联的横幅旗上把“美国”拼成了“Amerikan”。

便如昙花一现,稍纵即逝了。

三国领袖在雅尔塔受到的盛情款待以及胜利即将到来的兴奋之情,暂时掩盖了三国间潜伏的冲突与分歧。三个月后,也就是 1945 年 4 月 30 日,当希特勒自杀身亡,而其残余部队也在同年 5 月 8 日宣布投降时,反希特勒联盟也就不再有存在的必要了。1945 年 7 月,英美苏三国领袖在风景宜人的波茨坦(Potsdam)进行最后一次会晤。波茨坦位于柏林近郊,而柏林正是三国合力击败的国家——德国——的首都。

波茨坦会议:1945 年 7 月

雅尔塔会议之后,局势发生了许多变化。罗斯福总统于 4 月 12 日病逝。默默无闻且欠缺经验的副总统——前密苏里州参议员杜鲁门(Harry S. Truman)继任美国总统,代表美国参加 7 月 17 日召开的波茨坦会议(Potsdam Conference)。

会议期间英国进行大选,丘吉尔被赢得选战的工党领袖艾德礼(Clement Attlee)取代。往日德黑兰与雅尔塔会议中的欢愉情景,再也无法炒热此次会议的气氛。为了让军事进程的讨论更加顺利协调,尽快决定欧洲未来的相关议题已是刻不容缓。德国与其附庸国家都已投降,而这些国家都需要盟军接手管理。

此外,局势又出现了另一个重大的转折。在波茨坦会议召开前一天,三颗试验性原子弹中的第一颗便在新墨西哥州(New Maxico)的阿拉莫戈多(Alamagordo)沙漠试爆成功。杜鲁门随即收到通知:

> 测试的成功超乎所有人的预估……在短时间内出现了半径 20 英里闪电似的亮光,其亮度相当于数个正午的太阳,所形成的巨大火球持续了数秒。这个火球迅速呈蘑菇状向空中直冲约一万英尺高,然后才逐渐黯淡下来。爆炸的亮光在阿尔伯克基(Albuquerque)、圣塔菲(Santa Fe)、银城(Silver City)、埃尔帕索(El Paso)与其他远达 180 英里的地方都清晰可见。爆炸声在某些地方可以传得与亮光一样远,平均值大约是 100 英里。只有一些门窗被震碎,虽然其中有一处被震毁门窗的地方远在 125 英里之外……基斯田克斯基博士(Dr. Kistiakowsky)……伸开双臂抱住奥本海默博士(Dr. Oppenheimer)兴奋地叫喊着……像是开启了一个新的时代般雀跃。①

剩下的两颗原子弹现在已经可以投掷到日本了。英国参谋长立刻看穿了其中的暗示:"我们已经不再需要苏联参与对日战争了……而且我们现在手中已握有筹码,可以平衡与苏联之间的差距了。"②

是否阿拉莫戈多的核爆试验真如美国新"左派"(New Left)史学家卡尔·艾尔波洛维兹(Gar Alperovitz)所说,让杜鲁门在接下来的波茨坦会议中态度强硬?这个问题变成了热门的争议焦点。无论如何,身处极端不同制度中的两个领袖,要在讨论战后欧洲的政治、社会、经济结构的过程中找到共同的基础,至为困难。波茨坦协议大多仅止于重申过去已达成的共识:德国必须废除军备、去纳粹化,以及将纳粹分子送交国际战犯法庭(International War Crimes Trubunal)。至于积极的新协议,则以暧昧的措辞勉强达成,不过,这些暧昧措辞日后便成为各自表述的状况。

美苏两国都已感觉到对方已经违背过去的协议,例如杜鲁门已不支持罗斯福于雅尔塔会议中所支持的对苏联的赔偿协议。根据新的协议,苏联仅能从当时划得的占领区取得赔偿,除此之外,仅能从西方地区获取 25%的"非必要性"基本设备——这种常规性牵制,必然会导致不同的解释。相对于美国的举动,苏联在波兰政府中只增加了两名支持西方的波兰人部长,而此时的波兰政府已不再只是"临时政府"而已。总而言之,美苏双方都做了许多背信行为。

如今,这两个胜战的超级强国,仿佛站在战后欧洲废墟瓦砾两端的强人,彼此冷眼对峙。

---

① General L. R. Groves, "Memorandum for the Secretary of War", July 18, 1945, Potsdam Document No. 1305. 杜鲁门与丘吉尔在波茨坦直接读到了这封信,而斯大林仅得到新炸弹开发成功的简短告知,不过斯大林其实早已知情。

② Field Marshal Lord Alanbrooke, *War Diaries, 1939—1945* (London, 2001), entry of July 23, 1945, p. 709.

15.4 冷战之起源

战后,有许多紧急的问题必须在 1945 年夏天处理。无法通过协议解决的问题,便以"既定事实"处理。利用战时同盟的情谊解决纠纷的时代已经过去。同盟国的注意力开始从击败希特勒的技术性事务,转移到如何公然将战胜国安排进入政治性事务中。谁将成为解放地区的总统、州长、市长?那些地区应建立哪种形式的政府?谁该拥有哪些地区?应由谁来做这一切的决策?是否每个盟国都有权将自己的制度强加于用用鲜血夺得之地?倘若解放地区的人民亦有权参与这些事务,则应如何得知他们的想法呢?

在这一切问题下,潜藏着一个无人敢问的问题,那就是:美苏两国对战后欧洲的目标是否彼此矛盾、互不兼容?对双方而言,他们所提的和平计划都看似合理,毫无疑问,只有想法邪恶的国家才会反对。当然,欧洲只是世界舞台的一部分,不过它却是中心部分,而现在世界强国都想在这里谋取自己的利益。美苏两国之间的关系将决定欧洲的未来。

苏联的和平目标

斯大林在 1945 年时对欧洲的目标是问题的重点。苏联显然已经扭转了它的国际地位。接下来苏联领袖将如何运用他所拥有的权力呢?冷战期间,许多美国人认为斯大林的目的不会改变且永不满足。从这个观点来看,斯大林于 1945 年所接受的一切限制,其实都是在对手的胁迫之下不得已的妥协。毫无疑问,斯大林的野心在冷战期间更为增强了。不过,有个好例子可以说明起初斯大林的野心目标是有限的,并且是以防御为主:1945 年时,苏联政府的优先考虑在于国家安全,而非扩展共产主义势力。

没有人阻止苏联收复过去的失土:1905 年对日本、1918 年对德国,1919 年、1920 年间对战胜国。斯大林索要的西边疆界尚未达到 1914 年到 1919 年间沙俄向同盟国要求的疆界领域。当年沙俄除了意图吞并达达尼尔海峡(Dardanelles)之外,还想占有波兰。苏联的西部边境仍然维持与 1914 年相同的状况(例如与罗马尼亚接壤的大部分边境),而某些地区,苏联的边界则远较战前向西扩展许多(波罗的海的梅梅、加利西亚、罗马尼亚与喀尔巴阡山区的布科维纳)。远东方面,斯大林大致恢复了 1905 年败给日本前的边界。大体而言,斯大林已经洗去了在对马海峡、布列斯特—立托夫斯克与凡尔赛的耻辱,重新恢复了沙俄巅峰时期的领土。[①]

斯大林致力发展与周边国家的友好关系。其中有些国家曾在 1941 年后与德国携手攻击苏联:例如罗马尼亚、匈牙利与芬兰;而其他邻国如波兰,则是几世纪以来他国侵略苏联的必经之路。此刻,罗马尼亚与芬兰被迫割让领土,而波兰也全境向西挪移。至于捷克斯洛

---

① 1889 年到 1914 年间,芬兰是沙俄专制下的独立公国。新夺得的喀尔巴阡山区的罗塞尼亚人,所用语言与乌克兰语极为接近。由此可知,即使是这个地区,苏联的领土要求也并非全无依据。

伐克则丧失了它最东边的边境——喀尔巴阡山的罗塞尼亚(Trans-Carpathian Ruthenia)。斯大林强调，最重要的是必须有“友好的”政府来统治这些邻国。

这些国境安排引发了一个问题，那就是苏联若要重新夺回沙皇时期的疆域，便必须消灭一些在 1918 年、1919 年新独立的国家。其中最为人注目的是波罗的海沿岸的立陶宛、拉脱维亚与爱沙尼亚三国。另一个重要的问题就是，斯大林意欲在苏联边界建立的“友好”政府本质究竟为何？这些政府能否自由选举、实行多元制度、与西方进行贸易旅游的往来，并同时兼顾斯大林的“友好”要求？或者他们只有变成共产国家才能算是“友好”呢？

除了这些与苏联直接毗邻的国家之外，斯大林似乎已经接受了 1944 年 10 月 9 日与丘吉尔在晚餐之后所议定的势力范围。[①]关于希腊，他允许英国以听取共产党与亲西方团体双方意愿的方式调停希腊内战；而有关西欧的部分，直到 1947 年为止，斯大林仍然命令当地的共产党员，必须在民主选举中获得支持的人民阵线领导下进行活动；此外，他亦接受蒋介石为中国的合法统治者。对于那些无法直接控制的外国共产党，斯大林始终猜疑，似乎从未对他们下达任何发动革命的命令。

美国的和平目标

大多数的美国人都以为，美国并不想在战后欧洲谋取任何自身的利益，只希望欧洲能在没有超级强国的干预之下，听其自然地成立和平的自治政府。在这种思维之下，战后十个月内，美国的军队人数便从 350 万人缩减至 50 万人。不过，从美国的一些声明与行动中，不难看出其对欧洲或甚至全世界都另有设想：希望能建立一个无障碍的投资贸易世界，一个开放而多元的世界——如同美国人的情感偏好一样——可以助长美国的经济渗透力。这些目标与美国早年在中国实施的“门户开放”政策(Open Door policies)极为类似，如今，美国想把这种模式扩展到全世界。然而，斯大林的闭关自守却像是阻碍实现这些目标的魔咒。

相比于英法等西方民主国家，美国对欧洲的和平目标如同一种虚假的安慰，这些目标牵涉到殖民地的冲突问题。罗斯福曾在雅尔塔与其他公开场合直言，他个人极为乐见以托管的方式取代欧亚地区的殖民制度。在那个时期，举例来说，驻中国的美国官员与流亡的越南领袖胡志明(Ho Chi Ming)交情不浅。也因此，法国指称美国不过是想要取代法国在印度支那的经济优势的说法，其实并不违反逻辑。

美国与西欧盟国对于恢复欧洲经济的看法也不一致。战后的英法政府认为缺乏政府的广泛控制，欧洲经济很难恢复到战前的水平。相对之下，美国却在 1947 年建议英国政府取消货币控制，将英镑投入国际自由贸易市场，并以此作为贷款给英国的条件。然而，现在人家普遍认为这项措施行之过早。当英镑重现于自由货币市场，便以极快的速度贬值，尽管英

---

① 参阅本章。

国尽力将消费品(包括食品)的进口量减至最少,到 1949 年 9 月时,英镑的币值还是从 4.03 美元下跌到 2.80 美元。恢复经济所需的大量食物与原料必须从美国进口,因此原本稀少的美元便在欧洲货币市场大幅升值。当时,美国人到欧洲观光或美国公司到欧洲开办分公司的所需费用都极为低廉。美元在欧洲的强势地位一直持续到 20 世纪 60 年代,随着欧洲经济逐渐复苏,美国在欧洲长期的消费支出转为赤字,这样的情况才终止。

美国与西欧各民主国家的利益冲突显示,1945 年之后,美国的和平目标是至少要达到建立开放的世界经济,并且在此经济体系中,让美元成为最强势的货币,而美国企业可以最不受限地自由运作。美国的实力足以震慑昔日的强权,让自己达到目的。不过,苏联也拥有强大的力量,足以建立专属的势力范围,将美国的投资者、贸易商与旅客拒之门外。

地图 15–3 20 世纪的俄国

对立的起因

经济冲突与共产主义和资本主义在意识形态上的抵触是一致的。倘若苏联的影响力仅限于其独裁专制的统治权威,则人们可能会预料美苏之间的摩擦只会如同 20 世纪初,美、英、俄与中国之间为了“门户开放”政策所产生的冲突一样。然而意识形态上的相互猜忌,却使美苏之间的利益冲突转为情感上的不合。双方都逐渐相信,对方企图摧毁自己的一切生活方式。自 1945 年之后,苏联领导人便日渐频繁地警告人民,由美国所领导的资本主义势力正虎视眈眈地包围他们;而美国人也越来越相信,以苏联为首的共产阵营企图以颠覆破坏的行动,推翻他们在世界各地所建立起来的自由制度。包围与颠覆——这对孪生妖孽,在双方似乎能证实自己的假设不虚时,便真正成为一种存在实体了。举例来说,苏联在 1947 年观察到美国重整军备,再加上美国原本所建立的全球的军事基地与联盟,便

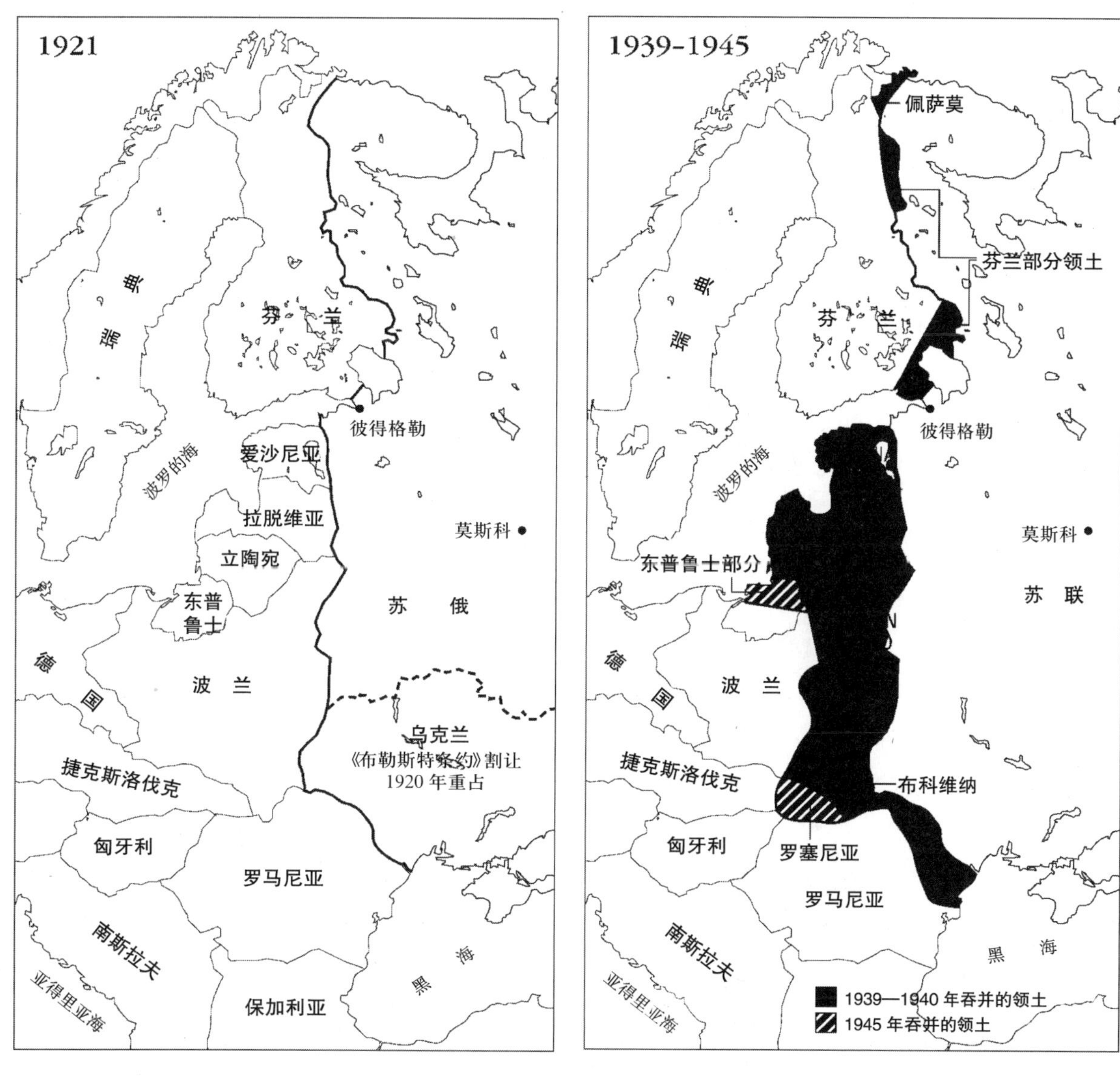

更确信了苏联已被资本主义包围的想法。这种日益膨胀、自我实现式的揣测，极易重蹈 1917 年意识形态冲突的覆辙。在这种状况下，冷战便如同革命对抗围堵的漫长历史的另一章一样，让人仿佛重新回到列宁与威尔逊的时代。

至于到底是谁、在哪里鸣放了冷战的第一声枪响呢？这个问题的答案就像是冷战本身的定义般多样而难以说清。从苏联的角度来看，资本主义列强在 1919 年与 1920 年间，便表露出要以军事力量摧毁苏维埃政权的决心。[①]战争期间，斯大林对西方的猜疑从未稍减。当西方盟军在 1943 年 7 月与意大利秘密进行谈判，并将苏联排除在外之时，斯大林假意响应

① 参阅第 5 章。

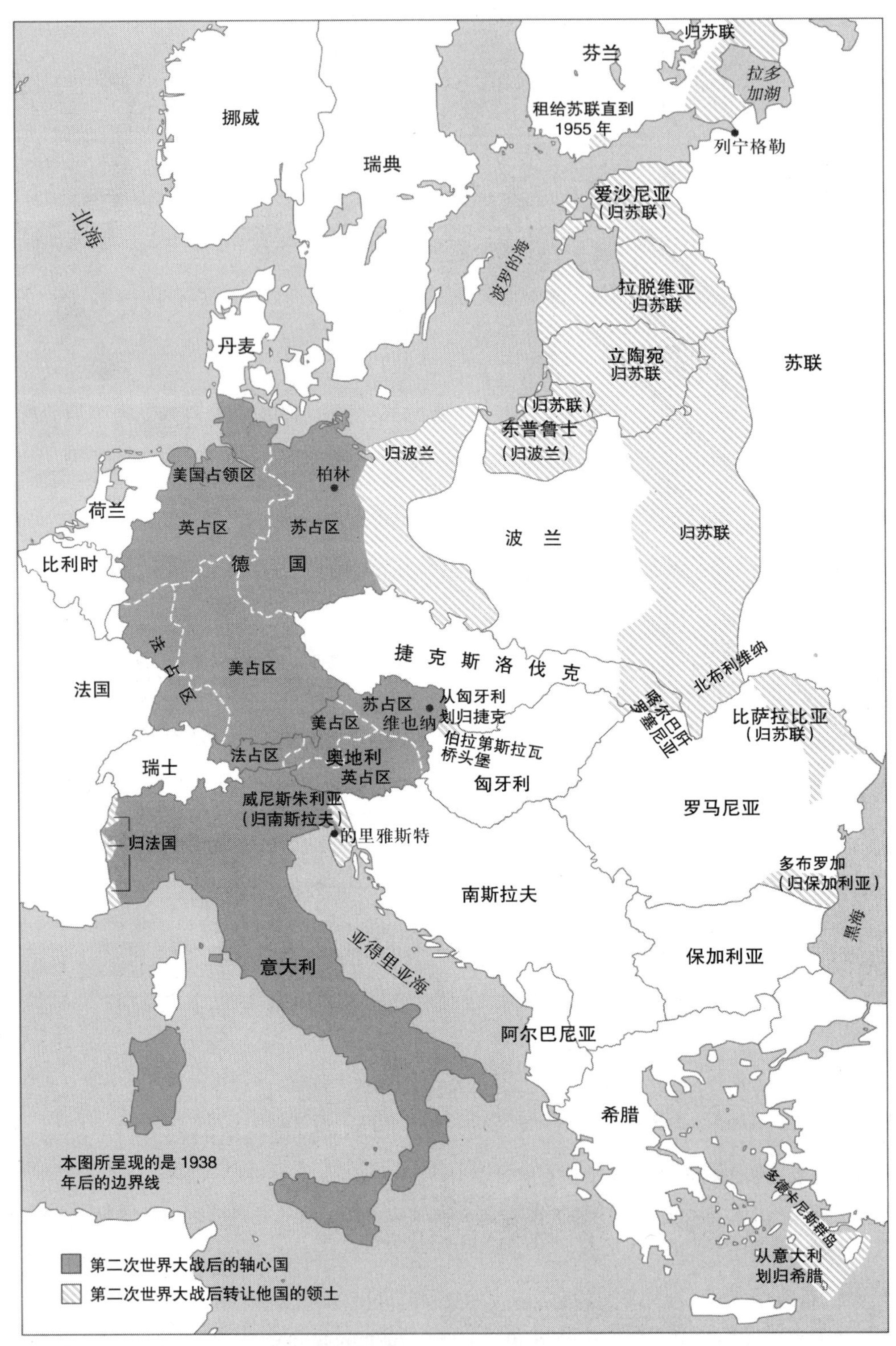

地图 15–4　第二次世界大战后领土调整（1945）

说，每一支解放军队都有权随自己的心意处理各种事务。而当 1944 年 8 月，罗马尼亚与保加利亚投降时，斯大林也用同样的方法回应。然而到后来，他终究对西方盟国介入苏联邻国政权运作感到愤慨难平。1945 年 5 月，杜鲁门总统突然拒绝再以“租借法案”向苏联提供援助，甚至临时召回早已备妥将驶向苏联的船只。而在波茨坦会议中，针对德国赔偿问题，杜鲁门总统的态度是雅尔塔会议之后，美国对苏联态度最强硬的一次。

不过，从美国的角度来看，斯大林意欲将红军解放的国家强加予共产政权的迹象，在 1945 年 2 月雅尔塔会议召开之前便极为明显了：斯大林以亲自点选的“共产党卢布林委员会”(Communist Lublin Committee)组成波兰新政府，并片面认可其合法性。此外还有更多警讯让人觉得，共产党将在战后煽动红军占领区以外的人民起兵叛乱。第一个例子便是发生在 1944 年 4 月 4 日埃及亚历山大港（Alexandria）的希腊海军兵变事件；其次是 1944 年 12 月发生在雅典的暴动。这些事件让一些西欧人与美国人觉得，共产党的目的并非仅在维护苏联自身的安全，而是要在欧洲与全世界兴起革命，改变世界局势。由此可知，早于 1945 年 5 月 7 日德国于兰斯(Reims)投降之前，美苏双方便在种种猜忌之下无法信任彼此了。

15.5 冷战的第一回合

波　兰

战后，再没有比波兰的未来更能引起盟国间相互不信任与抱怨的问题了。波兰问题是个详细观察苏联与西方同盟国间的利益冲突，是如何造成彼此怀疑与对立的绝佳范例。

波兰的疆界是问题之一。这个争议可以追溯到巴黎和会中有关重建波兰的部分。当时的专家们以语言族群为基础做粗略的划分，于 1919 年建议波、苏以寇松线(Curzon Line)为界。然而 1920 年波苏战后，协约国同意将波兰国界向东扩展至寇松线东方 150 英里处，涵盖了许多乌克兰人与白俄罗斯人的居住地区。[①]斯大林一直在等待他第一个可以修正波苏边界的机会，然而斯大林想达成的边界目标，在许多外界人士看来，违反了民族自决原则。这样的机会终于来临了。1939 年 8 月，德苏签订《纳粹—苏维埃条约》，在秘密条款中，希特勒同意了苏联在东欧的边界目标。

当德国于 1939 年 9 月击败波兰时，斯大林迅速将军队移驻东部，直逼寇松线。之后，当斯大林改弦更张开始与希特勒作战时，他企图说服英美两个新的盟国，承认他在 1939 年取得的领土。然而，只要战争持续进行，英美便拒绝承认波苏的确定国界。事实上，寇松线无论从民族还是历史角度来看，都不合理；而且，从西方世界的观点来看，他们宁愿让波兰国土西移，也不愿见到波兰完全消失。因此，在 1943 年 11 月德黑兰会议上，丘吉尔与罗斯福让

---

① 参阅第 5 章。

斯大林相信,将波兰领土自寇松线西移至奥德河(Oder)与奈塞河(Neisse),其中包括一些德国西部的领土,是合理的讨论基础。[①]

在领土问题背后还潜藏着政治问题:应该由哪个势力来统治波兰?西方盟军将流亡伦敦的波兰政府视为未来合法的波兰新政府。伦敦波兰政府与其领袖瓦迪斯拉夫·西科尔斯基将军(Gernal Wladyslaw Sikorski),是与波兰中产阶级政治领袖们一起逃亡西方的波兰军队残部,他们与波兰境内的抵抗势力有良好的联系。此外,由瓦迪斯拉夫·安德斯将军(General Wladyslaw Anders)所率领的一支波兰军队,还曾先后在中东与意大利协助英军作战。伦敦的波兰流亡政府(与波兰境内许多人相同)坚决不愿放弃任何 1921 年确定的国土,甚至有些波兰流亡政府的官员,还希望利用德苏两国因战事疲于奔命之际扩张领土。流亡政府的人与波兰军队相同,怀有反苏情结。1939 年,当苏联在希特勒的帮助下占领波兰东部领土之后,反苏情绪更为增强。因此,西科尔斯基将军与波兰流亡政府对战时联盟而言,既是助力也是潜在阻力。

斯大林把伦敦的波兰流亡政府视为敌人与扩张主义者,认为他们是 1920 年时与苏军作战的那群波兰领袖们的后继者。斯大林发现他可以利用卡廷大屠杀(Katyn Massacre)为借口,与波兰流亡政府断绝关系。1943 年 4 月,德国公开发表声明说他们在苏联境内靠近斯摩棱斯克的卡廷森林(Katyn Forest)中发现一万名波兰军官与士兵的尸体,声称这是在 1940 年遭到苏联处决的波军尸骸。伦敦的波兰流亡政府于是要求进行国际调查。斯大林极为震怒,他不断指责说伦敦波兰流亡政府在为纳粹工作,并拒绝再与西科尔斯基进行任何联系。[②]

另外,在波兰境内还有一支独立的武装部队——国家军(the Home Army),这是一个由前波兰军队的军官们所率领的抵抗组织,效忠伦敦波兰流亡政府,得到英国的支持。当 1944 年 8 月底苏军接近华沙时,国家军奋起反抗德军,期待能得到苏军的支持。然而苏军并未进入华沙协助国家军作战,反而停驻在维斯杜拉河(Vistula River)对岸的华沙市外,波兰国家军只能孤军奋战。再者,由于苏联拒绝让飞机于防线后方着陆,导致西方对波兰的物资援助受阻,经过 63 天的苦战,最后一支波兰国家军终告溃散。西方人确信斯大林蓄意让德国帮他扫除未来控制波兰的最大阻力。不过,也有一些证据显示,苏军当时正集中火力进攻匈牙利,似乎无暇他顾。无论如何,最后波兰还是在红军的操控下,由卢布林政府独掌政权。1945 年 1 月赴雅尔塔之前,斯大林便已对卢布林委员会予以正式的外交认可。

雅尔塔会议上,同盟国希望能用在领土问题上的妥协,交换苏联在政治议题上的让步。盟国承认波兰东部的寇松线边界,并同意让波兰“管理”西至德国奥德河-奈塞河的部分领

[①] 罗斯福并不知道奈塞河有东奈塞河与西奈塞河之分;苏联主张他们所指的是东奈塞河。罗斯福担心影响 1944 年大选中的波裔美国籍选民的选票,拒绝谈论波兰问题。

[②] 苏联政府于 1990 年承认斯大林曾在 1939—1943 年,苏联占领波兰东部期间,下令处决这些军官。

土,以弥补波兰的国土损失。这一切将在日后予以确认。在这种领土妥协之下,盟国要求苏联让卢布林委员会扩大规模,以纳入一些伦敦波兰流亡政府的代表;此外,要在波兰进行自由选举。毋庸置疑,斯大林对盟国坚持如此优待伦敦的波兰人深感愤恨,因为对斯大林来说,那些波兰人无异于 1919 年到 1921 年之间波兰扩张主义者的代表。更令斯大林不满的是,杜鲁门全然无视雅尔塔协议所主张的、建立一个"新的"波兰政府,而倾向于"重组"旧波兰政府。

斯大林仅在波兰新政府中安置了两名伦敦波兰流亡政府的成员;而且,在 1947 年 1 月,自由选举的承诺终于要兑现之前,所有雇员超过 50 人以上的波兰企业都已收归国有;除此之外,斯大林还利用警力打压中产阶级党派。在斯大林证实西方盟国有意于波兰建立一个反苏联的缓冲政府之前,他在波兰随心所欲、肆意妄为。

德　国

1945 年时,德国是欧洲另一个冷战冲突的主要竞技场。为了击败德国,美苏联盟得以成形;1945 年 4 月 25 日,美苏军队首次在德国易北河畔的托尔高(Torgau)会师;如今,德国的未来再次考验并破坏了美苏联盟的关系。

盟军决定,惟有德国无条件投降才停止作战,同时,也预先确定了一些有关德国未来的事务。这次,不同于 1918 年时的处理方式,盟军决定战后德国将完全由战胜国占领,并由战胜国而非德国当地官员对德国进行管理与统治。然而,有关占领德国的发展方向,仍有两项决定有待商榷。一是占领政策应以惩罚还是恢复为目标?德国是应被分割还是以一个整体来管理呢?有关占领区域、赔款、与盟国合作的组织等,都有赖上述两个问题定案之后方能规划。

1945 年,所有希特勒的敌人都期望防止德国军事扩张主义的复活。斯大林表示,苏联无法负担每一代都得和德国交战的重荷。盟国们对于这样的说法欣然同意。然而对于如何阻止德国再度扩张军事,却存在许多争议。战争初期,西方国家已经拟定了一些分割德国的计划。罗斯福总统的财政部长小亨利·摩根索(Henry Morgenthau)建议将德国分割为六小块区域,让德国变成仅有初级农业经济的国家。丘吉尔则提议将普鲁士从德国分出来,建立一个以维也纳为中心的新的天主教南德。然而,当战争结束之后,为了与苏联抗衡,英国又改变态度,反对分割中欧。雅尔塔会议时,丘吉尔坚决反对罗斯福与斯大林的分割计划。雅尔塔会议最后做出了暧昧模糊的决议:德国将以未定的方式进行分割,但会由一个统一的"盟国管制委员会"(Allied Control Commission)来协调四个占领区的政策(包含法国)。

事实上,同盟国内部在对德问题上怀有歧见。德国从未被正式分割;而所有的对德条款也从未达成协议。不过,各个占领区的统治国却以各自的方式,完成了实际的"分割"动作。

经济目标的分歧,迅速导致各占领区走向无法协调的歧途。盟国仍然同意解散德国军队与军备生产;并计划通过新的教育方案与人员的整肃,将德国去纳粹化。然而他们在对德

15–8 德国官员在美国士兵的强迫下观看犹太妇女尸体。这些犹太妇女是在1945年4月间，300英里长途跋涉中不堪饥饿而死。许多德国人认为这是盟军为了宣传的目的而捏造的德军暴行。

国未来的经济上仍存有歧见。英美希望德国能尽快恢复正常的生产力；苏法则想借机攫取更多德国的资产与劳动力，帮助自己重建遭战祸毁坏的家园。

美国占领区（American zone）的经济顾问主席卡尔文·B·胡佛（Calvin B. Hoover）早在1945年12月便指出，德国工业一日不复苏，美国便得继续供应德国与欧洲的需求一日。其他美国的地方官员也观察到，经济混乱会助长共产党势力。因此，美国占领当局积极发展德国出口工业，以协助德国尽快达到经济自给，并能因此帮助欧洲重建，抵御共产主义的侵袭。至于摩根索所提议的战争惩罚计划，对于亟待喂养与庇护的欧洲而言，实为不妥。与此同时，苏联在其德国的占领区内摧毁德国工业系统，并分解德国境内最大的易北河东岸的庄园群。西方占领当局发现，他们被蓄意地阻绝于苏联占领区之外，完全无法得知其内部的情况。

赔偿问题让盟国与苏联之间发生了最直接的摩擦。雅尔塔会议结果同意，向德国索取一切战争损害赔偿。罗斯福总统接受斯大林的提议，并以之为讨论基础：德国应赔偿盟国

200 亿美元,其中半数归苏联所有。斯大林希望通过两种方式征收这些赔偿:分取德国余存的工厂与暴敛德国剩存的产品。在 1945 年 7 月的波茨坦会议中,杜鲁门总统驳回了雅尔塔的会议决议,让苏联仅能从西方占领区分取 25%的“非必要性”工业设备,并且只能自苏联占领区收取现有的产品。苏联当然不会接受这样的条件。西方占领区中所谓“非必要性”工业工厂的定义,取决于对德国产品认知的个人主观标准。苏联领袖们认为:他们所提出的过分要求是合理的,因为此项决议早已在雅尔塔会议中通过;此外,德国大部分的资产都分布于西部,仅从苏联分到的东部占领区根本无法取得多少利益;而且,苏联在陆地战场上损失最重,理应得到丰厚的赔偿。当然,苏联也可以选择接受美国援助重建家园,然而这又会使苏联受到政治束缚。另一方面,美国人则认为苏联的做法,根本只是在剥削德国,让德国人民苟活于被人任意妄为的世界之中。为此,卢休斯·克雷将军(General Lucius Clay)于 1946 年 5 月封锁了美占区,以免苏联进一步从该地区榨取战争赔偿。

之后,一切有关德国问题的讨论,都由于赔偿问题与对德经济未来目标无法协调而宣告破产。为此,盟国进行了几次会议,包括 1947 年 3 月至 4 月间的莫斯科会议、同年 11 月到 12 月底的伦敦会议,但最终都无法在对德和平问题上达成协议。会议进行期间,各国仍然在其占领区内各行其是。1947 年初,美英将两国占领区合并为一个新的经济单位(双区,Bizonia),并设定以 1936 年的生产水平为恢复德国的目标;此外,当地的德国人代表也被赋予更多责任。针对英美这些措施,斯大林的反击是:在占领区内成立经济委员会与德国人民统一和平代表大会(German Peoples' Congress for Unity and a Just Peace),开始恢复德国人民的政治生活。1948 年 2 月,西方占领区的三国同意着手制定独立宪法,并恢复德国西部的政权。针对这项作法,斯大林于 1948 年 3 月 20 日退出盟国管制委员会,以表示反对。四国的不和,连最后“四国联合占领”的矫饰之举也无法掩饰。

接着,美苏又在 1948 年夏天发生了直接的对抗。最直接的原因仍是德国经济政策问题,这个问题同时也是影响双方对德未来目标的关键。1948 年 6 月,西方盟国在德国西部占领区的联合经济单位发行了新货币,新货币在柏林的流通率远高于东部苏联占领区的货币。虽然柏林由四国分区管控,却深处苏联占领区内。为此,斯大林陷入两难的抉择:是应让柏林成为复兴中的西德经济前哨,还是应完全封锁柏林?斯大林选择了后者。他将西方盟国通往柏林的交通完全关闭,西方盟国为应对这样的状况,便以空运方式突破陆路的封锁。接下来的 324 天中,数以百计的飞机自德国西部占领区运送生活必需品飞往柏林,每日的平均载运量高达 8000 吨。克雷将军谈到这场新展开的东西冲突的气氛时说:

> 一旦柏林沦陷,西德便会成为下一个目标……,如果我们现在抽身而退,那么我们在欧洲的地位便会受到威胁。倘若美国现在不明白这一点,不知道这次是个机会,那么机会终不再来,而共产主义将更为猖獗。[①]

---

① Lucius D. Clay, *Decision in Europe* (Garden City, N.Y., 1950), p.361.

虽然成功的空运策略迫使苏联让步，然而柏林危机却加速了两个德国的形成。苏联与西方盟国都高喊着要统一德国，却都坚持必须依照己方的意思进行。双方既无法如愿，于是便在各自的占领区内建立堡垒，将东西两边阻隔开来。西部占领区于 1949 年 9 月建立“德意志联邦共和国”（Federal Republic of Germany），成为一个独立自主的国家。东部亦于同年 10 月建立“德意志民主共和国”（German Democratic Republic）。

15.6 分裂为两大阵营的世界：1947 至 1949 年

早在 1946 年 3 月时，英国前首相丘吉尔便以他的能言善道，对欧洲正展开的东西冲突做了如下的比喻与描述：

> 自波罗的海的斯德丁（Stettin）到亚得里亚海的的里雅斯特（Trieste），重重铁幕已然降下，落在欧洲大陆之上。[①]

被排斥于苏联邻国（波兰、罗马尼亚、保加利亚）与那些依靠共产党运动而取得独立的国家（南斯拉夫、阿尔巴尼亚）之外，让西方观察家深感不安。美国已经将政策方向转为和平时期的政策，如同罗斯福在 1944 年 10 月以电报对斯大林所说的基本假定一样：“无论在军事上或政治上，毫无疑问，这确实是一场全球性的战争，但美国并不想参与其中。”[②]斯大林知道自己没有同样立场去分辩对意大利与日本的占领政策，因此以另一个全然不同的前提回应说：

> 这场战争不同于以往；不论是谁占领了哪一块土地，都会将自己的社会体系强加其上。每个人都尽其可能地要将自己的体系向外扩张，这是毫无例外的。[③]

当西方无力以武力来解决东欧问题时，苏联控制下的南欧却在此时变得更不稳定。从 1945 年到 1947 年间，东西双方阵营所争夺的三个重点，一个是伊朗，其余两个是通往黑海的主要国家：希腊与土耳其。这些地区发生了许多冲突，致使美国制定了新的政策，内容包括军事联盟与全球性武装干预的新政策。此项新的政策是为了贯彻美国的战后理想——建立“一个世界”，一个美国贸易与影响力容易施展的全球性门户开放的世界的目标。

自 1941 年起，苏联与英国军队便进驻伊朗，以协助抵抗德国的势力。1946 年，苏联支持伊朗北部边境的少数民族——库尔德族（Kurds）与阿塞拜疆族（Azerbaijianis）——发起独立运动，并要求能分享伊朗的石油开采权。伊朗政府在英国与联合国的协助之下，镇压了这些暴动。事后，伊朗取消了正与苏联议定中的石油合约。当时斯大林决定不再进逼这个问题。

---

① 摘录自丘吉尔于 1946 年 3 月 6 日于威思敏斯特学院（Westminister College，位于密苏里州富尔顿市）的演讲词。

② Sherwood, p. 834.

③ 两次大战之后的德国，引自 Milvan Djilas, *Conversations with Stalin*, trans. Michael B. Petrovich (New York, 1962), p.114.

土耳其控制着从黑海到地中海的通道。苏联向土耳其施压,要求修改《蒙特勒公约》(*Treaty of Montreux*,1936)中有关战时禁止战舰进入海峡的规定,希望借此让苏军进入黑海。在英国的支持之下,苏联的这项要求再度被土耳其拒绝。

英国对于战争期间因抵抗运动所引发的希腊内战涉入甚深。当时希腊王室政府与共产党之间发生了极为激烈的冲突,虽然斯大林曾在战事之初给予希腊共产党极少的支持(为了回馈 1944 年 10 月与丘吉尔之间对彼此心意相互了解的情谊),然而希腊的近邻——南斯拉夫共产党,却在此时开始提供希腊共产党大量的协助。

1947 年春天,在遍及全球的承诺与资源减少的状况下疲于奔命的英国,将承担的所有国际责任移转给美国。同年 3 月 12 日,杜鲁门总统对国会发表美国外交政策的新原则,要求国会通过紧急预算,拨款援助土耳其与希腊,他说:

> 我相信美国的政策必会支持那些以微小武力与外力抵抗侵略者的自由人民。①

虽然国会投票通过的资金,只提供给希腊与土耳其作为援助之用,然而杜鲁门主义者(Truman Doctrine)却公开宣称,美国将介入并协助全世界受到共产主义威胁的所有地区。

为了这些新的问题,美国以"马歇尔计划"(Marshall Plan)作为经济上的对应措施。这项计划由美国国务卿马歇尔于 1947 年 6月

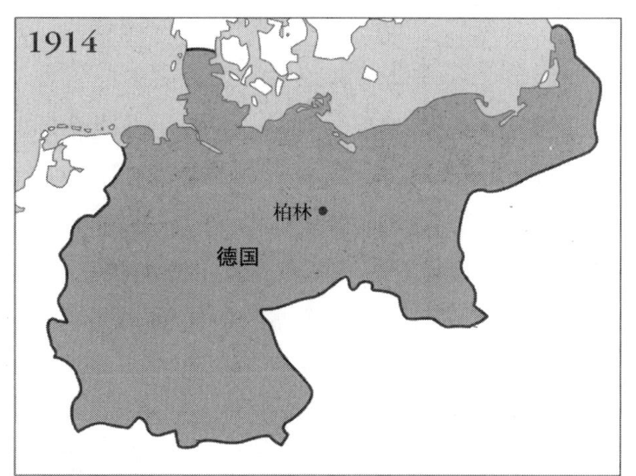

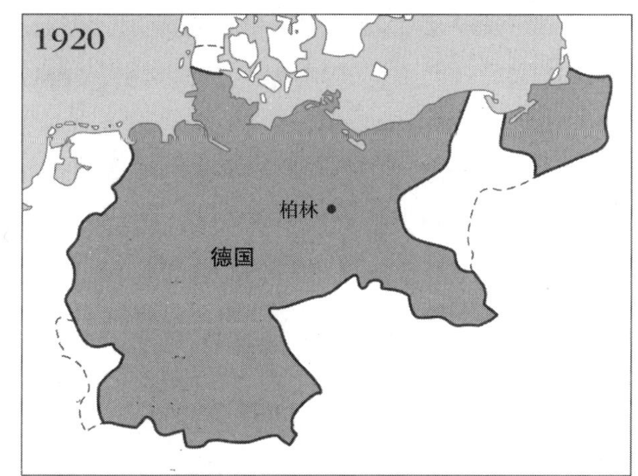

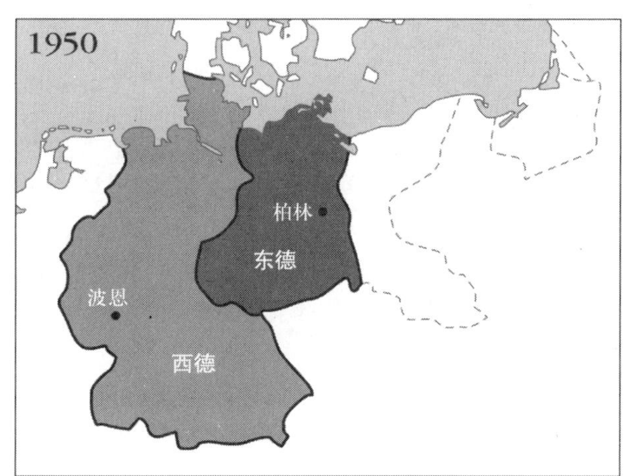

地图 15-5　两次大战后的德国

① Harry S Truman, *Memoirs* (Garden City, N. Y., 1956), Vol. 2, p. 106.

在哈佛大学的演讲中所提出，以对欧洲经济援助为目标的计划。基于这项计划，美国只愿提供资金与援助给那些愿意联合起来将资金发挥到最大功效的欧洲各国——包括东西欧。美国此举的目的在于“使世界经济恢复正常运作，以便营造出自由企业制度得以存在的政治社会条件”。

苏联却认为马歇尔计划的目的，是要将接受援助的欧洲各国，纳入美国的经济范围之中。当捷克斯洛伐克同意加入马歇尔计划，波兰与匈牙利亦表示对计划感兴趣时，苏联立即插手制止他们。在随后的四年间，美国提供了120亿美元支持“欧洲复兴计划”(European Recovery Program)，而所有的金援都流向西欧。苏联的应对策略加深了东西欧对垒的局面。

1947年的世界，让斯大林见到苏联的抱负因南欧各国的牵制而受到阻挠；此外，在共产党的监督下，由共产党所统领的多党政权，虽有西边友好邻邦支持，[1]却无法保证“铁幕”的安全。某些东欧国家想参与马歇尔计划，显示西方经济的确具有吸引力，而且，多党体制极可能导致共产党于选战中失利。因此，1947年底到1948年初，斯大林在东欧以雷厉风行之势，在他势力影响所及之处，都以共产党一党制取代了多党制的政权。

1948年2月，共产党夺取了捷克斯洛伐克的政权。这或许是斯大林为防止共产党可能会在即将到来的选举中失利，而预先做的防御措施。然而，较之于其他单次行动，“布拉格政变”(Prague coup)更使西方人确信，斯大林扩张国土的野心，永远无法满足。1938年，西方国家在慕尼黑的背信弃义行为，对于那些仍然记得这件事的人而言，仍是捷克斯洛伐克独立的痛处。1945年到1948年间，捷克斯洛伐克总统贝奈斯在外交政策上摆脱苏联的控制，反抗内部政治体系，赋予国民自由与选举权的成功经验，唤起了西方世界消除恐惧的乐观心情。而当斯大林破坏了贝奈斯这种权宜的妥协之策时，大多数的西方人都确信，跟斯大林是永不可能谈妥协的。

1948年夏天匈牙利完全共产党化；1948年6月苏联封锁柏林，让西方国家确定了他们的警觉无误。于是，西方国家开始以军事联盟对抗苏联。由12个国家所组成的“北大西洋公约组织”(The North Atlantic Treaty Organization，1949)矗立西欧，对抗苏联的200个师。之后，苏联也成立了“华沙条约组织”(Warsaw Pact，1955)与“北约”相抗衡。两联盟中的真正强权，都将对方视为不共戴天的仇敌。分裂的欧洲，似乎即将成为这两大强权的战场。

[1] 从1946年东欧的多党制国家阵线(multiparty National Fronts)到1948年由共产党专政的沿革，详见第17章。

16–1　1946 年 4 月，华沙街景。

第 16 章

毁坏与重建:1945至 1953 年

1945年的欧洲，景象一片凄惨，更甚于1918年。与第一次世界大战相比，进展迅速的二战虽然军队伤亡较轻，但一般平民所经历的却是更深更重的灾难。战略轰炸与现代化军队将城市变成了主要战场。在1940年6月与1941年9月的两场不列颠战役中，英国平民的死伤远多于士兵的伤亡。[①]1945年2月13日的德累斯顿(Dresden)轰炸造成超过13万5000名德国人死伤，是欧洲战争史上单次死伤最惨烈的一次战役。[②]苏联的伤亡人数可能是所有参战国中最多的，估计约有700万平民与1100万士兵死于战争。总之，从1939年到1945年间，欧洲约有1800万非军事人员在战争中，因轰炸、炮火攻击、疾病、营养不良、过度劳动与种族屠杀而死亡。

1945年9月，美国外交官凯南曾路经芬兰的维堡(Vyborg)。维堡自1939年之后，曾经两度遭受战火蹂躏。

> 据我所知，维堡曾是芬兰的一个现代城市……只是居住的地方少了点……然而现在，当火车驶进站台，清晨中，我下了车，却发现自己置身于废墟瓦砾之间。忽然天空下起了大雨，我想到那曾经极为现代化、美轮美奂的百货公司门前避雨，却发现它已经被战火摧毁了。漫步维堡街头的全程中，一个人影也见不到。站在门口时，来自身后的怪声吓了我一跳，猛然回首，才发现有只山羊也在那里避雨。刹那间，山羊与我，似乎成了曾经一度繁华的现代城市的仅有的旅客。[③]

从伦敦市中心到斯大林格勒，类似的景象在欧洲四处可见。

整个1947年，欧洲都处于粮食缺乏的窘境之中。饱受战火凌虐的土地仅能提供极少的粮食，农业产量仅略多于1936年收成的一半；牲畜被宰杀殆尽；化肥用尽。更糟的是，1946年到1947年间的冬季是五十年来最冷的一个严冬。饥荒在东欧尤其严重。根据报道，大战刚结束时，维也纳医院医生们的供餐内容是："无糖咖啡、清汤、面包。总热量少于500卡。"[④]比起1942年的纳粹政府，1946年的法国政府每天只能多配给巴黎市民三薄片面包。[⑤]

由于生产与销售的状况极为混乱，因此无法让那些想工作的人得到有助改善处境的工作。在欧洲许多地区，黑市交易远比正当劳动能赚得更多。以物易物比用货币交易获益更多。君特·格拉斯(Günter Grass)的小说《锡鼓》(*The Tin Drum*)中，那个矮小的主人翁便用母亲的红宝石项链，换了"一个真皮的公文包与十二箱好彩香烟，真是走运了"。他的老板是个墓碑雕刻师。一块用格林治艾姆贝壳灰制做的墓碑，价格是五袋花生。

通货膨胀的失控，与第一次世界大战结束后的状况相同，人民对存款失去信心。原本依

---

① A. J. P. Taylor, *English History, 1941–1945* (Oxford, England, 1965), p. 502.

② Götz Bergander, *Dresden in Luftkrieg* (Cologne, Germany, 1977), p. 268. 广岛遭原子弹轰炸时，约有7.8万人死亡。

③ George F. Kennan, *Momoris: 1925–1950* (New York, 1967), p.280.

④ George Orwell, *In Front of Your Nose* (New York, 1968), p.83.

⑤ Janet Flanner, *Paris Journal, 1944–1965* (New York, 1965), p.51.

赖存款度日的中产阶级因此陷入贫困。法国最具声望的文学奖项——龚古尔奖（Goncourt Prize）的奖金为5000法郎。1905年刚设立此奖项时，这笔奖金的价值相当于1000美元；然而到了1953年，5000法郎的价值竟只剩下14.29美元。

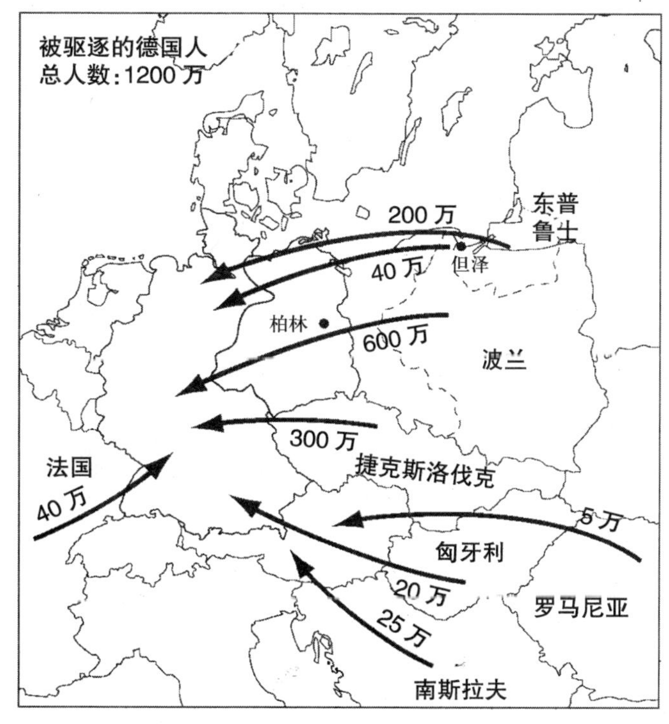

地图16-1 1945—1947年，中欧各国驱逐的德国人

政治与道德规范的失序，加深了社会的混乱。某些曾经从事抵抗运动的成员——包括一小批忠实的追随者，开始对曾与纳粹合作的人进行报复。那些无家可归的年轻人，在他们到目前为止的短暂人生中，除了暴力之外一无所知。这群人便在颓圮的城市中集结成党。不论是身处西方还是苏联控制区的人民，不确定的未来都让他们完全失去了斗志。

最感绝望的欧洲人，莫过于将近1100万贫困的流浪者——包括难民或战时流民。这些失根的人，使各种救济机构人满为患。其中包括了获得释放的战犯，集中营幸存的犹太人，苏联军队进攻前便已逃跑的、从欧洲各地被强制征召到德国工厂的劳工。“联合国善后救济总署”（United Nations Relief and Rehabilitation Agency，UNRRA）费时十余年，才将第二次世界大战五年间流亡的难民遣返家园，协助他们重新回国定居。欧洲最后一个难民营，直到60年代初才关闭。

战争期间，人口的大幅迁移流动，增加了流离失所的人数。不同于1919年巴黎和会时的情况，这一次战胜国不再试图以民族的居住范围划分国界，改采以各国边界为基准的办法，确立各个民族的居住领域。战后，约有2000万欧洲人被驱逐出有争议的边境地区：1200万德国人被从苏台德区、西里西亚、奥德-尼斯河以东预定划归波兰等地区驱逐出境；650万苏联人被移往苏联与西边邻国波兰、捷克斯洛伐克之间的新边境地区定居。[①]其结果就如同阿诺尔德·汤因比（Arnold Toynbee）所写的那样：“消除了千年来德国、波兰、立陶宛以占领与殖民所建立的种族影响力，重新恢复了公元1200年时的景况。”[②]

---

① Joseph R. Schechtman, *Postwar Population Transfer in Europe, 1945—1955* (Philadelphia, 1962), p.363.

② Arnold Toynbee and Veronica M. Toynbee, eds., *The Realignment of Europe* (Oxford, England, 1955), p.7.

16.1 重建工作

在大多数欧洲人的基本生活必需品得到保障之前,庞大的重建工作是绝对必需的。重建并不只意味着恢复到 1939 年或 1933 年时的水平而已。30 年代的经济萧条对欧洲的损害不亚于战争。经济萧条让人们对自我调节的自由市场、自由放任政策、积极不干预政策与主权国家相互竞争所造成的国际乱象产生质疑。即便情况并非如此,战争所引发的崩溃与极度的混乱,也迫使战时政府继续走向不确定的未来。基于信念与需要,解放之后的欧洲开始以新的社会主义或混合经济并行的公共福利的方向重建家园。

新领袖与新政党

欧洲的旧领导阶层,由于新成员与新党派的加入而逐渐转变。清除希特勒的党羽及合作者之后,一切便重新恢复正常,政治也走向较无意识形态的战争。据说自解放之后,法国便有近 12.5 万起通敌案件受到特别法庭的审判;超过 1500 人被处决,数千人入狱。即使是早已废除死刑的荷兰、丹麦与挪威,也对 1200 多名主要通敌者执行死刑,其中包括荷兰与挪威的法西斯领袖马瑟特与吉斯林。有些西欧国家比法国监禁了更多的通敌罪犯:每 10000 人中,挪威是 60 人;比利时是 55 人;荷兰是 50 人;而法国仅 12 人。战前与希特勒有联系的西欧领袖们都不再得势。甚至那些带领盟国走向胜利的战前领袖们,在解放之后也无法保证可以继续维持其领导地位。不屈不挠的丘吉尔在 1945 年 7 月 26 日的选战失利后下野——当时他正在波茨坦与杜鲁门及斯大林开会。

填补领导空缺的是新生代的抵抗运动领袖、新政党,以及强劲的社会党与共产党“左派”。与人们的期待相悖,抵抗运动团体中所涌现的领导人才并不多。解放后仍然在国家中扮演重要角色的抵抗运动领袖仅有两位:法国的戴高乐将军与南斯拉夫的铁托。由戴高乐将军所领导的“自由法国”临时政府,一直维持到 1946 年 1 月方才结束。在 1958 年阿尔及利亚战争的危机中,他又重新担任法兰西第五共和国总统,上台执政到 1969 年。约瑟普·布罗兹,别名铁托,原是金属工出身,战时领导南斯拉夫共产党从事抵抗运动。战后,他理所当然地成为南斯拉夫的掌权者,直到 1980 年去世。至于其他地区从事地下抵抗运动更为成功的领袖,就未必能在战后的政治舞台中占有一席之地了。而其他抵抗组织的领袖,如知识分子等,则乐于回到自己所熟悉的领域中生活。抵抗运动在 1945 年时所缔造的声势,对社会的影响,较之于由它产生的领袖更为深远。它将天主教徒、共产党员、社会主义者与自由主义者,以反纳粹的基本信念结合成一体,缔造了一个拥有社会公平与自由、脱离战争威胁的新欧洲。

战后欧洲大陆最重要的新政党为革新的天主教党派团体，通称为基督教民主党（Christian Democrats）。战争与法西斯经验深刻地改变了天主教义。上一代那些接纳任何同盟，包括法西斯主义者、反无神论的共产党员等观念，已经不再受到认同，新一代的革新天主教的抗争经验丰富者，思想更为前卫。他们不但将传统的温和专制主义（paternalism）与经济社会激进主义的反抗势力相结合，某些新的天主教领袖更积极推动教会摆脱对资本主义过度认同的态度。战后的基督教民主党领袖是欧洲统一运动的先锋：一方面，他们是超越国界的真正国际主义者；然而从另一方面来看，他们也像苏联一样危险。

16-2　约瑟普·布罗兹（Josip Broz）。以“铁托将军”（Marshal Tito）之名广为人知。他是战后欧洲重建时期，少数几位还能在国内保有权势的抵抗运动领袖之一。图中为 1944 年时任党魁的铁托。战后他续任实行共产主义的独立国家南斯拉夫的总统，直到 1980 年去世。

基督教民主党是一个以宗教而非阶级为基础的政党。1945 年后，它在欧洲那些信仰基督教的地区赢得极高的选票，吸引了工人与中产阶级教徒。许多保守派人士为了让自己有个备选，也将选票投给他们。在法国与意大利（1946），妇女选票也大幅提升了基督教民主党的得票率。而德国则由于共产党掌控着旧的基督教区，因此演变出一种特殊情况：虽然信仰新教的普鲁士曾经统治旧德国，然而战后西德的政治，却由信奉天主教的莱茵河地区与巴伐利亚掌控。

在康拉德·阿登纳（konrad Adenauer）的领导下，基督教民主党从 1949 年到 1969 年间掌握西德政权。[①]阿登纳曾于 20 年代出任科隆市长，也曾被希特勒拘禁。意大利在加斯佩里的领导下，自 1945 年 11 月到 1981 年 6 月为止，都由意大利天主教民主党执政，并由其党魁出任总理。至于法国的天主教“左派”（Mouvement républicain populaire，MRP）也曾于 1946 年急速跃升为法国最大党，直到 50 年代初。

战后欧洲另一组占有统治地位的政党，是由马克思主义“左派”发展而来的社会党与共产党。他们在抵抗运动中所扮演的重要角色，为新成立且成员广泛的“左派”组合人民阵线铺路。1941 年 6 月德国入侵苏联之后，共产党员在抵抗运动上获得了令人瞩目的成功。这得归功于他们在从事秘密活动上的充分准备，并愿意在民族解放前放弃革命的理想之故。意

① 1963 年后由阿登纳的继任者接掌。

大利共产党是西方规模最大的共产党，从1940年的一万名地下党员到1944年的四十万党员，再到1947年的两百万党员。至于法国共产党则曾在1945年一度成为国内最大党，其得票率直到1958年，从未低于25%。然而在西德与英国，改良主义"左派"就比共产党强大许多。在德国的西部占领区，共产党于1949年的选举中仅获得5.7%的选票；1956年时，甚至被阿登纳查禁为不合法的组织。至于英国，工党持续坚持与"左派"联合的政治路线。东欧由于有苏联的支持，共产党的发展蓬勃活跃。在多数被解放的欧洲国家中，社会主义者仍然是政党的主要领导者，不过他们常被激烈的竞争对手强行划分为"左派"与右派。

尽管马克思主义有复苏的迹象，然而1945年的西欧已不同于1919年到1920年时，处于社会革命边缘的处境了。或许最迫切的革命动力已在第一次世界大战后的欧洲耗尽：例如推翻旧的君主世袭制度运动、东欧的民族独立运动、绝望的农民占地运动等。不论如何，人们对社会变革的期待的确十分明显。抵抗运动以地下运动为起点，逐渐走向社会革命与夺取政权的目标。德军撤退后，意大利北部、法国南部山区与布鲁塞尔，便出现了大罢工。不过，南斯拉夫与阿尔巴尼亚在没有苏联军队与盟军入境的情况下，由抵抗运动直接领导了社会革命。

战后初期最主要的争议，是1945年苏联对革命运动所持的反对态度。所有证据都显示，斯大林重视苏联的安危甚于社会革命。很显然的，在他的命令下，西欧共产党反抗军搁置了他们的军力。直到1947年为止，所有西欧共产党都参与改良主义政府的运作；并且，在苏军的占领之下，东欧共产党与各改良党派都一起在民族阵线（National Fronts）中共事。当然，西方联盟也已经做好准备，一旦共产党发动社会革命，便会将之歼灭（如同英国在1944年处理希腊内战时一样）。不过这种严重的挑衅从未真正发生。在这年的停战纪念日，并未发生任何由士兵、水兵或工人团体所发起的风波。

经济恢复与社会变化

1945年时，欧洲人面临着令人气馁的重建难题。人们很容易就会沮丧地认为，他们在未来几十年中都将无法恢复到正常的生活水平，而且，1914年之前那些宁静安适的日子也将永不再来。直到1953年，当某位美国记者报道欧洲已开始显露出"死灰复燃"[①]的迹象时，还让许多人感到惊异。直到50年代中期，人们方才明显感受到，欧洲确已进入了一个空前的经济起飞与社会改革时期。

经过30年代的苦难之后，少数的欧洲人只希望能够恢复战前的经济与社会水平便心满意足。战争让社会这块黏土变得容易塑造，也让国家与社会得以重新塑形。几乎没有人相信自由市场可以在和平之时，将经济状况管理得既公平又有效率。大多数人都认为，某种程度的政府主导与计划是绝对必需的经济管理。而且，几乎所有的政府现在都接受将国家建

① Theodore H. White, *Fire the Ashes* (New York, 1953).

设成福利国家的概念，认为让人民在国内享受健康、居住、教育、工作与基本生活所需的收入等，是国家的基本责任。现在许多欧洲妇女享有选举权（葡萄牙与瑞士境内的某些州除外），有些国家还设想得更深远。西蒙·波娃（Simone de Beauvior）的《第二性》（*The Second Sex*，1947）为世界开启了一个新的视野。书中她探讨性别角色与性别一致性，认为这两种概念是一种“社会解释”（social constructions），激发人们得以想象妇女也能享有更大权利与独立的空间。

欧洲的“经济动力论”（economic dynamism）历经第二次世界大战仍然残存。的确，原属欧洲的拉丁美洲、非洲、太平洋地区的许多市场与资源，现在都落入美国之手。欧洲商人发现，仅靠欧洲大陆残余的经济力量，几乎无法在未来与西方的巨人——美国竞争。在东欧，对苏赔款、转换旧制进入苏联的贸易集团等，都加重了东欧人民的负担。不过，战争所造成的严重破坏，提供了那些以新技术重建欧洲的商人们发展的机会，因为深具经验与技术的人员仍存在，同时还有廉价且有工作效率的劳工。此外，欧洲逐渐上升的出生率，不仅反映人们对经济复苏的希望，也能刺激消费。

美国的马歇尔计划大幅加速了西欧经济的复苏。1947 年到 1954 年的七年内，“欧洲复兴计划”（European Recovery Program）提供 16 个加入计划的国家共 120 亿美元的金援。其中，西德居民每人分得 29 美元；意大利每人 33 美元；法国每人 72 美元；英国每人 77 美元；奥地利每人 104 美元。在美国的要求下，这些援助款项均由国际性机构——欧洲经济合作组织（Organization for European Economic Cooperation，OEEC）——负责统筹分配，这些金钱将集中用于欧洲发展。这个机构鼓励在开放的世界市场之下，以欧洲全境为基础考虑合理计划，而这也正是美国所冀望达到的目标。美国提供金援的最直接目的，乃是希望尽快促成欧洲的经济发展。因为他们相信，令人民感到绝望的贫困环境，将会导致社会革命，助长共产主义的扩张。马歇尔计划明显地在争取美国利益，不过同时也满足了西欧的需求，促使西欧经济能在 50 年代初期便再创荣景。

即使是那些马歇尔计划的批评者，也无法否认这项计划对欧洲经济恢复所产生的功效。直接投资暂陷于混乱却极有发展潜力的区域，会比投资那些同样混乱却不具有发展前途的地区有益。“马歇尔计划之所以能成功，乃是由于欧洲人以技术、技能和基本资源，将美援的 1 美元增值为 6 美元所致。”[1]

评论家们攻击马歇尔，认为这个计划的实施终将导致欧洲经济更从属于美国经济。然而，这种从属关系，不过是那些更为深远强大的力量发生效用的结果而已。当欧洲经济处于衰败期，各国亟须进口食品、加工产品（大多来自美国）、燃料等，便会发生美元短缺的情况。欧洲人必须支付大量美元以输入生活必需品，然而对美输出所得的利润却相对很少。究其原因，乃是由于欧洲人手中握有的美元严重不足，再加上英镑、法郎、马克等对美元的汇率过高

---

[1] Walter La Feber, *America, Russia, and the Cold War, 1945–1972*, 7th ed., (New York, 1993), pp. 176–177.

所致。长远来看,马歇尔计划无疑刺激了生产,并协助欧洲走向经济独立;然而从短期看,它却加深了欧洲美元短缺的问题。欧洲经济越繁荣,便越依赖美国的进口。

无论是30年代的经济大萧条还是法西斯主义自给自足的管制经济,针对通货价值的悬殊差距,都依赖实施贸易控制、以物易物,以及通货控制来解决问题。战后,在欧洲自由主义经济学家的支持下,美国决心建立一个国际自由市场,取代过去的封闭经济与保护政策。1944年7月,《布雷顿森林协议》(*Bretton Woods Agreement*)签订,建立了这种体制的基础。44个签约国都保证在战后实行自由贸易,并愿意按照固定汇率自由兑换彼此的货币。国际货币基金组织(International Monetary Fund,IMF)[①]的任务便是消除国际货币兑换过程中所发生的各类短期失调,并维持汇率的长期稳定状态。管理汇率的目的在于重拾19世纪实施金本位制(gold standard)时期的商业自由状态,避免由于战争而严重受到破坏的世界经济,发生经济循环波动的危险。

虽然布雷顿森林体系(Bretton Woods System)的原则,在战后长达25年间让美元独占鳌头,使美国普通平民的生活水平甚至比欧洲的国王还优越。当时美国人可以轻易地购置原本价值昂贵的古银器与古艺术品;美国公司也能轻易兼并欧洲企业作为子公司。这一切都对欧洲经济独立造成威胁。美国的强大经济力,让欧洲各国政府在抵制美国的政策上,显得更为软弱无能——例如德国的重新武装;抵制英镑;将法郎、马克、里拉一再贬值,以维持经济开放等问题皆是。

苏联拒绝加入布雷顿森林体系。并且如前文所提及的,当苏联的附属国显示出对马歇尔计划感兴趣时,斯大林立刻于1947年雷厉风行地在各国实施共产党专制统治,让东欧与苏联的经济关系更加紧密结合。在这种情形下,东欧经济迟至60年代才渐显繁荣。欧洲的重建工作,便在这种东西各自不同的环境下,形成了极大的差异。

16.2 英国的工党政府:1945至1951年

虽然英国并未遭到德军占领,也未曾发生抵抗运动或经历武力解放,但固执的工党政府仍然严密监控英国“左派”分子。然而,它的状况却与欧洲大陆同样糟糕。甚至在两次大战间状况最佳的那几年中,英国都有超过10%的工人找不到合适的工作,近200万家庭陷入经济困境。1945年7月,英国公民史无前例地将多数选票投给工党,反对恢复战前的情况。于是正当丘吉尔如火如荼地处理战事之时,前伦敦经济学院教授艾德礼,取而代之成为英国首相。由此可知,英国人民拒绝处于当时现况的坚持有多么强烈。

---

① 国际货币基金组织的成立宗旨乃为:当某种货币面临被抛售的命运时,由组织提供该种货币国际兑换、流通的暂时援助,以避免该货币遭到贬值的命运——如1931年时曾经发生的英镑贬值危机。此组织成立于1946年,拥有8.5亿美元的资产,其中美国所提供的金额占25%。直到20世纪70年代初期,它都以周期性支持或贬值,来维持非共产世界货币兑换的固定汇率。

贝弗里奇报告书:"充分就业"

居高不下的失业率,已经成为20世纪英国的耻辱。"自由社会中的充分就业"是贝弗里奇爵士(Sir William Beveridge)[①]于1943年2月所提,有关战后社会安全筹备的报告标题。从1945年到1951年,工党政府将此作为工作重点。即使是贝弗里奇这样的经济学家都认为"无计划的市场经济"无法"稳定生产所需物量",因此必须加以改进。依据两次世界大战间的经验,当国家以振奋民心为目标持续进行建设时,不但可以满足大量的需求,同时也能降低失业率。基于这种理论,贝弗里奇(凯恩斯的追随者)建议,国家应负起帮助人民就业的责任,即使在承平之时亦同。

工党政府为此首度将充分就业的目标纳入职责范围。针对国内政策,政府首先开始着手预估私人投资可能达到的程度水平;其次通过扩大公共事业来填补就业缺口,即使无法平衡预算也在所不惜。至于国际经济政策方面,工党与保守党在处理经济萧条时所实行的政策方针全然不同。工党不再以过去通过平衡预算、缩减社会服务开支等方式,安抚国际银行家或抑制货币投资者。他们所持的福利国家政策,是将焦点集中于帮助人民充分就业。为达此目的,英国工党政府不惜在国际货币市场采取任何手段(包括资金控制、货币贬值等)。

依据贝弗里奇的观点,即使不靠战时经济的强制性与集权控制,充分就业的理想仍然能在"自由社会"中得到保障。工党的党员中,属于工会的党员比知识分子"左派"更能全盘接受这样的观点。他们认为这种观点"有效……且能满足群体生活的需要",而且不需要"社会化产物……社会主义的需求尚未被证明"。[②]他们相信,只要国家掌控经济的某部分,便能对其余部分发挥有效的杠杆效应。

因此,工党政府针对煤矿业与某些基本日用品(例如钢铁与运输)实施有限度的国有化,并加入了少许服务性事业(公共餐厅、酒馆等)。不过,在英国仍约有80%的工业依旧掌握在私人手中。虽然两次大战间,保守党政府已对煤炭、钢铁等工业进行调整,不过就其范围而言,工党的有限国有化是相对幅度较小的一种尝试。

不列颠福利国

工党最彻底的革新,在于依据普遍原则而非个人需要,为英国人民提供最基本的社会服务。这意味着公共福利不再是一直以来所给人的、带有慈善事业意味的措施。1948年之后,英国"国民健保制度"(National Health Sevice)便提供每个公民免费医疗服务。虽然卫生大臣安奈林·比万(Aneurin Bevan)并不想以国家支付医师薪资的体制,来取代私人医疗活动,然而直到1950年,英国民众接受健保制度的医师治疗者达95%。至于社会保障方面的制度,早在劳合·乔治时期便已存在。此制度主要针对有需要的家庭施以援手。不列颠福利

---

① 贝弗里奇是伦敦经济学院院长。

② William H. Beveridge, *Full Employment in a Free Society* (New York, 1945), pp.21, 28–30, 37.

国的基础主要建立于某些重要改革之上。例如,1944 年《英国教育法案》(English Education Act)规定实施普及教育,让每位国民接受到中学为止的义务教育。虽然如此,小学毕业后的专业分科考试,仍然会决定他们进入理科或文科中学就读。阶级差距仍将永远存在。又如,1943 年《城乡计划法案》(Town and Country Planning Act)让政府拥有保留绿色空间的权限,防止人民以住宅不足为由进行土地炒作。

执行新计划所需的支出,部分来自于高收入国民的所得税与遗产税。从 1938 年至 1949 年,英国政府自人民手中征得的税收增加了四倍之多。1938 年纳税后净收入超过 6000 英镑(约当时 30000 美元)者约有 7000 人;然而到了 1947 年、1948 年,却只剩下 70 人达到这样的收入水平。[①]

在当时,只有极为富裕的英国人才能在纳税之后还能维持舒适的生活。一般的商人很快地便学会了量入为出的节约生活。此外,贵族们开始开放自己的祖传庄园,以赚取观光费用,旅游者每次付出 2 先令便能入园参观。渐渐地,这也成为战后英国为人熟知的流行生活。

经济失调

英国在战后最初几年可以说是危机重重。当然,这不仅因为工党的社会政策,最主要还是由于英国在世界上的地位转变所致。这个小型岛国之所以能在 19 世纪取得经济霸主之位,主要应归功于其煤炭、纺织、造船、金融等方面的暂时优势。不过,甚至早在 1914 年之前,其他的国家便已赶上或利用先进的技术超越了英国的成就。第一次世界大战,英国损失了 19 世纪在海外累积的大部分投资的资产;第二次世界大战又使剩余的资产更加缩水。1945 年之后,英国便一直处于与其国际账户中的赤字奋战的窘况。由于当时英国必须依赖国外进口许多食品、燃料与原料,但又无法自海外投资中获取大量收入,因此,只要经济稍不景气或消费者购买力稍微提高,便会导致进口量大于出口量。

在这种状况之下,英国只能靠人民努力工作生产并减少消费,才得以生存。甚至于连面包这种基本的食品,在英国也实行了许多年的定量供应。直到 1954 年,英国人还不能自由购买牛油与糖。1947 年秋天,当奥韦尔这位知名小说家在苏格兰的朱拉岛(Jura)撰写小说《1984》时,曾写了封信给朋友,信中提到由于煤炭不足,他正为“寒风刺骨”的严冬准备木柴、泥炭作为取暖之用。[②]当时英国的官方政策被称为“节约政策”。曾经经历过那段岁月的英国人都认为,这与当时某些公务员的形象与财政部长斯塔福德·克里普斯爵士(Sir Stafford Cripps)的阴郁性格有关。出身上层中产阶级家庭的克里普斯,属工党的知识分子“左派”。

由于某些不必要的负担,而使英国的战后重建工作更加复杂。1946 年到 1947 年间破纪录的严冬,让政府不得不动用珍贵的外汇进口更多的煤炭。在小说《将煤炭送到纽卡斯尔》

---

① Arthur Marwick, *Britain in the Century of Total War* (Boston, 1968), p.359.

② Orwell, p. 376.

（*Carry Coals to Newcastle*）中，呈现出当时真实的社会情况。由于大多数的工党领袖不愿从印度与中东以外的英国海外领地中撤防，因此庞大的军费只能以削减生产性投资来维持（1950 年朝鲜战争爆发之后尤为如此）。最后，当美国强迫英国在 1947 年让英镑重回国际自由兑换市场时，贸易赤字与严重的投机活动，导致英镑在 1949 年的贬值。英镑贬值虽然有助于英国出口商能以较便宜的价格出售商品，然而却让进口价格更加昂贵。进口上的支出是让英国继续附属于美国经济的原因之一。

当所面对的敌人是希特勒时，英国人民慷慨激昂、乐于牺牲奉献。然而面对不易看见的敌人如经济失调时，人们便难以如此做出牺牲。1949 年著名的码头工人罢工事件，便使工党政府陷入尴尬——必须站在资方立场，反对工会的要求。工党的激进派——由个性坦率直言、绝不妥协的韦尔斯人比万带头，反对政府于 1950 年恢复对部分医疗项目（配镜与假牙）的收费政策，与增加防御经费的政策。比万说："这种做法，会使英国永远只能被拖在美国的外交车轮后疲于奔命。"[①]

对立的保守党也毫不留情地攻击工党，他们断言工业国有化的做法是错误的方向。举例来说，一向出口煤炭的英国，怎会在 1946 年到 1947 年的冬天，必须进口煤炭？然而，战前便已声名狼藉且毫无效率可言的英国煤炭业，让人心知肚明，即使是保守党也无法解决 1945 年之后英国的经济问题。不过，不论如何，当保守党于 1951 年 10 月赢得大选之后，也仅将钢铁业与公路运输业（工党国有化中唯一盈利的工业部门）重新恢复民营，至于煤炭业与铁路运输业则仍归国有。虽然 1957 年之后有更多的医疗项目开始收费，然而社会福利开支仍维持原状。英国保守党政府接受了福利国的主要部分，并另外添加了一些提高生产率的计划。

16.3 法兰西第四共和国

解放后的法国，更不想如同英国那样，再度回到 30 年代那种令人不安的社会状况中。1945 年 10 月的公民投票中，法国以 20：1 的压倒性民意，反对恢复战前的第三共和国。这是由于第三共和国政府无论在整顿经济萧条，还是在抑制希特勒的侵略各方面，都显得软弱无力。新的第四共和国（1946—1958）必须能满足解放之后人民的期待：它必须是个议会制共和国；必须能够再度肯定法国解放的价值，以防备与德国合作的维系政府再次出现；而且必须比第三共和国政府更有效率，更能提高国民的社会生活水平。即使法国在被占领期间，并未留下任何战争废墟，也未在抗敌中发生严重的社会分歧；然而，自由、效率与社会福利三者之间仍不易达成协调。如何缔造第四共和国，比起在法国解放阵线的各派系中产生一位共和领袖，问题更加复杂。

---

① Michael Foot, *Aneurin Bevan: A Biography* (London, 1997), p.421.

寻找领导者

法国解放运动中最杰出的领导者非戴高乐将军莫属。稳重杰出、态度庄重的戴高乐将军，自 1940 年 6 月起便致力于恢复伟大的法兰西民族精神。身为伦敦“自由法国”的领袖，他坚信，伟大的法兰西只是由于暂时的失败与卖国的维希政权，才自动放弃合法的独立地位（虽然表面仍属合法），致使国家蒙羞。起初，几乎只有他一个人相信这样的想法。战争爆发前，法国国内无人支持坦克部队的作战方式，然而后来证明那才是正确的选择。即使到了 1940 年 6 月身处伦敦之时，他仍然坚信自己的信念无误。后来，各抵抗势力逐一承认了戴高乐的领导地位。由于当时英美仅将他视为一个低级军官而非法国代表，因此他与英美之间的拉锯颇为艰辛。

幸运加上手腕，以及不屈不挠的坚定性格，让戴高乐在所有解放运动领袖中脱颖而出。虽然他可以不理会那些美国想要扶持的第三共和国掌权者（如赫里欧），但他却无法忽视某些“马基”（maquis，意指“法国抗德游击队”）部队的梦想，挺身掌控“马基”部队协助解放的法国政权。因此，戴高乐派遣高级文官任共和国特派员，进入德国与维希政府撤出的城市，比“马基”游击队与美军早一步接管了那些地区。而同时，他也要保证法国行政部门的中央集权制。

戴高乐所代表的精神崇高无比，法国历史上唯有拿破仑能与之相比。1945 年他担任法国临时政府主席，当时议会正为新的共和国草拟宪章。不过，由于厌恶党派之争与文官干预军事，戴高乐于 1946 年 1 月辞去临时政府总理之职。在这种情况下，制宪会议所产生的第四共和国几乎与第三共和国无异。议会便在这样的体制下，以自己的方法与软弱的行政机构进行抗衡。戴高乐有时亦会声明，希望能以强势的行政机关取代多党议会的体制。

抵抗力量的战士们在新的共和国内也扮演了一个小角色。专业知识与政治经验，对保障维希政府能否顺利过渡到第四共和国，是不可或缺的要素。因此，除了那些“明显”的通敌者之外，法国的官僚大体上都还保持着完整的体制。许多抵抗势力中的成员，或由于缺乏政治经验，或对政治没有兴趣，都已被排除于官僚体制之外。

由此，第四共和国仍然由三政党共同结盟而成，并依照传统的官僚制度运作。第三共和国时期的马克思主义政党——共产党与社会党，与西欧天主教的基督教民主党在法国的变身——法国基督教民主党一起，继续与从事抵抗运动时一样结盟。此三党平等分享政治表决权，以三方联合方式治理国家，直到 1947 年。

法兰西第四共和国的政体结合了三政党的偏好。议会体制与第三共和国时大致相同，不过，第四共和国在众议院中所扮演的角色更重。政党表决权比以前影响力更大。在这个时期，总统所能发挥的大多只是仪式性功能。至于内阁总理虽有解散议会的权力，但传统上并不行使，充其量也只能针对联合政府所提的内阁行使同意权而已，在议会中并没有任何影响力。多党制无法容许战后法国人所期待的强人领袖存在。因此短短 12 年之内，政府内阁

16–3　“自由法国”领袖戴高乐将军。1944 年 8 月 26 日，德军投降撤出巴黎驻防地后，戴高乐途经香榭丽舍大道（Champs–Elysées）的情景。他随后因派系斗争而下台，并于 1958 年重新建立第五共和国并出任总理，直到 1969 年。

与政治势力联盟便轮番更替达 26 次之多。那些可能成为内阁总理的人，有时必须耗费数周时间拼揍出一个内阁，而在这段漫长的“危机期”之内，法国国内便处于无政府的状态。

国有化与计划

早在第四共和国的宪法制定之前，三党便已着手缔造一个混合经济与福利国家的法国。国有化在法国比在英国实行得更加深入。当时，法国已将铁路实行公有化（与所有欧洲大陆国家相同）；航空业、军工业、电力、天然气等部门也已在人民阵线时代部分收归国有。雷诺汽车的创办人雷诺因为德国生产坦克而遭到审判，在等候判决期间，雷诺汽车便被共和政府收归国有。由于雷诺尚未等到判决便已身亡，因此所属的汽车公司完全被国家所掌控。后来由于“清算”退烧，其他几家在占领时期也为德国工作的大企业，才侥幸免于国有化的命运。1946 年之后，法国也就不再推行任何国有化的政策了。

对占有多数人口的平民与小经营者而言，第四共和国比第三共和国扩大了许多社会福利服务的范围。社会安全制度在 1931 年完成后，如今更扩大到公职人员的免费医疗。由于出生率过低，法国对于家庭的经济补助远多于其他大多数的西方国家。

战后法国采用计划经济作为主要经济改革方式。与英国的情况相同，法国经济也属于混合的状态。大部分的生产力掌握于民间企业,而国家利用国有化的手段发挥对他们的影响力。依据行政法令,法国成立了新的计划机构——国民经济计划委员会(Commissariat du Plan)。此机构的设立,意味着未来将会转移更多的事务给非经选举产生的专业人士;同时,此举也反映出议会已无力处理复杂的经济问题。在莫奈(Jean Monnet)的领导下,国民经济计划委员会制定了一个让法国具有现代化生产能力的大型计划。他们希望能借此计划提升因经济萧条与德国的掠夺,而长年受到忽视导致萎缩的生产力。仅恢复战前的生产水平并不能满足莫奈的雄心壮志,也无法使专家顾问们满意。他们立志要使法国经济恢复活力并具有效率。除了掌控政府管辖部分的经济之外,委员会还通过短期目标的确立,对全国经济提出"指示"(非强迫性)。此外,委员会并负责提供准确的经济预测、禁止虚假投资、鼓励民间投资急需产业。例如汽车业与化工业。依照莫奈的信条:"生产力并不是一种状况,而是一种心情。"[①]商人们被允许在一定的范围内与政府合作,避免国家与人民相互争利的情况发生。此外,他们也被允许与政府专家和贸易席会代表一同参与经济计划。第一个五年计划(1947—1950)结束时,法国国民的生产总值,较战前的1938年增长14%。

法国的三方联合阵线在"冷战"中崩溃,温和保守派赢得1951年的大选。共产党于1947年5月被迫退出联合政府。从此,第四共和国便和第三共和国一样,由中间派联盟主持。然而,国家福利与计划经济,从此成为法国人民经济生活中的永久特色。当民间的私人经济开始繁荣,经济计划机构所提出的"指示",就只是更单纯的指示而已。此时,法国政府仍然继续鼓励发展工业。

16.4 战后的意大利

意大利所面临的问题是,它必须在特殊国情下复兴经济。由于长期成为战场,又是有争议的战争发源地,意大利所遭到的战争破坏,远比除了德国以外的任何西方国家严重(1943—1945)。此外,意大利也是战败国。1947年的和平条约并未得到多数意大利人的认同。早在1943年巴多格里奥元帅与国王埃曼纽尔三世便已取代墨索里尼政权,转而支持盟国。和平条约剥夺了意大利在非洲与爱琴海所建立的帝权,并把阜姆(Fiume)及其腹地转让给南斯拉夫。[②]

政治权力之争

战后,意大利的新政权自然是反对法西斯主义的。然而,歧见极深的两大反法西斯党派对于权力都各有主张。同盟国势力庞大的南部地区,由前法西斯党员巴多格里奥领导临时

---

① République française. Commissariat-général du Plan de modernization et d'équipement, *Rapport général sur le premier plan* (Paris, 1946), p.6.

② 另一个有争议的是的里雅斯特(Trieste),这个争议直到1954年才获得解决。在冷战的新局势下,的里雅斯特的主权完全归意大利所有。

政府。许多法西斯党派因此重新要求复辟，回归君主立宪。而北部地区，共产党雄厚的武装抵抗力量与当地的解放委员会，早在 1945 年春天盟军抵达前，便控制了北方广大的地区。现在他们要求以社会革命与更新的世界观来改造意大利。

在战后短短数月间，局势便迅速明朗化——意大利的抵抗势力，在战后意大利国内几乎已经没有发言的地位，比起其他西欧各国的抵抗势力，其地位更加低落。意大利之所以缺乏革命动力，唯一的解释应是英美盟军政府鼓励现存社会党派的发展。许多抵抗力量的领袖们都欠缺政治经验，战后他们只想重回原本的生活。更重要的是，1944 年，流亡莫斯科的陶里亚蒂（Palmiro Togliatti）返国，他是意大利共产党的重要领导人。回到意大利后，陶里亚蒂在共产党的命令之下，与南方临时政府，甚至与巴多格里奥合作。战争结束时，大多数的解放委员会都遵照临时政府的命令，放弃了他们掌握的武力。

意大利于 1946 年 6 月进行了第一次的战后选举，其结果与法国相同，产生了一个三党共治的制宪会议：天主教民主党获得 207 个席位；社会党获得 115 个席位；共产党则获得 104 个席位。这三党共同草拟了一部宪法，这部宪法与 1919 年到 1922 年时实行的宪法极为类似。其中最主要的改变包括上议院（正式职位）选举制、妇女选举权与解散皇家议会。1946 年 6 月，54%的选民投票反对君主政权，此后，意大利便成为一个共和政体的国家。

战后意大利的两巨头为共产党领袖陶里亚蒂与天主教民主党的新领袖加斯佩里（曾于战争中任梵蒂冈图书馆馆长以掩饰身份，并曾公开反对墨索里尼）。1945 年时，意大利共产党的势力比从 1919 年到 1922 年间更为壮大。除了身居反法西斯势力的领导地位之外，握有反法西斯工会的领导权等，也让意大利共产党成为除了战后苏联占领区以外，欧洲势力最大的共产党，拥有约 200 万名党员。直到 20 世纪 80 年代为止，都得到 1/4 到 1/3 选民的支持。当共产党于 1947 年冷战初期开始反对政府时，[①]加斯佩里展现了他在战后意大利的领导优势。

1948 年 4 月，依据新宪法所举行的首次议会选举中，加斯佩里领导的天主教民主党获得压倒性的胜利。天主教民主党也因此成为意大利现代议会史上，第一个在议会中成为绝对多数党的党派。在这个信奉天主教的国家中，信仰较男性更虔诚的妇女们获得选举权，对加斯佩里不无帮助。除此之外，加斯佩里亦获得了美国与意大利教会在经济政治上的支持。直到 1993 年，他所带领的天主教民主党一直都是联合政府中的最大党。

重　建

战后意大利在天主教民主党的带领下进行经济复兴。他们所承诺的自由企业经济受到社会父权主义（paternalism）与统合主义（corporatism）的强烈影响而变色。经历了可怕的通货膨胀与黑市交易之后，意大利政府于 1947 年通过加入“马歇尔计划”取得来自美国的经济支持。意大利政府也因此能将国家经济从战时的管制状态解放，稳定维持在一个较自由的

---

① 参阅第 18 章。

经济环境之中。到了 1957 年,工人的收入已经远超出 1938 年的水平。此外,增加的福利也与工资增加的幅度等同。在意大利,工人家庭的收入只有 59%来自工资,其余的收入皆来自各种社会福利补助。意大利是西欧国家中提供福利补助最多的国家。[①]一般来说,当法西斯主义者处理清偿债务的问题时,公务人员与拥有储蓄的中产阶级,会由于通货膨胀而成为最大的受害者(里拉被平抑于战前 15%的价格)。然而对一个法西斯主义刚垮台的国家而言,他们除了相信加斯佩里之外已经别无选择了。

与所有西欧的福利国家相同,加斯佩里执政时也让私人企业与国营事业同时并存。在意大利,国家扮演着重要的角色,这部分是由于它所承继的法西斯主义的经济制度所致。意大利是个较其他福利国家更为开放的"新统合主义"(neocorporatist)国家。制造商协会(Confindustria)在国家善意支持的保护伞下,人事既未发生异动,也仍继续保有其在经济管控中的重要地位。30 年代另一个国营企业——工业复兴协会(Institute for Industrial Reconstruction,IRI)——虽掌控冶金、化工、轮船制造、航空等行业的绝大部分,不过这些行业的经营权仍留给了商人。在 60 年代初期,有 2/5 的投资活动是通过 IRI 与国家石油公司进行。只有菲亚特汽车公司(FIAT)是意大利主要企业中,唯一的纯粹私人企业。另一方面,解放运动中所成立的工人工厂委员会,已不再发挥任何功能。

战后意大利的主要经济难题为,南方经济后退与农民渴求获得农地等问题。在另一波南方抢占农地的浪潮中,加斯佩里购买了许多南方未开垦的庄园,并分配出约 175 万英亩土地,使约 85000 户农家因此能安居乐业。当然,这样的数字还远低于预期达成的目标。至于发生在意大利的另一个重要的社会变化——数百万的南部意大利人移居北部工业城市与其他的西欧国家——则迟至 60 年代才达到高潮。

16.5 两个德国

当德国确定被分割时,德国人只能冀望在接下来的日子里,他们可以活得比动物好一点。曾经一度繁荣的城市,现在成为荒烟蔓草;在最大的城市中,有 2/3 的住宅变成瓦砾。第一批进入柏林的通讯记者们,被埋在瓦砾尘土中的尸体所发出的阵阵恶臭吓坏了,原本的街市面貌几乎全不可辨。

> 柏林几乎什么也没剩下,既没有了住家,也没有了商店、交通运输或政府办公大楼。只有一些断墙残垣……。现在的柏林只能说是个被堆积成山的土石垃圾围绕的地方而已。[②]

[①] 西欧劳工阶级家庭平均有 63%的收入来自薪资;而英国则为 84%。(Anthony Sampson, *The Anatomy of Europe*[New York, 1968], p.358.)

[②] *New York Hearld Tribune*, May 9, 1945, pp.1,8.

数百万难民使德国境内人数暴增,他们或栖居在屋顶已被掀去的地下室,或露宿高速公路上。人们靠着以物易物与黑市交易的方式取得生活用品。一个美国大兵随意留给德国女友的香烟,竟使她以此交换物品养活了全家人。只有"怪诞"这个词语足以形容战后那几年德国人的惨况,一如格拉斯的小说《锡鼓》中那个残废却富有洞见、身形矮小的主角一样。

分裂的国家

东西两阵营都紧握住半个德国作为"冷战"筹码。这让德国一直处于战事一触即发的边缘。东西双方都各自在所控制的领域内,进行于己有利的各项发展,也因此更加速导致德国内部的混乱与分裂。

旧德国官员从一开始便被纳入新国家与新市政府之中。1947 年春天的莫斯科会议之后,法国便放弃反对在西德建立中间派政府的坚持。于是 1947 年 5 月,英美占领区成立了中间派的德国经济委员会(German Economic Council)。苏联为此也于 1948 年 3 月 18 日(革命 100 周年纪念日)在东德召开"人民代表大会"(People's Congress)与之对抗。会上倡议建立一个统一的社会主义德国。苏联开始封锁柏林之后,西方盟国于 1948 年 9 月召开西德立宪会议。遵循德意志联邦共和国(西德)宪法(1949 年 5 月制定),第一个西德政府正式于 1949 年 9 月开始运作(仍受西方盟国的指导监督)。而东边则依据另一次"人民代表大会"于 1949 年 3 月通过的宪法,也在 1949 年 10 月建立了德意志民主共和国(东德)。

两个对立的德国同时并存的局面于是形成。两国的国内政治将受到"冷战"影响而趋向两极,是可以预见的。虽然由苏联所推动合并的社会民主共产运动(Social Democratic Communist movement〔社会主义联合党,Socialist Unity Party,SED〕),在苏联占领区内的自由选举中并未取得过半数的选票,①然而在新成立的东德政府单一选举(single-list election)中,却拔得头筹。虽然社会民主党人数较多,然而规模较小的共产党却能在社会联合党中掌握领导地位与政治运作。东德是一个一党专制的国家,其国家权力均由苏军 20 个师与共产党领袖瓦尔特·乌布利希(Walter Ulbricht)——曾参加莫斯科战役——所掌控。从 1945 年到 1971 年间,乌布利希任党书记,掌控整个东德。

西德于 1949 年到 1969 年整整 20 年间,都在阿登纳与其继任者所领导的基督教民主党的主政下,以新首都波恩为中心进行国家运作。自从基督教民主党于 1949 年的大选中获胜后,西方盟国已经很难再操控阿登纳了;而 1957 年基督教民主党也成为国内最大党。②分裂的德国为基督教民主党制造了一个人为的有利情势。不过,魏玛共和国时期的最大党——社会民主党,在天主教西德中仍然是人数最多的党。在东德,社会民主党被迫并入社

---

① 1946 年 10 月,在苏联占领区内的地方选举中,社会主义联合党的得票率仅为 45%;基督教民主党为 24.5%;工党占 24.6%。

② 231949 年 8 月西部占领区第一次选举结果为:基督教民主党 31%;社会民主党 29%;工党 21%;其他政党 5%;共产党 5.7%。

会主义联合党，而他们原来在自己的大本营——被占领的旧都柏林——中的所有财产，也被尽数剥夺。

西德的“经济奇迹”

在基督教民主党的领导下，西德在短短不到十年间，从战后废墟一跃而成为西欧最富裕的国家。经济复兴的第一步，从 1948 年 6 月 20 日的货币改革开始。在那个周日，每一个西德人都得到了 40 个德国马克(Deutschmark)，用来兑换手中的 40 个帝国马克(Reichsmark)。[①]从这个新的开始之后，西德在储蓄、买卖、投资等方面的经济活动再度活跃，囤积品进入市场，黑市萎缩。西德人开始了他们战后的“经济奇迹”。

西德经济复苏的实现，归功于阿登纳的经济部长路德维希·艾哈德(Ludwig Erhard)及其继任者。他们采用了比英法等福利国家更多的市场导向政策。英法自由主义的经济政策，无法解决 30 年代经济大萧条的问题，因此 1945 年之后便改采国家部分干预的混合式经济的形式。在纳粹的经济控制之下，经历了 12 年的经济短缺与挫折，使西德选择解除大部分的经济控制，释放经济竞争力并鼓励私人企业的措施。艾哈德将之称为“社会市场经济”。某位时事评论家将之解释为“有社会良心的经济自由企业”。[②]该种制度以奖励为核心，除了鼓励重建家园之外，各种税收都用于奖励经营者的再投资与工人超时工作。而最终极的鼓励是人人都有机会成为富人。20 年过后，有 16000 名德国人表示他们的年收入超过 100 万德国马克。[③]“社会市场经济”所具有的“社会良心”，体现于提供劳工福利保险的俾斯麦主义(Bismarckian)传统，而非工资的给付方式。为了让经济迅速起飞，也为了积极打造未来远景，西德劳工承受了许多负面效应，例如低工资与改革之初的高失业率。

西德的经济奇迹要归功于多种混合的因素。努力且守法的公民，在重建家园的激励下受到鼓舞；西方盟国放弃对德经济的限制，并解散属于西方盟国的大型财团；来自东欧的 1200 万难民提供了廉价的劳力，成为西德的助力而非负担；无须投资资金、扩充军备或进行殖民战争。此外，让人感到意外的是，1951 年到 1953 年间，朝鲜战争还刺激了德国机器的出口。只有极少数人会将西德的成功单独归功于自由市场政策或社会市场经济——包括经济发展计划、广泛的社会保险与公共投资。不过，西德的经济成功确实开启了 50 年代全西欧逐渐回归“自由放任主义”经济政策的大门。

与此同时，东德在 50 年代陷入长期的贫穷。这是由于苏联当时在这块旧德国的农业区强征了约 7000 万马克的战后赔款(西方盟国在 1945 年之后，从西德征得的赔款金额的 200 倍)。这块地区的面积仅相当于美国俄亥俄州的大小。在 60 年代，东德的工业也几乎没有成长的迹象，许多东德的年轻技师逃往西德发展。

---

① 约与当时的 10 美元等值。其余的现金、银行存款或其他财产，如保险单、退休金等，则以面值的 1/15 兑换。

② Alfred Grosser, *Germany in Our Time*(New Youk, 1971), p. 177.

③ 多于 26 万美元; ibid., p.186.

不论是乌布利希还是阿登纳政府都受宪法约束,意即他们都不可能永久执政。不过他们实际执政的年数都比希特勒长久。虽然仅有少部分的德国人可以接受两边分治的德国,然而谈到统一,不论是哪一种统一形式,似乎都得看最后究竟东西双方哪一边获胜,方能下定论。

16.6 苏联的重建与正统

苏联是除了德国之外,面临最艰巨经济重建问题的交战国。至少有 1800 万的人民死于战争,而整个苏联西部地区——战前最高度发展的地区——也被战火与焦土政策战略所摧毁。斯大林下定决心,不但要使苏联恢复战前的经济水平,更要建立一个与苏联战后获得的新的国际地位相称的工业基础。此时苏联拥有欧陆最强的军事力量,并居“友好”国家的领袖地位。

为了达成目标,苏联有两个选择。一是求助西方盟国以复兴经济,不过这对斯大林想保有政策自由的心情而言,代价不菲。斯大林无论如何都无法释怀 1945 年美国突然终止“租借法案”的约定,而苏联欲自德国占领区索取赔偿的争议仍然未决。因此苏联的选项便只剩下回归到 30 年代时,自人民劳动中获取发展资金的政策。从东欧人民与德国战犯获取重建资金并不困难,然而除此之外,重建复兴仍然得靠苏联人民愿意再次勒紧腰带度日才行。1946 年到 1950 年间,住宅极度不足,以致新婚夫妇必须与亲戚多年同住一间房间;当日用品的生产量被限制在最低时,苏联领袖们投入建设首都的费用比 1928 年五年计划之后的 13 年间超出许多。政府的重建成就可以说是建立于获得每一个苏联劳工(不分男女)身上每一块戈比的剩余价值之上。由于苏联男人大多在战争或内战中死亡,女性占医师的 74%、农业劳动者的 56%,此外,她们还承担大部分看管与清洁的工作。[①]苏联以独树一帜的方式建立了符合其世界强国地位的工业基础,然而其背后支撑此种荣耀的却是挤在小房间中、以最低生活条件度日的所有人民。

以强制获取内部资源进行的国家重建,同时意味着在境内实施严格的政治控制。不同的重建方式加深了东西欧的隔阂。接下来,我们将分述东西欧的不同,以使读者获得更加深入的了解。

[①] Dorothy Atkinson, Alexander Dallin, and Gail Warshowsky Lapidus, eds., *Women in Russia* (Stamford, Conn., 1977), pp. 205, 208, 214.

17–1　冷战局势陷入紧张时刻。图中为 1960 年 9 月 23 日在联合国大会中高声疾呼的苏联共产党总书记赫鲁晓夫。当时苏联在领域上空击落了一架美国侦察机，而联合国正介入刚果内战。赫鲁晓夫要求立即终结殖民帝国，并以“三头政治”取代联合国秘书长，以此象征苏维埃社会主义共和国联盟是一群不与西方结盟的国家。

第 17 章

从斯大林到赫鲁晓夫的苏联集团

17.1 苏联:从经济萧条到“去斯大林化”

人们曾经预期,战争的结束,可以为苏联那封锁严密的社会打开一条让他们呼吸外界空气的缝隙,但是事实却正好相反。某些意识形态确实随着卫国战争(Great Patriotic War)而弱化。在战时物资短缺的时代里,很多苏联公民已经与西方世界有所接触,他们也遭遇了宗教的复兴与小型私营农场的再现;在西方国家的占领区里,他们甚至在非共产党统治的状况下生活了许多年。战后,苏维埃政权感到这些战时的意识形态弱化是对正统思想的威胁,再加上苏维埃战俘的释放(有些人不愿意回来),以及同化那些新近从波兰、捷克斯洛伐克、罗马尼亚与波罗的海诸国取得的土地上的人民,国内问题变得更加复杂。

斯大林的重建策略也要求强化正统思想。战后初期(1946—1948),他主要的助理官员是日丹诺夫(Andrei Zhdanov)——列宁格勒围城时期的领袖与新一代政党官员的代表。他胸襟特别狭窄,服务苏维埃国家的生涯远长于反对沙皇制度的生涯[①]。日丹诺夫在 1946 年说过,各种形式的文学和科学都要服从政权的政治需要。

艺术沦为一种麻木不仁的顺从工具。伟大的制片人爱森斯坦的《亚历山大·涅夫斯基》(*Alexander Nevsky*)曾于 1938 年以后燃起俄国人的爱国精神。后来,他因为在《恐怖的伊凡》(*Ivan the Terrible*)中明目张胆地描写暴君的道德沦丧而惹上麻烦。20 世纪 30 年代后期,作曲家普罗科菲耶夫被说服从美国加州返回苏联,结果发现他的作品因政治批评而受阻。很多作家默不作声。诗人帕斯捷尔纳克(Boris Pasternak)靠翻译维持生计。至于政治干预科学最著名的例子,是李森科(Trofim Lysenko)在生物学上所发挥的力量。李森科是一位确信后天的特性可以遗传的农学家,他的信念与斯大林认为改变环境就可以改变人类的信念相符。李森科在苏联生物学上的优势地位,使苏联的遗传科学足足瘫痪了近一代人之久。

即便是冷战格局尚未在国际关系中出现清楚的雏形之时,苏维埃的强制劳动营里依然充满了实际或潜在的异议者。劳动营里有被释放的战俘,其中有些人从希特勒的劳动营直接就被送进了斯大林的劳动营;有斯大林在纳粹进逼之前即已被预防性驱离的民族团体,例如伏尔加河的日耳曼人,以及其他与侵略者勾结的人,例如克里米亚半岛的鞑靼人;也有因为战时直言不讳而遭监禁的俄国年轻人。在战前曾经接受过数学专业训练的军官索尔仁尼琴(Aleksandr Solzhenitsyn),因为曾经在写给朋友的信里批评斯大林,而在战争结束时于

---

① Vladislav Zubok and Constantine Pleshakov, *Inside the Kremlin's Cold War* (Cambridge, Maa., 1996), pp. 8, 115。日丹诺夫 1917 年时仅有 21 岁。

17-2 1953 年 3 月 6 日，斯大林的继任者排列在其灵柩之前：从左到右分别是莫洛托夫、伏罗希洛夫、贝利亚、马林科夫、布尔加宁、赫鲁晓夫、卡岗诺维奇与米高扬。

德国被捕。在前往十二年牢狱生活的途中，他经过莫斯科地铁的一道长长的电梯。当他望着对面那些不认识的陌生人随着电梯一道上升时，索尔仁尼琴下定决心要成为一位作家，告诉他的同胞们有关另一个国家的故事，一个即便是在苏维埃凯歌高奏之时也仍旧在迅速成形的囚犯的世界。[①]不过，在索尔仁尼琴的名字传遍苏联所有城市之前，冷战使得环境变得更加苛刻了。

冷战的日趋紧迫也加剧了苏维埃政权的紧张。因为全力重整军备，所以苏联工业重建的负担更加沉重。已经不敷使用的资源被用去进行庞大的军事研究与发展计划，制造出原子弹(atomic bomb，1949 年试验)、热核弹(thermonuclear bomb，1953 年试验)、高性能的米格 15 喷气式战斗机(MIG-15，1949 年服役)，以及足以发射世界第一枚太空卫星斯普特尼克号(Sputnik，1957)的强力火箭。斯大林坚持西方有侵苏意图，凸显了他偏执狂般的猜疑、对支配权的渴望，以及对无限的警察控制的喜好。在斯大林执政的最后几年里，苏联人民是活在预期战争发生的阴影与严酷的压制之下。

秘密警察的首领贝利亚(Lavrenti Beria)，是斯大林得力助手。1953 年 1 月，当九名犹太医师因为被控谋杀苏联军官而被捕时，似乎可以闻到一场新的大清洗即将发生的味道，即一场更公开的反犹主义的大清洗。但是，在“医生阴谋案”的影响扩大之前，斯大林却于 1953 年 3 月 5 日死于中风。权势超过历代沙皇的斯大林被葬在克里姆林宫红墙内的列宁墓里，躺在列宁的身旁。无数人参与了出殡，有数十人被踩踏而死。

17.2 1945 至 1953 年的东欧：成为苏维埃附庸的继任国

1945 年以后，对易北河东的欧洲人的生活最具影响力的事件是苏联的出现。苏联军队以 200 个师占领了东欧，人们根本无法对抗苏联政权的意志。1919 年东欧的和平解决方案，

---

① Aleksandr Solzhenitsyn, *The Gulag Archipelago, 1918-1956*, trans. Thomas R. Whitney (New York, 1974), pp.17-18.

希望能通过满足各民族建立属于自己的独立国家的心愿，来填补因为三个多民族的大帝国——奥匈帝国、奥斯曼帝国与俄罗斯帝国——的灭亡所出现的空隙。但是，实际上那些继任国还是深感不满：他们的人民种族不同，政治体系与国界充满纷争，经济封闭而且落后。已经复兴的德国，在经济大萧条时建立了自己的经济优势，并在第二次世界大战时巩固了所拥有的一切。

大战使俄国取代了德国在东欧的地位。各强国多少违反和约的规定，在本国军队解放的地区，发展建立自己的体系。但是不论西方同盟国有多么想要取得对东欧事务的发言权，他们并未实际占有那个区域，而且他们也不想要以苏联在他们已经解放的地区（如意大利或日本）拥有发言权，来作为交换条件。西方的同盟国并不准备在军事上或精神上挑战苏维埃在东欧的势力范围。1945 年时，人们还不清楚为了顺应自己的经济和政治体系，苏联将会多接近那些"友好"国家。

最后，除了奥地利以外，共产党政权严密控制了所有苏联军队于 1944 至 1945 年间曾经入侵的国家：波兰、捷克斯洛伐克、匈牙利、罗马尼亚、保加利亚、南斯拉夫①、阿尔巴尼亚和东德（1949 年以后改名为德意志民主共和国）。这些地区共有 9000 万人口——几近苏联总人口数的一半，完全依附在苏联的经济、政治和军事体系之下。苏联称那些国家为人民民主国家（Peoples' Democracies）。但是心怀敌意的西方国家则称之为"卫星国"。

民族阵线政权：1945 至 1947 年

起初斯大林并没有建立由共产党一党专政的政权。直到 1947 年末或 1948 年初，他仍然允许非共产党员和本国共产党员共同执政。其他后希特勒时期（post-Hitlerian）东欧的群众政党——社会民主党、平均地权政党或农民党——在民族阵线里拥有相当大的行动自由。

没有人预想东欧会回归到两次世界大战之间的情况，很少人期待社会状况恢复旧观。东欧各国初期的议会体制，几乎都转变成各种形式的独裁政府，议会政治没能在东欧开花结果。由于与纳粹合作，因此所有的政权与大部分的统治阶层都声名狼藉。东欧依然是古老的农业地区，大多数农村就业不足，在人们渴望拥有土地的状况下动荡不安。东欧的公司大多是外资企业，而且，因战火而元气大伤的大规模商业与工业，较适合国有化，较不适合自由市场经济。自由市场经济不曾在这个地区顺畅运作。东欧甚至比西欧更乐于抛弃在两次大战之间已经信誉尽失的自由市场经济制度。

不过，与 1918 年到 1920 年时相比，1945 年的东欧并没有来自基层民众的革命浪

① 1948 年，铁托元帅拒绝接受苏维埃控制他的秘密警察与军队之后，南斯拉夫虽然还是个共产国家，但却已经脱离苏联的控制。因为南斯拉夫和阿尔巴尼亚一样，并未依靠苏联军队获得国家解放。所以共产党领导的抵抗运动以革命夺取政权并实施一党专政，这与直到 1947 年还在苏联控制区内的民族阵线政权不同。因此，南斯拉夫起先是偏向"左派"的苏维埃政策，后来又转向右派政策。

潮。除了不在苏联掌控之下的南斯拉夫和阿尔巴尼亚之外,俄国的解放者并没有碰到宣称为革命人民要求主权的自发性组成的苏维埃或工人农民代表会。斯大林也无意激起这类行动。他感兴趣的是掌控俄国的西进政策,而不单只是恢复 1917 年时的领土。即便如此,苏联也无意扼杀所有地方上要求变革的期望,而是以有利于掌控的方式,来疏导当地的骚动。

土地的重新分配,是东欧的民族阵线政权最具革命性的行动。或许可以用罗马尼亚为例。属于农民阵线(Plowman's Front)的平均地权主义领袖格罗查(Petru Groza),在罗马尼亚投降后不久,就在共产党的支持下迫使米哈伊尔国王(King Michael)任命他担任首相。根据 1945 年 3 月 23 日通过的法案,国家将征收所有面积超过 50 公顷的土地,以及那些面积超过 10 公顷而且已经休耕七年的土地和通敌者的土地;这项法案通过时,德国还没有战败。将近 80 万户农民分到平均约 3 英亩的土地。虽然罗马尼亚在 1919 年与 1920 年时所实施的农业改革,牵涉到更多的土地(超过 100 万户农民分配到平均约 9 英亩的土地),但是在 1945 年所实行的这个措施,确保了小农的胜利。整个东欧,从波兰到保加利亚,约有 300 万户农民通过类似的征收行动,分配到大约 600 万英亩的土地。

以让人联想到 1917 年时列宁的土地策略的方式,民族阵线政权承继了平均地权论者的政策,并且得到很多农民的支持。但是,对共产党来说,急速完成一战后的土地改革,并非没有危险性。在农产量偏低的地区,他们的土地分配政策创造了许多效率低下的小地主。为数众多的小地主会激烈地抗拒任何朝集体化迈进的政策,而且也为共产党主要的竞争敌手——平均地权主义政党——留下发展的肥沃土地。主张平均地权论的政党,对小地主可以安全地长期拥有土地的承诺,比共产党更具说服力。

东欧民族阵线另一个重要的国内政策是,关键经济领域的国有化。本地共产党支持他们在民族阵线里的社会民主党盟友的旧方案。因为在转而依赖德国之前,东欧主要的工业和矿产必须依赖法国和英国,此外,东欧境内本地的中产阶级规模本来就比较小,所以对东欧的钢、煤、大银行和保险公司国有化的反对声浪不大。

即使是东欧唯一的工业化国家,而且境内也拥有大批本地中产阶级的捷克斯洛伐克,在政府要将重要的经济领域国有化时,也没有遭遇什么困难。捷克斯洛伐克有发展完善的工会运动,以及强有力的马克思主义政党。此外,国内很多大工业家都是外国人或者是通敌的捷克人,他们在苏联军队进驻之前早已逃之夭夭。以共产主义和社会主义劳工为主的临时政府安排政府官员临时接管上述资产。因此,捷克斯洛伐克的前慕尼黑统治者于国家解放后回国以前,大部分的国有化实际上都已经展开。1945 年 10 月的总统令,将所有与国家利益切身相关的经济领域(矿业、金属业、电力业、军备事业、银行业与保险公司),以及所有拥有超过 120 名到 500 名员工的公司,依据所涉及的企业种类,划归国有。正如西欧的情况一样,捷克社会民主党比捷克共产党更加渴望进行全面性的国有化,而在这个阶段里,捷克共产党的兴趣则是维持广结的政治盟友。民族阵线把 3/4 的捷克工业国有化,这些工业所雇用工人的约占捷克工业劳工的 2/3；[①]不过，规模较小的企业与大部分的商业依然掌握在私人手中。虽然政府承诺要给予补偿，但是当 1948 年共产党掌权时，却依然没有支付补偿金。接着，共产党就将所有员工人数超过 50 名的公司收归国有。

民族阵线的农业与工业政策，都建立在地区民族主义之上。因为大部分的斯拉夫农民，长久以来始终忍耐日耳曼与马扎尔地主和债权人的无理要求，所以东欧的土地改革特别具有民族主义的色彩。东欧最后一批日耳曼大地主，现在都因为他们祖国的败战而被扫荡尽净，而罗马尼亚的马扎尔人地主则降格为小地主。在支持渴望拥有土地者与民族主义者紧密结合的状况下，共产党为自己赢得了一些朋友。长年担任党书记（1956—1970 年）的波兰共产党党员哥穆尔卡（Wladslav Gomulka），于 1945 年时让波兰人在日耳曼人已经撤离的奥德河与奈塞河东方地区上安顿下来。波兰与其他各地的共产党，利用这种方式赢得为"为斯拉夫人和罗马尼亚人向'优秀民族'复仇"的美名。[②]

最后，人民阵线因为战后高涨的反法西斯主义与反德情绪而获益。那些在 1945 年将数百万名日耳曼人赶离家乡的波兰人与捷克人，认为苏维埃政权的统治将远比纳粹的暴虐无道好。他们需要俄国人，远胜俄国人需要他们。战后的清算行动为新的政治精英分子开启一条大道，特别是在那些先前曾经是独裁政体与君主政体的国家，如匈牙利、罗马尼亚和保加利亚。这些国家过去的领袖与主要的企业家都曾经与纳粹党合作。虽然在解放运动之后，东欧的民族阵线政权所处死的通敌者，未必多于西欧政权，[③]但在苏联所占领的东欧，领导职位的空缺很快就由共产党党员填补了。

民族阵线政权建立在经历过战争与占领时期的漫漫长夜后，人民要求改变与更新的国内压力之上。鉴于在两次大战之间，继任国实行民主制度的失败，所以东欧人民对恢复 20 世纪 20 年代时的议会政治兴味索然，这与西欧人兴高采烈地恢复自己那完善的自由主义制度的状况截然不同。

苏联的控制程度

事实上，斯大林并没有一视同仁地对待所有的东欧国家。苏联的控制大部分是针对与其国界接壤的国家：波兰、罗马尼亚与保加利亚。波兰——锁住德国的钥匙，显然是他们所要控制的优先目标。我们已经看到，早在 1943 年，斯大林就与伦敦的波兰流亡政府决裂，并且在莫斯科筹组一个共产主义的临时流亡政府。在雅尔塔会议与波茨坦会议里，西方的同盟国曾经说服斯大林，让两位伦敦波兰流亡政府的人士加入新政府，其中包括农民领袖米科拉伊奇克（Mikolajczyk）。当 1947 年 1 月波兰最终举行选举之时，大部分的工业都已经国

---

① Josef Korbel, *The Communist Subversioin of Czechoslovakia, 1938–1948: The Failure of Coexistence* (Princeton, N.J., 1959), p.165.

② François Fejtö, *Histoire des démocraties populaires* (Paris, 1952), p.150.

③ 在保加利亚超过 2000 人；在捷克斯洛伐克为 362 人，其中有 250 人是日耳曼人。法国则处死约 1500 名到 1600 名通敌者。

有化,而且反对党也受到警方与共产党的刁难。在共产党在这些选举中获得胜利之后,米科拉伊奇克于 1947 年 10 月流亡国外,自此,波兰政府实质上已经变成苏联的附庸政府。1949 年到 1956 年间担任波兰军队总司令的罗科索夫斯基(Konstantin Rokossovsky)元帅,是一位俄国军官。

苏联也下定决心贯彻对罗马尼亚的控制;因为罗马尼亚不但是紧邻国境的重要国家,而且于 1941 年以武力侵略了乌克兰。虽然年轻的米哈伊尔国王在 1944 年时,曾经匆忙改变了他的立场(并且因此获得苏联的胜利勋章),但是他不得不从平均地权论者与共产党组成的政治联盟——民族民主阵线(National Democratic Front)中选择战后的第一任首相。一年半以后,1946 年 11 月举行第一次选举。反对党受到刁难(在罗马尼亚,反对党始终如此)。虽然苏联夺走了罗马尼亚的东方与北方领土,但是罗马尼亚也在苏联的指示下从匈牙利手中收复特兰西瓦尼亚,他们一直都需要苏联的支持。

保加利亚的情况最简单。这个国家由小农组成,在语言、宗教与文化上与俄国类似,甚至在沙俄时代,保加利亚就对俄国有很强的感情。1945 年 11 月那场相对来说比较自由的选举中,共产党与平均地权论者组成的政治联盟——祖国阵线(Fatherland Front),以压倒性的胜利取代了君主政体,后者曾经是顺从的轴心国附庸。

在这段"二元"时期里,苏联对比较不具战略重要性的国家的控制,如捷克斯洛伐克和匈牙利,更加松散。捷克斯洛伐克是东欧通例中的例外。捷克斯洛伐克是位于东欧这个农业海洋里的一个工业岛屿,是一个拥有大量中产阶级与工人阶级的东欧国家,也是在两次大战之间具有政治民主经验的国家。捷克斯洛伐克也是唯一的,甚至在第二次世界大战以前就拥有大规模本地共产党的东欧国家;也是唯一由战前领袖再度重掌政权的国家。在这段"二元"时期里,战前的民主主义领袖——贝奈斯总统和外交部长马萨里克(Jan Masaryk)试图一面利用国内的政治自由主义维持社会民主政体,一面与苏联保持密切的外交关系。

早在 1943 年的 12 月,贝奈斯总统——当时流亡于伦敦——便曾访问莫斯科,与斯大林缔结同盟条约与战后合作协议。贝奈斯告诉斯大林,战后捷克斯洛伐克政府的一言一行,都将"惟苏联政府马首是瞻"。[①]贝奈斯与苏联密切合作但颇具争议性的选择,是基于他对战后德国复兴的担忧,对英国与法国幻想的破灭,以及对战后东欧可能出现的权力关系的现实解读。

虽然后来苏联在东欧的势力之庞大,远远过 1943 年时贝奈斯(或者任何其他人)的想象,但是刚开始时他的盘算似乎是可行的。在苏联解放布拉格之后,他们允诺恢复战前的捷克斯洛伐克共和国和所有政党,并且由贝奈斯继续担任总统。苏联将捷克斯洛伐克东部顶

① 引自 Vojetch Mastny, *Russia's Road to the Cold War: Diplomacy, Warfare, and the Politics of Communism, 1914–1945* (New York, 1979), p.137.

端的领土(那里的罗塞尼亚人说乌克兰方言)割让出去,贝奈斯则得到保证德国将再不会重获苏台德地区,那里的所有日耳曼人都已经被驱逐出去了。1945 年底,苏联的军队撤离捷克斯洛伐克。在 1946 年 5 月的自由选举中,建立在牢固的战前基础上的共产党,赢得了 38%的选票。他们的领袖——哥特瓦尔德(Klement Gottwald),在由社会主义者及贝奈斯的自由主义追随者组成的联合内阁中,是总理的当然人选。贝奈斯的政权是一个尝试,以了解相对开放、多元(pluralistic)的政权,是否可能自愿与苏联合作,成为苏联非共产主义的"友好"邻邦。

匈牙利是一个境内绝大多数人民都务农的国家,在海军上将霍尔蒂(Horthy)与轴心国合作的政策下,匈牙利的上层阶级都深受牵连。因此,在 1945 年 11 月的自由选举——是匈牙利充满动乱的历史上最自由的一次——中,由农民组成的小地主党(Smallholders' Party)赢得绝对多数的选票,他们的领袖泰尔迪(Zoltán Tildy)成为新匈牙利共和国的总理,就显得不足为奇了。共产党囊括了 17%的选票。当时苏联似乎并没有努力想将匈牙利纳入旗下。

那些大部分由当地的共产党与其他政党在苏联军队的监视下共同执政的东欧二元政权,可以永远长存吗?斯大林可以容许友善但多元的非共产主义邻国吗?在大战刚结束不久满是瓦解与混乱的岁月里,这些混合政权可以克服那些在两次大战之间,他们的前辈除了利用某种形式的独裁统治以外,无法解决的问题吗?

这些问题很快就变成了学术问题。从 1947 年的夏天到 1948 年年初,斯大林把所有苏联士兵到达之处,都纳入共产党一党专制的控制之下。

苏联在东欧的镇压行动

苏联采取镇压行动的第一个预兆是全面攻击整个东欧的共产党敌手——拥有大批追随者的改良派农民政党。1947 年 7 月,罗马尼亚国家农民党(National Peasant)与国家自由党(National Liberal)被解散,而农民党的领袖梅纽(Iuliu Maniu)则被判终生监禁。就在同一个月里,保加利亚的改良派农民党领袖柏科夫(Nikolaj Petkov)被送上审判台并被处死。在匈牙利那充满威胁恫吓的 1947 年 8 月的选举中,小地主党的多数派得票数下降。1947 年 10 月,波兰的改良派农民党领袖米科拉伊奇克逃往国外。1947 年 9 月,在波兰的一次秘密会议中,东欧共产党和苏联同意成立一个国际性的指导组织——共产党情报局,以接续已于 1943 年被斯大林解散的共产国际。日丹诺夫向会议代表解释,成立共产党情报局的目的是为了回应世界分裂为两个对立"集团"的新局势。最后一个步骤是更换政权——罗马尼亚的米哈伊尔国王于 1947 年 12 月底正式退位。共产党于 1948 年 2 月取得捷克斯洛伐克的政权。从 1947 年夏天到 1948 年初的六个月里,所有的民族阵线的,或者说二元的政权,都已经被一党专政的共产党政权取代。

虽然事实已经足够明朗,但是其背后的意图则难以解释。对于那些相信斯大林始终意图染指东欧的人来说,1945 年到 1947 年这段时间只不过是准备期。但是也有可能是由于两大压力，他才采取了压制手段：他需要利用东欧的财富来进行重建工作；他担心除非采取直接管理的方式，否则将失去对东欧的控制。从这个观点来看，事情的转折点是1947年6月宣布的马歇尔计划。捷克、波兰与匈牙利对马歇尔计划的兴趣，是混合式政权可能会被正在复苏的西欧经济打动的警报。

1948年2月接管捷克这件事，很清楚地让人联想到，斯大林开始担心自己在战后东欧的地位下降的问题。1948年初，捷克政府的非共产党成员提议全体总辞职并且举行新的选举，但是在新选举中，共产党不可能如1946年般再度赢得38%的选票。贝奈斯总统在1948年2月21日接受内阁总辞。共产党和工会以占领布拉格的政府重要机关，并阻止重新举行选举作为回应。就某种意义来说，1948年2月的布拉格政变，是先发制人以防止捷克斯洛伐克滑回西方势力范围的行动。但是，在那以后，共产党就强迫贝奈斯组成由哥特瓦尔德领导的共产党政府。3月10日，外交部长马萨里克被人发现死在外交部中庭，死因是自杀，[①]而当贝奈斯于9月死亡时，共产党的一党专政政权就再也没有任何障碍了。捷克政变的消息举世震惊，不但让西方各国相信斯大林不会容忍任何让共产党无法彻底控制边境邻国的阻碍，同时也引起欧洲人对其他地区共产党可能发动政变的恐惧。

人民民主国家

东欧的新共产主义政权称为人民民主国家（Peoples' Democracies），以便与更"先进"的苏联社会主义国家区分。他们的宪法具有议会制度的形式，并且保障一般的自由权。但是实际上，是由共产党和秘密警察掌握大权。在20世纪40年代晚期与20世纪50年代初期，一连串的清洗行动，使地区共产党都纳入苏维埃的直接掌控之下。有些战前的本地共产党领袖（其中最著名的是匈牙利的拉伊克〔László Rajk〕），以及犹太党员，如匈牙利的波克（Anna Pauker）、捷克的斯兰斯基（Rudolph Slanský），和其他十位捷克斯洛伐克的犹太共产党领袖，在走过场般的审讯之后都被处死。苏联的追随者代替他们的位置。只有依靠自力解放，并且与苏联没有接壤的南斯拉夫得以幸免。尽管斯大林首先是想控制南斯拉夫，之后又想消灭它，但是在1948年以后，南斯拉夫依然得以维持与苏联集团分离的国家共产主义政权。

东欧的卫星国必须适应苏联重建的经济需求，因此在1948年以后各国不得不忽视农民的激烈抗议，强制实施小农场集体化。五年计划自1948年起开始实施，过剩的劳动力转而投入工厂生产。先前与西方的贸易关系中断。举例来说，捷克贸易额中苏联所占的比例，从1947年的6%，提升为1950年的27.5%，然后再跃升为1956年的34.5%。1947年时，东欧作为一个整体为将近一半的苏联出口产品提供市场，同时又供应着苏联三分之一以上的进口产品。根据共产主义阵营国家的国家贸易部门间的商业条约，苏联以低价买进输入其

① 有证据显示他是被人推落而不是自己从窗户跳楼自杀。

他国家的工业产品，但是人民民主国家却要以高于世界市场的价格买进从苏联进口的原料。这些不利的贸易条件，无疑是强迫卫星国捐助苏联重建的经费：据估计，总数约达 200 亿美元。苏联的予取予求延缓了东欧的复苏，并使东欧在西欧已经恢复繁荣很久之后，依然还是个前景惨淡而且痛苦的地区。

强制集体化

1947 年以后，一个接一个的东欧国家，以高压政治取代劝说的方式，努力把家庭农场转换为集体农场。在与苏联最亲密的卫星国家保加利亚境内，更加如火如荼地展开集体化的过程，在一年内就将 37 万个农场集体化。1952 年底，保加利亚国内 52%的耕地已经集体化。虽然波兰、匈牙利与罗马尼亚的集体化过程比较缓慢，但是最终的目标是非常清楚的。

虽然激烈的程度不如 1929 年到 1931 年间在苏联展开的集体化运动，但是土地集体化确实需要动用到武力，而且也会因为引起人民的极度痛苦而遭到反抗。在起初的公然反抗之后，农民们转而采取传统的策略，只热心照料授权各户家庭自用的 1 英亩大小的土地，而忽视集体化农地。如同在苏联的情况一样，在整个战后时期里，农产品产量低，造成以农立国的东欧政权的大失败。举例来说，据估计在波兰的集体式农场里，有超过一半的农产品产量，是来自于农民私有的一小片土地。

因为无法从农业取得多余的财富，所以必须降低消费量才能帮助工业成长。在 1949 年以后，所有人民民主国所采用的五年计划，都将重心放在高成本的商品，导致消费商品产量不足。如同上文所述，各国与苏联之间签订了不利的贸易协定，致使人民的生活更加捉襟见肘。当然，不论采用哪一种社会制度，以农业占优势的东欧，在经济成长上都将会比西欧落后。尽管如此，苏联的经济卫星国，仍然汲汲努力，不但想从无情战火的破坏中恢复国力，而且还想要胜过西欧。因此，东欧人民便只能过着难以承受的单调而且辛苦的生活。

17.3 苏联的权力斗争：1953 至 1957 年

1953 年斯大林的去世，让苏联落入“集体领导”手中。不过，这不是依循宪法原则而产生的结果，而是因为没有哪位斯大林的战友能够立即控制其他人所造成。在集体领导的外表下，他们在到目前为止只有靠着篡夺和处死，才能在继任执掌政权的体系里争夺权力。

安全部门的首脑贝利亚拥戴马林科夫(Georgi Malenkov)。后者曾经担任斯大林的私人秘书，是一名出身中产阶级的政党官员。在贝利亚的支持下担任总理的马林科夫，出台了一个新的方针，增加了获得消费商品的可能，是自战争以来的第一次。他也提倡与西方和平共存。但是主张采取强硬路线的人反对共存，他们相信坚强的共产党人在经历了原子弹交战后，可以活得比软弱的资本主义消费者好，并且质疑马林科夫认为资本主义可能不会灭亡的观点。

贝利亚是"集体领导"中第一位垮台的成员。他偏好以警察实施专制独断,所有其他的人联合起来反对他。他们秘密计划于 1953 年 6 月逮捕他,并且尽快将他处死。贝利亚是他自己发起的清洗行动中的最后一位牺牲者。最后,全力排挤同僚并于 1957 年成为首要领袖的是赫鲁晓夫(Nikita Khrushcher)。

和大多数斯大林的继承者不同,赫鲁晓夫真正出身于贫户,纯粹是靠自己的性格、智慧与意志力量打出一片天地。由于父亲原本是乌克兰煤矿区顿巴斯(Dobass)的农民,后来又当过矿工,所以年少的赫鲁晓夫一直到二十岁还目不识丁。他的第一任妻子死于 1921 年的饥荒。从一个冶金工人,到成为矿区监督的赫鲁晓夫,一直到 1938 年才在乌克兰共产党(Ukrainian Communist Party)里发迹,当时他 44 岁,是当地的党的领袖。在纳粹占领与解放运动期间,负责乌克兰地区事务的赫鲁晓夫,比大部分苏维埃领袖更亲近一般士兵和公民。他喜欢与普通百姓争辩,并不亚于与政府领袖辩论。英国的新闻记者克兰克肖(Edward Crankshaw)记得他"愿意让自己的靴子沾满泥浆",与站在田中央的农民争论什么方法最适合栽种马铃薯。[1]有一次在联合国大会发表演说时,他脱下鞋子来敲击讲台,以强调他的演说内容。

赫鲁晓夫在 1953 年以后接替斯大林成为党书记,。一开始,他支持保守派人士对抗马林科夫的增加消费商品及与西方和平共存的提议。当马林科夫于 1955 年辞职之后,赫鲁晓夫开始采纳那位已经被撵走的总理的政策。1956 年 2 月,他采取了令人吃惊的主动出击,在第二十届党代表大会的秘密会议里,指责斯大林的罪行,对抗主张采取强硬路线的人。

"去斯大林化"与"解冻时期":1956 至 1964 年

1956 年,赫鲁晓夫在秘密会议里的反斯大林报告,可能是自列宁在 1917 年 4 月抵达列宁格勒芬兰车站时向群众发表的演说以来,俄国最具影响力的一篇言论。虽然每个人都零零碎碎地知道斯大林的清洗与放逐行动(赫鲁晓夫全程参与)的残酷,但是其中的底细,加上赫鲁晓夫对斯大林的新指控——在 1941 年面对德国侵略时的无能,使整个事件更加完整地暴露出来。这篇演讲的内容很快就外泄,在整个苏联激起不安与怀疑的社会气氛。在斯大林的家乡格鲁吉亚,有些学生在他的支持下举行示威游行;少数改革派人士精神振奋;大部分的苏联公民只是希望拥有比较好的生活。这篇演说撼动了苏联在东欧的附庸政权与外国共产党之间的权威。

在 1956 年的匈牙利反叛之后,[2]赫鲁晓夫的同僚试图拉他下台。他们组成了统治机关——党中央委员会的主席团(斯大林时代的政治局)——里的多数派。赫鲁晓夫越过主席团,直接向与他交好的地方党领袖所组成的中央委员会全体委员发出呼吁,并在 1957 年 6

---

[1] Introduction, *Khrushchev Remembers* (Boston, 1990), p.xiii.

[2] 参阅下文。

月赢得了多数派选票。此外,他还将他称为“反党集团”的人,[①]下放到地方担任无足轻重的职务。这些人没有被处决,代表着一种进步。赫鲁晓夫现在登上了苏联统治者的宝座。1958 年 8 月,他将党书记与总理(部长会议主席)的职务都掌握在自己手中。

既然赫鲁晓夫也曾经忠实地执行斯大林在乌克兰的清洗行动,为何他还可以利用告发斯大林来动摇整个苏联呢?他承认自己受到斯大林的影响;他曾经为斯大林的辞世痛哭流涕。[②]他可以轻易地将所有的暴行归咎于声名狼藉的贝利亚。促成这篇演说的可能动机之一,是为了标志一个新的开始。大部分的学者认为,赫鲁晓夫试图通过指责斯大林对他们的祸害,来败坏那些保守派同僚的名声,并以此巩固他的势力。赫鲁晓夫确实没有民主的观念,他的目标只是净化沾染了斯大林主义的列宁主义以“建立社会主义”。但是他似乎真诚地相信,为了苏联的经济表现和国际声望,较不专制的统治是必须的。

苏联社会自斯大林掌权以来发生了巨大转变。这意味着独裁者的心血来潮已不再是控制苏联社会的最佳办法。1920 年时苏联只有 10%的城市人口,但是到 50 年代晚期,有一半的苏联公民居住在城市里;曾经大多是文盲农民的苏联公民,现在却产生了许多工程师、科学家与技师等受过教育的精英分子,他们虽然忠于政府,但却要求更多的职业与个人满足。为了让苏联这个新的超级大国能够顺利运作,斯大林的继任者必须让党、政、军的精英分子自愿合作。相比于农民和冶金工人,政府更难用恫吓的方式来激发核能科学家和导弹专家的创造力。基于信念、投机主义与对周围情势的考虑,赫鲁晓夫决定“解冻”人们在苏联国内的生活。

这位苏联新的统治者把斯大林遗体从列宁的陵墓迁葬到克里姆林宫宫墙,并且除去街道、机关与城市里斯大林的名字及塑像,强调他与斯大林主义断绝关系。斯大林格勒重新改名为伏尔加格勒(Volgograd)。在去斯大林化的行动中,最受欢迎的措施是赫鲁晓夫对知识分子的有限自由的容忍。不过,由于苏维埃领袖们不习惯被批评,而且依然不确定如何划定容忍的界线,所以“解冻”并不平均。一方面,这位新任的第一书记了解已经不可能回到高压统治的时代;另一方面,这位自修自学的农民领袖不相信知识分子,担忧他们的争论所带来的影响,并且认为他们的艺术实验只适合“用来盖尿壶”,[③]不过他选择直接并亲自应付那些知识分子,而不是让警察去敲知识分子的家门。

新自由的一个象征是都丁特瑟夫(Vladimir Dudintsev)的《不只是靠面包》(*Not by Bread Alone*,1957)的出版。这是一本相当沉闷的道德故事书,描述一位理想主义发明家在官僚手中遭受挫败。都丁特瑟夫的书引起了广泛的反响,但并不是因为书中呈现的任何文

---

① 以主张强硬路线的莫洛托夫(Molotov)和卡岗诺维奇(Kaganovich)为首,现在加入被降级的技术员马林科夫。

② *Khrushchev Remembers*, pp.322–323.

③ 这是 1962 年 12 月 1 日在一次意外访问莫斯科马涅斯博物馆(Manezh Museum)所举办的现代画展时,赫鲁晓夫所说的比较适合公开的说法。Priscilla Johnson, *Khrushchev and the Arts* (Cambridge, Mass., 1965), p.103,收录完整的内容。

学特性,而是因为它是如此坦率地提及进步的基础在于自由的个体而非政党的看法。更具历史价值的是索尔仁尼琴的《伊凡·杰尼索维奇的一天》(*One Day in the Life of Ivan Denisovich*,1962),这是第一部公开描述斯大林战俘营的文学作品。只是稍稍打开瓶盖,便让赫鲁晓夫因为这本书所引起的知识分子的骚动而惊骇丧胆,并且企图再次关上瓶盖。把1917年的革命描写成俄国灾难的帕斯捷尔纳克的小说《日瓦戈医生》(*Dr.Zhivago*,1957),只能在国外出版,而且帕斯捷尔纳克也收到警告,如果他亲自到斯德哥尔摩领取诺贝尔奖,那他就不能再回到苏联。

不愿意或者无法单靠武力来管理国内的精英分子,赫鲁晓夫有时必须去说服他们。他所使用的手段之一是,承诺让人民的生活比较不那么阴郁沉闷。1957年时,他以据称是比较弹性的地区计划办公室,来取代中央集权的计划经济制度,希望能以此突破管理瓶颈(但不久又再度恢复中央管理的方式)。1961年7月的新政纲承诺,1980年时钢铁、农产品与其他基本日用商品全面超越美国,完成苏联"向共产主义的转变"。这位苏联领袖向他的公民保证,他们可以盼望在1980年时拥有自己的公寓,"甚至新婚夫妇也能拥有自己的家"。

农业是赫鲁晓夫的专长(在斯大林去世前不久,他曾经负责管理苏维埃的农业)。他一直在为集体农庄的产量问题找寻补救之道。由于清楚了解苏维埃的农业始终不曾恢复到1928年未进行集体化之前的水平,[①]因此他在一个接一个的大型农场补救方案上投入庞大的资金。其中一个方案是大量采用美国的混种玉米作为动物饲料;在处女地计划(Virgin Lands Project)中,他派遣士兵和学生去开垦9000万英亩的中亚大草原,以便耕种小麦。

另一个管理苏维埃精英分子的方法是利用国际声望的影响力。在斯大林去世后不久,苏维埃的领袖们就曾经试图与南斯拉夫重修旧好,而且也在1955年于日内瓦召开的冷战时期第一次高峰会议中,与艾森豪威尔总统会面。但是一旦权力稳固之后,赫鲁晓夫就语带威胁地猛烈抨击西方世界。在1958年到1961年间,柏林是苏维埃在欧洲施压的焦点。借由反复骚扰西方与柏林之间的交通,并且威胁要将苏维埃在柏林的占领权单方面转让给东德,赫鲁晓夫试图强迫西方的占领势力撤出柏林市。当这项尝试失败之后,赫鲁晓夫于1961年8月下令建造柏林墙(Berlin Wall)。赫鲁晓夫是继1927年斯大林在中国寻找第三世界的民族主义领袖失败以来,第一位与叙利亚、印度及非洲几内亚地区的政权建立亲密关系的苏维埃领袖。1962年,他开始在古巴建造导弹发射基地。[②]他那大胆进取的外交政策与农业实验,都是基于他的绝对信念——1956年11月他对西方警告:"我们将会埋葬你们"。

[①] 1953年时,身为苏维埃的农业领导人,赫鲁晓夫承认苏联的奶牛依然比1941年少3500万头,而且比1928年少900万头。(Edward Crankshaw,*Khrushchev's Russia*,2nd ed.[London,1962],p.83.)

[②] 参阅第18章及第20章,其中有对外交政策比较完整的讨论。

17.4 东欧——解冻时期与叛乱：1953 至 1956 年

农场、工厂与企业的集体化，低工资，消费商品的匮乏与质量低劣，一党专制的统治，以及知识分子的审查制度，让在苏维埃统治下的东欧人生活在严格单调的环境里。由于没有可以与之匹敌的政党，而且剥夺任何少数民族和其他人的发言权，致使共产主义卫星国的政府沦为莫斯科的应声虫。1953 年斯大林的离世以及继任者的实验，在东欧引起了爆炸性的反应。

斯大林去世以后，人民民主国家内很快就爆发了首次严重的动乱。为了更高的生产力不断压榨东欧工人，激起了人民的经济反抗与民族主义的反抗。在工人的士气与生产力极低的捷克斯洛伐克，政府在 1953 年 5 月将人民的存款充公，企图强迫人民更加努力工作，结果造成工人拿着贝奈斯和马萨里克的照片，在皮尔森（Pilsen）举行大规模的示威游行。最严重的骚乱发生在东柏林。1953 年 6 月 16 日，政府宣布建筑业工人的新标准，导致一场罢工从 6 月 17 日起演变成一次真正的叛乱行动。最后是以 25 条人命以及后来大约有 600 人被处死的代价，平息了这次的叛乱。

因为上述事件的警告，也为了附和苏联境内由斯大林的继任者马林科夫所宣布的提高消费商品的承诺，大部分的人民民主国家宣布朝放松压制迈进的新方针。匈牙利总理纳吉（Imre Nagy，1953 至 1955 年）实行了苏维埃阵营中最宽松，也是最能适应国家情况的社会主

17-3　1953 年 6 月 17 日的一次示威活动，两名东柏林青年朝苏军坦克投掷石头。

义政策。纳吉宣布停止土地集体化的措施,并且解散某些集体农场,因此,在 1953 年年底时,匈牙利境内仍约有 70%的农地掌握在私人手中。此外,纳吉也在消费商品上投入比较多的资源。他弱化警察的控制力,使布达佩斯成为东欧各国首都中言论最自由的地方。纳吉主张匈牙利必须找到属于自己的社会主义道路,"按照我们的布料剪裁我们的大衣"。但是当纳吉的模范马林科夫在苏联垮台以后,由匈牙利党书记拉科西(Mátyás Rákosi)领军的敌对势力,就把纳吉赶离了总理职位。

赫鲁晓夫在 1956 年发表的去斯大林演说,在东欧激起的反应甚至更具威胁性。波兰和匈牙利的共产党知识分子带头探索在社会主义的体制内, 可以让他们的政权更加开放,以及更具民族性的方法。在波兰,曾经支持斯大林主义的诗人瓦兹克(Wazyk)组织了扭曲循环俱乐部(Crooked Circle Club),这个俱乐部很快就开始散布一种自由主义、民族主义的信息。他在 1956 年 8 月发表的《成人之诗》要求:

> 清楚的真相,
> 自由主义的面包,
> 与华丽的理由。[①]

1956 年 7 月,工人们在波兰的波兹南举行示威游行,他们高举写着"面包与自由"的旗帜,波兰政府无法依赖警察和军队的武力来镇压这场示威行动。苏维埃政权同意哥穆尔卡重掌权力。后者自 1947 年以来就因为提倡波兰要走自己的社会主义道路而不再受宠。在很多波兰人称之为"十月之春"(Spring in October)的时期里,哥穆尔卡中止了土地集体化措施,主张比较温和地朝教会靠拢的方针(波兰是东欧最多天主教徒的国家),并且树立自己是这一切不可或缺的保证。一直到 1970 年,哥穆尔卡政权都以自己的方式——农民与天主教徒的方式——忠于俄国盟友与社会主义。

波兰和平地走过去斯大林化的路程;但是匈牙利的去斯大林化却造成暴动,并且引发严厉的镇压行动。布达佩斯共产党的知识分子组成裴多菲俱乐部(Petöfi Circle),来传播他们的信息,裴多斐俱乐部是以 1848 年革命时的一位诗人的名字来命名的。为了争取更好的生活条件,布达佩斯的炼钢工人率先发起示威运动。当政府当局于 1956 年 10 月 23 日禁止示威游行时,有 20 万名赞同波兰哥穆尔卡计划的抗议人士,其中大部分是学生,齐聚布达佩斯吟颂裴多斐的诗句,"我们永远不再是奴隶"。这天夜里,纳吉被召回重掌总理职位。

原本或许可以让事态向与波兰的妥协方案类似的方向发展,但是枪支已经走火,而且示威行动也已经失控。人们扯下布达佩斯的苏联国旗,推倒斯大林的塑像,叛乱行动蔓延到乡村的集体农场,而革命家与工人代表会则取得某些地区的控制权。10 月 29 日,匈牙利政府宣布苏联军队正在撤军。1956 年 10 月 30 日,纳吉宣布恢复多党体制,由共产党、社会民

---

① 引述自 François Fejtö, *Histoire des démocraties popularires*, Vol. 2 (Paris, 1969), p.71.

17-4　1956 年 11 月，布达佩斯的群众推倒斯大林的大铜像。

主党与小地主党组成联合政府，“就和 1945 年一样”。隔天，他宣布匈牙利退出华沙条约保持中立。但是，苏维埃领袖不愿意接受失去匈牙利的事实，试图借国际焦点转移到苏伊士危机(Suez crisis)为遮掩，他们的撤军只是为了准备再度以军事武力征服匈牙利。从 11 月 4 日开始，一支配备 2500 辆坦克车的苏联军队横扫匈牙利境内，炮轰布达佩斯市内数千栋建筑物，至少杀害了 3000 名匈牙利人。[①]据估计约有 20 万名(占总人口数 2%)的难民逃到西欧。在卡达尔(János Kádár)的领导下，受到重创的匈牙利再度回到共产党的稳固统治之中。随后他们处死纳吉和其他匈牙利“新路线”的领袖们。

匈牙利在 1956 年 11 月所遭遇的苦难，清楚地揭示出，苏联虽然允许卫星国家略微偏轨，例如波兰，但是必须由苏联来控制社会主义阵营这一点必须确保。匈牙利的经验也显示，人们指望美国能够干预铁幕之后所发生的事件这个希望全然落空。不论人民民主国家内发生何种变革，都是来自内部的发展演变的结果。

17.5 赫鲁晓夫的垮台：1964 年

直到戈尔巴乔夫(Gorbachev)上台为止，赫鲁晓夫都是最引人注目的斯大林继任者，但

[①] 根据匈牙利政府统计数据，见联合国大会，*Report of the Special Committee on the Problem of Hungry*, Supplement 18 (A/3592) (New York, 1957), p.33。但是据外界估计，约有 2 万名匈牙利人与 7000 名苏联人死亡。

是他那震慑世界的冒险精神、喜爱打听别人隐私的特点，以及自然发散的亲切感，也让他走上失败的不归途。

他无法兑现的承诺不胜枚举。冷战和昂贵的太空与军备计划，延缓了注重消费商品的计划。虽然在1961年4月时，借由把第一位航天员——加加林(Yuri Gagarin)送入太空环绕地球，苏联得以维持在航天事业中的第一把交椅的地位，[①]但是赫鲁晓夫却反对为苏联公民大量生产私人汽车——“那些装上轮子的扶手椅”——套用他的说法。他大部分的农业计划结果都事与愿违。他的处女地计划，将中亚那片广阔的土地变成黄尘滚滚的盆地，美国种玉米在这么远的北方无法成熟。1963年的收成不佳，让事实变得更清楚，尽管他对农场经营极富热情，而且也投入大量资金，但是依然无法恢复1914年以前俄国的农业盈余。

身为世界革命最后一位浪漫的“虔诚信徒”，[②]赫鲁晓夫采取冒险的外交行动，让自己置身于极危险的境地，并让比较务实的同僚失去对他的信赖。使他深陷困境的是在1962年时不得不从古巴退出，而与德国和中国的关系也逐渐恶化。此外，去斯大林化与勉强容忍艺术表现的行动，在动摇他的权威同时却没有使知识分子感到满足。

赫鲁晓夫于1957年时用来巩固权力的那套手法，成了他的弱点。斯大林的暴政不可能再现。我们已经了解赫鲁晓夫如何应付1957年6月“反党团体”所提出的挑战——他动员了中央委员会里地方的党的领袖，来对抗主席团内部的小团体。而胜利之后，他只是削弱对手的势力，并不将之杀害。

因此，即使不是民主政体，他所建立的也是一种共同权力的形式。但是这就允许了克里姆林宫里出现政治活动。和斯大林不曾独自统治整个国家一样，斯大林的继任者甚至需要更努力地平息或控制各种意识形态以及各种部门利益，其范围从军队与安全委员会(KGB)到集体农场的农场干事。西方后斯大林时代的“克里姆林宫事务专家”尝试利用众位苏联领袖在列宁博物馆前阅兵时的站立顺序，来预言克里姆林宫内的对手与可能的继承者。

1964年，赫鲁晓夫的很多伟大计划都面临失败，再加上他喜好与人争执的行事风格，使主张采取强硬路线的人与技术专家共同组成了一个政治联盟，对抗他的“唯意志论”与他那些“如野兔脑袋般的诡计”。新成立的政治联盟掌握了主席团的多数派，在1964年10月时悄悄地夺去了他的权力。后来他在俄国的乡村享受退休生活，接见访客，并且撰写回忆录。他的回忆录最后在西方出版，内容描述自己让苏维埃的政治体系脱离专制暴力的功绩。然而，即使新的苏维埃统治者的选择方式已经较少涉及谋杀，苏联共产党的承续问题仍然极

[①] 1962年2月第一位环绕地球轨道的美国航天员是格伦(John Glenn)。甚至在80年代晚期，尽管经济状况日益困难，但是苏联依然拥有世界最强的导弹发射器，并且成功地将世界上第一个由人驾驶的太空站——和平号(Mir)射入地球轨道，一直到2001年，很多国家依然经常使用和平号太空站。

[②] Zubok and Plekhanov, pp.178, 192–193, 280–281.

[③] 这个名词来自于筛选高级官员与负责人的官方名单。

其复杂且难以预料。在没有任何书面规定的情况下，掌权者必须拥有雄厚的实力，才能压倒由高级党员与警察机关所组成的权势集团——党派干部[③]——他们不曾了解任何政治事实，只知道管理一党专政的独裁政府。在这种束缚之下，赫鲁晓夫的继任者实在无法发挥创造力来处理苏联的问题。

18–1　建于 1961 年，导致许多家庭离散的柏林墙。图中为西柏林的一场婚礼，与会亲友向围墙另一端的亲友挥手致意。

第18章

冷战中的欧洲:处于超级强国之间,1947至1961年

1947年与1948年,美苏已然完全放弃了假装维持战时盟友关系的尝试。共产主义国家与资本主义国家之间的严重对立,形成了一种新的冲突形态:冷战。双方所拥有的核武器都足以彻底击溃对方,[①]使人无法想象战争一旦爆发的结果。此外,双方对自己所持的意识形态的坚持,也使和平无望。在畏惧彼此核武力量的保护伞下,除了同归于尽的战争之外,双方用尽一切手段相互较劲。

尽管大国之间并没有进行实际的军队战斗,然而冷战冲突所带来的痛苦并不亚于热战。它的战场几乎涵盖全世界,范围甚至超过了第二次世界大战。其中动用了经济渗透、理性劝说与破坏宣传,以及传统的施加政治或军事影响等多种方式。双方都向对方的盟国提供经济与军事支持。苏联支持西方世界的民族分裂主义活动与殖民地的独立运动;美国则鼓励铁幕内的异议分子,并支持世界各地的反共政权。双方激烈争夺亚洲与非洲地区新成立国家的控制权,结果是造成这些国家内部发生连续不断的政变、游击战与内战。这些活动或多或少都受到莫斯科或者华盛顿的公开支持。这一切都孕育着两国发生直接的冲突的可能,而毫无疑问的,一旦冲突发生,便是核战的爆发。

---

① 苏联于1949年9月进行了核弹试爆,并于1953年8月宣布他们拥有热核武器。一个热核武器所具备的威力,相当于1939年到1945年间所有投到德国领土上的全部炸弹威力总和。

18.1 蘑菇云下的欧洲

当两大强国反复交手之际，欧洲人只能无力地忍辱旁观。拱手让出几个世纪以来对世界的统治霸权之后，欧洲人发现他们的命运现在掌握在“暴发户国家”手中。十五年间乃至整个战后，两个远方国家之间的战争可能影响自身存亡的阴影，深深困扰着每个欧洲人。如同瑞士剧作家弗里施（Max Frisch）的《中国墙》（*The Chinese Wall*，1946）中某个角色的台词：

> 只要国王念头一闪，一个紧张的神经崩溃、一个神经质的碰触、一个因为疯狂而引起的攻击，或因消化不良而引起的情绪烦躁——一切便可能发生了！一切！一朵黄色或褐色如蘑菇般，或如肮脏的花椰菜般的烟云将滚滚翻烧天际——接下来一切将归于死寂，一种具有放射性的寂静。[①]

在20世纪50年代，欧洲人要达成扭转命运、重新夺回一切控制权的希望极其渺茫。东欧人似乎被迫处于苏联永无止境的控制之下，而西欧对美国的依赖虽不直接却更为胆颤心惊。因为，除非美国施加干预，否则只要苏联出兵200个师，便能轻取西欧。不过，美国的干预又含有“大规模复仇”的意味。美国国务卿杜勒斯（John Foster Dulles，1952—1959）便以保护欧洲免受苏联侵犯为由，堂而皇之地消灭欧洲的核武器。[②]对此，汤因比将之称为“无抗议的消灭行动”，这让欧洲人感受到威胁。多数欧洲人对这种状况的反应是普遍的荒诞或深深的悲观。

奥威尔在英国战后恶劣的生活环境下染上结核病，意志沮丧消沉。1947年12月，他在写给友人的书信中表达了内心的疑惑——到底值不值得对当前的危机感到忧心？

> 这场愚蠢的战争相信会在十至二十年内爆发，而不论发生任何事，这国家都将被从地图上抹去。唯一的希望就是到一个被认为没有投掷炸弹价值的地方，建一个家，养一些家畜。

一年之后，他又写说希望他的幼子能成为一个农场主人。“在原子弹爆炸之后，那想当然应该是唯一剩下的工作了。”[③]弗兰纳（Janet Flanner）也在1946年10月在巴黎写道：“欧洲

[①] Max Frisch, *The Chinese Wall*, trans. James L. Rosenberg (New York, 1955), p.28.

[②] 引自 Hans W. Gatzke, *The Present in Perspective*, 3rd ed. (New York, 1965), p. 181.

[③] *The Collected Essays, Letters and Journalism of George Orwell*, Vol.4 (New York, 1968), pp.387, 451, 454.

已经被缩小了,苏联与美国的势力不断扩大,欧洲正缓缓进入一个新的冰河时期。"①

当美英法三国在 1949 年 3 月结束对柏林的封锁之后,柏林西部仍处于被三国控制的局面。冷战前线胶着于欧洲约有一代人的时间。苏联想在西欧谋取更多利益的想法(假设苏联真的想要柏林之外更多的领土),唯有冒着美国施以猛烈报复的危险发动军事攻击方可实现。然而,面对东柏林(1953 年 6 月)、波兰(1956 年 10 月)、匈牙利(1956 年 10 月)所发生的骚动时,美国一样采取了压抑克制的态度,并不想扰乱东欧的现况。由于美苏双方深知任何改变欧洲局势的行动都得付出相当的代价,因此欧洲就维持在一种不稳定的安定状态之中。

1949 年之后,冷战的热门战场转向亚洲。在 1950 至 1953 年的朝鲜战争中,美军与中国军队动用了常规武器进行战争。不过,双方都不敢将战争升级。虽然距离遥远,战争仍然对欧洲造成深远的影响。有一小支欧洲军队加入了朝鲜战场上的联合国军,同时战争也刺激了欧洲经济的成长。此外,德国也因此在新的西方反共联盟之内得以重整军备。不过,这并不能减轻人们担心战争会再度席卷欧洲大陆的恐惧。

18.2 西欧:冷战时期的国内与国际政治

共产党的孤立

受冷战影响,在重获自由的欧洲执政的反法西斯联盟在 1945 年之后开始分裂。在欧洲大陆,共产党、社会党与反法西斯的天主教会的三头联盟,是 1945 年之后掌管欧洲政权的基础。这一新成立的联盟在共产党与反共产党的斗争之中未能幸存。1947 年春,西欧各地的共产党都投向反对派阵营。自此,西欧国家便由中间派或保守派政权把持。

比利时首当其冲。到 1947 年 3 月,执政联盟中的天主教徒与共产党员已经无法继续合作了。当时,反共的社会主义者斯巴克(Paul- Henri Spaak)在比利时建立了第一个社会党与天主教的联合内阁,将共产党排除在外。自此,斯巴克掌控了比利时的政治与下一个时代的欧洲统一运动。

法国共产党于 1947 年 5 月 5 日自法国政府中分离出来,显示了国内外的紧张局势如何迫使共产党陷入孤立的状态。共产党在战后重建工作中的角色日益尴尬。"团结、工作、奋斗!"曾是法国共产党在战后重建时期的口号。然而,在选择依法参与到非革命性的政府之后,法国共产党被迫应允分担政府严酷的重建政策。这些政策包括限制工资、通货膨胀、禁止罢工、过重劳动等。1947 年春天,巴黎国营雷诺汽车工厂鲁莽的罢工行动,让法国共产党领袖意识到,他们的"左派"立场岌岌可危,如今是回归纯粹反对路线的时刻了。

法国共产党领袖预期如果进一步参与到议会联盟之中的话,必然将得不偿失。支持政

① Janet Flanner, *Paris Journal, 1944—1965* (New York, 1965), p.69.

府实行的严厉经济政策,使工人对他们的支持度日益降低。虽然共产党在 1949 年时,仍是法国的最大党,其他两个解放者的政党——社会党与““左派””天主教(MRP)——已经联合起来阻止共产党取得总理职位或掌握军事、警察的部长之职。

国际压力也发挥着影响。战后最初几年,法国政府依赖苏联的支持进行对德制裁政策:保持德国的分裂与非工业化。1947 年春天,法国开始从英美占领区取得煤炭供应,并获得对萨尔地区的控制权,以弥补苏联被排挤于西方占领区之外所带来的损失。这些问题解决后,法国不再需要就德国问题和苏联合作了。但是,在重建最初几年的艰苦岁月中,法国确实需要美国的经济支持,而美国也不讳言对法国强大的共产党势力的忧虑。1947 年春天,莫奈与战前的法国人民阵线领袖勃鲁姆(刚自德国战俘集中营返国)同赴华盛顿,为法国重建请求援助。他们争取到免除偿还积欠美国的战争债款(避免了 20 年代战争债务问题的重演),又获得美方提供战争剩余物资的承诺。此外,又借得 56 亿美元的重建资金。虽然勃鲁姆与莫奈声明他们并未接受任何政治条件,不过,对法国政治领袖而言,那其实是不言而喻的:“美国不会借钱给一个社会主义–共产主义的政权。”[①]

1947 年 5 月 5 日,来自法共的官员想通过投票赞成政府所反对的增加工资一案,与政府抗衡。属社会党的总理保罗·拉马迪埃(Paul Ramadier),便趁此要求共产党官员辞职。

几乎在同时,类似的压力也让意大利国内发生分裂。不过,以南尼(Pietro Nenni)为首的意大利社会党员,不愿与共产党关系破裂的决心比法国人要坚定。然而社会主义者的一连串分裂导致了德·加斯佩里所带领的基督教民主党取得了政权。他们排挤共产党并接受美国的经济支持。德·加斯佩里于 1947 年 1 月访美,受到必须将共产党驱逐出联盟内阁的强大压力。1947 年 5 月,他成功地联合基督教民主党、反共产主义的社会党以及中间派,组成一个政治联盟。1948 年 4 月,意大利举行战后第一次立法选举。德·加斯佩里得到了美国、教会与所有认为他与共产党二者必取其一的人的支持,在选战中赢得压倒性的胜利。

分裂强烈影响了法国与意大利的马克思主义工会,导致它们在 1947 年底分裂为共产党与反共产党的两派。运用美国劳工运动的秘密资金成立的非共产主义工会——法国工人力量总工会(Forve ouvière),吸收了法国工会会员的 15%;共产党领导的法国劳工总联盟(Confédération générale du travail,CGT)为 40%;天主教工会联盟则为 20%。50 年代,美国拒绝与意大利企业签订任何产销合约,因为这些企业中的大多数工人都支持共产党所领导的意大利总工会(Confederazione Generale Italiana del Lavoro,CGIL)。从他们的角度来看,1947 年底与 1948 年所发生的一系列暴乱性质的罢工行动证明,共产党领导的工会已经不再要求工人支持重建工作了。

英国的共产主义一直处于边缘地位,而战争也并未造成国家被占领、通敌卖国、光复等大起大落的情况,于是冷战所引起的分裂很自然的以一种不同的形式发生。即便如此,工党

---

① 左翼天主教(MRP)领袖 P. H. Teitgen,引自 Jacques Fauvet,*La IVe république* (Paris,1959),p.54.

仍然因冷战期间的国家防御政策而发生了内部分裂。工党政府中的大多数人，受到英国职工大会(Trades Union Congress)的支持，希望英国能继续在国际舞台上发挥军事影响力。朝鲜战争爆发之后，英国派遣了一小支部队参与其中；而首相艾德礼也提出一个耗资50亿英镑的三年军备计划。社会服务的经费被缩减。1951年4月，卫生大臣比万(Aneurin Bevan)与他的一些追随者——包括威尔逊(Harold Wilson)——都辞去政府职务，指责英国正在"美国外交的车轮后面"，被拖入"美国的竞争性资本主义的无政府状态"，军备竞赛会降低英国人民的生活水平。[①]分裂的结果就是工党在1951年10月的大选中败给了保守党。

欧洲"左派"的分裂

不论是在英国还是欧洲大陆，局势发展的结果都是欧洲"左派"的分裂。西欧共产党再度回到30年代早期受到敌视与孤立的状态。除了少数同情共产党的知识分子，或拥护南尼的社会主义者之外，西欧的非共产主义"左派"都刻意与共产党保持距离。法国内政部长默克(Jules Moch)是一个社会主义者，曾镇压了1947年到1948年法国的罢工行动。法国社会党的资深领袖勃鲁姆，将法国共产党称为"外国的民族主义政党"。他的继任者居伊·摩勒(Guy Mollet)声称法国共产党并非"左派"政党，而是东方政党。1954年摩勒赞成德国恢复军备时辩称：

> 我们必须答应他们，不只因为自从战争之后苏联已经拥有数百万的军队，也因为近十年中，苏联剥夺了许多人的自由，更因为今日所有的问题都肇因于苏联的扩张主义。[②]

在法国与意大利，共产党依旧保有对许多工人的情感形象，让他们确信，在资本主义体系下，工人永远是被放逐者。因此，共产党在选战中的得票率从未低于20%。同时，法国与意大利的社会主义政党又增加了对下级公职人员与教师的限制。在如此的分裂状况下，"左派"根本没有机会胜选。与法意两国言辞夸张的马克思主义的社会主义者相较，西德社会民主党则在一个工人所占比重越来越小的国家，为赢得尽可能多的选票而努力。1959年，民主社会党在巴特戈德斯堡(Bad Godesberg)举行年度党代表大会，这个曾是世界上最具影响力的马克思主义政党在会中声明放弃马克思的教导。不过，再现的繁荣盖过了这项声明的魅力。不论是偏离或守正，西欧"左派"在冷战期间都普遍地失去了权力。

冷战的分裂也使西欧知识分子陷入痛苦的两难困境。这些西欧知识分子曾经参与人民阵线、西班牙内战，抵抗运动，为"左派"的联合发挥一己之力。50年代，关于正确对待美国和苏联的态度，在巴黎引起各界的热烈讨论。在巴黎，知识分子备受公众瞩目，也深受反希特勒运动与马克思主义的影响。50年代后期，希特勒集中营的一位幸存者出版了一本攻击斯

---

① Michael Foot, *Aneurin Bevan: A Biography*, ed. Brian Brivati (London, 1997), p. 421.

② Flanner, p.260.

大林集中营[①]的书。斯大林是否是一个欧洲知识分子要联合起来反抗的新暴君?小说家加缪(Albert Camus)在经过一番深入灵魂的思索后,最后决定将忠诚献给西方,因为苏联并不允许个人自由。

存在主义哲学家萨特则是另一阵营的重要发言人。虽然承认当时的苏联确实存在许多罪恶,萨特仍然无法与美国同站一边。萨特对欧洲的中产阶级抱有过多的敌意,也太受自己的存在主义的影响,因此无法在最终目标上作出抉择。抛开暂时的罪恶不谈,萨特认为苏联代表着一个美好的未来。萨特并未加入共产党,在支持共产主义信条的同时,他亦保持着个人的自由。托洛茨基将这些共产党外的知识分子称为"旅伴"(fellow travelers),而这个用词现在已经演变成特指萨特或其他想法相同的同情者。

冷战使某些知识分子放弃了三四十年代所有的政治理念。定居法国的爱尔兰剧作家贝克特(Smauel Beckett)所写的《等待戈多》(*Waiting for Godot*,1952)引起了极大的回响。剧中描写两个流浪汉以滑稽与顽固的态度,面对一个空荡荡的宇宙。对贝克特这种悲观的人文主义者而言,冷战的世界完全是荒谬无稽的,人们充其量只能偶尔从其中学会一些坚韧不拔的精神而已。

中间派与保守派政府

50 年代的西欧政府大多由中间派或保守派政党把持。在意大利执政的是加斯佩里与其基督教民主党的追随者;在德国是阿登纳;在英国是丘吉尔、艾登(Anthony Eden)与麦克米伦(Harold Macmillan);在法国,当第四共和国于 50 年代末期垮台之后,戴高乐重回政坛,强化了总统的权力。

战后,基督教民主党掌握了意大利的政权。由于基督教民主党在 1948 年后便无法在选战中赢得多数席位,于是意大利便持续由寿命短暂的联合政府轮流执政。1954 年加斯佩里去世。之后多年,意大利在五年间有五个政府相继上台执政。联合基督教民主党与自由党成为中间偏右的联盟的政治策略得以延续,而 1956 年匈牙利事件之后,与共产党分道扬镳的南尼的"左派"社会党提出的"向'左派'开放"的策略则被拒绝。基本上来说,意大利人较关心的是经济增长,以及他们与南斯拉夫、奥地利的边界争议问题,至于其他的事务则态度冷淡。基督教民主党由于得到教会的支持而在选举中得以巩固地位。1959 年,意大利成为欧洲国家中第一个允许美国在其境内设置中程弹道导弹(IRBMs)基地的国家。

50 年代,西德的阿登纳虽然年事已高,却越发强健有力。以他为首的基督教民主党在每次选战中得票率都节节上升,最后在 1957 年 9 月赢得了压倒性的得票率。西德在自由企业经济制度下所达到的经济繁荣,极为引人注日,全国因此弥漫着一种自我满足的气氛。冷战

---

① 这类文章的第一篇是 "Au secours des déportés dans les camps soviétuques! Un appel de DavidRusset aux anciens déoirtés des camps Nazis",*Le Figaro littéraure*,Nov.12,1949.

压力致使德国比预期更早回到国际舞台。朝鲜战争爆发之后,西方盟国允许德国加入北约;并于 1955 年被允许重整军备。

欧洲其他原本受轻视的国家——如西班牙与葡萄牙,也在 50 年代摇身变为西方反共产联盟中受人尊敬的一员。战争末期,美国、英国与法国曾经公开要求佛朗哥下台。1953 年时,为了能在西班牙领土上建立军事基地,作为交换条件,美国扩大了对西班牙的经济支持。虽然无法加入北约,但西班牙在 1955 年被允许加入联合国。在佛朗哥的带领下,法西斯政党长枪党从未壮大。西班牙政权处在一群由务实的技术人员、君主主义者与天主教商人(多为主业会成员)的统治下。他们主导着经济迅速增长的启动阶段。长枪党的地位几乎不复存在。

葡萄牙的萨拉查所受到的待遇较佛朗哥为佳。这是由于萨拉查本人并未参与 1926 年反葡萄牙共和国的军事政变;并且战时他还曾提供亚速尔群岛(Azores)作为盟军的军事基地。因此,虽然 1945 年 5 月传出希特勒的死讯之后,葡萄牙曾于里斯本降半旗表示哀悼,但它却是 1949 年北约的发起成员国之一。葡萄牙于 50 年代放弃了稳定的经济政策,向美国贷款着手发展经济。这一举措预示了葡萄牙静止的、等级制度的社会的最终结束。虽然萨拉查于 1968 年(时年 79 岁)遭遇了严重中风,然而他的独裁政权仍在单一候选人选举与严格控管媒体的状况下屹立不倒,直到 1974 年为止。

自 1951 年 10 月胜选之后,英国的保守党人保有政权直至 1964 年。这是在撒切尔夫人(Margaret Thatcher)上台之前保守党连续执政最久的一段时间。[①]可以确定的是,它并不是个极端保守的政党。英国保守党在丘吉尔与他的后继者(艾登〔1955—1957〕、麦克米伦〔1957—1963〕、道格拉斯·霍姆爵士〔Sir Alec Douglas-Home,1963—1964〕)的领导下接纳了福利国家的主要架构。公路交通与钢铁工业民营化;1957 年医疗服务中再征收额外的税金。不过,整体来说,保守党——特别是麦克米伦——都直率地接受了工党于 1945 年到 1951 年间所建立的混合经济体系。

法国保守派于 1951 年的选举中展现出坚强实力之后,第四共和国的政权便又转回中间派的掌握之中。比内(Antoine Pinay)——于 1952 年任总理,也是首位在战后法国政府中居领导地位的保守派人士——以他坚定的态度,如同 1926 年的彭加勒一样,消除了法国投资者的疑虑。比内在其任内减轻了通货膨胀,使法郎重回稳定,并以此为基础打造战后法国繁荣的经济。虽然 1956 年的选举让法国社会党(SFIO)取得了战略性的地位,然而他们仍然无法不靠联盟来进行统治与管理。拒绝了共产党的支持之后,社会党员摩勒强力执行对阿尔及利亚的战争,以此权宜之计满足中间派与右派的诉求,成为第四共和国中统治期最长的政府(一共 16 个月,1956 年 2 月到 1957 年 7 月)。

---

① 即使格莱斯顿的爱尔兰自治法案导致自由党发生分裂,保守党也仅取得短暂的执政期:1886—1892 年与 1895—1905 年。

殖民战争

第二次世界大战之后，主要的欧洲殖民帝国都遭到瓦解的命运。到 1962 年时，只剩下葡萄牙仍然在为直接统治海外领地而战斗。回顾过去，意大利在 1935 年和 1936 年对埃塞俄比亚的占领，应该是欧洲人最后一次公然夺取海外领地，而且只维持了短暂的时间。

第一次世界大战结束时，有些地区已经开始发生激烈的独立运动了。英国统治下的印度便是其中之一。在印度，从事律师工作的甘地(Mohandas K. Gandhi)在 1919 年到 1920 年将非暴力不合作的方式加以完善，迫使英国当局必须选择是采取让步行动还是执行英国公众舆论所无法接受的高度镇压。虽然《凡尔赛条约》实际上是通过托管制度延续殖民体制，然而巴黎和会所建立的民族自决理想，却助长了殖民地的民族独立运动。[①]

虽然德国的殖民地被同盟国以托管方式接收，然而在两次世界大战之间，其他拥有殖民地的国家，借由对当地自治政府的些许让步与诉诸武力手段，在掌控殖民政权方面并未遇到太大的困难。伊拉克在英国的托管下，是两次大战之间唯一独立成功的殖民地(1932 年)。而新兴的法西斯主义则再度刺激了强国的殖民兴趣。希特勒要求归还德国的殖民地，墨索里尼则以占领埃塞俄比亚为阿杜瓦(Adowa)之辱复仇。而在第二次世界大战期间，殖民地对英国与自由法国而言更重要，因为他们需要那些领土以招募人员和建立军事基地。英法明显希望能在战后继续保有他们的殖民帝国，或许他们会愿意释放更多统治权力给当地政府，但却仍想将其维系于帝国体制之中。

不过，欧洲的殖民帝国在 1945 年到 1960 年间几乎全部瓦解。战争期间，欧洲各国的失败表现，让他们丧失了所有支配殖民地的合法性；而且英法在大战中元气大伤，也无力恢复往昔在殖民地的权威。战后，美国因为感情和利益的关系倾向于让殖民地实行民族自决；苏联和中国共产党也支持并鼓励反殖民革命。第三世界浮现的新生代领袖精熟游击战术、支持民族主义政治，并成功地利用了群众的高度期待、人口膨胀与对土地的渴求心情进行统治。人们普遍认为，两次大战期间国联的 A 级托管区(Class A Mandates)现在被允许独立是理所当然的。在这样的情况下，虽然 1945 年 5 月时仍有一些法国的后卫部队在叙利亚与黎巴嫩作战，然而中东终于出现了主权独立的国家。至于非洲与太平洋地区的 B 级与 C 级托管区，则在联合国的监督之下转为另一种托管制度，在大多数案例中，这意味着最多只再实施 15 年左右的殖民管理。大战期间，英国已经觉察到无法再掌控印度，于是 1946 年允许印度独立；而在印度教徒(Hindus)与穆斯林(Muslims)恐怖的暴力冲突之后，印度与巴基斯坦两个新的国家终于在 1947 年诞生。经过艰难的战争，荷兰在 1948 年失去了印度尼西亚。总而言之，在 1815 年到 1940 年间，没有任何欧洲国家因殖民地暴动而失去领地；而 1945 年之后，也没有任何欧洲国家能以武力保住殖民地。

---

① 参阅第 6 章。

18-2 从 1946 到 1954 年，法国仍希望保住在印度支那的殖民地。虽然法军在东南亚沿岸地区具有火力优势，如在图中所示的府里（Phu Ly）俘虏当地农民，但越军（越共）的机动性更强，且控制了大量人口。

冷战让每个殖民地的抗争在超级强国争斗的竞技场中迅速扩大，往昔欧洲国家能悄然镇压殖民地独立运动而不受注目的时代已然过去。当苏联与中国共产党宣言，共产主义是各民族走向独立的唯一途径时，美国开始转向支持欧洲国家保护其海外的领地的努力。

再没有哪个欧洲国家比法国更致力于恢复其殖民帝国了。正由于有殖民地的帮助，戴高乐才得以解放祖国。而殖民帝国的存在，对于法国复兴的重要性更胜于昔。因此，第二次世界大战后，法国便不停地发动一场又一场劳而无功的殖民地战争：首先是在印度支那与越共的战役（1954—1961）；其次是在阿尔及利亚与民族主义者组成的民族解放阵线（Front de Libération Nationale，FLN）的战役（1954—1961）。在法国终于战败于奠边府（Dien Bein Phu）之前，美国还曾供应 80%的战略物资作为支持。1954 年法国撤离之后，美国便取代法国，成为印度支那非共产主义地区——南越共和国（Republic of South Vietnam）与老挝（Laos）——的主要保护者。法国这次的战败只牵涉到职业军人，然而那些从印度支那回国的军官们，对第四共和国政府未能提供援助感到愤恨不平；而美国取代了法国原本在印度支那的地位也让他们感到不满。此外，他们也很想利用他们新发现的游击战术，不仅想要将之应用在未来的殖民战争，也想要用来对付国内的反对势力。

许多法国人应征入伍参与镇压阿尔及利亚的民族独立运动。法国人民以这种方式首次与军队共同承担了握有现代武器,却败给匿身岩洞与村庄的游击队员的耻辱。当 50 年代末期法国的暴行开始被揭露出来,国内产生了令人感到痛苦的分裂。认为战争这场残酷而毫无结果的批评者,与那些强调法国是为保卫西方文明而与共产主义-阿拉伯的野蛮人开战的人之间,出现巨大的歧见。军官与殖民地的移民者担心,政府犹豫不决的态度,会将阿尔及利亚的主权拱手让与民族解放阵线,于 1958 年 5 月投身干预的行列。当时,移民群众蜂拥进入阿尔及尔的政府总部,而决心付出一切维护法属阿尔及利亚的军官们,则接掌了法国在当地的行政权。接着,他们不但占领了科西嘉岛,还威胁要派遣伞兵部队进入巴黎。此时,原本退休的戴高乐宣布他已准备好要再次拯救共和国。由于当时法国政府已经无力命令军队或警察来镇压暴动,因此第四共和国决定在没有流血牺牲的状况下,授予戴高乐强有力的总统职权,由他建立一个更加权力主义的第五共和国。如此一来,发生于冷战时代西欧的一场革命,便蒙上了一层民族主义与保守主义的色彩。

英国也同样投入了他们日渐减少的资源去发动殖民战争。50 年代,英国因反对伊朗实行石油国有化而发动战争。此外,英国也企图调解希腊裔与土耳其裔在塞浦路斯(Cyprus)发生的内战冲突。他们曾经成功镇压了华裔在马来西亚的暴动,不过最后却促成了马来西亚的独立。

50 年代最引人注目的欧洲军事行动,是 1956 年的苏伊士战争(Suez Campaign)。英法两国进入了 1918 年奥斯曼帝国瓦解后所留下的政权真空地区。两次大战间,由于英国托管巴勒斯坦与伊拉克、法国托管叙利亚与黎巴嫩,阻挠了阿拉伯人的民族独立运动。为此,阿拉伯人对英法的怨恨,在二次大战间逐渐加温。不过,爆发战争的真正诱因是 1948 年犹太人在巴勒斯坦的一部分地区建国。这件事使愤怒的新生代阿拉伯中产阶级领袖——如埃及的纳赛尔上校(Colonel Gamal Abdel Nasser)决定舍弃那些腐败的亲西方君主政体,转而寻求苏联的支持。埃及与叙利亚在 1955 年时接受苏联的武器支持。之后,当美国拒绝提供资金协助埃及修建尼罗河的阿斯旺(Aswan)水坝时,纳赛尔上校便乘机将苏伊士运河收归国有。英、法和以色列三国共同策划了一项联合闪电军事行动,欲夺取苏伊士运河与开罗。但由于行动时间过长,当苏联出言威胁介入时,美国便对艾登、摩勒和以色列总理本-古里安(David Ben-Gurion)施压,要求三国撤出军队并接受联合国的调解。

苏伊士运河之战首开先例,让大众意识到联合美苏之力可以抑制危机。不过,这次战争也显示出,无论这两个超级强国是争吵不和或各安己命,欧洲人的名誉与独立都会受到一样的轻蔑。苏伊士战争的耻辱警示某些欧洲人(例如戴高乐),他们必须从美国人手中夺回掌控自己命运的权力;而其他的欧洲人则意识到,历史久远的欧洲国家唯有整合彼此的军事力量,才有可能达到想完成的目标。

18.3 西欧:整合运动

1945 年时,整合欧洲的想法如潮水般蔓延开来。推动这股潮流前进的动力有两个:一是欧洲各国承诺永不再因国家间的竞争而发动战争的誓言;另一则是欧洲各国警觉到单一的欧洲强国,已不具备在超级强国所控制的世界舞台上自由行动的能力了。

欧洲有两种选择。其一是投入某一超级强国的羽翼之下寻求自保,免受另一强国的侵扰。另一选项则是结合欧洲各国之力,成为一个大的团体,一个整合的欧洲——以自己的力量,组织一个新的强权。1945 年之后,欧洲对这两种选择都做了尝试。

欧洲大陆各地区的同质性可以一直追溯到中世纪讲拉丁语的基督教世界。在欧洲现代民族国家确立了自身疆界并经历战争之后,尝试在某种程度上代替主权国家间相互竞争状况的方案周期性出现。对现况感到满意的大国倾向于建立国际性组织以维持现况:从路易十四统治末期(1713 年)圣皮埃尔神父(Abbé de Saint-Pierre)提出的欧洲联盟与仲裁会议,到 1815 年沙皇亚历山大一世的神圣同盟(Holy Alliance),再到 1930 年法国领导人赫里欧与白里安提出的欧洲合众国(United States of Europe)的构想。第一次世界大战之后,欧洲企业家提议将欧洲的经济组织起来以对抗来自美国的竞争。欧洲的"左派"——从乌托邦理想者圣西门(Saint-Simon)到马克思主义的国际主义者,都希望借由革命,用劳工联合起来的世界取代充满争斗的王朝统治和垄断组织。在所有整合欧洲的设想中,几乎成为现实的是那些以征服为后盾的计划:拿破仑一世让法国的革命宪法传遍了欧洲;为与苏联和英美抗衡,希特勒组织了欧洲经济圈(European Economic Sphere,*Großwirtschaftsraum*)。

1945 年欧洲光复使欧洲联盟的想法成为风潮且具可行性:彻底的破坏让一切变得可能。抵抗运动中的"左倾"分子充满希望地谈论一个"民主的欧洲联盟,欢迎所有欧洲人加入,包括英国与苏联。"[①]德国的保守主义反希特勒运动,则希望与迟早要和苏联联合的英美保持距离。他们提倡"以基督教与德意志为主导统一欧洲,以防止布尔什维克主义的侵入"。[②]

欧洲联盟的缔造者

当欧洲在 40 年代后期开始迈向统一之时,冷战已经变得愈发激烈了。这导致反布尔什维克的动机与结束欧洲自相残杀局面的诉求交织混合在一起。许多新欧洲的创造者来自于信仰天主教的莱茵兰地区。此处位于德法边境、多少世纪以来德国人与法国人在此厮杀不断。法国的代表是舒曼(Robert Schuman),曾于 1948 年后的四年中十次出任外交部长。舒曼出身于边境家庭,生活在悬挂法德两国国旗的环境之中,对于两国残杀的惨烈战争感受至

① Henri Michel and Boris Mirkine-Guetzévitch, *Les Idées poltiques et socials de la Résistance* (Paris, 1954), p. 399.

② Ernst Jünger, *L'Appel*, 引自 Flanner, p.273.

深。他曾在第一次世界大战中担任德国军官；1919 年后阿尔萨斯-洛林重归法国后任代表洛林的议员；他也是创建于 1945 年的法国基督教民主党（Franch Christian Democratic Party，MRP）的创始人之一。事实上，从舒曼到他的同事比多尔特（George Bidault），法国外交部在第四共和国前八年和其他 20 个部门，都在法国基督教民主党的掌控之中。

莱茵河下游的德国境内代表人物是阿登纳。阿登纳是 20 年代的科隆市长，信仰天主教。作为新教的与社会民主的普鲁士（Protestant Social Democratic Prussia）的反对者，他曾于 20 年代初期，至少稍微参与了莱茵兰地区的自治计划。纳粹政权曾将他逐出行政部门并拘留了一段时期。1949 年起，阿登纳出任德国基督教民主党（German Christian Democrate）领袖与西德第一任总理。当时他已准备好听从舒曼的建议，意大利基督教民主党（Italian Christian Democrate）领袖加斯佩里也是如此。一些反共产主义的社会主义者，加入到这些属于基督教民主党的欧洲联盟建筑师的行列之中。他们抱有传统的国际主义思想，又加上了对苏联不断扩张而产生的畏惧。比利时的社会党领袖斯巴克——1947 年后任首相——曾提到他将“创造欧洲经济与政治的联盟”视为他“付出最多心力、意志与支持”的工作。[①]斯巴克是接受马歇尔计划支持的欧洲经济合作组织（OEEC）的首届主席，稍后任北约的秘书长。英国工党政府的外交大臣贝文支持在不将英国完全融入欧洲的前提下，与非共产主义的欧洲国家合作。

西欧的实业家与高级官员亦有不少欧洲联合运动的支持者。他们深感各自独立的欧洲国家所能提供的经济、技术与社会发展的范围太过狭隘，因此法国实业家莫奈便极力想要促成一个联合的欧洲经济体，使其规模可以扩大到如同美国一般。

欧洲联合的要求

经济合理化与对冷战的惊惧，为西欧的整合运动提供了直接的动力。“欧洲人，让我们怀抱谦虚的态度。对斯大林的害怕和马歇尔将军的大胆期待让我们走上正确的道路”，斯巴克曾如此写道。[②]美国政府承诺给予欧洲有效的协助，以防止情况回到 30 年代时封闭的经济国家主义。它要求将马歇尔计划的资金集中于一个多国联合的组织——欧洲经济合作组织，而非零碎地发给每个国家。

1948 年时，斯大林的行动刺激了西欧军事联盟的形成。1948 年 2 月捷克的政变与同年夏天封锁柏林的举动，让许多西欧人确信，苏联在战后将会比德国更强大。突然之间，英吉利海峡与世界最强的陆军之间竟没有任何屏障，足以保护欧洲免受苏联侵害。如戴高乐于 1947 年所说，苏联军队“与法国近在咫尺，超不过两天的自行车行程”。40 年代晚期，西欧人对苏联军队可能会开进西欧的恐惧心情，并非笔墨所能形容。

---

① Paul- Henri Spaak, *Combats inachevés*, Vol.2 (Paris, 1969), p.11.

② Ibid., p. 12.

对此,西欧人的第一个反应是建立传统的军事同盟。英法已于1947年3月4日缔结了《敦刻尔克条约》(*Treaty of Dunkirk*):确立了英国自第一次世界大战以后便一直拒绝接受的对欧洲大陆的责任。这个条约直接而明确地反对德国的复兴。在捷克发生政变之后,英法立刻于1948年3月17日联合《布鲁塞尔条约》(*Treaty of Brussels*)的荷比卢三国,[1]组成一个一般性防卫系统(common defense system),直接回应苏联的威胁。

单凭西欧各国之力,实在无法与拥有世界最强的军队,有两百个师兵力的苏联相对抗。当时,美国正开始转变她的战后复原计划。1948年6月,华盛顿方面的参议院决议出现了重大转变,[2]这项决议案由范登堡(Arthur Vandenberg)所倡议。范登堡是密歇根州的共和党人,原是孤立主义的信奉者。此项议案鼓吹美国与世界各国进行联合防御措施,不但有别于1918年到1919年间和1945年到1946年间美国迅速从欧洲撤离的政策,也偏离了战前共和党的政治孤立主义。

防御同盟:北大西洋公约组织的建立

在美国两党的支持下,英国外交大臣贝文以《布鲁塞尔条约》为基础,主持建立五国防御协同指挥部。第二次世界大战中最杰出的英国陆军元帅蒙哥马利,于1948年夏天在巴黎郊外的枫丹白露宫设立了跨国指挥部。与此同时,贝文与斯巴克致力于扩大协同防御的范围以对抗苏联。他们努力的成果是北大西洋公约组织在1949年4月4日诞生。

北约的意义,远深于传统的欧洲军事同盟。这是美国首次在和平时期于海外地区承诺建立长期的军事伙伴关系。美国同意与包括加拿大和其他十个欧洲国家的公约组织各国维持长达二十年的同盟关系。公约中决议,只要欧洲、北非和北美的"一国受到攻击",就等于是"全体"受到攻击。为了把军队置于同一个体系之下,北约各国的军队比以往他们参加的任何军事同盟,彼此的联系更加紧密。这些公约国之所以结盟,不仅为了保卫领土,也为了"维护他们人民的自由、共同遗产与文明",更为了北大西洋地区的紧密团结。1950年底,欧洲最高盟军统帅美国将军艾森豪威尔在巴黎设立了他的跨国指挥中心。

欧洲统一的难题

联合西方民主国家共同防御外敌时,会面临两个棘手的问题。首先,哪些国家属于"自由世界"(如同这个词汇随后被用来形容它时一样)? 半法西斯主义的葡萄牙在北约建立时

---

[1] 比利时、荷兰与卢森堡曾于1944年建立了一个关税同盟(Customs Union),或说自由贸易区(free-trade area)。虽然三个国家都仍保有其完整主权,此关税同盟却能将三国的经济结合成为一个单位。

[2] 只有4票反对;有79票赞成。

[3] 西班牙于1982年加入北大西洋公约组织,并于1986年公民投票加以确认。1984年欧洲的军事力量参阅第20章,p. 602n.18。东德与西德于1990年统一,而波兰、匈牙利与捷克共和国亦在1990年加入北大西洋公约组织,至此公约国总数达十九国之多。另有七国于2004年加入。

地图 18–1　20 世纪 50 年代冷战时期的欧洲

便已是其中一员；[③]希腊与土耳其在 1951 年 10 月加入；西德是否应被接纳？而各自拥有主权的欧洲国家，又应在这个超国家组织里面涉入多深呢？

自 1949 年 5 月德意志联邦共和国成立，到 1954 年 10 月加入北约为止，西德在反苏联盟中究竟扮演何种角色的问题，一直搅动着西欧的外交政策。而超国家权力的问题与此缠绕在一起。如果德国重整军备，是否德国军官便可在公约组织之内指挥法国、荷兰或英国的军队呢？到底应该以国家为单位组织欧洲军人，还是将德、法、英、意、比、荷等国的军队合并后再进行编整呢？

这两点是法国最敏感的问题。大多数的法国人，不论政治信仰如何，都反对德国以任何方式重整军备。不过欧洲联盟中的成员劝说法国，既然德国最终将以某些方式重整军备，那么现在便将德国军人全数纳入欧洲军队之中就是最佳的安全保障。1950 年朝鲜战争爆发，美国积极施压，希望西德重整军备，而导致此一问题的处理变得更为急迫。为了防止德国重建独立的军队，法国总理普利文（René Pleven）提议建立一个真正超国家的军队——欧洲防御共同体（European Defense Community，EDC）。虽然普利文的提案在 1951 年与 1952 年间得到其他欧洲国家的支持，法国国会却在 1954 年 6 月投票否决了此项议案。之后，法国看见了他们最不愿见到的结果：德国不仅重整军备，独立的德国军队也在希特勒自杀十年后间重新建立。虽然根据加入北约时的条款，西德不能发展核子、生化与化学武器，它仍于 1955 年后在西方盟国中发展起自身的重要地位。

1955 年 5 月 7 日德国军官在巴黎首次参加北约部长会议，当天恰巧正是十年前德国于兰斯（Reims）投降的日子。德国军事代表团主席斯派德尔将军（General Hans Speidel），审慎的穿着文官制服，曾是 1941 年到 1943 年间法国被占领区的德国高级将领。一切看起来就像弗兰纳（Janet Flanner）所写的："这是战后最诡异的一周，因为这一切在战后结束了的现象，又再度重新出现。"[①]

另一个有待解决的难题是，欧洲新的超国家联盟究竟是何种性质？欧洲应保持主权国家联合，还是欧洲新建立的机构拥有主权干预各国的防御、外交与财政决策？北约的国际性仅体现在高级指挥层面；而 1954 年欧洲防御共同体计划的失败又显示，西欧各国无意放弃所拥有的国家军事主权。虽然如此，许多欧洲人仍然热烈支持缔造一个超国家的政治机构，以作为新的西欧联盟的基础。

政治统一的尝试：欧洲理事会

1949 年 5 月在法国斯特拉斯堡举行的欧洲理事会（Council of Europe）——类似某种形式的欧洲议会——是建立欧洲共同政治机构的首次尝试。在某些支持统一的地区，他们将欧洲理事会视为未来欧洲合众国的立法分支。不过，英国在工党与保守党政府的主政之下，阻止这项尝试及五六十年代所出现的任何发展独立的超国家组织的尝试。1945 年到 1951 年间执政的英国工党政府，就像北欧奉行社会主义的政府一样，对天主教徒与技术专家主导的大陆融合运动心存怀疑。此外，英国两党的领袖们也认为，任何将英国主权并入新欧洲的作法，都与英国身为英联邦首脑的特殊地位无法相容。与保守党相较，虽然英国工党的帝国意识较为淡薄，但却非常依赖与加拿大和新西兰的优惠贸易协议——英国能以低廉的价

① Flanner，p.272.

格购得粮食。英国工党是个极具岛国性格的政党，代表英国工党参加欧洲理事会创建的威特利(William Whiteley)，之前从未有过离开英格兰的经验。

因此，欧洲理事会并未如其首届主席斯巴克与其他人所希望的，顺利跨出欧洲政治融合的第一步。由于与会成员并非由欧洲人民直选选出，而是依据各成员国的规模，按比例(冰岛、卢森堡各三名代表；法德意英各十八名代表)由各国议会派遣代表出席会议，因此欧洲理事会所代表的是各国政府而非一般人民。这次理事会的主要成就是欧洲人权会议(European Convention on Human Rights，1950)与欧洲人权法庭(European Court of Human Rights)的设立与实行。虽然理事会最后总共涵括了 41 个国家的国会议员，斯特拉斯堡的年会给人的印象却总是美食飨宴与晦涩的政治语言，甚于其所能发挥的政治力量。正如英国政治学家皮克尔斯(Wilfrid Pickles)所观察到的，欧洲理事会之于真正的议会，就如同人们在假日到布莱顿所发生的婚外情之于婚姻一样，“它提供了一些欢娱，却不负任何责任。”[①]

欧洲融合的议会路线因流产的欧洲理事会而受阻；军事路线也因欧洲防御共同体的失败而受阻。因此，欧洲融合之路不得不另觅他途，而且必须要排除英国。上层所推行的政治联盟的宏大设计终成乌托邦。然而以经济为基础的超国家机构虽然功效有限，却扎稳根基并逐渐成长。热情赞成大欧洲融合的支持者们乐观地期待着，当跨国性的决策以能在经济层面作出时，这些决策或许能将影响力扩及政治的竞技场，而促成其他一般性机构的有机发展。

经济统一：欧洲煤钢共同体与共同市场

马歇尔计划促成了欧洲经济合作组织(OEEC)在 1948 年诞生，发挥其分配基金的功能。不过，这个组织只是顾问性质的，并不能对它的成员国下达任何政策指令。舒曼计划(Schuman Plan)是向建立超国家经济机构所迈出的第一步。法国外交部长舒曼于 1950 年提议：“将法德两国所有的煤钢产品全部纳入一个共同高层机构的统一管理之下”，以作为“欧洲联邦的第一步”。在这种形式下，法国与德国之间的战争，变得“不仅无法想象，更是完全不可能发生”。舒曼的大胆倡议促成了 1951 年欧洲煤钢共同体(European Coal and Steel Community，ECSC)的成立。

不论是融合的彻底性还是融合部门的有限性，舒曼计划都彻底偏离了其他欧洲统一运动。如此一来，舒曼计划便巧妙地回避了联邦主义者(federalists)与联盟主义者(unionists)争议的问题。它所主张的经济计划功能是一种新的尝试，并未除去现存国家原有的特权，也不涉入任何军事控制或政治归属的敏感领域。在政治层面，舒曼计划为那些亟欲超越固有国家主义的欧洲人提供了一个令人注目的收获；在经济层面，舒曼计划承诺用最具效率的、跨

[①] 引自 Howard Bilss, *The Political Development of the European Community: A Documentary Collection* (Waltham, Mass., 1970), p.5.

越国界限制的煤炭开采与钢铁生产，取代原先因国家目标而受限的少量开发。对法国而言，这项计划让他们得到取得鲁尔煤矿的供应，并在某种程度上得以跨国掌控虽是必然却使他们畏惧的德国经济复兴。对德国而言，这项计划让他们能利用洛林的铁矿；而借着欧洲煤钢的国际性管理机构，他们也得以避开盟军占领政权对经济的干预（仍然努力希望将德国"非卡特尔化"）。

欧洲煤钢共同体最引人注目的新奇之处是它的最高行政机构——高级机构（High Authority）。这个由九位技术专家管理的行政委员会，[①]负责管理法德意荷比卢这六个成员国的煤钢资源。由于它并不受选举约束，在任期内也没有人能解散它，因此高级机构中的成员享有重要的自主权，不受成员国政府的限制。它可以制定并调整煤钢的售价、征收费用以支付机构的运转经费（类似某种税制）；并有权以单纯的技术性标准，评估最有效率的资源运用方式，以鼓励或抑制投资。在它负责的特定部门中，高级机构已将名副其实的超国家决策制定方式带入到欧洲制度中了。

欧洲煤钢共同体是一种成功的经验。它与1953年起战后经济的繁荣同步，且毫无疑问地鼓舞了战后的经济。欧洲煤钢共同体因刺激经济发展有功而获得好评，而这种刺激在经济萧条的景况下，要达成并不容易。早期的成功也解除了企业与工人仍留有的疑虑。当1954年法国国会正为欧洲防御共同体的问题争议不断时，兴盛的欧洲煤钢共同体指出了一条不同的统一之路：经济上一个部门一个部门的融合，之后扩大到诸如工资和社会政策。

欧洲煤钢共同体为欧洲共同市场奠定了根基。共同市场的成员与煤钢共同体相同：法、德、意、荷、比，卢，就是众所周知的"六国"。这个组织的部门经济融合观念，是得自欧洲煤钢共同体的成功经验。而促成此一组织成立的直接刺激，乃是1956年苏伊士危机让欧洲人蒙受的耻辱。《罗马条约》（*Treaties of Rome*, March 25, 1957）将六国联合为两个机构：欧洲原子能共同体（European Atomic Energy Agency, Euratom）与欧洲经济共同体（European Economic Community, EEC），后者便是大家所熟知的共同市场（Common Market）。这两个机构在1958年1月1日正式启动，为欧洲融合开辟了一个新的纪元。

共同市场在西欧世界中创立了唯一的自由贸易区，其规模与人口数约可与美国比拟（1.75亿人）。在共同市场的范围之内，货物、资金与劳动力可以自由流通。六国之间的关税计划在12–15年内降为零。由于六个成员国无法在不破坏共同市场贸易的状况下，以不同于他国的方式进行工资或社会保障政策调整，或维持农业价格；因此，预期的人口外流效应也促使欧洲经济共同体进一步协调六国的经济与社会政策。因此，欧洲经济共同体并不仅只是一个自由贸易区而已。这是它与1959年由英、荷、挪威、瑞典、瑞士、奥地利、葡萄牙（也就是所谓的"外围七国"）作为回应所建立的欧洲自由贸易联盟（European Free Trade Association, EFTA）不同的地方。

---

① 其中八位由六个成员国政府提名任命，第九位成员则由已任命的八位成员选择。

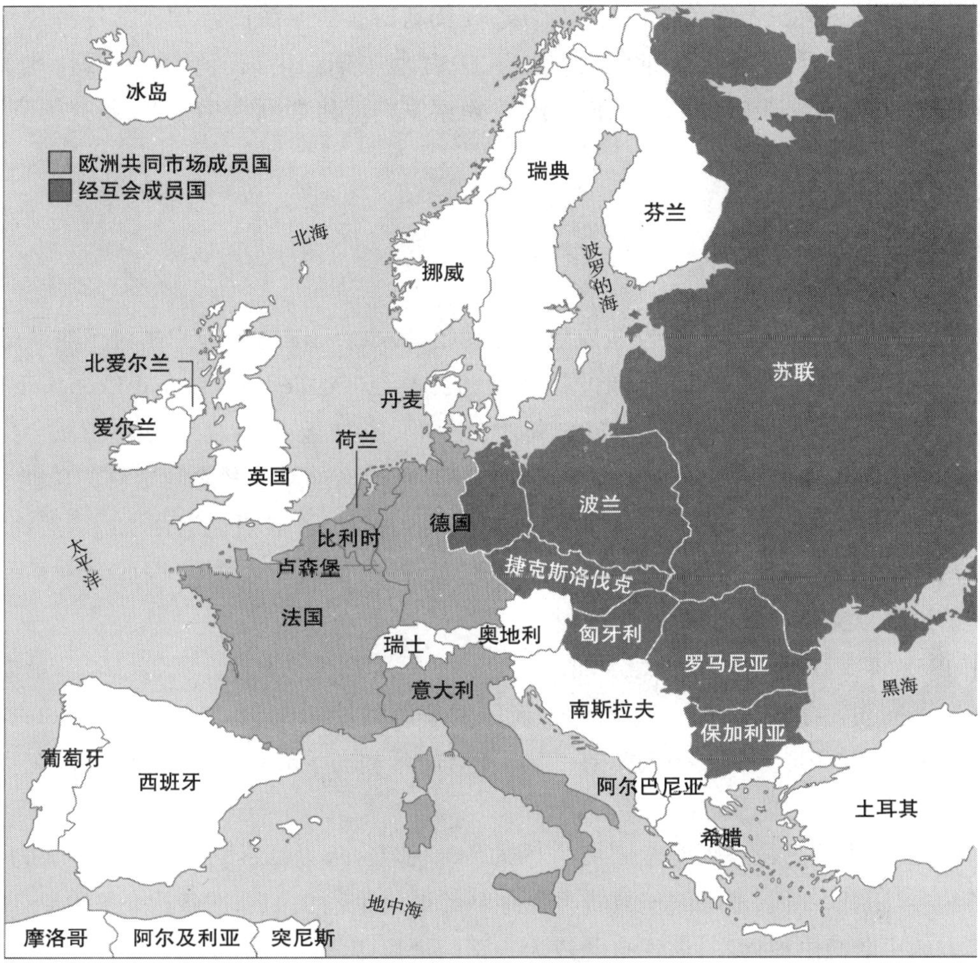

地图 18–2　共同市场与 1961 年的经济互助委员会(COMECON)

协调六国的社会与经济政策明确意味着某种超国家的权威与通常属于各主权国家的权力向欧洲经济共同体的转移。在这一点上欧洲经济共同体走得没有欧洲煤钢共同体远。共同体的最高管理机构——欧洲经济共同体执行委员会(EEC Executive)，与欧洲煤钢共同体的高级机构类似，由将共同体的整体利益置于自己国家利益之前的各国官员组成。不过，所有政策由经济共同体部长理事会(EEC Council of Ministers)制定。此理事会为成员国发言，并一致同意在所有重要的事务中，每个成员国都享有否决权。

共同市场已稳固扎根并蓬勃发展。对于 60 年代欧洲经济的空前繁荣，共同市场贡献良多，而且各国亦从中获益不少，所有任务都提前完成。1968 年，共同市场内最后一个内部关税被取消，这是共同市场成立十年之后的事，比原先预定的十二年到十五年提早许多。六国贸易额呈直线上升的态势：例如，在共同市场成立后的前九年，法德两国之间的贸易总额提升了 40%。许多来自六国落后地区，例如意大利南方的工人，可以自由进入法德工作。此外，一批忠于职守的国际公务员在布鲁塞尔形成，充任新的官僚系统的代理人。这种合作关系减轻了六国之间的敌意，因此当北约的军队于60年代中期利用法国领土受训时，几乎没有引起公众的注意。共同市场仅仅运作了十年，观察家们就将西欧视为一个“新兴国家”来讨论了。[1]

18.4 苏联在东欧的还击

针对西欧的统一运动，苏联也领导东欧成立超国家组织作为还击。相对于西欧的马歇尔计划与欧洲经济共同体的，是东欧的经济互助委员会(Council for Mutual Economic Assistance，简称“经互会”，也就是众所熟知的COMECON)，成立于1949年1月。经互会身负以易货协定(因为缺乏市场价格)的方式组织与促进苏联附属国与苏联之间贸易的功能。这个组织统一了铁轨标准与输电网的规格；修筑“友好”输油管将苏联石油运往中欧。然而，不同于西欧的共同市场，东欧的经互会成员国中还包括了一个强大的邻国，因此它主要是以套住东欧的经济以支持苏联重建为优先目标。

在1955年5月，在德国加入北约之后五天，七个苏联卫星国与苏联签订了一个为期二十五年的共同防御条约——《华沙条约》。苏联对华约的控制权，远比美国对北约的控制权完整。苏联利用《华沙条约》为掩护，在1956年对匈牙利与1968年对捷克斯洛伐克实行了彻底的军事镇压。

从此，欧洲大陆便分裂为两个庞大的对立军事联盟。两边都不敢侵犯对方的势力范围。华沙条约签订的同一周，苏联终于首肯与奥地利缔结讨论已久的和平条约。条约签订后，苏联与西方的军队撤出奥地利，该国自此成为介于两个集团之间的中立国。

奥地利条约于1955年签订表明双方对于稳定的需求甚于获利。苏联与西德交换了大使。同样的，1956年时，美国也并未出手干预匈牙利的事务。双方都希望以宣传活动扰乱对方。西方世界的自由欧洲广播(The West's Radio Free Europe)，向东方播放爵士乐与苏联令人不快的真相。东方世界则将德国期望的统一问题悬置，以此换取中立化的中欧，1957年波兰外长所推动的拉帕基计划(Rapacki Plan)正是如此。这项计划受到英国的贝文派与部分欧洲大陆的“左派”的支持。不过，在北约仍未废除之前，要实行几乎是无法想象的。当然，废除北约也是该项计划的目的之一。

双方都希望坚守自己的领域。美国利用经济与文化影响来与西欧的共产主义对抗；西德干脆取缔了共产党。如我们所见，50年代末期，赫鲁晓夫曾经尝试将西方势力从四强占据的柏林飞地中掐断。尝试失败后，赫鲁晓夫便在1961年8月筑起了柏林墙。隔着围墙，双方怒目相视，陷入了军事僵局：苏联拥有常规武器的优势，而西方则以核武器优势与之

---

[1] Cral J. Friedrich, *Europe: A Emergent Nation?* (New York, 1969).

抗衡。

经济的繁荣使西方超越了东欧的经互会与华沙条约组织。眼看着西柏林选帝侯大街(Kurfürstendamm)上充满光线、明亮的咖啡厅,以及奔驰与大众牌子的汽车挤成一团,在围墙的另一边过着单调乏味生活的东柏林居民绝不可能让自己的苦日子永远持续下去。

19–1　罗马街道的堵车景象，反映出西欧消费社会的优越与弊端。

第19章

“新欧洲”：西方的消费社会与大众文化，1953至1973年

第一次世界大战后，欧洲人努力希望重回1914年的繁荣，回到那个对有产者而言至少充满怀旧色彩的“美好时代”(belle epoque)。在20年代最后那几年的繁荣时光中，欧洲的制造业也并未超出1914年很多；30年代的经济大萧条期间，状况更是大不如前。1938年时，只有德国与苏联的产量超过他们在1914年的产量。

第二次世界大战后，西欧经济不仅恢复到长期企盼的1914年水平，甚至远超过他们原先期待的水平。1953年左右，大部分的西欧国家都已完成了战后的恢复工作，而40年代末期的严酷岁月也逐渐成为模糊的回忆。之后，西欧经济没有放缓脚步，而是持续成长。举例而言，60年代中期，意大利、德国、荷兰的产量都是1914年的三倍。虽然经济发展的速度有时会缓慢下来(如1966年到1967年英国与德国曾有短暂的“衰退”期)，然而欧洲从未曾经历如此持久且未受经济萧条或金融危机干扰的经济增长期。不过，意大利南部、巴尔干半岛、西班牙等地方仍然十分贫穷，而东欧的经济也远远落后于西欧。不过除此之外，欧洲有些地区，例如北欧，现在几乎不知道贫穷为何物了。1914年的种种与对过往“美好时光”的某种怀旧心情，对60年代的欧洲人来说，几乎已经是毫无相关了。财富从未如此丰富而且普及。

到了70年代初期，长达1/4个世纪期间，繁荣的经济未受打扰，实在是个奇迹。这种现象是30年代的经济周期专家所受的经济学教育无法解释的。战后的重建工作势必会在某段期间内刺激欧洲经济的发展。然而，经济增长在重建的刺激过后，还持续了很长一段时间。这是过去有关繁荣与破产的经验中未曾出现过的情况，实在让人出乎意料。到底是什么动力支持这种长期的经济增长呢?

法、意、英三国的国家计划主义者与凯恩斯主义的经济学家们所主张的信用经济，在德国运用得较少。德国的“社会市场经济”必须在国家经济干预之外，寻找其他解释。不过，在1966年到1967年德国经济发展速度减缓的“衰退”时期，德国政府还是增加了公共投资。各国政府保持高就业率的决心在维持经济繁荣上帮助不小。

不断增速的技术改良也功不可没。在20世纪，技术革新从构想进入商业应用的速度增加许多，特别是在第二次世界大战的技术刺激之后。蒸汽机从第一张设计图到18世纪第一架投入实用的机器，花费了一个世纪以上的时间；相比之下，核能从理论的发展到实际运用于发电之中，只花了短短一代人的时间。同样，在电子领域，虽然爱迪生(Thomas Edison)在1884年便发明了真空管的雏形，然而直到20年代无线电真空管都还未能投入量产。相比之下，半导体(1948)与合成电路(1958)一出现，便立即被应用到无线电与计算机之中。[①]广泛的技术教育与商业期待，加速了发明的应用，反过来又促成了新发明的产生。

最具决定性的改变乃是人们在态度上的转变。在经历了从1914年到50年代早期持续的停滞期后，欧洲又恢复了少许18世纪晚期到19世纪初期工业革命时代的活力。政府与商人开始重视增长甚于稳定。消费者争相购买电视机、冰箱、汽车等，使用几年后便汰旧换新，

---

① 这些例子举自 David S. Landes, *The Unbound Prometheus*(Cambridge, Mass., 1969), pp.518-519.

长久繁荣的市场似乎形成。

其结果便如同舒恩菲尔德(Andrew Schonfield)——60年代西欧极为成功的"新资本主义"(neocapitalism)的捍卫者——所说的"超级成长"。[①]超级成长并非仅是欧洲战前经济的扩大版,也并非与20年代末期的状态雷同。它建立在两个自主的动力之上,即高度的大众消费,与持续进行的国家福利和计划政策。最初,伴随着经济的超级成长,阶级冲突显着衰退。不过,在1968年时,学生与工人的反抗则揭示出一种新型的对消费社会的不满。

---

① Adnrew Shonfield, *Modern Capitalism: The Changing Balance of Public and Private Power*, corrected ed. (Oxford, England, 1969).

19.1 消费社会

英国的定量配给——西欧战时控制的最后残迹——在 1954 年结束。[1]直到那时为止，所有 18 岁以下的英国少年少女都不知道自由购物是何物。结束了十五年衣食短缺的生活之后，人们终于再度体验到自由购物的乐趣。年轻人对储蓄与消费都有了新的概念。英国在战后成为福利国家，没有人会因为失业或年老而挨饿，也没有人会没钱看病。因此，与他们的长辈不同，年轻工人开始将赚来的钱统统花出去。这样的消费模式在欧洲极为普遍。

50 年代早期，美国社会人类学者威利（Lawrence Wylie）与他的家人曾在一个偏僻的法国南部乡村居住了一年。他发现村民的生活谨慎小心，并且相当节省。他们不相信国家也不相信邻居。由于长年的战争与革命，他们拒绝将他们极少的存款花费在炫目的消费上。人们对战争可能再起感到悲观，因此不愿做任何长期的投资。

> 种植满园的杏树好让苏联和美国把她当作战场？谢了，我可没那么笨。[2]

1961 年，威利一家再度造访那座村落。他们发现村子里嬉闹的孩子与打扮光鲜的年轻妇女的人数，超过了披着黑色方巾的老妇人们。出于对经济成长与政治稳定的预期，男人们现在也开始计划借款添购拖拉机。而家庭主妇们也开始尝试使用洗衣机。

经济的需求功能已经被转变了。当战后重建的工作完成之后，人们的购买力并未因此而衰退。这是因为福利国家的政策使人们可以减少未雨绸缪的预算；计划经济似乎能降低经济萧条的风险；年轻人花费越来越多；而持续上升的出生率又制造了更多年轻人。二十年的充分就业与不断加薪，让人们对消费能力更具信心。

这种自信的显著象征之一是分期付款与信用卡消费的普及。从前，节俭的工匠与胼手胝足的农民将这种消费方式视为洪水猛兽。他们为了原料或种子，不得不向放债者借款；而这些债款极可能让他们失去抵押物，蒙受无法弥补的损失。相较之下，战后西欧的消费者们则欣然接受新的付款方式，享受及时购买电视机或汽车的乐趣。举例而言，在英国，1957 年以分期付款方式购物的总价值超过 4 亿英镑；1965 年甚至又增加了三倍之多。[3]

消费者最梦寐以求的商品是电视机与汽车。英国的电视机消费数量最为精准，因为英

---

[1] 定量配给在东欧些某些国家，一直持续到 60 年代。

[2] Lawrence Wylie, *Village in the Vaucluse*, 2nd ed.(Cambridge, Mass., 1964), p.33.

[3] Pauline Gregg, *The Welfare State* (Amherst, Mass., 1969), pp.240, 350.

国的每一台收音机与电视机都要求要有牌照。虽然 1947 年登记卖出的收音机有 1100 万台,电视却只卖出 14500 台。不到二十年后,也就是 1965 年,英国民众便购买了 1300 万台电视。[①]曾经是富裕的运动员们的玩具——汽车,两次大战之间已经在西欧的中产阶级市场普及了。然而消费经济直到 60 年代才真正到来,下层的中产阶级与技术工人的代步工具从自行车升级到摩托车,之后,购买廉价汽车的也越来越多。简易且大量生产的雪铁龙 2CV(Citroën 2CV,deux chevaux,or “two horse-power”),与最新的福特 T 型汽车类似,将高性能前轮驱动系统与低控传动系统装在笨拙粗略的车体内,让数百万法国人拥有了第一辆属于自己的汽车。70 年代早期,70%的法国人拥有汽车。其他逐渐赶上美国汽车密度的西欧国家还包括瑞典、西德与英国。[②]

电冰箱、洗衣机与烟酒等,也占消费需求的极高比例。食物,这种曾经在穷人的支出中占压倒性比例的开销,首次于西欧的个人消费比例中降到 50%以下。20 年代最主要的公共消遣——电影,因为人们更加喜爱电视,也没落了。

在所有的欧洲国家中,生产总额与总体国家财富急剧成长。1967 年时,欧洲国家的人均收入为:瑞典 2480 美元、法国 2046 美元、西德 2010 美元,而同时期美国为 3146 美元。不过这些总额数字仍然无法让我们得知五六十年代西欧长期的经济繁荣,究竟如何对社会发生影响。关于这个问题,我们必须更细致的观察财富分配的情形与社会流动的状况,才能得到解答。

财富分配

自上观察,新的财富在西欧被不断创造出来。相对来说,让基础工业快速发展的空间并不大,此时,基础工业已不如 19 世纪初期工业革命时那样,拥有许多机遇了。几乎在欧洲所有的地方,铁路、航空、煤矿等都属于国家的财产,而主要的钢铁公司仅在西德与后工党时期的英国维持民营。1951 年到 1964 年间,英国的工党政府曾一度将钢铁工业收归国有。一些大型汽车制造业(雷诺及到 1956 年为止的大众),都属于国营企业。

欧洲有些大型工业制造集团,只能眼看着自己的家族企业落入经理与技术专家之手。第二次世界大战后,德国的钢铁与军工企业克虏伯集团幸免于盟军的控制与肢解,并恢复了强大的经济实力。不过集团在 1969 年遭遇财务困难,由国家出面代表股东利益接手了其经营权。其他的欧洲家族企业,例如标致汽车,也在竞争之下被强迫并入大型集团之中。当然,许多工业集团也成功地通过了这一波欧洲经济繁荣的考验,例如菲亚特的阿涅利(Giovanni Agnelli)与商用设备大王奥里威蒂(Arrigo Olivetti)便是。许多新欧洲企业的顶尖经理

---

① François Bédarida, *A Social History of England, 1851—1990* (London, 1991). P.264.

② 每 1000 人中拥有汽车的人数(1970):美国 532 人;瑞典 283 人;西德 253 人;英国 244 人;意大利 206 人;日本 172 人。*The New York Times*, April 8, 1973, sec. la, p.8, and *Statistisk Årsbok för Sverige* (Stockho, m, 1971), p.176.

人与技术专家都成了有钱人，尽管或许无法与前述的那些大型家族企业的巨子所拥有的财富相提并论。

战后消费社会中新兴的百万富翁们，通常不是日常用品企业的老板或者大型公司的经理。他们大多是从事不动产、家电、大众传媒与娱乐业的野心勃勃的创业家。其中最受注目的一些新富人，都活跃于西德相对开放的市场经济中。战争末期，阿克塞尔·施普林格（Axel Springer）在父亲那间位于汉堡的、已成废墟的小印刷店产生了一个想法：印刷广播节目表拿去卖。从这个普普通通的企业开始盈利并且获得盟军占领当局的印刷许可开始，施普林格继而建立了一个60年代世界第五大的报业与通俗杂志的帝国。他所创办的《图片报》（*Bildzeitung*）是一份周日出版的通俗图片报纸，发行量居欧洲所有报纸之冠。

另一个特例是格伦第希（Max Grundig），战前他是一个收音机推销员。1945年，在纽伦堡近郊菲尔特（Fürth）的一座老旧庭院中，格伦第希与7个助手利用一辆手推车的零件，组装了第一台根德收音机。由于旧的收音机常被征收充公，而新的收音机处于配给供应之中，于是这种简易且可以自行组装的收音机便引起了大众争相购买的热情。二十年后，格伦第希拥有了德国最大的电视机工厂、欧洲最大的收音机工厂与全世界最大的电影录音带（sound-track）工厂。

除此之外，流行歌手也能致富，比如披头士。而偶然致富的机遇还可借由与政府合作而得。例如达索（Marcel Dassault）便是由于成功地为法国航空设计并制造民用飞机，以及为戴高乐将军设计用于核打击的幻影战斗轰炸机而致富。

自下观察，人们掌握了比以前更多的可自由支配的财富。虽然战后物价不断上涨，然而在五六十年代之间，西欧的平均工资涨幅仍大于物价的涨幅。即使是经济表现落后于欧洲大陆的英国，在1950年到1961年之间，人民的平均周薪也增长了一倍以上，而零售商品价格的平均涨幅则只有50%。[①]逐渐增加的社会福利如免费医疗、教育与交通津贴等，也为广大的劳工群体提供了某种程度的安全感乃至适度的舒适感。在西欧大陆，工人家庭的收入有36%得自于国家社会福利机构的各项津贴，而意大利的津贴比例更高达51%。[②]在英国城市约克（York）考察社会状况的朗特里（Seebohm Rowntree）发现，战后不久，只有3%的约克人民真正需要援助，[③]他们都是老年人，成了被关注年轻人的战后英国社会所忽视的唯一群体。战时与战后所设立的国家福利机构，造就了这种明确的差异。

旧日贫穷的最后一块土地也开始被卷入经济洪流之中。1973年夏季，巴黎某博物馆展览了米诺特（Minot）村的现代历史。米诺特村位于勃艮第（Burgundy），长期以来都维持着最原始的农村生活形态，“可以说是一个处于新石器时代末期的村庄。”第二次世界大战之后，

---

① Gregg，p. 236.

② Anthony Sampson，*Anatomy of Europe*（New York，1969），p.238.

③ 1936年为31%。参阅第1章。

消费社会突然如潮水涌入。

> 1949 年,米诺特制造了最后一个马辔头;1968 年,马儿们最后一次走过专属它们的马道;1952 年老水磨坊关闭;60 年代,洗衣机取代了洗衣房,也打破了妇女们的社群。当人类学家在 1968 年进入米诺特村庄时,他们觉得自己恍如进入亚马逊丛林的原始部落,而 1973 年,米诺特村已经进了博物馆。[①]

让那些停留在前工业时代的欧洲角落发生转变的主要契机,来自西班牙、葡萄牙、南意大利与土耳其等地的年轻人大量前往欧洲北部的工厂。60 年代有近 600 万的南意大利人迁移到意大利北部的工业城市。1967 年时,瑞士约有 37%的劳工来自外国。虽然这些劳工大都从事于最底层的体力劳动工作,并且与英国的印度人、法国的阿尔及利亚人、德国的土耳其人发生摩擦,然而这些"亚无产阶级"中的某些人仍能带着存款与技术,在结束外国劳动生活后, 回到自己的国家开始过中产阶级的生活——比如成为汽车机修工或电视维修工等等。

财富仍然令人注目的集中在富庶的西欧的少数人手中。这种情形或许比战争期间与重建时期强迫实行平等主义时更甚。1971 年英国遗产税的数字显示,金字塔顶端 1.2%的人口(约 61000 人)所拥有的财富,占全国财富的 21.44%。而 1/4 的上层人士所拥有的财富则占财富总额的 3/4。[②]这种差异在西德更甚,1.7%的富人所拥有的财富占全体财富的 35%。由于这些独立的人累积财富的速度远比不独立的人(领薪酬或者工资的工人)快,因此这种贫富悬殊的情况极可能在 70 年代初期更加严重。

社会流动

在首富与赤贫之间,西欧人民也向世界证明了他们的社会的极大同质性与西欧社会流动的容易度。20 世纪社会区隔的外在标志日益减少,这一潮流在战后更为强化。对非正式服装的偏好——特别是年轻人,便宜的制式衣着,以及作为社会地位标志的汽车的普及,都增强了这种倾向的形成。曾有欧洲下层中产阶级在接受访问时表示,虽然在职场上他只是个小角色,然而当他开着自己的四轮轿车时,就觉得自己摇身变为受人尊敬的人。[③]

促成这种社会平等主义的最主要力量是教育机会的增加,以及休闲生活的发展。初等义务教育在 19 世纪末期便已建立,然而直到第二次世界大战之后,人民接受中等教育与大学教育之路仍然十分狭窄。在欧洲根深蒂固的传统中,中等教育意味着就基于古典著作的

---

① *The New York Times*, June 13, 1973, p.58.

② Murray Forsyth, " Property and Property Distribution Policy", *PEP Broadsheet*, No.528 (July 1971)。依据美国联邦储备局(Federal Reserve)的研究,1962 年时,1.2%的美国富人所拥有的财富占全国人民财富的 33%, 其投资金额则占全体之 54%。

③ *The New York Times*, April 8, 1973, sec. la, p.8.

文学表达所进行的严格训练;这种教育仅提供给上层阶级的男孩与少数有文学天分的下层男孩。战后社会出现两种互补的潮流:高等教育的普及化(包括女性)与科学、机械及贸易领域的技术专业化。第一个结果便是中学入学人数大量增加。法国于 1933 年废除中学学费,英国亦于 1947 年跟进。这是英国史上首次将全民的义务教育扩及 15 岁。1967 年,法国也将义务教育的年龄提高到 16 岁。教育经费比例成为西欧国家增幅最大的支出项目。教育经费的投入,英国从 1938 年的 2.8%提高到 1965 年的 5.4%;而法国则由 1952 年的 2%,提高到 1965 年的 4.6%。

不过,在人满为患的中等学校中,到底要教给学生什么呢?鉴于学校中学生资质与背景差异变大,因此西欧政府的标准作法是课程分化:对天资优异者施以古典与"现代"教育;对才能普通者施以职业教育。在法国,要求严格的传统中学由较不强调阶级的中学补充。不过,很明显的,不同的学校仍然享有不同的声望,而学生的出身背景也对入学有极大的影响力。进入不同的学校,往往会决定就读该校的学生未来一生的社会地位,因此入学考试的压力变得极大。英国的初中入学预试(eleven-plus)是令人生畏的难关。学生如果升入"中级现代"(secondary modern)的职业学校,而非更有声望的"文法"(grammar)学校的话,在未来的社会地位的发展上,极可能受到限制。1964 年英国工党重新取回政权之后便开始逐步废除初中入学预试,并给予学生随着才能的发展能够较自由地转换学校的机会。不过,即使有了这些修正,很明显的,西欧的中等学校仍是年轻人体验严酷的社会压力的竞技场。

大量的学校教育经验显示,有学问或者修养好的父母家的孩子,比来自工人或农民家庭的孩子表现杰出。当学校教育对技术社会中的职业而言越发重要时,事实上,出身贫穷的人能够超越他们父母的社会地位的并不多。1968 年法国一份关于高级经理人的研究显示,这些人当中有 40%生于巴黎,有 3/4 的人(均为男性)出身于贸易或专业的高层人士的家庭,只有 10%来自普通家庭。至于超过 1/3 的人的祖父母来自普通家庭的事实则显示,在改善社会地位的窄路上有所前进,至少需要两代人的努力。[①]

西欧大学入学人数也急速攀升。英国的大学自 1935 年的 16 所增加到 1965 年的 52 所;大学入学人数也自 5 万人增至 168000 人。法国的大学入学人数在 1950 年后的 15 年之间增加了三倍;西德则接近三倍;意大利则为两倍以上。西欧国家 20 岁到 25 岁的年轻人,在 1965 年时有 8%到 15%进入大学就读。相比之下,1950 年时在此年龄层就读大学的人口仅有 3%到 5%而已。[②]在大学学费几乎是免费(除了生活费之外)的状况下,可以预期人数将会继续成长。由于高级技术是促进经济繁荣的利器,因此政府也愿意资助人民接受高等教育。中产阶级与工人阶级或小耕农之间教育不平等的情形,在年轻人被学校录取时更加明显。不过,大学学历比中等学历更能成为专业职业领域的进身之阶,的确是不争的事实。

---

① *Le Monde*, October 1, 1968.

② 1965 年时,美国至少有 43%的人接受与此等级类似的高等教育。

较之教育普及而言,休闲生活的普及是一种更为真实的平等主义发展。30 年代,休闲生活成为工作者的权利,[①]战后经济繁荣时期,休闲旅游的重要发展更确立了这项权利。带薪休假成为雇员的基本权利之后,单纯想逃开平日生活,让自己置身山野或海滨的人急剧增加。在最热衷出国旅游的西欧国家西德,有 1/5 的国民每年都会安排一次海外旅游。1966 年,仅德国一国就有 550 万人到意大利观光。接待观光客成为一大商机,观光业成为西班牙、意大利与希腊最大宗的外汇收入来源。地中海沿岸的狭长地区逐渐成为饭店、别墅、露营地等的热门地区。尽管大多数的旅客在旅行或度假村中,仍然刻意维护着自己的民族与阶级环境;大获成功的法国企业——地中海俱乐部(Club Méditerranée)——在全世界建造了超过 45 座仿塔希提村庄,让那些想要暂时脱离中产阶级秩序的人们,可以在度假村中过一种刻意营造的朴实生活,使用串珠钱币享受一段短暂的、没有社会矫情与阶级压力的快乐时光。

19.2 消费社会的政治:1953 至 1968 年

"意识形态的终结"

"富庶的社会封住了人们的怒火"——这是 1957 年法国政治学家雷蒙·阿隆(Raymond Aron)的观察所得。[②]与解放时代的重建热情和冷战所引起的分裂情绪相比,经济繁荣的 50 年代末期,似乎是欧洲意识形态转为冷静的时期。社会学家将之称为"意识形态的终结"。[③]

人们可以辩称,经济繁荣与越来越多的工薪阶级得到物质上的满足,只能暂时性地减少社会冲突。在某种程度上,这是对的。即使是在本世纪的开始,德国经济学家桑巴特(Werner Sombart)就尝试以经济富裕来解释作为意识形态的社会主义在美国的失败,他说:"无论何种形式的社会主义乌托邦,撞上烤牛肉与苹果派的礁石,都将走向灭亡。"[④]而马克思主义者要处理这些论点并不困难,他们预言经济萧条即将到来或者贫富差距将日益严重。

经济繁荣并不如某些人所预期地如昙花一现般短暂。事实上,50 年代末期到 60 年代初期,持续不断的社会、经济与政治改变,让意识形态的永远终结看上去成为可能。重要的结构转变之一是,白领工作者在总人口中所占比例比蓝领工作者增速快许多。事实上,这种进程在 19 世纪 90 年代的先进工业国家中便已经展开。工厂工人的数量在达到人口的 1/3 时

---

① 参阅第 9 章。

② Raymond Aron, *The Opium of the Intellectuals*, trans. Terence Kilmartin(New York, 1962), p.xv.

③ Daniel Bell, *The End of Ideology: The Exhaustion of Political Ideals in the Fifties* (Glencoe, Ill., 1960). 虽然贝尔这个用词大多用来形容美国的状况,不过,对于西欧,这样的用词也极为贴切。

④ Werner Sombart, *Warum gibt es in den Vereinigten Staaten keinen Sozialismus?* (Tübingen, Germany, 1906), p.126.

便停止成长，而非如预期般成为社会中的多数人口；相比之下，从事文书与服务工作的人数却开始迅速成长。在50年代的先进工业国家中，白领工作者的人数大概实际上已超过了蓝领工作者的人数。“无产阶级”被“有薪阶级”所取代。[①]受白领工作者与中产阶级的志向接近的理论影响，有些法国企业在70年代早期开始实际尝试在工厂工人中以月薪制取代周薪制，以加速他们的身份转变。

人们认为计划经济与福利国家制度已经成功的征服了商业周期。这种新的自信是构成“意识形态终结”观念的另一个要素。直到1945年，经济萧条以及失业窘境就像战争一样，让人们对欧洲体系失去了信心。如果战后的经济计划的制定者能以产量与收入双方面的稳定成长，取代以往繁荣与萧条交替的现象，则无产阶级在经济繁荣期间无法释怀的不安亦将消失。西欧福利国家经济景气、国民充分就业的状况，自1945年起已进入了第二个十年。经济繁荣看起来不像只是昙花一现的插曲。

“意识形态终结”的最后一个因素是早年那些富有活力的信念如今信誉扫地。在经济大萧条时期，自由放任主义已经失去人民的信赖，甚至欧洲商人都极少谈论个人企业的价值。各类天主教与种族主义（虽然不是民族主义）的意识形态也由于法西斯主义的失败而失去民心。“左派”方面，斯大林主义的粗暴行为让马克思主义失去了一些吸引力。甚至在莫斯科开始去斯大林化之前，许多西方的斯大林同情者对加缪提出的“你是否认为苏联正在实践革命‘事业’？”这一问题，也无法立即回应。[②]去斯大林化加快了这种批判性的再评估过程，而苏联对匈牙利（1956年）与捷克斯洛伐克（1968年）事务的介入，进一步加速了这一过程。由于对部分国有化的期待落空，西欧人对集体主义（collectivism）的质疑日益增长。为大型的国有企业工作，就好像为大型的私人企业工作一样，枯燥无趣、低工资、缺乏前景。不过，即便集体主义不需要为个人谋求更多的自由权利，它至少应该能够提高产量。而当60年代西欧的经济持续增长速率超越苏联时，使集体主义者连提高产量的承诺都落空了。

共识政治

在“意识形态终结”的年代里，政治的主要特征是：为了支撑经济成长，对公共事务采取实用主义的专业管理成为广泛的共识。西欧的“左派”与右派都认同混合经济、福利国家与实用主义计划的优点。即使苏联所用的主要方法与西方不同，不过最后也得到相同的结果：富庶的经济。

在实践方面，西欧的共识政治（consensus politics）由五六十年代当权的保守派倡议。就此意义而言，“意识形态的终结” 的时代乃是建立在冷战时期西欧保守人士的政治胜利之上。德国继续由阿登纳（1949—1963）执政，之后由他的经济部长，同时也是德国经济“奇迹”

---

① Bell，p. 217. 美国在1956年完成这一标志性转变。

② Albert Camus，letter in *Les Temps modernes*，August 1952.

的设计者艾哈德(Ludwing Erhard,1963—1966)接任。自 1951 年到 1964 年间,丘吉尔与他的后继者主持着英国执政时间最长的托利政府(Tory government)。至于意大利则由基督教民主党加斯佩里的继承者执政。作为西欧诸国中经历了政治体系实质改变的国家,法国在戴高乐将军(1958—1969)的主政下转变成为强有力的政府。

在"意识形态终结"的年代里,政府的改变比反对派少。西欧"左派"变得更倾向于渐进主义与实用主义;在某些情况下,它还会与中间派分享权力。西欧社会主义者在 50 年代之后便较少谈论国有化,更多地谈论计划经济成长的技术问题、管理经济中劳工参与决策、如何让自动化技术与满意工作达成一致,以及福利国家的休假安排等。

最引人注目的是西德社会民主党(West German Social Democratic Party,SPD)的转变。社会民主党成立于 1869 年,是西欧第一个,也是直到 1933 年为止最大的马克思主义政党。它是马克思与恩格斯死后,正统的马克思主义社会民主的继承人。1959 年于巴特戈德斯堡召开的代表年会上,社会民主党宣布放弃马克思主义为党的主要指导思想,宣称:"社会民主党曾是工人阶级的政党,现在,它是全体国民的政党。"这个纲要所描绘的民主社会主义是一系列植根于"基督教伦理、人道主义与古典哲学"的价值观;以及一系列现实的政治目标,以期"建立一种生活方式",而非进行革命。新的社会民主党反对将经济力量过分集中于私人或国家之手,因此,他们极少谈及国有化,经常提及的是共同、分散的决策。为达经济繁荣而"尽其可能地竞争,尽其需要地计划"是该党的座右铭。如同英国工党与瑞典的社会党,巴特戈德斯堡会议之后的新社会民主党意在吸引选民中的大多数,其中工厂里的工人仅占了一小部分。[①]

实际上,《巴特戈德斯堡纲要》(*the Bad Godesberg program*)意味着新生代的社会民主党领袖取代了魏玛时期的幸存者。不屈不挠的舒马赫(Kurt Schumacher),经历了第一次世界大战与希特勒的集中营,失去一条腿与一只胳臂。直到 1953 年去世,他是魏玛时代的社会主义的最后一位强力人物。新的重要领袖是勃兰特(Willy Brandt)。当希特勒开始掌权时,学生时代的勃兰特曾离开德国到挪威(在那里,他将易卜生笔下一位戏剧人物的名字勃兰特作为自己的名字)与瑞典住了几年。1957 年,他被选为西柏林的市长。勃兰特以年轻与活力而非教条,获得青睐。

1966 年,也就是巴特戈德斯堡大会七年后,勃兰特领导德国社民党已有两年的时间,日渐衰微的基督教民主党与社会民主党一道加入"大联盟"政府,勃兰特出任外交部长。这是德国基督教民主党在 1948 年之后首度与其他政党分享政治权力,而勃兰特则成为 1930 年之后德国首位社会民主党的部长。

英国工党自成立以来便一直处于改革状态。1960 年工党的"牛虻"、激进的威尔士人比万去世,同时党的领袖艾德礼又被拥护专家管理混合经济的学者盖茨克尔(Hugh Gaitskell)

---

① SPD Bad Godesberg program,引自 Alfred Grosser,*Germany in Our Time* (New York,1971),p.151.

取代,工党也步入了一个更着重实用主义的时期。事实上,在保守党财政大臣巴特勒(R. A. Butler,1951—1955)的福利国家托利主义与盖茨克尔所主张的混合经济之间的区别极小,为此感到困惑的英国人便将这两党的经济计划简单地统称为“巴特克尔主义”(Burskel-lism)。当盖茨克尔英年早逝之后,牛津大学的经济学教授哈洛德·威尔逊(Harold Wilson)在保守党政府执政13年之后,带领工党于1964年重拾政权。威尔逊将钢铁工业再度收归国有,并普及中等教育。不过,战后第二次执政的工党政府(1964—1970)的主要纲领,转趋于以科学与技术进一步推动经济的成长。

在意大利,独立的社会主义领袖南尼在1948年及1949年曾决意与意大利共产党合作,导致了意大利社会党的分裂。而到了60年代,他也逐渐开始向中间靠拢。当执政的基督教民主党提出“对‘左派’开放”的建议,意欲扩展其联盟时,一段时间内(1963—1968),南尼派的社会主义者们也曾参与政府运作。

西欧共产党发现自己党内都是些年老的领袖与党员,被孤立于其余“左派”团体之外,并且势力衰弱到二战以来的最低点。当戴高乐于1958年6月取得政权时,法国共产党在公民选举中的得票率仅剩19%,是1936年以来最低的一次。许多同情共产党的西欧知识分子,自苏联侵略匈牙利与1956年去斯大林化运动之后,便失去了对共产党的热心。波伏娃(Simone de Beauvior)于1957年的得奖小说《达官贵人》(*Les Mandarins*)中,所描述的冷战时期知识分子们的热情与投入,在1965年时似乎已成过去。欧洲的新领袖不再是波伏娃或萨特这些知识分子,而是务实的专家,那些设计了欧洲的高速火车与核能工厂的开朗年轻的技术人员。

19.3 “新欧洲”的大众文化与高级文化

大众文化

余钱在手的年轻人与工薪族,为60年代新兴的全球性大众文化提供了广大的市场。这种大众文化通过电视、廉价的晶体管收音机、唱片、电影与便宜的国际旅游等途径传播;内容随性、休闲,给人一种感官上的愉悦。它的表现方式大都受到美国模式的影响:爵士乐、摇滚乐、休闲服、西方电影等。这种大众文化在欧洲广受欢迎,即使在政府不鼓励这种文化的东欧地区也是如此。它是无数新的财富的基础。它终结了过去传统的民谣文化(除了少数个人创作的怀旧“民谣”),增进了欧洲年轻人的同质性,同时加深了年轻人与长辈之间的代沟。

60年代最著名的大众文化标志,是来自英国港口城市利物浦的四位年轻歌手——披头士(The Beatles)。富有感染力的、轻松的热情以及高水平的录音技术与宣传,使披头士成为60年代后期全球最知名的人物。他们制作的歌曲与电影隐隐表达出反极权主义、反军事主义、反阶级统治的信息。他们适度地嘲弄自命不凡的中产阶级,鼓励人们使用致幻剂,宣扬一种表面看似无忧无虑的享乐主义的生活方式。

值得注意的是,披头士出身工人阶级,家乡是远离传统文化都会的地方城市,他们的艺术与传统高雅文化全然无关。英国史学家霍布斯鲍姆(H. Eric Hobsbawm)认为,借由披头士,英国文化成为了工人层级。[①]事实上,披头士所代表的英国文化,远不如它所代表的青年与休闲的国际性文化给人印象深刻。过去恐怕从未有任何表演者可以如此彻底地超越国界的限制。披头士在汉堡的夜间俱乐部获得首次的成功,他们拍摄的电影被配成几十种语言;此外,他们还在世界各地巡回演唱,唱片销遍全球。英国政府认可他们传达的价值,授予披头士大英帝国勋章为奖赏。这唤起了人们对时代错位的民族文化、中产阶级的顺从与礼仪的注意。

当然,披头士仅是一个国际现象中最为人称道的例子。那些尝试从西方旅客手中购买蓝布牛仔裤的俄国年轻人,显示出青年与休闲的国际性文化,远比官僚政治与国家文化机构更有力量。

艺 术

在欧洲,极权主义与战争对艺术创作造成了极巨大的伤害。1933 年之后,艺术家们流亡到新世界,加上 1945 年后美国的繁荣,艺术市场自巴黎移转到纽约。当希特勒与斯大林的统治让欧洲艺术黯然失色时,美国艺术的发展却越显自信。再加上美国流行音乐与电影对世界影响逐渐加深,欧洲文化第一次身处美国文化的阴影之下。许多欧洲人担心这种文化侵略,因而开始采取一些措施,例如影片限额等,来限制美国文化进入欧洲。

第二次世界大战之后,欧洲艺术家们并未进行另一场基础美学革命。他们如同 20 世纪刚开始时一样,继续将重心放在敞开自我之上。艺术史学家贡布里希(E.H.Gombrich)认为,“再也没有比第一次世界大战前所开始的艺术革命更成功的艺术革命了。”[②]那次革命让艺术家从传统手法中走出来,能自由使用各种可能的介质表现自我。表现主题、技术与材料的多样化,让人们很难说什么是战后艺术的典型代表。重要的是,人们已经不再如同 1914 年时一样,对实验性的艺术表现感到震怒,而能普遍接受并相信艺术若要成功,在某方面是需要艺术家能以原创风格呈现自我。即使是对现代艺术高度同情的贡布里希,也好奇必须“创新”的义务是不是会成为 20 世纪后半期新的一致性。

不论如何,欧洲艺术家们还是找到了个人的特色。战争的恐怖急需艺术表现,助长了有关公共主题的写实主义绘画(figurative painting)与雕塑的复苏。雕刻家摩尔(Henry Moore)仅以有凿孔的圆形雕塑表现人体,却能引发人们对 1941 年闪电战时蜷缩于避难所的伦敦市民的强烈联想。战后,一些欧洲绘画与雕塑界的巨匠重新开始写实主义艺术(figurative art),以极端个人化的方式表现焦虑、通常是私人性的情感。

克洛索夫斯基(Balthazar Klossowski,1908—2001)在画作上的签名为巴尔蒂斯(Balthus),

---

① Eric Hobsbawm, *Industry and Empire*(New York,1968),p.276.

② E. H. Gombrich, *The Story of Art*, 16th ed.(London,1995),p. 610.

19–2 雕刻家贾科梅蒂与他的作品，1964。

描绘个人感受到的神秘的内在风景的幻象，画中总有虽遥远却极具诱惑力的小女孩出现。爱尔兰画家培根（Francis Bacon，1909—1992）将画像或老旧的照片加以改造，表现人类的寂寞与恐惧。瑞士画家、雕刻家贾科梅蒂（Alberto Giacometti）在30年代末期已经从抽象主义回归到对人类形态的表现；战后，他创造了许多令人难忘的细瘦且孤独的人物作品。英国画家弗洛伊德（Lucian Freud）创作了关系亲密却让人感觉不安的人物塑像与画像。最为大众所接受的是德国画家凯佛（Anselm Kiefer）对纳粹主义、战争与战后荒芜的讽刺性描绘。

类似的幻想破碎也出现在小说中。法国的“新小说”作家，如罗伯–格里耶（Alain Robbe-Grillet）与萨罗特（Natalie Sarraute），将创作焦点集中于具体细节的描述上，没有情节、没有人物性格发展，没有明确的观察者身份。传统小说在英国、意大利与德国仍旧活跃。德国的战后写实主义者依旧写讽刺社会的小说：伯尔（Heinrich Böll）以《女士及众生相》（*Group portrait with Lady*，1971）获得诺贝尔奖。《女士及众生相》通过一位妇女的一生，描述了科隆在20世纪中五十年盛衰沉浮的历史。

虽然电视的入侵严重影响了电影在大众娱乐中的地位，然而在60年代，电影仍然是艺术表现的一种生气蓬勃的方式，比绘画更能吸引观众。60年代，巴黎与罗马是试验电影的中心。当时最具刺激性的电影作品，是那些揭露空虚都会生活内容的电影，包括戈达尔（Jean-Luc Godard）、安东尼奥尼（Michelangelo Antonioni）与维斯康蒂（Luchino Visconti）对堕落的沉思与探索；瑞典导演伯格曼（Ingmar Bergman）的黑色心理剧；以及西班牙导演布努艾尔（Luis Bunuel）的天主教弗洛伊德（Catholic-Freudian）寓言。

作曲家们继续寻求新的乐音，以完成他们在音调与合声方面的解放。最重要的战后作品与前辈们相比，在种类上并无任何不同。不过战后的作曲家发现了新的音域。在两次大战之间由瓦雷兹（Edgard Varèse）所开始的电子音乐，借由计算机与电子乐器——如慕格合成乐器（Moog synthesizer）——的应用，极大地扩展了音域。另一种新趋势是无声的运用与“即兴”音乐，后者是由演奏者根据作曲家的大致指示，进行即兴演奏。“具体的”（concrete）音乐反映了60年代碎片化景象，关注个性化的声音。法国人博雷茨（Pierre Boulez）是无音调乐曲的最著名代表者。不过，如同其他艺术领域一样，无音调乐曲也有许多容纳多样性表现的空间。德国人奥夫（Carl Orff）将圣乐简化，使其高度仪式化，仅以少数的和声形式来表现催眠式复奏。60年代末期，德国人斯托克豪森（Karl-Heinz Stockhausen）与意大利人诺诺（Luigi Nono）运用电子音乐与无调音乐，表现他们的“左派”政治立场。

人们最易接近的艺术非建筑莫属。战后的重建与扩张,为建筑艺术带来极大的空间。战后的建筑师们大多延续了第一次世界大战前后的主要建筑理念。意大利建筑师奈尔维(Pier Luigi Nervi)仍然使用混凝土建造宏伟而形式自由的建筑;凡德罗(Ludwig Mies van der Rohe)与其他包豪斯(Bauhaus)学派学者持续打造功能性建筑;至于科巴西尔(Le Corbasier)则在法国南部的住宅计划中,融入自己对建筑的社会功能的思考。

宗教复兴

对纳粹主义的道德反感,让教会自战争中再度复兴。虽然在过去两个世纪中,高雅文化很大程度上转变为唯物主义,至少是不可知论,然而我们仍可在其中找到宗教复兴的标志。

言行谨慎、出身高贵的管理者教皇庇护十二世(Pope Pius XII,1939—1958)的去世,让战时与战后的宗教复兴潮流达到最高点。新教皇约翰二十三世(John XXIII,1958—1963)与他的前任相反:出身农家,性格活泼、身体强壮,散发出人性的温暖。约翰二十三世在其短暂的任期内,经历许多战后的革新(机构与组织的现代化)。他在梵蒂冈召开了继 1870 年之后首次的世界大主教大会,很快以"梵二会议"(Vatican II,1962—1965)闻名于世。大会允许在弥撒中可以不使用拉丁文而使用当地语言;允许与其他基督徒开展普世交流;赋予宗教会议更多的权力。约翰二十三世最重要的两封通谕——"慈母与导师"(Mater et Magistra,1961)与"和平于地"(Pacem in Terris,1963)——强调社会公义的必要、工人更多地参与和他们有关的事务决策,并呼吁终结国际间的冲突。

保罗六世(Pope Paul VI,1963—1978)被 60 年代的自由主义所震撼,作为一位谨慎的教廷管理者,尽可能地推进约翰二十三世的改革。不过,在出生控制、教士独身、妇女担任圣职等问题上,保罗六世仍然是一位守旧的传统者,这让他与荷兰天主教会及其他渴望改革者之间的沟通困难重重。保罗六世是 1809 年之后首位离开意大利的教皇,也是首位搭乘飞机的教皇。他不辞辛劳、不顾疾病,尽己可能地飞往世界各地力倡社会公义与和平。保罗六世任内增加了来自第三世界的教士在教会事务中的地位,并积极寻求与新教领袖接触。虽然个人极为反对马克思主义,他还是结束了上一辈东欧教士们绝不妥协的态度,与实行马克思主义的人民共和国达成某种暂定协议(modus vivendi)。

第二次世界大战让许多新教神学家,对人类的邪恶与原罪的普遍性产生了深切的关注。19 世纪末期舒适而自由的新教教会太过关心自己的私利,对纳粹不闻不问,于是和对人类道德发展简单信念一道,失去了人们的信赖。

现在,有两个可能的发展方向。对瑞士神学家巴特(Karl Barth)而言,他认为人可以用理智拯救自己的自由主义信仰观是危险的,这将导致一个人在不知不觉间相信人类创造出他们所需要的宗教。巴特以热烈的基要主义(Fundamentalism)反对上述观念,一再主张启示的首要性以及任何人除非倚靠上帝的恩典,不可能拯救自己。巴特是基督教界对抗希特勒的思想与道德领袖。1944 年被纳粹处死的朋霍费尔(Dietrich Bonhoeffer),便是他德国学生中最具影响力的一位。

基督教发展的另一个路线，如同19世纪的自由主义一样强调人的理性，但是与上个世纪的自由主义新教又有所不同。它不满足于个人敬虔、“历史的耶稣”和理性化的道德进步。布尔特曼（Rudolf Bultmann）等神学家认为，圣经是以旧时文化的措辞写成，在现代文化的语境下无法理解。现代基督徒必须从古旧的圣经神话中，汲取可以应用于现代生活中的内在意义，以应对现代生活的各种状况。然而，对某些人而言，如英国神学家罗宾逊（John Robison）便认为，如果敬虔的主日学语言必须转换成适合现代生活的词藻，无疑是“上帝已死”（God was dead）的表现。

天主教与基督教彼此接近，天主教推进普世运动，而基督教则重拾圣餐与仪式的重要性。双方公开的礼拜活动则都得到复兴。

科学成就

受经济大萧条、战争，以及对美国的“头脑输出”影响，欧洲的科学仅能以缓慢的速度恢复。西欧跨国性的科学努力，直到60年代才显示出一些成效。欧洲核能研究中心（CERN, The European Center for Nuclear Research）在瑞士安装了全世界最强大的核加速器之一；而欧洲发射工具发展组织（ELDO，European Launch Development Organization）则开发出重型卫星发射器——阿丽亚娜火箭（heavy rocket-launching device，Ariane），并在1995年时取得全球半数以上的市场占有率。不过，西欧的大学并不全都具有优良的现代化研究设施，此外，用于纯科学研究的经费占国家收入的比例也远少于美苏。虽然斯大林的干预为语言学与遗传学的研究带来破坏，然而苏联在实用科学技术、原子能与火箭技术方面的成功，仍然深受注目，而且苏联在物理学与化学方面的成功也令人赞赏。

物理学持续本世纪初期开始的迅速发展，成果辉煌。不过，改变最多的则是生物学与生物化学的研究。有关组成细胞基本结构的研究，与生命遗传物质的生化结构研究，揭开了人们对生命体做更深入分析的可能性，也引发了如何控制旨在改变生物体或人类特性的试验的伦理问题。1962年诺贝尔医学与生物学奖的得主，为剑桥大学的克里克爵士（Sir Francis Crick）与美国的沃森（James Watson）。他们解析出基因物质中的基本蛋白质成分——脱氧核糖核酸（DNA）——的结构。

至于社会科学与哲学，由于这两个领域不像自然科学的研究那样需要耗费庞大的资金，因此成为第二次世界大战后欧洲研究成果最辉煌的领域。由于战后经历了意识形态的迅速衰落，因此只有极少数的欧洲学者投注心血钻研庞大的哲学或社会学系统。追随维特根斯坦（Ludwig Wittgenstein）与罗素（Bertrand Russell）的逻辑实证哲学家，如牛津大学的哲学家艾耶尔（A. J. Ayer），便舍弃了伦理学与形而上学的大问题，改以数学研究的精确方式，思考个人陈述的逻辑结构。社会科学研究受到美国实用主义的、注重细节的研究影响，虽然并没有那么刻意，但也同样发生了碎片化情况。此时期并未出现任何重要人物足以取代那些支配一代社会学思维的巨匠：马克思、韦伯与佛洛伊德。

社会科学中最新且最具影响力的是结构主义。法国人类学家列维–施特劳斯（Claude Lévi–Strauss）曾对之作出最复杂的解释。列维–施特劳斯曾于 30 年代在巴西执教，并于 40 年代从维希治下的法国流亡至纽约。期间，眼见巴西印第安人随着“文明”的进步而逐渐消失，让他感到十分震撼。原本就对文明社会的优越性感到质疑的列维–施特劳斯，开始致力研究原始民族思维过程中的基本要素。在分析了与食物、烹调与吸烟相关的神话的详细内容后，列维–施特劳斯认为他已能发现并记录数目有限且具体的一些逻辑过程，这是人类思想基本结构：配对、相反与同类。他的研究兴趣着重于思想结构而非思想史，尝试“破解密码而非追寻家谱”。[①]在《野性的思维》（*The Savage Mind*，1962）一书中，他谈到在那些停滞的（原始的）社会中，人们的思想逻辑过程与那些变化中或发展中的社会同样复杂、同样有依据。在他最闻名的著作《忧郁的热带》（*Tristes Tropiques*，1955）中，列维–施特劳斯深入探讨了文化间的冲突，提出他对西方文明的相对合法性的质疑，并认为发现内在逻辑结构的编码比追溯历史更能了解人类思想的本质。

“碎片化”（fragmented）一词在本章中反复出现。当美式的流行文化统一了大众的兴趣时，二战后的高雅文化却发现自己在各路专家追寻更深的奥秘时四分五裂。

六十年代，英国科学家斯诺（C.P. Snow）与文学评论家利维斯（F.W. Leavis）之间曾经有过一段激烈的争辩。斯诺认为世界上存在着两种文化，一是科学的，一是文学的。讨论的最基本形式就是这两种文化孰高孰低。事实上，世界上存在许多文化，其中有些甚至是受过教育的人也很难领会的。欧洲人不仅失去了文化优越性的确信，甚至失去了文化的整体观。

19.4 消费社会中的不满：1968 年及以后

50 年代末期到 60 年代初期对于后意识形态稳定的预测，在 1967 年到 1968 年间变得极为虚幻。在那几年，西欧的大学、工厂与街头都陷入一片混乱。过去，学生与工人也经常进行抗议。而 1967 年到 1968 年所不同的是，抗议者对现存社会全面厌弃，并且蔑视“左派”政党与工会的狭隘与乏味的议程。

学生的不满

最先开始抗议的是大学与中学的学生。由于经济繁荣与新的社会津贴使入学人数急速膨胀，但学校却尚未做好相应的措施。意大利、德国与法国的学生们在 1967 年到 1968 年间，为了更基本的议题，而非不充分的教学设备，而在校园中示威与静坐。他们谴责消费主义虚无、即将步入的社会千人一面、资本主义下工作毫无意义，以及欧洲在越战问题上与美

[①] George Lichtheim，*Europe in the Twentieth Century*（New York，1972），p.180.

国沆瀣一气。欧洲学生与美日学生同步发生的抗争行动，证明了全球普及的年轻人文化的浮现，不过欧洲学生比美国学生更严肃地看待社会理论。受到毛泽东的“文化大革命”与拉丁美洲革命者如格瓦拉(Che Guebara)的启发，他们希望比欧洲甚至苏联的正统马克思主义更具自发性、更加反对等级制度。

由于孤独的年轻人是一种全球普遍的现象，所以只单纯探讨欧洲情况并不合适。对于这一现象，美国人类学家米德(Margaret Mead)从技术的迅速变化中，发现了一种可理解的一般解释。[①]她认为在稳定的社会中，年轻人相信他们的人生会和父母的人生类似，换句话说，父母的经验对年轻人而言是一种有价值的传承。然而现在，生活的条件在几年中产生了超乎意想的变化，一切都变得不同了。汽车进入公共生活用了一代人的时间，而飞机从玩具变成基本交通工具则没有用那么长时间。短短二十年内，核能成为切实可用的能源；数年之内太空旅行成为人们可以想象的梦想。米德相信，60年代的年轻人已经不再认为长辈可以教导他们什么了。[②]

学生们在社会中的地位暧昧不清：虽然尚未进入社会，但他们却已在竞争残酷、以职业为导向的学校中饱受压力；虽然轻蔑唯物主义，却也看见自己的未来的物质成就可能取决于考试成绩。当然，欧洲学生也有进行抗争的独特理由。在经济繁荣的60年代，欧洲大学的入学人数增长极为迅速，学校却不能为毕业生提供出路，也未能提供充分的师资与设备，导致学生的批评愈发尖锐严厉。

学生们的不满，在西欧消费社会中情况极为严重。60年代末期的大学生生即优渥，不识艰辛。早些年的经济大萧条与战争，让他们“看见”了父母的窘态，而冷战的最后阶段，更证明了长辈的无能与不值得信赖。纳粹主义的道德责任问题与全然的唯物主义，加深了德国两代人之间的鸿沟。在1967年到1971年间发生于学校与学生之间的拉锯战，导致德国大学中许多权力阶层的运作瘫痪。设备不足的意大利学校超收了近十倍对工业社会不满的学生。他们与警察斗殴，并以恐怖行动进行挑衅。

最引人注目的学生抗议行动发生于1968年的法国。此项行动始于少数学生抗议大学不应只是技术专家的筛选者与制造者，“资产阶级事务入门”和仅能“保护文化遗产”却无力追赶“新工业革命”[③]的旧马车。学生们为自己出于自发而非受原则驱使的行动感到自豪，将此次运动命名为“三月二十二日运动”。那一天，他们在法国巴黎近郊南特尔大学的新校园中，展开对大学当局的抗争，领导者是来自德国的留学生柯恩-本第特(Daniel Cohn-Bendit)。1968年5月11日夜间，学生们在巴黎索邦大学(Paris Sorbonne campus)进行示威活动，警察的过当处置，让学生们首度赢得群众支持。示威活动中计有367人受伤，460人被

---

① Margaret Mead, *Culture and Commitment: A Study of the Generation Gap*(Garden City, N.Y., 1970).

② 参阅第4章，以便了解更多不同时代之间的冲突。

③ *Bulletin du movement du 22 mars*, April 1968. Statement of the *Syndicat national de l'Enseignement supérieur*(Instructors' Union), May 1968.

19–3 1968 年 5 月，学生们在巴黎与镇暴警察迎面对峙。虽然学生们的抗议行动（暂时与罢工的工人结盟）导致国家几乎无法运作，但保守派候选人戴高乐仍然于 6 月大选中赢得绝大多数选票的支持。

捕。在得到普遍的公众同情和鼓励之后，学生们开始在工厂中寻求联盟。5 月 14 日便有些工人开始罢工，不过他们的诉求乃以乏味的工作内容与通货膨胀为主。5 月底，在法国有近 1000 万人参与罢工，这是自 1936 年 5 月以来最大的一次自发性抗争运动，共产主义或社会主义工会的领导者完全没有参与其中。

当法国开始因燃气与粮食不足而陷入瘫痪时，人们以为戴高乐将军 5 月 29 日失去踪影意味着他的政权即将结束。不过他其实是秘密前往西德，以确认驻防该处的法军的忠诚。不过，戴高乐并不需要靠军队来存活，因为消费导向的工人寻求的是增加工资，他们已经逐渐从批判社会根本问题的学生中分离出来了。当大多数工人最后在 6 月初接受了大幅提薪的调解之后，学生们便被孤立了。6 月 23 日的选举，惊惧愤怒的法国人民的强烈反应让戴高乐坐享其成。这些法国人从虽不完美但还宽裕的生活，突然落入汽车停止运转、粮食不足与无法适应的年轻人生活方式的恶梦中。在这种情况下，法国史上首次由一个单一政党——戴高乐主义者——得到绝大多数的国会席位。

“五月巴黎”事件的直接影响是现状的强化。当时，大多数的工人似乎都只是要求加薪，而大多数法国人民要求的也仅是安定的生活。不过这也揭示出高技术消费社会的脆弱，戴高乐的形象受到严重的打击，一年之后，79 岁高龄的他提议了一项并非十分重要的宪法议案，遭到议会否决之后，便黯然下台了。

工人的不满

上文让我们看到学生的不满与政府对抗议行动的镇压，如何引起了工业的动荡。这种状况在意大利更为严重。1969 年时的“狂热之秋”(hot autumn)，是自 1920 年 9 月工厂占领事件以来，发生于意大利最大规模的罢工潮。全国超过 150 万的工人，以各种不同的形式进行罢工、破坏、占领工厂。这种动荡甚至扩展到当时都还很被动的服务业与白领之中。

如同法国一样，技术工人被不断提速、无趣的生产线工作，严苛的管理控制以及不断上升的生活费用等所激怒，首先开始在意大利进行抗争。1969 年 7 月，他们抵制米兰倍耐力轮胎公司(Pirelli tire factory)的工会谈判合约，他们觉得那样的合约太胆怯了。绕过传统的工会领导，他们建立车间委员会，吸引了年轻的、刚来自南方的非技术工人，后者初到不熟悉的产业环境中容易走向激进。新的运动如“不断抗争”(Lotta continua)，造成比传统工会或共产党更大的风潮，工人们除了要求更平等的工资报酬以外，也要求由工人自行控制产量。在某段时期，似有激进的学生与年轻工人之间即将结盟的趋势，意大利社会将受到更大的震撼。1969 年秋末，旧有工会的领袖再度确立了自身地位，大多数工人也接受了新的国家合约，愿意依循工资与工时惯例：意大利全国工人每周工作 40 小时；加薪 18.3%，以及工资指数应反映生活费用——即著名的斯卡拉流动指数(scala mobile)。工资动态指数在 1975 年达到 100%后，工资与价格增长牢牢锁在一起，创造了欧洲最高的通货膨胀率与 70 年代的走马灯式的政府。

1968 年到 1969 年的工人运动，最值得注目的是其对旧有工会与政党领袖的摒弃，与其热烈的抱负。他们要求“工人自治”(autogestion)。这是由于国家与企业经营者，对他们最恐惧的两大风险，失业与通货膨胀，皆不予回应。工人管理最著名的例子是法国贝桑松(Besançon)的利普钟表工厂(Lip watch factory)。该工厂在 1973 年因赤字面临倒闭，工人们自行接管工厂运作整整一年，拒绝为了经济效益牺牲任何一名员工。

调节工资与物价的努力激化了劳资关系的紧张，议会对于这样的状况也深感棘手。英国保守党首相希思(Edward Heath，1970—1974)在自 1926 年以来首次全国性的煤矿工人罢工之后，于 1972 年 11 月试图冻结工资与物价。工人的紧张情绪在 1973 年更为恶化。在英国首次基层公务人员罢工与另一次更为持久的矿工罢工之后，希思于 1974 年大选时失去了多数选票。即使是 1939 年内战结束之后社会气氛便沉寂如墓园的西班牙，也在 60 年代末期经历了逐渐增加的语言民族主义、劳工动荡与知识分子的异议。

农村也和城市一样出现了紧张的气氛。经济计划者鼓励以机械化的农业企业取代传统的小农制度。为此，法国的农业人口首次降到工人人口的 1/3。意大利也出现相同的现象。生产方式的改善导致产量过剩，但农民仍在通货膨胀的情形下，入不敷出、捉襟见肘。当共产党在法国与意大利组织衰落的小群农民并略有成绩之时，某些市场导向的法国农民诉诸直接行动来解决问题。60 年代末期，农民以生产过剩、卖不出去的农作物封堵高速公路，并且在一些事件中占领了政府办公室。1973 年爆发石油危机之前，欧洲经济已经陷入紧绷状态并开始衰退。相关内容将在第二十二章详加讨论。

新女权主义与妇女解放运动

除了葡萄牙与瑞士的某些地区之外，西欧妇女最晚到第二次世界大战结束，都已经拥有选举权。然而宪法上的平等不能表现出妇女在消费社会中的实际痛苦。更甚者，在 1968 年的抗议期间，思想前卫的妇女意识到“当男人们谈论革命时，我们竟然在厨房煮饭”。妇女解放运动——来自美国的辞藻——终于在 70 年代早期的西欧广泛地传播开来。

新女权主义包含三种议题，而工作条件仍然是其中最重要的一项。有越来越多的家庭主妇——包括中产阶级妇女，发现她们需要第二份薪水以支撑家庭；某些专业与较高层级的职位，仍然不对妇女开放；而且妇女在任何地方都遭遇同工不同酬的待遇。因为许多妇女要求避孕与堕胎的权利，生育问题现在也比往昔更能被公开讨论。最后一些妇女得以对性解放采取新的坦率态度。对较前卫的妇女而言，传统的反对团体与这些议题是无关的。她们争辩道，倘若家庭仍然维持家长制，人们如何能完全废弃资本主义呢？这些激进的妇女们开始进行属于她们自己的运动，并出版期刊。1972 年伦敦的一个妇女团体创办了玩世不恭的《肋骨》(*Spare Rib*)杂志，它以一页男性特写为特色。

即使是在天主教国家，妇女们的抗议与请愿，也让她们在意大利争取到离婚权(1970 年；尽管遭到积极的教会运动阻挠，仍于 1974 年得到公民投票的支持)与堕胎权(1978)，在法国争取到堕胎权(1975)后，爱尔兰是欧洲唯一仍然坚决禁止堕胎的国家。

落入恐怖主义

1968 年时，大家都强烈相信激烈的社会变革即将到来，而这种想法在 70 年代逐渐褪色。大多数的激进分子不得不接受一个并不会那么迅速转变的世界。一少部分则在遭受到挫折之后，转向了暴力。在德国发生了教授之子贝德尔(Andreas Badder)与新闻记者麦恩霍夫(Ulrike Meinhof)带领一群志同道合的中产阶级年轻人组织的一系列银行抢劫与炸弹袭击事件；1972 年时，这群人被判终身监禁。他们的行为引发了行动更激烈的后继者——红色军团(Red Army Faction)的兴起。1970 年到 1978 年间，贝德尔、麦恩霍夫与红色军团共计杀害 28 人，造成 93 人受伤，掳走 162 个人质，抢劫 35 家银行共 500 万马克。[①]1977 年 10 月，施莱尔(Hanns-Martin Schleyer)绑架案震惊了全世界。施莱尔是戴姆勒-奔驰汽车的主管，同时也是德国雇主联盟(German employer's association)的主席。这个事件的最高点是劫持

---

① John Ardagh, *Germany and the Germans* (New York, 1987), p.424.

飞机、施莱尔被害、贝德尔与其他人在监狱中自杀(或被谋杀)。这些事件摧毁了红色军团的残存魅力。之后,它只能吸引那些对一切心怀不满的年轻人了。

1970 年后,意大利的红色旅(Red Brigades)以痛殴、枪击膝盖、绑架等手段对付资本主义的代表来打击资本主义。这种恐怖行动的巅峰是 1978 年 3 月发生在罗马的意大利前总理莫罗(Aldo Moro)绑架案。莫罗在被绑 55 天后遇害。虽然在接下来的两年中有数十人被杀,然而红色旅在杀害莫罗后,也遭到孤立与分裂的命运。最终,在线人的协助下,意大利警方终于在 1980 年瓦解了红色旅。

这些组织及其活动已经扭曲了的 1968 年激情,引发了全球性的谴责之声。同时,70 年代末期论争精神也开始转向内心世界,包括艺术实验、迷幻药、公社与“绿色”生态激进组织等。无论如何,1973 年发生了一场惊人的巨变。那一年的石油危机,为西欧的经济成长与繁荣画下句号,随之而来的是更多的社会不满。

20–1 西德总理勃兰特“东方政策”(Ostpolitik)的重要一幕。图为1970年12月时,勃兰特总理屈膝跪在华沙纳粹犹太罹难者纪念碑前的景象,此时正值西德与波兰恢复外交关系前夕。

第 20 章

冷战缓和:独立的萌芽,1962 至 1975 年

1962年以后,欧洲的冷战战场再度陷入僵局。柏林墙(1961年)的建设虽然令人震惊,但墙两边的人们终究还是学会了接受这道铁幕。虽然如同1968年苏联在捷克斯洛伐克所展现的决心一样,两大阵营都坚守自己的地盘,但并没有人想进一步跨越围墙的藩篱。60年代末,人们对苏联向西进军的恐惧已经不再像以前一样紧迫。从60年代晚期到1975年左右,缓和(détente)——传统的法国外交术语,用来指称紧张局势的舒缓——成为世界政治学的关键词。欧洲人可以开始比较轻松一点地呼吸与生活。

伴随局势放松而来的,是两大阵营内部逐渐升起的独立呼声。由于中国和苏联的争论,使得社会主义阵营一分为二。在苏联势力范围内,东欧共产党谨慎地扩展着他们的活动空间。在拥有更多共同组织的西方集团里,美国发现自己也很难恣意妄为。在经济条件上,欧洲共同体的财富已经足以与美国匹敌,而且开始对东欧产生强大的吸引力。"万能的美元"受越南战争的紧张情势影响,于1971年和1973年时贬值;而1945年时按照美国的吩咐于布雷顿森林协议中规定的固定汇率制度也已经瓦解。欧洲共同体朝创造自己的货币制度踏出第一步。苏联在60年代取得与美国对等的核能力,使人们对美国为了防卫欧洲而发动核战争的意愿产生怀疑,于是法国决定按照自己的想法,采用独立的国防政策。1973年,当东德与西德都加入联合国时,第二次世界大战的战胜国与战败国之间的界线变得更加模糊。上述种种情况与其他战后所呈现的特殊局势逐渐消失之后,战后时代即将宣告结束。

20.1 冷战:从解冻到缓和

人为标志一个历史转折点不一定真实，但是古巴导弹危机作为冷战最激烈的时刻,确实终结了一个旧时代,并且开启了一个新纪元。1962 年 10 月,美国的侦察机发现苏联在古巴配置的弹道导弹,与佛罗里达州的距离就好像美国设在土耳其的导弹与苏联国境的距离一样近。与朝鲜战争不同,事实上也与自 1948 年柏林空运事件(Berlin Airlift)以来,任何冷战的对峙情况迥异,古巴导弹危机让这两个拥有核武器的强国的武装部队直接遭遇,没有任何国家作为中介。如果一方判断另一方可能会率先攻击,那么其中任何一方的过度反应都可能会引发核战争。

尽管有沟通不畅、时间有限与身心疲惫等因素存在,苏联总书记赫鲁晓夫与美国总统肯尼迪依然设法传达他们不希望通过开战来解决问题的信息,并且努力控制本国不要反应过度。在一些顾问的建议下,肯尼迪推迟了空袭古巴导弹道基地的计划,改为对古巴进行海上封锁这一更为节制的还击。基于美国同意只要苏联移除导弹就不侵略古巴的正面响应，赫鲁晓夫让 16 艘原定驶往古巴的苏联军舰改在大洋中折回。苏联放弃在古巴开展积极的军事行动,但是也不坚持要求美国以撤离在土耳其的导弹为交换条件;美国同意接受共产主义古巴作为门罗主义(Monroe Doctrine)的特例而继续存在。双方都宣称自己在没有开战的情况下赢得实质上的胜利。

古巴危机提醒两大超级强国,共同维护现状以及有利的战后地位,比投入到一场致命性的决战中对他们更为有益。当美国和苏联分别基于不同的动机,而于 1956 年 10 月迫使英国、法国与以色列人放弃他们对苏伊士运河的占领时,我们可以清楚地看出这种自觉。第二年,共产党领袖们重提马林科夫那段与西方“和平共存”的旧话。12 个国家的共产党代表参加了 1957 年 11 月于莫斯科举行的布尔什维克革命 40 周年纪念大会,他们宣布:

> 目前和平的力量已经足够强大,我们或许真的可以避免战争的发生……参加这次会议的共产党和工人党宣布,“社会主义与资本主义”这两种制度和平共存的列宁主义原则……是社会主义国家外交政策的稳固基础,也是各民族之间维持和平与友谊的可靠支柱。①

---

① 1957 年 11 月 6 日的《莫斯科宣言》(*Moscow Declaration*)。引自 O. Edmund Clubb Jr., *China and Russia: The Great Game* (New York, 1970), p.442.

地图 20–1 冷战欧洲，1985 年

从 1958 年到1961 年间,赫鲁晓夫在柏林、黎巴嫩与东南亚掀起的挑战来看,所谓共同利益已经消失了。不过在经历了濒临开战的古巴危机之后,局势是向着比 1957 年的解冻时期更具实质性的缓和态势发展。

1963 年夏天,肯尼迪和赫鲁晓夫签署了一项《部分禁止核试验条约》(*partial nuclear Test Ban Treaty*),停止除地下核爆外的一切核爆试验。在克里姆林宫与白宫之间安装了"热线"电话,以避免因为沟通不良而将未来可能的对抗复杂化。对欧洲人来说,更重要的是苏联取消要求四强撤出柏林的最后期限,并且将柏林划为自由市。当然,1968 年 8 月苏联对捷克斯洛伐克杜布切克(Dubcek)政权的武力镇压,还是激起了人们的震惊与义愤。虽然这项行动证实了苏联维持势力范围的决心,但是在四大占领强国于 1971 年达成解决柏林问题的新协议之后,并没有明显的迹象显示苏联有占领铁幕以西领土的企图。

如今,超级强国加速谈判协商的脚步。根据推测,自两国于 1933 年恢复外交关系以后,美国与苏联之间所签署的 105 个条约之中,约有 58 份是在 1969 年至 1975 年之间签订的。[①]两份《战略武器限制公约》(*Strategic Arms Limitation Treaties*、SALT,将于下文讨论)旨在限制远程核武器。在欧洲各国之间也进行了裁军会谈,并且签订协议接受 1945 年以武力划定的领土疆界。双方都渴望更多的西方贸易与投资能够进入东方阵营。最具戏剧性的缓和象征是 1975 年 7 月 17 日,苏联与美国宇宙飞船的空中对接,那是对 1945 年 4 月美苏战士在德国托尔高(Torgau)握手言欢的长远回响。欧洲人相信他们现在可以在比较不具威胁性的世界里,略微伸展长期受束缚的手脚。

20.2 共产主义世界里的多元中心主义

中苏关系破裂

在共产主义世界里最引人注目的纷争是中苏关系破裂。中国共产党赢得 1949 年的胜利时并未借助苏联的力量;而且他们的领导人也没有遗忘斯大林于 1927 年撤回援助的惨痛记忆。[②]直到 50 年代晚期,由于经济困难与冷战,中苏对双方的摩擦均隐忍未发。毛泽东甚至亲往签署 1957 年 11 月的《莫斯科和平共存宣言》(*Moscow Declaration of Peaceful Co-existence*)。然而,当中国于 1958 年开始"大跃进",建立农村公社,而且对台湾的国民党展开更积极的军事行动时,不听苏联劝告的中国共产党,开始阐述异于苏共的毛泽东的共产主义。

毛泽东反对和平共存的空想,并反对苏联认为苏联模式适用于中国经验的想法。他提

---

① Alistair Buchan, "The United States and the Security of Europe," in David S. Landes, ed., *Western Europe: The Trials of Partnership* (Lexington, Mass., 1977), p.297.

② 参阅第 12 章。

出主动攻击帝国主义的政策，在这一政策中，社会主义改良派或是第三世界的资产阶级-民族主义国家，与强大的资产阶级国家一样，都是危险的敌人。换句话说，这是向 1928 年到 1934 年以“阶级对抗阶级”的回归。毛也论证说，1949 年已经在中国赢得胜利的农民的共产主义，与苏联的工业模式一样有效，而且事实上更适合未来的革命情势。因此苏联不再是其他共产党的楷模。毛甚至指责苏联是“经济主义”——视本国经济的增长优先于推动世界革命。

横亘在中国与苏联的理论分歧背后的，是实际的、领土的以及甚至是民族主义的对立。毛泽东希望苏联停止对第三世界资产阶级-民族主义国家（如 1962 年与中国发生边境战争的印度）提供协助，而将所有的经济盈余用来满足中国的需求。渴望重申旧中国对中亚的影响力，毛谴责俄国在 19 世纪向东方扩张时，曾经侵占中国的领土。最后，毛用中国独立自主的革命模式来展现民族自豪，并开始试图取代苏联成为第三世界共产主义运动的领袖。

意见不和是双方的。1960 年 7 月，苏联撤走了所有派驻在中国的 1390 位技术专家，并且暂时中止对中国的经济援助。1960 年与 1961 年，赫鲁晓夫采取包括继续恢复核武器试验在内的强硬路线，主要的意图是威胁中国并挫其锐气。直到 1962 年底，中苏两国都只有间接的冲突。中国谴责南斯拉夫；而苏联则针对阿尔巴尼亚——中国在欧洲唯一的盟国。但是，1962 年 10 月与 11 月，苏联处理古巴危机失败，同时中印边界战争爆发。在中印边界战争进行时，苏联始终提供印度武力装备。自此之后，苏联和中国开始公开的彼此攻击。因为对 1963 年 7 月的《部分禁止核试验条约》意见不一，所以两国中断了所有联系。中国谴责苏联“向美帝国主义投降”，而赫鲁晓夫则指控中国“疯狂地”想要挑起一场只有人口众多的中国才能幸存的核战争。1969 年，中苏两国的军队在他们那漫长边境上的两处地方发生小规模冲突：黑龙江与乌苏里江沿岸，以及新疆边界一带。其中的一次遭遇战付出了 800 多人伤亡的代价。谣传苏联计划轰炸中国的核弹研究中心。中国曾经在 1964 年于该中心试验了他们的第一枚原子弹。

中苏关系破裂让世界上所有的共产主义政党之间出现裂痕。虽然欧洲的毛泽东主义者人数一直都很少，但这些分裂出来的团体从意大利与法国的共产党中吸引了一些年轻人与积极分子。只有一个欧洲国家——阿尔巴尼亚——完全投入毛泽东主义的阵营。对欧洲来说，中苏关系破裂更重要的意义是，它为东欧向民族共产主义（national communism）迈进提供了间接支持。

东欧的民族共产主义

就在赫鲁晓夫于 1956 年 6 月谴责斯大林之后不久，意大利的共产党领袖陶里亚蒂（Palmiro Togliatti）就提出世界共产主义开始变成“多元中心”：

> 苏联模式无法也不应该再继续强制下去……整个体系变成多元中心的制度，甚至

我们也不能说共产主义运动本身只有一个指南。[①]

1956 年 6 月,为了与铁托和解,赫鲁晓夫不得不公开接受"社会主义的发展具有多样性"的观点。但是苏联在 1956 年 11 月干预匈牙利的行为,却显示出苏联阵营所容许的偏离限度。1957 年 11 月的莫斯科宣言,不断提到苏联是"社会主义阵营"的领袖。

60 年代在中国攻击苏联领导权的推波助澜之下,东欧又重新出现了走向民族独立式的共产主义的趋势。1956 年有两个结局迥然不同的实例,其中一个范围较小也较和平(波兰),另一个则失去控制而且遭到镇压(匈牙利)。在 60 年代时也同样有两个国家重蹈覆辙。捷克斯洛伐克企图在社会主义经济架构之下,迅速地走向政治与知识自由,结果招致 1968 年 8 月 21 日苏联野蛮的侵略行动。与捷克斯洛伐克相反,罗马尼亚遵循的是政治独裁结合经济独立的进程,结果他们所取得的成功远非捷克斯洛伐克所能及。

事实上,罗马尼亚在经济上的偏离程度出人意料。1962 年时,东欧的经济组织——经济互助委员会——实施劳动分工的制度,如此一来,有些共产主义国家可以生产制成品,而有些国家则负责供应原料。作为以农业为主且拥有大量石油资源的国家,罗马尼亚预见自己将会因为劳动分工的计划而陷入长期经济落后的不幸境地。因此在 1963 年 2 月召开的经济互助委员会会议上,罗马尼亚拒绝接受以"社会主义劳动分工"为名义而要求的牺牲,亦即反对放弃生产可以与工业化程度较高的捷克斯洛伐克及东德竞争的本国产品。

1964 年,罗马尼亚领袖公开声明,所有的共产主义国家都是独立自主的,不应该插手干预他国的事务;借此向苏联提出警告,要求其允许罗马尼亚按照自己的方式来发展经济。同年,罗马尼亚向法国与美国寻求经济与技术援助。此后,罗马尼亚努力经营,与西方的贸易占到本国外贸额的第三位,并且追求外交政策的部分独立。

但是,罗马尼亚的民族共产主义并不涉及政治自由。党书记乔治乌-德治(Gheorghe Gheorghiu-Dej,1944 至 1965 年)是东欧最严格的斯大林主义者之一;在与中国争执的这件事上,他完全与苏联站在同一阵线。他的继任者齐奥塞斯库(Nicolae Ceausescu,1965 至 1989 年)更进一步实施同样的区别对待政策,在东欧的领袖之间留下长寿政权的纪录。在国内,他实施东欧最严格的一人独裁政权;在国外,他在苏联所能容忍的限度内,尽量争取独立的外交政策。他之所以能拒绝接受经济互助委员会对罗马尼亚经济的计划,是因为罗马尼亚是唯一无须依赖苏联供应石油的东欧国家。虽然名义上是华约的一员,但是他却拒绝参与联合行动,如 1968 年对捷克斯洛伐克的占领,并于 1984 年 8 月婉拒苏联在其领土上配置导弹。1969 年和 1970 年,齐奥塞斯库成为第一位与美国总统进行国家级互访的东欧领袖。虽然否定欧洲共产主义的政治多元论,但是他与铁托一样赞同主张殊途同归的欧洲共

[①] Palmiro Togliatti,"Nine Questions of Stalinism". 多元中心主义是陶里亚蒂于 1956 年 6 月 16 日接受意大利一家政党出版物(*Nuovi Argomenti*)的访谈时提及的观念。虽然稍后陶里亚蒂亲自撤回自己的意见,但是多元中心主义却是一股无法改变的趋势。

产主义理论。他展现脱离苏联控制获取一些独立性的能力，让罗马尼亚人的民族情感得到满足，在这个单调的独裁国家中人民很少得到什么满足。

到1970年时，谈论单一的共产主义阵营早已不可能了。自1963年起，共产主义世界至少已经划分为两个集团：苏联与中国。60年代晚期，各式各样的东欧共产主义政权已经逐渐成形。在波兰与南斯拉夫境内，约有85%的耕地掌握在私营家庭农场手中。历任波兰领袖都必须与波兰人的根基——天主教——达成协议。波兰、南斯拉夫与罗马尼亚都接受美国的经济援助。阿尔巴尼亚属于中国阵营。经过1956年的事件之后，已经了解苏联对异议的容忍限度的匈牙利，在卡达尔的“匈牙利共产主义”[①]领导下，对西方文学和商品的接纳更甚于对苏联的文学与商品，我们将在下一章对这部分有更深入的讨论。1968年苏联入侵捷克斯洛伐克的行动证明，即使无法达到经济统一，它也会使用武力来保持自己的政治统治。不过，苏联能因任何目的而采取激烈手段触怒其外国追随者的次数，不可能是无限的。

70年代初期，东欧共产主义政权所面临的挑战是在找寻确保经济富裕的方式，为此甚至与西方进行交易的同时，避免染上他们认为的文化萎靡、思想分歧以及西方的批判精神。

20.3 戴高乐主义与西方的“第三势力”

当法国终于从与阿尔及利亚的八年苦战——除了葡萄牙在安哥拉与莫桑比克的战争之外，这是最后一场大规模的欧洲殖民战争——之中抬起头来时，总统戴高乐终于可以抛开一切束缚回归其他议题。自1940年法国没落以来，戴高乐日渐消退的激情如今已经转为恢复国家昔日光彩的雄心壮志。戴高乐了解，必须用伟大的新事业，来激励蒙羞的法国军队以及已经四分五裂的人民。戴高乐对于冷战时期的结盟强加于欧洲的约束感到羞恼，他意识到中等地位的国家拥有在日渐松散的集团之间与之内巧妙周旋的新机会，但是超级强国却没有这种机会。利用技巧熟练的巧妙操纵，中等国家所能发挥的力量，远远超过的实际力量。

戴高乐的第一个步骤是赋予法国军队一项激励人心的新任务，即发展本国的核武器，让他的军官团得以摆脱近二十年的殖民战争的影响。

在西欧国家中，只有英国和法国在战后曾经试图组织现代化的核武装部队。英国在1951年10月测试自己的第一枚原子弹，而在1957年3月测试第一枚氢弹。但是对一个经济增长率落后于欧洲大陆的国家来说，这样的负担极为沉重。1957年时，英国政府不再吹嘘自己拥有独立的军事资源，而接受美国在境内装设导弹。英国的防御力量主要用来维持与美国之间的均势，但是英国仍然必须与美国政策结盟。实际上，英国的确无法利用自己的防御武力来对抗美国。

---

① 原文为 Goulash Communism，Goulash 本指匈牙利的一道国菜，稠汁蔬菜炖牛肉，又称匈牙利红烩牛肉。——编者注

20-2　新欧洲两位伟大的老人。前西德总理阿登纳(Konrad Adenauer)与法国总理戴高乐,于 1966 年摄于巴黎。

虽然不完全是自己选择的结果,不过法国走的是另一条截然不同的路。这是由于美国认为法国不如英国可靠,因此拒绝提供法国政府技术性的防御信息。在苏伊士危机之后,法兰西第四共和国增加了独立的核研究,在 1958 年戴高乐重掌政权之后,更加速了这项计划的进行。法国的第一枚原子弹在 1960 年于撒哈拉沙漠引爆, 而第一枚热核武器则于 1968 年在法属太平洋群岛(French pacific islands)上引爆。

戴高乐认为除非法国拥有唯一的下达命令的权力,否则像法国这样一个值得骄傲的国家,不应该花费大把精力建立一支大军队。英国的军事力量与美国的政策息息相关;所有北约的军队都接受联合司令部的指挥,而最后的指挥权则掌握在美国将军——欧洲军事联盟的最高指挥官手中。许多观察家认为,戴高乐拒绝接受这种现状的态势,看起来似乎是一种已经过时的民族主义。不过,他这种另辟蹊径的做法,也同样拨动了法国以外很多欧洲人的心弦。

早在 1959 年从北约撤出战斗机中队与法国地中海舰队时, 戴高乐就开始让法国的武装部队脱离北约联合指挥系统的控制。他在 1963 年 6 月时,将大西洋与英吉利海峡的舰队撤出北大西洋公约组织,并且在 1966 年时,拒绝参与北约的联合军事行动(虽然他声明法国依然是大西洋联盟〔Atlantic Alliance〕的一份子)。1966 年,北约的总部从巴黎附近,迁移到布鲁塞尔附近。

正当美国还因为这次北约中所出现的首次背叛行为而感到头晕目眩时，戴高乐竟然给予共产主义中国外交上的认可（1964 年），并到莫斯科进行隆重的国事访问（1966 年），访问期间他还向俄国提出“缓和、谅解与合作”的建议。虽然对戴高乐的“从大西洋到乌拉尔山地区（Urals）……欧洲人的欧洲”的梦想置之不理，苏联领导人勃列日涅夫（Leonid Brezhnev）仍热切地采纳了戴高乐的科学与技术合作提案。尽管戴高乐所描述的地理含意有些模糊，而且他对苏联能放松对东欧的掌控权的期望，似乎也是一种妄想，但是戴高乐是自第二次世界大战以来，第一位展现欧洲能自行其路的重要欧洲政治家。

戴高乐也努力与第三世界发展独立的外交关系。在这段时期里，法国的对外援助超过美国，这成了他在拉丁美洲进行巡回访问时（1964 年）拿来大肆宣扬的话题。1966 年，他在柬埔寨谴责美国在越南的军事介入。因为被法裔加拿大人的热情感动，他高声呐喊：“自由的魁北克万岁！”（1967 年）触怒渥太华的加拿大联邦政府。很多美国人推断，戴高乐已经开始展开反美国的斗争。

戴高乐的反美形象因为他抨击“英语式法语”（franglais，无形中随着美国的流行时尚融入法语的美国词语）而更加鲜明，他努力限制法国经济结构里美国公司的势力，并且正如下文我们将要讨论到的，他采取行动削弱美元的国际角色。戴高乐在美国所激起的愤怒，比第二次世界大战以来任何一位苏联以外的欧洲领袖都多。有时报社甚至会刊登愤怒的美国人将高级的勃艮第葡萄酒倒到排水沟里的照片。

事后冷静思考时，我们可以将戴高乐视为欧洲传统中强调均势的现实政治里，一位技术精湛的玩家，而期待以结盟来表达友谊更甚于一己私利的美国人通常会误解这项欧洲传统。对敏锐地觉察到整个历史上国家兴衰趋势的戴高乐来说，决心抗拒国家的衰退，必须在各方面持续不断努力，才能为本国争取利益。对他来说，结盟只是另一种国家利益的表达方式。戴高乐总是坚称，争取法国利益的一个要素是西方团结，而且事实上他所采取的策略，也的确将美国对西欧的防御保护视为理所当然之事。戴高乐极力声明他的政策方向只是在表面上威胁西方国家。在 1961 年的柏林危机与 1962 年的古巴危机时，他比其他任何西欧的政治家都更坚定地支持肯尼迪，而且在 1968 年苏联占领捷克斯洛伐克的事件上，他再度与美国站在同一阵线。他总是坚称法国没有脱离北约，只是退出联合军事司令部。但是，当苏联不再具有攻击性时，他相信可以在逐渐衰败的冷战同盟体系之中开拓空间，为法国争取最大的利益。虽然他高瞻远瞩地看见了遥远的未来，但无论如何，他毕竟将法国人民团结了起来，从民族主义者到共产主义者都能团结一致，而新的法国自信也让法国人度过了十年自 19 世纪以来便未曾经历的繁荣安定的好日子。有些同情法国的美国人，如国务卿基辛格（Henry Kissinger）便认为，戴高乐为巩固西方势力的付出，比任何其他卫星国还多。

当然，并不是所有的欧洲人都欣赏戴高乐的做法。欧洲共同体里面有一些小国家对于戴高乐从 1963 年与德国签订意味终结历史上的民族仇恨的条约起，为了努力将共同市场

(Common Market)变成法德共管，而与德国总理阿登纳建立亲密的合作关系感到愤怒。因此，当戴高乐于 1963 年与 1967 年两次投票反对英国加入共同市场时，人们对戴高乐更加不满。

头脑不如戴高乐复杂的政治家，可能已经发现在共同市场里将欧洲的地位提升为第三霸权的理想方法。但是戴高乐却将自己的意志与智慧投注于双重政策，而在他努力塑造未来时，这个双重政策本身固有的矛盾可能会变成致命的弱点。戴高乐希望在独立的欧洲建立独立的法国。但是他坚持欧洲必须是欧洲人的祖国——一个传统的民族国家联邦——而不是一些居民说着“世界语或沃拉普克语[①]”的毫无个性的新实体。戴高乐的这个主张，可能会使欧洲失去真正成为“第三势力”的良机。

20.4 共同市场的转向

戴高乐很快就找到机会，提出现在的欧洲整合运动(European integration movement)应该何去何从的问题。一方面因为在初期的经济配置中曾经取得灿烂的成就，[②]所以要铺设欧洲共同市场，使它的超国家要素(如共同的农业要素)变成真正的政治联盟种子的可能性。这不但是经历过欧洲整合运动那段英勇年代的上代人，如莫奈的希望，也是一群日渐强大的超国家官员们，如哈尔斯坦(Walter Hallstein)的希望，哈尔斯坦是共同市场委员会成立后任期十年（1958—1967 年）的首届主席。哈尔斯坦喜欢说《罗马条约》(*Treaty of Rome*, 1958)是“宪法文件”、是“欧洲宪法的第一章”。[③]从这个观点来看，共同市场不单只是应该增添新的功能，而且也应该招纳新的会员。举例来说，共同市场应该拥有课税权，而且扩大接纳英国及其他对欧洲整合的看法已经改观的欧洲自由贸易协议(European Free Trade Association, EFTA)的成员国。

另一方面是加强国家之间更为有限的合作的观念，戴高乐显然也持这种观点，但却绝不是唯一持这种观念的政治家。虽然戴高乐很显然地对超国家组织相当反感，但他并不想解散共同市场或其他的欧洲机构。他想要利用共同市场来达成自己的目标：再度建立一个由法国领导的强盛欧洲。直到共同市场同意通过法国所提的计划，戴高乐始终利用法国的表决权来阻拦各项决议，以此促使共同市场朝有利于法国权益的方向前进。共同市场的成员国被迫做出令他们感到不悦的选择，若非听命于法国就将一事无成。

身为六国中主要的农业生产国，法国坚决要求共同市场必须购买法国多余的农产品。法国希望共同市场大部分的海外发展基金，都能够直接投到法属非洲。因为大英国协(Commnwealth)的英国进口农产品会对法国的农产品造成威胁，同时也因为他感到英国与

---

① 一种人造语言。

② 参阅第 18 章。

③ European Economic Community, *Bulletin*, No. 7-1967 (July 1967), p.8.

美国的政策联系太过密切，所以法国投票否决英国加入共同市场。当哈尔斯坦企图利用征收关税并且直接发放农产津贴，来提高共同市场的预算独立性时，戴高乐却让整部共同市场机器停止运转长达七个月的时间，从 1965 年 7 月到 1966 年 1 月。在签订赋予各成员国对重要的国家利益问题有否决权的《卢森堡协议》(*Luxembourg compromise*)之后，1966 年 1 月共同市场的各组织机构再度开始运作。共同市场无法依照预定计划过渡到超国家的下个阶段，因为在超国家阶段里，委员会将有权在多数成员国的支持下采取主动行动。戴高乐阻止了过渡，不过或许有些其他的成员国因此而暗暗地松了一口气。

不过，由于共同市场不但活力十足且为成员国带来诸多利益，因此很难破坏——但是破坏共同市场也并不是戴高乐的意图。虽然如今共同市场已向各个成员国之间更具一致性的制度发展，然而其势力与合法性仍然不断成长。在接下来的二十年中，并不是由另一位如哈尔斯坦般满怀欧洲主义热忱的国际官员来领导委员会，此外，共同市场的委员会不但没有变成欧洲政治联盟的执行机构，反而变成一个负责规划及管理的机构。至于政治权力则落回成员国代表的手中。由常设代表委员会(Council of Permanent Representatives，首字母缩写是 COREPER，在布鲁塞尔)负责处理日常工作。各部长——尤其是外交部长与农业部长——经常与他们的共同市场同僚在部长会议中碰面。最后，在 1969 年之后，各国政府的领袖也开始召开会议，并于 1973 年以后正式将他们每年召开三次的会议变成欧洲理事会。

在这条新的联邦主义轨道上，共同市场依然扎根于西欧人的日常生活之中。在 1967 年时，三个欧洲组织——共同市场、欧洲煤钢共同体与欧洲原子能组织(Euratom)——合并成单一的欧洲共同体(European Community，EC)。在 1968 年时，欧洲共同体除了提前取消最后一项内部关税之外，还取得司法权与课税权。位于卢森堡的欧洲共同体法院(Court of Justice) 制定很多判例法，有越来越多的案例显示欧洲共同体的法律优于各成员国国内的法律。举例来说，虽然有些体罚学生的方式并未违反英国的法律，但是欧洲共同体法院却认定，体罚违反了欧洲共同体的人权法规(Human Rights Code)。1975 年以后，欧洲共同体有了自己的收入，部分来自于外来关税，部分是来自于所有成员国所缴纳的 1%增值税。1979 年时所创立的欧洲货币体系(英国和丹麦除外)并不是欧洲主义者梦寐以求的单一货币，而是一种抑制成员国之间的货币波动的机制。最后，在 1979 年以后，不再由成员国的议会遴选欧洲议会(European Parliament)，而直接由成员国的公民投票选出。虽然欧洲议会的基本权力是否决预算，也确实曾在 1979 年和 1982 年时行使过这项权力，但是欧洲议会的主要功能还是充当欧洲的发声筒，以及协助跨国的政党团体，如同以共同市场委员会为中心所建立的跨国工会及企业家协会一般，以欧洲议会为中心成长发展。但是在实务上很少因为国家经济圈的扩大，而"僭越"与煤钢有关的第一条超国家法规。工业依然大多属于国家性的产业。主要的例外是初步的太空研究与重要的核能研究，如英法合作制造的协和超音速喷气式客机与德法英西四国合作制造的空中客车等，以及一些规模比较小的混汞工业，例如德国和比利时的胶片业。

现在欧洲共同体已经转向沿着联邦路线前进,因此在戴高乐退场之后,欧洲共同体就可能会采取进一步的地域行动。1973 年终于准许英国加入欧洲共同体,英国疏远了与美国的“特殊关系”,并且将重点从大英国协转到欧洲。虽然这项行动使英国人民出现分裂(工党持反对的意见),但是在 1975 年的公民投票中,这项行动依然再度获得肯定。经济与英国息息相关的爱尔兰和丹麦,也在同一时间加入欧洲共同体。当希腊于 1981 年 1 月 1 日成为欧洲共同体的一员之后,欧洲共同体的成员国已经从六个增加为十个。西班牙与葡萄牙在 1986 年 1 月 1 日加入。但是地域扩张也意味着欧洲共同体内部的异质性更高,使西欧更难合并成一个名副其实的欧洲合众国。

欧洲共同体在 70 年代时成为工业强权之一。它是世界上规模最庞大的贸易单位。它的某些产品对美国的工业霸权地位造成极大的威胁:例如汽车业。在 70 年代初期正当流行巅峰时,单是福大众汽车公司出厂的“甲壳虫”就占美国新车购买率的 10%。现在欧洲的钢铁产量也已经超越美国的水平了:[①]

	1959 年	1971 年
美国	9300 万吨	1.4 亿吨
欧洲(六国加上英国)	8800 万吨	1.47 亿吨

欧洲的工业增长不单只是数量上的。重建因战争而损毁的工厂,让西欧工业得以利用最新的技术重整旗鼓。如连续铸钢法这种工序的使用率,欧洲公司远比美国公司普遍。西欧已经凭着自己的实力形成一股重要的经济势力,拥有具备 1.75 亿名高技术人员的工业化地区,他们在经济上所占的份量,已经足以与超级强国一较高低。

20.5 美国与欧洲的经济竞争

欧洲和美国之间的关系虽然已经改变,但是要克服 1945 年所养成的思维习惯还需要时间。当时美国的生产力占全世界的一半。在整个 50 年代,欧洲的经济都在努力对抗长期的“美元荒”。欧洲急需从美元区购买粮食、煤与机器,却只能依赖国外援助、美国人的国外旅游、以及少量进口到美国的欧洲商品来取得美元。为了防止本国货币的相对价值大幅下跌,西欧政府必须限制进口并且控制人民使用美元。直到 1955 年,精明如雷蒙·阿隆般的观察家依然相信,美国和欧洲之间的经济差距正持续扩大。[②]

60 年代,一切都改变了。美国对欧洲最后的直接援助——军事援助——已经于 1956 年

---

① Michael mandelbaum and Daniel Yergin, “Balancing the Power”, *Yale Review*, Vol. 62, No. 3 (March 1973), p.324.

② Aron, *The Opium of the Intellectuals*, trans. Terence Kilmartin, (New York, 1962), p.222.

时终止。美国开始向新兴的欧洲巨人购买更多的产品。1970年底，美国与欧洲的贸易逆差已经超过每年100亿美元。1945年，美国人曾经把欧洲看成是需要他们伸出援手的穷亲戚，而欧洲人也向美国的繁华与进步看齐，美国人与欧洲人都以为欧洲经济的复苏对彼此有利。但是到了60年代，他们开始视对方为竞争对手。

美国和西欧之间的经济冲突以三类议题为中心：贸易竞争、跨国公司（大部分依然是美国公司）的势力，以及作为主要国际货币的美元的稳定程度。

1963年的"鸡肉大战"，是美欧之间众多贸易战中的第一场小冲突。因为农产品是欧洲共同体最成功的共同项目，所以人们早就预见引发美欧之间第一场小冲突的主角将是农产品。欧洲共同体把3/4的预算拨归农业使用，而且发展出一种可以将农产品价格适当维持于世界价格之上的农产品价格支持制度。与此制度配合，欧洲共同体制定了进口税制度，将原产地为非欧共体国家的农产品价格提高到与欧共体农产品相当的价格水平，然后将这笔收入用作欧共体农民的补助金。1963年，当欧洲共同体规定家禽肉品也要实施这项制度时，美国的农民因此失去有利可图的市场。美国向西欧施压，希望能恢复美国家禽肉品的进口，虽然美国所施加的压力强度足以让西欧各国感到恼怒，但是却还不足以达到目的。1963年至1970年间，欧洲共同体的家禽肉品进口量减少了43%，而到1982年时，欧洲共同体已经从世界最大的家禽肉品进口地，摇身一变成为世界最大的家禽肉品出口地。

欧洲共同体的农产品价格支持制度，必然会产生庞大的过剩产品。面对堆积的黄油"山"与葡萄酒"湖"，欧洲共同体的官员周密考虑，策划制定了一种出口津贴制度，以补偿农民由于欧洲共同体价格高于世界价格所造成的损失。这项规划使得到70年代晚期时，欧洲的农业输出品成为世界市场上的主要竞争者。利用不同的机制来支持农产品输出的美国，极力反对欧洲共同体以这种减价竞争的方式与美国争夺对第三世界的农产品输出。

虽然在1957年到1962年之间，随着大部分非洲地区的完全独立，欧洲已经失去了最后的正式帝国；然而非正式的帝国继续存在，让欧洲共同体享有特权，得以进出许多旧时的殖民地区。事实上，随着欧洲的援助、贸易与投资在旧殖民地复苏，人们发现居住在西非国家的欧洲侨民，甚至比殖民时期还多，例如塞内加尔与科特迪瓦的法国侨民。只要世界贸易继续扩展，则欧洲共同体与旧殖民地伙伴——尤其是法国在非洲的旧殖民地——的投资优惠及贸易协议，并不会与美国发生严重的冲突。至于1973年以后世界市场缩减后的情势，则另当别论。①

欧洲共同体与第三世界之间最引人注目的协议，是1975年由欧洲共同体与46个非洲、加勒比海与太平洋地区的旧殖民地缔结的《洛美协议》(*Lomé Convention*)（并且直到2000年始终定期更新）。2000年时，协议签约国已经增加到71个国家。《洛美协议》的签约国可以将他们的产品免税输出到共同市场，而且不需要以相应输入欧洲商品来作为交

① 参阅第22章。

换条件。《洛美协议》比欧洲共同体和前殖民地国家于 1963 年签订的更具新殖民主义色彩的《雅温得公约》(Yaoundé Convention)有所改进。《洛美协议》最具新意的条文之一是设立平准基金(stabilization fund)，以维持第三世界某些未加工产品(咖啡、糖、可可)价格的稳定，之前这些产品价格的波动，已经严重影响生产单一产品国家的经济发展。这是欧洲对于发展国家和发展中世界之间所谓"南北对话"(North-South dialogue)的主要贡献。但是，从美国的观点来看，这却是对美国贸易的新殖民主义障碍，并因此成为欧美经济冲突的另一个来源。

美国在共同市场成员国里的投资问题更为麻烦。随着欧洲市场的繁荣兴旺，美国公司为了逃避对外关税，而在欧洲共同体的六个成员国内成立分公司。1965 年，根据布鲁塞尔的欧洲共同体执行委员会(EC Commision)的估计，美国的分公司或子公司掌握着欧洲计算机生产的 80%，汽车生产的 24%，合成橡胶生产的 15%，以及石油化学制品的 10%。[1]美国的海外公司将成为共同市场景气繁荣的主要受惠者并控制西欧经济命脉的前景引起欧洲的警觉。这由法国新闻记者塞尔旺-施莱伯(Jean-Jacques Servan-Schreiber)的作品《美国的挑战》(*The American Challenge*，1967)[2]成为法国出版史上最畅销的书籍一事中，可略见一二。

美国在欧洲的子公司与货币问题关系密切。自 1945 年起，实际上美元就几乎等同于黄金，成为国家银行系统持有的储备货币。这与 1914 年以前单纯的金本位制不同，金汇兑本位制(gold exchange standard)意指欧洲的国家银行并不需要把美元兑换成黄金，因为美元"几乎和黄金一样可靠"。1960 年左右，当贸易平衡改变时，欧洲的银行业和公司开始积聚大量的美元储备金。如果当时所有的美元储备金都在诺克斯堡(Fort Knox)换成黄金，那么美国就没有能力在军事费用、观光费用以及商业投资上继续向海外倾注大量资金。就某种意义来说，人们高估了美元的价值。虽然金汇兑本位制让美国公司得以更自由地在欧洲投资，但是如果欧洲人将所持有的美元立即兑换成黄金，那么情况恐怕就会改观。

戴高乐首先呼吁大众注意到美元被过分高估的现象，并且反对美元在欧洲享有特权。1965 年初，他提议恢复单纯的金本位制。为了证明自己的观点正确，法国政府将好几亿的美元兑换成黄金。当美国的黄金储备量开始缩减之际，布雷顿森林协议中专门负责外汇事务的主要管理机构——国际货币基金组织(International Monetary Fund)为缓解美元的压力，于 1969 年时曾经以创造新的储备基金——称为特别提款权(Special Drawing Rights)的账面储备金(paper reserve)；并且允许个人可以以浮动汇率来购买黄金，尽管美国政府的黄金官方汇率依然维持在每盎司黄金 35 美元的价格。

最后在 1971 年 5 月初汹涌而至的美元投机浪潮，让布雷顿森林的协定固定汇率制度

---

[1] George Lichtheim, *Europe in the Twentieth Century* (New York, 1972), p.314.

[2] 当然，这本书不只考察美国在欧洲的投资。它也提醒人们，美国拥有世界水平的技术与管理力量，并且激励欧洲迎头赶上。

走向终结。[1]瑞士的银行家（“苏黎世的侏儒”，gnomes of Zurch）、美国的投机商人以及阿拉伯的石油大亨大量抛售美元，向大众揭示出要依据事实来看待美元，而不是依靠它在战后的神秘感。而事实是在1970年时，美国的年度贸易逆差已经高达106亿8000万美元，而且还有继续往上攀升的趋势。美国政府在国外花费了庞大的资金，尤其是越南战争。此外，美国的通货膨胀再加上低利率，促使美国的投机商人将资金转往利率比较高的德国。1970年，有60亿美元从美国转移到德国。1969年开始成长的欧洲美元（Eurodollars），在1971年即已高达500亿美元，使得美元更加不稳定。欧洲美元是欧洲人或在欧洲经商的美国公司所持的美元账户。他们以增加欧洲的美元持有率并且增添大量投机买卖的方式，把钱借给其他的欧洲人或美国分公司。当美元于1971年5月开始疲软之际，持有欧洲美元的人就急着将美元兑换成德国的马克。最后，美国的黄金与外汇储备也在逐渐缩减。1971年5月，美国的黄金储备量已经跌到只剩下110亿美元；当时仅西德便持有200亿美元。因此如果每一位持有美元的西德人都要求立刻将美元兑换成黄金，严格说来，美国便会破产。

1971年5月5日，大部分的欧洲中央银行因为对大量拥入的抢购人潮无计可施，所以都停止外汇交易。尼克松总统尝试说服欧洲以负担更多北约的防御费用、降低欧洲共同体的关税，以及购买更多美国商品来解决这个问题。8月，美国单方面解除美元与黄金之间的关联；12月，美元贬值8.57%；1973年2月，美元再次贬值10%。

此后，货币的汇率就是浮动的。在货币议题上，美元波动性与美国的单方面行动，刺激了欧洲人早在欧洲共同市场时期就已经存在的建立自己的货币制度的兴趣。1972年的第一项协议是以不超过2.25%的波动幅度（当依据各欧洲货币的高峰与低谷所描绘的扭动曲线出来后，又被称为“蛇”）联结欧洲各国的货币，这项协议没能平安度过70年代的金融危机，我们将在第二十二章中加以讨论。事实证明，1979年将共同市场成员国的货币联合纳入欧洲货币体系（European Monetary System，EMS）的严谨作法则被证明更为持久有效。实际上，欧洲货币体系承诺欧洲货币的波动不超过基准值的2.25%，欧洲货币体系的基准值是与最稳定的德国马克之间固定的相对关系。欧洲货币体系的成员国开始习惯于依据马克来确定自己的货币价格（即使是必须采取将会减缓经济活动的高利率），这个过程持续进行，终于在2002年产生了单一的欧洲货币。

70年代，西欧与美国都有能力使对方的经济严重受损。不过他们彼此谨慎相处，因为知晓自己的繁荣必须依赖双方的繁荣。但是他们却又以十年前根本梦想不到的方式彼此互相排挤。1972年时，共同市场宣判美国的大陆罐头公司（United States Continental Can Company）在欧洲存在垄断行为；而美国也向关税及贸易总协定（General Agreement on Trade and Tariffs，GATT）提出控诉，反对损害美国农产品输出的欧洲农业津贴。此时的世界已经不像1945年以后般，那么清楚地划分为两极。西欧现在已经取得足够的经济实力，可以自行其道。

---

[1] 参阅第16章。

20.6 “缓和”的不同版本

国防与军事战略，是战后欧美利益一致的假设让位给关于优先级与未来展望的争论的又一领域。古巴的导弹危机让某些意见不合被摆上台面。因为苏联处于军事弱势，所以赫鲁晓夫已经展现出他希望避免战争的深切渴望。与此同时，在这个濒临战争的恐怖时刻里，欧洲人了解到，虽然这两大超级强国的权力赌博可能会赔上欧洲人的生命，但是欧洲人却没有发言的权利。肯尼迪曾经派遣特使到欧洲各国的首都，“通知”盟国领袖他的决定，而不是与他们“磋商”。虽然所有的欧洲盟国都公开支持美国的决定，这其中没有人比戴高乐更加坚决了，但是对于美国没有与他们商议这件可能会将西欧卷入核战争的决定，甚至连北约的理事会都深表不满。

因为投入本国国防的资源不多，所以欧洲人对西方战略事务拥有发言权的要求，似乎不够正当。但是，贡献大小不一也是问题的一部分。西欧对抗苏联攻击的防御力量仅是美国军队的“绊索”(tripwire)分队。即使隶属于北约联军，但是它本身的力量太小，不足以牵制华约的军队，不过却已经足以调动美国的核武力。

只要美国的核武力还能维持明显的优势，就少有欧洲人会怀疑当苏联军队向西欧进攻时，美国不会回敬苏联一场核打击。而根据美国“大规模报复”的政策，俄国将会变成战场。不过在 60 年代时，人们开始怀疑上述的论点。在古巴问题上失利之后，苏联投入庞大的军备费用壮大军械库，现在已经拥有数量几可与美国媲美的导弹、飞机与潜艇。因为苏联已经拥有更多的能力可以直接报复美国的城市，所以美国人开始另谋出路。肯尼迪的国防部长麦克纳马拉(Robert McNamara，1961—1968 年)以“渐进威慑”(graduated deterrence)的策略取代“大规模报复”。根据这项新策略，美国将以逐渐升级的方式部署军队，以对抗苏联的扩张。虽然这项新战略让两大超级强国有比较多的机会可以在还没引发核屠杀之前停战；但是在欧洲人的眼里，这项战略对他们极为不利，因为如此一来可能会使欧洲大陆再度沦为战场。70 年代，当战场级的战术核武器进入两大超级强国的军械库时，欧洲的前景就更加令人感到气馁了。基辛格认为，很多欧洲人认为“渐进威慑”的策略是“美国越来越不愿使用核力量的征兆”。[①]

戴高乐将军是第一位坦率表达这些疑虑的欧洲领袖，却不是最后一位。这也是他坚持要为法国建造独立的核力量的一个理由。美国企图利用各种途径来加强西方协调防御的效果，但是成效不彰。其中的一条途径是满足西欧对核决策有更多发言权的渴望。1963 年 3 月时，美国提出多边核武力(Multilateral Nuclear Force，MLF)的建议，即一支搭载北约船员，并配备美国北极星导弹的小型水面舰队。虽然因为英国依赖美国的导弹技术，所以接受这项

---

① Henry A. Kissinger, *White House Years* (New York, 1979), p.391.

提议，但是法国却坚决反对此计划，以致于这项计划于1964年宣告流产。另一个方法是持续对北约的欧洲成员施压，要求他们加强常规武装部队。但是即使面对美国缩减欧洲“绊索”军队的威胁——曼斯菲尔德(Mike Mansfield)参议员在年度军备拨款修正案中的提议，[①]但是在东西方之间的紧张局势似乎处于缓和状态的情况下，依然无法劝服西欧国家在常规军备上投入更多资源。

《战略武器限制公约》(SALT)[②]让缓和时期迈向另一个超乎肯尼迪和赫鲁晓夫在1963年签订《禁止核试验条约》时所能想象的重要阶段。60年代时的裁军会谈耗费了多年光阴，却对核弹头的数量限制未能达成协议。美国要求每年进行九次的实地检查，但是苏联只接受进行三次检查。虽然先进的太空技术已经比较容易侦测到导弹的发射器，但是美国于60年代晚期引进在单一导弹上安装多个弹头（多弹头分导式重返大气层飞行器〔Multiple Intertargetable Reentry Vehicles，MIRVs〕）的技术革新，使得人们几乎不可能确认弹头的数目。后来因为同意把谈判的焦点放在导弹发射器上，战略武器限制谈判才有了突破。由尼克松总统与勃列日涅夫总书记于1972年6月在莫斯科签署的《第一阶段战略武器限制公约》(SALT I treaty)，由于美国拥有多弹头装备，因此允许苏联的导弹发射器可以比美国多40%。该公约进一步限制双方反弹道导弹防御系统(antiballistic missile defense systems)的发展范围。当该公约于1977年期满之时，这两大超级强国依然继续遵守公约的规定。双方都不希望承担阻碍不可抗拒的缓和进程的指责。尽管美国参议院并没有正式认可这一公约，而苏联也已经装备有多弹头分导式重返大气层飞行器，第二阶段的公约还是在1979年由卡特总统和勃列日涅夫总书记于维也纳草签并实行。这项公约还额外涵盖运输系统，如远程轰炸机与核潜艇，并限制两国均只能拥有1200部多弹头分导式重返大气层飞行器。根据这些协议，两大超级强国公开承认并且接受两国的核武器势均力敌。

由于《战略武器限制公约》可以让他们远离自1945年以来始终在脑海中盘旋的战争忧虑，因此受到西欧人的普遍欢迎。然而，因为两大超级强国依然继续凌驾于欧洲之上处理世界事务，所以欧洲人的欢迎也笼罩着一层愁容。“《战略武器限制公约》只是一场缺乏欧洲人参与的东西方的交易。”[③]另一方面，缓和的进展也鼓励欧洲人靠自己的力量前行。美国的核保护看起来越来越不可靠；而两大超级强国越少与他们商议，西欧领袖就越受戴高乐将军的吸引，走上他指引的道路。

戴高乐将军对两大阵营体系的抨击，主要是言语批评而不是实际行动。戴高乐的追随者中，最活跃的西欧政治家是西德的社会民主党总理勃兰特(1969—1974年)，他为处于冰冻

---

① 在北大西洋公约组织于1978年计划每年增加3%的常规军备费用之后，1983年各国国防预算在国内生产毛额中所占的百分比如下：美国占7.2%；英国约占5%；西德占4.3%；法国占4.1%；其余国家大约介于3.3%到2%之间。虽然很难估测，但是人们相信，即使是在缓和时期里，苏联的军事费用也不曾低于国内生产毛额的18%。

② *Strategic Arms Limitation Treaty.*

③ John Newhouse, *Cold Dawn: The Story of SALT* (New York, 1973), p.271.

状态的中欧边界带来了明显的改变。

西德社会民主党政府的存在,表明了战后的世界已经对向新事物让步的迹象。自战后以来,基督教民主党的长期执政终结于 1969 年 10 月的选举,少数的中间派自由民主人士决定转而支持勃兰特的社会民主党。虽然自由民主人士支持自由放任的国内经济政策,但是他们也愿意与社会民主党合作,以缓解与共产主义邻国之间的紧张关系。勃兰特就任总理,是德国的社会民主党自穆勒总理(1928—1930 年)以来,首次在德国执政。从 1969 年到 1982 年间,社会民主党与自由民主党组成政治联盟执掌西德政权。

1969 年时,58 岁的勃兰特置身于一个非常有利的位置,可以用新的政策扫尽一切。从 1933 年到 1945 年间,他曾经加入挪威与瑞典的反抗希特勒地下组织。也就在那里,他对斯堪的纳维亚半岛务实的福利国家社会民主制度印象深刻。1957 年以后,身为西柏林的年轻市长,勃兰特为自己打造了富有创造力而且精力充沛的形象。1964 年,他成为德国社会民主党的领袖,并且让德国社会民主党变为务实的大众政党。[①]1969 年 10 月起,以压倒性优势的政治联盟为后盾的勃兰特比 1928 年时的穆勒享有更多转寰的余地。当然,他的自由民主党伙伴会阻挡任何重大的社会变革,但是勃兰特优先考虑实行的是他的东方政策(Ostpolitik):拆除横亘于中欧的高墙。为了执行这项任务,他不但挡开了抨击他在资本主义的架构下工作的学生与激进的"左派"分子,也挡开了基督教民主党对他的攻击,后者对于违反阿登纳禁止与任何承认东德的人打交道的政策深感震惊。

因为苏联握有改变东欧关系的钥匙,所以勃兰特第一个重大突破便发生在莫斯科。不管怎样,苏联有求于勃兰特。1970 年 8 月签订的《莫斯科条约》(*Moscow Treaty*)让他们彼此承认现有的国界。对西德来说这相当于宣布放弃如今已经属于波兰的奥德河-奈塞河(Oder-Neisse River)以东的领土,以及捷克的苏台德地区——这块前德国领土希特勒曾在慕尼黑会议上得到,并且有些德国民族主义者依然要求其主权。他们所跨出的这一大步,使与捷克斯洛伐克和波兰之间的后续条约,几乎成了虎头蛇尾。不论如何,当德国总理可以在华沙的纪念碑前,向因纳粹的野蛮行为而向受害的犹太人献祭花圈,正如勃兰特于 1970 年 12 月时所采取的行动一样,新的时代已经渐露曙光。1973 年初,他同意捷克政府取消 1938 年的《慕尼黑协定》,并因此放弃德国对苏台德地区的主权,在 1945 年时有很多说德语的居民被逐离该地区。

与东德的谈判更加困难重重。当勃兰特于 1970 年 3 月于埃尔福特(Erfurt)首度会见东德总理斯多夫(Willi Stoph)时,东德的民众高呼勃兰特的名字并且蜂拥向前。东德民众这种热情的表露,让主张东德具有合法地位的人相当尴尬。由于担忧西方接触会腐化人民而在九年前建造柏林墙的东德领袖,开始重新考虑缓和的问题。乌布利希(Walter Ulbricht)于 1971 年时以 77 岁之龄退休之后,道路似乎再度开放。呆板的乌布利希是德意志统一社会党

① 参阅第 19 章。

(Sozialistische Einheitspartei Deutschlands,SED)的第一书记。如今阿登纳和乌布利希这两位分属两个德国的冷战强硬领袖都已经下台。

虽然乌布利希的继任者昂纳克(Erich Honecker)是一位对与西方接触同样深感忧虑的资深政党官员,但是两国关系的进展还是以原先完全难以想象的方式进行。1972 年的圣诞节,在历经十一年的隔绝之后,东西德首度展开人员过境。很多分隔两地的家族得以重聚,据估计约有 50 万名西德人获准造访东德三十天。不过东德人还是不被允许到西德旅行。1973 年 6 月,在双方互相外交承认之后,两个德国同时获准进入联合国。这是自 1925 年的《洛迦诺公约》以来,欧洲的国家关系中最戏剧化的谈判转变。

现在西欧与东欧国家之间展开更全面性的谈判之路已经开通。《战略武器限制公约》是超级大国之间对欧洲具有严重负面影响的一项协议。紧接在第一阶段公约之后所展开的是,一系列欧洲国家主动参与的多边谈判:1972 年 11 月,在芬兰赫尔辛基召开的欧洲安全暨合作会议(Conference on Security and Cooperation in Europe,CSCE),共有 35 个国家与会;1973 年 10 月,11 个国家在维也纳就相互均衡裁军行动(Mutual and Balanced Force Reductions,MBFR)展开会谈。

在维也纳进行的裁军会谈希望能够缩短中欧的战争导火线。俄国在东欧地区享有压倒性的正规军备优势,且这一优势在不断增强。[①]由于苏联显然越来越轻易就能利用正规军队西进,因此,在陆战不利的状况下,留给西方国家将战术核武器升级为战略核武器的时间也越来越短。尽管西欧希望通过谈判对苏联具有决定性优势的领域(如坦克)进行不均等的裁军,但是苏联却坚持应该严格依据比例裁军,以便保有自己的优势。裁军会谈一直拖拖拉拉地谈到 80 年代,那时最开始的缓和冲动已经消失很久了。

相较之下,赫尔辛基会议(Helsinki Conference,1972 至 1975 年)可算是缓和时期的巅峰时刻。1975 年 8 月 1 日由 35 个参与国——32 个欧洲国家、加拿大、以及两个超级大国——所签订的最终议定书(Final Act),承认所有现有的欧洲国家边界,以及北约和华约的军事同盟。双方同意在进行重要的军事演习时,必须通知对方。签约国也呼吁加强两大阵营之间的贸易与文化交流,并同意在各自的国境之内保证人民的人权与政治自由。苏联很勉强地接受了这部分的规定。事实上,苏联政府在之后的十年,镇压异议人士要求在国内实行赫尔辛基最终议定书的努力,以及卫星国内的类似运动,如捷克的七七宪章运动(Czech Charter 77 movement)。但是这不过是苏联为了让西方承认其在东欧的霸权所付出的代价。

经过更严密的观察,我们不难发现,勃兰特的东方政策与赫尔辛基宣言的最终议定书,实际上是以维持德国的现状为基础的和平解决方案。当然,这是自第二次世界大战结束以来,已经迁延了很长一段时间才终于得到的解决方案。实际上,两大集团都接受目前所划定的欧洲国界。此时,人为的边境正因为日益频繁的贸易和文化交流而逐渐模糊。西方希望能

---

① 1984 年的军事武力水平。

利用较为自由的接触，来松动苏联这个庞然大物。而勃列日涅夫则需要不带任何文化污染的西欧技术、投资资本与农产品。

东欧集团向西欧与美国的经济渗透敞开大门之举，是 70 年代一次沉默的革命。北约国家对苏联的出口在这 10 年的时间里暴增了六倍。[1]1975 年 10 月，福特总统与苏联缔结一项谷物出口协议，使美国成为苏联主要的谷物出口国。意大利政府协助建造并管理苏联的菲亚特汽车工厂，后来俄国人为了纪念已故的意大利共产党领袖陶里亚蒂，便将该工厂所在的市镇更名为陶里亚蒂。法国热心地在苏联境内开拓电子技术市场，例如彩色电视机的组装过程。东欧向西欧借贷大笔款项，以资助先进设备、粮食与消费商品的进口。东欧集团的外债总额从 1975 年的 190 亿美元跃升为 1981 年时的 620 亿美元左右。最大的债权国是西德。而最大的债务国则是波兰，其一个国家就积欠西方银行 280 亿美元的债款。

尽管欧洲人和美国人都希望“缓和”能以某种方式缓解核战争的威胁，但是“缓和”所造成的实际影响却是凸显了西欧和美国之间的分歧。西方各国曾经在斯大林主义的阴影下相互依偎。但由于立即发生战争的可能性已经降低，国防和军事议题上的歧见就开始浮现。不仅如此，经济议题上的歧见甚至更加激烈。“缓和”的结果之一，就是将西方同盟的注意焦点，从军事议题转移到经济领域。在东欧与苏联进行贸易投资的可能性，让西欧与美国之间的经济竞争更加白热化。这使“战后美国与欧洲经济互为补充”的观点更难找到立足之地。摩擦在经济景气之时便已清楚浮现；而随着 1973 年石油危机终结了这段景气时期，摩擦更加严重了。

[1] *The New York Times*, January 17, 1982, Sec. IV, p. E3.

21-1　1964年11月10日,十月革命纪念日,苏联于莫斯科进行军事力量的年度展示。洲际弹道导弹(ICBMs)在第一书记勃列日涅夫以及其他肃立在列宁墓(中央偏右比较低的方形建物)的苏维埃领导人面前通过红场。

第 21 章

勃列日涅夫时代的苏联集团

1964 年,担任苏联共产党第一书记的赫鲁晓夫,被他的继承人勃列日涅夫所领导的政变驱逐下台。新任党书记是一位冷漠无情的官员,曾经接受过严格的工程师技术训练,喜爱开车及狩猎。

人们习惯上强调热情奔放、毫无禁忌的赫鲁晓夫与自鸣得意的勃列日涅夫之间的对比——尤其勃列日涅夫后来因为生病而几乎无法行动并最终于 1982 年去世。虽然他们的行事作风迥然不同,但都面临类似的问题,并且同样通过党中央的指导来处理这些问题。两人都必须在集体决策的架构下运作。

刚开始时,勃列日涅夫只是党的书记。后来他逐渐建立自己的优势地位,并于 1977 年成为国家元首(苏联最高苏维埃主席团主席)以及武装力量最高统帅,军阶是元帅。勃列日涅夫是第一位身兼最高党部(斯大林时代掌握实权的职位),以及迄今为止大部分国家元首的正式职位的苏联领袖。但是不同于赫鲁晓夫的"从前线开始领导"、采取"重要的政策决断,并且当他认为必要时越过他的同僚",勃列日涅夫的做法是"从中间开始领导。如果遵循第一个方针,当你就任时就可以行使更多的权力,但是在位的期间可能会比较短,因为当局势恶化时……再去找寻集体负责制的保障为时已晚。"[①]因此,勃列日涅夫在位十八年,是除斯大林之外,任期最长的苏联统治者。然而严重的问题仍然始终未能解决。

人们无法将勃列日涅夫时代的停滞全部归咎于他个人。集体统治苏联的政府与管理部门牢牢地掌握在一个内部特权阶级的圈子内:党政权贵(nomenklatura)。这些深感满足的党政权贵只知道苏联的统治(1917 年时勃列日涅夫只有 11 岁),并且拥有既得利益。另外,他们都年纪老迈。30 年代,当斯大林的大清洗扫除了资深干部时,这些当时还非常年轻的人迅速承担了重要责任。他们在赫鲁晓夫时代取得了生命的保障,而后在勃列日涅夫时代取得了职务的保障。[②]70 年代,他们已经变成年届七旬的老顽固,只愿意接受最不痛苦的改革。

---

① Archie Brown, "The Power of the General Secretary", in T.H.Rigby, Archie Brown, and Peter Reddaway, eds., *Authority, Power, and Policy in the USSR* (London, 1980), pp.151-152.

② Seweryn Bialer, *Stalin's Successors* (Cambridge, England 1980), p.91.

21.1 苏联的问题

苏联长期以来始终存在消费品的质量与数量都不足的问题。车库里拥有劳斯莱斯、奔驰、雪铁龙–玛莎拉蒂与凯迪拉克的党书记勃列日涅夫觉得，在建设共产主义的同时，也不能拖延生活的满足。在第二十三届党代表大会（1966 年 3 月到 4 月）上，苏联史上首次宣布应以高于生产能力的基本投资的速度加快消费品的生产。

为了达到上述目标，勃列日涅夫日益求助于西方的技术和资本。毕竟，列宁也曾经做过相同的事情。1966 年时，勃列日涅夫与西方公司签订重要的合约，其中包括与意大利菲亚特公司签订合约，建立一个预期可于 70 年代让苏联的汽车产量跃升三倍的大型汽车工厂。

为了生产更多的枪炮与黄油，苏联必须维持 60 年代的经济速度。借助每年 6%的增速，以及世界首次成功的太空旅行，赫鲁晓夫宣称要迎头赶上西方的大话很具可信度。1971 年，苏联的钢产量胜过美国。[①]但是，此后苏联的生产力却停滞不前。当苏联的工业臻于成熟时，只有提高劳动效率或者在技术上有所突破，才能使工业有进一步的成长。尽管曾经思考过利伯曼主义（Libermanism）[②]的可行性，中央指导型的经济还是保留下来了，劳动效率提高和技术突破的动机都不足。中央计划经济使苏联的经济因为重重障碍与效率低下而更加困难。管理者要做的是完成分配的生产量，而不是寻求高效或创新。规划者依然执着于昔日的工业动力：煤与钢。苏联境内能源严重短缺，而且毫无计算机设备。社会上普遍盛行的犬儒主义、贪污腐化与酗酒成瘾，使苏联所面对的困境更加复杂。有个特别受欢迎的苏联笑话这么说，“我们假装工作，然后他们假装付钱给我们。”在 80 年代，苏联的总生产量实际上已经出现衰退的现象，除了两个领域：石油——其储备量被苏联的管理者很快耗尽以摆脱经济困境[③]，以及伏特加。其他所有种类的产品的实际产量都已缩减。

生态灾难伴随经济不景气而来。在历经数十年毫不在乎的工业与农业污染之后，苏联人民的健康逐渐开始走下坡。事实上，70 年代，苏联人民的预期寿命从 66 岁缩短为 63 岁。

[①] 80 年代，日本的钢产量胜过苏联与美国。

[②] 始于 1962 年，经济学家利伯曼（Yevsei Liberman）提议在社会主义内引进有限制的市场机制。有些价格应该开放，工厂管理者应该拥有更多的自主权，以便根据市场预测而不是根据计划来从事买卖工作，而且公司内部应该分配盈余。由于根深蒂固的官僚主义，使这些实验只能在某些被隔离的工厂内实施。

[③] 80 年代，因为大量输出世界价格极高的石油和黄金，不但让苏联可以暂时喘一口气，而且也有助于 1998 年以后俄罗斯的复苏。

21-2 两个苏联体制僵化的例子：1979 年 10 月，德意志民主共和国成立 30 周年纪念典礼上，苏联总书记列昂尼德·勃列日涅夫和紧挨着的东德总统埃里希·昂纳克。勃列日涅夫自 1964 到 1985 年，长期担任苏联总书记；昂纳克则自 1971 年当选总统，直到 1989 年东德结束。

举例来说，因为执行在咸海四周种植需要引水灌溉的棉花的大型计划，而引发世界上规模最大的生态灾难：海水干涸以及地下水污染，使人民罹患多种疾病并且产下畸形儿，分离主义的情绪因此遍布哈萨克(Kazakhs)与乌兹别克(Uzbeks)一带。

早期的苏联人民或许愿意再度坚忍地束紧裤腰带，但是赫鲁晓夫点燃了他们拥有比较好的生活条件以及比较自由的社会的希望。已经有三代的苏联人民为了物质丰富与公平分配的承诺而牺牲个人的自由。但是当他们了解自己真正面对的是物资不但缺乏而且质量低劣的茫然未来，而更让人难以忍受的是高级官员却享受着富裕生活时；犬儒主义与堕落在对共产党的表面顺从下，广泛地蔓延开来。这又伴随着一场文化危机——失去信心，对经济与生态的失去信心。

在苏联的非俄罗斯地区，对生态破坏、物资缺乏与残暴压制知识分子言论的反抗转换为民族主义的论调。非俄罗斯人，尤其是在比较贫困的中亚地区，认为所有俄罗斯人在全苏联都享有特权。应该更重视自己的语言与宗教的观念越来越普及，以反驳苏维埃以打造“新苏维埃人”的名义来统一这个多民族帝国的要求。早在 1978 年时，法国学者德安寇斯(Hélène Carrère d'Encausse)就曾经预言，苏联将“无法摆脱民族僵局”。[1] 1991 年时我们见

[1] Hélène Carrère d'Encausse, *Decline of an Empire: The Soviet Socialist Republics in Revolt* (New York, 1979), p.274.

证了苏联的解体,因此很难回忆起其预测在当时看起来是多么的轻率。

和赫鲁晓夫一样,勃列日涅夫拧紧了文化的螺丝。但是这么做只是让知识分子的骚动更快沸腾而已。年轻人私下听着西方的流行音乐,并且穿着牛仔裤。政府向人民发布西方世界有多么堕落腐败的警告,只是让人民对西方世界更感兴趣而已。科学、高端技术以及艺术创作甚至更难再和严密的思想控制相协调。1965 年, 有两位作家——辛亚夫斯基(Andrei Sinyavsky)与丹尼尔(Yuli Daniel),因为在国外出版他们的作品而接受审判。很明显,"解冻时期"已成过去。自此之后,主流的知识分子也加入了抗议者的行列。暗地里撰写的著作,亦即所谓的地下刊物,以手写稿或粗糙的打字本等方式广泛流传,内容包罗万象,从诗作到政治学著作都有。[①]当然,与斯大林时代相比,这也算是一种进步。在斯大林时代,异议分子必须把自己的诗作和文字藏在脑海里,根本不可能将之宣诸于世。[②]

70 年代最值得赞扬的两位异议人士,分别拥护截然不同的价值观。曾经指导苏维埃成功执行原子能方案的物理学家萨哈罗夫 (Andrei Sakharov),70 年时在一封于地下出版圈广泛流传的信函中警告勃列日涅夫,如果没有自由的思想交流以及民主的发问方式,苏联的科学、生产力与生活条件都将更落后于西方世界。[③]当他继续支持让那些被斯大林流放的少数民族回国,继续反对贝加尔湖的污染,并且继续坚称"既然资本主义和社会主义终将合流,那么核战争将不可想象"时,他和比他更加直言不讳的妻子——叶莲娜(Elena Bonner)被隔离在高尔基的一座地方小镇加以软禁。与萨哈罗夫的西方主义不同,小说家索尔仁尼琴提倡回归他认为是斯拉夫传统价值观的人类责任、集体团结与精神上的禁欲主义。1974 年,在西方出版了揭发斯大林集中营的作品《古拉格群岛》(*The Gulag Archipelago*)之后,他被迫流亡西方。因为他不信任西方的唯物主义(materialism)与个人主义(individualism),所以对索尔仁尼琴来说,流亡是非常残酷的惩罚。

苏联的领袖强硬地回应那些批评,尤其是那些采用出版或者非法私运到西方出版的作品。著名的异议人士,如赞成允许鞑靼人回到他们战前家园的格里戈连科(Pyotr Grigorenko)将军,以及梅德维杰夫(Roy Medvedev)的兄弟——生物学家泽罗斯(Zhores),被监禁于精神病院,而不是如斯大林时代般,被囚禁在生不如死的西伯利亚劳动营里。这或许也是一种进步。但是在勃列日涅夫领导下的苏联,依然无法解决如何让人民拥有丰衣足食的生活,以及如何能一面箝制人民的思想,一面又能让他们学习最先进的技术等问题。

---

① 就字面上来看,"自行出版"(self-publishing)与国家出版社的政府出版品(Gosizdat)形成对比。Julius Telesin,"*Inside Samizdat*," *Encounter*, February 1973, and George Saunders, ed., *Samizdat: Voices of the Soviet Opposition** (1975).

② 伟大的诗人阿赫玛托娃(Anna Akhmatova)会暗地里地写出她的作品,再让乔可夫斯考娃(Lydia Chukovskaya)把她的作品默记下来(甚至在自治公寓〔communal apartment〕里大声说话也是危险的),然后阿赫玛托娃就会把这份可能会泄露秘密的文件放在烟灰缸里烧毁。请参阅 Beth Holmgren, *Women's Works in Stalin's Time* (Bloomington, Ind., 1994), p.86.

③ 这封历史学家梅德维杰夫 (Roy Medvedev) 与物理学家特尔钦 (Valery Turchin) 也有署名的信, 正文发表于 *Sakhaov Speaks* (New York, 1974), pp.115-134.

21.2 混乱的东欧:从“捷克斯洛伐克的春天”到勃列日涅夫的政策,1968 至 1985 年

东欧的不满

虽然勃列日涅夫时代东欧人的表达方式,与 1968 年的巴黎或米兰学生不同,但是他们心中一样塞满了不平之气。与苏联一样,东欧的知识分子和学生开始争取西方人享受已久的基本表达权。深受挫折的民族主义者也加入骚动的行列。次等的生活条件激怒了大部分人,他们很容易就将这些归咎于他们的苏联主人。多年来,卫星国的经济为了支援苏联的战后重建工作而不断受到剥削。

但是,到了 70 年代,经济平衡已经转移。东欧将产品出口到苏联,再进口苏联的原料——尤其是石油。事实上,在勃列日涅夫时代结束时,东欧人的生活水平比大部分苏联公民的生活水平高。平均每 8 至 9 名东德或捷克人中,就有 1 人拥有汽车;与之相比,平均每 46 名苏联公民中,只有 1 人拥有汽车。[①]但是,当苏联尝试利用提高石油价格来逆转经济衰退的状况时,却正好让东欧将物价上涨的结果归咎于莫斯科。那些在 70 年代对西方的进口与贷款采取半开放制度的东欧卫星国,为了报复以及回应在石油冲击之后暴涨的西方物价,[②]也提高了他们的消费品价格。在中央集权式的计划经济里,使已经提升的生活水平向后倒退,很容易让政治领袖受到责难;事实上,这些东欧领袖所遭受的责难甚至比西方国家的领袖还多。

1968 年“捷克斯洛伐克的春天”

自 1956 年以来,东欧的共产主义政权所面对最直接的挑战,发生于 1968 年的捷克斯洛伐克。这是多重压力相结合所造成的结果:民族主义、渴望更自由的表达权,以及要求更好的工作条件。

捷克斯洛伐克的哥特瓦尔德政权(1948—1953 年)与他的继任者——捷克斯洛伐克共产党第一书记诺瓦特尼(Antonín Novotný,1953 至 1968 年),曾经是除了乌布利希的东德之外,最可信赖的斯大林主义者。诺瓦特尼的政权在 1956 年的动乱之中幸存下来,而且在随后展开的去斯大林化行动中,也只做了微小的调整。例如在 1963 年,为某些在 1951 年与 1952 年的政党清洗中幸存的受害者平反。但是,1967 年末,在面对两个棘手的基层民众运动时,诺瓦特尼却失去了贯彻命令的能力:斯洛伐克人对更多自治权的渴望,以及年轻的知

---

① Marshall I. Goldman, *The USSR in Crisis: The Failure of an Economic System* (New York, 1983), p.99. 西方国家的相应比例为每 3 至 4 人中就有 1 人拥有汽车。

② 西欧在 1973 年的石油危机与后续的经济困境,是下一章的讨论主题。

识分子和官员对更多的自我表达的急切要求。

引人注目的是，对诺瓦特尼的斯大林主义最有力的反对是来自于高层，来自于政权自身培养出来的年青一代技术专家、行政人员以及知识分子。捷克斯洛伐克危机反映的是所有的人民民主国家以及苏联本身共同的问题。曾经创造了这个新共产主义政权的党员大部分是教育程度不高的人，在 40 年代的秘密反抗与革命历程中日渐坚强；不过如今他们培养出来的新一代领导人却不了解斗争的艰难，而且所受的教育也更适合 60 年代的技术发展与计划经济。这群在 60 年代正当年的年轻科学家、农学家、新闻工作者与经济学家，想要以务实的方式更自由地运用他们的才能。[①]他们得到下层工人的支持，这些工人们对配额、规范、分级严苛的计件工作工资标准，以及冷漠的当局感到十分愤慨。上述团体想要的是基本是改革，而不是彻底摧毁捷克斯洛伐克境内的社会主义体系。1968 年 1 月，捷克斯洛伐克共产党中央委员会多数通过，解除诺瓦特尼党书记的职务，并且以年轻的斯洛伐克自治的发言人杜布切克接替他的职位。[②]

杜布切克的脑海里没有西方自由主义的概念。他想要一面继续执行一党专政，一面让政党更加国家化、更符合众望，并且更负责任。他也没有任何解散社会主义经济架构的意图。他只想要证明捷克共产党"有能力不依靠官僚政治与警察力量来执政"。捷克共产党的新纲领(1968 年 4 月 5 日)宣布了一条"捷克斯洛伐克式的通往社会主义的道路"。这反映了迅速增长的民族特殊性。

> 我们埋头构建新的社会主义社会模式，一种极度民主并且适合捷克斯洛伐克的模式。[③]

尽管政府并未允许境内有合法的反对党存在，新纲领批准在 1945 年到 1948 年间的民族阵线中曾经与共产党合作的政党可以"表达不同的意见"：社会民主党与前任总统贝奈斯所属的政党——社会主义民族党。就这一点来看，"捷克斯洛伐克的春天"部分回归到战后那个自愿与苏联联盟的多元政权。此外，杜布切克也试图在工作组织与决策权力下放上开辟新的天地。他鼓励工会、青年团与其他基层民众组织，在去中央集权化的管理体制中扮演积极主动的角色。

杜布切克的问题是，他是在两股正在兴起的浪潮之间掌舵。自由辩论与讨论的浪潮在这群具有活泼快乐传统的人民之间高涨，他们理智上的好奇心已经被压抑了二十年之久。1968 年 6 月 25 日废除审查制度以后，捷克人的想象力就不再受到遏制。轻率的改革家发出

[①] 如果若要了解对德意志民主共和国的分析，请参阅 Peter C. Ludz, *The Changing Party Elite in East Germany* (Cambridge, Mass., 1972).

[②] 诺瓦特尼依然担任总统，直到 1968 年 3 月。

[③] Alexander Dubček, *Hope Dies Last*, ed. and trans. Jiri Hochman (New York, 1993), p.334.

21-3 1968 年 8 月 22 日,一位学生站在苏联坦克上挥舞捷克斯洛伐克国旗。

各种建言,包括多政党体制、国家中立(退出华约)以及艺术实验等,这些都超前于忠诚或许也是务实的共产党人杜布切克的预期。另一股浪潮则是捷克斯洛伐克邻国不断升高的警告,尤其是提心吊胆地观察这种坏影响将会殃及自己的东德与波兰。

苏共书记勃列日涅夫企图对杜布切克施压。很明显地,他所期望的是 1956 年哥穆尔卡式的妥协路线,而非重蹈 1956 年匈牙利的覆辙。虽然苏联军队已经在 1945 年时撤离,但是 1968 年 6 月,一些部队因华约"军事演习"的缘故,又暂时进驻捷克斯洛伐克。最后,杜布切克于 9 月召开公开的党代表大会的决定太过危险。1968 年 9 月 21 日,在一次顺利组织的空降作战中,苏联(拥有来自东德、波兰、匈牙利与保加利亚的军队支持)动员 50 万名士兵与数千辆坦克车进入捷克斯洛伐克。苏联以勃列日涅夫信条(Brezhnev doctrine),也就是必须限制社会主义国家的民族独立运动,来正当化对捷克斯洛伐克问题的军事解决:对一个社会主义政权的威胁,就等于是对所有社会主义政权的威胁。

虽然捷克斯洛伐克并没有发生任何武装抵抗(因此免除了一场与 1956 年的匈牙利一样的灾难),但是他们几乎全体一致地以消极抵抗来迎接入侵的士兵。因为苏联士兵只是预料捷克斯洛伐克境内可能有西德的反共产主义活动,所以他们对于要如何应付"众多穿着蓝色牛仔裤的捷克年轻人,以密集的队形在道路上静坐,嘲弄穿着靴子的军队,并向他们吹口哨",[①]或者前往工厂参加秘密召开的党代表大会的工人,完全没有头绪。杜布切克首先被捕,但是在意志坚强的老将军斯沃博达(Ludvík Svoboda)总统拒绝与苏联合作,而且没有一位捷克人愿意如 1956 年匈牙利的卡达尔般出面以后,勃列日涅夫决定让杜布切克在严密的控制下继续掌理捷克斯洛伐克。接踵而至的是一个谨慎而行的逐渐加强镇压的过程。杜布切克在 1969 年 9 月被免职,并且于 1970 年时与其他大约 500 名党员一起被开除党籍。审判一直持续到 1972 年。苏联显然宁愿选择一个背离民心但顺从的东欧共产主义,也不愿选择一个颇孚众望的民族主义的共产主义。

世界上九十个共产党之中,除了五个参与其中的共产党之外,只有七个共产党支持苏联采取军事行动摧毁杜布切克的政权。大部分西欧的共产党都公开谴责苏联的这项行动。与 1956 年时一样,他们对外国共产党的抗议,与赞同共产党纲领的非共产党知识分子的批评置之不理。但是,这次苏联在捷克斯洛伐克所采取的行动,却引起国内异议人士的注意。李维诺夫(Pavel Litvinov),30 年代斯大林的外交部长的孙子,以及其他一些人,因为在莫斯科红场(Moscow Red Square)举行示威行动而被捕。苏联政权在处理异议作家与科学家时,所面临的问题越来越棘手。

波兰:动荡与"团结工会"

就在 1970 年的圣诞节前夕,政府宣布大幅调涨粮食价格,引爆了波兰自 1956 年以来最严重的动乱。已经在 1956 年向自由化妥协的哥穆尔卡总理,在接下来的十四年里,实施了越来越高压的统治措施。他甚至恢复反犹主义,以分散人民对他的不满情绪(在 1968 至 1970 年间有 2 万名犹太人移居国外,几乎没有人留在波兰)。1970 年圣诞节的物价调涨行动,在格但斯克(Gdansk,战前的但泽〔Danzig〕)列宁造船场(Lenin shipyard)引发了一场示威游行,格但斯克的示威行动蔓延到什切青(Szczecin,战前的斯德丁〔Stettin〕)与其他波罗的海港口城市。在利用武力平息这场反抗行动劳而无功并导致 300 人丧命之后,盖莱克(Edward Gierek)取代哥穆尔卡成为党书记。盖莱克调降粮食价格,取消不得人心的工资奖励制度,并从西方输入更多的消费商品。

然而,不论是"胡萝卜"还是"棍棒",都无法维持安定的局势。"胡萝卜"是消费商品,其中大部分输入自西方世界。70 年代中叶,人民实际收入的上涨"比波兰历史上任何一个时期都要快速,而且幅度也大"。[②]但是在波兰没有任何主要出口产品输往西方的情况下,因输入消费品所导致的繁荣只能用向西方借款的方式来支撑。70 年代晚期,波兰的出口税里,有 1/3 是用来支付西方银行的利息。因为早先的放宽政策使波兰大部分的土地都归农民掌控,所

[①] *The Economist*, August 31, 1968.

[②] Archie Brown, "Eastern Europe: 1958, 1978, 1988", *Daedalus*, Winter 1979, p.156.

21-4 1980 年 8 月，瓦文萨在波兰的格但斯克造船厂，向他那些造船厂的工人伙伴们发表演说。示威运动最后变成团结工会的工人运动。

以政府增加农场产量的努力，只是激起波兰农民的反抗而已。而当政府试图强迫农民联合饲养家畜时，他们反而将家畜宰杀，使得肉制品更加缺乏。1980 年 7 月 1 日，肉制品价格调涨，引爆了新一波的示威行动。

发生于 1980 年 7 月和 8 月的大罢工潮，是波兰史上最令人振奋也是最恐怖的时期之一。政府面对数百万的罢工人潮无能为力，因为士兵和警察与人民站在一起。波兰天主教——波兰民族认同最生动鲜艳的象征，也全力支持他们。示威群众完全控制了某些工作场所，例如格但斯克的造船场。他们在那里提出社会主义的新洞见，认为由工人直接控制工作权，可以同时代表个人自由与民族独立。因此，正如"捷克斯洛伐克的春天"一样，波兰工人在精明的造船厂电气技师瓦文萨(Lech Walesa)的领导下，展开一场不只是针对公共秩序，而且也针对官方意识形态的挑战。

双方都走在钢索上。瓦文萨并不想激起苏联的武装干预，而苏联则希望波兰政权可以自行解决国内问题。1980 年 8 月 31 日，罢工领袖与政府达成协议，团结工会成为第一个被共产主义国家所承认的自主的劳工组织。而工人们则同意承认共产党在波兰的首要地位，和波兰现有的国际协议(例如经济互助委员会与华约)。在长达十五个月的时间里，双方在非常不稳定的情况下，用尽办法谋取更多，一直到国防部长雅鲁泽尔斯基(Wojciech Jaruzelsky)为了避免苏联的镇压行动，而下令波兰军队镇压工会运动，并且在 1981 年 12 月 13 日宣布戒严法为止。保守的民族主义者雅鲁泽尔斯基将军，压制了瓦文萨的自由民族主义。虽然戒严法已经在 1983 年 7 月放宽，而群众的注意力也已经转向政府与西方债权人和教会(一位亲团结工会而且颇孚众望的神父，在 1984 年底被警察杀害)之间的纷争，然而团结工会依旧是潜伏地下的一支重要力量。即使苏联没有出手干预，但是事实很清楚，波兰的工人们只是在刺刀的威胁下才束手就范，因此苏联社会主义模范的可信度就更低了。

匈牙利：卡达尔的“匈牙利共产主义”

1956 年受创最深的卫星国政权匈牙利，在党主席卡达尔的领导下，渐渐成为小型私人企业和知识分子享有最多自由的东欧国家。1968 年以后所实施的“新经济机制”，允许企业可以在有限的物价范围内自己规划并且抉择。虽然匈牙利的农业在 1956 年以后已经完全集体化，但是农民还是可以销售部分自己生产的农产品。私营零售业四处林立。然而 70 年代是一段艰苦的岁月。匈牙利无法以充足的出口产品来补偿他们对苏联的石油和西方昂贵输入品的依赖，尤其是对西德。西欧的经济衰退与通货膨胀，以及苏联的石油价格调涨，都使匈牙利人必须勒紧腰带过生活。1979 年中，匈牙利不得不做出三十年来调幅最大的物价调涨决策。即便如此，政府依然没有遭到明显的反对。与 1956 年时的痛苦相较，人们宁愿选择卡达尔主义。1982 年，匈牙利再度展开经济自由化，允许工人成立私人的“工人合作社”，在国有企业之内供应专门的商品与服务。中央计划变成仅仅是指导，企业可以在一般的指导方针下，自行决定大部分的生产问题。但由于大部分的生产业都是由庞大的国家垄断企业来控制支配，所以这种经济去中央集权化的影响有限。然而，卡达尔的“匈牙利共产主义”，还是相当完美地糅合了丰富的消费商品与人们对政府的顺从。

德意志民主共和国：工业力量与无所不在的警察

1971 年以后，昂纳克(Erich Honecker)和以前的乌布利希一样，以专制独裁的方式统治东德，并且辅以东方阵营最高的生活水平——东德的工业力量号称位居世界第十位——以及无所不在的秘密警察网。在政权垮台以后，人们揭露著名的斯塔西(STASI，东德国家情报局〔Staatssicherheitsdienst〕)握有德意志民主共和国 1600 万居民的 600 万份档案。东德国家情报局配置有 10 万名职员，规模远胜(虽然没那么血腥)纳粹的盖世太保(Nazi Gestapo)。事后证实东德国家安全局掌握的 17 万线人，除了忠实的党员外，还包括配偶、朋友与持不同意见的知识分子。但是，柏林围墙无法阻挡西德电视对东德产生的影响，也不能圈禁深感不满的东德人。受到西方自由与繁荣的吸引，数千名东德人曾经试图攀登柏林墙，或者矗立在乡村边界的电网；有许多人在这样尝试时被击毙。

罗马尼亚、南斯拉夫、保加利亚：专制与民族主义

在罗马尼亚，统治者的心血来潮取代了共产主义的正统思想。1965年到1989年间担任党书记的齐奥塞斯库，失去了一些他在经济互助委员会与华约中的独立自主性；因为1979年时罗马尼亚的油田已然耗尽，以致于必须输入苏联的石油。[①]虽然他以刁难匈牙利人和日耳曼人等少数民族，来满足罗马尼亚的民族主义者，但他的人民却遭遇甚至更加夸张的严格管制。他在80年代实施的夸张措施包括：夷平古老的村庄，强迫村民住进称为“农工综合小区”的棚屋里；为了要为目的不明的新式高楼开辟道路，首都布加勒斯特附近的地区被整个铲平。他在多瑙河口生态脆弱的沼泽地建造了一个新的港口城市。由于实现这些愚蠢的构想需要外汇，所以他将国家的大部分粮食卖到国外。他禁止所有形式的节育措施。蓄意制造的粮食、药物与能源短缺——低于华氏45度的低温以下，公寓才能开暖气取暖——已经远远超过正常范围。这位领导人似乎想要惩罚他的人民。在所有的东欧人之中，齐奥塞斯库统治下的罗马尼亚人是最饥饿也是最不健康的人。

老迈的铁托的个人奇想则更多地指向奢侈逸乐，表现在他的华丽军服与达尔马提亚(Dalmatian)海岸的豪华宫殿之中。他认为只有自己的个人威望才能统一由“六个共和国、五个民族、四种语言、三种宗教、两种字母与一个铁托”所组成的南斯拉夫。70年代，当克罗地亚的民族主义者要求更多的自治权时，铁托猛烈袭击当地的知识分子与大学。为了替有秩序的权力继承预做准备，铁托在1974年时提出一份新宪法，主张让联邦国家拥有更多的独立自主权，首次承认穆斯林是一个民族，并且设立一个轮流集体总统制，让所有的民族都有机会代表参与。不过，在民族情绪高涨与经济衰退的环境下，这份新宪法十分不切实际。

当最后一位第二次世界大战的重要领袖、20世纪在位最久的东欧统治者铁托于1980年去世时，他那处境尴尬的国家必须同时面对经济衰退的压力与境内已然复苏的民族主义。但是由工人经营管理的工厂——南斯拉夫共产社会的特色——在发生工人怠工之时，却无法作出削减成本的困难抉择。虽然在1985年到1991年间，南斯拉夫努力设法在美国销售一款小型车——优歌(Yugo)，然而产量很低，致使政府更难利用出口商品来平衡进口商品，偿还西方贷款。因为生活水平下降，各加盟共和国相互争夺利益，削弱了人民对南联盟的忠诚度。北部比较繁荣的共和国，尤其是斯洛文尼亚和克罗地亚，感到他们正用自己强大的经济实力贴补比较贫穷的南部地区。在总统米洛舍维奇(Slobodan Miloševic)的煽动下，居统治地位的塞尔维亚共和国被大塞尔维亚民族主义者(Greater Serbian Nationalism)掌握。曾是共产党官员的米洛舍维奇于1989年6月28日在科索沃(Kosovo)对塞尔维亚少数民族发表演说时，发现自己具有煽动群众的演讲天才。而科索沃这一塞尔维亚人在六百年前于

---

① 参阅第18章。

此取得重大历史胜利的神圣地区，现在却被倔强的阿尔巴尼亚人占据，因此局势特别紧张。共产主义和南斯拉夫联邦主义已经不再能够打动大多数南斯拉夫人的心，所以米洛舍维奇就挑起人民对大塞尔维亚的期望，来刺激南斯拉夫人民。

虽然保加利亚是最驯服也是最不麻烦的卫星国，然而长期统治保加利亚的日夫科夫（Todor Zhivkov，1954 至 1989 年），依旧玩弄民族主义以维持政权的统一，这是另一种后共产主义政治的不祥预兆。80 年代，保加利亚曾经试图强迫境内的土耳其少数民族放弃他们的姓氏，改用斯拉夫姓氏。

21.3 勃列日涅夫的遗产：不景气与导弹

勃列日涅夫所从事的赌博，试图结合高科技的发展与知识分子的顺从，需要利用富裕的生活或国际声望来收买人民，使之保持缄默。但是正如我们所见，物质富裕并没有出现，苏联人民经历的是经济的不景气与遭到破坏的环境。

因此勃列日涅夫寻求积极的外交政策，并确实取得一些成就。在《第一阶段战略武器限制公约》（1972）中，尼克松、基辛格与美国参议院，都接受苏联可以享有一般标准的军事力量；这项重要的让步在《第二阶段战略武器限制公约》（1979）中由卡特予以确认。[①]这位曾在捷克斯洛伐克（1968）实行过他的信条的苏联领袖，以随时准备再次使用它的态势维持住了东欧的局势。70 年代晚期，他甚至更进一步发动新的军事竞赛（他宣称是由美国开始的）。

1977 年，他开始更新以西欧为目标的苏联中程弹道导弹，改用新式的 3000 英里 SS-20 型导弹，范围扩及欧洲大陆的任何地点。这些配备多弹头的弹道导弹，使西方人开始恐惧：一旦苏联建立起与西方势均力敌的洲际武器力量时，会先在欧洲上演核战争的戏码。同时苏联也持续插手干预第三世界的动乱。苏联已经在非洲角（Horn of Africa）[②]以及通过古巴调解才刚独立的安哥拉，建立了新的影响力。1979 年的圣诞节，苏联派军进入已经由亲苏政党掌控的阿富汗。美国为了应对苏联这一连串的行动，先是在卡特总统任内，然后是在里根总统任内以更大的规模，加紧军事发展的脚步。

1979 年 12 月，北约委员会要求，倘若美苏无法履行双方的武器削减协议，就必须在西欧部署美国的中程导弹。这项计划要求在西德部署 108 枚潘兴 II 型导弹（Pershing II missile）发射器，以取代已经过时的潘兴 IA 型发射器。此外，还要在英国、西德、意大利、比利时和荷兰部署 464 枚地面发射式的巡航导弹。虽然西德的社会民主党总理施密特（Helmut Schmidt）作出此初步的提议，同时几乎受到各国政府的普遍支持，但在欧洲的土地上看见附着短引信的大型武器，仍让许多欧洲人感到心神不宁。兴起于 50 年代欧洲部署第一批洲际

---

① 参阅第 20 章。

② 即索马里和埃塞俄比亚。——编者注

弹道导弹时的裁军运动现在在一些地区变得特别积极。英国、低地国家与德国境内运动比较普遍,至于法国和意大利则远逊于上述国家的表现。1983 年 4 月 1 日,抗议民众在预定部署巡航导弹以及两个英国核武器研究机构的英国格林汉姆公地(Greenham Common),牵手拉起一条 14 英里长的人链,这令人想起 50 年代的那些运动。在西德开展的运动非常与众不同,西德人认为他们在 50 年代时并未卷入这些问题。西德那些拥护东西双方冻结核武器的人,把他们的示威运动延伸到东德(他们的政府当局无疑希望可以鼓励西方单方面解除武装),他们发现东德人也愿意拥护双方冻结武力,这或许是自二战以来东德和西德首度联合的示威行动。

然而,这些行动并没有阻止第一批导弹于 1983 年年底抵达西德、英国与西西里岛。当时《第二阶段战略武器限制公约》(1979 年)有效期满,俄国在东德部署了更多的导弹。抗议的声浪逐渐消失,但是没有人能够睡得安稳。欧洲人和美国人在防御策略上始终冲突不断,但是在 80 年代,因为牵涉到经济竞争与备战行动的意见不一,所以欧美之间的冲突不但更加严重,而且提升到政府层次。在缓和时期里,如何回应苏联的议题开始具有了经济层面的考虑。支持增加与苏联的贸易交流的人(欧洲人与美国人)认为,这样的贸易关系可以加速苏联的成熟。但是反对者(尤其是美国总统里根)则坚称与苏联贸易只会增强苏联发动战争的力量。这项争辩在 1981 年时,让欧美之间迸发最激烈的争执,焦点是铺设从苏联到西欧的天然气管道的提议:极度需求能源的西欧提议向苏联购买天然气,但美国政府试图阻止这项管道铺设工程。当美国政府向欧洲的美国公司下令阻止重要管道零件的运输时,欧洲人认为美国干预他们内部经济事务,并且提出抗议。他们指出,美国一方面试图阻碍欧洲与苏联的贸易,一方面又把谷物卖给苏联。事实上,欧洲最坚定的保守派人士——英国首相撒切尔夫人(Margaret Thatcher)与德国总理科尔(Helmut Kohl)——为此深感愤怒。由此可见欧洲和美国之间对于如何与苏联相处,分歧极大。

1980 年,缓和似乎已经结束。即使欧洲人很少再会预想苏联将采取正式的侵略行动,但是两大超级强国依然在把欧洲一分为二的围墙两边彼此对抗,他们只要动一动手指便可摧毁全世界。当里根与勃列日涅夫开始增加国防预算时,没有人会预料到,在不到十年的时间里冷战就会结束。

身体衰弱的勃列日涅夫于 1982 年 11 月去世,享年 76 岁。苏联面临自斯大林去世以来第三次的接班危机,核心领导层展示出他们已经学会如何引领人民平顺地走过这段过渡时期,但他们并不一定会选出最有干劲的领导人。已经 68 岁的安德罗波夫(Yuri Andropov,1982 至 1984 年的党书记),难以代表年轻的一代;而他曾任克格勃(KGB)首长的经历,也让人无法期待苏联国内的情况会变得和缓放松。不过,克格勃比任何人都了解苏联的经济和社会问题的严重程度。很多比较年轻的苏联领导人都渴望进行重大的改革,因此,安德罗波夫开始着手处理贪污贿赂、酗酒以及经济封锁等问题。当他在 1984 年 2 月去世时,主席团并没有推举安德罗波夫举荐的年轻改革家戈尔巴乔夫(Mikhail Gorbachev),反而选举勃列日涅夫年老的密友契尔年科(Konstantin Chernenko)担任第一书记。与改革绝缘而且病重的72 岁老人契尔年科,让苏联的领导层处于休眠状态之中达十三个月之久。1985 年 3 月契尔年科去世,终于为戈尔巴乔夫开辟了一条道路。不过,这位新就任的第一书记的同僚们,并不知道他们即将面临什么样的前景。

22–1 1983 年 4 月 1 日，反核运动人士在格林汉姆公地排成一条长达 14 英里的人链，反对在英国部署美国导弹。

第22章

西欧:后工业化社会与“滞胀”,1973至1989年

1973年的石油危机，让西欧表面上看似前景无限的战后经济奇迹突然陷入停顿。10月17日，石油输出国的卡特尔——石油输出国家组织欧佩克（OPEC）[①]——将石油价格上涨了70%。阿拉伯地区的成员国，上涨的幅度甚至更高。为了惩罚六日战争（Six-Day War，1973年10月）时以色列的支持者，石油输出国家组织完全断绝了美国和惟一允许美国越过其领土装运补给品到以色列的欧洲国家荷兰的石油输出路线。虽然这项禁运行动为时相当短暂，但是石油的价格依然持续攀升。1979年时，石油价格已经高达每桶30美元，是1973年时石油价格的十倍。1979年1月，伊朗爆发革命推翻旧王朝。该国的石油输出停止后，石油价格又往上攀升到每桶34美元。但是，1983年3月，由于资源保护、可替代能源的开发与欧佩克内部的分裂等种种因素的影响，使石油输出国家组织的掌控能力有些松弛，价格下跌到每桶29美元。此后油价不断下跌，直到1988年的每桶15美元。

[①] OPEC——石油输出国家组织——由2个拉丁美洲国家（委内瑞拉、厄瓜多尔）、2个撒哈拉沙漠以南的非洲国家（尼日利亚、加蓬）、印度尼西亚、伊朗与7个阿拉伯国家（阿尔及利亚、利比亚、沙特阿拉伯、阿拉伯联合酋长国、伊拉克和卡塔尔）所组成。它控制53%的世界石油产量，以及几乎所有西欧的石油供应量。它由委内瑞拉发起，并于1960年成立。1970年以后，石油输出国家组织拥有众多会员，并且具有充分的市场影响力，足以影响世界价格。

22.1 经济压力：石油、工作、贸易

在战后的繁荣中，西欧经济已经越来越依赖输入的石油。石油取代煤成为西欧最主要的能源。石油在西欧的能源需求中所占的比例，从1955年的1/5，增加为1972年的3/5。由于石油价格涨了十倍，因此每一件需要用到能源的事情都变得更加昂贵。工薪阶层努力争取较高的收入，以应付高额的食品与燃料费账单。不过，因为消费者的购买力下降，致使许多工人面临被解雇的命运。失业救济的成本暴增，但国家税收却开始减少。西欧的经济开始走下坡。

在西欧多多少少解决了直接的石油恐慌之后，隐藏在能源危机背后，更深层的结构性问题却开始浮现。西欧的工业已经失去早期在技术上的优越条件。工人享受着高工资和广泛的社会福利。日本的制造商以及新崛起的台湾、南韩、巴西及墨西哥等地的新企业家，在本国建设新工厂，支付较低的工资给工人。因此当西欧的投资基金正于海外寻求较高的利润时，便很难以新投资与那些国家竞争。此外，因为太恐惧日前正在折磨充分就业的福利国

22–2　在1973年的石油危机时，英国的有车族“排队等候”供应量有限的“汽油”。依照这个拥挤的加油站所张贴的标示，当时油价已经攀升到每加仑超过7美元。

家的通货膨胀厄运临头，西欧政府不得不尽力刺激国内投资。不但是创造了战后欧洲经济繁荣的那些老工业，如汽车业与钢铁业，因为亚洲与拉丁美洲竞争敌手打出的低价位而被赶出世界市场；而且新技术产业，如计算机业和电子业，也无法在欧洲得到足够的投资。世界的生产力似乎已经在进行大转移。欧洲面临“去工业化”，即工业体系解体。60年代的信心如今已经变成“欧洲悲观主义”(Europessimism)。

第二次世界大战以后，欧洲曾经历过轻微的经济衰退，其中以1958到1959年和1966到1967年这两次经济衰退最为明显。但是发生于70年代的经济衰退，不论是强度还是持续时间，都足以冠上萧条之名。西欧对于自战后重建以来，始终能将失业率控制在2%到3%的成就深感自豪，人民也相信他们的国家永远都能保障他们充分就业。经历了1979年的第二次石油危机，以及古老的“烟囱”工业普遍倒闭之后，西欧整体的失业率从4.2%跃升为1983年时的10.3%。1984年，经济状况比较良好的西德，失业率高达9.1%；长年不振的英国，失业率是12.6%；艰难挣扎的西班牙则是17.5%。青年人的失业率特别高。1983年，西欧25岁以下的年轻人中有1/4没有工作；具体到荷兰、西班牙与意大利，则是近1/3。1983年时西欧的家庭自战后经济繁荣以来，首次出现实际购买力下降的情形。

不过，新的经济萧条不再是重复30年代的模样。这次并没有出现如1929年般的“崩溃”，而且福利国家也极力避免不景气对人民造成悲惨的影响。这次的经济萧条既没有经济大萧条时让人感到羞耻的“失业救济金”，也没有施粥场。但是，与此同时，西欧工人所享有的优厚工资与津贴，却让西欧的产品成为世界市场上的昂贵商品。

两次经济萧条的另一个差异是通货膨胀。30年代时物价已经下跌；但是在70年代，物价却以令人忧心的速度往上飙升。事实上，适度的通货膨胀是战后经济成长形态的一部分。即便是在1973年以前，每当西欧的经济学家试图在充分就业的条件下刺激经济成长时，通货膨胀的压力就会增高。而1973年以后令人讶异的是，即使就业率和生产下滑，通货膨胀的情况依然持续向上攀升。一则是因为石油价格上涨，油价上涨也会影响所有产品的能源成本，包括粮食在内；另一个原因则是福利国家制度。即使是在就业率下降的情况下，社会津贴(social benefits)依然可以维持消费者的购买力。1975年时，英国的通货膨胀高达令人触目惊心的程度——17%。意大利的通货膨胀在1980年时高达爆炸性的24%，而在1982年年底时依然维持在17%的水平。按照这种速度，每四年物价就会翻升两倍。

对人们来说，经济停滞与通货膨胀是结合在一起的。人们很快就创造了“滞胀”(stagflation)这个名词。西欧政府习惯采取积极主动的措施来恢复经济繁荣，但是在“滞胀”的情况下，凯恩斯学派(Keynesian)利用赤字开支来刺激购买力的要诀，就无法有效的发挥作用。凯恩斯的赤字开支策略，不但不能提高就业率，反而会使通货膨胀增高并且危及国外贸易。另一方面，降低通货膨胀的传统紧缩策略，却有加重经济停滞的倾向。令人感到泄气的是，在相信凯恩斯已经克服了失业与经济循环的问题之后，如今人们蓦然发现，竟无人——不论是保守派或社会主义学家——知道如何应对当前困境。

“后工业化”社会?

1973 年以后,经济明显的长期失调,再加上 1967 至 1968 年间采取的新的抗议作风,[①]导致有些西欧人相信自己已经进入了“后工业化”(pos-tindustrial)[②]:制造业不再是通往工作或财富的必然之路,服务业、通讯业、媒体与娱乐业所提供的利润反而较高。在这个正在发展的新时代里,许多自傲的传统技术工人与部分中产阶级一起注定没落,而新领域的企业家和明星艺人们则渐渐致富。教育程度不佳以及没有一技之长的人,似乎永远不可能找到有意义的工作。当工作不断需要更多的技术性技能时,教育作为社会筛选机制的角色就变得越来越明显:学校迎接受到特别待遇的少数人登上通往专业成就的阶梯,并且将其他人贬低到越来越固定不变的下层阶级。在“后工业化”的时代里,不合群的学生、边缘的少数民族,以及永远被排斥在外的“非工人的非阶级”(non-class of non-workers),[③]将取代现在已经缩减与同化的传统工人阶级的地位,成为麻烦的制造者。因此,未来的社会冲突将较少围绕生产相关的问题(工资与工时)展开,而是会更多围绕消费和生活质量的相关问题(环境、健康、对媒体的控制、女性的身份地位)展开。

当问题只是石油短缺时,并不难找到补救方案。英国和挪威在北海海底发现了大油田。70 年代,英国与挪威都已经变成石油的净出口国。荷兰也在那里发现丰富的天然气。法国在核电的发展上居于领先的地位。法国利用核能发电的比例从 1977 年的 8.4%,提升到 1990 年时的 75%。所有的欧洲国家都与阿拉伯的石油输出国培养良好的关系。

不过,要恢复生产力,就必须实施更多激烈以及不曾尝试过的措施。西欧必须牺牲战后维持社会与政治安定的重要基石——充分就业与福利政策,来提升生产的竞争力吗?将传统工业全数关闭,并且重新训练工人学习某些新技术可行吗?谁可以事先告诉我们学习哪种新技术是正确的下注?又有谁能为如此大规模的经济调整以及随之而来的社会混乱埋单?面对各方面的挑战,不论是“左派”或者是右派的欧洲领袖们,都在一团混乱之中一面实施紧缩措施,一面等待美国的复苏,让大家能因此水涨船高,从而渡过难关。

移民与新右派

1973 年以后,经济衰退使西欧对移民的态度转趋强硬。在经济繁荣的年代里,大部分的西欧政府与企业家都曾经热情地鼓吹廉价劳工移民,去做本国的工人不屑从事的工作。在 1975 年时,西欧有 10%的劳动力是外国人:其中西德是 9%,法国是 11%,而瑞士则

---

① 参阅第 19 章。

② 人们通常认为这个名词是美国社会主义者贝尔(Daniel Bell)所创。基于对 1968 年 5 月学生运动的见证与反思,法国社会学家图海纳(Alain Touraine),在 1969 年时就曾经使用过这个名词;请参阅他的著作 *The Post-Industrial Society* (New York,1971).

③ André Gorz,*Farewell to the Working Class* (London,1982),pp.7-8,71.

超过 25%。[①]

以前西欧曾经敞开大门迎接移民浪潮。大部分的移民来自信奉天主教的南欧(值得注意的例外是 19 世纪 80 年代来自俄国与 20 世纪 30 年代来自中欧的犹太难民)。第二次世界大战之后,日渐增多的移民带来了迥异的风俗习惯与宗教信仰。德国吸引了土耳其人;对之前的北非、西非与安的列斯群岛的殖民地居民来说,法国就像是一块磁铁;英国收留印度人、巴基斯坦人与来自英联邦的西印度群岛居民;而荷兰的移民则大多来自先前的印度尼西亚与苏里南殖民地,以及土耳其和摩洛哥。

在 1973 年经济开始走下坡以前,各国就已经出现反移民的暴力行为。首次重要的警示发生在 1958 年 9 月。数百名英国工人阶级的年轻人与西印度群岛的移民在伦敦贫民居住的诺丁山(Notting Hill)发生冲突。根据长久以来的英国传统及 1948 年制定的法令规定,来自英联邦的移民在"祖国"享有所有的公民权。然而,第二次世界大战之后,移民英国的不是预期中的加拿大人或澳大利亚人,而是牙买加人与为了逃离因国家独立而发生暴力冲突的印度人和巴基斯坦人。当美国在 1952 年缩减移民限额时,有更多的牙买加人移居英国。另一批移民潮包括逃离 1968 年刚独立的肯尼亚以及 1972 年时的阿明(Idi Amin)统治下的乌干达的印度商人。1962 年到 1973 年间,保守党与工党政府通过一连串的移民法案,英国政府将移民资格从来自英联邦的人民,缩小为取得工作许可而且具有英国血统的人——事实上这是一种种族标准。但即使是这样的政策,还是无法满足每一个人。背弃保守党的鲍威尔(Enoch Powell)在 1968 年以后,乘着反移民情绪的巨浪,警告政府除非把外国侨民遣送回国,否则将让他们"血流成河"。

在 1973 年各国经济开始拮据之后,西欧的民族主义者就谴责移民者与他们竞争工作,让他们担负过度紧绷的社会保险制度,而且拒绝融入移民国的文化。在 1973 到 1974 年间,大部分的西欧国家都采取限制移民的措施。但是,这种措施并未减少国内的外国人口。公民的家人和政治难民依然可以合法进入他们的国家,更有无数人偷渡入境。此外,没有一个西欧国家愿意驱逐那些已经在他们的国家定居的外国人。[②]

因此,根据推测,那些暂时停留的"候鸟"会变成定居下来的少数民族。很多西欧人首度必须面对与和他们截然不同的邻居的不同文化及宗教信仰,并且学习与他们和睦相处。德国境内有波兰人,英国境内有爱尔兰人。而在德国境内有永久定居的土耳其外籍劳工,在日渐没落的英格兰中部市镇里则住着巴基斯坦人和西印度群岛的邻居。他们迫使这些国家必须去解决种族冲突、学习在多样文化中生活,甚至必须采取更为混杂的国家认同。较为习惯移民的法国,必须学习如何让他们同化移民的传统,与持久存在的无数虔诚的穆斯林相适

---

① Michael J. Piore, *Birds of Passage: Migrant Labor in Industrial Societies* (Cambridge, England, 1979), p.1.

② 由德斯坦(Valéry Giscard d'Estaing)总统统领的法国,在 1978 年到 1980 年间几乎要将阿尔及利亚人强制遣送回国,但是遭到法院的反对。西德希望逃避任何会让他们想起纳粹党的人,只是提供金钱奖励,以劝服一些土耳其工人回国。Jacqueline Costa-Lascoux and Patrick Weil, *Logiques d'états et immigrations* (Paris, 1992), pp.62-63.

应。是否允许新来的移民取得公民权变成一项议题:法国和英国是如此,而西德则一直到 90 年代才如是。瑞典和荷兰则进行了让外国定居者拥有地区选举权的尝试。

虽然官方努力培养种族之间的彼此谅解,但是摩擦依然不断增加。仇视外国人的人要求政府对移民采取强硬手段,甚至不惜将他们驱逐出境。其中一种反移民行动是“光头党”(skinheads)——拙劣地模仿法西斯主义作风的工人阶级年轻人——的偶然暴力行动。比较持久而且比较具有影响力的是极右翼政党,这些政党欣然掌握着反移民者的怒火。

当然,极右翼的政党早就已经存在。在 1973 年以前,利用各个国家特有的本土议题与追随者,西欧已经零星地出现一些极右翼的政党。在查禁新纳粹主义的德意志联邦共和国里,有几个亲纳粹主义的政党,那些政党大部分是以从东部失土中被驱逐出境的人为基础。其中最重要的是 1969 年攀上高峰(受到左翼学生行动主义的刺激)的国家民主党(National Democratic Party,NPD),他们在 1969 年赢得大约 4%的选票。墨索里尼的继任者面对的是没有法律限制的意大利:作为对 1969 年的“狂热之秋”的回应,意大利社会运动(Movimento Sociale Italiano,MSI)曾于 1972 年得获最佳的选举成绩(8.7%的得票率),其势力大多集中在落后的南部地区。在法国,反阿尔及利亚人的情绪,因阿尔及利亚 1962 年独立及之后八年的苦战,再加上 1968 年的动荡而更加激烈。一个新法西斯主义团体——新秩序(Ordre nouveau)——激起人们的反阿尔及利亚情绪,并在 1973 年煽动移民与年轻的民族主义者在街头斗殴。即使是宽容的荷兰,当摩鹿加群岛(Moluccan)的行动主义者于 1975 年劫持一列火车时,也发现自己的耐心受到考验,警方在随后处理这次事件的行动中击毙了三人。

1973 年以后的局势与往昔不同的是,西欧的极右翼成长壮大并且趋向联合:各国的极右翼都以移民及他们所声称的移民所造成的伤害(失业、文化失色、轻微犯罪)为焦点。1974 年,在某些英格兰中部的市镇中,民族阵线的得票率高达 15%至 20%,直到 70 年代末期得票率才有所下降。法国由勒庞(Jean-marie Le Pen)所领导的民族阵线则挟带着几乎是专门反移民的政纲;成为 80 年代西欧最成功的极右翼政党。法国的民族阵线在 1983 年所取得全国选票的 10%,1988 年更取得 14%的选票。在南部的城市,例如马赛,很多来自法属阿尔及利亚的难民必须面对阿尔及利亚移民。勒庞在那里的得票率超过 20%。1989 年以后,当新一波的难民潮从瓦解的共产主义东欧涌入时,德国和奥地利的极右翼赢得他们最大的成功。关于这一情势,我们将于第二十三章再进行详细的讨论。

极右翼政党的成功,引发人们对法西斯主义复苏的恐惧。然而,与 30 年代的法西斯主义不同,1973 年以后西欧的极右翼政党,很少抨击西欧的保守派人士与进步人士都全然接受的民主宪政与福利资本主义。他们将宣传活动限制在一个有效的议题之内——移民。其选举结果也远远不如 30 年代的水平。不过,他们展现出自希特勒与墨索里尼失败以来,排他性的民族主义与种族歧视,首次不再是竞选活动中的禁忌。甚至主流的政治话语也略微偏向他们的主张。

22.2 压力下的福利国家

自第二次世界大战结束之后，福利国家已经成为西欧公共政策与众不同的标志。福利国家根源于天主教的社会教义以及社会主义，并且同时适合中产阶级与劳动阶级、乡村和城市的利益，所以受到从右派到“左派”人士的广泛支持。但是，在经济拮据的状况下，福利国家的运作比经济增长时期困难。社会计划的成本日渐提高，但是可以用来支付这些社会计划的资金却逐渐缩减。不只是有更多的人需要协助，而且通货膨胀也正在把社会计划的成本推得更高，尤其是那些和意大利一样，采用自动生活成本指数的国家。根据经济合作暨发展组织（Organization for Economic Cooperation and Development，OECD）的数据，在 1960 年到 1981 年间，西欧国家主要的社会支出占总输出商品与服务的百分比从 14.5%升高为 26.3%，而西德、瑞典、荷兰与比利时则超过 30%。[①]降低这些成本的压力来自几个方面：纳税人在这样的负担下开始喧闹；出口商抱怨劳动成本让他们的商品无法销售到国外；降低政府支出通常是取得国际货币基金组织或外国债权人的货币支持贷款（currency-support loans）的必要条件等。

北部欧洲：保守主义复兴

整体来说，当欧洲经济危机初现时，在北部欧洲掌权的是改良派社会民主政党或工人政党。他们没有令人忧心的共产主义竞争对手，依据牢固的政治位置操控已稳固建立的福利国家体系。但是在 1973 年以后，他们不得不采取至少一项令人头痛的措施：减少社会计划、增加税收，或者任由通货膨胀自行发展。这些困难帮助保守派重新上台。虽然这些七八十年代的新保守派多数是要修正社会计划，而不是要废除社会计划，但这是 30 年来，他们首度公然挑战福利国家的共识。

斯堪的纳维亚半岛

首次遭到震撼的是斯堪的纳维亚半岛一直引以为豪的社会民主主义的传统体制。虽然经常与小农场主政党组成政治联盟，但是自 1932 年以来，瑞典始终是由社会民主党执政，并无间断。北欧人的福利制度是西欧最具包容性的制度。与英国实施的，由劳资双方分享贡献捐助方案（contributory schemes）不同，北欧的福利制度则完全是由国家税收资助。和西德的制度不同，北欧的福利制度包含所有的公民，而不单只限于“工人”。像瑞典这样的国家，本身没有石油资源，而且必须与其他汽车、飞机与工业机械制造商竞争，所以特别难以抵御 1973 年开始的那种结构性危机。面对税额增加与就业率降低的情况，1974 年时，大部分的瑞典选民四十二年来首度选择反对社会民主党。虽然紧接着上台的中间派政府并未彻底地

---

① *The New York Times*, February 19, 1984, see. Iv.

重新调整瑞典的社会政策,但还是施行了紧缩措施。尽管已经削减了成本,但是由于社会计划的费用所占的比例仍持续升高,瑞典的社会支出在 1980 年时高达国内生产毛额的 29.8%,成为当时西欧社会支出比例最高的国家(丹麦居次,为 26.8%)。[①]1982 年 10 月时,由帕姆(Olof Palme)带领的社会民主党重新上台执政,但是在他接班的时候却也不得不全神贯注于社会计划的修正。

丹麦选民在反对高税收政策方面表现出更戏剧性的反应。在社会民主党的领导下,历经五十年平稳的岁月之后,在 1974 年的选举中,以战斗性很强的纳税人的反抗为基础而崛起的新政党——“进步党”(Progress Party),一跃成为丹麦的第二大党。进步党极为激进地提议取消福利政策,并大幅收缩政府的开支与税收。然而,他们的政党领袖格里斯特鲁普(Mogens Glistrup)因为逃漏税而入狱,打断了进步党快速成长的机会。反而是丹麦的保守党在 80 年代初期,成功地组合了一个新的政党联盟,并且对社会计划作了更温和的调整。

西德

西德社会民主党主政的时间之所以比较久,部分是因为拥有可大量输出汽车、机器与工程技术到产油量丰富的阿拉伯国家的强大工业基础。也因此,西德发生经济萧条的时间较晚。1974 年勃兰特因为泄露国家机密而离开政坛之后,在精明而且甚得民心的施密特领导下,西德的社会民主党实施了温和的紧缩政策。施密特所遭遇的麻烦是社会民主党的内部问题。社会民主党的一般党员,对于失业率攀升至自 30 年代初期以来未曾有过的高峰,以及一度大好的鲁尔工业区陷入萧条状态有所怨言。除此之外,1979 年以后,当施密特支持美国在西欧部署新导弹时,党外年轻的激进分子起身抗议。还有一些其他的麻烦则是来自于中间派政党联盟伙伴——自由民主党(Free Democrats)。自由民主党反对赤字开支,在 1982 年 10 月时,他们因为赤字开支的问题而推翻政府。这是德意志联邦共和国史上首度发生政府在二次选举期间失去议会多数派的支持。于是西德社会民主党(1969 到 1982 年)的长期统治宣告结束。

基督教民主党(Christian Democrats)在新领袖——身形魁梧而表情淡漠的科尔的领导下,重掌西德政权。科尔大幅削减西德的社会计划,按实值计算抚恤金减少 5%到 6%,失业救济金的跌幅也大致相同。产妇的休假津贴从每个月 268 美元降低为 182 美元,并要求学生把提供给他们的贷款偿还国家。但是科尔与阿登纳和艾哈德(Ludwig Erhard)一样,原则上并未挑战社会计划的合法性。“东进政策”令人叹为观止地如同连续剧剧情般进展。虽然保守的基督教民主党在十年前曾经称勃兰特的东欧解决方案是叛国行为,但是科尔却继续寻求与东德进行贸易与文化交流的机会。

[①] Bent Rold Anderson,“Rationality and Irrationality in the Nordic Welfare State,” *Daedalus* (Winter 1984),p.115.1980 年西德的社会支出总计为国民生产毛额(Gross National Product)的 20.1%,美国为 18.1%,而法国则为 15.2%。

英国:撒切尔的自由市场运动

北部欧洲最亮眼的保守派领袖显然是热情而且大胆的撒切尔。在长达十一年的首相任期(1979 至 1990 年)里,她曾经努力让英国不再了无生气地依赖“保姆式的国家”(nanny state)。身为局外人(她是食品杂货商之女,曾经接受过工业药剂师的训练)以及只能空谈反对大政府时,撒切尔夫人并没有机会参政;一直到 1975 年,她才赢得保守党的掌控权。1979 年,虽然已经执政六年,但是工党政府对滞胀问题依然束手无策。在此情况之下,她领导保守党重新执掌政权。她削减税金;使石油业、广播业、电信业与汽车业里的国家股份私有化;大幅削减教育、社会计划与艺术的补助金;并且停止发放习惯上对状况不良的产业如钢铁业和煤矿业的补助金。当势力强大的煤矿矿工工会试图利用罢工让她垮台时,和她的前辈所采取的行动一样,撒切尔夫人把握机会通过立法大幅削减工会的权力,让工会必须与会员磋商之后,才有权决定提高资金与采取行动。尽管她幸运地发现北海的油田,但是她所带来的经济冷水浴依然伤害了很多人。失业率从 5%攀升到将近 14%,创下自 30 年代以来的新高。

22-3 1979 年 3 月,保守党领袖撒切尔夫人的竞选活动。

即便如此,“铁娘子”还是赢得了 1983 年的选举,并且在 1987 年再度胜选,成为 20 世纪在位最久的英国首相。她与知识分子的距离比劳工远,工人们喜欢她,因为她的经济计划让住在公共住房里的居民,有能力买下自己的公寓。此时英国的通货膨胀从 10%下降到 5%,雇员的购买力已经恢复。她那进取冒险的精神,终于让英国的生产力止跌回升。而且考虑到她那强硬的自由市场辞令,她对英国福利政策的削减其实相当审慎。举例来说,她并没有实行 1951 年保守党的做法,让钢铁业变成私营企业;当然,她之所以没有这么做,或许也是因为没有人愿意收购即将衰亡的产业。最重要的是,撒切尔夫人以战争还击 1982 年阿根廷占领马尔维纳斯群岛的行动,大快人心。

撒切尔夫人之所以能够成功的主要理由是:自第二次世界大战结束后的三十四年间,统治英国长达十七年的工党已经濒临下台。1983 年时,工党只取得 38%的工人阶级选票,是自 30 年代以来表现最差的一次。在 70 年代的危机中所承担的责任,让工党四分五裂。当工党在 1974 年的选举中重掌政权时,前经济学教授、虔诚的凯恩斯主义者、工党“左派”哈罗德·威尔逊从前任保守党首相希思(1970—1974 年)手上接下的,是严重的通货膨胀这一烫手山芋。在威尔逊的领导下,通货膨胀更加失控,竟然高达 17%这个现代的英国人前所未闻的数字。他的继任者卡拉汉(James Callaghan,1976—1979 年)尝试实施“收入政策”(incomes policy):即政府严格地限制工资的上涨以及工会的谈判权力。这些努力虽然让通货膨胀降到 10%,但是却也让工党一分为二。激进的工会分子于 1979 年重新夺回控制权,但是他们的领袖富特(Michael Foot)却疏远了议会与改良派人士,拥护英国单方面的核武器裁军政策。让英国“左派”政党情势更加险恶的是,出现了一个中间偏“左派”的新改良主义政党——社会民主党,社会民主党大部分是由议会的工党党员组成,并且与旧的自由党党员结盟。它的出现,分裂了“左派”势力的选票。也因此,撒切尔夫人不需要得到超过半数的选票,就可以与分裂的反对党对抗,而且,事实上,她在 1979 年胜选时,所获得的选票不超过 44%。

撒切尔夫人的当选,表示新的一代已经进入英国的政界,他们既不了解 30 年代的岁月,也不曾经历过世界大战。这意味着战后保守党接受福利国家的政策,而工党则接受资本主义的经济政策,两党政策日趋一致的时期结束了。让她自己的政党脱离自狄斯累利以来,大部分托利党党员吓唬懦弱胆小的“爱哭”的托利党“左派”分子所用的家长主义式(parternalist)社会协助,撒切尔夫人没有错过这次机会。工党在富特的领导下,以强硬的意识形态来响应。撒切尔是欧洲众领袖中,在气质和观念上,与美国总统里根最相近的人。但是,撒切尔夫人与里根总统在苏联天然气管道铺设事件,[①]以及美国在没有与她商量的情况下,就入侵英联邦成员格林纳达等问题上的争执显示,即使是深厚的私人友谊,也不足以掩盖美国和欧洲之间的利益冲突。新一代欧洲人甚至不记得战时盟友的情谊。

地中海沿岸地区的欧洲:“左派”掌权,同时转变

那些国内有强大的共产主义政党的国家,对 1973 年开始浮现的危机产生截然不同的政治反应。除了芬兰以外,这些国家都位于欧洲的地中海沿岸。因为这些国家的“左派”政党都已经从保守派人士手中夺得政权,所以他们必须面对 1973 年开始浮现的危机。对南欧的“左派”分子来说,经济的紧张局势可以转换为他们的选举利益。不过,此时西欧的“左派”分子则正在经历转变。

苏维埃模式的没落

如同 30 年代一般,虽然局势已经与人民阵线时代的情势迥异,但是地中海沿岸世界里

---

① 参阅第 21 章。

强大的共产主义政党，却依然渴望组织政治同盟。两个时代之间最引人注目的差异是，苏维埃模式在西欧共产党的心中已经信誉尽失。所有的人都清楚地观察到苏联政府差劲的经济表现，而先前赞同苏维埃模式的欧美人士，也因为苏维埃生硬地扼杀那些异议人士而感到愤怒。勃列日涅夫的精神科病房虽然比斯大林的集中营略逊一筹，却让人更加看清苏维埃政权的真面目。对很多人来说，这一切的转折点是 1968 年 8 月苏联以军事力量拙劣地入侵捷克斯洛伐克。在那之后，70 年代西欧的共产主义政党，便开始实验属于他们自己的杜布切克式“人性的共产主义”：欧洲共产主义。

70 年代的欧洲共产主义者（他们大部分的人并不喜欢这个字眼）企图调和他们对西欧共产主义胜利的憧憬与西欧人民的生活特性。对他们来说，在拥有悠久的政治自由与经济多元论传统的高度工业话地区实施苏维埃得模式，不但不适当，而且还是阻碍他们成功的绊脚石。

欧洲共产主义与贝林格

欧洲共产主义的主要发言人贝林格（Enrico Berlinguer），是意大利共产党的总书记（1972 至 1984 年），也是一位禁欲主义的知识分子。贝林格对于西欧应该从另一条路径进入共产主义的看法，部分受到意大利经验的塑造，部分基于对当代的观察。他敏锐地察觉 1920 年意大利“左派”分子的“最多数主义”（maximalism）开辟了一条通往墨索里尼理念的道路。与很多欧洲的“左派”分子一样，贝林格也深受 1973 年 9 月智利阿连德（Allende）政府被推翻的影响，阿连德政府曾经试图以 36.7%的选民为基础，进行激进的经济变革。贝林格也相信可行的西方共产主义需要建立民主制度，但是这种民主制度在 70 年代的意大利处境艰难。天主教民主党自 1945 年 11 月以来就已经掌权，但是天主教民主党之所以遭受指责，不单只是因为当前的经济衰退，也因为他们的腐败堕落与任人唯亲，让意大利对经济衰退的反应停滞不前。如赞成离婚合法（1974 年）与堕胎合法（1978 年）的公投结果所示，作为天主教民主党多数派根基的天主教文化已经日渐衰颓。然而，此时尚未浮现另一个可以取代天主教民主党的政党多数派。“左派”与新法西斯主义右派的恐怖主义活动，正让这个国家处于不稳定的状态之中。贝林格推论，与社会主义者结盟以寻求“左派”的彻底胜利，会让意大利出现极化的现象，且无法掌握任何潜在的多数派。正如 1920 年到 1922 年所发生的情况一样，接踵而至的宪政僵局，对极右翼的有利影响可能更甚于“左派”。

为此，贝林格希望能与执政的天主教民主党“左派”分子合作，他称此为“历史性的妥协”。他宣称意大利共产党愿意接受民主的选举制度，以及民主选举所伴随的所有风险，包括因为败选而下台的可能性。他接受意大利在欧洲共同体甚至在北约的会员身份。他的政党支持反对无论“左派”还是右派恐怖主义的坚决措施。1977 年 11 月，他受邀前往莫斯科并在布尔什维克革命六十周年纪念会上发表演说，表明为了在意大利取得成功，其政党愿意接受多元民主制的规定。贝林格与莫斯科的关系开始恶化；而当他在 1981 年 12 月波兰实行戒严法以后[1]声称苏维埃形式的共产主义已经是“强弩之末”时，他们的关系实际上已经决裂。

贝林格的欧洲共产主义吸引了很多意大利人。他在 1976 年 6 月的议会选举里赢得了 34%的选票，是到目前为止西方共产党在自由选举中得票率最高的一次。贝林格与声势正在下滑的天主教民主党之间相差不到 4%。1976 年时，意大利共产党已经控制了意大利大多数的主要城市，并以单独或政治联盟的方式掌控意大利十六个地区中的七个。贝林格的策略发挥了很大的作用。来自意大利共产党的市长因为诚实与高效，赢得人民的敬重。从 1977 年到 1979 年间，虽然因为美国的强烈反对，所以没能进入内阁，但是贝林格的共产党一度是摇晃不稳的“国家团结联盟”(national solidarity)——这个统治意大利的政治联盟的一部分。

22-4　意大利共产党总书记、欧洲共产主义运动的领袖人物恩里科·贝林格。摄于 1983 年 7 月。

其他的西方共产党领袖或多或少都跟随贝林格的脚步。在前工业工人马歇(Georges Marchais)土气的领导下，法国共产党追随去斯大林主义的步调更加谨慎。即便如此，法国共产党还是火力十足地谴责苏联对捷克斯洛伐克的干预行动。虽然贝林格希望与国内的天主教民主党结盟(或许是分裂天主教民主党)来对抗意大利的社会主义者，但是马歇却于 1977 年与法国社会党(French Socialist Party)签订《共同纲领》(*Common Program*)。这项行动在民众的脑海中印下法国共产党逐渐放弃“无产阶级专政”，并且接受采用选举途径来取得政权或放弃政权的印象。即使是在铁幕的另一侧，南斯拉夫和罗马尼亚的共产党，也在马克思主义者的国际性会议中，支持贝林格的独立道路理论。虽然他的葡萄牙邻居冈哈尔(Alvaro Cunhal)完全拒绝欧洲共产主义，而支持不妥协的革命主义，但在卡里略(Santiago Carrillo)领导下的西班牙共产党却与贝林格最为亲近。

不过，欧洲共产主义并未如人们的预期，成为 70 年代西欧重要的政治势力。在后工业化社会里，欧洲共产主义的社会基础在变小。它温和稳健的作风冒着与旧激进分子疏远，同时没有吸纳足以取代那些旧激进分子的中间派人士的风险。在法国、西班牙和葡萄牙占据战略性中间偏左地位并且形成替代性多数派的是社会主义政党。

事实证明，意大利的“左派”如果不能团结，就很难形成多数派。起先正在萎缩的天主教

[1] *L' Unita*, December 16, 1981，感谢爱尔康(John Alcorn)提供这份参考文件。

民主党，在广泛的中间派政治联盟里找到更多伙伴。1981 年 6 月时，规模极小的共和党领袖斯帕多利尼(Giovanni Spadolini)，成为自 1945 年以来第一位非天主教民主党籍的总理，领导天主教民主党党员依然占优势的政治联盟。当他们那精力充沛的领袖克拉西(Bettino Craxi)创下空前的纪录，以总理的身份领导相同的政治联盟长达四年的时间(1983—1987)时，意大利社会党看起来好像是另一个可能会强盛起来的政党。不过，社会党却被 1993 年拉垮天主教民主党同样的的腐败丑闻所吞没。接下来，正如下一章我们将要讨论到的，便轮到贝林格的继承者上台执政。

一直以来，曾经经历过璀璨岁月的意大利人并不热衷政治，他们只是把政治当作余兴节目看待，机敏而且活力充沛地为了自己的企业四处奔走，意大利人对企业的经营比对国家还要成功。

西班牙与葡萄牙：从独裁到民主

70 年代最激烈的政治变化发生在西班牙和葡萄牙。佛朗哥与萨拉查的威权主义独裁政府曾经在那里苟延残喘，直到 70 年代中叶。以往的经验告诉我们，垂死的独裁政府通常会结束在革命性的混乱之中，然后接踵而至的是反革命的回应。但是，在这两个国家里，最后得胜的却是稳健温和的政治体系（葡萄牙的情形是在经历了一场货真价实的社会革命以后）。独裁政府让人民留下极坏的回忆，共产主义的光芒已经逐渐黯淡，而且即使是在那些贫穷的岁月里，欧洲共同体也费尽力气地想将他们拉向市场经济以及开放的政治体系。

西班牙过渡到民主制度的过程，相当令人满意地平稳安静。独裁者佛朗哥将军于 1975 年 11 月去世，享年 82 岁。渴望免除另一次内战伤害的西班牙人民，欣然接受他安排的王权继位者卡洛斯(Juan Carlos)王子(1931 年退位的国王阿方索十三世的孙子)[①]。承接人民普遍渴望和解重任的是卡里略(Santiago Carrillo)。1977 年共产党合法化之后，卡里略就从流亡地法国回国，他全身上下都充满了欧洲共产主义的精神。他认为在被剥夺了如此之久的时间以后，西班牙必须要严肃地正视公民自由。

虽然早期或许有可能，但是填满后佛朗哥时期(post-Franco)的空白者，并不是卡里略的共产党。有两个温和主义的政党——苏亚雷斯（Adolfo Suarez）的民主中央党(Democratic Center)与冈萨雷斯(Felipe Gonzáles)的社会主义劳工党(Socialist Workers’ Party)，即将负责重建西班牙的政治民主制度。在 1977 年 6 月的选举——四十一年来第一次——苏亚雷斯掌握了重要的多数派。

内战的魔鬼并未完全死绝。当共产党合法化时，有好几位将军离开政府。1978 年，加泰罗尼亚恢复自治权的事件，更进一步激起保守派人士的反对。新宪法宣布天主教与政治分离，恢复离婚的权利，并且将罢工合法化。在 1978 年 12 月的公民投票里，这部宪法以略微

---

① 参阅第 12 章。

22–5　西班牙内战军官接管国会。1981 年 2 月 23 日。

的多数通过(有 32%的人弃权)。但是大部分的保守派人士了解,在缺乏佛朗哥在 30 年代所享有的国际支持的情况下,反对国王只会使事情变得更加糟糕。一群国民军的军官于 1981 年 2 月 23 日闯进西班牙议会绑架议员为人质,希望能得到军方的广泛支持,但是卡洛斯国王却取得各地区军队指挥官(只有一人例外)个人的效忠誓言。在经过紧张的十八个小时之后,这场政变宣告失败。1982 年,有更多军官因为密谋反抗政府而被捕下狱,但此时武装起义(pronunciamiento)的旧有传统已经威信扫地。

当 1982 年 10 月的选举将政权和平转移给改良派社会主义者冈萨雷斯的手上时,西班牙的民主制度似乎已经站稳脚跟。冈萨雷斯年仅 40 岁,是欧洲最年轻的总理,务实的他确实是一位深得民心而且有效率的领袖。回顾过往,始于佛朗哥时代后期的经济起飞,结合新生代的政治成熟度,已经悄悄地使西班牙的温和主义政治占据上风。因为社会和经济条件与欧洲各地相近,所以西班牙正式加入欧洲的行列。西班牙于 1982 年加入北约,并于 1986 年经由公民投票通过认可,不过,西班牙要求北约不得在其领土部署核武器(如丹麦与挪威一样)。西班牙也在 1986 年加入欧洲共同体。

不过,冈萨雷斯面临的是一个令人望而却步的经济任务。由于西班牙的经济不够富裕,已经无法再削减开支,因此可以回旋的余地非常有限。冈萨雷斯必须在选民对社会服务的要求与欧洲共同体成员国的预算规则及工业重建的要求之间非常狭窄的道路前行。与欧洲共同体的贸易带给西班牙的利益，比高失业率的痛苦更重要，让冈萨雷斯政权得以存活到1996年。

葡萄牙从独裁政权过渡到民主制度的过程十分困难。萨拉查成功地抵挡住了“左派”分子与军事敌人的攻击，直到1968年，79岁的他病倒为止。此后一直到1970年7月，他始终陷入昏迷状态。总统（萨拉查曾经在有名无实的总统手下担任总理）任命一位忠诚而且温和稳健的法学教授卡埃塔诺（Marcello Caetano）继任总理。但是葡萄牙的政权连贯性比西班牙更难维持。葡萄牙近期内并没有发生足以让人民接受温和主义的内战，同时旷日持久的安哥拉和莫桑比克殖民战争，让很多参与这场战争的军官变得比较激进。越来越多的葡萄牙军官相信，只有国家彻底转型，他们才能终结在非洲毫无成效的战争，并将葡萄牙带入现代化的世界。如果冈哈尔真的拒绝接受欧洲共产主义，那么部分原因可能是由于激进派的军官们似乎打算提供葡萄牙共产党一股与革命类似的强大力量。1974年5月，由参加安哥拉战争的将军和陆军上校组成的最高革命委员会（Supreme revolutionary Council），推翻了卡埃塔诺的政权。

1974年与1975年间，最高革命委员会的军官在葡萄牙强制推行重大的社会与政治改革。他们结束战争，并且同意让安哥拉与莫桑比克独立；将葡萄牙南部的大地产集体化，并且以合作社取代那些大产业。此外，他们还赋予选举产生的工厂委员会庞大的权力。

1974年6月，亲共产党的陆军上校贡萨尔维斯（Vasco Gonçalves）就任总理，恃强凌弱的民粹派少校卡瓦尔赫（Otelo de Carvalho）创建了一个新的军事指挥系统大陆特遣队（Das Comando Operacional do Continente，COPCON）来支持贡萨尔维斯。激进派的势力似乎已经可以掌控葡萄牙。但是，在接下来几年的岁月里，激进派的掌控力却逐渐衰退。他们已经分裂，最激进的军官甚至得要勉强地与平民共产党党员共同掌权。1975年4月的选举结果显示，绝大多数的葡萄牙人民，尤其是北部的家庭农场主与城市的中产阶级，支持的是温和的社会主义者索雷斯（Mario Soares，40%）或民主主义者（27%），而非共产主义者（12.5%）或者极右翼人士。1975年5月，当占领里斯本的天主教广播电台及一家温和派的社会主义报社时，激进派分子似乎过分高估了自己的实力。葡萄牙国内开始出现动乱，尤其是北部的天主教小农场地区，而华盛顿与欧洲共同体则很明确地表达了反对立场。在亟需外国协助的情况下，已经花光了萨拉查大量现金储备的贡萨尔维斯政府，如今极易受到国外压力的影响。

1975年8月，因其生存之道而赢得“软木塞”绰号的葡萄牙总统戈麦斯（Costa Gomes）将军，以一位主张温和主义的总理取代了贡萨尔维斯。卡瓦尔赫（现在是将军）与其他激进派的军官企图在11月发动政变夺权，但遭到镇压并付出五条生命的代价。大部分的军队依然效忠戈麦斯总统以及主张温和主义的政府，革命的锐气已经大减。除了法国以外，所有西方共产主义政党一致谴责“冒险主义”的冈哈尔，并将其孤立。大部分的军官都受到“安哥拉人”的清洗,而浮夸的卡瓦尔赫也降为少校。这次事件是自 1948 年以来,欧洲各国境内最近似以革命夺权的行动。

1976 年公布的新宪法(正式取代 1933 年萨拉查的“新国家”〔Estado Novo〕),表面上保证葡萄牙将成为一个“社会主义的社会”,实际上却削减了最高革命委员会的权力,并于 1982 年时将最高革命委员会完全废除。依据新宪法所选出的第一任总统埃尼斯(Antonio dos Santos Ramalho Eanes)将军(1976 年 6 月当选,于 1980 年再度连任)在 1976 年到 1984 年间,以稳健的双手引导葡萄牙走过以令人眩晕的速度相继更迭九任内阁的岁月。连续四届的选举(1976 年、1979 年、1980 年与 1983 年)都没有一个政党能够赢得多数选票。在 1976 年到 1979 年这段期间,以及 1983 年以后,都是由改良派社会主义者索雷斯来领导临时组成的政治联盟。索雷斯暗地里削弱工厂委员会的权力,并且在 1977 年将一些被没收的地产归还原来的农场主。1984 年时,南部农村各合作社的土地,已经从 200 多万英亩缩减为 100 多万英亩。虽然他们努力挽救经济,但是往往失去最上等的土地。

初生的葡萄牙民主政体面对严峻的形式不断奋斗。一方面要面对毫不妥协的反动派(在 1980 年的总统大选里,一位右派的将军囊括 40%的选票),而另一方面还要迎战冈哈尔的革命派共产主义。在南部的农村合作社里,有冈哈尔的忠实追随者,他们的得票率高达 19%。国际货币基金组织可以提供葡萄牙必要的外国贷款,但同时坚持葡萄牙必须实施会触怒政府天然支持者的紧缩措施。法国与德国的社会主义领袖,力劝他们的葡萄牙同志采取温和的态度。而成为欧洲共同体会员之一的愿望,让法德两国的建议更具说服力。葡萄牙终于在 1986 年加入欧洲共同体。

法国:密特朗与改革派“左派”

1981 年 5 月社会主义领袖密特朗当选总统,法国的政权通过选举转移到社会党-共产党政治联盟手中。自从戴高乐在 1958 年创立第五共和国以来,在保守派的统治下,法国已经度过一段史无前例的繁荣与安定时期。在戴高乐辞职以后,银行家蓬皮杜(Georges Pompidou)得益于“左派”的分裂与人们对 1968 年 5 月的示威运动的反感,轻易赢得总统的宝座(1969—1974 年)。蓬皮杜去世之后,由于经济衰退,财政部长德斯坦乃得以在总统大选中险胜密特朗。德斯坦开始着手实施比蓬皮杜更加创新的政策。他将公民取得选举权的法定年龄降为 18 岁,引进累进资本收益税(progressive capital gains tax)、降低老年人的医疗费用,并且与欧洲第一位妇女部部长吉鲁(Françoise Giroud)合作改善妇女的职业地位,并且放宽堕胎的许可。但是,日益恶化的经济很快就变成他必须全力处理的问题。1978 年以后,在保守派的经济学教授巴尔(Raymond Barre)总理的建议下,德斯坦实施严格的紧缩措施。这剂苦药,与人们对统治法国二十三年的保守派的过度自满的反感,让密特朗赢得了 1981 年 5 月的总统大选。

因为使人联想到 1936 年勃鲁姆人民阵线的胜利,所以密特朗的胜利激起人民的欢腾

22–6 法国社会主义领袖密特朗在宣传。1978年2月。

庆祝，以及对美好日子的期待。但也正如1936年的情况一样，法国的社会主义政权发现，在不友善的国际经济环境中，想要在国内进行激进的改革是非常困难的一件事。不过密特朗的处境与1936年的情况截然不同。这一回，共产党的势力正在衰退。倒转战后法国的社会主义与共产主义之间的关系，是密特朗并没有大肆宣扬的重要成就。现在的共产党看来反倒似乎显得迂腐而凝滞。他们在1981年的得票率降到16%，而且在补选中支持度持续下降。到80年代初，他们的得票率已降到10%到12%之间，不及繁荣年轻的社会党得票率的一半。在现在看来，密特朗的胜利更可以看做是改革派左翼在法国政治中地位的巩固，而不是革命性的转折。

不过，密特朗政权在起步时作风相当激进，他们下了双重的赌注。一方面利用凯恩斯学派提高工资与社会救济金的策略，希望能通过促进纵情消费来刺激经济；另一方面，他也采取彻底的国有化政策，将政府在法国工业界所占的股份从15%提升到35%，并将政府在银行业所占的股份从85%提升到将近100%，认为如此应该可以让政府将投资集中于未来科技的赢家。密特朗所采取的这项步骤，让法国的国家经济所掌控的范围在西欧仅次于意大利。这是在比较不富裕的国家里的社会主义者——冈萨雷斯的西班牙或者索雷斯的葡萄牙——无法负担的豪赌。虽然其他的欧洲国家手忙脚乱地完成紧缩措施，但是密特朗的政策却具有前后连贯的理论根据。后续进行的是深具意义的城市改革，例如废除死刑，以及让媒体拥有更多的自由。在中央集权统治下的法国一度无法想象的事情——活泼有生气的民营调频（FM）广播电台，现在已开始出现。

密特朗的计划遭遇众多难题。首先，人民大部分的纵情购物是以进口商品为主，这不但无助于提升法国的就业率，还会削弱法朗的价值。因为投机与恐慌抛售的行动而受到动摇,法国货币在 1981 年到 1984 年间的国际价值下降了 50%。工业现代化意味着关闭旧工业,也因此,在 1984 年时法国的失业率持续攀升到 9%以上,是自 30 年代以来失业率最高的一次。密特朗的豪赌依赖的赌注是逐渐好转的美国经济,然而美国的高利率和持续衰退,却让法国经济遭受进一步的伤害。在能够看见对新科技的投资成果之前,法国已跌入债务的深渊。

1983 年 3 月,只有强制实行欧洲共同体无法接受的外汇管制措施,法国才能挽救自己的新凯恩斯学派政策。此时密特朗果断地选择了欧洲,重新采取甚至比巴尔的政策更严格的紧缩措施。当然,他的这项政策让政府的支持者牺牲不浅。1984 年 7 月,法国共产党离开这个目前的主要任务是让各工会忍受紧缩措施的联盟。在某些法国选民对于北非和非洲黑人移民的愤慨情绪的推波助澜下,右翼分子的势力开始恢复。

1986 年,保守派人士在议会选举中重新获胜,而密特朗总统则被迫与中间偏右派的总理希拉克(Jacques Chirac)分享权力。密特朗有技巧地管理这种“同居状态”,加上经济的复苏,使他赢得了连任(1988 至 1995 年),而且他的社会党也重新夺回议会多数派的地位。这证实人民赞同他往中间移动的路线。法国政府现在是由温和“左派”和温和右派为基础轮流执政,但是同样的优先顺序——紧缩预算、稳定货币、开放与欧洲及世界的贸易——使“左派”和右派之间几乎难以区别。

为了在欧洲地中海沿岸地区取得社会主义的胜利,泛希腊社会主义运动党(Pan-Hellenic Socialist Movement,PASOK)的帕潘德里欧(Andreas Papandreou)于 1981 年 10 月的希腊选战中获胜。虽然刚开始时帕潘德里欧提出激进的社会变革与脱离北约等政见,但是他也很快就不得不转而采取紧缩措施。

与北欧极为不同,在 80 年代初期,大部分欧洲地中海沿岸国家由改革派社会主义者掌权。是改革派社会主义者而非欧洲共产主义者,接下了协调社会改革与民主制度的任务,填补蹒跚的保守派政权以及 30 年代最后一批威权主义堡垒崩塌后形成的空白。然而,掌权之后的改革派社会主义者已经转型,他们的预算平衡与国库紧缩措施与温和右派的政策几乎毫无二致。

22.3 经济衰退时的欧洲共同体

事实已经证明,协调停滞或逐渐萎缩的经济,比协调成长中的经济更加困难。1973 年开始浮现的经济危机,让繁荣时期试图遮掩的欧洲共同体内部的利益差别浮出水面。

石油危机的第一个影响是让人们了解欧洲联盟有多么脆弱。1973 年 10 月,当石油输出国组织的阿拉伯成员国联合抵制,完全不销售石油给欧洲共同体的成员国荷兰时,欧洲共同体的其他成员国非常谨慎地采取行动,务使自己不致因为帮助荷兰人,而危及本国的石油供应。虽然欧洲共同体接着以开放与阿拉伯联盟的谈话,作为首要的共同外交政策行动,但欧洲共同体始终无法形成单一的能源政策,或在能源议题上采取一致的行动。

经济紧缩很快就助长了贸易保护主义,各国的贸易保护主义不单只是针对外部世界,而且也针对欧洲共同体内部。欧洲共同体内部最严重的冲突,也是造成法国与意大利决裂的原因,是农产品的议题。法国政府在1978年时停止从意大利进口酒类,欧洲共同体同声谴责法国的此项作法。不过即使法国政府与欧洲共同体保持一致的立场,法国栽种葡萄兼葡萄酒酿造商还是会亲自干预这些事情。他们在法国南部伏击意大利人运酒的卡车,倾覆或焚毁那些运酒的卡车,还用同样的手法对待西班牙的水果与蔬菜运输船。这种情况显示,对法国人来说,要接受西班牙加入欧洲共同体是一件多么困难的事。

由于成员国的国家经济表现参差不齐,因此对欧洲共同体来说,最困难的事就是在内部形成共同的策略。因为西德有产品输出到石油产量丰富的阿拉伯国家,所以它经济繁荣的持续时间比欧洲共同体的其他成员国长久。1979年时,西德在欧洲共同体里的重要性逐渐增加,后来西德国内的生产毛额竟然占欧洲共同体九个成员国的1/3。[①]1983年以后,当石油价格下跌且阿拉伯国家的购买力也下降之后,西德的经济才真正开始衰退。1981年之后,由于社会党领导的法国采取与众不同的经济方针,致使欧洲共同体的经济政策协调更加困难重重。

在欧洲共同体里有人提议共同重建欧洲的生产能力、支持技术革新,并且将生产力从比较差的经济领域转移出去。有些人希望能通过支持各成员国的工业,来克服失业率的问题。前一个方法是大胆地将欧洲共同体的功能扩张到工业规划、投资的重新部署,以及不考虑个别国家利益就进行重大的结构性改革。这意味着某些地区的失业率将会恶化,而拥有先进技术的国家将会受益。为此,大部分的人轻易地选择了第二种方法,亦即尝试挽救各个成员国的就业率。

钢铁业和农业问题最严重。在80年代初期,欧洲共同体里还维持运转的钢铁厂,生产力只有55%。欧洲共同体破例允许组成整个欧洲共同体的"危机卡特尔"(crisis cartel)——欧洲钢铁联盟,试图(但是失败了)说服各国公司降低他们的生产量,并且根据全欧钢铁计划使生产合理化。欧洲钢铁联盟没有强制执行的有效措施,所以各国加紧补助本国的炼钢企业,并且使用欧洲共同体的世界市场销售津贴。因此当美国的炼钢行业数千名解雇了许多工人,接受补助的欧洲钢铁一度出口到美国。1982年春天,来自美国公司与工会的压力,促使美国商业部进行调查,结果发现欧洲钢铁企业对产品的出口有所补助,于是便根据1974年的《贸易法》(*Trade Act*),征收欧洲钢铁产品的进口税,并且规定欧洲钢铁产品的进口限额。

农业的情况使欧洲共同体更加动弹不得。虽然像法国这样的主要农业国,是欧洲共同体高额的农产品津贴的最大受益者,但是英国和德国却发觉自己为此而必须付出更高的粮

---

① Albert Bressand,"The New European Economies",*Daedalus* (Winter 1979),p.66.

食价格。此时，由于英国坚称她资助欧洲共同体预算的经费太高，让问题变得更加复杂。1983 年和 1984 年,撒切尔夫人曾经设法阻挡任何欧洲共同体的进一步贸易,直到她的不平沉淀下来为止。1984 年春天,欧洲共同体才确实采取第一个调低粮食价格津贴的举措。欧洲共同体削减 1%的牛奶津贴的决定,在诺曼底等乳制品产区激起公愤。显然要重新分配紧缩的津贴,比调整增加的津贴更加困难。

当然,没有人建议解散欧洲共同体。欧洲共同体的制度持续运转。在 1979 年以后,欧洲议会依然由人民直接投票选举产生。某些高科技领域,如空间研究和粒子物理学,也由欧洲共同体统筹管理。此外,与美国和日本的经济竞争,也有助于迫使欧洲制造商达成工业上的协议,例如由沃尔沃公司与雪铁龙—标致公司共同生产汽车。即使会招致外界指责欧洲共同体对大公司情有独钟,大部分成员国都鼓励“出类拔萃的本土公司”,例如西门子公司、ICI 公司或者飞利浦公司等有能力与美国跨国公司竞争的大型企业的发展。

不过艾伦公司(Élan)的超国家方向发展并不顺利。欧洲共同体似乎已经变成负责解决各成员国之间纷争的机构，而非负责处理经济萧条或 1979 年之后缓和局势倾向衰退的共同组织。

22.4 智识与精神的确定性受到挑战

许多在战后西欧知识分子之间曾经盛行一时的正统说法,在 70 年代以后开始褪色。其中马克思主义最是信誉扫地。冷战曾经使马克思主义牢牢地掌控欧洲大陆的知识分子(英国与西德有很多人例外)。不论东欧集团看起来如何残酷,很多西欧的知识分子依然拒绝向美国的唯物主义、种族歧视、粗俗的大众文化,与侵略性的扩张主义(expansionism)看齐。缓和时期软化了这种极端的现象,1974 年出版的索尔仁尼琴的《古拉格群岛》,将很多战后西欧的知识分子试图忽略发生在苏联集团里的弊端的意愿一扫而空。[1]因 1956 年的匈牙利事件或 1968 年的捷克斯洛伐克事件而疏远苏联的“左派”知识分子们,如今公开抨击苏联并非是社会主义的最终形式,而是社会主义的畸形。如果没有转向右翼的话,他们如今也改而提倡自主的“西方马克思主义”(Western Marxism)。[2]

不过苏联给人带来的负面印象,并不是马克思主义在西欧所遭遇的唯一问题。在“后工业化”的社会里,曾经是有组织工人运动中坚分子的工厂技术工人已经减少;相对地,白领阶层的员工则日渐增加。工人不再是社会问题的核心焦点。西欧有些地方工会的会员人数不断衰减,如法国(占工薪阶层的 15%到 20%,是 20 世纪工会会员比例最低的时期)与西班

---

[1] Tony Judt, *Past Imperfect: French Intellectuals, 1944—1956* (Berkeley, Calif., 1992),是对知识分子拒绝承认苏联事实的严重控诉。

[2] Perry Anderson, *Considerations on Western Marxism* (London, 1976),虽然批评西方马克思主义具有学院风气,与真正的斗争相差甚远,但是他也认为苏联共产主义确实不适用于西方社会。

牙(占10%以下)。[①]

由于认为马克思主义的经济和社会解放运动日程表并不适当,以致在70年代以后,欧洲最著名的知识分子都选择了“语言学转向”。[②]他们探索意义之下的思想和语言结构。法国人类学家列维—施特劳斯证明语言源自于深层的文化结构。[③]巴尔特(Roland Barthes,1915—1980年)在一系列有趣的文章中,进一步地阐述结构主义(structuralism),揭示出在从广告到衣着的各种交流中人类的意义建构。更颠覆传统的是法国的“后结构主义者”(post-structuralist)德里达(Jacques Derrida,1930年)。他开始将所有交流形式,不论是口语的还是其他,都视为完整的社会建构。他和他的追随者对能指与所指之间,文本、潜台词以及互涉文本的意义进行了“解构”(deconstruction),以致交流的可能性变得非常可疑。

福柯(Michel Foucault,1926—1984)以特别具有独创性的方式,将解构应用于历史学中。福柯在传统的历史学家认为是线性进步之处,寻找破裂之点:举例来说,人们开始监禁精神错乱者,就说明人类对精神疾病的深层理解发生了变化。[④]虽然不是总能够解释为什么会出现这样的变化,但是他极专注于作为人类支配工具的语言的力量。他坚称那些能够控制语言、象征与意义的人,也可以控制人类的理解力。他断言知识就是力量,而社会行为——甚至是性别认同——是由社会建构的。这使某些人着迷,同时也激怒了另一些人。

战后第二代中最重要的德国社会思想家哈贝马斯(Jürgen Habermas,1929年),让法国的后结构主义观点看起来似乎很狭隘。他的工作简直就是寻找关于人类社会历史进化的无所不包的理论。他发现了马克思的不足,但是他在采取“社会转向”的同时,也采取“语言学转向”。[⑤]承接法兰克福学派(Frankfurt School)在希特勒时代之前就开始的对马克思主义的拓展,哈贝马斯将人类的活动划分为二类:不仅有劳动——马克思认为是一切事情的基础,还有沟通。因此,虽然哈贝马斯也研究语言和意义,但却不愿意忽略塑造语言和意义的社会压力和利益。我们不可能只用一小段文字就精确地描述哈贝马斯丰富的成就,但是可以以他所在意的一个重点为例:私人空间和公共空间之间更迭变动的界线。观察70年代欧洲资本主义所面对的沉重负担,哈贝马斯(曾经于1968年积极参与在德国大学里所发生的动荡)相信,资本主义对公共财富的中饱私囊,只有在操纵如大学及媒体这类公共空间之后才有可能。

虽然后结构主义者与哈贝马斯对知识分子具有巨大的影响力(美国大学受德里达的影响比欧洲大学大),但是他们那艰涩的文字远超过一般读者所能理解的程度。一般的欧洲人,尤其是年轻人更多受到美国电影、衣着与流行音乐的影响。这种现象让他们的很多前辈

---

① Guido baglioni and Colin Crouch, eds., *European Industrial Relations* (London, 1990), pp.106, 265.

② John E. Toews, Intellectual History after the Linguistic Turn, *American Historical Review* 92:4 (October 1987).

③ 参阅第19章。

④ Michel Foucault, *Madness and Civilization: A History of Insanity in the Age of Reason* (New York, 1965).

⑤ Thomas McCarthy, *The Cultural Theory of Jürgen Habermas* (Cambridge, Mass, 1978), pp.22, 91.

感到绝望,并且促使某些欧洲投资人的商业模仿。历经初期种种的艰难险阻之后,由美法合资建于巴黎近郊的迪士尼乐园于 1992 年开幕,将美国肖像显着地刻印在法国的背景之上。某位高年级的大学生,在回答"文艺复兴时期的伟大雕刻家"的试题时,写下"米奇朗基诺"(Mickey l'Angelo)这个答案。

1978 年以后的天主教教会,由自 1523 年以来首任非意大利籍的教皇约翰·保罗二世(John Paul II)领导。约翰·保罗二世,即原来的克拉科夫卡罗尔主教沃伊蒂瓦(Wojtyla)。这位新任的罗马教皇支持团结工会对抗波兰的马克思主义政权,展现出坚强的意志。他成为史上旅行最多的教皇,吸引了五大洲数以百万计的信徒。他是第一位踏足伊斯兰国家的教皇,也是第一位进入犹太教堂的教皇。但是他那毫不含糊的明确信息,未必总是那些夹道欢迎他的人所愿意听见的。虽然他借着对反犹太主义以及对毫无节制的资本主义和马克思主义的指责表达出对时代进步的满意,但是他却坚决反对所有形式的节育与堕胎,以及任命女性担任圣职。他开除拥护"解放神学"(liberation theology)以及反对其家庭主张的教师和神父。约翰·保罗二世在欧洲以外地区的影响力,可能更甚于他在欧洲内部的影响力。虽然他以铁腕掌控上层神职人员,但是天主教教徒却和新教徒一样,不知不觉地陷入冷淡宗教的境地。即使是先前对天主教极为火热的西班牙,在 35 岁以下的人口中,一个月至少参加一次弥撒的人也不到 1/4。[①]

一个时代的终结:稳健与降低期待

80 年代末期的西欧已能控制通货膨胀,并且恢复适度的经济增长率——每年 2%到 3%,而不再是如战后那段繁荣岁月般的 5%到 6%。但欧洲人也降低了他们的期待。在混合制经济中,凯恩斯学派的策略可以保证创造永久的充分就业,对此曾有的信心消失了。事实上,欧洲仍然必须在亚洲与美国强烈的竞争条件之下,应对福利政策的问题。如果要持续进入世界市场并且使欧洲更加联合统一,就必须保持稳定的汇率与低通货膨胀,因此这两者的优先级高于充分就业的问题。西欧政府,包括名义上是社会主义的西欧政府,都默许让失业变成一种永远存在的社会隐疾,他们所能做的只是缓和失业的症状,而不是治疗。随着共产主义政党的衰弱,以及社会主义政党接受这一新的优先顺序,战后充分就业的目标在政府的社会议题中已经悄悄的消失。

从某层面的意义来看,70 年代是西欧真正的转折点。1973 到 1979 年因石油危机而爆发的经济衰退,不单只是一个暂时性的循环。50 年代初期,消费商品的制造曾经使人们拥有经济永无止境成长的美梦,然而现在美梦已经不再。福利政策与自由贸易——战后西欧的经济繁荣的两根支柱——可以共存吗?在面对国际竞争时,西欧的"福利资本主义"可行吗?欧洲的知识分子和艺术家依然在世界其他地区拥有话语权威吗?他们的文化认同可以经得

---

① John Hooper, *The New Spaniards* (London, 1995), p.133.

起美国的流行文化与第三世界移民的强烈冲击吗?

整体来说,1973 年之后,西欧人不再倾听极端主义者的意见,他们适应了降低的期待与再起的疑虑。他们反抗新右翼的诉求,并且对替代性的共产主义失去兴趣。他们深深记得极右翼与极“左派”带给父母那一代人的痛苦经历;当然,他们所面对的挑战比较没有那么剧烈。70 年代初期激进的抗争,已经让他们精疲力竭。而到了 80 年代末期,大部分的西欧人蹒跚地适应了后工业化社会,依然承诺坚守政治民主制度,愿意为限制社会福利不可避免的缩水而支付税金,并且打开通往世界贸易的道路。

人们可以想象欧洲再次复苏的情况。在亲欧洲的领袖法国总理密特朗和西德总理科尔的领导下,欧洲共同体在 1986 年的《单一欧洲法案》(*Single European Act*)中,决定在 1992 年年底废除商品、人口与服务在欧洲本土自由移动的最后障碍。同样是在 1986 年,欧洲共同体、个别西欧国家与美国及日本着手进行由关贸总协定发起的自由贸易谈判——“乌拉圭回合”(Uruguay Round)。1989 年时,西欧依然是世界上最大的贸易集团,并尝试再次采取一致行动。尽管范围已经缩小,但是西欧那自 1973 年以来已经饱受挑战与修正的、与众不同的福利与混合经济模式,仍然持续存在。

23–1　公开化(openness)政策的化身，面带笑容的戈尔巴乔夫与他的夫人赖莎(Raisa)，于纽约联合国以苏联领袖的殊荣参加欢迎会(1988 年 12 月)。

第23章

1989年的革命及以后

1989年震惊全世界的事件是苏联共产主义制度的瓦解,以及苏联的东欧卫星国摆脱其控制恢复自由。接着竟然发生更不可思议的奇迹,共产党于1990年失去在苏联一党专政的权力。1991年时,苏联分裂成15个独立的共和国,已不复存在。发生在中欧与东欧的“1989年革命”以及革命的余波,使欧洲的政权和国界发生自第一次与第二次世界大战以来最彻底的变化。不过,与其他早期因战争所造成的转型不同,1989年的革命及余波大部分是和平的。欢欣鼓舞的人们满怀民族独立、政治民主与生活富裕的希望,回忆起1848年的“人民之春”,忘怀20世纪已经习以为常的冲突。

23.1 戈尔巴乔夫的实验：1985 至 1991 年

东欧的共产主义之所以能够和平瓦解，主要起因于苏联当局不愿意或者没有能力干预。苏联已经失去对自身统治体系的掌控力。正如我们在第二十一章中曾经讨论过的，经济不景气、环境污染、公共卫生衰退与公民失去对政权的信赖，已经在苏联国内造成勃列日涅夫无法应付的严重问题。在戈尔巴乔夫上台执政之后一年，1986 年的 4 月 26 日，一家位于乌克兰切尔诺贝利（Chernobyl）的核电站突然爆炸，造成 31 人死亡的惨剧，约有 30 万人被迫放弃他们已被辐射污染的家园，更有数百万人的生活受到影响。苏联的经济、生态与管理，都无法达到处理国家紧急状况的水平。

尽管付出了 10 年的努力（1979—1989 年）与庞大的伤亡，苏联军队仍然无法强加给阿富汗一个傀儡政府。这也激起苏联国内的反对声浪。虽然只有少数英勇的苏联异议人士，曾经抗议苏联在 1968 年 8 月对"捷克斯洛伐克之春"的镇压行动；但是不满情绪如今已经蔓延在曾经参与阿富汗战争的苏联退役军人以及那些痛失亲人的妻子与母亲之间。

新就任的党书记着手进行大胆的改革，以应付重重困难。年仅 54 岁的戈尔巴乔夫上台，代表了新生代已经取得政权。戈尔巴乔夫是一位成功的集体农场管理员之子。在大学时代，他不但是一位法律系的学生，也是业余演员。1956 年赫鲁晓夫所发表反斯大林演说，对当时只是个年轻党干事的戈尔巴乔夫影响颇巨。成为苏联南部的地方官员之后，戈尔巴乔夫以克格勃首长安德罗波夫门生的身份，进入领导阶层。安德罗波夫在 1982 年到 1984 年间曾经担任总书记，试图由上层阶级来带动下层阶级的效率。但是，让戈尔巴乔夫胜过其他改革者取得政权的原因，是他那直率的个性。在历经多年呆板的宣传之后，他那坦率的个性对苏联人民来说，无疑是一阵清新的微风。他既不像勃列日涅夫般死气沉沉，也不像斯大林般暴力狂热，务实自信的戈尔巴乔夫宣布以"公开性"（glasnost）及"新思维"（perestroika）的新政策，来应对苏联的衰落。

"公开性"意指不以惯用的秘密手法来处理切尔诺贝利事件，让政治异议分子如萨哈罗夫与叶莲娜（Elena Bonner）重获自由，并且容许更开放的政治辩论。如同戈尔巴乔夫在十月革命七十周年纪念上所发表的一场使人吃惊的演说中所承诺的，"公开性"也意味着填补苏联公民在认识自己历史时的"空白"。自此之后，苏联公开承认应为 1940 年卡廷森林数千名波兰军官的大屠杀负责；"发现"了一份长期以来都被否认的《纳粹—苏维埃条约》，其中认可了斯大林在东欧侵占的领土；并为数千名斯大林时代的受害者平反。提倡渐进性的农业集体化，而于1937年的短暂审判之后即被斯大林处死的布哈林，[①]成为了戈尔巴乔夫弹性的“社会主义可能性”的模范。布哈林的年轻寡妇拉琳娜(Anna Larina)终于从她“受人排斥的”长年梦魇中醒来并跻身名流之列[②]，无疑是一幅80年代晚期的希望的缩影。

“新思维”意味着容许多位候选人参与选举，将某些经济决策的权力下放到基层，并且允许少数农场和小企业以合作社的方式经营。1989年5月召开的新人民代表大会(Congress of Peoples' Deputies)，是自列宁于1918年1月解散制宪大会以来，俄国第一个由多位候选人中选出代表的会议。1990年3月的宪法修正案，让人民代表握有实权，并且废除共产党垄断政治代表权的作法。昔日党书记的职位曾经是权力之关键；现在，戈尔巴乔夫则创造了一个新的行政职务——苏联总统；他于1990年3月，由代表大会选举为苏联总统。

但是戈尔巴乔夫既不是一位民主主义者，也不是一位经济自由主义者。他的希望是使苏联体系再度恢复生气，而不是破坏它。他想要把苏联消极的臣民改造成认真负责的公民。他认为让人民拥有更全面的信息以及部分选举权就足够了。他期待由共产党来引导这些改革。然而，他的第一项改革就动摇了原有的政治与经济掌控力，并且引发远超过这位总统所希望的如大雪崩般的实验与改造。目前，因为他的勇敢以及缺乏替代者，所以他暂时还能有一些喘息的空间。

至于外交政策，正如他的前辈们曾于1956年及1968年时做过的一样，戈尔巴乔夫大胆地放弃军备竞赛，并且减少派遣前往支持东欧卫星国的军队，以裁减庞大的物资及政治支出。但是，新苏联的不干涉政策(hands-off policy)只是渐渐地明朗化。80年代晚期，因为双方都不想激起苏联的军事干预，所以波兰的地下组织团结工会与雅鲁泽尔斯基将军的军事独裁政府，小心翼翼地彼此牵制。1987年4月访问布拉格时，戈尔巴乔夫曾经力主自由化；但是直到1989年10月7日为了纪念德意志民主共和国建国四十周年而到东德进行国事访问时，戈尔巴乔夫才明确地废止了勃列日涅夫的政策，他提醒昂纳克不要指望苏联军队的援助。因此卫星国政权只有两个选择：满足国内那些焦躁不安的群众，或者与军队站在同一阵线。

1989年时因为逐渐察觉到卫星国的脆弱，使得东欧的人民决定冒险测试他们主人的决心。他们一个接一个，加快脚步跟着已经传播开来的榜样举行示威活动，东欧的共产党统治者不但对于镇压大规模的示威运动深感犹豫，也发现自己根本无能为力。因为戈尔巴乔夫让事情以比较和平的方式发生，也因为他加速了裁军的步伐并且放下了冷战的仇恨，所以他于1990年10月获得了诺贝尔和平奖。

倒塌的多米诺骨牌：1989年的东欧

1989年年初，虽然共产党在苏联与东欧卫星国的权威已经受到动摇，但是他们却认为

---

① 参阅第8章、第10章、第13章与第15章。

② 参阅 Anna Larina, *This I Cannot Forget: The Memoirs of Nikolai Bukharin's Widow*(New York, 1993).

惰性与武力可以让他们始终保持现状。大部分的卫星国公民，最多盼望能够多少取得戈尔巴乔夫允诺提供给苏联人民的“公开性”与“新思维”。1989 年，苏联的卫星国在没有发射一颗子弹（罗马尼亚例外）的情况下彻底垮台，让世界震惊不已。

现在我们知道在这次山崩中掉落的第一块大石，是波兰的军事独裁政府在 1989 年 1 月决定接受与团结工会——不合法的工人运动——对话。雅鲁泽尔斯基在 1981 年到 1983 年所颁发的戒严令并没有发挥效果。团结工会始终秘密存在，而为了抗议节节高升的粮食价格而举行的罢工和游行活动也极为普遍。1989 年春天的“圆桌”会谈，让团结工会有权派出候选人参选 7 月 4 日举行的参议院选举，与 1/3 的下议院席位选举。这是波兰自 1939 年以来第一次的自由选举，也是自 1948 年以来东欧各地的第一次自由选举。除了 1 个席位之外，团结工会赢得所有向民众选举开放的席位。无法或者不愿意恢复戒严令的雅鲁泽尔斯基做出让步，任命天主教编辑、团结工会的激进分子马佐维兹基（Tadeusz Mazowiecki，担任总理之职（团结工会的领袖瓦文萨必须等待他个人的胜利）。因为担心激起苏联的干预，所以团结工会接下来也支持雅鲁泽尔斯基再度参选总统，并暂时维持华约的政治与军事架构原封不动。

23–2　1989 年 11 月 11 日，一位示威民众猛击柏林墙，而东德边界的卫兵则在一边冷眼旁观。

波兰的共产党一党政府会第一个垮台不足为奇，因为东欧其他各国中并没有足以媲美团结工会的异议分子运动，团结工会深深扎根于工人运动与天主教会之中。匈牙利成为下一块倾倒的骨牌。共产党政府长久以来一直尝试实验混合经济制度，而且国内改革派共产主义者甚至在 1988 年 5 月时，和多个政党与工会一起赶走已经担任了三十二年党书记的卡达尔。1989 年 6 月，匈牙利的新领袖为

23–3 瓦茨拉夫·哈韦尔(不久后当选原捷克斯洛伐克总统)和亚历山大·杜布切克(1968 年“布拉格之春”运动的领导者)在得知共产党政权垮台的消息后庆祝。1989 年 11 月。

纳吉的遗体及 1956 年起义的其他领袖举行国葬,并且向“社会主义多元论”迈进。

一党专政的匈牙利共产党政权的瓦解,紧接着将压力带给在德意志民主共和国内主张采取强硬路线的昂纳克政权。5 月,当匈牙利人剪断隔离他们与奥地利的铁丝网障碍,并且在 9 月 10 日开放边境——“铁幕”出现第一个缺口——时,受到西德电视上的繁荣景象诱惑的东德人民,如山洪爆发般地涌入匈牙利。他们先在匈牙利“休假”,然后转向西欧各地。10 月 16 日,跃跃欲试的人群占据了东德工业城莱比锡的街道,并且勇敢地面对昂纳克的选择——使用武力还是丧失控制。那一晚,东德远离 1953 年 6 月 17 日在东柏林发生的血腥镇压。昂纳克的下属对戈尔巴乔夫的认可有信心,他们否决使用武力,并且在 10 月 18 日时解除了年迈的昂纳克的职务。情急之下企图以移民外国合法化来终止非法出境的东德当局,在 11 月 9 日开启了柏林墙的大门。结果是有 400 万东德人民快乐地涌入西柏林,但是大部分的人都只有几小时的时间可以庆祝以及逛街。有一位英国观察家说道,这是“世界史上最伟大的街头派对”。[①]东德显然不知不觉地陷入失控之中。

脱离一党专政的运动现在气势如虹。保加利亚共产党在 11 月 10 日时,试图换掉在位 35 年的保加利亚专制统治者日夫科夫,而让外交部长,也就是比较年轻比较愿意改革的姆拉德诺夫(Petur Mladenov)上台堵住这股潮流。在捷克斯洛伐克,成千上万名的学生和民众,于 11 月 17 日在布拉格的街道游行示威。当捷克的电视播放警察殴打民众的镜头时,越来越多的民众聚集起来,超过了可以控制的规模。公民论坛(Civic Forum)——由持异议的剧作家哈维尔(Václav Havel)及其他七七宪章公民自由权运动的领袖所领导的新政治运动,在布拉格一家前卫派剧院“幻灯”(Magic Lantern)里,组成一个实际上的平行政府。因为了解

① Timothy Garton Ash, *The Magic Lantern: The Revolution of '89 Witnessed in Warsaw, Budapest, Berlin and Prague* (New York, 1990), p.62.

只有武力才能维持他们的政权,但是武力目前力量微弱,政府在 11 月底邀请公民论坛加入政治联盟。到了 12 月底,哈维尔当选总统,而 1968 年捷克之春的老兵杜布切克则成为议会主席。因为布拉格的政权转移非常平稳,所以捷克斯洛伐克的解放运动被称为“天鹅绒革命”(the velvet revolution)。

只有罗马尼亚的解放历程受到了暴力的玷污。恐怖的独裁者齐奥塞斯库在他顽固妻子的怂恿下,命令秘密警察向示威游行的民众开枪。12 月 17 日,他们在蒂米索拉(Timisoara)与其他城市屠杀了 4000 名抗议者,激起人民的强烈反感,军队撤回了他们对齐奥塞斯库的支持。12 月 21 日,群众接续学生的抗议之声,在布加勒斯特举行公开集会。此时,齐奥塞斯库一家开始企图逃亡。齐奥塞斯库夫妇在接受军事审判之后,于 1989 年的圣诞节被枪毙,尸首在在电视中展示。除了遵奉毛泽东主义的阿尔巴尼亚以外,在短短的六个月里,苏联的各个东欧卫星国都废除了一党专制的共产党统治,阿尔巴尼亚一直到 1990 年的秋天为止,始终与世隔绝地过着近乎中世纪时代的落后生活。

德国重新统一,冷战结束

苏联迅猛的改变以及卫星国的解散,放松了冷战时人们紧咬不放的欧洲国界,甚至第二次世界大战的最后一抹痕迹也被拭去。

首要问题是迅速高涨的赞成德国重新统一的浪潮。最开始,1989 年 10 月在德国掌权的共产主义改革者,希望能为他们的国家筹划一个独特的社会主义,以及具有中立色彩的未来,那是介于共产主义一党政权与放纵的资本主义之间的“第三路线”。但是在 11 月取得主动权的西德总理科尔心中,盘算的却是一个实际合并东德与西德的十点计划,他希望能利用让东德人可以用 1:1 的交换率把自己的养老金和存款换成西德马克的诱惑,吸收东德。东德人压倒性地选择与西德合并,在 1990 年 3 月 18 日的议会选举中,他们把将近 50%的选票都投给了基督教民主党的候选人。

苏联对以西德完全并吞东德(以及北约的扩张)的方式完成德国重新统一的反对被希望收买了。除了提供经济援助并且同意禁止继续新德国拥有“ABC”武器——原子武器、生物武器与化学武器——之外,38 万名驻扎在东德境内的苏联军队被许可分阶段逐渐撤军。然后,1945 年的四大战胜国准备坐下来与两个德国召开“2+4”会议(从 1990 年 5 月到 9 月),以便正式声明放弃他们在德国的军事占领权。1990 年 7 月 1 日,西德的德国马克变成整个德国通用的货币,而根据西德的宪法,两个德国于 10 月 3 日合并成一个单一国家。当最后一支苏联军队于 1994 年 8 月 31 日离开东德领土时,几天之后,柏林市内最后一批象征性占领的美国、英国与法国军队也离开德国领土,于是最后一抹战后德国曾被占领的明显痕迹也消失无踪。

由于放松军备竞赛更为重要,因此戈尔巴乔夫在几乎完全接受西方条件的情况下,接受德国重新统一。因为无法继续维持勃列日涅夫的导弹计划,戈尔巴乔夫只得接受里根的

23-4 1989 年的圣诞节，被废黜的罗马尼亚总统齐奥塞斯库与他的夫人艾琳娜（Elena）接受审判时的电视画面。当日稍后，这对夫妇就被罗马尼亚的军队枪毙。

“零选择”（zero option）提案，并且在 1987 年 12 月的华盛顿峰会中，同意完全撤除地面发射式中程导弹。裁军僵局被打破，两大超级强国进一步展开常规武器裁减的谈判，而常规武器是苏联长久以来的优势所在。戈尔巴乔夫渴望降低军事费用。1990 年 11 月在巴黎举行的联欢会里，苏联、美国与 20 个欧洲国家的代表签署一项协议，同意大幅削减欧洲的常规武器，并且承认欧洲的国境应该维持原貌。虽然不曾签订可以标示第二次世界大战结束的正式和平协议，但是 1990 年 11 月的《巴黎协议》（*Paris Accord*）却为人们合上了第二次世界大战这本书。

然后拆除双方那些世界末日的机器——洲际弹道导弹军械库，开始成为可能。布什总统与戈尔巴乔夫于 1991 年 7 月 31 日（第一阶段战略武器限制公约）同意裁减洲际弹道导弹的数量，苏联维持 800 枚共计约 5000 多颗弹头的洲际弹道导弹，而美国则维持约 250 枚共计 3500 颗弹头的洲际弹道导弹，以求双方得以势均力敌。华约已经在 1991 年 7 月 1 日正式停止动作。1991 年 9 月 27 日，布什总统取消自 1957 年开始实施的美国 B-52 型轰炸机与 B-1 型轰炸机的 24 小时地面警戒状态，并且宣布单方面裁减约 2400 枚核武器。戈尔巴乔夫总统则以类似的撤退行动表示回报。第二阶段战略武器限制公约于 1993 年展开谈判，企图更进一步裁减双方的导弹数量。这是 40 年来苏联与美国军队首次不再摆出向对方立即展开核攻击的架势。冷战结束了。

苏联的垮台

在卫星国出人意料地解放之后，随之而来的是令人难以想象的苏联本身的瓦解。几年前的苏联还是个让世人感到心惊胆颤的超级强国，乐观主义者还曾经预言，接受高水平训练的新生代技术专家将会要求较多的个人自由与消费商品，因此苏联的专制政权可能会走向温和主义。只有空想家才会预期这个冷战世界里的两大霸权之一，会如此平静地消弭于无形。无论如何，苏联确实在 1991 年 12 月时从世界上消失。取而代之的是 1 个俄罗斯联邦，以及环绕其周围的 14 个苏联以前曾经统治过，而现在好不容易才独立的国家，后者涵盖从波罗的海诸国到中亚的突厥民族。

由于在新的经济制度能够接手运作之前，旧的经济制度就已经瓦解，因此戈尔巴乔夫在第一次自由化时的兴奋已经消失，代之而起的是焦虑与愤怒。麻烦之一是，总统无法下定决心展开十二项经济改革，并且取消一些不适当的措施。此时制造业已经拥有些许自由，他们将注意力集中在报酬率最高的商品，因而导致某些必需品渐渐匮乏。1991 年时，净收入下降 17%，比美国在经济大萧条时期中任何一年的下降幅度还高。

经济的混乱与政局的不稳定，促使地区民族主义兴起。其中以波罗的海诸国的民族主义者势力最为强大。在《纳粹—苏维埃条约》签订 50 周年纪念时，据估计约有 200 万的拉脱维亚人、立陶宛人与爱沙尼亚人沿着他们的国境组成一道人墙。立陶宛于 1990 年 3 月宣布独立（至少是原则上独立），紧接着其他各国也在 5 月纷纷宣布独立。波罗的海诸国都开始制定具体明确的措施，反对苏联任命的俄籍管理精英与军事精英。

但是波罗的海诸国并不是唯一主张脱离共产主义的国家。有几个在 1918 年到 1920 年时曾经短暂独立过的边境地区，也爆发了分离主义运动与内战：格鲁吉亚、阿塞拜疆、亚美尼亚。戈尔巴乔夫总统利用胡萝卜与棍棒政策希望能维持苏联的统一。一方面，他收回对波罗的海的重要供应品如石油与原料；甚至在 1989 年 4 月对格鲁吉亚，以及 1990 年 1 月对阿塞拜疆采用武力手段，在苏联军队从示威者手中重新夺回阿塞拜疆的首都巴库（Baku）时，有数百名群众丧生。与此同时，戈尔巴乔夫总统也试图劝服苏联所有的加盟共和国签署联邦条约（Union Treaties），建立一个组织较松散的联邦。在 1991 年 4 月时，已经有 9 个共和国同意签署联邦条约，但是波罗的海诸国、摩尔多瓦、亚美尼亚与格鲁吉亚依然犹豫不决。而这份条约计划在 1991 年 8 月完成认可。

戈尔巴乔夫原本只想让苏联的共产主义运转得更好。当不断加剧的改革幅度超过他所能接受的程度时，在更加恶劣的生活条件与分离主义言论的夹攻之下，这位总统失去了主动权。戈尔巴乔夫回心转意，转而支持保守派人士。他默许苏联军队与苏联国家安全委员会

23–5 1991 年 8 月 19 日，俄罗斯共和国总统鲍里斯·叶利钦（手持讲稿者）站在坦克上，向莫斯科的国会大厦前的群众发表演说。

领袖，于 1991 年 1 月时采取血腥行动，重新夺回立陶宛与拉脱维亚的控制权，在这次的血腥行动中有十三人死亡。付出了失去进步分子的支持的代价，却没能为戈尔巴乔夫赢回保守派人士的支持。

现在主动权已经落入两股更加团结的势力手中。其中一方的人马希望能迈向民主政治、私有财产与市场制度。他们是由莫斯科政党领袖叶利钦（Boris Yeltsin）所领导，叶利钦渴望与戈尔巴乔夫清算 1987 年因为他太过大胆坦白的言论，而从政治局被降级的宿怨。其他人则对旧政权拥有一丝怀旧之情。他们把苏联的垮台、日益严重的国内混乱，以及生活水平下降等问题，归咎于戈尔巴乔夫。那些怀旧的人开始计划在 1991 年 8 月发动政变，以便及时拦阻联邦条约最后的签署行动。

叶利钦手上握着几张王牌。他已经选择以俄罗斯联邦作为他的退路。在 1990 年 5 月，他就任俄罗斯总统——刚开始时是俄罗斯议会的主席，然后在 1991 年 6 月的普选中脱颖而出，当选俄罗斯联邦的总统。叶利钦因此能够以俄国史上第一位民选领袖的身份，统治苏联 2/3 最富裕的地区。[①]此外，他甚得民心（他因为坐公交车而不是搭乘豪华的公务车，而受到莫斯科居民的爱戴）、精力充沛而且大胆勇敢。1991 年 8 月，当政党与军队领袖发动他们的政变时，属于叶利钦的时代已经来临。当时戈尔巴乔夫正在南部度假。叶利钦动员足够的亲改革派军队以及莫斯科的政府当局，击败那些优柔寡断而且能力不足的阴谋策划者。大

① 戈尔巴乔夫不曾接受直接民选。他是由人民代表大会所推选出来的苏联总统。

约有 7 万名市民站在前进的坦克车上，保护莫斯科的俄罗斯国会大厦——白宫（White House）。叶利钦登上一部熄火的坦克车，宣布“俄罗斯的重生”，在人民心中烙下令人难以忘怀的英勇形象。

阴谋策划者安排了发动政变的时间，以便抢在戈尔巴乔夫签订联邦条约之前行动，并且企图恢复中央集权的苏联。他们的失败让苏联处于瓦解的状态。叶利钦解散了俄罗斯共和国（Russian Republic）中由共产党创始的苏联权力中心以示回击。这次政变也激起了脱离运动。波罗的海诸国在 9 月 6 日宣布完全独立，而心脏地区如乌克兰与白俄罗斯境内发生的运动，则以相同的方向进行。俄罗斯人开始感受到帝国对他们来说是个负担。叶利钦和他的经济顾问似乎相信，他们所规划的市场改革如果只在俄罗斯境内实行，会运作得更迅速稳固。他们接收了苏联的税金。12 月 1 日刮起致命的暴风，有 90%的乌克兰人民，包括说俄语的东部地区在内，投票支持乌克兰完全独立。

现在叶利钦认为苏联已经垮台，并且在 12 月 21 日继续进行与乌克兰和白俄罗斯领袖的协商谈判，洽商以新的独立国家联合体（Commonwealth of Independent States，CIS）来取代苏联的相关事宜。叶利钦的俄罗斯共和国负责承担苏联的国际责任与既有势力。戈尔巴乔夫在 1991 年的圣诞节辞职，将核武器密码移交给叶利钦负责。克里姆林宫上空红色铁锤与镰刀的旗帜被扯下来，升起一幅新的俄罗斯国旗——三色旗。至此，苏联在世界舞台上完全消失。

23.2 那天早晨以后

处于困境中的俄罗斯

叶利钦和俄罗斯现在面对的是曾经击垮戈尔巴乔夫与苏联的多重挑战。叶利钦的当务之急是逆转经济下滑的趋势。与戈尔巴乔夫不同，叶利钦相信私有财产与市场经济。1992 年 1 月，他年轻的财政部长盖达尔（Yegor Gaidar）对俄罗斯的经济实施了令人震惊的整治。他利用自由定价与废除补助金的方式突然开放市场。稍后在 1992 年时成为总理的盖达尔展开了庞大的私有化计划，这项私有化计划最后将 12 万 2000 家企业转换为私人企业；将 51%的企业股份拨给负责人与雇员。所有俄罗斯共和国的公民都收到价值一万卢布（约合 25 美元）的兑换券，他们可以利用这些兑换券来投资公司、卖给其他投资人或者交换共同基金的股份。1994 年 6 月底，当这些兑换券满期时，私营企业的生产量已经占俄罗斯共和国国民生产毛额的 62%，他们雇用 86%的俄罗斯工业劳动力。私营企业里有 4000 万的俄罗斯股东。[①]

但是俄罗斯的经济对市场机会的反应，不如波兰、捷克或匈牙利乐观。价格大幅上涨并

[①] Survey: Russia's Silent Revolution, *The Economist*（April 8–14, 1995）, pp.3, 5–6.

23-6 在新俄罗斯共和国里，陈列窗里满是商品，但是只有少数人有幸致富，很多曾经过着舒适生活的公民现在反而沦为穷人。

未给生产力提升带来动力，很多俄罗斯人厌恶竞争和盈利是一个问题；另一个问题是，缺乏清晰的所有权，或者避免诈欺的保护措施，导致极少有机会取得外国或国内资金来开创新公司或升级旧公司。虽然零售商与餐厅业非常繁荣，但是谋取暴利的大企业通常比较乐意将取得的资产及资金移往国外，而不是投入国内的生产力。那些大企业主包括机敏地利用储备股份与犯罪手法的“红顶商人”。据估计，在 1999 年时，有组织的犯罪大约控制了 40%的经济。垄断者以势力排挤竞争者。结果造成古德曼（Marshall Goldman）所称的“供应不景气”（supply-side depression）现象。[①]在 1992 年底，虽然没有新商品的流入，但是物价却暴升 20 倍。

1993 年时俄罗斯各地有 30%到 80%的俄罗斯人生活在贫穷线以下。在面包价格 30 年不变的国家里，这样的令人印象深刻的现象更加震憾。新穷人与新富人之间日益加大的差距，引起人民的强烈痛苦。新穷人包括薪水永远赶不上通货膨胀脚步的专业人员、工厂倒闭的受害者与领养老金生活的人，他们的处境和在莫斯科街角贩卖丈夫勋章的寡妇一样。新富人包括那些为自己成为私有工厂（愤世嫉俗的人称私有化是“霸占化”〔grabitization〕）[②]主人而倍感兴奋的人，以及有私人警卫保护、坐在豪华轿车里炫耀财富的百万富翁们。理论上

[①] Marshall Goldman, *Lost Opportunity: Why Economic Reforms in Russia Have Not Worked*(New York, 1996), p.21.

[②] 出处同上，p.138.在俄国是以 *prikhvatizatsiya* 取代 *privatizatsiya*。

23–7　忠于俄罗斯总统叶利钦的装甲部队，射击莫斯科的国会大厦。组织群众示威运动对抗叶利钦迅速倒向市场经济的国会领袖们占领了该处（摄于 1993 年 10 月 4 日）。

在共产主义之下不存在的白领阶级犯罪，与小规模的街头犯罪行动，现在却变得很普遍。因为卫生保健与社会服务制度已经崩溃，致使男性的平均寿命滑落到 58 岁。从 1992 年到 2000 年间，俄罗斯的人口实际上衰减将近 300 万人。在欠缺稳定的货币及商业法的架构下，很多企业求助于易货贸易。杯水车薪的西方投资与国际货币基金组织（IMF）的些许贷款略有帮助，但是为了符合国际货币基金组织平衡预算的标准，政府不但无法救济穷人，而且还激起人民争相指责是西方的干预使得事态更加恶化。

在 1998 年时，俄罗斯的经济似乎即将跌到谷底。当俄罗斯的经济在十年内衰退了将近 53%之后，人们预期这将是俄罗斯年生产量首度止跌回升的一年。但是在 8 月时，却因为亚洲投资突然失败所带来的副作用，再加上世界石油价格的下跌，迫使俄罗斯不得不拖欠 4000 万美元的外债，而卢布则贬值 75%。由于抽回资金引发银行倒闭，使大部分俄罗斯新中产阶级的存款和投资荡然无存。现在有越来越多的俄罗斯人认为，所有的私有财产都是邪恶的，他们将市场经济与贫困、腐败堕落、“亲资本主义”、人身不安全、国家蒙羞划上等号。虽然俄罗斯的经济终能躲过一劫——并没有发生 1921 年或 1931 年时的饥荒——但是没有任何发达国家有过如此激烈的财富蒸发经历。

叶利钦所面对的第二个挑战是,让高效而且合法的民主选举制度在俄罗斯人的生活中落地生根。这个挑战所面临的困境也与上个挑战相同,虽然俄罗斯幸运地逃过了处于独裁政治或无政府状态的灾难,但是对叶利钦的评价毁誉参半。在他担任俄罗斯总统的八年半里(1991—1999 年),几乎掌握着无限的行政权力,粗野地对待国会。1991 年 8 月,他曾站在坦克车上为挽救国会而努力,但是在 1993 年 10 月,他也一样站在坦克车上攻击国会。1990 年的国会选举占优势的是前共共产党官员,以及前国家垄断者。这些势力利用投票赞成印制新货币,以承担社会救济措施与向低效率的国家企业发放补助金等承诺,来打击叶利钦的紧缩政策。叶利钦紧随 90 年代撒切尔主义的西方的脚步,并且受到控制西方援助来源的国际货币基金组织的压力,对通货膨胀的恐惧,更甚于失业率与社会混乱。1993 年 4 月的公民投票结果显示,虽然要经历缩衣节食的痛苦,但是民众还是选择支持叶利钦和他的市场经济。叶利钦于 1993 年 9 月 21 日解散国会。被软禁在白宫(莫斯科的国会大厦)里的国会领袖们,指挥示威运动者攻击莫斯科市政府,以及政府的电视广播中心。叶利钦则派遣坦克车与白宫对抗。大约有 120 人因为国会大厦顶楼遭到射击并起火燃烧而丧生。自 1905 年以来,莫斯科的街头就不曾看见如此的暴力事件。

利用武力坚持他解散国会的权力,叶利钦在 1993 年 11 月颁布了一部新宪法,确认总统的职权,根据该部宪法,俄罗斯总统所具有的权力远超过美国与法国总统。在公民投票(投票率为 53%)里,有超过 60%的选民投票通过这部新宪法,所以叶利钦认为人民已经授权他可以依照自己的想法来管理国家。不过他并没有废除议会。紧追在后的是两个怀有敌意的政党。在 1993 年 12 月的国会选举中,新法西斯主义自由民主党(Liberal Democratic Party)的季里诺夫斯基(Vladimir Zhirinovsky)以将近 23%的得票率勇夺第一。已经分裂成数个政党的叶利钦支持者,总共只赢得了 30%的选票。在 1995 年 12 月的国会选举中,共产党擅长于隐藏真正意图的领导人久加诺夫(Gennady Zyuganov)领先群雄(21%),季里诺夫斯基则退居第二。叶利钦总统交替以胁迫及忽略的手法来应付这两个政党。直到第二届立法机关任期届满,在 1999 年 12 月的选举中,叶利钦才拥有属于自己的国会基础。就在这一段时间里,叶利钦已经在由受到优惠的企业家所资助的媒体竞选活动的协助下,于 1996 年 7 月连任第二届俄罗斯总统,他的势力已经巩固。虽然他只得到少数人民的认同,但是其他候选人的状况更糟。

虽然叶利钦总统必须要求国会认可他所提名的总理人选,但是因为他的行事作风越来越专制,所以国会其实只是他的应声虫,而且决定解散国会的也是叶利钦。任期最长的总理是切尔诺梅尔金(Viktor Chernomyrdin,1992 至 1998 年),他以前是国家天然气垄断事业的首长,现在则是庞大的私营天然气垄断企业——天然气产业公司(Gazprom)最大的股东。当叶利钦因为健康因素而行动不便(他在 1996 年时曾经接受过五次心血管搭桥手术,人们通常认为是因为饮酒过量导致他的健康受损)时,切尔诺梅尔金在新企业的精英分子之间建立了独立的权力基础。他所采取的行动显然是要阻碍新对手的进阶之路,叶利钦在 1998 年 3 月将切尔诺梅尔金免职。在接下来的八个月里，俄罗斯共历经四任总理，有时甚至是由默默无名但是具有警察或保安工作背景的年轻人担任总理，其中最短的只就任 82 天就下台了。

在叶利钦总统的专制统治时期，俄罗斯民主制度依赖批评性质的出版物、公开辩论与角逐选战等活动蹒跚而行。90 年代初期的西方观察家忧心，俄罗斯总统权威的巩固，使得两个极端的政党少有生存空间。共产党大部分是为那些已经过时而且正在消逝的人代言。极右翼带着他们的民族主义、宗教基要主义(fundamentalism)、君主主义怀旧之情、反西方主义(anti-Westernism)与反犹太主义的恶意图谋，集结于季里诺夫斯基与帕姆亚特(Pamyat)运动旁边，不过，当人们知悉季里诺夫斯基那荒唐可笑的计划(例如夺回阿拉斯加)，以及他的犹太人血统时，他的信誉尽失。俄罗斯最严重的政治问题，除了继任者可能会滥用的，几乎无可管束的总统权力之外，还有“寡头”越来越大的政治影响力。寡头指在“霸占化”过程中得胜的亿万富翁，如别列佐夫斯基(Boris Berezovsky)。他曾经在 1996 年利用其在媒体的势力帮助叶利钦再度竞选总统。

在经济复苏而且政治合法化之后，叶利钦所面对的第三项挑战是俄罗斯与外界的关系。一个先入为主的重要观念是“近邻”政策，所谓近邻是指那些曾经属于苏联的一部分，但现在则环绕在俄罗斯周围的新独立国家。叶利钦试图利用俄罗斯那高人一等的能源资源以及军事力量，使独联体拥有实质上的权力，但是俄罗斯的经济困境以及民族情感的力量，却使独联体变成一个影子般的组织。有些已经脱离的共和国拥有丰富的石油及其他战略资源，其中有三个国家——白俄罗斯、乌克兰及哈萨克斯坦——甚至拥有核武器，他们与俄罗斯争执那些核武器的所有权。有些新的共和国沦为国内民族分裂(在亚美尼亚、格鲁吉亚与阿塞拜疆曾经爆发流血内战)的受害者。有些中亚的共和国在与他们为邻的伊斯兰教国家之间摆动，态度暧昧地夹在世俗的土耳其与基要主义的伊朗之间。

既然现在有 2500 万的俄罗斯人居住在“近邻”国家，所以人们预期俄罗斯可能会对邻国施压——或者以更恶劣的方法对待邻国。1918 年到 1920 年间独立与收复的循环似乎将要重复。白俄罗斯于 1999 年签署一份条约，含糊地承诺与俄罗斯一起加入松散的邦联。格鲁吉亚认为自己必须接受俄罗斯大军压境，以回报他们协助政府对抗民族分离主义者。1994 年到 1996 年间，当叶利钦试图征服高加索山脉边境省份车臣(Chechnya)时，事件演变成血腥冲突。信奉伊斯兰教的车臣游击队员奋战不懈，这场战争在俄罗斯相当不得人心。我们似乎可以预见，未来俄罗斯的边境局势将长期充斥着紧张与冲突。

在战场之外，为了经济与财政的原因，尽管北约向东扩展，而且有很多俄罗斯人疑心西方正在使俄罗斯的问题更加恶化，但是叶利钦却不得不维持与西方的合作关系。违背很多视塞尔维亚人为斯拉夫兄弟的人民的愿望，叶利钦很不情愿地支持西方阻拦米洛舍维奇建立大塞尔维亚的计划，相关内容我们将在下文讨论。

随着千禧年的结束，时时感到身体不适的叶利钦，设法展现他最后一次的意志与胆量。在 1999 年 12 月 31 日午夜，叶利钦突然辞去总统职务，并且提名既是前任总理也是他的追

23-8 俄罗斯新总统弗拉基米尔·普京，曾是前克格勃官员，在2000年9月对日本的国事访问中展示柔道技术。

随者——普京(Vladimir Putin)担任代理总统，此时离他任期届满还有一年多的时间。叶利钦借此将他的权力转移给自己选定的继承人，普京所下的第一条政令是合法豁免了与“寡头”牵涉颇深的叶利钦和他家人。

年仅46岁的普京是前苏联克格勃的官员，如今突然成为俄罗斯联邦的领袖。但是他在车臣战争上的表现却深得民心，而且在2000年3月26日时，凭借自身的实力当选总统。他抓紧中央管理，改进财产的合法地位，并且对特别是拥有强烈独立意志的电视广播电台的“寡头”采取强硬行动。拜高石油价格与低卢布价格所赐，俄罗斯的年经济成长率为5%。即使俄罗斯的基础建设已被破坏，大部分的俄罗斯人依旧比勃列日涅夫掌权的时代还贫穷，而且对布什总统的拜访并未达到阻止北约扩张到家门口的目的；但是普京依然于2004年3月在几乎无人反对的情况下当选连任。民主制度与市场经济虽然已经磨损，但却依然活跃在俄罗斯境内。

中东欧：创建民主，创造市场

在前卫星国内，1989年的喜悦很快就为痛苦的现实所取代。已经老化腐败的结构很容易就崩塌了，但是在整个90年代，要想在一张白纸上建立新的宪政政权、公民社会、经济与价值体系，实在有着令人望而却步的困难。

最不痛苦的转变是过渡到选举民主制度。一些国际知名的领袖已经出现，例如雄辩的捷克总统哈维尔。但是在1989年时夺得政权的反对派政治联盟，在遇到与治理国家有关的困难抉择时，必然发生分裂。东欧最著名的反对领袖是团结工会的领袖瓦文萨。瓦文萨确实在1990年12月时成为波兰总理，但是自此之后团结工会很快就分裂为二。事实上，波兰有67个政党参与角逐1991年10月的国会选举，1990年3月的匈牙利选举中共有45个政党加入选战，1992年罗马尼亚的选举中，共有74个政党参选。

这些国家的共同形态之一是，1989 年的新领袖们，很快就因为他们的理想主义与经验不足而失去人民的爱戴。在失业率及物价猛涨、非决定性的选举结果、四分五裂的政党与软弱的联盟政府等种种因素的冲击下，在自由的国会选举里，立陶宛（1992 年）、波兰（1993 年 9 月）与匈牙利（1994 年春天）的选民回头支持共产党员，使他们成为国会多数派。瓦文萨在 1995 年 11 月的波兰总统大选中，败给了前共产党官员、后来转而支持民主主义的瓦斯纽斯基（Alexander Wasniewski）。但是这些波兰与匈牙利的前共产党人声明，自己已经转为支持民主制度与市场经济。他们充其量只能减缓私有化的速度，并且对经济失败者提供比较多的帮助。

另一种政治形态在巴尔干半岛比较常见：以务实的民族主义者身份不断参加选战，前共产党官员不间断的执掌政权。保加利亚、罗马尼亚、阿尔巴尼亚与南斯拉夫的加盟共和国，例如克罗地亚的图季曼（Franjo Tudjman）与塞尔维亚的米洛舍维奇都是如此。在这些国家里，经由选举认可但是以侍从主义（clientelism）与任命权为基础的总统统治是一种规范。

难度更高的任务是从国家经营的共产主义经济转换为市场经济。并无前例可以引导人们走过这段过渡时期，而且法律、制度与文化基础正在流失。短期内所产生的立即性影响是，经济活力下降了 1/3。东欧主要的买主——苏联与经济互助委员会（COMECON）不复存在，而在自由的市场条件下，东欧无法与那些巨兽般庞大的国家竞争。

中欧与东欧国家遵循不同的经济策略。波兰决定冒着风险纵身投入市场导向价格（market-driven prices）制度。1990 年 1 月 1 日废除价格控制与补助金的制度，消费者突然必须支付很多钱来购买以前由政府补助的生活必需品。高失业率与高物价让波兰人度过了两年困苦的生活，但是企业家们（波兰已经有私营产业）却已经摩拳擦掌准备要响应市场需求。商店里很快就挤满了人潮。波兰成为欧洲经济成长最快速的国家，从 1995 年到 2000 年间，波兰每年的国民生产毛额都增加 6%以上。

捷克斯洛伐克在总理克劳斯（Václav Klaus，1992—1997 年）的领导下，执行前共产主义世界内第一项大规模的私有化计划。克劳斯是一位以撒切尔夫人为榜样的经济学家。虽然波兰政府对于到底要廉价出售还是打碎国有大型企业（不论如何，它的市场占有率正在下降）感到犹豫不决；但是捷克斯洛伐克却在 1992 年时，利用发放证券的方式，将 2000 家公司转让给人民。大部分的捷克人把证券拿来交换大多是由银行组织的共同基金（因此事实上，银行已经成为大部分捷克工业的所有者）。匈牙利的经济已经是东欧最自由的经济制度，所以变化比较缓慢。匈牙利国内信誉卓著的私人产业，对外国贷款颇具吸引力，匈牙利所吸引的外商投资额，大约占该地区总外商投资额的一半；1998 年年底时，匈牙利的外商投资额已经超过 150 亿美元。而且在 90 年代晚期，匈牙利每年的外商投资额成长率也都超过5%。

其他前共产主义国家不愿意让他们的人民暴露于严重的物价与失业率飙升的状态之下。梅恰尔（Vladimir Meciar）说服捷克斯洛伐克内积怒已久的斯洛伐克人，于 1993 年 1 月 1

日脱离捷克斯洛伐克，梅恰尔以更加缓慢的步调领导斯洛伐克人朝民主制度与市场经济前进。一直到90年代晚期，罗马尼亚和保加利亚才艰难地开始建立土地与商业产权的合法性基础。1997年，因为不能确定农场的所有权，所以保加利亚产量丰富的水果与蔬菜农场依然休耕。

即使是在东欧最顽强的后社会主义经济体里，输家也与赢家争抢。这个地区大部分国家的失业率在15%左右徘徊。这在传统民主国家里已经非常艰难，在几乎从未出现过失业(至少理论上如此)的这一地区则更加令人难以忍受。在某些东欧国家里，也出现危险性颇高的通货膨胀(1994年时波兰的通货膨胀是34%)。部分是因为税收偏低，部分是因为政治家觉得必须援助国内最贫穷的人民，所以政府出现庞大的赤字。

在价值观方面，如同哈维尔所悲叹的一般，居统治地位的意识形态信誉扫地，为"每一种可想到的人类罪恶的无限耀眼的爆发"留下空间。[①]那些曾经领导人民对抗共产主义专制政治的异议分子，他们的民主主义理想主义(democratic idealism)，在未受教育的人民之中，通常会被西方丰富的物质生活与个人快乐主义的纯粹渴望所取代。从眼前的情形看来，如果民主制度与市场经济让人民所怀抱的那些希望破灭，那么更为基本的民众热情可能会取代它们的位置。1914年以前欧洲旧有的民族对立再度浮上台面，种族问题不但因为20世纪的冲突而更加严重，并且容易被走投无路而需求刺激群众的领导人所操纵。不幸的是，没有一个东欧国家境内没有少数民族，也没有一个东欧国家的各民族之间没有紧张的局势。匈牙利的总理欧尔班(Viktor Orban，1998至2002年)利用统一所有匈牙利人(其中有200多万人住在罗马尼亚的特兰西瓦尼亚，而有60万人则住在斯洛伐克)的暗示来警告邻国。而梅恰尔的斯洛伐克则歧视匈牙利人和吉普赛人。

到底应该要忘记旧统治者的罪行(如1975年起后佛朗哥时代的西班牙的作法)，还是要如第二次世界大战以后大部分获得自由的国家那样，清算及审判前共产主义领导阶层，是个很难的决定。德国人所采取的行动最极端，他们因为昂纳克与其他前东德的领导人，曾经下令警察射杀攀登柏林墙的年轻人，所以裁定他们有罪并且让他们下狱服刑。开放国家安全部的档案让很多人在发现自己的配偶或朋友竟然是个告密者时，感受到极大的痛苦。捷克斯洛伐克在1991年时通过一项"洁净"(lustration)法案，就字面上的意义来看，这项法案是将旧官员的行为暴露在阳光之下，而且不需经过司法程序的审判，在五年内，所有的旧官员都不准担任官职。或许是恶意中伤，但是当有人指控瓦文萨在1989年以前曾经是波兰秘密警察的眼线时，"洁净"可能产生和预期情况完全相反的结果。

2004年时，没有哪个旧共产主义政权转变成极端主义的政党或者严重侵犯市场经济的原则。各国的政党数目已经稳定下来。民主制度能挽救过渡到市场经济时的紧张状态的希望已经普遍建立。加入欧洲联盟(European Union)的渴望，依然是有利于人们坚持往这个方

[①] Václav Havel, *Summer Meditations* (New York, 1992), p.1.

向前进的最大力量。2004年5月1日,有十个国家已经符合加入欧洲联盟的规定,但是,正如我们所见,他们希望能够脚踏两条船。

新德国

两个德国以迅雷不及掩耳的速度重新统一,改变了欧洲的面貌。现在一个特大号的经济引擎支配着欧洲的中心。但是在德国的邻居们决定要如何作出反应之前,德国本身就必须先克服两国统一之后所需的庞大经济社会与心理成本。起先,"东佬"(Ossies)与"西佬"(Weissies)——前东德与前西德的居民——都接受科尔总理迅速合并与复兴东德的保证。东德的居民期待很快就能享有与西德居民一样的生活水平。1990年12月2日,在自1932年以来的第一次全德自由选举时,德国民众以让基督教民主党与他们的政治联盟伙伴——自由民主党(Free Democrats)取得多数胜利,来酬谢科尔。

但是,短时间内的重新统一,让东德的经济问题比其他的前卫星国更容易被激发,也更为棘手。就正面来看,西德正在为他们付账单。就负面来看,东德经济崩溃的情况远比其他国家还更彻底。"东佬"一点也不想要再开着卫星牌(Trabants)汽车,而且他们对于西方

23-9 1990年2月20日,西德总理赫尔穆特·科尔向东德埃尔福特的民众挥手致意。3月18日,在提供一个令人舒服方案、按照西德的现行体制平稳接纳东德并入的议会选举中,科尔的基民盟操作得非常好,使科尔的大多数目标得以实现。

商品的渴望是如此强烈，以致于东德生产的牛奶必须先用卡车载到西德，并且在西德重新贴上标签之后再回销到东德。科尔慷慨地让东德马克的币值与西德马克等同，于是东德的产品价格比之前飙升了四倍，因此事态更加恶化。在这些情况下，大部分东德企业已经卖不出任何产品。1990 年到 1995 年间，负责清盘的机关——信托局(Treuhandanstalt)，[①]试图销卖、关闭或重组六万多家隶属于前德意志民主共和国的公营企业。当然，有很多公司卖不出去，因而不得不停止营业。他们的工人无所事事。因此，即使是前卫星国中经济最繁荣的国家，而且是唯一一个与富裕的兄弟重逢的国家，东德在恢复到 1989 年以前的生活水平之前，依然必须走过一段大多数人民失业的时期。这是在共产主义统治下的人们前所未闻的苦难。

所以东德与西德必须在双重负担之下彼此了解。不只是因为经济衰退；而且也因为投机取巧的“西佬”接管了管理职务、教学工作与媒体，而退场的“东佬”觉得自己好像是国家里的二等公民。他们的保障、他们的身份地位，甚至是他们引以为傲的东德人的自信突然凭空消失；在 1989 年以后的三年里，前德意志民主共和国里的生育率下降了 60%，而结婚率则下降 65%。而另一方面，西德人对于必须缴纳重税以帮助不领情的东德人重建，开始心怀愤慨。在统一的过程里，东西德双方的人民都有些上当的感觉。

有三个与德国有关的热望因此受挫。首先受到阻挠的是，有些东德人对“第三条道路”所抱的希望。这一道路意指结合政治自由与他们视为前德意志民主共和国的可取之处：社会服务以及艺术家和知识分子的声望。其次，西德光彩夺目的诱惑哄骗了很多期待能够立即过着富裕日子的人。现在这些人反而要面对高失业率、失去社会保障，以及赚取的工资比西德人低的情况。最后，德国的邻居们想要知道应该如何抑制这个新兴的中欧超级强国。即便如此，德国的选民在 1994 年 10 月的选举中依然支持科尔总理的基督教民主党，使之再度成为国会多数派。科尔执掌德国 16 年，时间比希特勒还久。社会民主党终于在 1998 年 9 月的选举中，以施罗德(Gerhard Schröder)的“新中间”将其他击败。2000 年时，将首都迁回庄严的柏林市的德国，是世界上第三的经济强国。尽管如此，德国的失业率依然超过 10%，而且也还没克服重新统一以后所带来的经济、社会与心理压力。

南斯拉夫内战

中欧与东欧地区的烫手山芋是南斯拉夫。有些欧洲人和美国人认为南斯拉夫无可救药地沉浸于自古以来的敌意，不过这是一种鼓励不干涉行为的解释。虽然国内充斥着古老的敌意，但是输入拥有现代西方观念的巴尔干半岛人民脑中的是，各个民族必须拥有属于自己的同质性国家，这种观念会激起他们扼杀大塞尔维亚、大罗马尼亚、大阿尔巴尼亚等等强行加诸于巴尔干半岛人身上的人为补缀品的企图。

---

① 字面上的意义是信托部。

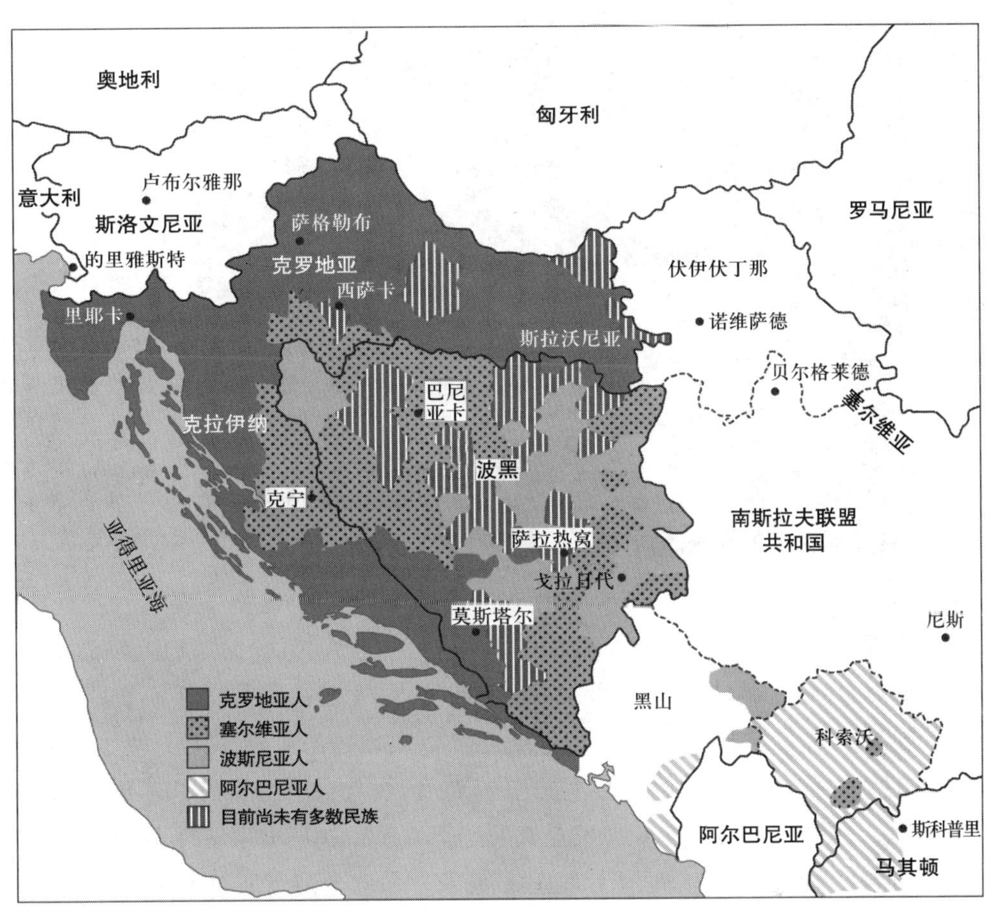

地图23–1　前南斯拉夫的冲突

当塞尔维亚总统米洛舍维奇发现在后共产主义世界里，煽动性的民族主义很有效之后不久，[①]他就开始削减国内的非塞尔维亚人的权利。1989年，他废除科索沃的阿尔巴尼亚多数民族，以及伏伊伏丁那（Vojvodina）的匈牙利少数民族先前所享有的半自治权，并且开始以塞尔维亚人取代这些民族，来担任警察与教师的职务。克罗地亚共和国与斯洛文尼亚共和国以更加顽强的分离主义来回应。1991年3月，在塞尔维亚成员与他的盟友退出总统团（Collective Presidency）之后，南联盟政府的总统团已经无法达到法定的最低人数。因为塞尔维亚的中央集权主义与斯洛文尼亚人和克罗地亚人的分离主义之间并没有妥协的余地，所以事实证明，重新协商建立比较松散的南斯拉夫联邦体制是不可能的。克罗地亚和斯洛文尼亚在1991年6月25日宣布独立。欧洲领袖们企图保留对它们的外交承认，直到这些分离的共和国在宪法中纳入对少数民族的保障为止，但是德国抢跑，并在1991年的圣诞节时给予这两个新国家外交承认——这是新德国在外交事务上首度扬威。

① 参阅第21章。

23–10 前南斯拉夫的战场：波斯尼亚首都萨拉热窝的一个足球场，如今已经变成墓地（摄于 1993 年 7 月）。

新独立的斯洛文尼亚与克罗地亚国内的塞尔维亚少数民族，在以塞尔维亚人占优势的南联盟军队（欧洲第四大军队）的支持下，拿起武器反抗。虽然南斯拉夫地区最具同质性的斯洛文尼亚有能力阻挡联邦军团。但是塞尔维亚少数民族占总人口 12%的克罗地亚，却在 1991 年 7 月时为内战所吞没。克罗地亚国内的塞尔维亚人将他们沿着东南部与波斯尼亚接壤的边境飞地，转变成“卡拉吉纳塞尔维亚共和国”（Serbian Republic of Krajina）。塞尔维亚总统米洛舍维奇承认卡拉吉纳（没有其他国家跟进），并且允许南斯拉夫军队援助卡拉吉纳的国民军。克罗地亚的民族主义者以同样的方法回敬他们。克罗地亚的内战残忍地瞄准了克罗地亚的平民百姓，包括塞尔维亚军队炮轰历史古城多布洛尼克（Dubrovnik）与弗科瓦（Vukovar）。毕竟这是 20 世纪克罗地亚与塞尔维亚之间的第四场战争。塞尔维亚人忘不了 1941 年到 1944 年间，独立的克罗地亚人——亲纳粹的乌斯塔沙（Ustasha）——对他们进行大屠杀的创痛回忆。克罗地亚人想到的则是塞尔维亚人如何长期统治南联盟。独立的克罗地亚总统图季曼（Franjo Tudjman，1991 至 1999 年），在 70 年代时曾因身为历史学教授却从事民族主义活动而入狱。现在他采用了一些乌斯塔沙的标志使得事态更加严重。

接下来，当波斯尼亚于 1992 年 3 月 1 日投票决定独立之时，战火就蔓延到波斯尼亚国内。波斯尼亚境内约占总人口 30%的塞尔维亚人拒绝接受穆斯林占大多数的国家（在奥斯曼帝国统治时期，一些斯拉夫人改信伊斯兰教）。在塞尔维亚政府与南联盟军队的协助下，波斯尼亚境内的塞尔维亚人组成国民军。因为波斯尼亚曾经是民族最复杂的共和国，也是通过民族通婚与混居而将南斯拉夫世俗的宽容的多民族国家理想几近实现的共和国；所以波斯尼亚的内战战况特别激烈。各民族都利用“种族净化”（ethnic cleansing）策略试图维持所控制地区的团结统一：[①]他们有条不紊地将“外国”民族赶出他们的国家，集体强暴他们的妇女，或者甚至为了将复杂的邻近地区转变成具同质性的地区而杀害当地居民。波斯尼亚的首都萨拉热窝——波斯尼亚的塞尔维亚人触发第一次世界大战之处——被塞尔维亚的军队所包围。塞尔维亚的炮兵从 1992 年 4 月到 1995 年 9 月，以高角度将炮弹射向挤满人群的街道。根据估计，1995 年年底，大约有 20 万人死于前南斯拉夫地区，有 300 万名难民被迫离开家园。1945 年——或者甚至 1918 年时，人们以为将永远不会再有的总体战，再度重现欧洲土地。

经常在电视上看见这些冷酷残忍的行为，使欧洲和美国的公民希望自己也能够尽一份力提供协助，改善状况。但是人们并不清楚外国军队要如何成功介入一场没有国境界线、邻国彼此攻击的战争。起初美国和欧盟都试图止息战争，并且禁止派遣军队进入波斯尼亚。但是，这项解决方案却对 1993 年和 1994 年赢得最多战争利益的塞尔维亚有利。1994 年中，他们占领了波斯尼亚一半以上的领土，以及克罗地亚 1/4 的国土。分割国界的谈判并未让任何一方感到满意，他们都希望能够拿到更多土地。

联合国在 1992 年初派出一支维护和平的军队，并且画定六个“安全区”，受到威胁的人民可以在安全区里受到保护，不致被伺机杀人越货的士兵欺侮。但是因为大部分的西方国家都不愿意让自己的军队投入这场危险且含糊不清的作战任务，所以令人遗憾地出现了人手不足的情况。1994 年，当波斯尼亚的塞尔维亚人越过联合国的戈拉日代（Gorazde）“安全区”时，美国不顾英国与法国的反对（他们参与联合国的军队易受责难），批准北约对波斯尼亚的塞尔维亚阵地，展开第一次空中攻击行动。波斯尼亚国内愤怒的塞尔维亚人则于 1995 年 5 月，挟持 350 位联合国士兵为人质，而且在 7 月越过联合国的斯雷布雷尼察（Srebrenica）安全区，屠杀七千多名在当地俘虏的男人与男孩来回敬美国的攻击。这是自第二次世界大战以来，欧洲规模最大的屠杀行动。

反塞尔维亚的军队现在得到西方国家的援助。克罗地亚人与穆斯林和解，一起对抗他们在波斯尼亚的塞尔维亚敌人，并且重新收复波斯尼亚的失土。1995 年夏天，一支克罗地亚的军队与美国和德国共谋重新武装，并且接受再训练，以彻底摧毁塞尔维亚的卡拉吉纳飞地以及斯洛文尼亚西部地区，将克罗地亚东南部与南部约 18 万塞尔维亚人赶离他们的家园。图季曼总统已经赢得属于自己的战争，而克罗地亚则变成一个颇具同质性的国家。

现在由北约从联合国与欧洲联盟的军队手中，接管在前南斯拉夫的作战行动。1995 年 9 月初，北约对波斯尼亚的塞尔维亚公共建设以及军事阵地展开大规模的空袭。此时，米洛舍维奇投机地停止支持境外的塞尔维亚人，并且与西方签订协议。他利用 1995 年 11 月在俄亥俄州戴顿市（Dayton）的莱特-佩特森（Wright-Patterson）空军基地的谈判，塑造自己是从顽抗者手中夺取不稳定的和平所不可或缺的塞尔维亚伙伴，借此保留自己在塞尔维亚的势力。《戴顿协议》（*Dayton Agreement*）强迫波斯尼亚的塞尔维亚人归还 49%的波斯尼亚领土，

---

① 使用词汇来描绘是不正确的，因为前南斯拉夫人之所以互相残杀是为了宗教和文化差异，而不是种族差异。

23-11　2000 年 10 月，贝尔格莱德的民众强迫斯洛博丹·米洛舍维奇承认沃伊斯拉夫·.科什图尼察在总统选举中获胜之后，科什图尼察向支持者致意。

并且答应让他们居住在松散的波斯尼亚联邦国家里的请求。由于在重要关头时，美国和北约派遣军队强迫执行《戴顿协议》，所以他们联合组成大塞尔维亚的抱负受挫。特别联合国国际战犯审判法庭(special UN tribunal)以战争罪起诉 7 名克罗地亚人与 57 名波斯尼亚的塞尔维亚人，但是最引人注目的几个人，包括波斯尼亚的塞尔维亚人领袖卡拉季奇(Radovan Karadzic)与军事指挥官姆拉迪奇(Ratko Mladic)将军，他们本来应该要为斯雷布雷尼察大屠杀负起直接的责任，但却受到族人的庇护。

在签订《戴顿协议》之后，前南斯拉夫这口大锅渐渐冷却下来。所有交战各方都赞同不完全的和平更胜重启战争的恐怖。不过，民族主义者的要求已经解开了科索沃的束缚。这个塞尔维亚的南部省份与宗教重镇，是 1389 年抗击穆斯林的壮丽的科索沃盆地(Kosova Polje，画眉之域〔Field of the Blackbirds〕)战役的发生地。因为人口的迁移与自然增加，此时已有 90%的居民属于信奉伊斯兰教的阿尔巴尼亚人。米洛舍维奇于 1989 年时剥夺了他们的地区自治权，1997 年以后，科索沃的阿尔巴尼亚人抛弃了比较爱好和平的领袖，并且越来越支持好战的科索沃解放军(Kosovo Liberation Army，KLA)。种种事件层出不穷，1998 年夏天，米洛舍维奇派遣塞尔维亚军队进入科索沃，肃清阿尔巴尼亚人居住的边境地区，并且阻止武器和志愿者流入科索沃解放军。塞尔维亚的士兵与志愿人员一路清空沿途的村庄，数以千计的科索沃阿尔巴尼亚人成为了难民。

1999 年 2 月，米洛舍维奇拒绝接受西方外交官的妥协方案（科索沃解放军已经接受以解除武装并且放弃独立为条件，换取地区的自治权与塞尔维亚军队的撤离），反而加速清除科索沃阿尔巴尼亚人村庄的步调。因为担忧大规模的难民潮会颠覆邻近的马其顿、阿尔巴尼亚，甚至是希腊，所以西方国家同意采取军事行动的速度，比他们决定在波斯尼亚进行军事干预的速度还快。1999 年 3 月 24 日开始，北约就对几个有限的塞尔维亚军事目标发射导弹，希望如波斯尼亚战争般逼迫米洛舍维奇投降。但是米洛舍维奇反而开始将所有的阿尔巴尼亚人赶出科索沃，并且将因此产生的难民潮归咎于西方的武力介入。因为不愿意让地面部队冒险进入变幻莫测的局势之中，所以北约企图利用空中攻击来击溃塞尔维亚军队。虽然北约试图只瞄准几个战略位置，但是塞尔维亚优秀的空中防御，却迫使他们的飞机不得不维持在 1 万 5000 英尺的高空中飞行。这场战争必然会有塞尔维亚平民牺牲，而平民的死伤正如米洛舍维奇所愿，让俄罗斯与西方国家的舆论心生不忍。因为技巧纯熟的伪装与疏散，使塞尔维亚的装甲部队免于北约的导弹攻击（为了避免被侦测到，塞尔维亚只会临时启动他们的雷达），所以北约不得不铲除塞尔维亚的民用公共设施。当发电厂与桥梁遭到破坏时，贝尔格莱德的居民在街道上跳舞，并且唱出他们对北约的藐视。不过就在 78 天 3 万 6000 枚导弹的攻击之后，以及俄罗斯拒绝提供军事援助的情况之下，米洛舍维奇同意从科索沃撤军，并且在 1999 年 6 月 9 日接受北约的维和部队进驻科索沃。虽然大部分的塞尔维亚人依然相信他们的国家是正义合理的，但是他们渐渐地承认米洛舍维奇已经毁灭了他们的故乡，并且让国家变得腐败堕落。已经四分五裂的反对团体，终于以温和稳健的民族主义法学教授科什图尼察（Vojislav Kostunica）为核心团结起来，参加 2000 年 9 月 24 日的南斯拉夫总统大选。当官方的选举委员会拒绝认可科什图尼察的胜选，并且试图举行决胜选举（run-off election）时，愤怒的群众齐集贝尔格莱德。10 月 5 日，他们猛冲并且焚烧议会以及国家电视台等建筑物。转而支持科什图尼察的警察与军队的重要领袖，于 10 月 6 日强迫米洛舍维奇让出南斯拉夫总统之位。12 月，在塞尔维亚举行的地区选举之后，米洛舍维奇的政党彻底垮台。南联盟的残余（现在仅剩塞尔维亚与愈发不安定的黑山），现在终于可以开始从 1945 年之后欧洲的第一次真实战争中恢复。2001 年 4 月，新政府以贪污贿赂及滥用职权的罪名逮捕米洛舍维奇。6 月 28 日，在西方国家的压力下，米洛舍维奇被送交在海牙的联合国前南斯拉夫法庭，以反人类罪行接受审判。

23.3 西欧对 1989 年革命的反应

欧洲联盟：深入与扩展之间

1989 年以后，人们自第二次世界大战以来首次可以想见一个真正统一的欧洲，而不是一个用围墙隔成两半的欧洲。欧洲共同体以两种或许相互矛盾的策略来面对这些新的机会:加深共同体成员国之间的团结,以及扩展共同体成员国的数量。欧洲共同体执行委员会(EC Commission)的主席德洛尔(Jacques Delors,1985 至 1995 年)——自 60 年代的哈尔斯坦(Walter Hallstein)以来,最积极主动的执行委员会主席——的第一个动机,是加强共同体成员国之间的团结。

1986 年的《欧洲单一法案》①已经大胆规划了新的日程:畅通无阻的劳工、资本与服务转移;单一欧洲货币;以及共同的外交与军事政策。当畅通无阻的劳工、资本与服务转移于 1993 年 1 月 1 日开始生效时,银行、保险公司、专业人员与工匠,就可以在整个欧洲共同体内出售他们的技艺(举例来说,虽然语言和文化障碍的问题依然存在,但是理论上欧洲的律师比美国的律师行动更加自由)。就在当天,欧洲共同体更名为欧洲联盟(European Union,EU,即欧盟)。

法国总理密特朗与德国总理科尔想要维持由 1986 年的《单一法案》所引发的势头。在他们的鼓励之下,执行委员会主席德洛尔着手准备将欧盟往前推向《单一法案》所规定的下个阶段:单一货币以及共同的国防与外交政策。但是 12 个成员国对这项行动的热情参差不齐,尤其是英国。1990 年 11 月,英国首相撒切尔夫人因为所属政党党内的意见分歧而不得不下台。而在她 11 年的执政生涯里,撒切尔夫人对欧洲统一始终抱持反对的意见。不过继任的保守党首相梅杰(John Major)同意接受有限制的联邦制度。历经一年的费力妥协之后,在荷兰马斯特里赫特(Maastricht)召开了一次大会,拟定了一份协议,许诺自欧洲共同体成立以来最激进的修订:一份 1998 年时朝单一货币的目标迈进的时间表,共同外交与国防政策开始形成,增加多数决议的使用,以及赋予欧洲议会更大的权力。

事实证明,要 12 个成员国都能同意《马斯特里赫特条约》是一件非常困难的事。取得认可的过程显示,民众非常反对布鲁塞尔的欧洲共同体官僚体制,而且当狩猎、酿造业与奶酪制作等行业面对新的欧洲健康与环境标准威胁时,他们更是以民族传统为依归。丹麦必须举行两次投票才能决定是否同意《马斯特里赫特条约》,而法国则只有 51%的人同意该条约。最后当《马斯特里赫特条约》终于在 1993 年 11 月生效时,加强彼此间团结所遭遇的限制就更加明显了。

即便如此,欧盟依然设法往前迈进了一大步。1999 年 1 月 1 日,几乎是按照预订的时间表,11 个欧盟成员国同意将他们的货币融合为一种单一的欧洲货币——欧元(euro)。起初,欧元只是一种"虚拟"货币,仅供会计用途之用。命名为欧元的实际钞票与硬币则于 2002 年 1 月 1 日开始流通,而 11 种曾经有过辉煌历史的货币——法郎、里拉与马克等——则在数个月之后走入历史。刚开始时,这项大胆的统一步骤似乎显得不切实际。在 1992 年 9 月一度发生的经济衰退中,英国和意大利已经退出欧盟先前的货币结构——欧洲货币体系。在

---

① 参阅第 22 章。

Still essential for the eastern settlement is John W. Wheeler-Bennett, *Brest-Litovsk: The Forgotten Peace, March 1918* (revised ed. 1971). Arno J. Mayer has directed attention to the role played in the peace settlement by anti-Bolshevism in *Wilson vs. Lenin: Political Origins of the New Diplomacy 1917–1918* (1959, reprint ed. 1964) and *The Politics and Diplomacy of Peace-Making*(1967).

Good biographies of Clemenceau in English are Donald R. Watson, *Georges Clemenceau: A Political Biography* (1976), and Gregor Dallas's more personal At the Heart of a Tiger (1993). For Lloyd George, in addition to the monumental biography by John Grigg, see Bentley B. Gilbert, *David Lloyd Georqe: A Political Life* (1992), and the brief introduction by Chris Wrigley, *Lloyd George** (1990). Woodrow Wilson is scrutinized without indulgence by the German scholar Klaus Schwabe in *Woodrow Wilson, Revolutionary Germany and Peacemaking, 1918–1919* (1985), by Arthur Walworth, Wilson and His Peacemakers(1986), and more favorably in many volumes by Arthur Link, including Woodrow Wilson: Revolution, *War, and Peace**(1985).

Lorna S. Jaffe, *The Decision to Disarm Germany* (1985), is good on disarmament. James F. Willis, *Prologue to Nuremburg: The Politics and Diplomacy of Punishing War Criminals of the First World War* (1982), treats the first war crimes jurisdiction.

Good on international relations in the 1920s are Sally Marks, *The Illusion of Peace: Europe's International Relations, 1918–1933,* 2nd ed(2003), and Jon Jacobson, *Locarno Diplomacy*(1972). In the absence of a good biography of Briand, Jacobson shows him convincingly in action. Walter McDougall, *France's Rhineland Diplomacy, 1914 1924*(1978), is basic for Poincaré's hard line. Stephen A. Schuker, *The End of French Predominance in Europe** (1988), gives the essential economic-financial background to France's inability to enforce its peace.

German foreign policy in the 1920s is synonymous with the career of Gustav Stresemann. Hans W. Gatzke revealed Stresemann's revisionist aims in *Strese-mann and the Rearmament of Germany* (1954). The latest scholarly treatment of Soviet foreign policy in the 1920s is Jon Jacobson, *When the Soviet Union Entered World Politics** (1994).

Michael C. Howard, *The Continental Commitment* (1989), caps a rich literature on the dilemmas of British foreign policy after 1918. The French alliances in the east are scrutinized by Piotr Wandycz in *France and Her Eastern Allies, 1915–1919*(1974), and *The Twilight of France's Eastern Alliances, 1926–1936**(1988). Anna Cienciala, *From Versailles to Locarno: Keys to Polish Foreign Policy, 1919–1925* (1984), is a valuable monograph.

Gerald D. Feldman, *The Great Disorder: Politics, Economics, and Society in the German Inflation** (1997), is the fullest examination of postwar inflation's impact on any one country. William C. McNeil, *American Money and the Weimar Republic* (1986), is basic for the economic dimension of the German "fulfillment" policy.

The reparations debate is continued in Robert E. Bunselmeyer, *The Cost of the War of 1914–1918: British Economic War Aims and the Origins of Reparations*(1975); Marc Trachtenberg, *Reparations in World Politics* (1980), more lenient towards France than most; and Bruce Kent, *The Spoils of War**(1989).

F. S. Northedge, *The League of Nations: Its Life and Times, 1920–1946* (1986), is a solid survey; F. P. Walters, *A History of the League of Nations,* 2 vols., (1952), remains an indispensable inside view by a member of the League secretariat. See also George Egerton, *Great Britain and the Creation of the League of Nations*(1979).

第7章

Robert O. Paxton, *The Anatomy of Fascism* (2004), shows how fascism worked. Stanley G. Payne, *A History of Fascism, 1919–1945**(1996), is the best-informed descriptive survey. Hans Rogger and Eugen Weber, eds., *The European Right*(1965), has not been superseded for background. Kevin Passmore, *Fascism: A Very Short Introduction** (2002), is probing but assumes knowledge.

Given the leader's central role in fascism, biographies are crucial. Ian Kershaw, *Hitler, 1889–1936 Hubris,** and *Hitler 1937–1945 Nemesis* (2000), are now best on the man and his public. One can still consult Alan Bullock, *Hitler: A Study in Tyranny** (revised ed. 1962, reprint ed. 1999), the same author's *Hitler and Stalin: Parallel Lives,** 2nd ed.(1998), or Joachim Fest, *Hitler**(revised ed. 2002). Ron Rosenbaum, *Explaining Hitler** (1998) examines efforts to penetrate Hitler's inner life. R. J. B. Bosworth, *Mussolini** (2003), is the most complete recent biography. Mussolini's main Italian biographer is discussed in Borden W. Painter Jr., "Renzo De Felice and the Historiography of Italian Fascism," *American Historical Review*, vol., 95: no. 2(Apr. 1990), pp. 391–405.

Adrian Lyttelton, *The Seizure of Power:Fascism in Italy, 1919–1929*, 2nd. ed.(2003), is the most penetrating analysis of Mussolini's rise; it presumes background knowledge, which may be obtained in Martin Clark (see chapter 1) or the useful brief introduction by Alexander De Grand, *Italian Fascism*, * 3rd ed. (2000). John Whittam, *Fascist Italy** (1995), and Martin Blinkhorn, *Mussolini and Fascist Italy,** 2nd ed.(1994), are also good short summaries. R. J. B. Bosworth, *The Italian Dictatorship: Problems and Perspectives in the Interpretation of Mussolini and Fascism** (1998) is a valuable if idiosyncratic introduction to debates. Angelo Tasca, *The Rise of Italian Fascism* (1928), the keen observations of an ex-Communist exile, remains a classic. Paul Corner, *Fascism in Ferrara*(1975), is an illuminating local study of how conservative, agrarian fascism succeeded while radical, urban fascism failed. Frank Snowden, *The Fascist Revolution in Tuscany, 1919–1922** (1990), the same author's Violence and the Great Estates in the South of Italy: *Apulia, 1900–1914** (1986), Anthony Cardoza, *Agrarian Elites and Italian Fascism: The Province of Bologna, 1901–1926* (1982), and Alice Kelikian, *Town and Country under Fascism: The Transformation of Brescia, 1915–1926*(1986), are good local studies.

Anthony J. Nicholls, *Weimar and the Rise of Hitler,** 3rd ed.(1991), is a helpful introduction. Richard J. Evans, *The Coming of The Third Reich** (2004), is a masterful synthesis. Harold J. Gordon Jr., *Hitler and the Beer Hall Putsch*(1972), explores Hitler's first bid for power. Valuable articles on the growth of Nazism in the later 1920s are collected in Richard Bessel and E. J. Feuchtwanger, eds., *Social Change and Political Development in the Weimar Republic*(1981).

The various national fascist movements are explored deeply in Stein U. Larsen et al., eds., *Who Were the Fascists?*(1980), along with some probing essays on fascism in general. Walter Laqueur, *Fascism: A Reader's Guide* (1978), is still a useful guide to debates about generic fascism. Stuart Woolf, ed., *Fascism in Europe* (1981), gathers excellent studies of particular cases. There are brief sketches of the various European fascist movements and excerpts from their propaganda in Eugen Weber, *The Varieties of Fascism**(1982).

The beginnings of Hungarian fascism are suggestively introduced by Istvan Deák in Hans Rogger and Eugen Weber, eds., *The European Right*(1965), and colorfully elaborated(along with the early Romanian fascists) in M.Nagy-Talavera, *The Greenshirts and the Others*(1970). There are summary accounts in Peter F. Sugar, ed., *Native Fascism in the Successor States* (1971). Francis L. Carsten, *Fascist Movements in Austria from Schönerer to Hitler* (1977), is a useful introduction.

Efforts to locate deeper roots of fascism vary profoundly. Roger Griffin, ed., International Fascism: *Theories, Causes, and the New Consensus**(1998), defines fascism as an ideology of national regeneration and samples many other approaches. Zeev Sternhell attributes fascism to antimaterialist and nationalist renegades within the French and Italian left. *See The Birth of Fascist Ideology** (1994), among other works. For right-wing intellectual and cultural roots of Nazism, see Fritz Stern, *The Politics of Cultural Despair** (1961); Jeffrey Herf, *Reactionary Modernism** (1986); and George Mosse, *The Crisis of German Ideology** (1964, reprint ed.1998). Early Fascism's links with aesthetic modernism are explored by Walter L. Adamson, *Avant-Garde Florence: From Modernism to Fascism* (1993). Marxist explanations of fascism as the defensive reaction of beleaguered capitalism are presented by David Beetham, ed., *Marxists in Face of Fascism*(1983).

第8章

The effort to restore "normalcy" is given a stimulating analysis by Charles S. Maier, *Recasting Bourgeois Europe** (1974). See also Dan P. Silverman, *Reconstructing Europe after the Great War* (1982).

Barry Eichengreen, Golden Fetters: *The Gold Standard and the Great Depression, 1919-1939** (1996), is the best starting point for economic policies in the 1920s.

Karen Barkey and Mark Von Hagen, eds., After Empire: Multiethnic Societies and Nation-Building: The Soviet Union and the Russian, *Ottoman, and Habsburg Empires**(1997), address the challenge of replacing multinational empires with unified nation states.

For individual European states in the 1920s, in addition to works mentioned in the bibliography to chapter 1, see the following:

Britain: Along with the works of Mar-wick, Beer, and Gilbert cited in the bibliography to chapter 4, see Peter Clarke, *Hope and Glory: Britain in the Twentieth Century** (1997). Robert Graves, The Long Week-End(1940, reprint ed. 2004), is a brilliant personal reflection.

France: The volume by Philippe Bernard in the *Cambridge History of Modern France* is a useful introduction.

Germany: In addition to works mentioned in the bibliography to chapter 7, see Hans Mommsen, *The Rise and Fall of Weimar Democracy** (1996), Richard Bessel, *Weimar Germany, 1918-1933** (2001), and Eberhard Kolb, *The Weimar Republic** (1993). Detlev Peukert, Weimar Germany: *The Crisis of Classical Modernity**(1993), explores antimodernist reactions brilliantly. Weimar intellectual life is assessed in Anson Rabinbach, *In the Shadow of Catastrophe: German Intellectuals between Apocalypse and Enlightenment* (1997). Major biographies include Jonathan Wright, *Gustav Stresemann: Weimar's Greatest Statesman* (2002), David Felix, *Walther Rathenau and the Weimar Republic: The Politics of Reparations*(1971), and John A. Leopold, *Alfred Hugenberg: The Radical Nationalist Campaign against the Weimar Republic*(1977). The Republic's relationship with the army is studied in Francis L. Carsten, *The Reichswehr and Politics, 1918-1933* (1966), and Gaines Post Jr., *The Civil-Military Fabric of Weimar Foreign Policy*(1973), in addition to the works of Craig and Ritter listed at the end of chapter 2.

Italy: Adrian Lyttelton, *The Seizure of Power,*

2nd ed. (2003), is essential for fascist Italy up to 1929, though it presumes background knowledge. See also Alan Cassels, *Mussolini's Early Diplomacy* (1970), and Claudio F. Segrè, *Italo Balbo: A Fascist Life** (1987). Fascist attempts to shape Italian life are examined deeply by Victoria De Grazia in *The Culture of Consent* (1981) and *How Fascism Ruled Women** (1991) and surveyed more broadly in Edward Tannenbaum, *The Fascist Experience* (1972). Mussolini's accord with the Church is explored by John F. Pollard, *The Vatican and Italian Fascism* (1985), and by Richard A. Webster, *Cross and Fasces* (1960). The keen contemporary observations of Gaetano Salvemini, *Under the Axe of Fascism* (1936, reprint ed. 1970), and Herman Finer, *Mussolini's Italy*, 2nd ed. (1935), have not lost their punch. The articles in Roland Sarti, *The Ax Within: Italian Fascism in Action* (1974), are still valuable.

Spain: Shlomo Ben-Ami, *Fascism from Above: The Dictatorship of Primo de Rivera in Spain, 1921–1930* (1983), studies a failed modernizing dictatorship.

Austria: Barbara Jelavich, *Modern Austria: Empire and Republic** (1987), is the place to begin. Klemens von Klemperer, *Ignaz Seipel: Christian Statesman in a Time of Crisis* (1972), defends the Christian Social leader. Charles A. Gulick, *Austria from Habsburg to Hitler*, 2 vols. (1948, reprint ed. 1981), contains rich detail.

The Soviet Union: Sheila Fitzpatrick, *The Russian Revolution, 1917–1932,** 2nd ed. (2001), is helpful for the 1920s. Stephen F. Cohen, *Bukharin and the Bolshevik Revolution: A Political Biography 1888–1938** (revised ed. 1980), is essential for the industrialization debate. Important new monographs include Sheila Fitzpatrick et al., eds., *Russia in the Era of NEP ** (1991), and Mark Von Hagen, *Soldiers in the Proletarian Dictatorship. The Red Army and the Soviet Socialist State, 1917–1930** (1990). Sheila Fitzpatrick, *The Commissariat of Enlightenment: Soviet Organization of Education and the Arts under Lunacharsky, October 1917–1921,** new ed. (2002), treats cultural policy before Stalin imposed conformity.

Scholars are beginning to draw on newly opened Soviet archives, but no startling revelations have emerged about Stalin himself. New Russian biographies have tended to be trivially personal. The most historically useful of them is Dmitri Volkogonov's *Stalin: Triumph and Tragedy** (1996). The author, head of Soviet military archives, attributed harsh policies to Stalin's personality in this book and only later traced systemic faults to Lenin. Robert Conquest, *Stalin: Breaker of Nations** (1992), indicts the dictator. See also Adam Ulam, *Stalin** (revised ed. 1989). Robert C. Tucker, *Stalin as Revolutionary, 1879–1929** (1973, reprint ed. 1992) remains an interesting psychological portrait.

The standard account of how one-party rule was consolidated in the Soviet Union is Jerry F. Hough and Merle Fainsod, *How the Soviet Union Is Governed* (1979). Fainsod used local party archives captured by the Germans in 1941 in *Smolensk under Soviet Rule* (1958) to reveal Communist administration at the grassroots. R. W. Davies, *Soviet Economic Development from Lenin to Khrushchev** (1998), provides an authoritative brief account. See also Alec Nove, *An Economic History of the Soviet Union* (1993).

For East Central Europe in the 1920s, use Joseph Rothschild, *East Central Europe Between the World Wars** (revised ed. 1992), and Michael C. Kaser, *Economic History of Eastern Europe*, vol. 1 (1986). Classics among older monographs include Joseph Rothschild, Pilsudski's Coup d'Etat (1966); Henry L. Roberts, *Rumania: Political Problems of an Agrarian State* (1951, reprint ed. 1969); and John D. Bell, *Peasants in Power: Alexander Stamboliski and* *the Bulgarian Agrarian National Union, 1899–1923* (1977).

第9章

The most penetrating study of the social and political context of culture in any interwar European state is Peter Gay, *Weimar Culture: The Outsider as Insider**(1970, reprint ed. 2003). See also the informative studies of French social thinkers between the wars in H. Stuart Hughes, *The Obstructed Path: French Social Thought in the Years of Desperation, 1930–1960* * (re-print ed. 2001). Robert Graves, *The Long Week-End* *(1940, reprint ed.2004), is a lively look at British popular culture between the wars.

The best study of mass communications in any European state is Asa Briggs, The BBC: *The First Fifty Years*(1985). See also Briggs's comprehensive *The History of Broadcasting in the United Kingdom*, 4 vols.(1961–1979, reprint ed. 1995). There is nothing comparable in English about the more statist continental radio and television systems.

David A. Cook, *A History of NarrativeFilm,** 4th ed.(2004), and Thomas W. Bohn and Richard L. Stromgren, *Light and Shadows: A History of Motion Pictures,** 3rd ed.(1987), cover European film well. See also Pierre Sorlin, *European Cinema, European Societies**(1991), and the same author's *Italian National Cinema, 1896–1996** (1996). On the mass media generally, see the brief introductions by Ken Ward, *Mass Communications and the Modern World** (1989) and Pierre Sorlin, *Mass-Media** (1994).

On state management of culture in the USSR, Sheila Fitzpatrick, *The Commissariat of Enlightenment: Soviet Organization of Education and the Arts under Lunacharsky**(1970, new ed. 2002), is basic. See also Richard Stites, *Russian Popular Culture: Entertainment and Society since 1900** (1992), and Orlando Figes, *Natasha's Dance: A Cultural History of Russia**(2003).

Victoria De Grazia, *The Culture of Consent** (1981, reprint ed. 2002), is important for Italian fascism's manipulation of leisure activities. Paul Brooker, *The Faces of Fraternalism*(1991), discusses the manufacture of consensus in Germany and Italy. A model monograph on Nazi arts policy is Barbara Miller Lane, *Architecture and Politics in Germany, 1918–1945**(1985).

The emergence of leisure time is explored in Rudy Koshar, ed., *Histories of Leisure**(2002), and James Walvin, *Leisure and Society, 1830–1950* (1978), and examined more closely in John K. Walton and James Walvin, eds., *Leisure Time in Britain, 1780–1939* (1988). The significance of leisure time is analyzed by Gareth Stedman Jones in "Class Expression versus Social Control: A Critique of Recent Trends in the Social History of Leisure," in G. Stedman Jones, *Languages of Class* (1983). John Hargreaves, *Sport, Power, and Culture**(1986), studies the most important leisure time activity in Britain. See also Jeffrey Hill, Sport, *Leisure and Culture in Twentieth Century Britain** (2002), and Claire Langhamer, *Women's Leisure in England, 1920–1960*(2001).

A layman's introduction to twentieth century science through its main practitioners is Abraham Pais, *The Genius of Science: A Portrait Gallery* (2000). Major developments in physics between the wars are treated by Barbara Cline, *Men Who Made a New Physics: Physicists and the Quantum Theory** (1987); Abraham Pais, *Niels Bohr's Times**(1994), Jeremy Bernstein, Quantum Profiles (1990), David M. Cassidy, *Uncertainty: The Life and Science of Werner Heisenberg* (1993), and Laurie M. Brown et al., *Twentieth Century Physics*(1995), in addition to works mentioned at the end of Chapter 1.

第10章

David C. Large, *Between Two Fires: Europe's Path in the 1930s**(1991), is a lively narrative relevant to chapters 10–14. Charles H. Feinstein et al., *The European Economy Between the Wars**(1997), provides the best new introduction, with an excellent guide to more specialized reading. Patricia Clavin, *The Great Depression in Europe, 1929–1939* * (2001) is clear and nontechnical. Barry Eichengreen, *Golden Fetters: The Gold Standard and the Great Depression, 1919–1939** (1996), argues that the return to the gold standard in a world altered by World War I made the depression worse. Peter Temin, *Lessons from the Great Depression**(1989), takes a similar position. Charles P. Kindleberger, *The World in the Depression, 1929–1939,**(revised ed. 1986), attributes the depression's severity to the absence of a hegemonic economic center such as the City of London had provided before 1914. Harold James, *The End of Globalization: Lessons from the Great Depression* (2001), sees the slump as a flight from free exchange. Gilbert Ziebura, *World Economy and World Politics, 1924–1931* (1990), looks for policy errors and structural faults behind the Great Depression.

Robert Skidelsky's great biography of John Maynard Keynes (3 vols., 1994–2001*) is summarized in *Keynes** (1996). See also D. E. Moggridge, *Maynard Keynes: An Economist's Biography*(1992). Peter Clarke, *The Keynesian Revolution in the Making* (1989), shows how Keynes's theoretical work was shaped by contemporary policy issues in Britain, and Peter A. Hall, ed., *The Political Power of Economic Ideas: Keynesianism across Nations* (1989), examines its application.

The emergence of welfare states is explored in Peter Flora and Arnold J. Heidenheimer, eds., *The Development of Welfare States in Europe and America** (1981). Peter Baldwin, *The Politics of Social Solidarity** (1992), explains the origins of the welfare state in the farmer–labor–middle–class coalition of Scandinavia before and after World War I. Marquis Childs, *Sweden, The Middle Way* (1936, reprint ed. 1961), advocated cooperativist solutions widely admired in the 1930s; he followed up with The Middle Way on Trial(1984).

Good studies of individual nations at grips with the depression include Robert Skidelsky, Politicians and the Slump(reprint ed. 1994), for Britain; Julian Jackson, *The Politics of Depression in France, 1932–1936* * (reprint ed.2002); and Harold James, *The German Slump: Politics and Economics* (1987). Still useful is Karl Hardach, *The Political Economy of Germany in the Twentieth Century**(1980). There is lively detail in Eugen Weber, *Hollow Years: France in the 1930s** (1996). Works by Mar–wick, Beer, and Gilbert cited at the end of chapter 4 are also useful for Britain in the Depression. Roland Sarti, *Fascism and the Industrial Elite in Italy, 1919–1940* (1971), successfully de–mythologizes corporatism, as does Frederick Hugh Adler, *Italian Industrialists from Liberalism to Fascism*(1995).

George Orwell, *The Road to Wigan Pier**(1937, reprint ed. 2001), is a justly famous essay on a coal–mining town in the English Midlands during the Depression, by a middle–class intellectual acutely aware of his temptation to condescend to the poor. Hans Fallada, *Little Man, What Now?** (1933, reprint ed. 1992), and Christopher Isherwood, *Berlin Stories** (1935, reprint ed. 1979), are among the most enduring depression fiction, one employing pathos, the other satire to portray the desperate middle class in Berlin just before Hitler.

R. J. Overy, *The Nazi Economic Recovery, 1932–1938,** 2nd ed.(1996), briefly introduces the issues and literature. Avraham Barkai, *Nazi Economics*(1990), explores the origins of the Nazis' job–creation program. The most penetrating analysis of the fascist states' depression remedies is chapter 2 of Charles S. Maier, *In Search of Stability** (1988).

For the depression in East Central Europe, consult Michael Kaser and E. A. Radice, *The Economic History of Eastern Europe, 1919–1975*, 3 vols.(1986–1987).

Stalin's reduction of the peasantry to a "second serfdom" is explored from below by Sheila Fitzpatrick in *Stalin's Peasants: Resistance and Survival in the Russian Village After Collectivization* (1994), Lynne Viola, *Peasant Rebels under Stalin** (1996), and also by Viola, *Contending with Stalinism** (2002). Authentic Soviet economic achievements are distinguished from propaganda in R. W. Davies, *Soviet Economic Development from Lenin to Khrushchev** (1998). Recent looks at the social impact of the five-year plans include William G. Rosenberg, *Social Dimensions of Soviet Industrialization*(1993), Donald Filtzer, *Soviet Workers and Stalinist Industrialization, The Formation of Modern Soviet Production Relations, 1929–1941* (1986), and Lewis H. Siegelbaum, ed., Making Workers Soviet: Power, *Class, and Identity** (1998).

Robert C. Tucker, *Stalin in Power: The Revolution from Above, 1929–1941**(1992), studies the transformations of the 1930s through the dictator's personality. See also the biographies of Stalin cited at the end of chapter 8. Robert C. Tucker, ed., *Stalinism** (new ed. 1998), contains illuminating discussions of the meaning of Stalin's dictatorship. Sheila Fitzpatrick draws on new Russian scholarship in Stalinism: *A Reader** (1999). Chris Ward, *Stalin's Russia,** 2nd ed.(1999) surveys the debates. The "revisionists," for whom Soviet society was complex and its achievements not only negative, restate their case in Nick Lampert and Gabor T. Rittersporn, eds., *Stalinism: Its Nature and Aftermath* (1993), and in Alec Nove, *The Stalin Phenomenon* (1993).

The debate over the appalling human cost of this "second revolution" has been sharpened by the opening of Soviet archives. Robert Conquest's harsh conclusions about Stalin's purges are updated in *Harvest of Sorrow: Soviet Collectivization and the Terror–Famine** (2002). His "revisionist" critics have adjusted their figures to newly accessible archives and seek explanations broader than the dictator's whim. See most recently J. Arch Getty, *The Road to Terror: Stalin and the Self–Destruction of the Bolsheviks, 1932–1939** (1999). *Sheila Fitzpatrick examines ordinary people during the purges in Everyday Stalinism**(1999).

Powerful memoirs about the experience of Stalin's Terror are Eugenia Ginzburg, *Journey into the Whirlwind** (1967, reprint ed. 1997), and Nadezhda Mandelstam, *Hope Against Hope**(1970, reprint ed. 1999). Arthur Koestler, *Darkness at Noon** (1941, reprint ed. 1987), is the classic novel of the purge, based loosely on the trial of Bukharin.

第11章

How Hitler reached office is studied most recently by Henry A. Turner Jr., *who shows in Hitler's Thirty Days to Power** (1997) that it was not inevitable but the result of choices by top German leaders. Refer also to the biographies of Hitler listed at the end of chapter 7.

On the local level, William Sheridan Allen, *The Nazi Seizure of Power: The Experience of a Single Town** (1984, reprint ed. 1995), is a compelling narrative of Nazi success at the grassroots. Other good local studies include Jeremy Noakes on Lower Saxony(1971), Geoffrey Pridham on Bavaria(1973), Johnpeter Horst Grill on Baden (1983), and David C. Large, *Where Ghosts Walked: Munich's Road to the Third Reich* (1997). Rudolf Heberle, *From Democracy to Nazism* (1945; reprint ed. 1970), is a pioneer study of the only German state to give Hitler an absolute majority before 1933, Schleswig-Holstein.

Hitler's constituency has been intensely studied. Richard Hamilton, *Who Voted for Hitler?* (1982), argues that the upper middle class supported him as well as the lower middle class. Thomas Childers, *The Nazi Voter: The Social Foundations of Fascism in Germany, 1919–1933** (1984), analyzes the electorate most precisely. See also Childers, *The Formation of the Nazi Constituency* (1986). Peter Fritzsche, *Germans into Nazis** (1999) evokes the hope and excitement (more than the hatred) that brought recruits to Nazism.

Michael Burleigh, *The Third Reich: A New History** (2000), evokes brilliantly the sordid reality of Nazi Germany. Ian Kershaw, *The Nazi Dictatorship: Problems and Perspectives of Interpretation,** 4th ed. (2000), reviews interpretations of the Nazi regime with authority. Karl Dietrich Bracher, *The German Dictatorship** (1970), remains important as the authoritative synthesis of the prevailing interpretation of a generation ago, which focused centrally on the dictator's authority. Hans Mommsen, *The Third Reich between Vision and Reality: New Perspectives on German History, 1918–1945**(2000), reflects the current generation's emphasis on interactions between German society and Nazism. Allen Mitchell, *The Nazi Revolution: Hitler's Dictatorship and the German Nation,** 4th ed.(1997), is an excellent general introduction. See also Michael Burleigh, *Confronting the Nazi Past: New Debates on Modern German History** (1996). Jeremy Noakes and Geoffrey Pridham, eds., *Nazism: 1919–1945,** 4 vols. (2001), present an outstanding document collection with enlightening commentary.

Martin Broszat, *The Hitler State**(1981, reprint ed. 1989), portrays Nazi Germany as a "polyocracy" in which rival agencies competed for Hitler's favor, as does the influential work of Hans Mommsen (see above). Dietrich Orlow, *The History of the Nazi Party*, 2 vols. (1969–1973), describes evolving political structures. David Schoenbaum, *Hitler's Social Revolution** (1980, reprint ed. 1997), shows how the Nazi regime, breaking Hitler's promises to farmers and the lower middle class, made Germany more urban and industrial. The classic essay by Ralf Dahrendorf, *Society and Democracy in Germany* (1968, reprint ed. 1993), suggests further that the destructions of the Nazi era cleared the ground for postwar democracy. Pierre Ayçoberry, *The Social History of the Third Reich** (2000) contests some standard views. Important interpretative articles appear in David Crew, ed., *Nazism and German Society**(1994), Thomas Childers and Jane Caplan, eds., *Reevaluating the Third Reich** (1993) and Moshe Lewin, ed., *Stalinism and Nazism: Dictatorships in Comparison** (1997). The articles in Peter Stachura, ed., *The Shaping of the Nazi State* (1978), have not lost their interest.

Useful biographies of Nazi leaders include Ralf Georg Reuth, *Goebbels**(1994), Richard Overy, *Goering, The Iron Man** (2000), Michael Bloch, *Ribbentrop* (1992), and works on Himmler by Richard Breitman (2004*) and Peter Padfield (2001*). Joachim Fest provides short sketches in *The Face of the Third Reich**(1999).

New biomedical and gender studies cast harsh light on the nature of Nazism. See Atina Grossmann, *Reforming Sex: The German Movement for Birth Control and Abortion Reform* (1995); Michael Burleigh and Wolfgang Wippermann, *The Racial State* (1991); Götz Aly, *Cleansing the Fatherland: Nazi Medicine and Racial Hygiene** (1994); and Michael Burleigh, *Death and Deliverance: Euthanasia in Germany, c. 1900–1945**(new ed. 2002).

The German officer corps is accused of yielding to Hitler by John W. Wheeler-Bennett, *Nemesis of*

Power: The German Army in Politics, 2nd ed. (2003), and by Gordon Craig's work cited at the end of chapter 2. The most recent treatment of the army in Nazi Germany is Klaus-Jürgen Müller, *Army, Politics, and Society in Germany, 1933–1945* (1987).

The controversial relations between German business and Hitler have been most soundly treated for the period before Hitler came to power by Henry A. Turner Jr., *German Big Business and the Rise of Hitler* (1984). For the period after 1933, two model studies examine individual firms: Peter Hayes, *Industry and Ideology*,* 2nd ed (2001), on I. G. Farben; and Bernard Bellon's unsparing *Mercedes in Peace and War** (1990). See also Dan P. Silverman, *Hitler's Economy: Nazi Work Creation Programs, 1933–1936* (1999). Best on labor is Tim Mason, *Social Policy in the Third Reich** (1995). See also Mason's collected essays, *Nazism, Fascism, and the Working Class** (1995). The German judiciary gets attention from Michael Stolleis, *The Law under the Swastika* (1998), Ingo Muller, *Hitler's Justice* (1991), and H. W. Koch, *In the Name of the Volk: Political Justice in Hitler's Germany* (1997).

The growing Nazi terror machine is treated most authoritatively by Eric A. Johnson, *Nazi Terror: The Gestapo, Jews, and Ordinary Germans** (2000), which shows both the extent and the limits of citizen support for it. *The public's help to the police* (by denunciations) has been measured by Robert Gellately in *The Gestapo and German Society** (1990), and in *Backing Hitler: Consent and Coercion in Nazi Germany** (2002). Helmut Krausnick et al., *Anatomy of the SS State* (1968), the legal brief prepared for the prosecution of the Auschwitz extermination camp staff, is still fascinating.

The life of ordinary people under Nazism is explored in Richard Bessel, *Life in the Third Reich** (1987), and Detlev Peukert, *Inside Nazi Germany: Continuity, Opposition, and Racism in Ordinary Life* (1987). The intimate view of daily life by Victor Klemperer, a Jew who survived, in *I Will Bear Witness*,* 2 vols. (1999–2000) is haunting. Ian Kershaw, *Popular Opinion and Public Dissent in the Third Reich: Bavaria, 1933–1945** (1985) and the same author's *The "Hitler Myth": Image and Reality in the Third Reich** (1989), are the most reliable examinations of public opinion under Nazism. See Renate Bridenthal et al., *When Biology Became Destiny: Women in Weimar and Nazi Germany** (1989), for gender issues.

Saul Friedländer, *Nazi Germany and the Jews*,* vol. 1, 1933–1939 (1997), is now the basic treatment of Nazi anti-Semitism. Karl A. Schleunes, *The Twisted Road to Auschwitz** (1970, reprint ed. 1990), sees anti-Semitism developing in Nazi Germany by fits and starts. Lucy Dawidowicz, *The War against the Jews** (1986), sees extermination as Hitler's design from the beginning. The necessary link to medicine and public health is made by Götz Aly, *Final Solution: Nazi Population Policy and the Murder of European Jews** (1999). More works on the Final Solution are discussed after chapter 14.

For fascist movements outside Germany, the suggestions made at the end of chapter 7 are mostly relevant for the 1930s also. Significant monographs on individual countries include Robert Skidelsky, *Sir Oswald Mosley* (1975); Richard C. Thurlow, *Fascism in Britain** (1998); Robert Soucy, *French Fascism: The First Wave, 1924–1933* (1986), and *French Fascism: The Second Wave, 1933–1939** (1997); Zeev Sternhell, *Neither Right nor Left: Fascist Ideology in France** (1996); Oddvar K. Hoidal, *Quisling: A Study of Treason* (1989); Hans V. Dall, *Quisling: A Study in Treachery* (1999); Lawrence D. Stokes, "Anton Mussert and the NSB," *History*, vol. 56, no. 188 (Oct. 1971); and Miklos Lacko, *Arrow Cross Men, National Socialists, 1935–1944* (1969).

Richard A. H. Robinson, *The Origins of Franco's Spain* (1970), examines the Spanish right before 1936. Stanley G. Payne, *Fascism in Spain, 1923–1977* * (1999), makes clear the *Falange's* minor role. The fullest biography of Franco is by Paul Preston (1994), and a good survey of his regime is Stanley G. Payne, *The Franco Regime* (1994, reprint ed. 2000). For Portugal, the place to begin is Antonio Costa Pinto, *Salazar's Dictatorship and European Fascism**(1996).

Martin Kitchen, *The Coming of Austrian Fascism* (1980), gives useful background to the establishment of the authoritarian state in February 1934. See also Francis L. Carsten, *Fascist Movements in Austria from Schönerer to Hitler*(1977). For Austrian opinion, see Evan Burr Bukey, *Hitler's Austria: Popular Sentiment in the Nazi Era, 1938–1945** (2000).

第12章

The general works on the European left cited in the bibliography to chapter 1 contain discussions of the Popular Front era. Martin S. Alexander and Helen Graham, eds., *The French and Spanish Popular Fronts: Comparative Perspectives** (2002), compare political developments instructively.

Sympathetic biographies of Léon Blum by Joel Colton(2nd ed., 1987*) and Jean Lacouture(1982*) provide an excellent introduction to the French Popular Front experience. The best general account in English is Julian Jackson, *The Popular Front in France: Defending Democracy*(1990). Eugen Weber, *Hollow Years: France in the 1930s** (1996), has vivid detail. See more generally Anthony Adamthwaite, *Grandeur and Misery: France's Bid for Power in Europe, 1914–1940**(1995).

Anson Rabinbach, *The Crisis of Austrian Socialism: From Red Vienna to the Civil War, 1927–1934* (1983), asks why socialism was so easily crushed in Vienna in 1934.

Hugh Thomas, *The Spanish Civil War**(revised ed. 1994), is still the most gripping narrative. Helen Graham, *The Spanish Civil War** (2004) is a brief introduction. Burnett Bolloten, *The Spanish Civil War* (1991), is the exhaustive life's work of a journalist and collector of archives, who finds as much to blame in the excesses of the left as of the right. Gabriel Jackson, *A Concise History of the Spanish Civil War**(1980), blames the generals. George Esenwein and Adrian Schubert analyze the background in *Spain at War: The Spanish Civil War in Context, 1931–1939*(1995). Among many works by Paul Preston, see *The Coming of the Spanish Civil War,** 2nd ed.(1994), and *The Politics of Revenge: Fascism and the Military in Twentieth Century Spain** (1995). Particularly relevant for the Spanish Popular Front are Stanley G. Payne, *Spain's First Democracy: The Second Republic, 1931–1936** (1993) and Gabriel Jackson, *The Spanish Republic and the Civil War, 1931–1919**(1965), sympathetic to the moderate left.

R. Dan Richardson, *Comintern Army*(1981), studies the International Brigades in Spain largely in terms of Soviet aims. More personal is Peter Stansky and William Abraham, *Journey to the Frontier: Two Roads to the Spanish Civil War** (1966), a moving account of two British students killed in Spain.

David Caute, *The Fellow Travellers**(revised ed. 1988), explains the attractions of the Communist Party to intellectuals during the Popular Front era. Arthur Koestler, *Arrow in the Blue* (1952) and *The Invisible Writing* (1954), are classic memoirs by a Popular Front intellectual. Koestler and others later recounted their fascination and subsequent disillusionment with communism in the classic *The God that Failed* * (1982). Franz Borkenau, *World Communism: A History of the Communist International* (1962), the work of a disillusioned former Communist official, is still revealing. Julius Braunthal, *History of the International*, 3 vols.(1967–1971), is an informative work by a former official of the Second (socialist) International.

第 13 章

Recent introductions to this subject include R. J. Overy, *The Road to War: The Origins of World War II* *(2nd ed.1998); P. M. H. Bell, *The Origins of the Second World War*,* 2nd ed.(1997); Robert Boyce, *Origins of World War II* * (2003); Victor Rothwell, *The Origins of the Second World War** (2001); and Anthony Adamthwaite, *The Making of the Second World War*,* 2nd ed.(1989). Gordon A. Craig and Felix Gilbert, eds., *The Diplomats, 1919–1939**(revised ed. 1994) continues to be indispensable here. Patrick Finney, ed., *Origins of the Second World War**(1997) reprints outstanding articles.

The origins of the Second World War have been less controversial than those of the First. Sixty years after the event, A. J. P. Taylor, *Origins of the Second World War*,* 2nd ed.(1966, reprint ed. 1996), remains the most fundamental challenge to orthodoxy. Taylor argued that Hitler was a pragmatist whose goals resembled those of Stresemann and Bismarck, and that the British and French helped bring about war over Poland in 1939. The passionate controversy aroused by Taylor's book may be followed in Gordon Martel, ed., *The Origins of the Second World War Reconsidered: A. J. P. Taylor and the Historians*,* 2nd ed.(1999).

The issue of continuity between Hitler and his predecessors, raised by Taylor, has continued to concern others. Klaus Hildebrand, *The Foreign Policy of the Third Reich** (new ed. 1992), is lucid on this point and others. Edward W. Bennett, *German Rearmament and the West, 1932–1933* (1979), shows that Hitler's arrival made little immediate change in clandestine rearmament.

Nevertheless Hitler remains at the center of the story. Gerhard L. Weinberg, *The Foreign Policy of Hitler's Germany*,* 2 vols. (reprint ed. 1998), is based on minute examination of captured German documents. Norman Rich, *Hitler's War Aims*,* 2 vols.(new ed. 1992), weighs ideology against pragmatism in Hitler's moves. Eberhard Jäckel, *Hitler's World View: A Blueprint for Power** (1990), gives more weight to ideology. Richard Overy, *Goering: The Iron Man* (1984), and Wilhelm Deist, *The Wehrmacht and German Rearmament*(1981), are important for rearmament.

The immense literature on appeasement is briefly introduced in Keith Robbins, *Appeasement*,* 2nd ed. (1997), and more fully in Frank McDonough, *Hitler, Chamberlain and Appeasement** (2002), and in Maurice Cowling, *The Impact of Hitler** (1977, reprint ed.1995). Gaines Post Jr., *Dilemmas of Appeasement: British Deterrence and Defense* (1993), broadens the issue beyond that of the leaders' moral courage to the economic and military factors that limited their options. That broadening was already begun by Wolfgang J. Mommsen and Lothar Kettenacker, eds., *The Fascist Challenge and the Policy of Appeasement, 1937–1940* (1978), and by Williamson Murray, *The Change in the European Balance of Power, 1938–1939* (1984). All these works center on Britain; Maya Latynski, ed., *Reappraising the Munich Pact: Continental Perspectives** (1992), widens the canvas to include other powers.

Stalin's version of appeasement and *realpolitik* is now elucidated, using Soviet archives, in Bernd Wegner, ed., *From Peace to War: Germany, Soviet Russia, and the World, 1939–1941* (1997), and Hugh Ragsdale, *The Soviets, the Munich Crisis, and the Coming of World War II*(2004). See also Geoffrey Roberts, *The Soviet Union and the Origins of the Second World War**(1995). Adam B. Ulam, *Expansion and Coexistence: Soviet Foreign Policy,*

1917–1993, 2nd ed.(1993), is still useful.

David E. Kaiser, *Economic Diplomacy and the Origins of the Second World War* (1980), provides the vital economic context. Ernest R. May, ed., *Knowing One's Enemies: Intelligence Assessment before the Two World Wars* (1984), adds a further dimension.

Well-informed recent studies of other major powers' foreign policies include Anthony Adamthwaite, *Grandeur and Misery: France's Bid for Power, 1914–1940** (1995); Nicole Jordan, *The Popular Front and Central Europe: The Dilemmas of French Impotence, 1918–1940* (new ed. 2002); Robert J. Young, *France and the Origins of the Second World War** (1996); Richard Davis, *Anglo-French Relations before World War II: Appeasement and Crisis* (2001); John F. Coverdale, *Italian Intervention in the Spanish Civil War* (1975); Denis Mack Smith, *Mussolini's Roman Empire* (1976); Robert Mallett, *Mussolini and the Origins of the Second World War** (2003); and MacGregor Knox, *Mussolini Unleashed** (1986). Anita J. Prazmowska, *Eastern Europe and the Origins of the Second World War,** exposes active policy initiatives by the successor states.

For particular crises, Stephen A.Schuker, "France and the Remilitarization of the Rhineland, 1936," in the Finney volume mentioned at the head of this section, doubts that a French military response was feasible then. Jurgen Gehl, *Austria, Germany, and the Anschluss*(1979) shows Hitler as opportunist. Telford Taylor's massive *Munich: The Price of Peace*(1979) restates the Churchillian position that the Western powers missed their best chance to stop Hitler in Czechoslovakia. Igor Lukes and Erik Goldstein, eds., *The Munich Crisis 1938: Prelude to World War II*(1999), draws on new eastern sources. John Charmley, *Chamberlain and the Lost Peace*(1990), tries to make a case for a negotiated settlement (assuming Hitler would accept one). A balance is struck by R. A. C. Parker, *Chamberlain and Appeasement**(1993).

The opening of military archives now permits the study of military planning and presuppositions. In addition to the works on the German army cited at the end of chapter 11, see Donald Cameron Watt, *Too Serious a Business: European Armed Forces and the Approach of the Second World War**(1992); the Gaines Post work cited above; Robert J. Young, *In Command of France: French Foreign Policy and Military Planning, 1933–1940* (1978); Martin Alexander, *The Republic in Danger: Gen. Maurice Gamelin and the Politics of French Defense*(1992); and B. J. C. McKercher and Roch Legault, eds., *Military Planning and the Origins of the Second World War in Europe*(2000).

第14章

Gerhard L. Weinberg, *A World at Arms** (1994), is a superb global treatment of the war. Martin Gilbert, *The Second World War** (1995), is more impressionistic. John Keegan, *Second World War** (1990), is authoritative for the campaigns. Richard Overy, *Why the Allies Won** (1997), is a masterful analysis of moral, psychological, intellectual, and material resources. Williamson Murray and Allan R. Millett, *A War to Be Won: Fighting the Second World War, 1937–1945* (2000) is vivid and precise about the battles. John Keegan, *The Battle for History: Refighting World War II** (1996), reviews debates. Clive Ponting, *Armageddon: The Second World War* (1995), examines particular themes revealingly.

The fall of France is made less inevitable by Ernest R. May, *Strange Victory: Hitler's Conquest of France* (2000). The works on French military preparation listed at the end of chapter 13 are still useful here. Jeffery A. Guns-burg, *Divided and Conquered* (1979), blames poor Franco-British coordination.

Don W. Alexander, "Repercussions of the Breda Variant," *French Historical Studies*, vol. 8, no. 3 (Spring 1974), blames the rash French advance into Holland. French and German air forces are precisely evaluated by Lee Kennett, "German Air Superiority in the Westfeldzug of 1940," in F. X. J. Homer and Larry D. Wilcox, eds., *Germany and Europe in the Era of the Two World Wars* (1986), pp. 141–156. Marc Bloch evokes unforgettably the atmosphere in *Strange Defeat* * (1946, reprint ed.1999). Eleanor M. Gates, *The End of the Affair: The Collapse of the Franco–British Alliance, 1939–1940* (1981), documents the failure of interallied cooperation in 1940. The Battle of Britain is vividly recounted in Patrick Bishop, *Fighter Boys** (2004). Richard Overy, *The Air War, 1939–1945*(1981), and Max Hastings, *The Battle of Britain** (2001), are more scholarly. The heroic image of Churchill is presented most faithfully by official biographer Martin Gilbert and by John Lukacs, *Five Days in London: May 1940** (1999). Gilbert's multivolume biography is condensed into one as *Churchill: A Life**(1995). After a half century, revisionists have begun to attack Churchill. The most iconoclastic are John Charmley, *Churchill: The End of Glory** (1993), who thinks Churchill's refusal of a compromise peace cost Britain its empire and world power, and Clive Ponting, *Churchill* (1994) and *1940: Myth and Reality* (1990), who sees confusion and mismanagement. More balanced assessments are Robert Blake and Wm. Roger Louis, eds., *Churchill* * (1996); Norman Rose, *Churchill: The Unruly Giant* (1995); and Sheila Lawlor, *Churchill and the Politics of War 1940 –1941** (1994).

Authoritative for Germany is the multi–volume series, Wilhelm Deist et al., *Germany and the Second World War* (1990 –). Percy Ernst Schramm based his classic work on Hitler as strategist, *Hitler: The Man and the Military Leader* * (reprint ed. 1999), on his war council minutes. The latest in a long series of works on Hitler's relations with the German high command, Geoffrey P. Megargee's scholarly *Inside Hitler's High Command* (2000), gives the officers high marks for technical competence and low marks for strategic understanding. For the German air war, see Williamson Murray, *Strategy for Defeat: The Luftwaffe, 1933–1945**(1996). Norman Rich, *Hitler's War Aims*, 2 vols. (new ed. 1992), is still useful here.

The Eastern front, where the decisive land battles were fought, is treated most authoritatively, from both German and Russian sources, in Rolf–Dieter Müller and Gerd R. Uebershär, *Hitler's War in the East* *(1997). Alan Clark, *Barbarossa: The Russo–German Conflict** (reprint ed. 2001), is a lively account. See also Earl F. Ziemke, *Moscow to Stalingrad: Decision in the East* (1987), and John Erickson's exhaustive *The Road to Stalingrad* *(reprint ed. 2003). Omer Bartov shows in *The Eastern Front, 1941–1945: German Troops and the Barbarization of Warfare*,* 2nd ed. (2001) and *Hitler's Army** (1996) that the army was as brutal as the SS on the eastern front.

Mussolini's role in the war is best recounted in MacGregor Knox, *Mussolini Unleashed* (1982), *Hitler's Italian Allies(2000)*, and *Common Destiny: Dictatorship, Foreign Policy, and War in Fascist Italy and Nazi Germany*(2000). The other end of the story is in F. W. Deakin, *Brutal Friendship: Mussolini, Hitler, and the Fall of Italian Fascism** (reprint ed. 2002).

Stephen W. Roskill, *The War at Sea,1939 – 1945*, 3 vols.(1952–1961, reprint ed. 1994), the official history, is basic for the British side. For the U. S. side, see Samuel Eliot Morison, *History of U.S. Naval Operations in World War II*(1947–1962, condensed ed. 2003*).

Alan S. Milward, *War, Economy and Society*

(1977, reprint ed. 1993), is an excellent introduction to the war's social and economic aspects. The usual view that Hitler planned short, limited military actions (*Blitzkrieg*) rather than total war is challenged byR. J. Overy, *War and Economy in the Third Reich**(1995).

The murder of the Jews is the subject of an immense literature. Master syntheses include Raul Hilberg, *The Destruction of the European Jews*, 3 vols.(3rd ed.2003), based on a lifetime's study of Nazi archives, and Leni Yahil, *The Holocaust: The Fate of European Jewry** (1990), who worked more with the Jewish documents. Martin Gilbert, *Holocaust: A History of the Jews of Europe during the Second World War** (1987), stresses individual experiences. Deborah Dwork and Robert Jan Van Pelt, *Holocaust: A History**(2002), combine a broad canvas with personal details. See also works on Nazi anti-Semitism listed at the end of chapter 11. Historical debates are reviewed in Michael R. Marrus, *The Holocaust in History*,* 2nd ed. (2002); Michael Berenbaum and Abraham J. Peck, *The Holocaust and History: The Known, the Unknown, the Disputed, and the Reexamined* * (new ed. 2002); Yehuda Bauer, *Rethinking the Holocaust* (2000); Omer Bartov, *Holocaust Origins, Implementation, and Aftermath** (2000); and Donald L. Niewyk, *The Holocaust: Problems and Perspectives of Interpretation*,* 3rd ed.(2002).

Daniel J. Goldhagen dramatically highlighted the unrepentant sadism of the perpetrators in *Hitler's Willing Executioners: Ordinary Germans and the Holocaust** (1997) but recklessly blamed German national character (many perpetrators were not German).

Christopher Browning deals expertly with the absence of a Hitler order and other problems of command, motivation, and timing in many works, including *Ordinary Men: Reserve Police Battalion 101 and the Final Solution in Poland** (new ed. 2001); *The Path to Genocide: Essays on Launching the Final Solution* (1992); *Nazi Policy, Jewish Workers, German Killers**(2000); and especially his masterful *Origins of the Final Solution*(2004). Jonathan Steinberg, *All or Nothing: The Axis and the Holocaust** (1994), looks at Italian help and obstruction. Philippe Burrin, *Hitler and the Jews: The Genesis of the Holocaust** (1998), dates the final decision to late 1941, with Hitler's rage at the failure of his armies to conquer Moscow before winter. Geoff Eley, *The "Goldhagen Effect": History, Memory, Fascism: Facing the German Past* (2000), reconsiders efforts to come to terms with guilt.

Alexander Dallin, *German Rule in Russia, 1941–1945*, 2nd ed.(1981), is a particularly revealing monograph about Nazi occupation priorities. Other occupation regimes and collaborationist responses are treated in Louis de Jong, *The Netherlands and Nazi Germany* (1990); Robert O. Paxton, *Vichy France: Old Guard and New Order*,* 2nd ed. (2000); John Sweets, *Choices in Vichy France** (1994); Philippe Burrin, *France under the Germans** (1998); Alan S. Milward, *The New Order and the French Ecoomy* (reprint ed. 1993); Oddvar K. Hoidal, *Quisling: A Study of Treason* (1989); Hans Fredrick Dahl, *Quisling: A Study in Treachery* (1999); Vojtech Mastny, *The Czechs under Nazi Rule* (1971); and Mark Mazower, *Inside Hitler's Greece**(1995). Martin Conway's study of ideological collaborationists, *Collaboration in Belgium: Léon Degrelle and the Rexist Movement* (1993), needs to be supplemented by John Gillingham's study of the more pragmatic collaboration of businessmen, *Belgian Business in the Nazi New Order*(1977).

Peter Hoffmann, *The German Resistance to Hitler** (1988), is a condensed version of his exhaustive *History of the German Resistance*,* 3rd ed. (1996); despite its title, it concerns almost entirely the conservative resistance, as do Joachim Fest, *Plotting Hitler's Demise: The Story of the German Resistance** (1997) and Theodore S. Hamerow, *On the Road to the Wolf's Lair: German Resistance to Hitler** (1997). Much less has been written in English about the left-wing and exile resistance, but L. E. Hill, "Towards a New History of *German Resistance to Hitler*," *Central European History*, vol. 14, no. 4(December 1981), tries to redress the balance. Klemens von Klemperer, *The German Resistance against Hitler: The Search for Allies Abroad, 1938-1945** (1993), deplores Western unresponsiveness. Francis R. Nicosia and Lawrence D. Stokes, *Germans against Nazism: Non-conformity, Opposition and Resistance in the Third Reich* (1992), looks at more diverse kinds of non-conformity, as do David C. Large, ed., *Contending with Hitler: Varieties of German Resistance to the Third Reich**(1994), and Hans Mommsen, *Alternatives to Hitler: German Resistance Under the Third Reich* (2003). There are probing essays and case studies in Michael Geyer and John Boyer, eds., *Resistance against the Third Reich**(1994).

Various types of resistance in German-occupied Europe are analyzed in Jacques Semelin, *Unarmed against Hitler** (1993); Henri Michel, *The Shadow War* (1972); and Jorgen Haestrup, *Europe Ablaze: An Analysis of the History of the European Resistance* (1939-1945)(1978). Alan Milward applies cost-benefit analysis to the resistance in Stephen Hawes and Ralph White, eds., *Resistance in Europe 1939-1945*(1975). James D. Wilkinson, *The Intellectual Resistance in Europe* (1981), treats antifascist intellectuals in France, Germany, and Italy.

Charles Delzell, *Mussolini's Enemies*(1961), is still basic for the resistance in Italy. See also Philip Cooke, ed., *The Italian Resistance: An Anthology** (1998). Most thoughtful in English on the French resistance is H. Roderick Ked-ward, *Resistance in Vichy France* (1978) and *In Search of the Maquis** (1993). For the two most enduring anti-Hitler leaders, see Walter R. Roberts, *Tito, Mihailovic' and the Allies, 1941-1945** (1987), and Jean Lacouture's massive biography of General De Gaulle. Among many other shorter biogra-phies of *De Gaulle*, see Julian Jackson, *De Gaulle** (2003), and Charles G. Cogan, *Charles De Gaulle: A Brief Biography with Documents** (1996). De Gaulle's own trenchant words have no equal: *The Complete War Memoirs of Charles De Gaulle*,* 3 vols.(reprint ed.1998). Recent work on women in the resistance includes Margaret Collins Weitz, *Sisters in the Resistance: How Women Fought to Free France, 1940-1945**(1998), and Dorothee Von Meding, *Courageous Hearts: Women and the Anti-Hitler Plot of 1944*(1997).

第 15 章

For growing U.S. influence over Allied strategy, Forrest C. Pogue's official history, *The Supreme Command** (reprint ed. 2003), and his *George C. Marshall: Organizer of Victory, 1943-1945*(1973), are still basic. The British equivalent is J. R. M. Butler, et al., *Grand Strategy*(1957-1972). Winston S. Churchill, *The Second World War*, 6 vols.(1948-1953), presents the British leader's own epic vision (but see the works about him cited at the end of the previous chapter). In addition to the Schramm work on Hitler as strategist cited at the end of chapter 14, see Ronald Lewin's suggestive *Hitler's Mistakes** (1987).

John Keegan, *Six Armies in Normandy*,* (revised ed. 2001), treats various national forces after D-Day with verve and empathy. David Eisenhower, *Eisenhower at War, 1943-1945*(1991), reviews fairly the dispute between his grandfather and Montgomery over the proposed dash for Berlin. Stephen E. Ambrose defends Ike in his authorized biography, *Eisenhower: Soldier and President** (reprint ed.

2003). The British point of view is laid out in Field Marshal Lord Alanbrooke, *War Diaries, 1939–1945** (2003), and powerfully defended in Chester Wilmot, *Struggle for Europe** (1952, reprint ed. 1998).

Impressively informed and balanced are Russell F. Weigley, *Eisenhower's Lieutenants: The Campaign of France and Germany** (reprint ed. 1990), and Max Hastings, *Overlord: D-Day and the Battle for Normandy 1944 ** (reprint ed.1999). For a soldier's point of view, see Paul Fussell, The Boys' Crusade: *The American Infantry in Northwestern Europe, 1944–1945*(2003).

For the decisive Soviet victories in the East, in addition to works cited at the end of chapter 14, see Earl F. Ziemke, *Stalingrad to Berlin* (1968, reprint ed.2003), and John Erickson, *The Road to Berlin** (1983, reprint ed. 2003). Christopher Duffy, *Red Storm on the Reich** (2000), recalls German suffering, a bit one-sidedly.

The main innovation in recent military history is assessing the importance to Allied victory of access to German codes, kept secret until the 1970s. F. H. Hinsley, *British Intelligence in the Second World War*, 5 vols. (1979–1988), is the most scholarly treatment. See also Ronald Lewin, *Ultra Goes to War** (2001), and David Kahn, *Seizing the Enigma* (1997). Wladyslaw Kozaczuk, *Enigma* (1984), adds the essential Polish and French contributions.

Lloyd C. Gardner, *Spheres of Influence** (1994), gives an up-to-date overview of international relations between Munich and Yalta. See also Keith Sainsbury, *The Turning Point** (1985), on the Moscow, Cairo, and Teheran conferences, and the same author's *Churchill and Roosevelt at War* (1994). See also Jon Meacham, *Franklin and Winston: An Intimate Portrait of an Epic Friendship* (2003).

The Cold War has produced long and bitter disputes. The first generation focused on charges that Roosevelt had conceded too much to Stalin. William H. McNeill, *America, Britain, and Russia: Their Co-operation and Conflict* (1953, reprint ed. 1987), refuted them. The view that Stalin's "thrusts" provoked a legitimate reaction from peaceful Americans was embodied in its most scholarly form in the many works of a State Department economist, Herbert Feis: *Churchill, Roosevelt, Stalin: The War They Waged and the Peace They Sought,** 2nd ed. (reprint ed. 2003), *Between War and Peace: The Potsdam Conference** (reprint ed. 2003), and *From Trust to Terror: The Onset of the Cold War, 1945–1951*(1970). A new round began in the late 1960s when "revisionist" historians claimed that the United States pursued a self-interested agenda, and at times struck the first blows. William Appleman Williams, *The Tragedy of American Diplomacy,** 2nd ed. (1972, reprint ed.1994); Gabriel Kolko, *The Politics of War* (1968, reprint ed. 1990); and Gabriel Kolko and Joyce Kolko, *The Limits of Power* (1972), all stressed the active American economic agenda.

John L. Gaddis, *The United States and the Origins of the Cold War, 1941–1947 ** (1972, new ed. 2001), reconsidered much of the documentation of American foreign policy in the light of the revisionists' charges, but accepted few of their conclusions. Walter Lafeber, *America, Russia, and the Cold War,* * 9th ed.(2002), is more sympathetic to revisionism. A valuable overall assessment is Daniel Yergin, *Shattered Peace: The Origins of the Cold War and the National Security State,** (revised ed.1990). Robert J. McMahon and Thomas G. Paterson, eds., *The Origins of the Cold War,** 4th ed. (1998), reviews the debates. Martin McCauley, *Origins of the Cold War,** 3rd ed. (2003), is a useful brief introduction. Odd Arne Westad, ed., *Reviewing the Cold War** (2000), provides an illuminating international perspective, as does Melvyn Leffler and David S.

Painter, *Origins of the Cold War: An International History** (1994). The Soviet side is being rewritten from Russian archives. The authoritative Vladislav Zuboc and Constantin Pleshakov, *Inside the Kremlin's Cold War** (1996), argues that Stalin started the Cold War and the Americans continued it. See also Vojtech Mastny, *Russia's Road to the Cold War* (1979) and *The Cold War and Soviet Insecurity: The Stalin Years**(1996).

第16章

William I. Hitchcock, *The Struggle forEurope, 1945-2002* (2003), gives a lively overview. Marc Trachtenberg, *A Constructed Peace: The Making of the European Settlement**(1999), shows the postwar order emerging from compromises. Gordon A. Craig and Francis L. Loewenheim, *The Diplomats, 1939-1979**(1994), reveals much about international relations through its main practitioners.

Michael J. Hogan, *The Marshall Plan:America, Britain, and the Reconstruction of Western Europe* (1989), reviews the American role in European reconstruction. Alan Milward, *The Reconstruction of Western Europe** (1987), finds that U.S. aid had less impact than indigenous resources. John Gillingham, *Coal, Steel and the Rebirth of Europe, 1945-1955**(new ed. 2004), is a good guide to the beginnings of European integration. See also John Gimbel, *The Origins of the Marshall Plan* (1976), Stanley Hoffmann, ed., *The Marshall Plan: A Retrospective* (1984), Martin A. Schain, *The Marshall Plan Fifty Years After* (2001), and Charles S. Maier and Gunter Bischof, eds., *The Marshall Plan and Germany*(1991).

The Bretton Woods system's creation and vicissitudes are authoritatively treated by Harold James, *International Monetary Cooperation since Bretton Woods*(1996). Charles P. Kindleberger, *A Financial History of Western Europe*,* 2nd ed. (1993), assumes basic knowledge. Richard N. Gardner, *Sterling-Dollar Diplomacy*, 2nd ed.(1981), is still useful for American postwar financial influence.

Charles S. Maier compared the aftermaths of the two World Wars in a seminal article, "The Two Post-War Eras and Conditions for Stability in Twentieth-Century Western Europe," *American Historical Review*, vol. 86, no 2 (April 1981), reprinted in Maier, *In Search of Stability: Explorations in Historical Political Economy**(1987).

Gosta Esping-Andersen, *The Three Worlds of Welfare Capitalism** (1992), along with works by Peter Baldwin and Peter Flora and Arnold J. Heidenheimer cited at the end of chapter 10, make clear the broad constituency of the postwar European welfare state. See also Douglas Ashford, *The Emergence of the Welfare States*(1987).

How war victims were remembered and portrayed is studied by Pieter Lagrou, *Legacy of the Nazi Occupation: Patriotic Memory and National Recovery in Western Europe, 1945-1965*(2000), a sophisticated example of the new cultural history.

In addition to the works on individual countries cited at the end of chapter 1, the following deal more particularly with the postwar period.

Henry A. Turner Jr., *Germany from Partition to Reunification*,* 2nd ed. (1992), and Anthony J. Nicholls, *The Bonn Republic: West German Democracy, 1945-1990* * (1997), are excellent introductions. A positive view of West German democracy is detailed in Dennis L. Bark and David R. Gress, *A History of West Germany, 1945-1991*, 2 vols. (1993), whereas J. M. Dennison and Mike Dennis, *The Rise and Fall of the German Democratic Republic, 1945-1990* (2000), and Feiwel Kupferberg, The Rise and Fall of the German Democratic Republic (2002), are useful studies of the other side. Occupation and denazification are evoked in Noel Annan, *Changing Enemies: The Defeat and Regener-*

*ation of Germany**(1996). Relations between the two Germanies are probed deeply by A. James McAdams, *Germany Divided* *(1993). The most authoritative biography of Adenauer is by Hans-Peter Schwarz, 2 vols.(1995-1997). Ralf Dahrendorf, *Society and Democracy in Germany* (1967, reprint ed. 1993), is a classic reflection on how destructions by Nazism and the war opened spaces for building a democratic political culture. Alfred-Mau-rice de Zayas, *A Terrible Revenge** (1994), recalls the expulsion of Germans from East-Central Europe after 1945.

The standard work on the postwar British Labour government is Kenneth O. Morgan, *Labour in Power 1945-1951**(1985). See, more generally, his *Britain Since 1945: The People's Peace*,* 2nd ed. (2002).

The most complete account of postwar France is Jean-Pierre Rioux, *The Fourth Republic** (1989). Frank Giles, The Locust Years: *The History of the Fourth French Republic, 1946-1958* (1995), is a well-informed political narrative. Best on postwar Italy in any language is Paul Ginsborg, *A History of Contemporary Italy, 1943-1988**(reprint ed. 2003). Donald Sassoon, *Contemporary Italy** (1997), is packed with information.

Helpful for Spain are Stanley G. Payne, *The Franco Regime: 1936-1975* (1987), and Adrian Shubert, *A Social History of Modern Spain*(1990).

Thomas W. Simons Jr., *Eastern Europe in the Postwar World*, 2nd ed.(1993), is a cogent introduction, while Joseph Rothschild and Nancy Wingfield, *Return to Diversity: A Political History of East Central Europe since World War II*,* 3rd ed.(1999), is the best longer history. T. Ivan Berend, *Central and Eastern Europe, 1944-1993: Detour from the Periphery to the Periphery* (1999), is best for economic history. See Adam B. Ulam, The Communists: *The Story of Power and Lost Illusions, 1948-1991* (1992), generally for the postwar Soviet Union. Use Mark Pittaway, *Eastern Europe: States and Societies, 1945-2000* (2004), for that region, and Hans Renner, *The History of Czechoslovakia since 1945*,* 2nd ed.(1996), for that country.

第 17 章

Stalin's paranoid last days are grimly described by his daughter Svetlana Alliluyeva in *Twenty Letters to a Friend*(1967), and by Milovan Djilas, *Conversations with Stalin** (1963). Amy Knight, *Beria: Stalin's First Lieutenant** (1993), draws on newly opened Soviet archives.

Donald Filtzer, *The Khrushchev Era, 1953-1964** (1996) is a good short introduction. William Taubman, *Khrushchev: The Man and His Era** (2004), is the latest biography. *Khrushchev Remembers: The Glasnost Tapes* (1990) gives partial but fascinating glimpses, and Sergei Khrushchev speaks revealingly about his father in *Nikita Khrushchev and the Creation of a Superpower* (2000). An important work of postCommunist Russian scholarship, Vladislav Zubok and Constantine Pleshakov, *Inside the Kremlin's Cold War**(reprint ed. 2001), includes a penetrating portrait of Khrushchev as the last romantic "true believer." George W. Breslauer, *Khrushchev and Brezhnev as Leaders* (1982), finds that the two leaders' styles differed more than the issues and systems of rule they faced. Geoffrey A. Hosking, *The First Socialist Society: A History of the Soviet Union from Within*,* 2nd ed.(1993), examines the workings of the Soviet social system. Moshe Lewin, *The Gorbachev Phenomenon: A Historical Interpretation*,* 2nd ed. (1991), though dated in some details, remains essential for the social underpinnings of all Soviet regimes since Stalin. The works on Soviet government cited at the end of chapter 8 are still relevant here.

David Holloway, *Stalin and the Bomb**(1996), shows that Stalin benefited from espionage for the A-bomb but not for the H-bomb and explores the strains and compatibilities between dictatorship and world-class physics; David Joravsky, *The Lysenko Affair** (1970, reprint ed. 1986), does the same for genetics. See also Loren R. Graham, *Science and the Soviet Social Order*(1990).

The books by Simons and Rothschild suggested after the previous chapter are still basic here. François Fejtö, *History of the Peoples' Democracies* (1971), the still-useful work of a very well informed Hungarian emigré, argues that Stalin tightened control in 1947 out of fear that central Europe was being drawn into the Western orbit. Hugh Seton-Watson, *The East European Revolution*, 3rd ed.(reprint ed.2003), believes that Stalin meant from the beginning to sovietize it. The important work of Zubok and Pleshakov, cited above, says Hiroshima and the Marshall Plan hardened Stalin.

In addition to the study of postwar Czech history by Hans Renner, mentioned at the end of chapter 16, refer to Karel Kaplan, *The Short March: The Communist Takeover in Czechoslovakia, 1945-1948* (1987). Yugoslavia is examined by Ivo Banac, *The National Question in Yugoslavia**(revised ed. 1988), along with the national histories cited at the end of chapters 1 and 16. Richard West, *Tito and the Rise and Fall of Yugoslavia** (1996), blames refractory Croats, as does Aleksa Djilas, *Contested Country: Yugoslav Unity and Communist Revolution**(1996).

For the two most dramatic examples of East European resistance to Communist rule, one may begin with Klaus Harpprecht, *The East Grman Rising: Seventeenth June 1953* (1979). Useful works on Hungary include Paul E. Zinner, *Revolution in Hungary* (reprint ed. 1977), Bela Kiraly, *The First War between Socialist States: The Hungarian Revolution of 1956 and its Impact*(1984)(the work of a Hungarian general escaped to the West), and Gyorgy Litvan, *The Hungarian Revolution of 1956*(1996). Works on the German Democratic Republic are listed at the end of chapter 16.

第 18 章

Recommended works on the origins of the Cold War are found in the bibliography to chapter 15. For its continuation, see John L. Gaddis, *The Long Peace**(1989), and the valuable chapter "The Berlin Crisis" in Marc Trachtenberg, *History and Strategy** (1991). Charles S. Maier, ed., *The Cold War in Europe,** 3rd ed.(1997), contains stimulating articles on its impact, both domestic and international.

In addition to works noted at the end of chapter 16, the beginnings and course of European integration are surveyed in Derek W. Urwin, *The Community of Europe: A History of European Integration since 1945,** 3rd ed.(2004). Andrew Moravcsik, *The Choice for Europe: Social Purpose and State Power from Messina to Maastricht** (1998), concludes that European integration was pushed forward by the member states. Alan Mil-ward finds similarly in *The European Rescue of the Nation State*, 2nd ed. (2000), that the European states adopted economic integration to further national ends. Jean Monnet's *Memoirs*(1978) reveal the Father of Europe's methods and passion. See also Douglas Brinkley and Clifford Hackett, *Jean Monnet: The Path to European Unity**(1992), and François Duchene, *Jean Monnet: The First Statesman of Interdependence** (1994). John Gillingham, *European Integration: Superstate or New Market Economy?** (2003), argues that the supranationalism of Monnet was a dead end.

For European military integration and German rearmament, see Edward Furdson, *The European Defense Community*(1980). One may still consult F. Roy Willis, *France, Germany, and theNew Europe, 1945-1967* (1968), and Robert McGeehan, *The*

*German Rear-mament Question**(1971).

Lawrence S. Kaplan is the author of standard works on NATO, for example *NATO and the United States: The Enduring Alliance**(1994) and *The Long Entanglement: The United States and NATO After Fifty Years** (1999). There are interesting essays in Francis H. Heller and John Gillingham, eds., *NATO: The Founding of the Atlantic Alliance and the Integration of Europe* (1992), and, by the same editors, *The United States and the Integration of Europe: Legacies of the Postwar Era*(1996).

In addition to works on Soviet foreign policy by Adam Ulam mentioned earlier, see Alvin Z. Rubinstein, *Soviet Foreign Policy since World War II*, 4th ed.(1991). Soviet military policy is considered by Honoré M. Catudal, *Soviet Nuclear Strategy from Stalin to Gorbachev* (1989); western military policy by Andrew Pierre, *Nuclear Weapons in Europe* (1984) and *The Conventional Defence of Europe* (1986).

For East European economic integration, consult Jenny Brine, *COMECON: The Rise and Fall of an International Socialist Organization* (1992); for military integration, use Robin A. Remington, *Warsaw Pact,** 2nd ed.(1996); and David Holloway and James M. Sharp, eds., *Warsaw Pact: Alliance in Transition?* (1984). Charles Gati, *The Bloc That Failed* (1990), gives their postmortem. Western-Soviet conflict over Berlin is studied in Robert M. Slusser, *The Berlin Crisis of 1961** (1973), and Honoré M. Catudal, *Kennedy and the Berlin Crisis* (1986).

Recent works on the loss of European empires include M. E. Chamberlin, *Decolonization: The Fall of the European Empires,** 2nd ed.(1999); Raymond F. Betts, *Decolonization,** 2nd ed.(2004); and (for Britain) D. A. Low, *Eclipse of Empire** (1993). For Britain's withdrawal from south Asia, one can begin with Judith M. Brown, *Modern India,** 2nd ed. (1994), and Ayesha Jalal, *The Sole Spokesman: Jinnah, the Moslem League, and the Demand for Pakistan** (1994). Africa is treated by John D. Hargreaves, *Decolonization in Africa,** 2nd ed.(1996); David Birmingham, *The Decolonization of Africa** (1995); Henry S. Wilson, *African Decolonization** (1999); and Prosser Gifford and Wm. Roger Louis, *Decolonization and African Independence* (1988). For the French war in Indochina, see Jacques Dalloz, *The War in Indochina* (1990). A gripping work on the Franco-Algerian War, based on materials from both sides, is Alistair Horne, *Savage War of Peace** (reprint ed.2002); see also John Talbott, *The War without a Name* (1980). Anthony Clayton, *The Wars of French Decolonization** (1995), covers both. Howard M. Sachar, *Europe Leaves the Middle East, 1936-1954* (1972), may be supplemented by Anthony Gorst, *The Suez Crisis** (1997), and Diane B. Kunz, *The Economic Diplomacy of the Suez Crisis** (1991).

第19章

Frank B. Tipton and Robert Aldrich, *An Economic and Social History of Europe from 1939 to the Present** (1987), provides solid background. There are suggestive observations about consumer society, weighted toward the French experience, in Antoine Prost and Gérard Vincent, eds., *Riddles of Identity in Modern Times*, vol. 5 of *A History of Private Life* (1991). Donald Sassoon, *One Hundred Years of Socialism: The Western European Left in the Twentieth Century** (1998), ranges widely, emphasizing the years after 1945.

The works on economic recovery cited at the end of chapter 16 are still relevant here. A classic defense of Keynesian managed capitalism is Andrew Shonfield, *Modern Capitalism* (1969). The boom years of 1953-1973 are put into perspective in Stephen A. Marglin and Juliet B. Schor, eds., *The*

*Golden Age of Capitalism: Reinterpretation of the Postwar Experience** (1990), and John H. Goldthorpe, "Problems of Political Economy after the Postwar Period," in Charles S. Maier, ed., *Changing Boundaries of the Political* *(1987). See also Philip Armstrong, Andrew Glyn, and John Harrison, *Capitalism since 1945**(1991).

Trade-offs between leisure and consumption are explored in Susan Strasser, Charles McGovern, and Matthias Judt, eds., *Getting and Spending: European and American Consumption in the Twentieth Century** (1998), and Gary Cross, *Time and Money: The Making of Consumerist Modernity**(1993). Les Haywood et al., *Understanding Leisure**(1999), includes history. Victoria De Grazia and Ellen Furlough, eds., *The Sex of Things: Gender and Consumption in Historical Perspective** (1996), adds an essential dimension. While Carl Gardner and Julie Sheppard, *Consuming Passion: The Rise of Retail Culture* (1989), treat Britain, they introduce larger issues.

Religion in postwar Europe is examined by Suzanne Berger, "Religious Transformation and the Future of Politics," in Charles S. Maier, ed., *Changing Boundaries of the Political** (1987). Jackson W. Carroll, Wade C. Roof, et al., eds., *The Postwar Generation and the Establishment of Religion*(1995), contains interesting essays.

The books on the welfare state listed at the end of chapter 16 are also useful here.

Anthony Giddens argues in *The Class Structure of Advanced Societies* (1975) that the welfare state consolidated capitalism. For the supposed effects of prosperity on class relations, see John Goldthorpe, *The Affluent Worker: Political Attitudes and Behavior*(1968), and David Lockwood, *The Black-Coated Worker: A Study in Class Consciousness,** 2nd ed. (1989). Richard F. Hamilton, *Affluence and the French Worker in the Fourth Republic*(1967), found that French workers voted according to the political affiliation of their union rather than by income. The classic texts of the "end of ideology" thesis are Daniel Bell, *The End of Ideology**(1960, revised ed. 2000), and Raymond Aron, *Opium of the Intellectuals**(1975, reprint ed. 2001).

Stephen R. Graubard, ed., *The NewEurope?* (1964), reflects the optimism about further European integration current in the 1960s; so does Carl J. Friedrich, *Europe: An Emergent New Nation?* (1970). A number of interesting studies treat the transformation of rural life.Lawrence Wylie, *Village in the Vaucluse,** 3rd ed.(1974), is justly regarded as a classic. Other fine village studies include Ronald Blythe, *Akenfield* * (1980); Pierre-Jakez Hélias, *The Horse of Pride** (1980); Edgar Morin, *The Red and the White: Report from a French Village* (1970); Benjamin R. Barber, *The Death of Communal Liberty: A History of Freedom in a Swiss Mountain Canton**(1974); Julian Pitt-Rivers, *People of the Sierra,** 2nd ed. (1971, reprint ed.1996); Ruth Behar, *The Present and the Past in a Spanish Village** (1991); and Susan Carol Rogers, *Shaping Modern Times in Rural France: The Transformation and Reproduction of an Aveyronnais Community* (1991). Sidney Tarrow, *Peasant Communism in Southern Italy*(1967), discusses the political radicalism of declining agriculture.

The social conflicts of the late 1960s are analyzed most thoroughly in Robert J. Flanagan, David W. Soskice, and Lloyd Ulman, *Unionism, Economic Stabilization, and Incomes Policies: The European Experience**(1983), and Colin Crouch and Alessandro Pizzorno, eds., *The Resurgence of Class Conflicts in Western Europe since 1968,* 2 vols.(1983). Vivid narratives are David Caute, *Sixty-Eight: The Year of the Barricades** (1988), and Robert V. Daniels, *Year of the Heroic Guerrilla: World Revolution in 1968** (1989), the latter giving less attention to Europe. For particular countries, see Sidney Tarrow, *Democracy and Disorder: Protest and Politics in Italy, 1965–1975**(1989), and Keith A. Reader and Khursheed Wadia, *The May 1968 Events in France* (1993).

Daniel Wheeler, *Art since Mid–Century:1945 to the Present** (1991), is a good introduction. For the social history of film in Europe since World War II, see Pierre Sorlin, *European Cinemas, European Societies, 1939–1990**(1991).

Two European intellectuals disappointed by the uses to which working people put their leisure time and consumer power are Ignazio Silone, *Emergency Exit* (1968), and Richard Hoggart, *The Uses of Literacy**(1957, reprint ed. 2001).

第20章

The works on the cold war cited at the end of chapter 18 are fundamental here too. See also John Gaddis, *Russia, the Soviet Union, and the United States,** 2nd ed.(1990).

Raymond Garthoff, *Détente and Confrontation: American–Soviet Relations from Nixon to Reagan** (revised ed. 1994), looks coolly at both sides. Fred Halliday, *The Making of the Second Cold War*, 2nd ed.(1986), considers the United States primarily responsible for the end of détente. Soviet and Western missile strategies are best followed in the works by Honoré M. Catudal and Andrew Pierre cited at the end of chapter 18.

The most authoritative study of de Gaulle's rule is Jean Lacouture, *De Gaulle: The Ruler, 1945–1970* (1992), a sympathetic account based on massive interviewing. In addition to those mentioned at the end of chapter 14, Andrew Shennan, *De Gaulle**(1995), is an up–to–date one–volume biography; see also the penetrating chapters on de Gaulle by Stanley Hoffmann in *Decline or Renewal? France since the 1930s*(1974). Excellent studies of de Gaulle's challenge to American leadership are Edward A. Kolodziej, *French I nternational Policy under de Gaulle and Pompidou*(1974); Michael Harrison, *Reluctant Ally: France and Atlantic Security* (1981); and Philip G. Cerny, *The Politics of Grandeur* (1980). Authoritative for the Fifth French Republic is Serge Berstein, *The Republic of De Gaulle* (1993).

Willy Brandt's agreements with Germany's eastern neighbors are scrutinized by William E. Griffith, *The Ostpolitik of the Federal Republic of Germany* (1978); see also Brandt, *My Life in Politics* (1992). Clay Clemens, *Reluctant Realists: The CDU–CSU and West German Ostpolitik*(1989), provides the sequel. The Franco–German tandem within the European Community is explored by Haig Simonian, *The Privileged Partnership*(1985).

The functioning of the European Economic Community is thoroughly laid out in Helen Wallace and William Wallace, *Policy–Making in the European Community*, 4th ed.(2000), and by other works noted at the end of chapter 23. Paul Taylor, *The Limits of European Integration* (1983), reflects the climate of the period of "Euroscepticism."

For the U.S. side in détente, in addition to Henry Kissinger's memoirs, *White House Years* (1979, reprint ed.1999), *Years of Upheaval*(1982, reprint ed. 1999), and *Years of Renewal* *(1998), Robert D. Schulzinger, *Henry Kissinger: Doctor of Diplomacy** (1989), is the least polemical of several biographies. Walter Isaacson, *Kissinger: A Biography** (1993), has more personal detail. See more generally Richard C. Thornton, *The Nixon Kissinger Years: The Reshaping of American Foreign Policy** (new ed. 2002).

Most complete on the Sino–Soviet rift is Alfred D. Low, *The Sino–Soviet Dispute* (1976), followed by his *Sino–Soviet Confrontation*(1987). Soviet reactions to polycentrism can be studied in works on foreign policy by Adam Ulam and Alvin Z. Rubinstein cited at the end of chapters 16 and 18.

第21章

Moshe Lewin, *The Gorbachev Phenomenon: A Historical Interpretation,** 2nd ed. (1991), though dated in some details, situates all post-Stalin Soviet leaders within a long process of social modernization; see also George Breslauer's comparison of Khrushchev and Brezhnev cited at the end of chapter 17. There is no satisfactory biography of Brezhnev. Edwin Bacon and Mark Sandler, eds., *Brezhnev Reconsidered* (2003), find some good in him, aided by some nostalgic Russians.

The works on Soviet government by Jerry Hough and Merle Fainsod, first cited at the end of chapter 8, and on Soviet society by Geoffrey Hosking, recommended at the end of chapter 17, are still important here. In addition to the general histories of twentieth-century Russia noted at the end of chapter 1, Ronald G. Suny, *The Soviet Experiment**(1999), assesses the whole regime. Marshall I. Goldman, *The USSR in Crisis: The Failure of an Economic System* (1983), is admirably clear and nontechnical on economic stagnation.

Still useful for the Brezhnev era are Archie Brown and Michael Kaser, *The Soviet Union since the Fall of Khrushchev*, 2nd ed.(1978), and its sequel, *Soviet Policy for the 1980s*(1982).

The works of Simons and Rothschild cited at the end of chapter 16 are the place to begin for Eastern Europe. The "Czechoslovak Spring" and Soviet intervention are covered in Jiri Valenta, *Soviet Intervention in Czechoslovakia, 1968** (revised ed. 1991), H. Gordon Skilling, Czechoslovakia's Interrupted Revolution (reprint ed.1992), and in the Renner work cited at the end of chapter 16. For "Goulash Communism," see Rudolf L. Tökés, *Hungary's Negotiated Revolution** (1996); Ivan T. Berend, *Hungarian Economic Reforms, 1953-1988* (1990); and the relevant sections of Miklos Molnar, *From Béla Kun to János Kádár: Seventy Years of Hungarian Communism*(1990). The economist János Kornai offers a rationale for a reformed socialist economy in *The Socialist System: Political Economy of Socialism**(1992).

Abraham Brumberg, ed., *Poland: Genesis of a Revolution**(1983) includes some eye-witness material, as does the vivid reportage of Lawrence Weschler, *The Passion of Poland* (1984). See more recently Timothy Garton Ash, *The Polish Revolution: Solidarity,** 3rd ed.(2002), and Arista M. Cirtautas, *The Polish Solidarity Movement*(1997).

In addition to the works on the German Democratic Republic cited at the end of chapter 16, consult Konrad Jarausch, *Dictatorship as Experience: Toward a Socio-Cultural History of the German Democratic Republic*(1999), and David Childs, *The Stasi*(1996). In addition to works on Yugoslavia recommended at the end of chapter 17, see John R. Lampe, *Yugoslavia as History: Twice There was a Country,** 2nd ed.(2000).

第22章

Daniel Yergin, *The Prize** (1993), gives the fullest account of the oil crisis. Robert Skidelsky, ed., *The End of the Keynesian Era*(1977), examines economic policy dilemmas after the slowdown began.

Marglin and Schor, *The Golden Age of Capitalism*, already listed at the end of chapter 19, seeks deeper reasons for lowered European economic performance after 1973, as does R. C. Matthews, ed., *Slower Growth in the Western World* (1982). The nontechnical sections of Michael Bruno and Jeffrey Sachs, *The Economics of Worldwide Stagflation* (1985), are enlightening; see also Robert Z. Lawrence and Charles Schultze, eds., *Barriers to European Growth: A Transatlantic View** (1987). British policy trade-offs are examined closely in Bob

Rowthorn and John R. Wells, *Deindustrialization and Free Trade*(1987).

The management of Western European economies is studied by Peter A. Hall, *Governing the Economy: The Politics of State Intervention in Britain and France** (1986). Problems of the European social order are probed by Claus Offe, *Contradictions of the Welfare State**(1984). The difficulties of Sweden, flagship of welfare capitalism, are explored in Barry Bosworth and Alice M. Rivlin, eds., *The Swedish Economy*(1987).

Stephen Castles, *Here for Good: WesternEurope's New Ethnic Minorities*(1984), surveys immigrant populations; see also his *Age of Migration,** 3rd ed.(2003). Michael J. Piore, *Birds of Passage: Migrant Labor and Industrial Societies* (1979), analyzes the way they fit into their host economies, while Stephen Castles and Godulka Kosack, *Immigrant Workers and Class Structure in Western Europe*, 2nd ed. (1985), does the same for society. Grete Brochmann, ed., *Mechanisms of Immigration Control: A Comparative Analysis of European Regulation Policies**(1999), examines the changing management of population flows in Europe. Rogers Brubaker, *Citizenship and Nationhood in France and Germany**(1994), is the deepest study of citizenship in two different national traditions.

Debates about social class shifted after 1973 from "the end of ideology" to the effects of stagnation. Examples are Max Haller, ed., *Class Structure in Europe: New Findings from East-West Comparisons of Social Structure and Mobility** (1988), and John H. Goldthorpe et al., *Social Mobility and Class Structure in Modern Britain,** 2nd ed.(1987).

Conflicting strands within the European Left are surveyed in David Childs, *Two Red Flags: European Social Democracy and Soviet Communism Since 1945** (2000). Eurocommunism's moment of optimism is reflected in Howard Machin, ed., *National Communism in Western Europe: A Third Way for Socialism?*(1983); see also Bernard E. Brown, ed., *Eurocommunism and Eurosocialism: The Left Confronts Modernity*(1979).

For labor issues after 1973, see Peter Lang, George Ross et al., *Unions, Change, and Crisis: French and Italian Union Strategies and the Political Economy, 1945-1980* (1984) and *Unions and Economic Crisis: Britain, West Germany, and Sweden* (1984). Jane Jensen and George Ross, *The View from Inside: A French Communist Cell in Crisis* (1984), is a graphic account of a vigorous grass-roots Left in trouble.

The revival of a violent extreme Right is treated by Luciano Cheles et al., *The Far Right in Europe,** 2nd ed.(1996); Paul Hainsworth, *The Politics of the Extreme Right** (2000); Piero Ignazi, *Extreme Right Parties in Western Europe* (2003); and Martin Schain, Aristide Zolberg, and Patrick Hossay, *Shadows over Europe*(2002).

Excellent accounts of Spain's transition to democracy are Paul Preston, *The Triumph of Democracy in Spain** (1987); Raymond Carr, *Spain: Dictatorship to Democracy,** 2nd ed.(1991); and Kenneth Maxwell and Steven Spiegel, *The New Spain: From Isolation to Influence**(1994).

Well-informed on the Portuguese revolution and its taming are Kenneth Maxwell, *The Making of Portuguese Democracy** (1995), and Lawrence S. Graham and Douglas H. Wheeler, eds., *In Search of Modern Portugal: The Revolution and Its Consequences*(1983).

French socialism's shift toward the center is examined in Howard Machin and Vincent Wright, eds., *Economic Policy and Policy-Making under the Mitterrand Presidency, 1981-1984* (1985). The impact of France's socialist presidency is weighed in Julius W. Friend, *The Long Presidency: France in the Mitterrand Years* (1997), and Ronald Tiersky, *François*

Mitterand: A Very French President(2000).

Hugo Young, *One of Us: The Life of Margaret Thatcher,** 2nd ed. (1993), and John Campbell, *Margaret Thatcher,* 2 vols.(2003), are major biographies; see also Thatcher's memoirs, *Downing Street Years** (1995). Her legacy is evaluated briefly in Anthony Selden and Daniel Collings, *Britain under Thatcher** (2000); in Eric J. Evans, *Thatcher and Thatcherism,** 2nd ed.(2004); and at more length in Peter Jenkins, *Mrs. Thatcher's Revolution*(1988).

John Gillingham, *European Integration* (see chapter 18), examines the period of "Europessimism."

Intellectual celebrities of the 1970s are studied by David Macey, *The Lives of Michel Foucault** (1998); James Miller, *The Passion of Michel Foucault** (2000); Marcel Henaff, *Lévi-Strauss and the Making of Structural Anthropology**(1998); Edmund R. Leach, *Claude Lévi-Strauss** (1989); Allan Megill, *Prophets of Extremity: Nietzsche, Heidegger, Foucault, Derrida** (1985); and Christopher Johnson, *Derrida** (1999). Geoffrey Bennington, *Jacques Derrida** (1999), is accompanied by Derrida's own playful commentary casting doubt on the validity of such a work. Helpful for Habermas are Thomas A. McCarthy, *The Critical Theory of Jürgen Habermas** (1981), and Stephen K. White, *The Cambridge Companion to Habermas** (1995); on the impact of these trends on history, see John Toews, "The Linguistic Turn," *American Historical Review,* vol. 92, no. 4(Oct. 1987).

第23章

Among a multitude of books about Gorbachev, you might start with Martin McCauley, *Gorbachev,** 2nd ed. (2000), and the more analytical Archie Brown, *The Gorbachev Factor**(1997). David Remnick, *Lenin's Tomb** (1994), is a vivid eyewitness narrative.

Leon Aron, *Yeltsin: A Revolutionary Life* (2000), is sympathetic and well-informed. Archie Brown and Lelia Shevtsova introduce political strategies briefly in *Gorbachev, Yeltsin and Putin: Political Leadership in Russia's Transition**(2001), while George W. Breslauer, *Gorbachev and Yeltsin as Leaders**(2002), examines them at more length. See also Michael McFaul, *Russia's Unfinished Revolution: Political Change from Gorbachev to Putin** (2002).

Works on Russia's economic travails have a short shelf life. Among recent works, Marshall I. Goldman, *The Piratization of Russia** (2003), and David Hoffman, *The Oligarchs** (2004), take a dim view, as does Chrystia Freeland's racier *The Sale of the Century** (2000). Andrei Shleifer and Daniel Treisman, *Without a Map: Political Tactics and Economic Reform in Russia**(2002), are more pragmatic. Anders Åslund, *Building Capitalism: The Transformation of the Former Soviet Bloc**(2002), defends shock treatment.

Numerous works on German reunification include Charles S. Maier, *Dissolution: The Crisis of Communism and the End of East Germany**(1999), David Childs, *The Fall of the GDR** (2001), and Elizabeth Pond, *Beyond the Wall: Germany's Road to Unification*(1995). Konrad H. Jarausch, *The Rush to German Unity** (1994), is both an eyewitness account and a historical assessment. Jarausch followed up with *After Unity: Reconfiguring German Identity** (1997).Imanuel Geiss, *The Question of German Unification, 1806-1995** (1997) takes a long view. Peter H. Merkl, *German Unification in the European Context** (1993), and Harold James, ed., *When the Walls Came Tumbling Down: Reactions to German Reunification**(1992), examine the reactions of Germany's neighbors.

Three outstanding on-the-spot accounts of the transformations of Eastern Europe in 1989 and after are Timothy Garton Ash, *The Magic Lantern**(1990) and *History of the Present*(1999), and *Misha Glenny, The Rebirth of History** (reprint ed. 2001); see also Gale Stokes, *The Walls Came Tumbling Down** (1993). Particular Eastern European transformations are treated in Robin Shepherd, *Czechoslovakia: The Velvet Revolution and Beyond* (2000); Bernard Wheaton and Zdenek Kavan, *The Velvet Revolution: Czechoslovakia, 1988–1991** (1992); Richard F. Staar, ed., *Transition to Democracy in Poland* (1998); Frances Millard, *Politics and Society in Poland* (1999); Anatol Lieven, *The Baltic Revolution** (1994); and, in addition to the Tökés work noted at the end of chapter 21, Aurel Braun and Zoltan Barany, eds., *Dilemmas of Transition: The Hungarian Experience**(2001).

The political transformations of Eastern Europe are well summarized in Attila Agh, *Emerging Democracies in East Central Europe and the Balkans* (1998), and analyzed in Juan Linz and Alfred Stepan, *Problems of Democratic Transition* (1996). There is more attention to civil society in Claus Offe, *Varieties of Transition: The East European and German Experience**(1996), and Jon Elster, Claus Offe, and Ulrich K. Preuss, *Institutional Design in Post-Communist Societies** (1998). Alexander Motyl et al., *Nations in Transit 2003* *(2004), gives a scorecard to 27 postSoviet states. For the Eastern and Central European economies, see Martin Potucek, *Not Only the Market** (2000), and especially the Anders Åslund book mentioned above. John Borneman, *Settling Accounts: Violence, Justice, and Accountability in Post-Socialist Europe**(1997), examines the various ways in which some of the pre-1989 Communist leadership was purged or punished.

Best for Berlusconi's Italy is Paul Ginsborg, *Italy and its Discontents**(2003).

The Yugoslav catastrophe spawned an immense literature. For historical background, see works cited after chapters 17 and 21. Noel Malcolm, *Bosnia: A Short History**(1996); and the same author's *Kosovo: A Short History**(1999). Marcus Tanner, *Croatia: A Nation Forged in War**(1998), and Tim Judah, *The Serbs: History, Myth, and the Destruction of Yugoslavia**(1998), stress ancient grievances. Misha Glenny gives a vivid narrative history in *The Balkans* (2000). Closer examinations of the break-up include Branka Magas and Ivo Zanic, eds., *The War in Croatia and Bosnia-Herzegovina, 1991–1995** (2004); Misha Glenny, *The Fall of Yugoslavia,** 3rd ed. (1997); and Sabrina P. Ramet, *Balkan Babel: The Disintegration of Yugoslavia from the Death of Tito to Ethnic War,** 2nd ed. (1996). More intimate accounts, where protagonists speak for themselves, are Laura Silber and Allan Little, *Yugoslavia: Death of a Nation** (1995), based on a BBC documentary; Roger Cohen, *Hearts Grown Brutal: Sagas of Sarajevo* (1998); and Jasminka Udovicki and James Ridgeway, *Burn This House: The Making and Unmaking of Yugoslavia** (1998). For Kosovo, see Tim Judah, *Kosovo: War and Revenge,** 2nd ed. (2002).

The end of the Cold War permitted the first retrospective looks back. See two works by John Lewis Gaddis, *The United States and the End of the Cold War** (1994), and *We Now Know: Rethinking Cold War History**(1998).

For neo-Nazism in the 1990s, refer again to works cited at the end of chapter 22.

Essential for the transformations of the European Union is George Ross, *Jacques Delors and European Integration**(1995). Andrew Moravcsik examines the European Union's choice of futures in *Centralization or Fragmentation? Europe before the Challenges of Deepening, Diversity, and Democracy** (1998). Recent studies of how the European Union works now include Neill Nugent, *The Government and Politics of the European Union,** 4th ed. (1999); Desmond Dinan, *Ever Closer Union,** 2nd ed.

(1999); Helen Wallace, *Making Sense of the New Europe* (2002); Jack Hayward and Anand Menon, eds., *Governing Europe** (2003); and Clive Archer, *Organizing Europe: The Institutions of Integration*, 2nd ed.(1998).

The EU's economic policies since 1992 are most thoroughly examined by John Gillingham, *European Integration 1950 –2003: Superstate or New Market Economy?**(2003).

European relations with the United States are assessed in Elizabeth Pond, *Friendly Fire: The Near-Death of the Transatlantic Alliance**(2003). See also Lawrence S. Kaplan, *NATO United, NATO Divided** (2004).

出版后记

本书内容，一言以蔽之，即是“美国眼中的欧洲”。

自第一次世界大战至今，世界格局几经变迁，权力重心也数次转移，但其间大致有一个主线：美国从偏安美洲一隅积蓄力量到走向全球舞台展示肌肉。从时间上看来，这几乎等同于美国现代史的全部。较之以往，这个过程的独特之处在于：崛起国（美国）与霸权国（欧洲）之间从来没有发生过战争。我们对于美欧的观感也向来是“欧风美雨”，欧美总是合而为一的。美国确实脱胎于欧洲，与欧洲有着深厚的“血统亲谊”，但这并不妨碍美国人手持放大镜对欧洲做“他者”式观察和研究。美国人有可能将“自我”（self）之外的所有社会都同等地视为“他者”（the other），但或许正因为美欧之间的“血统亲谊”，欧洲反而成为了所有“他者”当中距离最近却也最感“牴触”的一个——欧洲之于美国或许正如中国之于日本。

在冷战结束、“国际共产主义步入低潮”之前，国人大概不会有兴趣对处于美国羽翼之下的欧洲产生研究的兴趣，那时是美苏对决的时代。时过境迁之后，暂且撇开美欧关系不谈，欧洲本身也发生了重大的历史性嬗变：《里斯本条约》（*Treaty of Lisbon*）于2009年正式生效，欧盟朝着一体化的方向取得了前所未有的进展，但同时，法—德关系、英—法德关系、新—老欧洲关系等各方面依然存在颇多变数。在美国以一“敌”众（主要包括中国、印度、巴西、南非等新兴的“修正国”以及俄罗斯）、胜负难分的情形下，并不确定的欧洲走向既是美国的重大关切、同时也是中国的重大关切。

罗伯特·帕克斯顿的《西洋现代史》（*Europe in the Twentieth Century*）初版于1972年，2005年出版了第四版，这也是目前的最新版本。他对欧洲的考察并不局限于某些重大的战争或外交、政治事件，更深入于社会变迁、家庭关系、一般人的生活及其观念等，其所抱持的是社会史观的态度和立场。体现在本书的章节编排当中，即既以惯常的时间次序叙事行文，又将某些重大的历史专题（如“总体战”、“巴黎和平”、“革命对抗革命：法西斯主义”、“人民阵线年代”、“冷战之起源”）与相应的历史时段并列，史论结合。此种精心之处，既让读者（教师、学生、历史爱好者）知悉历史现象，又习得历史方法。我们坚信，本书所呈现的欧洲舞台上的这出生动的“百年演出”将给广大读者带来知识、趣味，以及（更重要的是）深刻的启示。

《西洋现代史》中文第四版采用了台湾译文。编辑对台版中的某些不同于大陆习惯的名词、概念和表达方式做了调整,以便利读者阅读。

服务热线:139-1140-1220　133-6631-2326

服务信箱:reader@hinabook.com

后浪出版咨询(北京)有限责任公司

2011 年 8 月

图书在版编目(CIP)数据

西洋现代史 /(美)帕克斯顿(Paxton,R.O.)著;陈美君,陈美如译.—北京:世界图书出版公司北京公司,2013.5
书名原文:Europe in the Twentieth Century,4e
ISBN 978-7-5100-6124-0
Ⅰ.①西… Ⅱ.①帕… ②陈…③陈… Ⅲ.①西方国家—现代史 Ⅳ.①K505
中国版本图书馆CIP数据核字(2013)第088287号

Robert O. Paxton
Europe in the Twentieth Century
ISBN: 978-0-618-91520-0

Cengage Learning Asia Pte. Ltd.
5 Shenton Way, # 01-01 UIC Building, Singapore 068808
本书封面贴有Cengage Learning防伪标签,无标签者不得销售。
(Thomson Learning 现更名为Cengage Learning)
本书译文由(台湾)五南图书出版股份有限公司授权世界图书出版公司北京公司在大陆地区出版发行简体字版本。

北京市版权局著作权合同登记号:图字01-2009-0979

西洋现代史(插图修订第4版)

著　　者:(美)罗伯特·帕克斯顿　**译　　者:**陈美君　陈美如　**丛 书 名:**大学堂　**筹划出版:**银杏树下
出版统筹:吴兴元　**责任编辑:**金存惠　于洋　**营销推广:**ONEBOOK　**装帧制造:**墨白空间

出　　版:世界图书出版公司北京公司
出 版 人:张跃明
发　　行:世界图书出版公司北京公司(北京朝内大街137号 邮编100010)
销　　售:各地新华书店
印　　刷:北京铭传印刷有限公司(三河市驹阳镇南外环柯达路 邮编065200)
(如存在文字不清、漏印、缺页、倒页、脱页等印装质量问题,请与承印厂联系调换。联系电话:0316-3216418)

开　　本:787×1092毫米 1/16
印　　张:43　插页4
字　　数:930千
版　　次:2013年8月第2版
印　　次:2013年8月第1次印刷

读者服务:reader@hinabook.com 139-1140-1220
投稿服务:onebook@hinabook.com 133-6631-2326
购书服务:buy@hinabook.com 133-6657-3072
网上订购:www.hinabook.com(后浪官网)

ISBN 978-7-5100-6124-0　定　价:88.00元

后浪出版咨询(北京)有限公司常年法律顾问:北京大成律师事务所　周天晖　copyright@hinabook.com

大学堂 023

世界史（插图修订版）

著者：(美)卡尔顿·约·亨·海斯　帕克·托马斯·穆恩　约翰·威·韦兰

译者：费孝通　冰心等

ISBN：978-7-5062-8709-8　出版时间：2011 年 4 月　　定价：68.00 元

历久弥新的大家译作

数千年鲜活如昨的历史

★ **文明史观**　从人类文明的产生与演进过程来阐述历史，将世界历史划分为文明的开端、古典文明、基督教文明、近代文明等几个发展阶段，尤其以西方文明的渊源及其发展为重点，勾勒出从史前人类到“二战”结束的漫长历史。

★ **结构清晰**　以卷为纲，以章为目，章下分节，节中标以小题，端绪虽繁，而能类聚条分。此外于每一卷之前有前言，包举大要，每一卷之后有结语，综括前文，承前启后，交代明白，纲举目张，有条不紊。

★ **论述精当**　在叙述上，着重陈述史实，少有繁文赘语。既能高瞻远瞩，纵论大势，又能网罗概括委曲细事。此外又能力避琐碎，抓住要点，忽略人类历史上无足轻重的史实，而对于那些足以影响后世的巨大历史事变，则予以有声有色的说明。

大学堂 027

亚洲史（插图修订第 6 版）

著者：(美)罗兹·墨菲　译者：黄磷

ISBN：978-7-5100-3710-8

出版时间：2011 年 8 月　　定价：80.00 元

美国历史学家罗兹·墨菲经典著作最新版

对五千年亚洲史一次全面而均衡的探索

★ **独特的分析视角**　亚洲的各个部分地理环境迥异，墨菲教授则根据气候的不同，将同受季风强烈影响的亚洲地区作为一个单一的整体进行研究和讲述。因为地理因素造成的隔绝，使得在“季风亚洲”形成了数个进路大不相同的文明，其中最主要的即是中华文明与印度文明。

★ **结构清晰**　此书对“季风亚洲”的中国、印度、日韩、东南亚地区的文明社会，既分别详细讲述，也综合分析比较，尤其注重各个文明社会之间的历史联系。同时，此书不局限仅仅讲述亚洲文明社会各自的发展历史，对于近代以来西方社会与亚洲社会之间的关系的变迁，也是着墨甚多。另外，对素来容易被人们所忽略的东南亚各个文明社会，在本书中也占有一席之地，以使人们对整个“季风亚洲”的历史有更全面的了解和认识。

2001
年的欧洲
北冰洋
冰岛
雷克雅未克
挪威海
法罗群岛
大西洋
设德兰群岛
北海
特隆赫姆
挪威
卑尔根
奥斯陆
瑞典
斯德哥尔摩
哥德堡
丹麦
哥本哈根
北爱尔兰
贝尔法斯特
格拉斯哥
爱尔兰
爱尔兰海
都柏林
利物浦
英国
伯明翰
伦敦
荷兰
阿姆斯特丹
基尔运河
汉堡
德国
柏林
易北河
英吉利海峡
比利时
布鲁塞尔
科隆
波恩
莱比锡
莱茵河
法兰克福
布拉格
捷克共和国
阿勒弗尔
巴黎
塞纳河
卢瓦尔河
卢森堡
多瑙河
慕尼黑
法国
比斯开湾
伯尔尼
苏黎世
瑞士
维也纳
奥地利
斯洛文尼亚
波尔多
加伦河
里昂
罗讷河
阿尔卑斯山
米兰
的里雅斯特
威尼斯
萨格勒布
克罗地亚
波斯尼亚
萨拉热窝
葡萄牙
杜罗河
埃布罗河
比利牛斯山
马赛
热那亚
波河
佛洛伦萨
意大利
亚得里亚海
马德里
塔古斯河
安道尔
里斯本
西班牙
巴塞罗那
科西嘉岛（法）
罗马
瓜迪亚纳河
撒丁岛（意大利）
那不勒斯
蒙特尼罗
马其顿共和国
巴利阿里群岛（西班牙）
马拉加
直布罗陀（英）
直布罗陀海峡
地中海
阿尔及尔
卡萨布兰卡
拉巴特
西西里岛
卡塔尼亚
突尼斯市
摩洛哥
马耳他
阿尔及利亚
突尼斯
的黎波里
利比亚
奥得河
40°
30°
20°
10°
0°
10°
20°
55°
50°
45°
40°
35°
30°

0
500
1,000 英里
0
500
1,000 千米
40°
尔曼斯克
白海
阿尔汉格尔
德维纳河
俄罗斯联邦
阿尼加湖
拉多加湖
圣彼得堡
乌拉尔山
凯毕河
鄂木斯克
叶卡捷琳堡
彼尔姆
马格尼托戈尔斯克
哈萨克斯坦
喀山
萨马拉
奥伦堡
阿克纠宾斯克
莫斯科
斯摩棱斯克
明斯克
奥廖尔
库尔斯克
顿河
伏尔加河
乌拉尔河
古里耶夫
咸海
乌兹别克斯坦
伏尔加格勒
基辅
第聂伯河
第聂伯德罗夫斯克
乌克兰
阿斯特拉罕
努库斯
罗斯托夫
摩尔多瓦
基什尼奥夫
敖德萨
土库曼斯坦
格罗兹尼
里海
克拉斯诺夫斯克
阿什哈巴德
塞瓦斯托波尔
格鲁吉亚
巴库
阿塞拜疆
黑海
埃里温
第比利斯
亚美尼亚
高加索山
大不里士
伊尔斯坦布尔
马尔马拉海
安卡拉
达达尼尔海峡
德黑兰
土耳其
摩苏尔
伊朗
伊兹密尔
爱琴海
伊拉克
阿勒颇
巴格达
罗德岛
（意）
叙利亚
幼发拉底河
底格里斯河
塞浦路斯
（英）
贝鲁特
大马士革
黎巴嫩——
以色列
巴士拉
科威特
科威特市
耶路撒冷
阿曼
约旦
沙特阿拉伯
波斯湾